BIO-BIBLIOGRAPHIE

DE

VICTOR HUGO

DE 1802 A 1825

PAR

L'ABBÉ PIERRE DUBOIS

DOCTEUR ÈS-LETTRES

PARIS
LIBRAIRIE ANCIENNE HONORÉ CHAMPION, ÉDITEUR
5, QUAI MALAQUAIS, 5

—

1913

BIO-BIBLIOGRAPHIE

DE

VICTOR HUGO

DE 1802 A 1825

PRÉFACE

Sur la jeunesse et les premières œuvres de Victor Hugo de nombreux volumes ont été publiés. Tous ont des qualités et aussi des défauts.

La femme du poète, témoin de sa vie (1), a *raconté* son existence jusqu'à sa réception à l'Académie. Cet ouvrage est évidemment une apologie qui ne satisfait pas notre époque avide de faits précis, de dates exactes. L'auteur, la chose n'est plus à prouver, jongle à plaisir avec les années et les mois et à propos des évènements qu'il narre il s'est souvent trompé et d'aucuns disent qu'il a voulu tromper. Le lecteur, qui ne se contente pas d'à peu près, cherchera donc inutilement dans ce livre ce que réclame son indiscrète curiosité.

M. Gustave Simon nous a donné *L'Enfance de Victor Hugo* (2). Il y a dans son livre les titres et parfois d'assez longs extraits des poésies composées par Victor Hugo, alors que sa plume commençait à s'exercer au dur métier de la poésie. Les fervents de Victor Hugo adresseront peut-être à M. G. Simon un reproche, celui de n'avoir pas publié *in-extenso* ces œuvres dont il a établi le catalogue : *Toutes ces bêtises que Victor Hugo faisait avant sa naissance.* La poésie parfois en est pauvre, mais la critique y trouverait certainement à glaner et en tout cas étudierait sur le vif « les débuts les plus lointains d'un puissant génie » et suivrait pas à pas ses progrès.

M. E. Biré a écrit plusieurs livres sur Victor Hugo. Il a toujours protesté d'admirer le poète, mais toujours il a proclamé son peu d'estime pour l'homme auquel il a reproché des palinodies, des voltefaces, une évolution complète en politique et en religion. Ce n'est point le lieu de discuter les appréciations d'E. Biré sur Victor Hugo et les jugements qu'il a portés sur l'homme. Les uns comme les autres sont évidemment subjectifs : un critique apprécie toujours l'auteur qu'il étudie d'un point de vue particulier et il n'est point étonnant qu'il ne partage pas les idées de son voisin. Il faut rendre cette justice à E. Biré qu'il n'ignorait pas les faits et gestes de Victor Hugo ; et sa mémoire excellente a souvent remis au point le récit du témoin de la vie dont les souvenirs moins sûrs avaient quelques défaillances. Parfois en présence d'évènements qui ne concordaient point, qu'il avait peine à expliquer, il a été obligé de faire des suppositions, et alors il a pu s'égarer dans les champs de l'hypothèse. Ses ouvrages, malgré quelques erreurs, sont excellents, et, qui voudra connaître la vie de Victor Hugo, les consultera avec fruit, pourvu qu'il se mette en garde contre le parti-pris qui parfois entraîne E. Biré.

M. Souriau, dans son livre sur la *Préface de Cromwell* (3), ne s'est pas contenté d'étudier cet ouvrage en lui-même, il a voulu chercher les *Influences subies* et la *Préparation à la Préface.* A cet effet, il a dû, après E. Biré, parcourir d'une plume atten-

(1) *Victor Hugo raconté par un témoin de sa vie. 2 vol. in-8.*

(2) Gustave Simon. *L'Enfance de Victor Hugo*, Paris. Hachette, in-12, 1904.

(3) Maurice Souriau. *La préface de Cromwell*, Paris. Société française d'imprimerie et de librairie. in-12, 1897.

tive le *Conservateur Littéraire* et les premières œuvres de Victor Hugo. On ne trouve pas chez lui le parti-pris de son devancier : il essaie plutôt, sans tomber dans un excès contraire, d'expliquer les variations de Victor Hugo et les transformations que plus tard le poète a fait subir aux poésies, aux articles de journaux et de revues composés dans sa jeunesse.

A côté de ces ouvrages d'une utilité première, il en est d'autres qui, sans avoir toute leur importance, ne manquent pas cependant de valeur.

M. E. Dupuy a publié *La Jeunesse des Romantiques* (1), œuvre d'une lecture captivante. M. Louis Belton (2) et M. P. Dufay (3) ont étudié les relations de Victor Hugo, jeune homme, avec son père et ont publié une quarantaine de lettres autographes que possède la bibliothèque de Blois. M. Léon Séché (4), grâce à quelques documents inédits, a brodé agréablement tout autour de *la Muse française*.

Mais, dira-t-on, s'il y a tant d'ouvrages sur la jeunesse de Victor Hugo, et s'ils sont bien faits, à quoi bon en écrire un nouveau. C'est justement en les étudiant, c'est en les feuilletant quotidiennement que nous avons vu l'utilité et même la nécessité de celui que nous présentons au public.

On ne trouve pas chez les auteurs dont nous venons de parler une véritable étude biographique et bibliographique de Victor Hugo. Tel ne fut point leur but et pourtant ce travail approfondi, raisonné, documenté est nécessaire. M. Biré a prouvé que l'auteur de *Victor Hugo raconté* s'était amusé souvent à induire le lecteur en erreur ; et l'on ne sait plus la part de vérité et la part d'imagination contenues dans cette espèce d'autobiographie. Des admirateurs plutôt crédules, qui ne s'appuyaient sur aucun document, ont répété les affirmations de Victor Hugo ou de sa femme, et bien mal venus sont leurs contradicteurs, entre autres E. Biré, « ce pelé, ce galeux d'où venait tout le mal. »

D'autre part Victor Hugo a rassemblé dans *Littérature et Philosophie mêlées* les articles qu'il a publiés dans sa jeunesse. Mais il ne les a pas tous reproduits : il en a négligé qui reflètent pourtant admirablement ses opinions politiques, littéraires ou religieuses. A propos des dates, il ne s'est pas gêné non plus pour vieillir ou rajeunir volontairement ses articles. En outre, il a changé, transformé ce qu'il réimprimait. Ici quelques lignes seulement ou quelques mots sont ajoutés ; là, au contraire, quelques lignes ou des noms propres sont supprimés ; ailleurs des pages entières sont attribuées à un article composé vers 1820, bien qu'elles soient très probablement de 1834. MM. Biré et Souriau ont signalé tout cela, mais ils n'ont point fait la bibliographie des ouvrages de Victor Hugo. Au hasard du travail entrepris, ils ont noté les changements opérés, sans toujours indiquer les références exactes entre le *Conservateur Littéraire* et *Littérature et Philosophie mêlées*. Ils n'ont pas trouvé, ou n'ont point cherché à quel article appartenait telle page de *Littérature et Philosophie mêlées*, dans quel journal ou revue elle avait été publiée.

Après eux, il restait donc un travail à faire, travail de bio-bibliographie, œuvre utile, puisque à chaque instant on est arrêté par un doute, une hésitation, quand il s'agit de fixer une date, un évènement de la vie de Victor Hugo, surtout quand on est en présence d'affirmations contraires qui semblent de même valeur. Il en va de même si l'on veut connaître toutes les œuvres, odes, poésies diverses, articles de revue et de journaux, lettres, etc.

Des bibliographies générales fournissent bien quelques renseignements, comme

---

(1) E. Dupuy. *La Jeunesse des Romantiques*, Paris. Société d'imprimerie et de librairie, in-12, 1905.

(2) Louis Belton. *Victor Hugo et son père, le général Hugo, à Blois* (*Mémoires de la société des Sciences et Lettres de Loir-et-Cher*, t. XVI, pp. 9-85 et tirage à part, in-8, 81 p. Blois, Migault, 1902.

(3) P. Dufay. *V. Hugo à vingt ans*. Paris. Mercure de France, in-12, 1909.

(4) Léon Séché. *Le Cénacle de la Muse française*, Paris, Mercure de France, in-8, 1908.

celles d'Asselineau, Derôme, Hugo Thieme, Gustave Lanson, Laporte, Nauroy, Paran, Vicaire (1), mais elles sont incomplètes et fautives par endroits, et à part les ouvrages de Laporte, de Lanson, et de Vicaire, tous les autres semblent vraiment peu utiles pour l'étude de Victor Hugo.

Un allemand, M. Martin Hartmann, a donné, il y a quelques années, une ébauche intéressante d'une bio-bibliographie de Victor Hugo (2). C'est son travail qui nous a suggéré l'idée et le plan du présent ouvrage. Nous ne voulons pas dire que le nôtre soit parfait, loin de là, mais nous avons essayé de fournir à qui veut étudier les premières années de Victor Hugo un instrument de travail.

Le lecteur trouvera dans la colonne de gauche de chaque page tous les évènements qui, à notre avis, intéressaient Victor Hugo. Nous y avons placé les faits certains de sa vie tout en notant au passage ce qui nous semblait douteux ou peu prouvé. Dans cette colonne nous avons mis la date de composition des œuvres, quand nous la connaissions, toutes les réimpressions que Victor Hugo leur a fait subir, tous les articles de journaux qui le concernent, tous les articles ou livres composés par ses frères et ses amis intimes, tous les faits littéraires importants ayant quelque influence sur lui et ses amis, tout ce qui éclaire ses relations avec l'Académie, avec Neufchâteau, Chateaubriand, Frayssinous, Lamennais. Cette colonne est donc un mélange bio-bibliographique.

La colonne de droite est purement bibliographique. Nous y avons mis la date d'impression de ses odes, de ses articles de critique, la date de ses lettres. Pour la fixer, le *Journal de la librairie* ou *Bibliographie de la France* nous a servi de guide. Il fallait employer une méthode uniforme, aussi avons-nous préféré agir ainsi, quoique la *Bibliographie de la France* note l'apparition d'un livre ou d'une revue avec un retard souvent notable. A l'occasion cependant, quand nous possédions une preuve certaine, nous avons corrigé ou indiqué cette erreur. A chaque œuvre de Victor Hugo, nous avons donné les notes bibliographiques marquant le journal ou la revue qui l'avait éditée et ses réimpressions successives. Ces dernières, le lecteur les retrouvera ailleurs ; mais ce coup d'œil d'ensemble ne sera pas fait pour lui déplaire.

Enfin au bas de la page, en rez-de-chaussée, nous avons étudié les transformations que Victor Hugo a fait subir à son œuvre. Si nous sommes en face d'une ode ou d'un petit poème, nous indiquons toutes les variantes des premières éditions. S'il s'agit d'une critique littéraire, nous renvoyons à *Littérature et Philosophie mêlées* quand Victor Hugo l'a reproduite. Au cas contraire, nous donnons de larges extraits des articles laissés dans l'oubli ou pour le moins un résumé des idées principales.

Au début, nous avons, en quelques pages préliminaires, donné les dates indispensables sur la famille de Victor Hugo, sur son père, sa mère, sur les relations épistolaires entre le général Hugo, Sophie et Marie-Joseph Trébuchet. Nous avons glissé rapidement sur l'adolescence de Victor Hugo, car rien dans cette période n'est bien précis, et nous en sommes venu vite aux premières œuvres. Là nous nous sommes appliqué à ne rien laisser dans l'oubli. Nous avons continué notre travail

---

(1) ASSELINEAU. *Mélanges tirés d'une petite bibliothèque romantique*, Paris, Pincebourde, in-8, 1866.
Bibliothèque romantique, in-8, Rouquette, 1872.
DEROME. *De la connaissance des livres. Causerie d'un ami des livres. Les éditions originales des romantiques*, in-8, Paris, Rouveyre, 1886.
HUGO THIEME. *Guide bibliographique de la Littérature française de 1800 à 1906*, in-8, Paris, Welter, 1907.
GUSTAVE LANSON, *Manuel Bibliographique de la Littérature française moderne*, 1500-1900, t. IV, *Révolution et Dix-neuvième siècle* : Chapitre VII. *Victor Hugo*, pp. 1218-1234. In-8. Paris, Hachette, 1912.
LAPORTE. *Bibliographie contemporaine. Histoire Littéraire du XIXe siècle*, t. VII, in-8, Paris, 1893.
Ch. NAUROY. *Bibliographie des plaquettes romantiques*, in-16, Charavay, Paris, 1882.
PARRAN. *Romantiques, éditions originales. Victor Hugo*, par un bibliophile cévénol, in-8, Alais, 1880.
VICAIRE. *Manuel de l'amateur des livres du XIXe siècle*, t. IV, 1 in-8, Paris, Rouquette, 1900, pp. 226-466.

(2) K. A. MARTIN HARTMANN, *Zeittafel zu Victor Hugo's Leben und Werken*, in-8, 53 p., Oppeln, 1886.

jusqu'en 1825. Pourquoi cette date comme terme de cet ouvrage? Peut-être comme d'autres pourrions-nous répondre, parce qu'il nous a plu de faire ainsi et que nous ne voulions pas apporter un trop gros volume de bio-bibliographie sur Victor Hugo. Mais est-ce là répondre? A mieux dire, nous avions un but, aider ceux qui étudient les débuts de Victor Hugo à se retrouver dans ce fourré un peu épais, au milieu de ces articles de revue souvent inédits ou reproduits avec des changements importants, indiquer nettement à qui veut consulter *Littérature et Philosophie mêlées* le journal, la revue où il pourra trouver le texte primitif. A l'époque des premières odes, Victor Hugo cherche sa route et à chaque instant il corrige sous l'influence de la politique ou de la religion. Plus tard, vers 1825, ses idées sont plus assises, il connaît mieux la technique de son art, il n'éprouve plus le besoin de revoir aussi souvent ses œuvres. Après la disparition de la *Muse française* et l'élection de Soumet à l'Académie française, Victor Hugo devient le chef véritable des romantiques. Il n'est plus au deuxième ou troisième rang, mais à la première place, il fera attendre quelque temps encore son manifeste, la *Préface de Cromwel*, mais déjà il se prépare à l'action. Il se sépare des compagnons qui l'ont porté en avant mais qui lui semblent trop vieux ou pas assez audacieux pour les luttes futures, il commence à s'entourer de jeunes recrues qu'il forme et excite au combat. Son enfance, sa jeunesse sont finies, il est un homme et une nouvelle période de sa vie commence.

Tout ceci nous semble raisons suffisantes pour arrêter en 1825 ce travail que nous ne renonçons pas à continuer plus tard de la même manière si nous en avons le loisir.

Le lecteur en parcourant notre ouvrage jugera lui-même des résultats de notre labeur, mais peut-être sera-t-il heureux de connaître par avance ce que nous avons trouvé dans notre enquête bio-bibliographique sur cette partie de la vie de Victor Hugo.

Nous n'avons mis au jour aucune poésie nouvelle de Victor Hugo (1). Cette période de l'existence du poète a été très travaillée et tout ce que l'on peut désirer c'est mettre en évidence des variantes peu connues ou ignorées et par des rapprochements montrer la lente évolution de la pensée sous des influences variées.

En 1819, Victor Hugo publie *La Canadienne*, *Le Télégraphe*, *L'Enrôleur politique* qui ont subi des transformations sans importance, mais *Les Vierges de Verdun*, *Les Derniers Bardes*, *Les Destins de la Vendée* ont été remaniés à diverses reprises. Victor Hugo, fidèle aux conseils de M. Pinaud de Toulouse, a combiné trois strophes pour n'en former qu'une dans *Les Vierges de Verdun*.

En 1820, il imprime dans le *Conservateur Littéraire* les traductions qu'il a faites sur les bancs du collège : *Cacus*, *Achéménide*, *L'Antre des Cyclopes*, *César passe le Rubicon*, *A Lydie*, *Le Vieillard du Galèse*. On les a reproduites depuis dans *Victor Hugo raconté* sans grands changements. Pour *Achéménide* cependant trente-quatre vers ont été très modifiés, pour *César passe le Rubicon* on a commis dans l'épigraphe un gros contresens. Les vers *A Lydie* ne sont presque plus reconnaissables. A leur propos signalons que le *Conservateur Littéraire* les donne sous la signature J. Sainte-Marie, que personne n'a signalée encore et que Victor Hugo a employée deux fois seulement.

Dans cette même année, Victor Hugo a donné au *Conservateur Littéraire* de nombreuses odes politiques. *Les Vous et les Tu*, *La mort du duc de Berri*, *Le Génie*, *L'Enseignement mutuel*, *La naissance du duc de Bordeaux*, *La Saint-Charles* et d'autres, inspirées par des sentiments divers, *Moïse sur le Nil*, *Le Jeune Banni*, *Les Deux Ages*, *Ce que j'aime*.

Les Vous et les Tu ont d'abord été reproduits dans *Littérature et Philosophie mêlées*, mais soixante-douze vers ont été laissés de côté, douze ont été ajoutés et soixante-

(1). Notons cependant l'*Imitation d'Owen*, *Conserv. Litt.*, t. I, livrais. 10e p. 364, 4 vers. Elle est signée J. Sainte-Marie et appartient à Victor Hugo comme nous le verrons tout à l'heure.

deux seulement ont été donnés à peu près tels qu'ils étaient dans le *Conservateur Littéraire*. Ils ont été reproduits une seconde fois dans *Victor Hugo raconté*, édition *ne varietur*, et là, trois mots mis à part, on retrouve le texte primitif.

La mort du duc de Berri, *La Naissance du duc de Bordeaux*, *La Saint-Charles*, *Ce que j'aime* nous offrent des changements peu importants.

L'Enseignement mutuel a perdu une note amusante déjà plusieurs fois signalée qui n'a jamais été imprimée dans les œuvres de Victor Hugo.

La correspondance avec M. Pinaud de Toulouse nous permet de connaître des variantes curieuses pour *Moïse sur le Nil*.

Le Jeune Banni imprimé d'abord dans le *Recueil des Jeux floraux*, puis dans le *Conservateur Littéraire*, dans les *Odes et Poésies diverses*, enfin dans *Victor Hugo raconté* mériterait un texte définitif auquel on ajouterait en note tous les vers refaits.

Les Deux Ages en passant du *Recueil des Jeux floraux* et du *Conservateur Littéraire* dans *Victor Hugo raconté* ont perdu cinq vers qu'il faudrait leur restituer.

Le Génie, dédié à Chateaubriand, a subi des transformations sans nombre. Certaine strophe a été refaite au moins quatre ou cinq fois. M. Barthou, qui possède un manuscrit de cette ode signalait récemment dans la *Revue bleue* (2 Déc. 1911, pp. 708-709) des variantes inédites et l'on est porté à croire que Victor Hugo en composant cette ode fut plus guidé par le choix de la rime que par un souci religieux.

A partir de 1821, il trouve plus facilement le vers, l'image, l'expression qui rendent sa pensée, il n'éprouve pas le besoin de corriger ses idées, aussi les odes qu'il écrit à cette époque présentent moins de modifications.

En 1821, *La fille d'Otaïti*, *Le Baptême du duc de Bordeaux*, *Quiberon* ne donnent pas lieu à des réflexions intéressantes.

En 1822, Victor Hugo compose *Bonaparte* et *Le Dévouement dans la peste*, puis *Louis XVII*; or à part *Bonaparte*, dont deux strophes ont été retouchées en 1828, les deux autres ont subi des corrections peu notables. Cette même année, il imprime son premier recueil *Odes et Poésies diverses*. Les odes qui paraissent pour la première fois, une douzaine, nous présentent un texte à peu près définitif mais les odes déjà publiées subissent l'influence du moment. C'est alors qu'elles reçoivent une forme qui ne variera plus et une teinte religieuse accentuée. Le poète, royaliste et catholique plus à la surface que dans l'intime de l'âme, donne une empreinte chrétienne à des œuvres neutres jusqu'alors. On s'aperçoit par des expressions, des noms, des images qu'il se livre à l'étude de la religion et de la Bible.

Les années 1823 et 1824 nous laissent la même impression. Victor Hugo donne *Jéhovah* aux *Tablettes Romantiques* et à la *Muse française A mon père* et *La Bande Noire*. Il publie une seconde édition de ses *Odes* puis ses *Nouvelles Odes*. En 1828, dans les *Odes et Ballades*, il a revisé presque toutes les pièces de 1823 et de 1824, sur tout *La Bande Noire*, *Le Repas libre*, *La Liberté*, *La Grand'Mère*, mais ces retouches sont œuvres de poète et non de penseur. Qu'on lise la fameuse strophe sur la Bible dans *Grand'Mère*. La strophe de 1824 est lourde et embarrassée ; gracieuse et légère est celle de 1828. La pensée est-elle devenue plus chrétienne ? On peut en douter : Victor Hugo appelle Bible un simple missel.

D'ardentes discussions se sont établies à propos des articles de critique donnés par Victor Hugo au *Conservateur Littéraire*. Faut-il à notre tour prendre part à la lutte et nous demander quelles raisons l'ont poussé à ne pas les reproduire tous dans *Littérature et Philosophie mêlées*, à les tronquer, à les amalgamer, à y ajouter, à supprimer des noms et à les remplacer par d'autres.

Il a laissé de côté certains articles qui, en 1834, n'étaient plus d'actualité : revues littéraires ou poétiques, articles sur les Beaux-Arts, critiques dramatiques, compte-rendus de livres tombés dans l'oubli.

A dix-huit ans, son ardeur juvénile avait signalé des ouvrages composés par des amis à qui il était heureux de rendre service et il avait fait l'éloge de leur talent ignoré.

A trente ans, il ne se souvenait plus de ceux qui gisaient dans l'ornière loin derrière lui et n'avaient pu suivre sa marche rapide et triomphante.

Il avait certainement aussi oublié ces pièces de théâtre qu'il avait jadis applaudies, mais qui ne ressemblaient guère à son idéal actuel, le drame romantique. Rien d'étonnant à ce qu'il ait négligé tous ces articles : un volume n'aurait pas suffi. Et d'ailleurs, en 1834, prenait-il au sérieux ces articles où jeune homme il se posait en juge infaillible du théâtre. Alors habilement il fit un choix de pensées générales qui ne juraient pas trop avec ses idées du moment. Il tenait en effet à prouver que sur ce point il n'avait pas trop varié (1).

Au contraire, en 1834, il se faisait illusion sur la ferveur de son royalisme et de son christianisme de 1820. Il a voulu alors montrer qu'il avait évolué en politique et en religion et volontairement il a accentué cette évolution par un choix judicieux des morceaux reproduits, par de petites additions, des suppressions habilement faites. – Il a eu l'intention de tromper son lecteur, le fait n'est pas douteux et M. Biré un peu durement s'est donné le malin plaisir de rétablir les textes et les dates. Ce n'est pas toujours chose facile.

Comparer le *Journal d'un jeune jacobite de 1819* avec le *Conservateur Littéraire* nécessite en effet un labeur véritable, mais offre d'agréables jouissances.

Ce journal est composé de telle façon qu'on se demande quelle méthode a présidé à ce travail. On dirait volontiers que Victor Hugo a pris ses articles de 1819 à 1824, qu'il les a relus attentivement. Certains lui ont plu dans leur entier, il les a mis de côté tels quels, d'autres l'ont moins intéressé, mais des phrases, des pages lui ont fait plaisir, il les a encore conservées. Puis il s'est amusé à brasser tous ces papiers et dans le tas au hasard il a pris un article, puis quatre ou cinq feuillets, puis un article et encore des feuillets, il a disposé le tout sans s'occuper des dates, des sujets, ajoutant çà et là un titre, une date. Notre hypothèse semble fantaisiste et pourtant bien souvent elle paraît se vérifier. — Prenons l'article *Histoire* qui se compose de onze paragraphes assez distincts. Le premier (pp. 43-46) est du 5 février 1820, il appartient à une critique de l'*Histoire* de Velly ; le 2ᵉ (pp. 47-49) doit être de 1834 ; le 3ᵉ (pp. 50-51) parut le 20 mai 1820 : il fait partie d'un article sur *Ivanohé* de W. Scott ; le 4ᵉ (pp. 52-53) est du 17 juin 1820, il est emprunté à un compte-rendu de *Lalla-Roukh* de Thomas Moore ; les 5ᵉ, 6ᵉ, 7ᵉ (pp. 54-56) parurent le 20 janvier 1821 dans un article sur l'*Histoire* de Dufau ; le 8ᵉ, *A un historien* (pp. 57-59) nous ramène au 5 février 1820 et à l'*Histoire* de Dufau ; le 9ᵉ, *Extrait du Courrier français* (p. 60) du 2 septembre 1820 appartient aux *Variétés et Nouvelles Littéraires* ; le 10ᵉ, *Après une lecture du Moniteur* (pp. 61-63) fait partie d'une critique dramatique de l'*Émigré en 1794*, il est du 31 mars 1821. Le dernier (pp. 64-65) nous reporte au 20 janvier 1821 et à l'*Histoire* de Dufau.

---

(1) Ce n'est point une affirmation en l'air que nous apportons ici. Le 1ᵉʳ septembre 1833, l'*Europe Littéraire* (t. I, livrais. 6ᵉ, pp. 97-98) imprima l'article *Théâtre* (*Littérature et Philosophie mêlées*, pp. 95-102). L'ordre n'est pas absolument le même mais les deux textes sont identiques. Cet article est emprunté au *Conservateur Littéraire* (t. I, livrais. 6ᵉ, février 1820, pp. 227-228 ; livrais. 9ᵉ, pp. 350, 351, 352, 356, mars 1820 ; t. II, livrais. 12ᵉ, mai 1820, p. 78 ; t. III, livrais. 27ᵉ, janvier 1821, pp. 276-277). Le 29 mai 1833, l'*Europe Littéraire* (t. I, nº 29, pp. 157-159) avait déjà donné une grande partie de la *Préface* de *Littérature et Philosophie mêlées* (du milieu de la p. 13, *L'art est aujourd'hui à un bon point*... jusqu'à la fin). L'article du 1ᵉʳ septembre était précédé de la longue note suivante : « Aujourd'hui que la question du théâtre s'agite entre « M. Victor Hugo et le passé, voici des notes que le public lira avec intérêt. Elles ont été écrites en 1819 par « M. Victor Hugo sur un espèce de journal manuscrit que du consentement de l'auteur, veut bien nous commu- « niquer la personne qui le possède. M. Victor Hugo avait alors seize ans. On sera sans doute curieux de « comparer ses opinions actuelles avec ses opinions d'alors. L'illustre poète a peu varié. Excepté le paragraphe II « et le paragraphe IV qui n'expriment évidemment plus sa pensée, nous croyons qu'il signerait encore aujour- « d'hui ce qu'il écrivait en 1819. C'est un fragment de théorie très hardi pour l'époque et où l'on trouve déjà « cà et là le germe de toute une révolution littéraire. Ces notes sont le gland dont la préface de *Cromwel* est « le chêne. » Cette note exprime certainement la pensée de Victor Hugo : elle est sortie probablement de sa plûme. Inutile d'en relever les inexactitudes.

Signalons en passant que les *Feuilles sans date* (*Litt. et Philos. mêlées*, pp. 217-227) ont paru aussi dans l'*Europe Littéraire* (nº 11, 19 sept, 1833, pp. 237-239) sous le titre : *Pensées d'un rêveur*. VICTOR HUGO.

Ces articles, on le voit, n'ont pas tous rapport à l'histoire; Victor Hugo s'en est aperçu et alors avec une habileté qu'il faut reconnaître il leur a donné ce qui leur manquait. Lisons page à page *Littérature et Philosophie mêlées* et nous allons nous en convaincre. — A la page 43, il a ajouté à la 2e ligne le mot *historiques*, aux lignes 6 et 9 le mot *histoire*, à la page 44, il a recommencé à la 1re ligne, et à la page 46, les deux derniers alinéas sont de 1834. — Si le deuxième paragraphe (pp. 47-49) que nous n'avons pu retrouver est de 1834, notre supposition en est confirmée. A la page 54, les premières lignes ont subi une transformation, Victor Hugo parlait bien dans le *Conservateur Littéraire* de Voltaire et de sa manière d'écrire l'histoire, mais dans *Littérature et Philosophie mêlées* il a voulu rendre la chose évidente aux yeux de tous et en 1834 il écrit : *Voltaire comme historien...* — A la page 55, il y a toute une comparaison entre l'historien cosmopolite et l'historien patriote que nous ne trouvons pas dans le *Conservateur Littéraire*; elle a été composée en 1834. — A la page 56, nous devons en dire autant d'une phrase sur « l'historien étranger qui ne trouverait « jamais certaines expressions qui sentent l'homme du pays ». La même remarque s'impose pour les deux premières lignes de la page 65 : « Tout historien qui se laisse « faire par l'histoire et qui n'en domine pas l'ensemble est infailliblement submergé « sous les détails ». Elles sont de 1834 et rappellent admirablement bien au lecteur que l'auteur lui parle de l'histoire.

Les fragments de critique (pp. 67-93) qui suivent l'article *Histoire* mettent en défaut notre théorie. Victor Hugo les a placés en respectant les dates : le premier est du 29 janvier, le deuxième du 4 mars, le troisième du 1er avril et le quatrième du 15 avril 1820. Ils ont de plus une certaine étendue et sauf quelques phrases initiales placées pour avertir le lecteur du sujet traité, ils n'ont pas été trop recomposés en 1834. Notons cependant les deux premières lignes de la page 93. Elles font admirablement bien dans l'article et sont pour Lamartine un éloge parfait : « Voici donc enfin des « poèmes d'un poète, des poésies qui sont de la poésie ». C'est en vain qu'au 15 avril 1820 le lecteur les chercherait dans le *Conservateur Littéraire*. Elles n'ont point été composées à l'adresse de Lamartine, mais elles forment le commencement d'un article que Victor Hugo imprima le 24 mars 1822 dans le journal l'*Etoile* à propos de *Poèmes, Héléna, le Somnambule, la fille de Jephté*, etc., d'A. de Vigny.

Les neuf paragraphes sur le *Théâtre* sont bien empruntés à des critiques dramatiques. Victor Hugo a choisi quatre de ses articles : il a pris six coupures à propos de la *Marie Stuart* de Lebrun (1) (1er avril 1820), une sur le *Clovis* de Lemercier (12 février 1820) et une enfin sur *Jean de Bourgogne*, par de Formont (6 janvier 1821). Il ne les a pas disposées au petit bonheur, il a mis une certaine variété. Il va de Lebrun à Liadières, de Lebrun à Lemercier, de Lebrun à de Formont pour finir par Lebrun.

Pour l'article *Fantaisie*, il serait trop long de montrer au lecteur toute la fantaisie qui a présidé au choix et à la disposition des morceaux. Là vraiment notre amusante théorie aurait sa raison d'être. Les dates se mêlent, les années se croisent : on va d'une critique dramatique au compte-rendu d'un volume, une préface d'éditeur à propos des *Lettres* de Voltaire précède un article sur un moraliste. Le *Conservateur Littéraire*, le *Réveil*, l'*Etoile* ont été mis à contribution. Un article a été découpé en plusieurs morceaux que le poète a semé de droite et de gauche. Tant mieux s'ils se suivent, ce qui n'arrive pas toujours.

L'étude bibliographique de Victor Hugo qui nous révèle toutes ces choses vraiment curieuses nous montre aussi que le *Journal d'un jeune jacobite de 1819*, à part les retouches dont nous parlons, appartient presque en entier aux années indiquées par Victor Hugo. Il n'y a à proprement parler que deux ou trois articles de ce *Journal*

(1) Notons que Victor Hugo en a égaré un morceau dans *Idées au hasard (Litt. et Philos. mêlées*, p. 287, § VI) au milieu d'articles tirés de *la Muse française*.

dont nous n'avons pu retrouver trace et qui ont été composés, nous semble-il, en 1834, l'un au commencement, un autre vers le milieu, le troisième termine le *Journal*. Ces pages ont-elles été disposées avec intention? On peut se le demander ; elles seraient alors ordonnées dans un ouvrage où l'ordre fait défaut.

Le premier article est sur l'avenir de la Russie (*Littérature et Philosophie mêlées*. pp. 47-49) (1). Au second (pp. 111-112) Victor Hugo donne pour date *Avril 1820 :* il traite de l'année littéraire 1820 (2). Victor Hugo se plaint de la pauvreté de la poésie en cette année-là. « Force vers, dit-il, point de poésie ; force vaudevilles, point de thé-« âtre », et il termine par ces mots : « Quand donc ce siècle aura-t-il une littérature au « niveau de son mouvement social, des poètes aussi grands que les évènements ? » Est-ce en 1820 qu'il se pose cette question ? Non, mais bien en 1834 et il se chargeait à la même époque d'y répondre. « Il y a déjà dans la nouvelle génération née avec ce siècle des com-« mencements de grands poètes. Attendez quelques années encore » (*Littérature et Philosophie mêlées*, p. 130). C'est d'un orgueil un peu enfantin de faire après coup des prophéties. On devine ainsi facilement l'avenir qui est le passé et l'on peut sans crainte de se tromper prédire sa propre gloire.

Dans le troisième article (*Littérature et Philosophie mêlées*, pp. 171-173), il prédisait de même ses variations en politique. Ces pages n'ont point été écrites en décembre 1820, mais tout bonnement en 1834. M. Biré l'a prouvé surabondamment (3), mais il a oublié une preuve ; Victor Hugo n'a pu entendre en 1820 son père proférer la parole fameuse : *Laissons faire le temps. L'enfant est de l'opinion de sa mère, l'homme sera de l'opinion de son père*, puisqu'à ce moment le général Hugo, séparé de sa femme et de ses enfants, n'avait, on peut dire, aucune relation avec eux. Dans un atavisme inconscient, Victor Hugo cherchait une excuse à son évolution politique et voulait en 1834 prouver que dès 1820 il savait juger les hommes et les évènements et que déjà « l'expérience modifiait en lui l'impression faite par le premier aspect des « choses à son entrée dans la vie ».

Le journal d'un jacobite de 1819 est loin de renfermer tous les articles composés par Victor Hugo vers 1820 puisque quarante-cinq au moins n'ont pas été jugés dignes par lui d'être reproduits. Nous en avons déjà dit un mot mais il est utile d'y revenir. Victor Hugo a négligé toutes les *Revues Littéraires* (4), une *Revue poétique* (5), trois articles sur les Beaux-Arts (6), onze critiques dramatiques (7).

---

(1) En 1820 parut une *Histoire de la Russie*, de Karamsin, dont Z (Hoffman) rendit compte dans le *Journal des Débats* (8, 10, 12 décembre 1820). Victor Hugo aurait-il composé à cette époque un article sur le même sujet sans l'imprimer ? On ne sait.

(2) On trouve enchassés dedans deux morceaux l'un sur le *Monastère* de W. Scott et l'autre sur M. Decazes, empruntés tous deux au *Conservateur Littéraire*. Le premier (t. II, livrais. 12e. p. 54) est bien d'avril 1820. Le second (t. III, livrais. 24e, p. 142) est de novembre 1820.

(3) E. Biré. *Victor Hugo avant 1830*, pp. 188-193.

(4) *Conservateur Littéraire*, 25 décembre 1819, t. I, livrais. 2e, pp. 77-80, *Les trois nuits d'un goûteux* de Neufchâteau et *Aux Missionnaires de l'irréligion*, poème par Vieillard ; 15 avril 1820, t. I, livrais. 10e, pp. 393-396, *Epître* de la comtesse de Salm et *Berriana* par Saint-Prosper ; 3 juin 1820, t. II, livrais. 13e, pp. 115-116, *Les Plaisirs de Clichy* et *Lithographie morale et politique de MM. les Membres de la Chambre des Députés* ; 10 juin 1820, t. I, livrais. 14e, pp. 168-170, *Nuits Françaises* de d'Egvilly et *Nos Regrets* par le Chevalier de Port de Guy ; 1er juillet 1820, t. II, livrais. 16e, p. 288, *Hommage de l'aveugle de Nanterre aux mânes du duc de Berry* ; 9 décembre 1820, t. III, livrais. 26e, pp. 242-243, *Epître à Dieu* par le chevalier de Port de Guy, *Carmen Sacrum* de Carr, *Dissertation sur la Césure*, traduction par Boulard, *A la duchesse de Berri* par Bérenger de Labaume.

(5) *Conservateur Littéraire*, 21 octobre 1820, t. III, livrais. 26e, pp. 86-96. Victor Hugo rendait compte de petits volumes de vers que lui avaient envoyés cinq auteurs : Reymond, de Labouïsse, Gasp. Descombes, Gabriel, Aug. Richomme.

(6) *Conservateur littéraire*, 5 août 1820, t. II, livrais. 18e, pp. 296-299 ; 4 novembre 1820, t. III, livrais. 24e, pp. 145-147, ; 9 décembre 1820, t. III, livrais. 26e, pp. 229-230. On remarquera dans ces trois articles qu'il est souvent question du duc et de la duchesse de Berry.

(7) *Conservateur littéraire*, 11 décembre 1819, t. I, livrais. 1re, pp. 30-35, *Le Frondeur* de Royou ; 15 janvier 1820, t. I, livrais. 3e, pp. 109-114, *Olympie*, de Brifaut et Dieulafoy, *Le marquis de Pomenars*, de Sophie Gay ; 29 janvier 1820, t. I, livrais. 4e, pp. 150-158, *Les Comédiens*, de Cas. Delavigne ; 25 mars 1820, t. I, livrais. 8e, pp. 307-311, *Charles de Navarre*, de Brifaut ; 15 avril 1820, t. I, livrais. 10e, p. 382-392, même sujet ; 6 mai

dix-neuf articles de critique littéraire ou artistique, mélanges, actualités (1).

Ajoutons que quatorze articles de tout genre, critique dramatique, revue poétique, critique littéraire des ouvrages de ses meilleurs amis n'ont mérité à ses yeux qu'une toute petite place, si petite même que dans certains cas personne ne semble s'en être aperçu (2). Nous ne pouvons ne pas parler en particulier d'un article de l'*Etoile* du 24 mars 1822 sur les *Poèmes* de Vigny dont Victor Hugo a extrait seulement sept lignes. Il a glissé les deux premières, qui forment le début, dans son article sur les *Méditations* de Lamartine. « Voici donc enfin des poèmes d'un poète, des poé« sies qui sont de la poésie » (*Litt. et Philos. mêlées*, p. 93). On retrouvera les cinq dernières, c'est-à-dire la conclusion au bas de la p. 159 de *Littérature et Philosophie mêlées*. Il les a jetées là, dans un coin, comme en passant. Elles n'ont d'ailleurs aucun rapport avec les *Poèmes* de Vigny. Le cas est curieux. On dira bien que Victor Hugo de parti pris n'a pas voulu dans *Littérature et Philosophie mêlées* nommer des auteurs vivants. Cependant les *Méditations* désignent suffisamment leur auteur, « le poète paru en 1820 », puis pourquoi a-t-il accordé à Lamartine un éloge qu'en 1822 il

---

1820, t. II, livrais. 11e, pp. 31-37, *Le Flatteur*, de Gosse et l'*Homme poli*, de Merville ; 10 juin 1820. t. IvraisI. li. 14e, pp. 160-165, *Demétrius*, par Delrieu ; 10 juin 1820, t. II, livrais. 14e, pp. 165-167, *La Dame noire* ; 1er juillet 1820. t. II, livrais. 16e, pp. 223-231, *le Folliculaire*, de Delaville de Mirmont et l'*Artiste ambitieux*, de Théaulon ; 5 août 1820, t. II, livrais. 18e, pp. 310-314, *Aspasie et Périclès*, par Viennet. *Une promenade dans Paris* ou *De Près et de Loin* ; 18 novembre 1820. t. III, livrais. 25e, pp. 201-208, *Clovis*, par Viennet. Notons que deux articles sur les *Vêpres Siciliennes* de C. Delavigne et *Louis IX* de Ancelot (*Conserv. Litt.*, t. I, livrais. 2e, pp. 66-69 et livrais. 4e, pp. 133-145) négligés par *Littérature et Philosophie mêlées* ont été reproduits depuis dans *Victor Hugo raconté*, pp. 437-446.

(1) *Conservateur littéraire*, 25 mars 1820, t. I, livrais. 8e, pp. 290-293, *Annales du Musée, Salon de 1819*, par Landon ; 25 mars 1820, t. I, livrais. 8e, pp. 298-307, *L'Ecole du Cavalier*, par Millet, *L'art du Tour*, par Libois ; 25 mars 1820, t. I, livrais. 8e, pp. 307-311, *Dithyrambe sur l'assassinat du duc de Berri*, par Tezenas de Montbrison, *Ode sur la mort du duc de Berri*, par Lebrun des Charmettes, *La France royaliste aux mânes du duc de Berri*, par Saint-Prosper ; 20 mai 1820, t. II, livrais. 12e, pp. 72-74, *Institut : séance publique annuelle des 4 Académies (24 avril 1820)* ; 10 juin 1820, t. II, livrais. 14e, pp. 125-145, *Mémoires, Lettres et Pièces authentiques touchant la Vie et la Mort du duc de Berri*, par Chateaubriand ; 5 août 1820, t. II, livrais. 18e, pp. 321-325, *Collège royal de France. Clôture du cours de poésie latine de Tissot* ; 19 août 1820, t. II, livrais. 19e, pp. 351-358, *Les Psaumes de Boishuguet* ; 2 septembre 1820, t. II, livrais. 20e, pp. 394-395, *Manuel de recrutement* ; 9 septembre 1820, t. III, livrais. 21e, pp. 31-37. *Mélanges. Institut royal de France. Séance annuelle de la Saint-Louis* ; 7 octobre 1820, t. III, livrais. 22e, pp. 50-64, *Projet d'accusation contre le duc Decazes, Observations sur cet écrit par le Comte d'Argout* ; 21 octobre 1820, t. III, livrais. 23e, pp. 119-120, *Séance publique de la Société académique de Nantes* ; 4 novembre 1820, t. III, livrais. 24e, pp. 155-158, *Correspondance aux rédacteurs du Conservateur Littéraire* (c'est une critique littéraire) ; 17 février 1821, t. III, livrais. 29e, pp. 338-345, *Poésies de Mme Desbordes-Valmore* ; 17 février 1821, t. III, livrais. 29e, pp. 345-346, *La Matinée du 29 septembre, poème de Talayrat* ; 31 mars 1821, t. III, livrais. 30e, pp. 385-388, *Odes*, par Antoine Charles, pp. 388-389, *Mémoires de la Société d'émulation de Cambrai*, pp. 389-392, *Correspondance aux rédacteurs du Conservateur Littéraire sur la biographie des Contemporains*.

Annales de la Littérature et des Arts, 9 juin 1821, t. III, livrais. 36e, pp. 379-392. *Recueil de l'Académie des Jeux Floraux*.

Choix moral des Lettres de Mme de Sévigné. 13 mars 1824, *Préface. Notice sur Mme de Sévigné*, pp. XIX-XXX, in-18, Paris, Boulland, B. F. 13 mars 1824, no 1313.

(2) *Conservateur Littéraire*, 19 décembre 1819, t. I, livrais. 2e, pp. 70-76, *Un moment d'imprudence*, comédie, par Wafflard et Fulgence, *La Somnambule*, vaudeville, par Scribe et A. Delavigne, *Cadet-Roussel Procida*, parodie des *Vêpres Siciliennes*, par Dupin et Carmouche (cf. *Litt. et Philos. mêlées*, p. 138) ; 12 février 1820, t. I, livrais. 6e, pp. 217-228, *Clovis*, de Népomucène Lemercier (cf. *Litt. et Philos. mêlées*, p. 98) ; 6 mai 1820, t. 2, livrais. 11e, pp. 13-20, *Œuvres posthumes*, de Delille (cf. *Litt. et Philos. mêlées*, p. 119) ; 17 juin 1820, t. 2, livrais. 15e, pp. 180-187, *Lalla-Roukh*, par Thomas Moore (cf. *Litt. et Philos. mêlées* pp. 52-53) ; 22 juillet 1820, t. II, livrais. 17e, pp. 134-142, *Revue poétique, de Labouïsse, Cipeirel*, etc., (cf. *Litt. et Philos. mêlées*, 5 lignes, p. 157) ; 4 novembre 1820, t. III, livrais. 24e, pp. 134-142, *Mémoires, par le vicomte Donnadieu. Réponse, par le Comte de Saint-Aulaire* (cf. *Litt. et Philos. mêlées*, quelques lignes à la p. 112) ; 6 janvier 1821, t. III, livrais. 27e, pp. 259-265, *L'observateur*, de Saint-Prosper (cf. *Litt. et Philos. mêlées*, quelques lignes à la p. 153) ; 6 janvier 1821, t. III, livrais. 27e, pp. 279-284, *Eugène et Guillaume* et *Don Carlos*, de Lefèvre (il y a deux articles et deux signatures H. et M., le début de l'article sur *Don Carlos* est dans *Litt. et Philos. mêlées*, pp. 139-140).

L'Etoile du 24 mars 1822, article sur les *Poèmes* de Vigny (cf. *Litt. et Philos. mêlées*, pp. 93 et 159 ; on en trouve sept lignes.

Le Réveil des 7 et 10 décembre 1822 contient deux articles sur les *Méditations* de Lamartine et le *Trappiste* de Vigny (cf. *Litt. et Philos. mêlées* pp. 153-156). *Le Réveil* du 19 février 1823 contient un article sur le *Parricide* de Jules Lefèvre (cf. *Litt. et Philos. mêlées*, pp. 157-159).

La Muse française, 15 mai 1824, (t. II, livrais. 11e, pp. 275-286) contient un article sur *Eloa* de Vigny (cf. *Litt. et Philos. mêlées*, pp. 276-278).

décernait à de Vigny. Biré aurait peut-être raison lorsqu'il accuse Victor Hugo d'avoir eu honte de l'amitié qu'il porta jadis à son cher Alfred.

Enfin il est un point sur lequel il convient d'insister en terminant cette préface. Victor Hugo s'est plaint assez souvent des journaux qui l'attaquaient, le critiquaient, ou « n'honoraient pas d'un article son pauvre recueil. » (1) Ses amis répétaient la même antienne. Dans les *Annales de la Littérature et des Arts* (2), Saint-Valry avant lui avait critiqué la conduite des journaux quotidiens. Il se demandait si la supériorité d'Hugo les offusquait : un sentiment bien bas les aurait alors poussés. Qu'importait d'ailleurs à Victor Hugo ce silence ? C'était un homme heureux puisque l'édition de ses *Odes* était épuisée sans annonce. Les éloges et l'amitié de Chateaubriand et de Lamennais étaient une compensation. A. Trébuchet se plaignait également du silence des journaux parisiens et du peu de cas qu'ils semblaient faire des ouvrages de Victor (3). Celui-ci et ses amis avaient-il raison de se plaindre si fort de la presse parisienne. Je ne le crois pas.

D'abord Victor Hugo devait une certaine reconnaissance aux journaux dont il avait utilisé les critiques dramatiques pour écrire les siennes dans le *Conservateur Littéraire*. En comparant en effet certains articles de journaux et ceux que Victor Hugo composait à la même époque. on s'aperçoit facilement que sans les copier d'une manière positive, il leur empruntait des idées et des jugements. Le *Journal des Débats* (1er janvier 1820) lui a servi pour sa critique du 29 janvier à propos des *Comédiens* de Casimir Delavigne. Il a lu aussi le numéro du 3 janvier et l'a utilisé pour un article du 4 mars sur les *Trois chants de l'Iliade* de Bignan. Le 6 janvier 1821, il écrit sur la pièce *Eugène et Guillaume* quelques pages qui offrent bien des ressemblances avec les articles du 10 octobre, 21 octobre et 25 décembre 1820 du *Journal des Débats*. La *Quotidienne* du 4 mars 1820 lui sert pour étudier le 25 mars 1820 *Charles de Navarre* de Brifaut. La *Quotidienne* du 5 juin et le *Drapeau blanc* du 8 juin 1820 lui fournissent des matériaux pour son article *Spectacles* du 1er juillet 1820. Peut-être en examinant de très près le *Conservateur Littéraire* et les journaux de l'époque pourrait-on rencontrer d'autres concordances curieuses.

Victor Hugo aurait dû aussi remercier les journaux de leur amabilité à son égard. Ils inséraient volontiers ses œuvres et n'ont point fait difficulté de recevoir sa copie. Disons plus, on se l'arrachait, semble-t-il, puisque parfois deux ou trois journaux le même jour publiaient une de ses odes. Les 11, 12, 13 et 14 décembre 1822, le *Réveil*, la *Quotidienne*, le *Moniteur Universel*, les *Annales de la Littérature et des Arts*, inséraient *Louis XVII*, le 23 septembre 1824 ; le *Drapeau blanc*, la *Gazette de France* et le *Journal des Débats* imprimaient *Les Funérailles de Louis XVIII*.

A peine a-t-il commencé à versifier que le *Lycée français* (18 septembre 1819) accepte *La Canadienne* que reproduira en 1822 l'*Almanach dédié aux demoiselles*. La *Foudre* (5 juillet 1821) insère *La Chauve-Souris*. *La Fille d'Otaïti* trouve place dans l'*Almanach des Muses* (30 novembre 1822), dans l'*Almanach des Dames* (21 septembre 1822), dans la *Foudre* (15 juin 1822), dans le *Courrier littéraire* ; *Moïse sur le Nil* est imprimé dans la *Foudre* (25 juin 1822), dans l'*Almanach des Muses chrétiennes* et dans les *Muses chrétiennes* (30 novembre 1822). *La mort du duc de Berry* est publiée dans *Berriana* (15 avril 1820), puis dans les *Annales de la Littérature et des Arts* (8 février 1823) et dans le *Réveil* (13 février 1823). *La Couronne de cyprès et de roses* (18 août 1821), la *Foudre* (5 juillet 1822), l'*Almanach des Dames* (21 septembre 1822), les *Annales de la Littérature et des Arts* (1er février 1823) acceptent de réimprimer *Le Baptême du duc de Bordeaux*, *La Chauve Souris*, *Le Génie*, *Jéhovah*. Le *Ly-*

(1) *Correspondance 1815-1835*, p. 29, Lettre à J. de Rességuier du 22 juillet 1822. Il s'agit des *Odes et Poésies diverses* parues le 8 juin 1822.

(2) *Annales...*, t. VIII, livrais. 94e. pp. 65-70, 20 juillet 1820.

(3) Lettres d'Adolphe Trébuchet à son père, 8 juin et 14 juillet 1822. cf. *Appendice*.

cée armoricain insère la plupart des traductions des auteurs latins, *Cacus, Achéménide, L'Antre des Cyclopes, César passe le Rubicon.* Victor Hugo collabore aux *Annales Romantiques* (4 janvier 1823) et il leur donne *La Harpe et la Lyre, Moïse sur le Nil, La Fille d'Otaïti, Jéhovah.* A vingt huit reprises au moins, dans l'espace de quatre ou cinq ans, les journaux, les revues, les périodiques, nous ne parlons évidemment ni du *Conservateur Littéraire,* ni de la *Muse française,* ont publié des vers de Victor Hugo.

Les critiques que l'on fit de ses ouvrages furent-elles inspirées par la malveillance ou la jalousie ? Non, car Victor Hugo a eu certainement une bonne presse de 1819 à 1825. Nous avons relevé environ cent quarante mentions faites de lui dans les journaux de toute nuance, nous n'affirmons pas avoir tout vu et tout lu car il a dû certainement nous en échapper, or voici les constatations que nous avons faites : cent vingt mentions, nous entendons par là articles, entrefilets, annonces, lui sont favorables, vingt à peine sont des attaques et à part trois ou quatre inspirées par l'esprit de parti, les autres sont justifiées. On avouera que pour un jeune poète, un débutant, la presse s'est montrée aimable.

Victor Hugo fut toujours, a-t-on dit, très entendu dans l'art de la réclame : il commença de bonne heure son apprentissage. Il n'eut pas de peine, nous l'avons vu, à placer ses vers, mais il a su varier les revues, les journaux, les recueils pour se faire connaître d'un public plus étendu : il ne quitte pas le camp royaliste mais il va facilement de l'extrême droite à la gauche, il se hasarde en province, à l'est et à l'ouest, il ne dédaigne pas à côté des grandes revues les petits almanachs.

Il a le souci de sa gloire et de sa renommée. Il fonde avec Abel le *Conservateur Littéraire* mais celui-ci n'a pas encore paru que le *Journal des Débats* en fait une annonce élogieuse (8 novembre 1819) et un mois après (20 décembre) applaudit aux succès anticipés de la revue. Le *Conservateur* de Chateaubriand (3 mars 1820) vient à la rescousse. Dans le *Journal de Nantes* (2 mai, 2 juin, 2 août, 20 août 1820) la plume de Trébuchet donne une aide fraternelle à leurs parents. La *Quotidienne* (6 et 19 octobre 1820) apporte à son tour son appui aux jeunes littérateurs. Amicale et spontanée parfois, cette réclame est aussi accordée aimablement à qui l'a demandée.

Mais Victor Hugo fait plus : il ne peut composer une ode sans le crier à tous les échos de la presse. *La Vendée* paraît : aussitôt la *Ruche d'Aquitaine,* le *Drapeau blanc,* la *Quotidienne* l'annoncent. Le *Courrier* et la *Renommée* s'en moquent : le poète en profite aussitôt pour le dire bien haut et se faire un piédestal de ces attaques ignorées. Il écrit *La Mort du duc de Berry,* la *Gazette de France,* le *Conservateur,* les *Lettres champenoises,* le *Moniteur Universel* (1) en avertissent leurs lecteurs. Pour *Moïse sur le Nil,* le *Journal de Paris,* libéral, joint sa voix à celle de Mély-Janin dans les *Lettres champenoises* et à celle de Saint-Victor dans le *Défenseur.* L'apparition du *Génie* est saluée par le *Drapeau blanc,* le *Journal des Débats,* le *Journal de Nantes,* les *Lettres champenoises.* Nous pourrions continuer et en dire autant de *Quiberon, Le Baptême du duc de Bordeaux, Vision, Bonaparte.*

Avait-il raison de se plaindre le 22 juillet 1822 à propos de son recueil d'*Odes et Poésies diverses.* Ouvrons les journaux : le 15 juin, la *Gazette de France* en fait l'annonce, le 22 juin, la *Quotidienne* l'imite, le 25 juin, c'est le tour du *Journal de Paris,* le 26 juin et le 10 juillet, *l'Etoile* suit leur exemple. Le *Journal des Débats* (14 et 16 juillet), les *Lettres champenoises* (n° de Juin-Juillet) prennent part au concert d'éloges. Enfin le 20 juillet, les *Annales de la Littérature et des Arts* contiennent un long article de Saint-Valry dicté par l'amitié. Jusqu'à ce moment nous n'avons pu trouver un mot de blâme : nous n'en trouverons pas contre les *Odes et Poésies diverses.* Tout au

(1) *Le Moniteur Universel* nomme six auteurs ayant publié des vers sur la *Mort du duc de Berry* mais seul Victor Hugo a l'honneur de voir quelques-uns de ses vers reproduits.

contraire les louanges continuent dans la *Foudre* (30 juillet), le *Réveil* (22 août) le *Journal de Paris* (27 août) l'*Etoile* (1er septembre) les *Lettres champenoises* et l'*Apollon* (septembre). Victor Hugo a dû lire avec plaisir l'article de Mély-Janin dans la *Quotidienne* (29 septembre) qui, après quelques critiques sur la nouvelle école, rend justice à l'auteur appelé à de hautes destinées. O'Mahony dans la *Foudre* du même jour prophétise lui aussi la gloire future du poète. Si Victor Hugo a attendu quelque temps les longs articles, il les voit se multiplier : X., dans le *Moniteur* (29 octobre), et *Hoffman*, dans les *Débats* (17 novembre), ne lui ménagent pas leurs éloges avec des réserves justifiées (1).

La 2e édition des *Odes* reçoit le même accueil : *Le Journal des Débats* (21 novembre) la *Quotidienne* (14 décembre), le *Réveil* (31 décembre), l'*Etoile* (30 décembre), la *Quotidienne* (1er janvier 1823); préviennent leurs lecteurs que la première édition est épuisée, qu'une seconde se prépare ou bien déjà est en vente.

Mais, dira-t-on, *Han d'Islande* a pourtant subi de violentes attaques. Il est vrai : quelques journaux, sans valeur littéraire, comme la *Pandore* (31 juillet 1823 et 11 mars 1824), le *Corsaire* (14 août 1823, 22 mars et 30 avril 1824) hasardent des plaisanteries plus ou moins spirituelles à côté de fines moqueries. Victor Hugo les a-t-il connues, ce n'est pas très certain. Mais on ne peut guère citer que trois ou quatre articles de journaux sérieux où le blâme se mêle à l'éloge jusqu'à le dominer. Citons le *Journal de Paris* (7 mars 1823), le *Mercure du XIXe siècle* (21 juin 1823) où Thiessé porte un jugement que l'avenir a ratifié.

Mais si l'on met en regard de ces critiques, toutes les annonces, tous les entrefilets élogieux, on est étonné de voir avec quel zèle Victor Hugo et ses amis s'employèrent en faveur du roman nouveau. Le 4 février, le *Réveil* et le *Miroir*, le 12 février, le *Journal des Débats*, l'*Etoile*, le *Constitutionnel* l'annoncèrent ; le *Réveil* (18 février, 25 février, 22 mars), la *Quotidienne* (24 février et 12 mars), le *Journal de Paris* (3 et 7 mars), l'*Eclair* (19 avril), la *Foudre* (20 octobre) en proclament le succès et la valeur. Au total neuf journaux de toutes nuances, de tous partis, à plusieurs reprises, par politesse, par amitié ou par conviction impriment des louanges à l'adresse de Victor Hugo et de *Han d'Islande*.

Les *Nouvelles Odes* et leur *Préface* ont été elles aussi attaquées par la *Pandore* (2 juillet, 14 août, 10 décembre 1824) et même par l'*Oriflamme* (21 août) dont Victor Hugo ne devait pas s'attendre à subir les coups. Hoffman, à deux reprises, dans le *Journal des Débats* (14 juin et 31 juillet) s'est permis de dire à l'auteur ce qu'il croyait être la vérité.

On peut expliquer toutes ces critiques : elles allaient évidemment aux ouvrages dont elles notaient les défauts, aux opinions dont elles marquaient la nouveauté. Leur dureté avait une excuse dans l'admiration outrée que professaient les amis de Victor Hugo pour celui qui, en 1824, se montrait déjà leur chef. Ch. Nodier dans la *Quotidienne* (12 mars 1823) n'avait-il pas osé affirmer que *Han d'Islande* avait eu « un « débit authentique et légitime de 12.000 exemplaires. » La vérité était tout autre, Ch. Nodier le savait lui-même, mais l'ami intime de Victor Hugo et l'un des créateurs du romantisme frénétique tenait évidemment à grossir outre mesure le succès d'un livre où il pouvait reconnaître mises en pratique ses théories les plus chères. Deux journaux, le *Réveil* (22 mars) et l'*Eclair* (19 avril), avaient à son exemple inventé de joyeuses fantaisies. D'après le premier, *Han d'Islande* traduit à Londres, à Vienne, à Berlin, avait servi à créer trois mélodrames pour la Porte Saint-Martin, l'Ambigu, la

(1) Il faut signaler cependant un article assez dur de E. Héreau dans la *Revue Encyclopédique* (juillet 1822. t. xv, pp. 169-171). Victor Hugo, très mécontent de cet article, écrivit, le 16 août 1822, au Directeur de la revue qui refusa d'insérer sa réponse. Il ne semble pas que dans cette occasion le beau rôle fut du côté de Victor Hugo. La lettre de Victor Hugo et la réponse de Héreau sont inédites. Nous remercions M. Charavay qui nous a permis d'en prendre connaissance.

Gaieté. L'*Eclair* appuyait cette information en prétendant sérieusement que la censure avait interdit plusieurs drames tirés de *Han d'Islande*. Saint-Valry, en juin 1823, avait écrit à Thiessé une lettre un peu vive pour défendre Victor Hugo et son roman.

Tout cela excitait les esprits. Les éloges outrés, le parti-pris dans l'admiration amènent nécessairement le blâme sévère, le parti-pris dans la critique.

Les *Nouvelles Odes* avaient eu elles aussi des admirateurs passionnés. A peine ont-elles vu le jour que la *Gazette de France* les signale (7 mars 1824). La *Pandore*, qui se moque des jeunes poètes dévoués au culte de la contemplation trouve cependant que « le plus intelligible, le moins obscur et sans contredit le plus distingué des con- « gréganistes pleureurs est M. Victor Hugo... Tous ses chants dans les *Nouvelles* « *Odes* méritent d'être lus. » Le *Drapeau blanc* insère une annonce (12 mars) puis consacre huit colonnes de rez de chaussée aux *Nouvelles Odes* (25 mai). « M. Victor « Hugo est à vingt-trois ans le premier poète lyrique, comme Soumet est le premier « poète tragique. » Le 15 mars, Soumet écrit un long article de douze pages dans la *Muse française* pour chanter la gloire de son ami. Les mots ordinaires et vulgaires ne lui suffisaient plus : n'appelait-il pas Victor « son cher et immortel ami », ne s'indignait-il pas de l'épithète de *belle* donné par le *Journal des Débats* à l'ode *Sur la Mort de Louis XVIII*. Il avait voué à Victor Hugo une pieuse adoration et il l'aurait appelé Saint Victor si un Saint-Victor n'avait traduit Anacréon et fait le *Voyage du Poète* (Lettre de Soumet à Hugo du 1er octobre 1824).

Comment Victor Hugo n'aurait-il pas été grisé par cet encens dont les fumées l'enveloppaient de tous côtés ? Aussi quand ses amis ne le louent pas assez, ou ne prennent pas sa défense, il s'en charge lui-même, harcèle Hoffman dont les critiques lui déplaisent. Il lui répond par une première lettre aux *Débats* (26 juillet 1824) par une seconde lettre que le journal refuse, mais que Victor Hugo envoie alors au *Drapeau blanc* (13 août) et à la *Gazette de France* (12 août).

Victor Hugo connaît la force de la presse, il ne néglige aucune occasion de faire parler de lui, de glisser son nom pour qu'il soit à tous moments sous les yeux du lecteur. Au *Conservateur Littéraire* il avait signé presque tous ses vers, mais pour le reste il avait dérobé sa personnalité sous le voile de l'anonymat. Quand le *Conservateur Littéraire* se joint aux *Annales de la Littérature et des Arts*, sur la couverture de cette dernière revue son nom se place avant celui de son frère, mais après celui de Malitourne (14 avril 1821). Au numéro suivant (21 avril), Victor gagne quelques rangs, puisqu'il précède Nodier, Ancelot et Malitourne. Ce changement n'est point un effet du hasard : l'admiration pour le talent de Victor ou bien une réclamation l'ont certainement produit. Mme Hugo meurt : quelques lignes dans la *Quotidienne* et la *Gazette de France* (3 juillet 1821) annonce qu'elle était la mère « des jeunes écrivains monar- « chiques » ou « des jeunes littérateurs monarchiques de ce nom. » — Abel remporte un prix à Cambrai pour une pièce de vers intitulée *La bataille de Denain*, Victor écrit au *Journal de Paris*, qui n'avait commis aucune erreur, pour l'avertir qu'il s'agit d'Abel et non de Victor Hugo. Abel, en 1823, célèbre, sous le pseudonyme de Monnières, l'anniversaire de Molière (15 janvier). Les journaux cherchent à connaître l'auteur ou les auteurs de cet impromptu. Les uns l'attribuent à M. Victor Hugo, d'autres à M. Hugo, d'autres à M. A. Hugo. Victor ne proteste nullement en présence de l'erreur manifeste de certains journaux. Le contraste est piquant.

En résumé, il ne nous semble pas que Victor Hugo avait raison de se plaindre de la presse, ni même de ses adversaires. N'est-ce pas l'un d'entre eux qui le premier probablement avait parlé dans les journaux de l'*Enfant Sublime*. A la suite de Biré, nous avons inutilement cherché dans la presse royaliste. Mais, en mai 1824, Tissot, contre qui Victor Hugo avait décoché plus d'une flèche, écrivait dans le *Mercure du* XIXe *siècle* : « M. Hugo est, dit-on, l'un des élèves de M. Chateaubriand qui dans sa prédilection « paternelle ne l'appelait jamais que l'*Enfant Sublime* ». Pourquoi d'ailleurs se plaignait-il ? Ses amis l'applaudisssaient avec transport. La critique commençait à montrer de la passion. C'était un prélude, celui des luttes prochaines, c'était déjà de la gloire.

Beaucoup, pour connaître Victor Hugo, se sont contentés d'étudier ses œuvres dans des éditions récentes ou de l'écouter narrant sa vie, mais ses œuvres ont subi bien des changements, il n'a pas tout dit et ses biographes non plus. Pour savoir le reste, il faut le demander aux éditions primitives, aux revues, aux journaux, à ses contemporains qui nous montrent un autre côté de sa vie. Nous avons voulu dans cet essai bio-bibliographique faciliter ce travail à qui voudrait l'entreprendre. Avons-nous fait d'heureuses trouvailles, notre gerbe est-elle abondante en lourds épis. Peut-être. Evidemment, le long du champ, nous en avons laissé échapper quelques-uns : ils feront la joie des glaneurs qui nous suivront, mais nous ne les avons pas laissé tomber exprès comme Booz dans la *Légende des siècles*.

Cette préface était composée quand parurent les *Odes et Ballades*, édition de l'Imprimerie Nationale ; c'est la seule raison qui nous l'a fait passer sous silence. Mais grâce à l'aimable obligeance de M. Gustave Simon, qui nous a permis de consulter les bonnes feuilles de l'ouvrage, et de voir les manuscrits de plusieurs odes, nous avons pu nous en servir pour rectifier, corriger, améliorer notre travail au cours de la publication. Nous tenons à exprimer ici à M. Gustave Simon notre respectueuse reconnaissance.

Voici quelques abréviations utiles au lecteur.

B. F. = Bibliographie de la France ou Journal de la Librairie.

Conserv. Litt. = Conservateur Littéraire.

Litt. et Philos. mêlées = Littérature et Philosophie mêlées.

Quand nous citons les œuvres de Victor Hugo, nous renvoyons toujours, à moins d'indication spéciale, à l'édition *ne varietur* in-8. Pour les *Lettres à la fiancée* nous nous sommes servi de l'édition in-12, publiée par Hetzel.

PRÉLIMINAIRES

1772 *19 Juin.* — Naissance et baptême de Sophie-Françoise Trébuchet, née à Nantes, paroisse St-Laurent, Haute Grande Rue, fille de Jean-François Trébuchet et de Renée-Louise Lenormand.

23 Septembre. — Naissance à Nantes, paroisse St-Nicolas, de Pierre-François Foucher, fils de René Foucher et de Françoise David.

1773 *15 Novembre.* — Naissance à Nancy de Joseph-Léopold-Sigisbert Hugo, fils de Joseph Hugo et de Jeanne-Marguerite Michaud.

1797 *3 Novembre.* — (13 brumaire an VI). Affiches du mariage de Joseph-Léopold-Sigisbert Hugo et Sophie-Françoise Trébuchet : cf. registres du greffe de Nantes.

15 Novembre. — (25 brumaire an VI). Signature du contrat de mariage de Joseph-Léopold Hugo et de Sophie-Françoise Trébuchet par devant Me Cabal, notaire à Paris : cf. Belton. *Mémoires de la Société des Sciences et Lettres de Loir-et-Cher*, t. XVI, livrais. 1re, p. 19, 31 mars 1902.

15 Novembre. — Mariage civil de Joseph-Léopold Hugo et de Sophie-Françoise Trébuchet : cf. Lettre de Sophie à son grand-père, Me Lenormand-Dubuisson, 19 novembre 1797, voir à l'*Appendice.*

19 Novembre. — (Dimanche, 29 brumaire an VI). Lettre de Sophie Hugo, Paris, à son grand-père, Me Lenormand-Dubuisson, à Nantes : cf. *Figaro*, 15 Août 1888, et *Appendice.* La date donnée par le *Figaro*, 23 brumaire an VI, est fautive.

1798 *1er Janvier.* — (Lundi, 12 nivôse an VI). Marie-Joseph Trébuchet, qui a accompagné sa sœur à Paris, part pour Nantes : cf. Lettre de Sigisbert Hugo à Marie-Joseph Trébuchet, 15 février 1798, à l'*Appendice.*

6 Janvier. — (Samedi, 17 nivôse an VI). Lettre de Hugo, adjudant-major au 1er bataillon de la 20e demi-brigade d'infanterie de ligne, capitaine rapporteur près du conseil de guerre de la 17e division militaire, Paris, au citoyen Trébuchet (Marie-Joseph) chez le citoyen Lenormand, juge, rue des Carmélites, Nantes. Lettre inédite : cf. l'*Appendice.*

15 Février. — (Jeudi, 27 pluviôse an VI). Lettre de Hugo à Trébuchet. Lettre inédite : cf. l'*Appendice.*

20 Avril. — (Vendredi, 1 floréal an VI). Lettre de Hugo, datée du greffe du 1er conseil de guerre, à Paris, maison commune, place de Grève, au citoyen Lenormand, juge au tribunal civil, rue Maupertuis, no 19, Nantes. Lettre inédite : cf. l'*Appendice.*

21 Mai. — (Lundi, 2 prairial an VI). Lettres de Sigisbert et de Sophie Hugo, Paris, à Marie-Joseph Trébuchet, Nantes. Lettres inédites : cf. l'*Appendice.*

1798 *26 Août.* — (Dimanche, 9 fructidor an VI). Lettre de Sigisbert Hugo, Paris, à Marie-Joseph Trébuchet, Nantes : cf. *Le Figaro*, 1er Août 1885, et l'*Appendice*.

12 Septembre. — (Mercredi, 1er brumaire an VII). Lettre de Sigisbert Hugo, Paris, à Marie-Joseph Trébuchet, Nantes : cf. *Le Figaro*, 8 Août 1888, et l'*Appendice*.

15 Novembre. — Naissance à Paris d'Abel Hugo : cf. Ed. Biré. *V. Hugo avant 1830*, p. 43.

29 Décembre. — (Samedi, 9 nivôse an VII). Lettre de Sigisbert Hugo. Paris, à Marie-Joseph Trébuchet, Nantes. Lettre inédite : cf. l'*Appendice*.

1799 *3 Février.* — (Dimanche, 15 pluviôse an VII). Lettre de Sigisbert Hugo, Paris, à Marie-Joseph Trébuchet, Nantes : cf. *Le Figaro*, 8 août 1888, et l'*Appendice*.

6 Mars. — (16 ventôse an VII). Sigisbert Hugo, nommé à la 20e demi-brigade, s'installe dans ses nouvelles fonctions à l'Ecole militaire : cf. lettre de S. Hugo à M.-J. Trébuchet, du 13 mars 1799. M. Dupuy (*Jeunesse des Romantiques*, p. 380) doit faire erreur en donnant la date du 29 avril 1799.

13 Mars. — (Mercredi, 23 ventôse an VII). Lettre de Sigisbert Hugo, adjudant-major au 3e bataillon de la 20e demi-brigade, Ecole militaire, Paris, à Marie-Joseph Trébuchet, Nantes : cf. *Le Figaro*, 1er août 1888, et l'*Appendice*.

Fin d'Avril. — Sigisbert, Sophie et Abel Hugo partent pour Nancy : cf. lettre du 6 mai, Sigisbert Hugo à Marie-Joseph Trébuchet.

6 Mai. — (Lundi, 17 floréal an VII). Lettre de Sigisbert Hugo, Nancy, à Marie-Joseph Trébuchet, Nantes : cf. *Le Figaro*, 1er août 1888, et l'*Appendice*.

19 Mai. — (30 floréal an VII). Sigisbert, Sophie et Abel Hugo ont dû quitter Nancy : cf. lettre du 6 mai, S. Hugo à M.-J. Trébuchet.

25 Mai. — (6 prairial an VII). Ils ont dû tous les trois arriver à Paris : cf. même lettre du 6 mai.

12 Juin. — (Mercredi, 24 prairial an VII). Sophie et Abel Hugo partent pour Nancy : cf. lettre du 13 juin, S. Hugo, à M.-J. Trébuchet.

13 Juin. — (Jeudi, 25 prairial an VII). Lettre de Sigisbert Hugo, Paris, à Marie-Joseph Trébuchet, Nantes : cf. *Le Figaro*, 1er août 1888, et l'*Appendice*.

14 Juin. — Sigisbert Hugo quitte Paris pour aller à l'armée du Rhin : cf. lettre du 13 juin.

19 Juillet. — Sigisbert Hugo est nommé adjoint à l'adjudant-général Mutelé : cf. Dupuy, *Jeunesse des Romantiques*, p. 381.

6 Août. — (Mardi, 19 thermidor an VII). Lettre de Sigisbert Hugo, armée du Rhin, 4e division militaire, quartier général, Nancy, à Marie-Joseph Trébuchet, lieutenant d'une compagnie franche de la Loire-Inférieure, rue Maupertuis, Nantes : cf. *Le Figaro*, 1er août 1888, et l'*Appendice*.

30 Septembre. — (Lundi, 8 vendémiaire an VIII). Lettre de Sigisbert Hugo, adjudant-major, adjoint aux adjudants-généraux, capitaine rapporteur du 2e conseil de guerre permanent de la 4e division militaire, au greffe du 2e conseil de guerre de Nancy, rue Callot, 102, à Marie-Joseph Trébuchet, Nantes. Lettre inédite : cf. *Appendice*.

1799 *9 Octobre.* — (17 vendémiaire an VIII). Lettre de Sigisbert Hugo, Nancy, aux administrateurs du département de la Meurthe : cf. *Catalogues Charavay*, nos 64 et 191.

1800 *9 Avril.* — (Mercredi, 19 germinal an VIII). Lettre de Sigisbert Hugo, au greffe du 2e conseil de guerre, Nancy, à Marie-Joseph Trébuchet, chez le citoyen Lenormand-Dubuisson, rue Maupertuis, Nantes : cf. *Le Figaro*, 8 août 1888, et l'*Appendice*.

10 Avril. — (20 germinal). Sigisbert Hugo est nommé adjoint à l'état-major général de l'armée du Rhin : cf. Dupuy, *Jeunesse des Romantiques*, p. 381.

1800 *18 Avril.* — (28 germinal). Sigisbert Hugo quitte Nancy pour se rendre près de Moreau : cf. lettre du 2 juin 1800, à l'*Appendice*.

12 Mai. — (Lundi, 22 floréal an VIII). Lettre de Sigisbert Hugo (armée du Rhin: quartier général de Memmingen) à Marie-Joseph Trébuchet. Lettre inédite, cf. l'*Appendice*.

2 Juin. — (Lundi, 13 prairial an VIII). Lettre de Sigisbert Hugo (quartier général de Memmingen en Souabe, armée du Rhin, général en chef Moreau) à Marie-Joseph Trébuchet : cf. *Le Figaro*, 8 août 1888, et l'*Appendice*.

19-20 Juin. — Sigisbert Hugo est nommé provisoirement chef de bataillon par le général Moreau. M. Dupuy (*Jeunesse des Romantiques*, p. 381) indique comme date le 20 juin. D'après les *Mémoires* de Hugo, (t. I, p. 79-80) la nomination aurait eu lieu le 30 prairial, c'est-à-dire le 19 juin.

4 Juillet. — (Vendredi, 15 thermidor an VIII). Lettre de Sigisbert Hugo (quartier général de Bombach) à Marie-Joseph Trébuchet : cf. *Le Figaro*, 8 août 1888, et l'*Appendice*.

20 Juillet. — (1er thermidor an VIII). Baptême à Nancy d'Abel Hugo : cf. Biré, *V. Hugo avant 1830*, p. 43.

16 Septembre. — (29 fructidor an VIII). Naissance à Nancy d'Eugène Hugo : cf. Biré, *V. Hugo avant 1830*, p. 43.

30 Septembre. — (8 vendémiaire an IX) Hugo est nommé adjudant de la place de Lunéville pour la durée des négociations : cf. Dupuy, *Jeunesse des Romantiques*, p. 381.

8 Octobre. — (16 vendémiaire) Hugo est nommé commandant provisoire de Lunéville : cf. Dupuy, *Jeunesse des Romantiques*, p. 381.

1801 *25 Mars.* — (4 germinal an IX). Lettre de Sigisbert Hugo, Lunéville, à Me Lenormand-Dubuisson, Nantes. Lettre inédite : cf. l'*Appendice*.

Sans date. — Fragment d'une lettre de Sigisbert Hugo, Lunéville, à Marie-Joseph Trébuchet, rue Vandyck, maison Caillé, 9, Nantes : cf. l'*Appendice*.

1802 *26 Février.* — (7 ventôse an X). Victor Hugo naît à Besançon.

5 Mars. — (14 ventôse an X). Lettre de Sigisbert Hugo à Lahorie : cf. *V. Hugo raconté*, t. I, p. 21.

1803 *18 Février.* — (Vendredi, 29 pluviôse an XI). Lettre de Sigisbert Hugo au citoyen Joseph Bonaparte (lettre datée de Bastia) : cf. *Revue des Autographes*, n° 107, sept. 1887, pp. 13-14.

1804 *18 Septembre.* — (Premier jour complémentaire an XIII). Lettre de Sigisbert Hugo, Plaisance, à Joseph Bonaparte. Sigisbert est chef de bataillon du 20e régiment d'infanterie. Il exprime son regret de ne pas faire partie de la députation qui se rend au couronnement de l'empereur : cf. *Catalogues Charavay*, n° 179.

1805 *13 Août.* — (Mardi, 25 thermidor an XIII). Lettre de Sigisbert Hugo à Berthier : cf. *Catalogues Charavay*, nº 218.

1805 *27 Août.* — (9 fructidor an XIII). Lettre de Sigisbert Hugo, datée d'Ajaccio : cf. *Revue des Autographes*, nº 186, avril 1895, p. 9.

1809 *12 Avril.* — Lettre de Sophie Hugo à Marie-Joseph Trébuchet : cf. *Le Figaro*, 15 août 1888, et l'*Appendice.*

20 Avril. — Lettre de Marie-Joseph Trébuchet à Sophie Hugo. Inédite : cf. L'*Appendice.*

4 Mai. — Lettre de Lenormand-Dubuisson à Sophie Hugo. Inédite : cf. L'*Appendice.*

20-21 Mai. — Deux lettres de Sophie Hugo à Marie-Joseph Trébuchet. Disparues.

6 Juin. — Lettre de Marie-Joseph Trébuchet à Sophie Hugo. Inédite : cf. L'*Appendice.*

1er Juillet. — Lettre de Sigisbert Hugo, Avila, à MM. Ternaux, banquiers. Il envoie une lettre de change pour solder les avances faites à Mme Hugo : cf. *Catalogues Charavay*, nº 378.

1810 *19 Septembre.* — Lettre de Sophie Hugo à Marie-Joseph Trébuchet. Inédite : cf. L'*Appendice.*

22 Octobre. — Estimation et partage des biens de Me Lenormand-Dubuisson.

5 Novembre. — Vente du mobilier de Me Lenormand-Dubuisson.

24 Novembre. — Lettre de Marie-Joseph Trébuchet à Sophie Hugo. Inédite : cf. *L'Appendice.*

20 Décembre. — Lettre de Sophie Hugo à Marie-Joseph Trébuchet qui l'a reçue le 25 décembre. Inédite : cf. l'*Appendice.*

1811 *9 Mars.* — Lettre de Sophie Hugo à Marie-Joseph Trébuchet. Inédite : cf. l'*Appendice.*

10 Mars. — Départ de Sophie Hugo, pour Madrid.

4 Avril. — Mme Hugo est à Bayonne : cf. G. Simon, l'*Enfance de V. Hugo*, p. 50.

16 Août. — Lettre de Sigisbert Hugo, Guadalaxara, au duc de Feltre : cf. *Catalogues Charavay*, nº 316.

1814 *Mai.* — Départ de Mme Hugo pour Thionville.

23 et 30 Mai. — Lettre d'Eugène Hugo à sa mère : cf. *V. Hugo raconté*, t. I, pp. 192-193 et G. Simon, l'*Enfance de V. Hugo*, pp. 92-94. La lettre de Victor à sa mère (*V. Hugo raconté*, pp. 191-192) doit être de la même époque, malgré la date, 2 août 1815, qu'on trouve dans la *Correspondance 1815-1835*, p. 165.

1814 *26 juin.* — Marie-Joseph Trébuchet reçoit la décoration du lys comme grenadier dans la 2e compagnie et 2e cohorte de la garde urbaine. Il était alors chef de bureau du secrétariat général à la préfecture de Nantes. (Papiers de la famille Liberge).

CHAPITRE PREMIER

1815 - 1818

1815 *Juin*

Après le 18. *Sur Napoléon, après Waterloo* : cf. *V. Hugo raconté*, t. I, p. 214 : dix vers sont cités. La pièce a été composée, d'après *V. Hugo raconté*, quelques jours après la bataille de Waterloo, 18 juin 1815.

Sans date de mois. *Au lecteur* : cf. *V. Hugo raconté*, t. I, pp. 210-211 : quatre vers cités.

— Lettre de Joséphine Trébuchet de Nantes à ses cousins Hugo, lettre restée sans réponse : cf. lettre d'Eugène Hugo à Adolphe Trébuchet, avril 1820.

1815 à **1818**. *Couplet d'une chanson à boire* : c'est un calembour : cf. *V. Hugo raconté*, t. I, p. 213 ; huit vers cités.

— *Vers à sa mère* : cf. *V. Hugo raconté*, t. I. p. 214 : trois vers sont cités. Peut-être font-ils partie de l'envoi de son opéra-comique (1er janvier 1818).

— *Vers politiques* : cf. *V. Hugo raconté*, t. I, p. 218 : douze vers sont cités. Ces vers sont probablement de 1816 et appartiennent soit au *Dialogue* dont parle G. Simon, n° 16, p. 106, soit à l'*Epigramme dialoguée*, n° 23, p. 107.

— *Deux vers traduits d'Ausone sur Didon* : cf. *V. Hugo raconté*, t. I, p. 212.

— *Une explication burlesque du miracle de Cana* : deux vers cités dans *V. Hugo raconté*, t. I, p. 212.

— *Epigramme. Sur un méchant auteur méchant* : cf. *V. Hugo raconté*, t. I, p. 212 : quatre vers. Peut-être est-ce l'un des épigrammes notés par G. Simon : n° 9, (septembre 1816), p. 105 ; nos 14, 17 et 20, (1816, sans date de mois), p. 106 ; n° 41 (1817, sans date de mois), p. 109.

— *Madrigal. Sur une jolie femme borgne de l'œil droit dont le fils était borgne de l'œil gauche* : quatre vers traduits du latin : cf. *V. Hugo raconté*, t. I, p. 212.

— *Charade sur le mot souris* ; deux vers : cf. *V. Hugo raconté*, t. I, p. 213.

1816 *Juin*

Sans date. *Côtes de Provence*, poésie imitée des *Géorgiques* : cf. G. Simon, *L'Enfance de V. Hugo*, p. 103, n° 1 et *Les Odes et Ballades*, édition de l'Imprimerie Nationale, pp. 388-389. On y trouvera le texte et la date : Juin 1816.

Juillet

10 V. Hugo écrit : « Je veux être Chateaubriand ou rien » : cf. *V. Hugo raconté*, t. II. p. 6.

17 V. Hugo commence *Irtamène* : cf. 14 décembre 1816.

Août

Avant le 15. *Couplets chantés dans un repas le 15 août 1816, à l'occasion de la fête du Roi :* cf. G. Simon, *L'Enfance de V. Hugo*, p. 103, n° 2. Ces couplets sont probablement la chanson dont parle *V. Hugo raconté* (t. i, p. 214) et dont le refrain est : Vive le Roi ! Vive la France !

28 août au 4 sept. *Réponse à M. Baour-Lormian sur son épître au Roi, le jour de la Saint-Louis, 25 août 1816* : cf. G. Simon, *L'Enfance de V. Hugo*, pp. 103-104, n° 3 ; cf. *Catalogues Charavay*, nos 113 et 330. L'autographe de cette *Réponse*, 4 p. in-folio, avec des remarques d'Eugène Hugo, a été mis en vente par les soins de M. Charavay.

Vers la même époque, V. Hugo a dû écrire les quelques notes de son journal à propos de Baour-Lormian : cf. *V. Hugo raconté*, t. ii, p. 5.

Eugène Hugo a composé lui aussi une réponse à M. Baour-Lormian. Ce dernier dans une pièce de vers pleine de mauvais goût, de jeux de mots, de plaisanteries avait donné des conseils au Roi. La réponse de Victor est sur un ton sarcastique et satirique : cf. G. Simon, *L'Enfance de V. Hugo*, pp. 103-104.

Septembre

30 *A Maman, pour le jour de sa fête*, 30 septembre 1816 : cf. G. Simon, *L'Enfance de V. Hugo*, p. 105, n° 13.

Sans date. *Epigramme*, septembre 1816 : cf. G. Simon, *L'Enfance de V. Hugo*, p. 105, n° 8.

— *Une nuit*, septembre 1816 : cf. G. Simon, *L'Enfance de V. Hugo*, p. 105, n° 9.

— *Fragments*, septembre 1816 : cf. G. Simon, *L'Enfance de V. Hugo*, p. 105, n° 10. G. Simon cite à ce propos huit vers d'une adaptation de l'*Art poétique* d'Horace.

— *Acrostiche*, septembre 1816 : cf. G. Simon, *L'Enfance de V. Hugo*, p. 105, n° 12.

Octobre

16 *Eglogue : Tityre, Mélibée*, traduction, 16 octobre 1816 : cf. G. Simon, *L'Enfance de V. Hugo*, p. 106, n° 22. Le texte se trouve dans les *Odes et Ballades*, édition de l'Imprimerie Nationale, pp. 390-393.

Sans date. *Les Originaux ou la Lanterne magique*, chanson, octobre 1816 : cf. G. Simon, *L'Enfance de V. Hugo*, p. 105, n° 7.

— *A Abel sur une épingle qu'il m'avait donnée*, octobre 1816 : cf. G. Simon, *L'Enfance de V. Hugo*, p. 105, n° 11.

— *Imitation*, octobre 1816 : cf. G. Simon, *L'Enfance de V. Hugo*, p. 106, n° 15.

Novembre

Sans date. *Traduction de l'épisode du Premier livre des Géorgiques*, novembre 1816 : cf. G. Simon, *L'Enfance de V. Hugo*, p. 105, n° 5.

— *Euryale et Nisus*. Episode imité de Virgile, novembre 1816 : cf. G. Simon, *L'Enfance de V. Hugo*, p. 105, n° 6.

Décembre

4 V. Hugo commence la traduction de la 4e Eglogue de Virgile. Il la finit le 3 janvier 1817 (cf. 3 janvier 1817).

14 V. Hugo termine *Irtamène*, tragédie, mille cinq cent huit vers : cf. G. Simon, *L'Enfance de V. Hugo*, pp. 111-127 et *V. Hugo raconté*, t. i, pp. 215-216. G. Simon cite six vers (p. 116), un vers (p. 117), dix vers (p. 118), six vers (p. 119), dix-huit vers (p. 120), douze vers (p. 121), quatre-vingt-six vers (pp. 122, 123, 124), quatre vers (p. 125).

1816 *Décembre*

21 au 30 *A maman, en lui envoyant Irtamène*, le 1er janvier 1817 : cf. G. SIMON, p. 107, n° 24 et pp. 112, 113, 126, 127. Cette pièce contient soixante-six vers. G. Simon en cite huit : deux (p. 112), deux (p. 113), quatre (p. 127).

Fin décembre. *A Madame Lucotte. Pour le 1er janvier 1817* : cf. G. SIMON, *L'Enfance de V. Hugo*, pp. 107-108, n° 26. Il cite huit vers, p. 108.

Sans date de mois. *Conte* : cf. G. SIMON, *L'Enfance de V. Hugo*, p. 104, n° 4.

— *La Rose*, fable : cf. G. SIMON, *L'Enfance de V. Hugo*, p. 105, n° 9.

— *Epigramme de Martial* : cf. G. SIMON, *L'enfance de V. Hugo*, p. 106, n° 14.

— *Dialogue* : cf. G. SIMON, *L'Enfance de V. Hugo*, p. 106, n° 16.

— *Sur un mauvais libelliste* : cf. G. SIMON, *L'Enfance de V. Hugo*, p. 106, n° 17.

— *Plaintes d'un père sur la mort de son fils* : cf. G. SIMON, *L'Enfance de V. Hugo*, p. 106, n° 18.

— *Elégie* : cf. G. SIMON, *L'Enfance de V. Hugo*, p. 106, n° 19.

— *Epigramme* : cf. G. SIMON, *L'Enfance de V. Hugo*, p. 106, n° 20.

— *A Glycère* : cf. G. SIMON, *L'Enfance de V. Hugo*, p. 106, n° 21.

— *Epigramme dialoguée* : cf. G. SIMON, *L'Enfance de V. Hugo*, p. 107, n° 23.

— *Le Tonnerre* : cf. G. SIMON, *L'Enfance de V. Hugo*, p. 107, n° 25.

— *Le Déluge*, poème en trois chants, trois cent soixante-quatre vers : cf. G. SIMON, *L'Enfance de V. Hugo*, pp. 128-139. Il cite soixante-quatorze vers aux pages 131, 132, 133, 134.

— *Sur mon Déluge. A Abel* : cf. G. SIMON, *L'enfance de V. Hugo*, p. 137. Six vers sont cités.

— V. Hugo a dû écrire en 1816 les quatre vers sur l'Inquisition qu'on trouve dans *V. Hugo raconté*, t. II, p. 5.

1817 *Janvier*

3 V. Hugo termine la *IVe Eglogue de Virgile* : *A. Pollion* (commencée le 4 décembre 1816) : cf. G. SIMON, *L'Enfance de V. Hugo*, p. 108, n° 27.

3-16 *Aristée*, épisode traduit de Virgile. La pièce contient des variantes et des corrections : cf. G. SIMON, *L'Enfance de V. Hugo*, p. 108, n° 28.

11 ABEL HUGO : *Traité du Mélodrame par MM. A ! A ! A !* In-8, Imp. Gillé, Paris ; Paris, Delaunay, Pélicier, Plancher. *Facétie*. B. F. 11 janvier, n° 60. Les trois auteurs sont Armand Malitourne, Jean-Joseph Ader et Abel Hugo (cf. BIRÉ, *V. Hugo avant 1830*, p. 115).

Sans date. *L'antre des Cyclopes*, fragment de l'Enéide : cf. G. SIMON, *L'Enfance de V. Hugo*, p. 108, n° 29. *L'antre des Cyclopes* a été imprimé dans le *Conservateur Littéraire*, t. I, livrais. IX, pp. 327-328, 1er avril 1820, dans *V. Hugo raconté*, t. I, pp. 233-234, dans le *Lycée Armoricain*, t. II, livrais. XII, pp. 429-430, déc. 1823 et dans les *Odes et Ballades*, édition de l'Imprimerie Nationale, pp. 394-395 avec cette date : [Janvier] 1817.

Février

22 février au 3 mars. *Cacus*, épisode traduit de Virgile : cf. G. SIMON, *L'Enfance de V. Hugo*, p. 108, n° 30 ; Cf. le *Conservateur Littéraire*, t. I, livrais. IV, pp. 121-123, janvier 1820. *V. Hugo raconté*, t. I, pp. 235-238 et les *Odes et Ballades*, édition de l'Imprimerie Nationale, pp. 396-398 où *Cacus* a été imprimé.

Mars

3 *Le siècle présent*, 3 mars 1817 : cf. G. SIMON, *L'Enfance de V. Hugo*, p. 109, n° 36.

Mars

16 *Traduction d'un épisode d'Horace*, 16 mars 1817 : cf. G. Simon, *L'Enfance de V. Hugo*, p. 109, n° 32.

18 V. Hugo commence *Le Bonheur que procure l'Etude* : cf. 7 avril 1817.

25 *Sur un athée* : cf. G. Simon, *L'Enfance de V. Hugo*, p. 109, n° 34.

Sans date. *Promenade nocturne* : cf. G. Simon, *L'Enfance de V. Hugo*, p. 108, n° 31.

Avril

2 *Le règne de Jupiter*, traduit de Virgile, *Géorgiques* : cf. G. Simon, *L'Enfance de V. Hugo*, p. 109, n° 37.

3 V. Hugo commence l'Ode : *Le Temps et les Cités*, terminée le 5. Voir *Odes et Ballades*, édition de l'Imprimerie Nationale, p. 527.

7 V. Hugo termine *Le Bonheur que procure l'Etude dans toutes les situations de la vie* : cf. Biré, *V. Hugo avant 1830*, p. 103 et G. Simon, *L'Enfance de V. Hugo*, p. 161.

20-23 *Le Vieillard du Galèse*, épisode traduit des Géorgiques, livre iv : cf. G. Simon, *L'Enfance de V. Hugo*, p. 109, n° 39. *Le Vieillard du Galèse* a été imprimé dans le *Conservateur Littéraire*, t. ii, livrais. xix, pp. 323-330, août 1820, dans la *France Littéraire*, t. iii, livrais. i, pp. 182-183, juillet 1832 et dans *V. Hugo raconté*, t. i, pp. 229-231, et auparavant par E. Biré, *V. Hugo avant 1830*, pp. 86-87 ; cf. *Les Odes et Ballades*, édition de l'Imprimerie Nationale, pp. 411-412.

Sans date. *César passe le Rubicon*, traduit de la Pharsale de Lucain : cf. G. Simon, *L'Enfance de V. Hugo*, p. 109, n° 40. *César passe le Rubicon* a été imprimé dans le *Conservateur Littéraire*, t. i, livrais. x, pp. 362-363, avril 1820, dans *V. Hugo raconté*, t. i, pp. 239-241, dans le *Lycée Armoricain*, t. iv, livrais. xxi, pp. 262-263, sept. 1824 et dans les *Odes et Ballades*, édition de l'Imprimerie Nationale, pp. 408-409 avec cette date [Avril] 1817.

Mai

12 Un lundi, V. Hugo remet à l'Académie sa pièce : *Le Bonheur que procure l'Etude* : cf. Ernest Dupuy, *Jeunesse des Romantiques*, pp. 7 et 8. Le concours fermait le 15 mai, un jeudi (cf. séance du 25 août 1816).

17 *Le Noble*, traduit de la 8e satire de Juvénal : cf. G. Simon, *L'Enfance de V. Hugo*, p. 109, n° 33.

29 *Sur la tragédie de Germanicus jouée le 22 mai 1817* : cf. G. Simon, *L'Enfance de V. Hugo*, p. 109, n° 35 (1). Ces vers ont été composés en mars et non en mai.

Sans date. *A Lydie*. Voir au 20 Mai 1820.

Juin

28 J.-B. Picquenard. *Adonis ou le Bon Nègre*, anecdocte coloniale, nouvelle édition, in-18, Imp. Didot : Paris, Maradan, B. F. 28 juin, n° 2093. Cette anecdote a pu servir à V. Hugo pour *Bug-Jargal*.

Août

Le Bonheur que procure l'étude dans toutes les situations de la vie mérite une mention à l'Académie. M. Raynouard dans son rapport cite dix vers (p. 848). 25

(1) *Germanicus*, tragédie en cinq actes et en vers, est de A. V. Arnault. Elle fut représentée, par les comédiens ordinaires du Roi, le 22 mars 1817, et imprimée chez Chaumerot (B. F., 19 avril 1817, n° 1304). Il faut lire 22 mars au lieu de 22 mai sur le cahier de V. Hugo. Cette pièce n'eut qu'une représentation à cause des allusions politiques qu'on y vit.

D'après *V. Hugo raconté* le morceau entier a été publié en une plaquette ayant pour titre *Essais poétiques* avec cette épigraphe : *Ægri somnia* et une *Dédicace à M. D. L. R.* (M. de la Rivière).

Cf. *V. Hugo raconté*, édit. Lacroix, 1863, qui cite soixante-sept vers de cette pièce ; E. Biré, *V. Hugo avant 1830*, qui cite quatre-vingt seize vers inédits, pp. 102-104 ; *V. Hugo raconté*, édit. *ne varietur*, qui cite la pièce en entier, trois cent trente-quatre vers, t. II, pp. 17-30. Quelques corrections ont été faites à l'édition de 1863. Le même texte se trouve dans les *Odes et Ballades*, édition de l'Imprimerie Nationale, pp. 399-407 (2).

30 *Vers de V. Hugo à François de Neufchâteau* : cf. *V. Hugo raconté*, t. II, pp. 10-11 ; *Odes et Ballades*, édition de l'Imprimerie Nationale, p. 527.

Lettre de V. Hugo à M. Raynouard, secrétaire perpétuel de l'Académie française, accompagnée de trente-neuf vers : cf. *Correspondance 1815-1835*, pp. 3-5, G. Simon, *L'Enfance de V. Hugo*, p. 168 et *Catalogues Charavay*, n° 360. 31

Septembre

2 *Vers de Neufchâteau à V. Hugo*, cf. *V. Hugo raconté*, t. II, pp. 11-12 ; *Odes et Ballades*, édition de l'Imprimerie Nationale, p. 527.

Avant le 14 V. Hugo compose le 1er acte d'*Athélie* ou *les Scandinaves*, tragédie en 5 actes et en vers. Scénario : deux pages et demie, c'est-à-dire soixante dix-neuf lignes ; 1er acte : quatre cent vingt-six vers.

Après le 14 V. Hugo compose le 2e acte d'*Athélie*, Trois cent deux vers : cf. G. Simon, *L'Enfance de V. Hugo*, p. 140, 148, 150.

---

(2) Voici la bibliographie de quelques autres pièces de vers sur le même sujet.

Août 30. — *Le bonheur que procure l'étude dans toutes les situations de la vie*, discours en vers, mentionné sous le n° 36, à la séance publique de l'Académie française, le 25 août 1817. Impr. et libr. Michaud, in-8. (B. F. 30 août, n° 2678). Raynouard donne la 3e place au n° 36.

Août 30. — Lebrun et Saintine. *Bonheur que procure l'étude dans toutes les situations de la vie.* In-4° Impr. Didot. (B. F. 30 août, nos 2676 et 2677).

Septembre 6. — C. Delavigne. *Epître à MM. de l'Académie française sur cette question : L'Etude fait-elle le bonheur dans toutes les situations de la vie.* In-8, Impr. Everat : Paris, Delaunay. (B. F. 6 septembre, n° 2772).

Septembre 13. — Charles Loyson. *De l'influence de l'étude sur le bonheur dans toutes les situations de la vie* : discours qui a obtenu l'accessit du prix de poésie, le 25 août 1817, par Ch. Loyson, maître de conférences à l'école normale. In-8. Impr. Doublet. Paris, Guillaume (B. F. 13 septembre, n° 2847).

Septembre 20. — A. d'Egvilly. *Discours en vers sur le bonheur que procure l'étude dans toutes les situations de la vie*, sujet proposé par l'Académie, par A. d'Egvilly. In-8. Impr. Poulet, Paris, Mathiot. (B. F. 20 septembre, n° 2991).

Novembre 15. — Saint-Albin Berville. *Le bonheur que procure l'étude dans toutes les situations de la vie* ; discours en vers, mentionné sous le n° 42 à la séance publique de l'Académie, le 25 août 1817. Par Saint-Albin Berville, avocat. In-8. Impr. Fain, Paris, Delaunay (B. F. 15 novembre, n° 3537). Cette pièce obtint la 6e place.

29 *A Maman pour le jour de sa fête, Ste Sophie* : cf. G. Simon, *L'Enfance de V. Hugo*, p. 171. Il cite dix vers.

En septembre, réponse de M. Raynouard à l'envoi de V. Hugo du 31 août : cf. *V. Hugo raconté*, t. II, p. 8.

En septembre probablement, un jeudi, eut lieu la visite de V. Hugo à M. Raynouard, à la bibliothèque de l'Institut : cf. *V. Hugo raconté*, t. II, p. 8 et G. Simon, *L'Enfance de V. Hugo*, p. 161.

Septembre à Décembre. Vers de Campenon adressés à V. Hugo : cf. *V. Hugo raconté*, t. II, p. 9 (quatre vers sont cités).

Octobre

17 au 20 *Achéménide* : cf. G. Simon, *L'Enfance de V. Hugo*, p. 171. *Achéménide* fut lu au banquet littéraire, du 5 juillet 1818. Il a été imprimé dans le *Conservateur Littéraire*, t. I, livrais. VI, pp. 201-204, février 1820, dans le *Lycée Armoricain*, t. I, livrais. IV, pp. 258-261, avril 1823, dans *V. Hugo raconté*, t. I, pp. 223-228 et dans les *Odes et Ballades*, édition de l'Imprimerie Nationale. pp. 413-416.

Novembre

1 *L'Avarice et l'Envie*, conte. Voir au 25 décembre 1819.

4 Vers de V. Hugo à Blondel : cf. G. Simon, *L'Enfance de V. Hugo*, pp. 170-171 : il cite six vers à la page 171.

11 *La France au duc d'Angoulême, grand-amiral, en tournée dans les ports de France* : cf. G. Simon, *L'Enfance de V. Hugo*, p. 171 et *V. Hugo raconté*, t. I, p. 215 où se trouvent cités dix vers de cette ode sur la duchesse d'Angoulême.

15 Il abandonne sa tragédie d'*Athélie* : cf. *Odes et Ballades*, édition de l'Imprimerie Nationale, p. 528.

Décembre

3 *Opéra-comique. A quelque chose hasard est bon* : cf. G. Simon, *L'Enfance de V. Hugo*, pp. 150-153. A la p. 153, neuf vers sont cités. Pour la date, on lit dans G. Simon : « il fait un opéra-comique le 3 décembre 1817 ». Il est peu probable que V. Hugo le composa en un jour. Il dut le commencer ou le finir le 3 décembre 1817. Peut-être le titre de cet opéra-comique est-il emprunté à l'*Ingénu* de Voltaire. En tous cas il a une certaine ressemblance avec la devise de Gordon : « Malheur est bon à quelque chose » (Voltaire, *Œuvres complètes*, édit. Garnier, *Romans*, l'*Ingénu*, t. XXI, p. 304).

16 *Stances au sommeil* : cf. G. Simon, *L'Enfance de V. Hugo*, p. 171. Le texte se trouve dans les *Odes et Ballades*, édition de l'Imprimerie Nationale, pp. 419-420.

Fin de l'année. *Appréciation sur Irtamène* : cf. *V. Hugo raconté*, t. I, p. 211, onze vers cités. Cette appréciation, dit *V. Hugo raconté*, date d'un an après *Irtamène*.

— *Dédicace* « du Bonheur que procure l'étude » à *M. D. L. R.* (M. de la Rivière). Six vers : cf. Biré. *V. Hugo avant 1830*, p. 103, *V. Hugo raconté*, t. II, p. 14, G. Simon, *L'Enfance de V. Hugo*, p. 166. *La réponse de M. de la Rivière*, à la Dédicace de V. Hugo, se trouve dans G. Simon, pp. 167-168. (Seize vers p. 167 et deux vers en note).

— *Vers de V. Hugo à Biscarrat* : cf. G. Simon, *L'Enfance de V. Hugo*, pp. 169-170. Trois vers sont cités, p. 170.

Sans date. *Traduction d'une ode d'Horace* : cf. G. SIMON, *L'Enfance de V. Hugo*, p. 109, n° 38.

— *Epigramme imitée de Martial* : cf. G. SIMON, *L'Enfance de V. Hugo*, p. 109, n° 41.

— *Ode* : cf. G. SIMON, *L'Enfance de V. Hugo*, p. 109, n° 42.

— *Sur M. D...* : cf. G. SIMON, *L'Enfance de V. Hugo*, p. 110, n° 44.

— *Prodige et miracle. Sur le succès de la manie des grandeurs* : cf. G. SIMON, p. 110, n° 44.

— *Ronde des V.* (les cinq derniers couplets) : cf. G. SIMON, *L'Enfance de V. Hugo*, p. 110, n° 46.

— *Inez de Castro*, mélodrame en 3 actes, accepté au Panorama dramatique, refusé par la censure (1). cf. G. SIMON, *L'Enfance de V. Hugo*, pp. 155-156.

1818 *Janvier*

1 *Envoi* par V. Hugo *de son opéra-comique* à sa mère : cf. *V. Hugo raconté*, p. 211 (cinq vers cités) et G. SIMON, *L'Enfance de V. Hugo*, p. 172. Il dit que l'envoi est du 1er janvier 1818 et il cite un vers qui n'est pas dans *V. Hugo raconté*.

6 au 10 *La colère du poète* ou *la manie de la politique*, satire : cf. G. SIMON, *L'Enfance de V. Hugo*, p. 173.

25 *Acte d'association pour la rédaction et la publication des « Lettres bretonnes »* entre Abel Hugo, Louis-Auguste Marteau, Jean-Joseph Ader, Eugène et Victor Hugo : cf. G. SIMON, *L'Enfance de V. Hugo*, pp. 175-177.

29 Janvier au 2 Février. *La mort de Louis XVII*, ode, avec une épigraphe de Delille, antérieure à celle des *Odes* et *Ballades* : cf. G. SIMON, *L'Enfance de V. Hugo*. p. 173 et *V. Hugo raconté*, t. I, p. 214. On trouve quelques strophes de cette ode dans les *Odes et Ballades*, édition de l'Imprimerie Nationale, pp. 421-425.

Février

2 au 3 *Le désir de la gloire*, ode : cf. G. SIMON, *L'Enfance de V. Hugo*, p. 173.

Avant le 15. Eugène Hugo compose son *Ode sur la mort du duc d'Enghien* (le 15 février est la limite du concours des Jeux floraux).

Sans date. *Les Places*, chanson : cf. G. SIMON, *L'Enfance de V. Hugo*, p. 173. Pour le texte, voir *Odes et Ballades*, édition de l'Imprimerie Nationale, pp. 426-427.

Avril

8-10 *Priape*, traduction d'une satire d'Horace : cf. *Odes et Ballades*, édition de l'Imprimerie Nationale, p. 528. On y donne la date. *Priape* fut lu au 4e banquet littéraire, le 4 Octobre 1818.

Mai

3 Eugène Hugo obtient un souci réservé pour son *Ode sur la mort du duc d'Enghien* : cf. *Recueil de l'Académie des Jeux floraux*, 1818, où elle est imprimée pp. j-vj.

12 *Chanson* : cf. *Odes et Ballades*, édition de l'Imprimerie Nationale. pp. 428-429.

Sans date. V. Hugo travaille pour François de Neufchâteau sur Lesage et *Gil-Blas* : cf. BIRÉ, *V. Hugo avant 1830*, p. 109 et l'*Artiste*, septembre 1882, p. 185 et suiv..

---

(1) En 1822, le vendredi 26 avril, aux Bonnes Lettres, « dans un discours plein de recherches sur la litté- « rature dramatique espagnole. M. Abel Hugo a, entre autres ouvrages, examiné la tragédie d'*Inès de Castro*. « par *Maxias de Lacerda* et l'a comparée à celle de Lamothe. Le sujet de cette pièce étant tiré d'un épisode « de la *Lusiade* a fourni à M. Hugo l'occasion de parler avec quelque étendue du poème de la *Lusiade*. » cf. *Annales de la Littérature et des Arts*, t. VII, livrais. LXXXII, p. 136, 27 avril 1822.

Juin

1 Eloge de l'*ode* d'Eugène Hugo *sur la mort du duc d'Enghien* : cf. *Ruche d'Aquitaine*, t. II, livrais. XI, 1er juin 1818.

8 Lettre de François de Neufchâteau à Alexandre Barbier. Il l'avertit que V. Hugo ira prochainement le trouver pour lui demander des renseignements sur *Gil Blas* : cf. *Le Figaro*, 15 août 1888.

Sans date. *Conte* : cf. *Odes et Ballades*, édition de l'Imprimerie Nationale, pp. 430-434 et *V. Hugo raconté*, t. I, pp. 217-218 (trente-six vers cités).

— *Les Derniers Bardes*. Voir au 5 juin 1819.

Juillet

5 V. Hugo lit les *Derniers Bardes* et *Achéménide* (au moins ce dernier) le 5 juillet aux dîners littéraires du restaurant Edon, rue de l'Ancienne Comédie (1) : cf. G. Simon, *L'Enfance de V. Hugo*, p. 178.

7 François de Neufchâteau dans une séance extraordinaire de l'Académie lit sa notice sur Lesage, auteur de *Gil Blas* auquelle V. Hugo a travaillé en mai et juin : cf. Biré, *V. Hugo avant 1830*, pp. 107-109.

Août

2 *Impromptu fait à un dessert* : cf. *V. Hugo raconté*, t. I, p. 213. Voir 17 et 20 juin 1820.

13 V. Hugo aide à transporter la statue d'Henri IV sur le Pont-Neuf (2) : cf. Biré, *V. Hugo avant 1830*, pp. 124-125.

17 A la distribution solennelle des prix du concours général V. Hugo obtient le 5e accessit de physique : cf. Biré, *V. Hugo avant 1830*, pp. 77-78.

29 *Epître à M. Ourry* ou *Réponse à l'Epître au Roi de M. Ourry* : cf. *V. Hugo raconté*, t. I, p. 216, qui cite six vers : cf. G. Simon, *L'Enfance de V. Hugo*, p. 173 : il indique la date. *L'Epître à M. Ourry* est imprimée dans les *Odes et Ballades*, édition de l'Imprimerie Nationale, pp. 448-450, avec cette date : du 28 au 29 Août.

L'épître de M. Ourry est dans *le Moniteur Universel* du 26 août, p. 1015 et comprend deux cents vers.

Août. *Mes Adieux à l'Enfance* : cf. *Odes et Ballades*, édition de l'Imprimerie Nationale, pp. 444-447. Ces vers ont été publiés, en partie, dans *V. Hugo raconté* sous le titre *Regrets*, t. I, pp. 257-260. Ils ont été lus le 6 septembre 1818, au 3e banquet littéraire.

---

(1) *Achéménide* a été composé du 17 au 20 octobre 1817. *Les Derniers Bardes*, composés en l'été de 1818, ont été imprimés dans le *Conservateur Littéraire*, t. II, livrais. VIII, mai 1820 et dans *V. Hugo raconté*, t. I, pp. 271-283.

(2) Voici une liste assez complète des pièces de vers inspirées par le rétablissement de la statue d'Henri IV.

Août 8. — C. L. Mollevaut, *La Restauration de la statue d'Henri IV*, Ode, imprimée dans le *Moniteur Universel*, le 15 août, p. 975 (cent quarante vers).

Août 15. — Valant, *Henri IV renaissant à la gloire*.

Août 22. — Amédée de Tissot, Ode *Sur le rétablissement de la statue d'Henri IV*.

Août 29. — F. J. Depontis, Ode *Sur le rétablissement de la statue d'Henri IV*. — X., Ode *Sur la statue d'Henri IV*. — J. Brisset, *La statue d'Henri IV*, ode. — X., l'*Ombre du grand Henri à S. M. Louis XVIII*. — De Langeac, *La statue d'Henri IV*, Ode.

Septembre 5. — Comte de Coetlogon, Ode *Sur le rétablissement de la statue équestre d'Henri IV*, (les vers de Langeac et du Comte de Coëtlogon sont dans le *Moniteur Universel*, 1er septembre, p. 1039). — Drap-Arnaud, *Au roi, le jour de la Restauration de la statue d'Henri IV*, Ode. — Vidal, Ode *Sur le rétablissement de la statue d'Henri IV*, imprimée au *Moniteur Universel*, 1er septembre, p. 1040. — X., Ode *Sur le rétablissement de la statue d'Henri IV*.

Septembre 19. — Un Bordelais, *Stances sur le rétablissement de la statue d'Henri IV*.

Décembre 12. — Le Vieux Troubadour, *Le rétablissement de la statue d'Henri IV*, poème.

Notons qu'avant le 10 août, Lamartine a composé une Ode sur le Rétablissement de la statue d'Henri IV. (cf. Biré, *V. Hugo avant 1830*, pp. 126-128, et *Correspondance de Lamartine*, t. II, p. 213.

Août

Août. V. Hugo quitte la pension et le collège, en même temps que son frère Eugène, et va habiter avec sa mère, rue des Petits Augustins, n° 18.

Septembre

Sans date. Composition des *Vierges de Verdun* : cf. G. SIMON, *L'Enfance de V. Hugo*, p. 173.

— *Le Rameau de buis bénit*, chanson : cf. G. SIMON, *L'Enfance de V. Hugo*, p. 173.

Octobre

3 GASPARD DE PONS, *ode sur le Congrès d'Aix-la-Chapelle*. In-8, Impr. Bouchet, Paris, Delaunay.

30 V. Hugo compose *la Canadienne* : cf. *Odes et Ballades*, édition de l'Imprimerie Nationale, pp. 451-452. Voir au 18 Septembre 1819.

Novembre

21 C. DELAVIGNE. *Trois Messéniennes*. etc. In-8, Imp. Baudoin, Paris, Ladvocat.

CHAPITRE II

1819

1819 *Février*

5 au 6 V. Hugo compose l'*Ode sur le rétablissement de la statue de Henri IV* : cf. E. Dupuy, *La Jeunesse des Romantiques*, p. 19.

15 Avant le 15 février, V. Hugo a composé et envoyé aux Jeux floraux : *Les Derniers Bardes, la Canadienne, les Vierges de Verdun* (sept. 1818), *le Rétablissement de la statue de Henri IV* (5 au 6 février 1819) : cf. *Correspondance 1815-1835*, p. 354.

Entre le 15 et le 3 mai Lettre de Soumet à V. Hugo : cf. Biré, *V. Hugo avant 1830*, pp. 129-130 et G. Simon, *L'Enfance de V. Hugo*, p. 193.

28 Soumet est installé comme mainteneur des Jeux floraux, le dimanche 28 février 1819 : cf. Léon Séché, le *Cénacle de la Muse française*, p. 10.

Lettre de V. Hugo à Soumet, à propos des ouvrages que lui et son frère envoient au concours des Jeux floraux : cf. *Catalogues Charavay*, n° 188. 8

Mars

20 Lettre de M. Pinaud, Toulouse, à V. Hugo : cf. *Odes et Ballades*, édition de l'Imprimerie Nationale, pp. 531-532 et 534-535.

20 Ch. Nodier, *Thérèse Aubert*, par l'auteur de *Jean Sbogar*, in-12, imp. Foin, Paris, Ladvocat. B. F. : 20 mars 1819, n° 1044 ; 2e édit., B. F. : 24 avril, n° 1537.

29 Mars au 9 Avril V. Hugo fait des corrections à l'*Ode sur le rétablissement de la statue de Henri IV* et à l'*Ode les Vierges de Verdun* : cf. *Correspondance 1815-1835*, pp. 355-357.

Lettre de V. Hugo, Paris, à M. Pinaud, secrétaire perpétuel de l'Académie des Jeux floraux, Toulouse : cf. *Correspondance 1815-1835*, pp. 353-354. 29

Avril

Lettre de V. Hugo, Paris, à M. Pinaud : cf. *Correspondance, 1815-1835*, pp. 354-357. 9

Mai

3 V. Hugo obtient, comme prix extraordinaire, un lis d'or pour *Le Rétablissement de la statue de Henri IV*, et une amaranthe réservée pour *Les Vierges de Verdun*.

Mai

Les Derniers Bardes, qui concouraient pour le prix, sont imprimés avec ces deux odes, mais *La Canadienne* est exclue.

12 V. Hugo compose le *Discours sur les Avantages de l'Enseignement Mutuel*: cf. *Odes et Ballades*, édition de l'Imprimerie Nationale, p. 473.

15 Lettre de M. Pinaud, Toulouse, à V. Hugo : cf. lettre du 16 juin de V. Hugo à M. Pinaud, *Correspondance 1815-1835*, p. 357 et *Odes et Ballades*, édition de l'Imprimerie Nationale, pp. 356-357.

15 *Histoire de Gil Blas de Santillane*, par Lesage, 3 vol. in-8, Didot, Paris.

En tête du 1er volume est un *Examen de la question de savoir si Lesage est l'auteur de Gil Blas ou s'il l'a pris de l'Espagnol*, etc.., par M. François de Neufchâteau (B. F. : 15 mai 1819, n° 1859).

Juin

Ode sur le rétablissement de la statue de Henri IV, qui a remporté le prix du lis d'or proposé par l'Académie ; par M. Victor-Marie Hugo : (en note : résidant à Paris, né à Besançon le 25 mars (sic) 1802 (1). 5

---

(1) *Le Recueil de l'Académie des Jeux floraux* et le *Conservateur littéraire* ont le même texte mais des changements se trouvent nombreux dans les *Odes et Ballades*.

Les *Odes et Ballades* ont fait disparaître la référence : (OEnéide, liv. 2), pour l'épigraphe empruntée à Virgile

A la page 76, le vers 18 est transformé : *Hérite du respect* qui payait *ses vertus* remplace *Hérite du respect* qu'on eut pour *ses vertus* (correction faite en 1822). — Après le vers 20, on a enlevé la note suivante : *La colonne Trajane s'élève près de l'emplacement où furent le Sacrum Tiberinum et la via capræensis (Antiq. de la ville de Rome)*. — Les vers 21 et 22 ont subi, en 1822, une transformation qui, me semble-t-il, les rend plus durs. Voici les deux textes :

Souvent, dans les horreurs des discordes civiles. Quand l'effroi planait sur les villes,	Souvent, lorsqu'en l'horreur des discordes civiles, La terreur planait sur les villes,
Conserv. Litt.	*Odes et Ballades.*

Page 77, voici la correction faite au vers 18 :

Tel aux feux du soleil, rugissant d'un air sombre,	Tel, troublant le désert d'un rugissement sombre,
Conserv. Litt.	*Odes et Ballades* (correction de 1828).

Après le vers 19, une longue note a disparu : « Suivant M. le Monnier, le tigre des déserts de « Sahara, non content d'avoir dévoré ses victimes, s'acharne sur l'ombre de leurs squelettes. M. de « Borda s'exprime, sur le même sujet, de la manière suivante : « j'ai vu des tigres d'Afrique, amenés « à Damas, et enfermés dans l'immense arène de Magis-Patar, dévorer avec la plus révoltante férocité « les bœufs et les hiènes qu'on leur donnait tout vivants, et, leur appétit satisfait, passer des jour- « nées entières à guetter l'ombre des carcasses décharnées de ces animaux. Il est probable que le « mouvement de l'ombre présentait à ces tigres une apparence de vie dans ce qui n'avait pas même « une apparence de corps. »

Page 78, voici la correction faite au vers 16 en 1822.

O ma lyre, tais-toi ; reconnais ta faiblesse.	O ma lyre, tais-toi dans la publique ivresse ;
Conserv. Litt.	*Odes et Ballades.*

Page 79, le vers 4 a été transformé en 1822 :

Henri, nous te devons au denier de la veuve,	Nous devons ta statue au denier de la veuve,
Conserv. Litt.	*Odes et et Ballades*

Recueil de l'Académie des Jeux floraux, 1819, p. i à v ; cf. *Conserv. Litt.*, t. ii, livrais. xi, pp. 3-7, 6 mai 1820 : *Le Rétablissement de la statue de Henri IV*, ode qui a remporté, en 1819, le lis d'or, prix extraordinaire proposé par l'Académie des Jeux floraux, par M. Victor-Marie Hugo ; cf. *Odes et Ballades*, édition *ne varietur*, livre 1, ode VI, pp. 75-80 ; *Odes et Ballades*, édition de l'Imprimerie Nationale, pp. 61-65.

Les Vierges de Verdun. Ode qui a obtenu 5
une amaranthe réservée par M. Victor-Marie Hugo (1).

Et les vierges de la vallée d'Oahram vinrent à moi et elles me dirent : chante nous, parce que nous étions innocentes et fidèles. Gud-Eli, poète persan.

La dernière strophe (p. 79) a été complètement changée dès 1822. Voici les deux textes :

Jeunes amis ! Dansez autour de cette enceinte
Plaisir, guide leurs pas ; joie anime leurs chants.
Henri, car la bonté dans son regard est peinte,
Jouira de ces jeux touchants.
J'aime mieux cet airain, où d'un roi qu'elle adore
La France croit revoir encore
Le port, le geste accoutumé,
Que ces vains monuments qu'un art pénible enfante,
Dont la grandeur surprend ; mais qu'un tyran cimente
Des sueurs d'un peuple opprimé.

Conserv. Litt.

Jeunes amis, dansez autour de cette enceinte ;
Mêlez vos pas joyeux, mêlez vos heureux chants ;
Henri, car sa bonté dans ses traits est empreinte,
Bénira vos transports touchants.
Près des vains monuments que des tyrans s'élèvent,
Qu'après de longs siècles achèvent
Les travaux d'un peuple opprimé.
Qu'il est beau, cet airain où d'un roi tutélaire
La France aime à revoir le geste populaire
Et le regard accoutumé !

Odes et Ballades.

Page 80, voici quelques changements :

Vers 9.

L'obscur néant de son cercueil.
Conserv. Litt.

Le grand néant de son cercueil ;
Odes et Ballades (correction de 1822).

Vers 13.

Un jour (mais écartons tout présage funeste)
Conserv. Litt.

Un jour (mais repoussons tout présage funeste !)
Odes et Ballades (correction de 1828).

Vers 18.

De cent rois cachant les poussières,
Conserv. Litt.

Cachant cent royales poussières,
Odes et Ballades (correction de 1822).

L'*édition des* Odes et Ballades *de l'Imprimerie Nationale* a corrigé, avec raison, d'après le manuscrit, le 1er vers de la 6e strophe, p. 63 (cf. *édition ne varietur*, p. 77). Il faut le lire ainsi :

Assis près de la Seine, *en* mes douleurs amères,

Elle donne aussi (p. 498), une strophe inédite. V. Hugo l'a dédoublée pour former les 3e et 4e strophes du texte définitif. Le voici :

Trajan existe encor quand Néron et Tibère
Ont vu leurs honneurs abattus.
Henri ! j'ai vu tomber ta statue adorée !
Hélas ! une foule égarée
Outrageait l'airain renversé ;
Et cependant des morts souillant le saint asile,
Leurs sacrilèges mains demandaient à l'argile
L'empreinte de ton front glacé.

Aux pp. 509-511 de la même édition on trouvera des variantes du manuscrit. Quelques-unes appartiennent à l'édition primitive. On consultera aussi avec fruit (p. 352) la lettre de M. Pinaud (20 mars 1819), qui propose à V. Hugo certaines corrections et la réponse de V. Hugo du 9 avril 1819 (pp. 533-534). La lettre de M. Pinaud complète et éclaire celle de V. Hugo déjà publiée dans la *Correspondance 1815-1835* (pp. 354-357).

(1) Il n'y a aucune différence entre le texte du *Recueil des Jeux floraux* et celui du *Conserv. Litt.* Victor Hugo a fait une toute petite suppression à la fin de la première note dans laquelle il raconte l'histoire des Vierges de Verdun. Il n'indique plus les sources où il avait puisé. Voici ce qu'il y avait dans le *Recueil de Jeux floraux* : « *Voy. les Mémoires de Bert, de Molleville, l'histoire de la Révo-* « *lution par Lacretelle, les archives du tribunal révolutionnaire*, etc., etc. »

Recueil de l'Académie des Jeux floraux, 1819. Toulouse, chez M. J. Dalles, Imprimeur de l'Académie des Jeux floraux, pp. vj-xj. B. F. 5 juin 1819, n° 2121. : cf. *Conservateur littéraire*, t. i, livrais. ii, pp. 41-46, 25 Décembre 1819, V.-M. Hugo ; cf. *Odes et Ballades*, édition *ne varietur*.. livre i, ode iii, pp. 53-59, octobre 1818 ; *Odes et Ballades*, édition de l'Imprimerie Nationale, pp. 46-50.

Les différences sont au contraire très grandes entre le texte du *Conserv. Litt.* et celui des *Odes et Ballades*. Les corrections ou changements datent de l'édition de 1822.

1re strophe, 7e vers.

Pourquoi ces verts festons sur ces chaînes pesantes,
Conserv. Litt.

Pourquoi sur des festons ces chaînes insultantes,
Odes et Ballades.

2e strophe; 4e vers.

Quels sont ces meurtriers tout couverts de lambeaux ?
Conserv. Litt.

Quels sont ces meurtriers couverts d'impurs lambeaux ?
Odes et Ballades.

3e strophe, 6e vers.

Dois-je expier les crimes de mes pères ?
Conserv. Litt.

Dois-je donc expier les crimes de mes pères ?
Odes et Ballades.

La 4e strophe du *Conserv. Litt.* a été supprimée. La voici :

Vous serez satisfaits, mânes chers à l'histoire :
Je veux consacrer vos regrets :
Heureux si ce trépas qui vous comble de gloire
N'était la honte des Français !
Mais non : quand ma patrie en a paru complice.
Elle a désavoué le jour de leur supplice
Par de longs jours d'épouvante et de deuil.
Déchire-toi, voile des âges !
France, avec moi reviens à ce siècle d'orages,
Gémir encor sur leur cercueil.

A cause de la suppression de cette 4e strophe, il n'y a plus concordance entre le *Conserv. Litt.* et les *Odes et Ballades* ; aussi pour ne pas tromper le lecteur nous donnerons désormais le chiffre des strophes d'après les *Odes et Ballades*.

4e strophe, 1er vers.

Sous ces murs entourés de gardes menaçantes,
Conserv. Litt.

Sous des murs entourés de cohortes sanglantes,
Odes et Ballades.

7e strophe, 5e vers.

Verdun, seul boulevard de la France opprimée ;
Conserv. Litt.

Verdun, premier rempart de la France opprimée,
Odes et Ballades.

8e strophe, vers 5 à 8.

Ce n'est pas tout ; quand, pour sauver la France.
Nos bannis, affrontant la mort et l'indigence,
Combattaient nos tyrans encor mal affermis,
Vous avez plaint de si nobles misères ;
Conserv. Litt.

Ce n'est pas tout ; hélas, sans chercher la vengeance,
Quand nos bannis, bravant la mort et l'indigence,
Combattaient nos tyrans encor mal affermis,
Vos nobles cœurs ont plaint de si nobles misères ;
Odes et Ballades.

10e strophe, 3e vers.

Qui fit rouler dans vos regards humides
Conserv. Litt.

Dites, qui fit rouler dans vos regards humides
Odes et Ballades.

6e vers.

Quand le lâche oppresseur dont la voix vous outrage
Conserv. Litt.

Quand l'oppresseur qui vous outrage,
Odes et Ballades.

11e strophe, 1er vers.

C'en est donc fait, sous la lugubre enceinte
Conserv. Litt.

C'en est donc fait ; déjà sous la lugubre enceinte
Odes et Ballades.

12e strophe, vers 6, 7, 10.

Charlotte au cœur d'airain, qui vous vengea d'avance ;
Elisabeth, cet ange de nos bords ;
. . . .
. . . .
Et Cazotte enviant le prix de ses efforts.
Conserv. Litt.

Charlotte, autre Judith, qui vous vengea d'avance ;
Cazotte ; Elisabeth, si malheureuse en vain ;
. . . .
. . . .
Martyres, dont l'encens plaît au martyr divin !
Odes et Ballades.

Les Derniers Bardes, poème qui a concouru pour le prix ; par M. Victor-Marie Hugo (1). 5

...Sur les rochers du nord
Debout la harpe en main, il sourit à la mort.
CH.

13e strophe, vers 1, 2, 3.

Ici par de nouveaux prodiges	Ici devant mes yeux erraient des lueurs sombres :
Les spectres effrayaient mes yeux épouvantés :	Des visions troublaient mes sens épouvantés ;
Ils balançaient sur moi, parmi d'affreux prestiges	Les spectres sur mon front balançaient dans les ombres
Conser. Litt.	*Odes et Ballades.*

Il y a aussi à signaler de petits changements dans les notes placées à la fin des *Odes et Ballades*.

Page 537, note V : *Trois jeunes filles* étaient *trois jeunes vierges* dans le *Conserv. Litt.*

Page 538, note VIII : On a ajouté les deux dernières phrases : « *Ce brave se nommait Beaurepaire. L'honneur français ne s'est jamais démenti dans les camps.* »

Page 539, note X : Le commencement de la note a été transformé. On lisait dans le *Conserv. Litt.* : « *Mlle Cazotte ne put parvenir à sauver son père, bonheur qu'acheta Mlle de Sombreuil en buvant*... A la 3e ligne, à la place du mot *sublime* on lisait *héroïque*.

La correspondance de V. Hugo avec M. Pinaud de Toulouse (cf. *Correspondance, 1815-1835*, p. 356, Lettre de V. Hugo du 9 Avril à M. Pinaud) nous prouve qu'à Toulouse on fit des corrections à l'ode de V. Hugo mais d'après les indications de celui-ci.

La 7e strophe des *Odes et Ballades* p. 56 (qui pour lui était la 8e) a subi une de ces corrections. Les trois premiers vers de la strophe déplaisaient soit à V. Hugo, soit aux juges de Toulouse, et V. Hugo envoya à ces derniers deux versions : l'une parut meilleure que les trois vers envoyés d'abord, car elle a pris place dans l'ode.

Voici la 2e version.

Quand vos phalanges mutilées
Jetant sur nos cyprès l'ombre de leurs lauriers,
Reculaient vers Paris, par le nombre accablés...

Dans les *Odes et Ballades*, pas plus que dans le *Recueil des Jeux floraux* et le *Conserv. Litt.*, nous ne possédons les trois vers primitifs qui commençaient cette strophe.

La 9e strophe (*Odes et Ballades*, p. 57), c'est-à-dire la 10e pour V. Hugo, est une combinaison de deux strophes envoyées par V. Hugo pour remplacer le premier texte qui ne plaisait pas et que nous ignorons. Voici ces deux strophes.

Ce dernier trait suffit : leur bonté les condamne.	1 Quoi ! ce trait glorieux qui trahit leur belle âme.
Mais non ! l'arbitre de leur sort,	2 Sera donc l'arrêt de leur mort.
Tainville, à leur aspect brûlant d'un feu profane,	3 Mais non ! l'accusateur que leur aspect enflamme,
4 Tressaille d'un honteux transport.	4 Tressaille d'un honteux transport.
5 Il veut, vierges, au prix d'un affreux sacrifice	5 Il veut, vierges, au prix d'un affreux sacrifice,
6 En taisant vos bienfaits, vous ravir au supplice.	6 En taisant vos bienfaits vous ravir au supplice.
7 Il croit vos chastes cœurs par la crainte abattus ;	7 Il croit vos chastes cœurs par la crainte abattus
8 Du mépris qui le couvre acceptez le partage ;	De vos jours Tainville est l'arbitre.
9 Souillez-vous d'un forfait ; l'infâme aréopage	Souillez-vous d'un forfait : le monstre à ce seul titre
10 Vous absoudra de vos vertus.	Vous absoudra de vos vertus.

Les chiffres placés devant les vers indiquent ceux qui ont été conservés et permettent de voir comment cette strophe a été composée.

Dans la 12e strophe enfin.

Charlotte au cœur d'airain était primitivement *Charlotte au front d'airain*.

L'édition des ODES ET BALLADES *de l'Imprimerie Nationale*, nous donne quelques variantes (p. 508) ; elle nous indique quels étaient, dans le texte envoyé aux Jeux Floraux, les trois premiers vers de la 7e strophe :

Quand nos phalanges égarées
Jusque dans leur erreur moissonnant des lauriers,
Reculaient vers Paris, d'ennemis entourées...

On trouve (p. 534) les critiques de M. Pinaud et des autres académiciens. V. Hugo s'est soumis « avec bonne grâce aux observations faites » à Toulouse, comme le prouve sa réponse dans la *Correspondance 1815-1835* (pp. 356-357).

(1) *Les Derniers Bardes* ont subi des transformations profondes, des corrections, des suppressions. Nous allons suivre le texte même de *Victor Hugo raconté* en notant au passage les vers supprimés ou transformés.

Recueil de l'Académie des Jeux floraux, 1819, Toulouse, Dalles, in-8, pp. xxxv-xlij, 243 vers. B. F., 5 juin 1819, n° 2121 : cf. *Conserv. Litt.*, t. I, livrais. VIII, 25 mars 1820, pp. 281-289. Victor-Marie Hugo. Poème ossianique, 298 vers : cf. *Victor Hugo raconté*, t. I, pp. 271-283. *Les Derniers Bardes*, 228 vers.

Il dit : Arrive, tue, détruis, ravage puisque tu as vaincu ceux qui avaient vaincu. (Romances espagnoles).

Les *Odes et Ballades*, édition de l'Imprimerie Nationale, donnent (pp. 435-443) le texte du *Conserv. Litt.*, avec cette date [Juin] 1818.

Page 271.

2e vers. Sont-ce les *esprits* des tempêtes (les *anges*, *Conserv. Litt.*, p. 281).
4e vers. Ou fidèles encore à vos *bocages* sombres (vos *feuillages*, *Conserv. Litt.*).
8e vers. N'entends-je pas plutôt *dans la nuit décevante* (*la voix mâle et tonnante*, *Conserv. Litt.*).
9e vers. *Les* spectres *s'appeler* sur vos fronts chevelus (*des* spectres *égarés*, *Conserv. Litt.*).

Page 272. Après le 2e vers, dix vers ont été supprimés.

Non, les Bardes n'ont pu descendre
Dans ce fleuve des ans, qui roule l'avenir ;
Si leur cythare en deuil se tait avec leur cendre.
Interrogeons ces lieux, pleins de leur souvenir.
Le pâtre, gardien de leur gloire,
De leurs chants révérés conservant la mémoire,
Les répète aux rochers déserts :
Et l'écho lointain des montagnes
A l'étranger, perdu dans ces campagnes,
Redit leur sort et leurs concerts.
Conserv. Litt., pp. 281-282.

Page 273.

6e vers. Et Morven, *au sein des ténèbres*, — Et *dans ce* Morven *si célèbre*
7e vers. *Entendit des harpes funèbres*, — *D'Ossian la harpe funèbre*
8e vers. *Annoncer* la mort des héros. — *Annonçait* la mort des héros. *Conserv. Litt.*
9e vers. *Voix* funestes du sort... — *Lois* funestes du sort...
13e vers. Fait soudain... les vieux *frimas*. — Vieux *frimats*. *Recueil des Jeux floraux*. p. xxxvij.
Ce mot rime avec *climats*.

Page 273. Après le 16e vers, six vers ont été supprimés.

Les héros ont saisi leur lance,
Ils ont volé vers cette armée immense
Que le sud vomit de ses flancs ;
Mais l'affreux torrent du ravage.
Entraînant dans son cours l'opprobre et l'esclavage,
A passé sur leurs corps sanglants.
Conserv. Litt., p. 283.

Sur ces six vers, trois avaient subi une correction. Les voici tels qu'on les lit dans le *Recueil des Jeux floraux* :

Que le Sud *a vomi* de ses flancs ;
Mais *le noir* torrent du ravage
Entraînant dans son cours *la mort* et l'esclavage, p. xxxvij.

17e vers. Ecosse, *tes guerriers, si longtemps* invincibles — Ecosse *hélas ! frémis* : *tes enfants* invincibles *Conserv. Litt.*

Page 274. Après le 18e vers, sept vers ont été supprimés.

Cependant s'avançaient les phalanges lointaines ;
La terreur devançait leurs pas :
Les peuples sans défense accouraient vers les plaines ;
Et les vieux chefs, brisant leurs armes vaines,
Foulant aux pieds ces dards, trop pesants pour leurs [bras.
Cherchaient, libres encor, l'honneur d'un beau trépas.
Et frémissaient au bruit des chaînes.
Conserv. Litt., pp. 283-284.

Les vers 19 et 20 ont été complètement transformés. Les voici tels qu'on les lisait dans le *Conserv. Litt.*, où l'un d'eux avait déjà été corrigé :

Mais franchissant d'Uthal les sommets sourcilleux — *Rochers* sourcilleux, *Recueil des Jeux floraux*.
Edouard secondé de ses lords intrépides

La transposition des vers dans *Victor Hugo raconté* est produite par la suppression que nous venons d'indiquer. Deux rimes masculines, *concerts* et *sourcilleux*, se seraient suivies et il n'y aurait pas eu alternance.

31 Général Hugo. *Journal historique du blocus de Thionville, en 1814, et de Thionville, Sierk et Droemack, en 1815, contenant quelques détails sur le siège de Longwy*. rédigé sur des rapports et mémoires communiqués par M. A. An. Alm., ancien officier d'état-major au gouvernement de Madrid. In-8, imp. Verdier, Blois. B. F., 31 juillet 1819, n° 2811.

Page 275.

1er vers. De la Clyde en courroux *domptant* (*dompte, Conserv. Litt.*, p. 284).
2e vers. *Au front du Lothyan pose un pied* orgueilleux — *Et fait flotter au loin ses drapeaux* orgueilleux. *Conserv. Litt.*, p. 284.

Après le 6e vers, six vers ont été supprimés :

Mais dans son âme enorgueillie,
De ses projets hautains rien n'arrête l'essor,
Il rêve l'Écosse avilie,
Il règne en espérance, et son camp siège encor
Près des champs vengeurs d'Ellerslie !
Sans songer au réveil, le superbe s'endort :

Page 275.

7e vers. Devant ses pas bientôt... — Bientôt devant ses pas... *Conserv. Litt.*, p. 284.
8e vers. *Les obstacles* des pics sauvages — Des pics *menaçants* et sauvages. *Conserv. Litt.*
16e vers. Brillent sur ces *sombres* rochers — *Vastes* rochers. *Conserv. Litt.*
20e vers. Les bataillons... s'*allongent*... — Au *Recueil des Jeux floraux* on trouve s'*alongent*.
Est-ce une faute d'orthographe involontaire ; nous la croirions plutôt voulue à cause de la rime *prolongent* du vers suivant.

Page 276.

2e vers. Se mêlent *à la voix* des vents. — Se mêlent *au long bruits* des vents. *Conserv. Litt.*.
5e vers. Debout... *mobiles* brouillards, — Debout... *ténébreux* brouillards. *Recueil des Jeux floraux*, p. xxxix.
8e vers. *Apparaissent de grands* vieillards. — *Paraissent de sombres* vieillards. *Conserv. Litt.*, p. 285.
9e vers. Tels sur *les* roches *fabuleuses* — Tels sur *ces* roches *ténébreuses*.
10e vers. On a vu s'élever dans les nuits *nébuleuses* — On a vu s'élever dans les nuits *fabuleuses*
11e vers. *Les tourbillons fils* des hivers. — *Les tristes géants* des hivers.

Page 277.

6e vers. Et les guerriers *frémissants* — Et les guerriers *pâlissants*. *Recueil des Jeux floraux*, p. xxxix.

Après le 8e vers, quatre vers ont été supprimés :

C'étaient les Bardes : l'œil des guerriers qui frissonnent
Les prend pour les fils de Trenmor ;
Et leurs voix, s'unissant aux harpes qui résonnent,
Préludent en accents de mort.
Conserv. Litt., p. 285.

14e vers. *Révèle* assez son avenir. — *Annonce* assez son avenir. *Conserv. Litt.*
16e vers. C'est un crime de plus et le *temps* sait punir. — C'est... et le *ciel* sait punir. *Conserv. Litt.*, p. 286.

Page 278.

14e vers. *Terrible* et tel qu'un *dieu* qui maudit le coupable, — *Et le chef*, tel qu'un *Dieu*... *Conserv. Litt.*
15e vers. *Il fait* tomber l'*arrêt* de sa voix formidable — *Laisse* tomber *les cris* de sa voix... *Conserv. Litt.*

Page 279.

4e vers. *Saxons* ; mais votre crainte... — *Anglais*, mais votre crainte... *Conserv. Litt.*
18e vers. L'arrêt *de* Dieu qui te maudit. — L'arrêt *du* Dieu... *Conserv. Litt.*

Page 280.

Le 1er vers a subi deux transformations :

Prince qui ris de nos misères, *V. Hugo raconté.*
Monstre qui ris de nos misères, *Conserv. Litt.*, p. 287.
Monstre affamé de nos misères, *Recueil des Jeux floraux*, p. xlj.

Page 280. Après le 7e vers, vingt-quatre vers ont été supprimés :

Regarde ce torrent, qui, grossi dès sa source,
Mugit sur les monts orageux,
Et vers l'heureux vallon qui menace sa course,
Roule en grondant ses flots fangeux.
Vain fracas ! ses eaux vagabondes
S'ouvrent sur les glaciers mille chemins divers ;
De rochers en rochers il disperse ses ondes,
Et laisse sur leurs flancs les tributs des hivers.
Ses cent bras affaiblis s'égarent vers les plaines ;
Bientôt ce fier torrent, qui renversait les chênes,
Brise à peine en passant de faibles arbrisseaux,
Et ses vagues amoncelées,
Dont la fougue lointaine effrayait les vallées,
S'y traînent en faibles ruisseaux.
Mais qu'au sommet des monts sa fureur turbulente
Ait miné d'un vieux roc la base chancelante ;
Des neiges, des glaçons pressant l'énorme amas,
Le rocher déraciné roule,
Et dans sa vaste chute entraînant les frimas,
Grossit quand le torrent s'écoule.
Le mont dont il descend s'ébranle et retentit,
Masse immense ! il bondit de montagne en montagne
Et tombe enfin dans la campagne
Sur le torrent qu'il engloutit.
Conserv. Litt., p. 287.

Lettre de V. Hugo. Paris, à M. Pinaud, Toulouse : cf. *Correspondance 1815-1835*, pp. 357-358. 16 Juin

Juillet

10 *Le Lycée Français* félicite les frères Hugo de leurs succès aux Jeux floraux : cf. *Le Lycée français*, t. I, n° 1, p. 44, 10 juillet 1819.

8e vers. *Tu nous braves, comptant sur* ta nombreuse armée ; — *Edouard, ce torrent. c'est ta... Conserv. Litt.*
12e vers. Et, si le sort *servait* ton bras... — Et, si le sort *guidait* ton bras... *Conserv. Litt.*, p. 288.

Page 281. Après le 5e vers, trois vers ont été supprimés :

Où vont tes hordes dissipées ?
Aux armes du vengeur, à ses terribles coups,
Tu les crois en vain échappées. *Conserv. Litt.*, p. 288.

6e vers. Va, *ton* sang lavera... — Va, *leur* sang lavera. *Conserv. Litt.*
10e vers. *Mais nos chants à jamais flétriront* ta mémoire ; — *Va, nous saurons flétrir ton nom et ta* [*mémoire. Conserv. Litt.*
13e vers. *Quoi !* nous aurions *flatté ton inique puissance !...* — *Nous aurions dans ta cour pu flatter ta* [*puissance. Conserv. Litt.*

Après le 17e vers, huit vers ont été supprimés :

Nous, grands dieux !... Edouard, quand nous serons [esclaves,
L'aigle des monts viendra ramper dans les sillons ;
Vois ces nuages ! là nos braves,
Nos braves dont nos chants ont brisé les entraves,
Jouissent de l'effroi de tes fiers bataillons :
Nous allons les rejoindre, et ta rage alarmée
Bientôt nous entendra sur ta coupable armée
Entre-choquer les tourbillons.
Conserv. Litt., pp. 288-289.

18e vers. *Non !* les siècles diront... — Les siècles *se* diront... *Conserv. Litt.* p. 289.
21e vers. Les chantres des héros, *bravant* sa tyrannie, — Les chantres... *fuyant* sa tyrannie, *Conserv. Litt.*,

Page 282. Les vers 3, 4, 5, 6 remplacent trois vers du *Conserv. Litt.*, qu'ils transforment presque complètement :

Nous, O Ciel ! nous mêlés à l'horreur de ta gloire !
Non, jamais ! chiens lancés par la fureur des dieux,
Nos implacables noms dans l'éternelle histoire
Poursuivront ton nom odieux !
V. Hugo raconté.

Edouard, désormais nous taire est notre gloire :
Nos chants vont expirer, mais nos noms dans l'histoire
Poursuivront ton nom odieux.
Conserv. Litt.

Venaient ensuite dans le *Conserv. Litt.*, trois vers qui plus loin terminent le chœur des bardes ; ils formaient ainsi comme un refrain à la fin du chant du chef des bardes et à la fin du chœur : « Pour la dernière fois nos harpes retentissent... etc. »

Les notes qui sont au bas des pages ont été elles-mêmes transformées. Voici les changements apportés successivement :

V. Hugo raconté, p. 271, note, 2e ligne et suiv. : Les bardes *alors* [*après leur mort, Recueil des Jeux floraux et Conserv. Litt.*] se réunirent sur des rochers (que *l'auteur* suppose [que *j'ai* supposés, *Recueil des Jeux floraux*] être ceux de Tremnor, aïeul de Fingal, *père des Vents et des Tourbillons*) [ces six derniers mots ne sont pas dans le *Recueil des Jeux floraux*] et là ils maudirent solennellement *l'armée et le roi* [*Edouard et son armée, Recueil des Jeux floraux*] à leur passage, puis se précipitèrent dans l'abîme *où marchaient* [*au fond duquel défilaient, Recueil des Jeux floraux* ; où *défilaient, Conserv. Litt.*] les bataillons anglais.

Le *Recueil des Jeux floraux* et le *Conserv. Litt.* ajoutaient ceci : « Fait historique suivant les uns, « fable suivant les autres. Mais la poésie, comme la peinture, a le droit de s'emparer de tout sujet « douteux. »

Page 274. Après le 5e vers, on a supprimé la note suivante : « Tous les guerriers étaient chantés « par les Bardes après leur mort, autrement leur nom restait sans gloire, et leurs ombres erraient « sur le *Lego* jusqu'à ce qu'on leur eût payé ce dernier tribut. »

Page 275. — La note qu'on trouve au bas de la page reproduit le *Conserv. Litt.* mais le texte du *Recueil des Jeux floraux* était différent, le voici : « Ces grottes de Cartlane furent l'asile d'où William Wallace ou Wallau, seigneur d'Ellerslie, sortit pour délivrer l'Ecosse de la tyrannie « d'Edouard. »

N.-B. — Nous avons dit que le texte du *Conserv. Litt.* contenait 298 vers et celui du *Recueil des Jeux floraux* 243 seulement. Le texte envoyé aux Jeux floraux devait comprendre 298 vers mais à l'impression, trois coupures ont été faites par l'auteur ou par l'Académie. Les vers supprimés ont été remplacés par des points à la p. xlj du *Recueil*. Les trois suppressions ont été faites au chant du chef des Bardes. Il est curieux de noter qu'une partie des vers supprimés dans le *Recueil des Jeux floraux* l'a été aussi dans *V. H. raconté*.

1re suppression, quarante-trois vers : Nous avons dit qu'à la p. 280 de *V. H. raconté*, vingt-quatre vers avaient été omis : ces vingt-quatre vers sont un long développement à propos d'un torrent : il est probable

Chateaubriand fait paraître dans *le Conservateur* son fameux article sur *la Vendée* qui remplit toute la 44ᵉ livraison : cf. *Conservateur*, t. IV, livrais. XLIV, pp. 193-254. B. F. 7 Août 1819, nᵒ 2907.

Septembre

Automne V. Hugo compose le *Dévouement de Malesherbes*, comme l'indique ce vers :

« Vainement dans Paris l'automne me rappelle. »

Cf. *Revue de Paris*, 15 février 1902, p. 862.

18 *Les Destins de la Vendee*, ode par V.-M. Hugo, dédiée à M. de Chateaubriand. L'article de M. de Chateaubriand sur la Vendée paraît avoir inspiré cette ode à un jeune poète qui, si je ne me trompe, a déjà remporté aux Jeux floraux de Toulouse le prix de l'élégie.

Ce morceau de poésie est écrit d'inspiration, et si la versification en est quelquefois négligée, les idées en sont souvent pleines d'entraînement et d'enthousiasme. On voit que le poète est rempli de son sujet et l'on peut en juger par le morceau suivant qui est placé dans la bouche d'un vieux prêtre prophétisant au milieu des Vendéens.

« Si, pauvre et délaissé... »

(On cite ici les dix vers suivants).

Ces vers sont d'autant plus beaux qu'ils renferment une allusion effrayante à ce dont nous sommes témoins et qu'ils sont le cri d'une trop juste indignation.

Cf. *Gazette de France*, 18 septembre 1819.

Septembre Compte-rendu du *Journal historique du blocus de Thionville* (paru le 31 juillet) ouvrage du général Hugo. *Mercure de France*, t. I, pp. 406-409. Victor Verger.

La Canadienne suspendant au palmier le tombeau de son nouveau-né. 18

Lycée français. t. I. fascic. VIII, pp. 337-339, V.-M. Hugo, 18 septembre 1819 : cf. *Annales Romantiques*, 1825. pp. 188-190. B. F. nᵒ 116. 1ᵉʳ janvier 1825. *La Canadienne*, élégie : M. Victor Hugo.

Note : Cette jolie pièce que M. Victor Hugo a composée en 1819 n'a point été jugée digne par lui d'être insérée dans les éditions de ses poésies qui ont été publiées ; nous ne doutons pas que le lecteur ne nous sache gré d'avoir été moins sévère que le jeune poète.

Cf. *V. Hugo raconté*. t. I. pp. 251-253. Elégie. L'Epigraphe *Stabat Mater dolorosa* a été ajoutée. Deux changements : 18ᵉ vers.

« Ta mère *comme* toi »

au lieu de

« *Car* ta mère *avec* toi. »

48ᵉ vers :

« Au fond de *ta* couche odorante »

remplace

« Au fond de *sa* couche odorante. »

Cf. *Odes et Ballades*, édition de l'Imprimerie Nationale, pp. 451-452.

Les destins de la Vendée, Ode. Imp. Boucher ; Paris, Boucher, in-8, 11 pages. V.-M. Hugo. Dédicace à M. le Vicomte de Chateaubriand (1). B. F. 25 sept., nᵒ 3361 : cf. *Con-* 25

---

qu'ils ont été considérés comme un hors d'œuvre et par ce fait mis de côté. Si à ces vingt-quatre vers on ajoute la fin de la page 280 et les deux premiers de la p. 281, soit dix-neuf vers, on aura les quarante-trois vers de la 1ʳᵉ suppression.

2ᵉ suppression, huit vers : elle comprend les vers 12, 13, 14, 15, 16, 17 de la p. 281 de *V. H. raconté* et les deux premiers des huit dont nous avons signalé la suppression après le vers 17 : « Nous grands dieux..... dans les sillons. »

3ᵉ suppression, quatre vers : elle comprend les deux derniers vers de la p. 281 et les deux premiers de la p. 282 de *V. H. raconté*.

(1) La date donnée par B. F. doit être avancée de quelques jours puisque la *Gazette de France* en rend compte le 18 septembre.

Les changements entre les deux textes ne sont pas nombreux. L'Epigraphe des *Odes et Ballades : Ave, Cæsar, morituri te salutant* n'est ni dans la plaquette de 1819, ni dans le *Conserv. Litt.* Voici les autres corrections :

1ʳᵉ strophe, 2ᵉ vers : *son* ami... *Conserv. Litt.* — *quelque* ami... *Odes et Ballades.*
8ᵉ vers : Dans ces *jours*... *Conserv. Litt.* — Dans ces *chants*... *Odes et Ballades.*

2ᵉ strophe, 3ᵉ et 4ᵉ vers.
Elle a dit : « *Dans* ces temps la France eut *ses* victimes ;
Mais la Vendée eut *ses* martyrs. » *Conserv. Litt.* — Elle a dit : « *En* ces temps la France eut *des* victimes ;
Mais la Vendée eut *des* martyrs. » *Odes et Ballades.*

12ᵉ strophe, 5ᵉ vers.
...les triomphes du vice, *Conserv. Litt.* — ...le triomphé du vice ; *Odes et Ballades.*

13ᵉ strophe, 9ᵉ vers.
Loin de *leurs champs détruits*... *Conserv. Litt.* — Loin de *leur temple en deuil*... *Odes et Ballades.*

27 Compte-rendu de l'Ode de V. Hugo. *La Vendée*, par le journal la *Ruche d'Aquitaine*, article signé Edmond Gé... (Edmond Géraud). « Il y a là tout à la fois poésie de pensée, de « sentiment et d'expression ». C'est la phrase citée par le *Courrier* du 1er octobre. Ed. Géraud est heureux aussi de citer une phrase de Chateaubriand, le premier écrivain de l'époque. « C'est la beauté du sentiment qui fait « la beauté du style... il y a des délicatesses « et des mystères de langage qui ne peuvent « être révélés au poète que par la probité de « son cœur et que n'enseignent point les pré- « ceptes de l'Etat. »

30 V. Hugo termine *Le Télégraphe* : cf. *Odes et Ballades*, édition de l'Imprimerie Nationale, p. 479. Il a commencé le 27 septembre probablement : cf. *ibidem*, p. 537.

serv. Litt., t. I, livrais. V, pp. 161-164. V.-M. Hugo : (cf. 5 février 1820) : cf. *Odes et Ballades*. La Vendée. *Ave Cæsar. morituri te salutant*, livrais. I, Ode II, pp. 45-51. Date 1819 : *Odes et Ballades*, édition de l'Imprimerie Nationale, pp. 41-45, même texte que l'édition *ne varietur*.

Octobre

1 Article du *Courrier* contre l'ode : *Les Destins de la Vendée* : cf. *le Courrier*, 1er octobre 1819, pp. 3-4.

2 Annonce du *Drapeau blanc*. *Les Destins de la Vendée*, ode à M. le Vicomte de Chateaubriand. Prix : 75 cent. et 80 cent., franco de port, à Paris, chez Antoine Boucher, imprimeur. rue des Bons-Enfants, n° 34, et chez J. G. Dentu, imprimeur-libraire, rue des Petits-Augustins, n° 5, et Palais-Royal, galeries de bois, nos 265 et 266.

Le Drapeau blanc, 2 octobre 1819.

3 Article de la *Renommée* sur le même sujet : cf. la *Renommée*, 3 octobre, p. 439, article signé O (1).

Cette dernière correction est de 1822, les autres sont postérieures.

Les Odes et Ballades ont en *Appendice* quatre notes sur la *Vendée*.

La 1re est exactement reproduite sauf la référence : au lieu de : CHATEAUBRIAND, les *Martyrs* : on lisait *Martyrs*, liv. XXIV.

La 2e et la 4e ont été ajoutées postérieurement. La 4e est curieuse et fait sourire. Elle suppose que les allusions aux actes du ministère de 1819 auraient pu causer à V. Hugo quelque ennui, elles « n'étaient peut-être que trop claires pour le repos de l'auteur ». On sait quelle importance, V. Hugo a attribuée postérieurement à son ode.

La 3e a subi une transformation pour le moins inutile : « On l'enterra (M. de Lescure) dans un coin de terre ignoré pour le soustraire *aux outrages de l'exhumation* ». V. Hugo avait écrit jadis avec plus de raison « pour le soustraire *aux outrages et à l'exhumation*. »

(1) Le *Courrier* consacre une dizaine de lignes à M. Hugo, poète lauréat de Toulouse dont l'Ode sur la guerre de Vendée a été inspirée par la notice de Chateaubriand. Le plus beau titre des Vendéens à la reconnaissance nationale, dit le *Courrier*, c'est d'avoir combattu et même vaincu des Français. Il cite une phrase de M. Edmond Géraud, dans la *Ruche d'Aquitaine* : « il y a là tout à la fois poésie de sentiments, de pensées et d'expressions... l'on y remarque des traits d'un lyrisme parfait. »

La *Renommée*, après avoir cité l'article du *Courrier* se lance elle aussi à l'attaque. « M. Hugo, « dit-elle, au risque de se faire huer, entonne la trompette lyrique en faveur des héros de la Vendée. « Tant que M. Hugo chantera sur ce ton, il ne fera la réputation de personne, pas même la sienne. « La trompette de M. Hugo n'est pas celle du jugement dernier, nous la croyons propre à endormir « les vivants mais non pas à réveiller les morts..... Nous prions le ministre de l'intérieur de faire

3 Article de la *Quotidienne* (2 colonnes) sur la *Vendée* et le *Télégraphe* de V. Hugo. M. Hugo ne se laisse pas effrayer par le discrédit où est tombée la poésie. Il entre dans la carrière en brave chevalier armé de toutes pièces. Il a recueilli plusieurs palmes à Toulouse. Sa *Vendée* renferme de beaux vers, de nobles pensées, un mouvement vraiment lyrique. Elle est dédiée à M. de Chateaubriand. M. Hugo manie non moins habilement le fouet de la satire. Son *Télégraphe*, dans un cadre ingénieux, annonce de grandes dispositions et un véritable talent. Nous l'engageons à poursuivre · les bons vers et les nobles sentiments, quoiqu'en pensent MM. les libéraux, seront toujours bien reçus en France. Le journal cite ensuite seize vers du *Télégraphe*.

La Quotidienne, 30 octobre 1819.

Le *Télégraphe*, satire, in-8, 12 p. Imp. Gillé, Paris. — Paris. Delaunay, Dentu, Petit, (Signé V.-M. Hugo) (1). B. F. : 16 octobre 1820, n° 3662. On le trouve à la table au mot *Télégraphe* et non pas au nom V. Hugo. Le *Télégraphe* fut imprimé avant le 3 octobre comme le prouve l'article de la *Quotidienne* : cf. *V. Hugo raconté*, édition 1863. t. I, pp. 305-306 (22 vers cités) : cf. *V. Hugo raconté*, édition 1885, t. I, pp. 287-295 : cf. *Satires Jacobites* de Victor-Marie Hugo. Le *Télégraphe*...., Bibliopolis, chez les marchands de vieux neuf, 1819-1874, in-12 (Poulet-Malassis) : cf. *Odes et Ballades*, édition de l'Imprimerie Nationale, pp. 474-479. 16

Novembre

8 Article du *Journal des Débats* annonçant le *Conservateur Littéraire*. « Les poètes vont à « la gloire comme ils peuvent. Les uns l'attaquent pour ainsi dire de front ; pleins d'une « ambitieuse confiance, ils inondent le Parnasse du torrent irrésistible de leurs vers. « Les autres distillent pour ainsi dire leurs « poésies goutte à goutte ; ils versent les inspirations périodiques de leurs muses dans « des recueils verts, blancs et jaunes qui remplissent les cabinets de lecture. Cette manière « de publier ses ouvrages offre plusieurs avantages : d'abord on trouve ainsi le moyen de « faire connaître aux lecteurs une foule de « petits vers qui seraient restés inconnus dans « le portefeuille : on ne perd pas un madrigal « et les plus courts délassements deviennent « de la gloire ; ensuite on accoutume le public « à son nom, on le harcèle par ses attaques

« construire au plus vite des palais dans toute la Vendée et nous lui proposons de confier la direction « de ce travail à M. Hugo. Nous ne doutons pas que la lyre du poète toulousain ne reproduise les « miracles d'Amphion. M. Ed. Géraud, poète lacrymal de Bordeaux, admire beaucoup M. Hugo, poète « lyrique de Toulouse : cela est dans l'ordre. »

V. Hugo se sentit vivement blessé par ces deux articles : il en parla dans sa satire le *Télégraphe* (cf. *V. Hugo raconté*, t. I, p. 287).

(1) L'édition de *V. Hugo raconté*, 1863, cite vingt-deux vers. On les trouve dans l'édition de 1885, p. 289, à partir du vers 13e, jusqu'au vers 3e de la p. 290. Le premier vers seul a subi une transformation. En 1819 et en 1885, V. Hugo l'écrit ainsi : *Toi seul qui de nos jours peux toujours agissant*. En 1863 il est devenu : *O toi qui seul as pu, dans un siècle de sang*.

On trouve dans l'édition de 1885 quelques changements à l'édition de 1819. A la p. 291, au 4e vers *qu'il existe* remplace *qu'il se trame* ; au 26e vers, *mon* remplace *son* (ce qui détruit le sens). De plus six notes, dont l'une très longue, ont été négligées. La première est une réponse aux articles du *Courrier* (1er octobre) et de *la Renommée* (3 octobre) contre les *Destins de la Vendée* ; la 2e et la 3e sont contre le baron Louis ; la 4e contre un journal ministériel ; la 5e contre le ministère ; la 6e contre un régicide de Versailles.

N.-B. — Notons en passant que M. Agier, dans son article du *Conservateur*, t. VI, livrais. LXXV, p. 466, 3 mars 1820, sur le *Conserv. Litt.*, avait dit un mot du *Télégraphe*.

« réitérées ; et lorsqu'ensuite on l'aborde un « gros poème épique à la main, il ne peut se « plaindre qu'on ait commencé les hostilités « sans le prévenir. Voici un nouveau recueil « qui va paraître, mais dans un but différent, « les auteurs, négligeant leur gloire person- « nelle, n'ont en vue que l'intérêt général de « de la littérature. C'est une sainte alliance « formée par quelques jeunes gens contre cet « esprit novateur qui envahit le Parnasse pour « le bouleverser. Ce recueil aura pour titre le « *Conservateur Littéraire*. Puisse-t-il comp- « ter autant d'abonnés, d'amis et même d'en- « nemis que le *Conservateur Politique !* »

Journal des Débats. Rez de-chaussée : *Mélanges* signés R., 8 novembre 1819.

8 Ouverture des cours à l'école de droit : cf. *Journal des Débats*, 12 novembre 1819.

Décembre

4 G. DE PONS. *Constant et Discrète* : poème en 4 chants suivis de poésies diverses. par le comte Gaspard de Pons. In-18. Imp. Boucher, Paris. — Paris, Vve Renard et chez Boucher. B. F. 4 déc. 1819, n° 4162.

Poésie. L'Enrôleur politique. Satire. Et la lumière a lui dans les ténèbres, et les ténèbres ne l'ont pas comprise (1). *Conservat. Littér.*, t. I, livrais. I, pp. 3-9 (Signé V.-M. Hugo) : cf. *V. Hugo raconté*, t. I, pp. 297-304 ; cf. *Satires jacobites de Victor-Marie Hugo... L'Enrôleur politique*, Bibliopolis, chez les marchands de vieux-neuf 1819-1874, in-12 (Poulet-Malassis), [d'après M. Vicaire] ; cf. *Odes et Ballades*, édition de l'Imprimerie Nationale, pp. 480-485. 11

Œuvres complètes d'André de Chénier (2). 11

(1) Dans *V. Hugo raconté* on a reproduit entièrement l'*Enrôleur Politique*. Il faut cependant signaler un vers où se trouve une grosse faute d'impression. Dans *V. Hugo raconté* p. 300, 12e vers, on lit « Ne crains pas les *brouillards*, car toujours la *Minerve*... le *Conserv. Litt.* disait avec plus de raison : « Ne crains pas les *braillards*... (p. 6). A la p. 298, au 22e vers, *travaux* d'histoire remplace *tableaux* d'histoire. Est-ce une faute de copiste ou une correction voulue ? Dans ce dernier cas, elle n'est pas heureuse car les tableaux d'histoire vont bien avec les portraits qu'on trouve au vers suivant.

Trois notes intéressantes ont été supprimées. La 1re irait après le 11e vers de la page 299 de *V. H. raconté*. La voici : « l'*Almanach des Braves*, une *Victoire par jour*, *de la Gloire tous les* « *jours* et ce tas de petits recueils de fête, sœurs puînées des *sans-culottides*, sont trop connus pour « les rappeler ici. La réputation des autres ouvrages dont parle l'auteur, dans le courant de cette « satire, est assez *européenne* pour qu'on puisse se passer de notes. »

La 2e se placerait à la fin du 9e vers de la p. 300 de *V. Hugo raconté* : « Nous ne prétendons pas « condamner l'enseignement mutuel. Cette méthode peut être utile : il y a du ridicule à la trouver « admirable :

Et le malheur de ce qu'on vante
Est d'être ensuite rabaissé.

« Le temps jugera, et il jugera bien ; car c'est lui qui nous a fait connaître l'excellence des écoles « chrétiennes »

La 3e enfin explique le 20e vers, p. 304, de *V. H. raconté* : « On a pu s'apercevoir que, depuis « l'époque où cette satire a été faite, si les noms ont changé, les choses sont restées les mêmes. « Cependant la justice exige une exception en faveur du *Spectateur*. La plupart de ses rédacteurs « étaient des hommes fort estimables, qui se sont arrêtés, sitôt qu'ils se sont aperçus qu'ils suivaient « la fausse route. M. Campenon, poète aimable, M. Laya, poète courageux, honoraient trop le *minis-* « *térialisme*. »

(2) Le commencement de l'article du *Conserv. Litt.* n'a pas été reproduit dans *Litt. et Philos. mêlées*, c'est-à-dire tout le premier § qui a été remplacé par un autre § tout différent. Voici ce qu'il y

Conserv. Litt., t. I, livrais. I, pp. 15-23, signé E : cf. *Litt. et Philos. mêlées*, t. I, pp. 121-130.

N.-B. — Œuvres complètes d'André de Chénier. In-8, Imp. lib. Baudoin, Paris, 28 août 1819, n° 3068.

11 *Variétés, nouvelles littéraires. Conserv. Litt.*, t. I, livrais. I, pp. 38-39. L'une de ces variétés intitulée : *A Vendre, Fonds de littérature*, semble appartenir à V. Hugo. Il en parlera plus tard (*Conserv. Litt.*, t. III, livrais. XXI, p. 22), avec trop d'à-propos pour ne pas en être l'auteur. C'est une plaisanterie sur un prétendu homme de lettres qui a une collection complète de documents, sur toutes les parties des connaissances humaines. copiés sur des carrés de papier enfilés dans des broches.

20 Le *Journal des Débats* publie sous la signature R., au rez-de-chaussée, un petit article sur le *Conservateur Littéraire*.

Spectacles. Première représentation du Frondeur, comédie en un acte et en vers de de M. Royou. (1) *Conserv. Litt* , t. I, livrais. I, pp. 30-35. (Signé H.) 11

---

avait dans le *Conserv. Litt.* : « Un jeune homme, élevé au milieu du siècle des idées nouvelles, de « ce siècle remarquable par tant d'erreurs brillantes, s'attache servilement sur la trace des maîtres. « Égaré par un excès de modestie, comme tant d'autres par un excès d'orgueil, loin de chercher une « renommée prématurée, il se livre à des études solitaires ; les encouragements de quelques amis lui « suffisent : il traverse son siècle également inconnu à la gloire et à la critique. Tout à coup il tombe « avant le temps : je n'ai rien fait pour la postérité, dit-il ; du moins a-t-il fait assez pour sa gloire, « en montrant ce qu'il aurait pu faire.

Tel fut André de Chénier, jeune homme d'un véritable talent, auquel peut-être il n'a manqué « que des ennemis. »

La suite de l'article est reproduit dans *Litt. et philos. mêlées* avec un certain nombre de changements qui ont leur importance. Nous signalerons les principaux.

Litt. et Philos. mêlées, p. 121, à la dernière ligne, il faut remplacer *qu'on invective* par *qu'on méprise*.

Page 122, 7e ligne et suivantes, on lit : « *Chacun de ces défauts du poète est peut être le germe « d'un perfectionnement pour la poésie. En tous cas, ces défauts ne sont point dangereux...* » A la place on lisait dans le *Conserv. Litt.* : « *aucune connaissance du véritable mécanisme de la poésie « française : ces défauts sont grands, mais ils ne sont point dangereux.* »

Page 123, 5e ligne, *cet homme si digne de sympathie* remplace *cet homme si intéressant*.

Page 124, la 16e et la 17e lignes ont été ajoutées : « *Remarquons seulement que l'image d'Ovide est païenne. celle d'André de Chénier est chrétienne.* »

Page 127. Après la longue citation, cinq ou six lignes ont été négligées. V. Hugo s'excusait de ne pouvoir citer tous les morceaux qui l'avaient frappé. Il se contentait de recommander les 17e, 22e et 39e élégies.

Page 129. Il y a plusieurs corrections de style dans le dernier paragraphe : *meilleurs* remplace *supérieurs* ; *équivalents* remplace *synonimes*. Avant ces mots : *D'ailleurs, vous trouverez dans Chénier* on a supprimé toute une phrase que voici : « *Cela ne veut point dire qu'il soit un bon auteur mais cela prouve du moins qu'il avait tout ce qu'il faut pour l'être, les idées, le reste est d'habitude.* »

Page 130. L'article se termine par ces mots : « *La poésie, ce n'est presque que sentiment.* » Le *Conserv. Litt.* ajoutait : *dit Voltaire*. V. Hugo avait-il, pour donner plus de force à son affirmation, attribué à Voltaire ce qui ne lui appartenait pas ? A-t-il voulu plus tard s'attribuer à lui-même une parole de Voltaire ? A-t-il craint de montrer l'affection qu'il portait jadis à Voltaire ? On peut faire ces suppositions, mais il est moins facile de donner une réponse.

(1) Cet article n'a jamais été reproduit. V. Hugo essaie de rendre compte de la 1re représentation. D'après les uns, elle est une chûte terminée en succès, selon d'autres elle est un succès commencé en chûte. On a murmuré dès la première scène et à la fin on a demandé le nom de l'auteur. Le parterre était composé en partie par les amis de l'auteur et en plus grande partie par les amis de l'administration : voilà la raison de la chûte et du succès.

V. Hugo donne son opinion sur la pièce : « Notre jugement sera sévère ; l'auteur est royaliste, et « nous voulons donner des gages de notre impartialité.... Nous conviendrons que la pièce est mau-

N.-B. — *Le Frondeur,* par M. J.-C. Royou, comédie représentée pour la première fois sur le théâtre français par les comédiens ordinaires du Roi, le 18 novembre 1819. In-8, Imp. libr. Le Normand, Paris. B. F. : 11 décembre. n° 4250.

24 Le *Drapeau Blanc* annonce les *Archives de la Littérature et des Arts.* Rédacteurs : Quatremère de Quincy, Vanderbourg, Raoul Rochette, de Feletz, Ancelot. O'Mahony. Ch. Nodier.

L'avarice et l'envie. Conte. *Conserv. Litt.*, t. I, livrais. II, pp. 46-47. Signé V. d'Auverney : cf. *V. Hugo raconté*, t. I, pp. 261-262. Il y a trois petits changements : au 12e vers, *toujours* remplace *sans cesse* ; au 24e vers, *galant* remplace *puissant ;* au 37e vers, *murmura*, remplace *murmurait.* Les *Odes et Ballades*, édition de l'Imprimerie Nationale, pp. 417-418, ont reproduit le texte du *Conserv. Litt*, avec, en note, une variante des six premiers vers, et, à la fin, la date de la composition, 1er Novembre 1817. 25

25 Abel Hugo. *Littérature Française. La Jérusalem délivrée* traduite par M. Baour-Lormian. *Conserv. Litt.*, t. I, livrais. II, pp.

Littérature anglaise. Walter Scott. L'officier de fortune. La fiancée de Lammermoor. (1) *Conserv. Littér.*, t. I, livrais. II, 25

« vaise. Cet aveu nous coûte peut-être plus qu'il ne coûterait à l'auteur lui-même. Cependant nous « sommes convaincus que cette franche déclaration ne lui nuira pas ; elle doit donner une haute idée « de son caractère, et ne peut diminuer la bonne opinion que l'on a de son talent.

Personne niera pourtant que l'auteur n'ait eu une idée neuve et peut-être profonde en donnant à « son *Frondeur*, pour mobile secret, l'ambition : ce caractère, autrement, n'aurait été qu'une nuance « du *Misanthrope*... M. Royou n'a pas su tirer parti de la mine féconde qu'il avait découverte. »

V. Hugo résume ensuite la pièce. Il relève les inconséquences du plan « cette comédie est embrouillée sans être intriguée. » Il rend justice au style, au dialogue conduit avec esprit, à la verve, à la facilité de certains passages. Il cite quelques vers qu'il juge excellents et des fragments d'une scène. « Certains vers, dit-il, ont fait murmurer les libéraux ».

Il termine par une dernière appréciation sur le style. « Nous le répétons, le style de M. Royou « est souvent celui de la vraie comédie. Il est malheureux que le style ne suffise pas. Voltaire, qui « savait comment on ne fait pas la bonne comédie, a dit depuis longtemps qu'*il faut une action*

Pour achever cette œuvre du démon.

(1) L'article de V. Hugo a été morcelé quand on l'a placé dans *Litt. et Philos. mêlées ;* en outre la plus grande partie n'en a pas été reproduite.

V. Hugo débutait (*Conserv. Litt.*, pp. 47-48) par une page savante sur Leuwenhoëck, physiologiste et anatomiste hollandais, qui éprouvait un malaise quand il lisait un mauvais livre. V. Hugo éprouve lui aussi ce malaise car « un ouvrage n'est mauvais que parce que les peintures sont des lieux « communs qui ne nous rappellent point ce que nous avons vu, et les personnages, d'autres lieux « communs, qui ne nous rappellent en rien ce que nous sommes. La médiocrité se croit trop grande « pour imiter ; elle invente sans avoir observé... un bon peintre ne travaillera jamais sans modèle ; « un mauvais peintre n'y regarde pas de si près. De tous nos écrivains, le plus imitateur et peut-être « aussi le plus original, c'est La Fontaine. Nous vivons pourtant dans un temps où l'ineptie présomp- « tueuse prend l'ignorance et l'étourderie pour de l'originalité ; avec cette candeur, on fait gémir les « presses, spéculer les libraires et parler le monde. La foule admire, l'homme de goût s'étonne en « secret de l'énorme bêtise du siècle et l'ineptie se croit du talent... L'ineptie est aveugle : le talent « observe ; et, en vérité, voilà toute la différence. » (*Conserv. Litt.*, p. 48).

Charron disait : *Faites plus de notes et moins de livres.* Courage donc : oui, il suffit d'observer. « Joignez à cela le génie, qui crée, l'imagination qui sait peindre ; vous serez un grand écrivain, vous « pourrez faire *les Martyrs.* Courage. » (*Conserv. Litt.*, p. 49).

V. Hugo terminait ce long début par le morceau qui a été reproduit dans *Litt. et Philos. mêlées*, p. 148.

55-64, (A). 1er article. Le 2e article est à la livrais. IV, pp. 127-133, 29 janvier 1820.

25 *Les Vierges de Verdun* par V. Hugo : cf. *Conserv. Litt.*, t. I, livrais. II, pp. 41-46. Signé V.-M. Hugo. Voir au 5 juin 1819.

pp. 47-55, (Signé M.) : cf. *Litt. et Philos. mêlées*, t. I. pp. 137, 138, 144, 148, 149, 150.

N.-B. — *Walter Scott. L'officier de fortune.* etc... 2 vol. in-12. Imp. Cosson, Paris; Paris, Nicolle. B. F., 21 août, n° 3023. *Walter Scott. La fiancée de Lammermoor*, 3 vol. in-12. Imp. Cosson, Paris ; Paris, Nicolle, B. F., 25 septembre, n° 3400.

Les Vêpres Siciliennes, tragédie par 25
M. C. Delavigne. Louis IX, tragédie par

Il en venait ensuite à Walter Scott : « Celui-là a observé avant de peindre ; celui-là fait dire à « tous ceux qui l'ont lu : J'en ferais autant !

« Ce dernier éloge, qui parait peu de chose dans notre bouche, est beaucoup dans un siècle où « l'on a, en général, si bonne opinion de soi.

« Sir Walter Scott n'était connu en France, il y a quelques années, que d'un petit nombre de « gens instruits ; il n'avait fait que des poèmes.

« Sir Walter Scott partage aujourd'hui, dans un *certain monde*, la célébrité des Paccard et des Ducray-Duminil ; il a fait des romans.

« Nous nous hâtons d'ajouter, pour réparer le tort que pourraient lui faire de pareils admirateurs « et de pareils collègues, que ses romans n'ont fait qu'accroître, parmi les gens de goût, sa réputation « qui est aujourd'hui de la gloire. Et en effet, les dix plus médiocres pages du moins bon d'entre eux « valent mieux que bien de longs poèmes publiés depuis trois ans. » (*Conserv. Litt.*, pp. 49-50).

Le paragraphe suivant a été reproduit, p. 144, dans *Litt. et Philos. mêlées*; c'est celui qui commence par ces mots : ***Si un sot parvient à la célébrité...***

Dans les deux lignes qui précèdent, la 1re phrase « Walter Scott cache son nom sous le nom de « Jedediah Cleishbotham » appartient au *Conserv. Litt.* (p. 50). V. Hugo avait dit alors : « Il (W. Scott) « a caché son nom célèbre sous le nom obscur de Jedediah Cleishbotham. » La 2e phrase : « Je ne « vois pas pourquoi on l'en blâme » est de 1834.

V. Hugo continuait son article en racontant l'histoire des œuvres de W. Scott (*Conserv. Litt.*, pp. 50-51). Il ne voulait pas analyser les deux ouvrages qui faisaient le sujet de sa critique, imitant Voltaire, qui n'avait pu analyser le plan d'Alzire. Il se contentait de l'apprécier :

« Walter Scott, doué d'une imagination vive, a beaucoup appris et beaucoup observé. Ses fictions « sont toutes fondées sur des réalités. Il connaît les lieux qu'il décrit et les évènements qui s'y sont « passés. Dans ses romans, tout ce qui n'est pas vrai est vraisemblable, et quand ce n'est plus l'his- « toire des hommes que vous lisez, c'est toujours celle du cœur humain. Ses caractères sont bien « tracés et bien soutenus ; et si quelques-uns de ses personnages sont pris dans une nature un peu « bizarre, ils n'en sont pas moins dans la nature. La bohémienne Merrillies et le *Bedesman du roi* « (sorte de mendiants privilégiés, reconnaissables à leur robe bleue), Edie Ochiltree, la vieille Elspeth « et l'*Enfant de la Nuit*, Ranald, offrent des exemples frappants de ce que nous avançons. Chacun « d'eux a de l'homme tout ce que ses mœurs lui permettent d'en avoir ; et c'est la peinture vivante « de ces mœurs qui répand sur les romans de Sir W. Scott une singulière teinte d'originalité. » (*Conserv. Litt.*, p. 51).

V. Hugo montre déjà ses sympathies pour les personnages bizarres qui sont un peu en dehors du commun, en marge de la société.

Il aurait été heureux de citer certaines pages suivant son habitude, mais la chose est impossible pour W. Scott : il perdrait à être cité parce qu'il a pour qualité principale, l'originalité. Nous retrouvons ce morceau du *Conserv. Litt.* (p. 52), dans *Littér. et Philos. mêlées*, pp. 137-138.

V. Hugo recommandait cependant à son lecteur quelques pages plus intéressantes tout en continuant ses éloges : « W. Scott a un grand art ; il excite le rire, il émeut la pitié presque en même « temps, et la transition parait si naturelle, que le contraste est insensible. Son pinceau, sûr et exercé, « saisit toutes les nuances distinctives des objets semblables ou qui semblent tels à des yeux vul- « gaires. » (*Conserv. Litt.*, pp. 52-53).

Nous retrouvons la suite de l'article (*Conserv. Litt.* pp. 53-54) dans *Litt. et Philos. mêlées*, pp. 149-150. Trois lignes seulement entre la p. 149 et la p. 150 ont été négligées. « Si la noble mo- « destie de Sir Walter Scott le rend bien supérieur, sous le rapport moral, à Lady Morgan, la mâle « vigueur de son talent ne lui assure pas moins d'avantages sur elle, sous le rapport littéraire. » A la fin de la p. 150, deux lignes intéressantes ont été supprimées : « Nous sommes persuadés que l'on « dira un jour : *Sterne et W. Scott*, comme on dit déjà aujourd'hui : *Montesquieu et Chateau-* « *briand*. » Pourquoi a-t-on supprimé ce jugement si plein de vérité : le nom de Chateaubriand en est probablement l'unique raison !

Le reste de l'article du *Conserv. Litt.*, une page environ (*Conserv. Litt.* pp. 54-55), offre moins d'intérêt. V. Hugo disait que les deux romans dont il parlait étaient moins intéressants que les ou-

M. Ancelot. (Premier article) (1). *Conserv. Litt.*, t. I, livrais. II, pp. 64-69 (signé V.) : cf. *V. Hugo raconté*, t. I, pp. 437-443.

N.-B. — *Les Vêpres Siciliennes*, tragédie en 5 actes et en vers, précédée du discours d'ouverture du 2e théâtre français, par M. Casimir Delavigne, représentée par les comédiens du roi, sur le 2e théâtre français, le samedi 23 octobre 1819. In-8, Imp. Foin, Paris, Barba et Ladvocat. B. F., 6 novembre 1819, no 3838, 2e édit., 11 décembre, no 4291.

Louis IX, tragédie en 5 actes, par M. Ancelot, représentée par les comédiens ordinaires du roi sur le 1er théâtre français, le vendredi 5 novembre 1819. In-8, Imp. Didot, Paris, Mme Huet. B. F., 4 décembre, no 4160.

Spectacles. Second théâtre français. Un 25
moment d'imprudence. Comédie en trois actes et en prose par MM. Wafflard et Fulgence.

Théâtre du Vaudeville. La Somnambule, vaudeville en deux actes et en prose par MM. Scribe et Alexandre Delavigne.

Théâtre de la Porte Saint-Martin, Cadet Roussel Procida, parodie en un acte et en vers des Vêpres Siciliennes, par MM. Dupin et Carmouche (2). *Conserv. Litt.*, t. I,

---

vrages précédents de W. Scott : « Cet écrivain a dû nécessairement épuiser le champ dont il ne veut « pas sortir. Il a peint le caractère écossais sous toutes ses faces ; aussi va-t-il s'arrêter, dans l'impos- « sibilité d'aller plus loin. » Il indiquait quelques-uns des défauts de *l'Officier de fortune* : pas de personnage principal, pas de figures se détachant assez des autres. *La fiancée de Lammermoor* a des détails charmants et des peintures admirables. « En somme, Sir Walter Scott a cessé d'être fécond, il « n'a point cessé d'être original. »

(1) V. Hugo a émis dans cette critique une pensée qu'il a reproduite quelques mois plus tard. On la trouve à la page 67 du *Conserv. Litt.* « L'amour, au théâtre comme ailleurs, veut toujours la pre- « mière place. » On la retrouve dans le *Conserv. Litt.*, t. I, livrais. IX, p. 352, mars 1820 et dans *Litt. et Philos. mêlées*, p. 97, § IV. C'est tout ce qu'il y a dans *Litt. et Philos. mêlées*, à propos de cet article.

Mais dans *V. Hugo raconté*, t. I, pp. 437-443, on a reproduit l'article sans trop de changements. A la page 439, 18e ligne, on a supprimé la phrase suivante : « Dans *Louis IX*, elle est suscitée par « Nouradin, prince assyrien, en faveur de saint Louis contre Almodan, Soudan d'Egypte : dans *les* « *Vêpres* elle est tramée depuis longtemps. » Page 440, après la 20e ligne, on a supprimé l'indication des scènes « la VIe du IVe acte et la IVe du Ve ». Page 441, 13e ligne « conception haute et sévère » remplace « conception grande et imposante. » Page 441, au bas, après ce vers « il le traite en « esclave » on a supprimé deux lignes : « Enfin il est vainqueur et voilà son cri de triomphe

Nos tyrans ne sont plus et la Sicile est libre. »

Puis on a transformé les lignes suivantes qu'on lisait ainsi dans le *Conserv. Litt.* « Procida est « trop farouche pour mériter l'admiration ; il excite l'étonnement, il attache sans intéresser, il frappe « sans émouvoir. » A la page 443, après le premier §, on a supprimé une phrase annonçant le 2e article : « C'est cette assertion qui nous reste à examiner dans un prochain article, en appuyant « toujours notre avis par de fréquentes citations. »

(2) Le commencement de l'article de V. Hugo a été reproduit dans *Litt. et Philos. mêlées*, p. 138, avec quelques changements ou suppressions. A la 4e ligne, on a supprimé la phrase suivante : « On « sent aisément les suites de ces alliances forcées. » A la 8e ligne, on a supprimé encore une phrase : « Nous ne tirerons pas les conséquences du propos un peu breton de Cowley. » A la 12e ligne, « unité » remplace « uniformité » ; à la 18e ligne, « excellents » remplace « célèbres. »

Tout le reste du compte-rendu des trois pièces est inédit.

V. Hugo assistait, affirme-t-il, le 1er décembre 1819, à la 1re représentation d'*Un moment d'im-*

livrais. II, pp. 70-76 (Signé H.) : cf. *Litt. et Philos. mêlées*, p. 138.

N.-B. — *Un moment d'imprudence*, comédie... représentée par les comédiens du Roi, sur le 2e théâtre français, le 1er décembre 1819. In-8, Imp. Foin, Paris, Barba. B. F., 25 décembre, no 4435.

Cadet Roussel Procida, parodie... représentée le 23 novembre 1819, 2e édit. (pas trouvé 1re édit.). In-8. Imp. Hocquet, Paris, Barba. B. F., 25 décembre, n° 4436.

La Somnambule, comédie vaudeville... représentée... le 6 décembre 1819. In-8, Imp. Porthmann, Paris, Mme Huet, B. F., 1er janvier 1820, n° 10.

28 V. Hugo assiste avec Adèle Foucher à la représentation d'*Hamlet*. cf. *Lettres à la fiancée*, 28 décembre 1821, p. 115.

Revue Littéraire. Les trois nuits d'un goutteux. Poème en trois chants par M. le comte François de Neufchâteau, de l'Académie française. 25

Aux Missionnaires de l'Irréligion, Poème par M. P. A. Vieillard (1). *Conserv. Litt.*,

---

prudence. La pièce n'est pas mauvaise mais elle serait meilleure si elle appartenait à celui des deux auteurs qui est supérieur à l'autre. L'opinion de V. Hugo est en effet qu'un ouvrage composé par deux auteurs ne vaut rien : « le mélange de la médiocrité et du talent déplait toujours. »

V. Hugo donne ensuite, en quelques lignes, un résumé de la pièce. Puis il fait sa critique : le dialogue est plein d'esprit, le style, sauf quelques incorrections, a les qualités nécessaires du genre, les couleurs sont brillantes et même nouvelles, le succès fut mérité quoique légèrement contesté. Dans le plan et le dialogue, il y a en effet plusieurs défauts de vraisemblance et de bienséance théâtrale que le public a lui-même signalés.

V. Hugo est heureux de l'éclatant succès de *La Somnambule* : « Ce joli vaudeville ressemble à ces « décorations fraîches et brillantes que le machiniste monte sur de vieux ressorts, ou plutôt à ces « physionomies originales qui n'ont pourtant d'autres éléments que ceux de toutes les figures « humaines. Que nos vaudevilistes par métier n'aillent pas demander à MM. Scribe et Alexandre « Delavigne leur secret : ce secret là ne peut se communiquer, c'est le talent. »

V. Hugo ne veut pas analyser ce vaudeville. C'est un petit chef-d'œuvre où il y a bien quelques invraisemblances et peut-être quelques incorrections, défauts légers qu'il ne faut pas enlever car « souvent, quand le tissu est délicat, en voulant enlever une tache, on le déchire. »

Il fait ensuite un grand éloge de la pièce tout en montrant que ses connaissances en littérature dramatique sont assez étendues. Peut-être même y met-il un peu de vanité. Le paragraphe est à citer en entier. « Parmi la foule de scènes vives et animées que présente cet ouvrage, il serait aussi difficile « de trouver une situation froide qu'il est malaisé de trouver une idée dramatique dans la plupart « des pièces qui se succèdent journellement sur nos théâtres. Le style rappelle quelquefois la manière « de Beaumarchais ; et pour la liaison des scènes et le naturel du dialogue, les auteurs ne nous « semblent pas inférieurs à Sedaine. L'intérêt ne languit jamais, et l'attention est constamment « éveillée, sans être fatiguée. Les plaintes de Cécile vous attendrissent, et le moment d'après vous « riez aux éclats des plaisanteries de Frédéric. Voilà l'art tant vanté par Boileau. »

Il adresse ensuite ses compliments aux acteurs et surtout à une actrice fort aimable dont le jeu est plein de grâce et de vérité. Il termine son article du Vaudeville par quelques mots sur la *Féerie des Arts*.

Il passe enfin au théâtre de la Porte Saint-Martin et à *Cadet Roussel Procida*. Il croit que les théâtres secondaires ne servent qu'à corrompre le goût et à avilir la littérature. Il parlera pourtant de *Cadet Roussel Procida* pour en extraire quelques jolis vers et montrer que dans cette pièce il y a de l'esprit et de la verve, « qualités que l'on doit priser partout où elles se rencontrent. » V. Hugo cite ensuite une vingtaine de vers spirituels et bien tournés, mais il critique des jeux de mots et des expressions triviales qui sentent trop la farce.

N.-B. — V. Hugo est évidemment l'auteur d'une demie page (p. 76) qui fait suite à cet article. Il y parle non sans malice de certaines pièces qui ont paru ou vont paraître aux *Français*, aux *Variétés*, au *Cirque Olympique*.

(1) L'article n'a pas été reproduit dans *Litt. et Philos. mêlées*, mais il doit être de V. Hugo. La signature à la fin de l'article est F, mais à la couverture on trouve E, une des initiales qu'il

t. I, livrais. II, pp. 77-80. A la p. 80 la signature est F., mais à la couverture la signature est E.

N.-B. — *Les trois nuits d'un goutteux*, poème en 3 chants, dédié à M. Circaud, médecin à la Clayette (Saône-et-Loire) par M. le comte François de Neufchâteau. In-8, Imp. Crapelet, Paris. Paris, Lefèvre et Delaunay. B. F., 25 septembre 1819, n° 3360. A la suite se trouve une annonce des *Poésies diverses* et des *Mémoires sur la vie*.

Aux Missionnaires de l'Irréligion, par M. P. A. Vieillard, membre de la société philothecnique (sic). In-8, Imp. Ballard, Paris. Paris, Ponthieu (en vers). B. F., 4 déc. 1819, n° 4210.

---

employait. Ne lui appartenait-il pas d'ailleurs de faire l'article consacré aux œuvres de François de Neufchâteau. Il a prétendu plus tard avoir fait un article sur les *Fables* de Neufchâteau (cf. Ed. Biré, *V. Hugo avant 1830*, pp. 110 et 112). Cet article, comme l'affirme d'ailleurs M. Biré, n'est pas dans le *Conserv. Litt.*, mais V. Hugo ne voulait-il pas faire allusion au présent article dans lequel il parle *des Fables* de Neufchâteau.

Voici un résumé du petit article de V. Hugo. Neufchâteau est très occupé. *La Goutte* vient le distraire. *Les trois nuits d'un goutteux* ont la grâce et la facilité qui caractérisent l'auteur des *Fables*. V. Hugo cite quelques vers qu'il trouve fort jolis : d'autres sont pleins d'abandon et de poésie, on y reconnaît celui que Voltaire nomma *son héritier*. Il compare Neufchâteau à Ducis, à Benserade. Il termine par l'annonce des *Poésies diverses* de Neufchâteau que le monde littéraire attend avec impatience et des *Mémoires de sa vie* qui éveilleront la curiosité du monde politique.

V. Hugo consacre quelques lignes bien ternes, bien vagues à l'ouvrage de Vieillard. « L'auteur « aux principes destructifs des soi-disants philosophes oppose des doctrines fondées sur la raison et « la vérité. La pureté des opinions religieuses et politiques de M. Vieillard nous paraît aussi digne « d'éloges que la décence et la modération avec lesquelles il les expose. » L'opuscule est faiblement écrit. On n'y reconnaît pas la touche du poète mais les sentiments de l'homme de bien, jaloux de se rendre utile.

CHAPITRE III

1820

1820 *Janvier*

1 V. Hugo lit le *Journal des Débats*: cf. *Journal des Débats*, 1er janvier 1820 et le *Conserv. Litt.*, t. I, livrais. IV, p. 148, 29 janvier 1820.

8 V. Hugo assiste à la 2e représentation des *Comédiens* de Cas. Delavigne au 2e théâtre français : cf. *Conserv. Litt.*, t. I, livrais. IV, p. 157 et *Journal des Débats*, 8 janvier 1820.

10 Entre le 1er et le 10 janvier le duc de Rohan, clerc tonsuré, dont la santé avait donné quelque inquiétude, rentre au Séminaire St-Sulpice. Il n'a reçu aucun ordre à Noël. Le 9 janvier il assistait au sacre du prince de Croy, évêque de Strasbourg: cf. *Journal des Débats*, lundi 10 janvier 1820.

N.-B. — *Le Drapeau blanc* du 18 décembre 1819 disait que le duc de Rohan avait été ordonné diacre le 17 décembre.

Lettre de V. Hugo à Adèle Foucher : cf. Un Samedi
Lettres à la fiancée, pp. 13-15.

N.-B. — Cette lettre n'est pas autrement datée. Le 1er janvier 1820 est un samedi ; mais il est peu probable que V. Hugo l'écrivit ce jour-là ; elle est donc du 8, du 15, du 22 ou du 29.

Poésie. Epître à Brutus. Les Vous et 15
les Tu.

Quien haga aplicaciones
Con su pan se lo coma (Yriarte).

Conserv. Litt., t. I, livrais. III, pp. 81-84 (signé Aristide). 15 janvier 1820, B. F., no 260. cf. *Litt. et Philos. mêlées*, t. I, pp. 145-148 : soixante-deux vers reproduisent exactement le *Conservateur* ; douze sont de 1834 ; soixante-douze ne sont pas reproduits. cf. *V. Hugo raconté*, t. I, pp. 304-310, trois mots seulement sont changés ; cf. *Satires Jacobites... Les Vous et les Tu...* Bibliopolis, chez les Marchands de Vieux-Neuf, in-12, 1819-1874.

Littérature française. L'esprit du Grand 15
Corneille par M. le Comte François de Neufchâteau de l'Académie française, etc... De l'Imprimerie de Didot l'aîné (1).

---

(1) La page 119 (2e partie) et la page 120 (*Litt. et Philos. mêlées*), reproduisent la page 102 et quelques lignes de la page 103 du *Conservateur* (on a négligé une note de quatre lignes avec deux vers français traduisant les deux vers latins du commencement de la page 103). Les autres pages 92, 93, 94, 95, 96, 97, 98, 99, 100, 101, 103 (presque entière), 104, n'ont pas été reproduites.

V. Hugo attaque les incorrectes compilations de quelques spéculateurs avides qui, il y a deux ans, voulaient dépraver la morale publique et ne corrompirent que l'art (p. 92). Il félicite Didot grâce à qui les chefs-d'œuvre de notre littérature sont devenus des chefs-d'œuvre de typographie : félicitations aussi à M. le comte de Neufchâteau « l'un de nos académiciens les plus distingués. Depuis « longtemps étranger aux dissensions politiques qui nous tourmentent, M. François de Neufchâteau se « livre à d'estimables travaux que son âge et ses infirmités ne peuvent lui faire abandonner. » V. Hugo parle des récents ouvrages de Neufchâteau : *Essai sur la langue et les écrits de Pascal*, *Notice sur Gil Blas* (p. 93). Neufchâteau a choisi en dehors des onze chefs-d'œuvre de Corneille des morceaux excellents « comme si le génie, qui dans ses écarts peut être monstrueux et ridicule, « pouvait jamais être médiocre. » C'est tirer l'or du fumier, dira-t-on, mais ce fumier là vaut mieux que celui d'Ennius (p. 94). V. Hugo cite, pour prouver son affirmation, des vers d'*Andromède*, de la la *Veuve*. Il parle de la flexibilité du talent de Corneille qui perfectionnait l'idiôme de Marot et de

Conserv. Litt., t. I, livrais. III, pp. 92-104 (signé M.). B. F., 15 janvier 1820, n° 260. cf. *Litt. et Philos. mêlées*, t. I, pp. 119-120.

N.-B. — Le livre de Neufchâteau parut le 2 octobre 1819. B. F., n° 3421.

15 EUGÈNE HUGO. *Stances à Thaliarque*, par M. M.-E. Hugo. *Conserv. Litt.*, t. I, livrais. III, pp. 84-85, 15 janvier 1820.

— J.-J. ADER. *Elégie*, par J. J. Reda. *Conserv. Litt.*, t. I, livrais. III, p. 85.

— ABEL HUGO. *Epigramme*, par M. D. Monières. *Conserv. Litt.*, t. I, livrais. III, p. 86.

— ABEL HUGO. *La Panhypochrisiade ou le Spectacle infernal du XVI*e *siècle*. Comédie épique par M. Népomucène Lemercier, de l'Académie française. *Conserv. Litt.*, t. I, livrais. III, pp. 86-92, 1er article. Le 2e article est à la livrais. V, pp. 165-168. Les deux articles sont signés (A).

De l'éloquence politique et de son influence dans les gouvernements populaires et représentatifs par M. P. S. Laurentie, répétiteur à l'école polytechnique, 1er article (1). *Con-* 15

Ronsard et a su se rendre maître de la langue qu'il a créée (p. 95). Il cite comme preuve *Pulchérie* (p. 96), *Suréna*, *la Toison d'Or*, *Attila* (p. 97). *Tite* et *Bérénice*, *Andromède*. Il exprime son opinion sur les grands mots et les grands gestes qui ne réussiront pas éternellement au théâtre : « le goût, dit-il, réprouve tout ce que la nature désavoue. » Il donne quatre vers de Théophile qu'il compare à quatre vers d'*Andromède* (p. 98). Il ne peut « résister au plaisir de citer des vers où Corneille se montre, comme « nous, puérilement attaché à cette légitimité qui n'est plus rien aujourd'hui, comme on sait, que « pour les têtes faibles » et dans ces vers il est facile de voir des allusions à Louis XVIII et à Napoléon. Les mêmes allusions se rencontrent dans des vers de Lebrun (tragédie d'*Ulysse*, représentée en 1814) que V. Hugo est heureux de transcrire. Son approbation cependant ne va pas sans une critique, « ses vers (à Lebrun) sont beaux : cependant ils sont empreints d'un vernis de ce scepticisme « laissé dans les jeunes têtes par une révolution qui a ébranlé toutes les croyances tant politiques « que religieuses » (p. 99). V. Hugo admire en Corneille « l'homme monarchique », il ose plus, il cite le poète religieux (dix vers de la *traduction de l'Imitation*). « Rien de plus magnifique et de plus élevé que cette strophe » dit M. de Neufchâteau. Il semble que V. Hugo ne veut pas donner lui-même son opinion, il préfère l'emprunter à autrui, mais il ne craint pas de se moquer des *esprits spéciaux* qui pourraient hausser les épaules (pp. 99 et 100). Il cite encore un portrait satirique tiré de l'*Illusion comique* dont, dit-il, on trouverait aisément les originaux, puis quelques vers d'une *élégie*, imprimée en 1664, car F. de Neufchâteau « ce littérateur distingué », a voulu recueillir aussi ce qu'il y a de plus remarquable dans les *Poésies diverses* de Corneille (pp. 100 et 101).

Dans *Litt. et Philos. mêlées* (pp. 119 et 120), nous retrouvons la p. 102 et les premières lignes de la p. 103 du *Conserv. Litt.*, mais, p. 119, *veine* remplace *verve* du *Conserv. Litt.*

En note de la page 103 du *Conserv. Litt.* V. Hugo avait traduit les deux vers latins (p. 120) de *Litt. et Philos. mêlées*. « Nous traduirons ainsi sans chercher à rendre les pompeuses expressions de l'hu- « milité du Grand Corneille.

Il ne m'est pas donné, sur le double coteau,
De suivre Chapelain, ou d'atteindre Godeau.

V. Hugo termine son article en louant l'ordre, la clarté, les savantes recherches, les judicieuses critiques, le talent connu de Neufchâteau. Il annonce un nouvel ouvrage de lui, la *Philosophie des Poètes*, ouvrage important et utile (cet ouvrage n'a jamais vu le jour). Neufchâteau avait pensé, en 1793, à faire de notre théâtre une *école d'histoire*. V. Hugo n'ose discuter un projet sur lequel Neufchâteau s'est trouvé d'accord avec l'auteur des *Templiers* (Raynouard). « Nous ignorons si ce « plan serait praticable ; mais nous pensons que du moins l'intention en est utile ; et si ce n'est que le « rêve d'un homme de talent, c'est aussi la chimère d'un homme de bien. » (pp. 103-104).

(1) V. Hugo n'a pas reproduit la p. 104 et les 3/4 de la p. 105 du *Conserv. Litt.*
Au commencement de l'article il parle de son antipathie pour les auteurs latins et pour Cicéron

serv. Litt., t. I, livrais. III, pp. 104-109, signé B., 15 janvier 1820. cf. *Litt. et Philos. mêlées*, t. I, pp. 106, 107, 108 avec la date : Février 1819.

N.-B. — Le volume avait paru en librairie en 1819 : B. F., 30 octobre 1819, n° 3785, in-8, imp.-libr. Pillet — en 1821 : B. F., 28 avril, nouvelle édition ou plutôt changement de frontispice. Imp. Cellot, Paris. Paris, Mequignon, et Lyon, Périsse.

Spectacles. Académie Royale de musique. 15
Olympie, tragédie lyrique en trois actes, paroles de MM. Brifaut et Dieulafoy, musique de M. Spontini, ballets de M. Gardel.

Théâtre français : Le marquis de Pomenars, comédie en un acte et en prose (1).

---

en particulier. Il semble même se vieillir un peu car à l'entendre il y a longtemps qu'il a fini ses classes. Un peu de poudre aux yeux ne fait pas mal.

Il se lance ensuite dans la politique. Il prend la définition de l'orateur d'après Cicéron : c'est l'homme de bien habile dans l'art de parler. Il l'applique à la liste des députés et il trouve peu d'orateurs parmi eux, s'il en trouve, car il ne nous dit pas le résultat de sa comparaison. Il se demande ensuite si Cicéron n'a pas pu transiger avec les principes, comme tant d'autres... En passant, il attaque Basile, les députés du parti gauche (p. 104). Il remarque que Cicéron permet les légers mensonges, les grosses calomnies... il en profite pour donner un coup de patte à M. de Carrion-Nisas, mauvais traducteur d'Horace, aux chevaliers du juste milieu, pour faire des allusions aux bals champêtres de Grenoble, aux conspirations du bord de l'eau (p. 105).

La fin de la p. 105, la p. 106, les 3/4 de la p. 107 sont reproduits dans *Litt. et Philos. mêlées*, pp. 106, 107, 108, avec quelques petites variantes, additions et suppressions.

P. 106, 1re ligne. *L'autre jour* remplace *or voici que...* — P. 106, 8e ligne. *Voilà pour la conscience de l'orateur selon Cicéron, vir probus dicendi peritus*, est ajouté. — P. 106, 12e ligne. V. Hugo a ajouté une liaison : *Nous n'avons aucune raison de croire que les orateurs fissent autrement que les guerriers.* — P. 107, 12e ligne. Au lieu de : *Je ne suis pas assez sûr de n'être jamais lu que par des hommes pour rapporter...* il y avait : *Par respect pour les dames, nous ne rapporterons pas.* — P. 107, après la 17e ligne. V. Hugo a négligé un petit § : *Et ici, Monsieur, comme je tiens de mon père qu'il n'est jamais trop tôt ni trop tard pour dire une chose que nous inspire notre conscience, lorsque cette chose peut nous être utile...*

La fin de la p. 107 du *Conserv. Litt.*, les pp. 108-109 ont été négligées. Ces pages sont consacrées à M. Laurentie. V. Hugo lui reconnaît véritable talent de style, feu, correction, élégance, marche périodique et nombreuse. C'est un écrivain qui connaît Cicéron, écrit pour écrire, un homme probe, instruit, animé de bonnes intentions, qui consacre ses veilles au bien commun, à la gloire de la patrie (p. 107). V. Hugo annonce un prochain article sur le même sujet (il ne parut pas) il cite de Laurentie des traductions de Tacite meilleures que celle de M. Dureau-Delamalle (pp. 108-109).

(1) La signature H. n'est mise qu'après *Le marquis de Pomenars* mais elle semble porter sur tout l'article *Spectacles*. Quelques phrases, quelques expressions, des citations de Voltaire révèlent la manière de V. Hugo.

A propos d'*Olympie* il se plaint que l'on n'entende pas les paroles car l'on est étourdi et ébloui par la musique et les décors. *Olympie* est un opéra estimable, dit le critique, tiré d'une assez mauvaise tragédie de Voltaire, faite sur la fin de sa vie. Il prouve par des citations qu'il connaît bien Voltaire.

Il blâme l'auteur du *Marquis de Pomenars* d'avoir mis sur la scène une anecdote qui si elle n'était voilée avec art aurait révolté la délicatesse du goût français et des mœurs nationales. On rira difficilement d'un homme qui joue pour ainsi dire avec la corde de son gibet ; c'est un triste personnage de comédie. Les personnages, dont il fait le portrait rapide en traits précis et vigoureux, sont peu intéressants. « on ne saurait trop le répéter dans ce siècle, le théâtre est l'école des mœurs. « Certaines scènes sont agréablement écrites, quelques traits sont fins et naturels mais le sujet est « défectueux et inconvenant. L'auteur a mieux fait, nous ne le nommerons pas, ce serait indiscrétion et « peut-être maladresse. » En passant V. Hugo a fait allusion au *Légataire* de Regnard qui pour être un chef-d'œuvre aurait dû offrir un but moral.

La *Revue Littéraire* du 15 janvier (*Conserv. Litt.*, t. I, livrais. III, pp. 115-120), est signée F., mais il semble que V. Hugo, s'il ne l'a pas faite en entier, y a largement contribué. Nous la résumons en appuyant sur ce qui nous paraît prouver la collaboration de V. Hugo.

Conserv. Litt., t. I, livrais. III, pp. 109-114, (signé H.) : B. F., 15 janvier 1820, n° 260.

N.-B. — *Olympie*, comédie-vaudeville en trois actes, imitée de Voltaire, représentée pour la première fois, sur le théâtre de l'Académie royale de musique, le 20 décembre 1819. In-8, Imp. Didot ; Paris, Mme Huet, B. F., 7 janvier 1820, n° 9.

21 *Le Drapeau blanc* annonce le 1er numéro des *Archives de la Littérature et des Arts*.

Le marquis de Pomenars, comédie en un acte et en prose, par Mme Sophie Gay, représentée pour la première fois à Paris par les comédiens du roi, sur le 1er théâtre français, le samedi 18 décembre 1819. In-8, Imp. Foin ; Paris, Ladvocat, B. F., 1er janvier 1820, n° 91.

29 V. Hugo assiste à la représentation des *Petites Danaïdes* : cf. *Conserv. Litt.*, t. I, livrais. IV, p. 117.

Poésie. *Cacus* (Extrait d'une traduction inédite de l'Enéide). *Jam primum saxis suspensam hanc adspice rupem*, etc... livre VIII (1). 29

Constant et Discrète, poème en 4 chants, suivi de Poésies diverses, par le Comte Gaspard de Pons. (*Constant et Discrète*, était paru en 1819 : B. F., 4 décembre, n° 4162, in-18. Imp. Boucher, Paris. Paris, Vve Renard et Boucher). Le critique signale la grâce et l'aisance mais aussi la négligence de l'auteur ; qu'il se garde un peu de sa facilité, sa manière est trop inégale, il est trop indulgent pour lui-même. Il faut se châtier sans pitié, il faut des sujets plus piquants quoiqu'il y ait dans celui-ci de jolis détails. Dans les *Poésies diverses* qui suivent, il y a des passages écrits d'une manière quelquefois originale et presque toujours spirituelle. L'*Ode sur le Congrès d'Aix-la-Chapelle*, sans offrir l'entraînement et le désordre qui révèlent le poète lyrique, a cependant la sévérité du style et la beauté des sentiments qui engendre presque toujours la beauté des idées.

Cet article, qui ne manque pas d'une certaine franchise fut peut-être une des raisons des relations entre G. de Pons et les Hugo.

Le dix-neuvième siècle, satire, par M. Ed. Corbière. (*Le dix-neuvième siècle*, satire politique, par Ed. Corbière de Brest, ex-officier de marine. In-8, imp. Renaudière, Paris, chez Mlle Donnas, chez Plancher et les libraires constitutionnels, B. F., 14 août 1819, n° 2926). M. Corbière est un élève du père Duchesne, prosateur de mérite, il est poète, il attaque tout le monde, d'abord un illustre pair (Chateaubriand), puis MM. Guizot, Villemain, de Serre, Pasquier, tout ce que la France a d'éminent. Le critique s'amuse à prouver avec esprit qu'il ne faut pas confondre l'auteur de cette satire avec le député du même nom. Peu lue à Paris, sa satire a dû être lue à Brest par les libéraux philosophes qui viennent de donner tout récemment une si bonne leçon de *tolérantisme* aux *apôtres du scandale* : M. Corbière est breton.

Le *Conserv. Litt.* attaquera une 2e fois M. Corbière (t. I, livrais. IX, pp. 337-341) à propos d'un poème, les *Philippiques françaises*. L'article est signé S.

Le dix-neuvième siècle, Epître à M. le comte Ferrand, pair de France, par M. Rosset, Genève.

M. Rosset, dit le critique, est un honnête homme dont nous partageons les opinions et dont nous honorons le caractère, mais son style est faible et son ouvrage médiocre. On cite quelques vers, « contre nos jeunes radoteurs qui n'étaient hier que des rhétoriciens et se donnent aujourd'hui bien « de la peine pour paraître des rhéteurs. » Cette phrase est curieuse si l'on songe à l'âge des rédacteurs du *Conserv. Litt.* Voici une autre phrase où le style de V. Hugo nous paraît se révéler. « *La « satire du dix-neuvième siècle* est à encore à faire ; M. Rosset est un satirique à l'eau de rose ; « M. Ed. Corbière n'a trempé ses pinceaux que dans la boue Qui saisira le fouet sanglant de Gilbert ? « Il s'agit de tendre l'arc de Nemrod ; où est l'athlète ? Espérons qu'il se présentera ; quoique ces vers « de M. Rosset ne soient que trop vrais :

Si parfois un jeune homme, épris d'un beau délire
Ose monter Pégase et manier la lyre
D'un insolent mépris on accueille ses vers,
Et ses nobles transports passent pour un travers. »

V. Hugo ne se plaignait-il pas toujours dans sa jeunesse d'être méconnu et de ne pas recevoir les éloges que méritait son talent.

*L'abus des Mots, Satire par M**** (In-8, imp. Feugeuray, Paris. Paris, Aimé André et Delaunay : B. F., 18 septembre 1819, n° 3324). L'auteur adresse son salut d'honneur à M. B. C. (Benjamin Constant) le célèbre publiciste : « Cette satire aussi dénuée de poésie qu'abondamment pourvue de « calomnies et d'injures est dirigée contre les hommes qui joignent à la noblesse du caractère les « distinctions du talent. »

(1) Voici les changements apportés : *V. Hugo raconté*, p. 236, vers 13e, *laissant* remplace *fuyant* ; vers 18e, *saisit* remplace *il prend* ; vers 25e, *le noir* remplace *ce noir* ; p. 237, vers 24e,

29 Abel Hugo. *La Jérusalem délivrée*, traduite par M. Baour-Lormian : *Conserv. Litt.*, t. I, livrais. IV, pp. 127-133, 2e article (A).

— *Lettres sur la nouvelle traduction de la Jérusalem délivrée*, par M. Baour-Lormian. *Observations sur la traduction en vers de la Jérusalem délivrée*, par M. G. G. : *Conserv. Litt.*, t. I, livrais. IV, p. 133 (A).

Conserv. Litt., t. I, livrais. IV, pp. 121-123, 29 janvier 1820 : Signé : V. d'Auverney ; cf. *V. Hugo raconté*, t. I, pp. 235-238 ; cf. *Lycée Armoricain*, t. I, livrais. II, pp. 106-108, février 1823 : Signé V. Hugo (B. F., 1er mars 1823, n° 994) : Le texte est celui du *Conserv. Litt.* ; cf. *Odes et Ballades*, édition de l'Imprimerie Nationale, pp. 396-398.

Prose. Du Génie. Conserv. Litt., t. I, livrais. 29
IV, pp. 123-126, 29 janvier 1820 (Signé E). : cf. *Litt. et Philos. mêlées*, t. I, pp. 160-163. Aucun changement : c'est peut-être le seul morceau ainsi reproduit.

Littérature française. Les Vêpres Siciliennes, tragédie, par M. C. Delavigne. —
Louis IX, tragédie, par M. Ancelot ; 2e et dernier article (1) : *Conserv. Litt.*, t. I, livrais. IV, pp. 133-145 sans signature (le 1er article se trouve t. I, livrais. II, pp. 64-69, avec la signature V, 25 décembre 1819) ; cf. *V. Hugo raconté*, t. I, pp. 443-446, avec la date 1819.

Réflexions morales et politiques sur les avantages de la monarchie, par Mme C. de M... (1er article) (2) : *Conserv. Litt.*, t. I, —

---

mornes remplace *tristes* ; p. 238, les trois derniers vers ont été complètement remaniés : on lisait dans le *Conserv. Litt.* : *De ses membres* hideux *il* contemple *la* forme. — *Il voit ses* yeux *sanglants, ses* flancs noirs et velus. — Et *ses* feux expirants qu'il ne redoute plus.

Les *Odes et Ballades*, édition de l'Imprimerie Nationale, ont donné (p. 397), d'après le manuscrit, une variante plus conforme au texte.

(1) La reproduction du 2e article commence au milieu de la p. 443 (*V. Hugo raconté*). On a négligé la liaison entre les deux articles : allusion à un chapitre de Sterne sur les bottes et les jarretières (pp. 133-134, *Conserv. Litt.*). On a négligé des comparaisons entre C. Delavigne et Ancelot, des citations empruntées aux deux auteurs, des critiques à propos des portraits, des caractères, du style d'Ancelot : V. Hugo lui reproche des phrases traînantes, des vers gauches (pp. 134, 135, 136, 137, *Conserv. Litt.*). Deux longues citations, l'une de Ancelot, l'autre de C. Delavigne (*Conserv. Litt.*, pp. 138-139) ont été laissées de côté. Les quatre lignes qui suivent la citation (*V. Hugo raconté*, p. 445) empruntées à la p. 143 du *Conserv. Litt.*, résument les pp. 140, 141, 142, 143 et la moitié de la p. 144 du *Conserv. Litt.* V. Hugo y critiquait Ancelot : après une longue citation il disait : « Ces « vers ne présentent ni force, ni chaleur, pas même une coupe pittoresque, ils sont harmonieux et ce « n'est pas beaucoup, selon nous qui préférons encore des vers durs à des vers faibles. Dans ce mor- « ceau tout est vague et confus, on est obligé de le relire plusieurs fois pour se faire une idée de la « scène qu'il représente (p. 141). » Il insistait ensuite sur la manière ferme, vive et précise, les vers pleins d'action et de mouvement, les scènes animées, pittoresques, les images admirables de grandeur et de vérité de C. Delavigne. Cette appréciation de V. Hugo sur les coupes pittoresques, les vers faibles et les vers durs est intéressante à noter ainsi qu'une attaque contre une imprécation hyperbolique et usée employée à propos d'Ancelot (*Conserv. Litt.*, p. 143) V. Hugo continuait en essayant de laver Ancelot d'une accusation de plagiat. Il n'a pu copier, écrivait-il, *Louis IX dans les fers* de M. D... (*Louis IX dans les fers*, tragédie en cinq actes de M. D... In-8, Imprimerie Noubel, Agen ; Paris, Ledoux et Teuré et aussi Delaunay. B. F., 5 septembre 1818), tragédie sans valeur, autrement la pièce de cuivre se serait changée en pièce d'or dans la poche du voleur, ce serait tout le contraire du vieux conte arabe. Peut-être cependant a-t-il pris le personnage du renégat qu'on ne trouve pas dans les *Mémoires* du temps malgré les affirmations d'Ancelot. V. Hugo rappelait en passant l'épopée du Père Lemoyne, *St Louis* : il en citait quelques vers à propos des *Vêpres Siciliennes* (*Conserv Litt.*, pp. 143-144). La fin de l'article, pp. 144-145 du *Conserv. Litt.*, se trouve pp. 445-446 (*V. Hugo raconté*) avec quelques petits changements.

(2) Dans *Litt. et Philos. mêlées* (pp. 67-70) on a seulement reproduit les pp. 145-146 et la moitié de la p. 147 du *Conserv. Litt.* avec quelques changements.

Pour les pp. 67 et 68 de *Litt. et Philos. mêlées*, il y a simplement deux corrections de style sans importance ; p. 69, *Litt. et Philos. mêlées*, à la suite de la 2e ligne, on lisait encore : « *Où l'on*

livrais. IV, pp. 145-150 (signé B). Le 2e article est au t. I, livrais. IX, pp. 341-350 (signé B); cf. *Litt. et Philos. mêlées*, pp. 67-70 et p. 105, *Fantaisie*.

N.-B. — *Réflexions morales et politiques sur les avantages de la monarchie*, par Mme C. de M.., in-8, Imprimerie Didot, Paris, chez l'auteur, rue du Paon, no 1 et chez Le Normant. B. F., 20 mars 1819, no 1053.

Mme C. de M... qui, nous dit V. Hugo, est une *ultra (Conserv. Litt.*, t. I, p. 149) était une ci-devant religieuse. Elle avait épousé pendant la Révolution, Nicolas Chambon de Montaux, médecin, maire de Paris après Péthion, du 3 décembre 1792 au 2 février 1793. C'est lui qui fut chargé de signifier à Louis XVI sa comparution devant la Convention. Il était maire de Paris, le 21 janvier, jour de l'exécution de Louis XVI. Ces faits curieux méritent, je crois, d'être signalés.

Spectacles. Première représentation des Comédiens, comédie en cinq actes et en vers de 29

---

conspire jusque sur les bancs, où l'on pétitionne jusque sur les toits »; p. 69, 18e ligne, après *ce qui m'épouvante* on lisait : « *Je ne saurais dire tous les mauvais rêves que j'ai faits cette nuit, après avoir assisté hier à la représentation des* PETITES DANAIDES, *pièce qui en vérité peut être d'un fort mauvais exemple* » (1); p. 69, lignes 19 et 20 : Fonseca remplace Ponseca (*Conserv. Litt.*, p. 147); p. 69, 28e ligne, au lieu de *Rue Mézières, no 10*, on lisait *rue Quincampoix, no 4*.

Voici maintenant une courte analyse de ce que V. Hugo n'a pas réimprimé : Il rassure Mme de M. ; il ne veut pas lui interdire le droit d'écrire et il n'a voulu parler que pour l'honneur de son sexe : « On ne lisait plus du temps de Voltaire, et l'on dirait que du nôtre on ne sait plus lire... (*Conserv.* « *Litt.*, p. 147), aujourd'hui nous ne sommes plus comme jadis plus ou moins savants, nous ne « sommes que plus ou moins ignorants. Le professeur prend Caton l'Ancien pour Caton d'Utique, le « bachelier prend Titus pour Néron. » (*Conserv. Litt.*, p. 148).

Il fait un petit reproche à Mme de M. qui a de l'érudition : elle ne cite pas le nom des auteurs dont elle met en œuvre les idées. Cela expose le critique « à donner sur la joue d'un auteur, qui se « présente comme inconnu, un soufflet à Horace ou à Virgile, comme dit Montaigne. » *(Conserv. Litt.*, p. 148).

Ce piège tendu par Mme de M. a été vite reconnu : tous les critiques du journal ont refusé de se charger du livre et « l'ouvrage m'a été adjugé à moi pauvre hère qui, ayant passé toute ma vie dans les livres, suis en quelque sorte devenu comme un livre ambulant... (*Conserv. Litt.*, p. 148) cela veut « dire que je suis vieux ; et... plus on est vieux, moins on est galant ; moins on est galant, plus on est « sincère... mais s'il faut en croire ma vieille voisine, la politesse des vieillards de notre temps valait « encore mieux que la galanterie des jeunes gens d'aujourd'hui. » (*Conserv. Litt*, p. 149).

V. Hugo parlera des principes de Mme de M. dans un prochain article, mais le lecteur voudrait savoir quelles sont les opinions politiques de Mme de M. Dans quel parti doit-on la ranger « puisque « nous en sommes venus au point de n'avoir plus que des partis en France. » (*Conserv. Litt.*, p. 149).

Le reste de l'article (*Conserv. Litt.*, pp. 149-150), a été reproduit dans *Litt. et Philos. mêlées*, p. 105, sous le titre *Fantaisie* avec quelques changements curieux : 1re ligne (*Litt. et Philos. mêlées*), au lieu de *ce que je veux*, ont lit dans le *Conserv. Litt.*, *ce que veut Mme de M.* ; 3e ligne (*Litt. et Philos. mêlées*) V. Hugo a supprimé une phrase. Après *garanties pour le peuple* on lisait dans le *Conserv. Litt.* : « *et en cela je ne vous aurais rien dit si je ne vous affirmais en même temps que ce que veut Mme de M., elle le veut non seulement de bouche mais encore de cœur, c'est-à-dire qu'elle est ultra* (p. 149) ; 4e ligne (*Litt. et Philos. mêlées*), au lieu de « *et en cela je suis différent de certains honnêtes gens* » il y avait dans le *Conserv. Litt.* « *Et en cela Mme de M. est bien différente (je ne fais cette remarque que pour la postérité) de certains honnêtes gens* » (p. 150) ; 10e ligne (*Litt. et Philos. mêlées*), *feu mon grand oncle* remplace *feu mon père* du *Conserv. Litt.*, p. 150.

(1) *Les petites Danaïdes* ou *quatre-vingt-dix-neuf victimes*. Imitation burlesco-tragi-comi-diabolico féerie de l'opéra des *Danaïdes*, mêlée de vaudevilles, danses, etc... par M. Gentil, représentée sur le théâtre de la Porte Saint-Martin, le 14 décembre 1819. In-8, Imp. Cussac, Paris ; Paris, Fages, B. F., 25 décembre 1819, no 4437 ; 2e édit., Imp. Nouzou, Paris ; Paris, Fages, B. F., 20 mai 1820, no 1847.

M. Casimir Delavigne (1) : *Conserv. Litt.*, t. I, livrais. IV, pp. 150-158 (signé H).

N.-B. — *Les Comédiens*. Comédie en cinq actes et en vers, précédée d'un prologue en prose par M. Casimir Delavigne, représentée par les comédiens ordinaires du roi, sur le 2e théâtre français, le jeudi, 6 janvier 1820. In-8, Imprimerie Fain, Paris. Paris, Barba et Ladvocat : 1re édit., B. F., 29 janvier, no 360 ; 2e édit., B. F., 19 février, no 501 ; 3e édit., B. F., 13 mai, no 1643.

---

(1) V. Hugo commence par une comparaison entre le 1er et le 2e théâtre. Ce dernier travaille avec zèle, talent, succès. Le 1er théâtre ne fait rien. Il doit y avoir au moins un pouce de poussière sur les pauvres manuscrits inhumés dans les vieux cartons (*Conserv. Litt.*, p. 150). Ce début amène très naturellement le sujet traité par C. Delavigne, les ridicules des comédiens.

L'ouvrage n'a pas rempli l'attente des spectateurs « Une grande idée, une idée essentiellement « morale devait donner la vie à l'ouvrage de ce jeune homme ; l'insolente ingratitude des comédiens « envers les auteurs qui les font vivre est une monstruosité assez remarquable pour mériter les hon- « neurs de la scène. » — Il aurait fallu avec cela montrer « l'ignorance des jurys comiques, la « bassesse des intrigues de coulisses, l'égoïsme des comédiens voyageurs et la vanité des actrices « ambulantes, le despotisme des sociétaires sur les pensionnaires, la tyrannie des acteurs envers les « auteurs, et même la haute police exercée par certains grands seigneurs sur les uns et sur les « autres... En un mot il fallait nous montrer les rois de la scène absolument tels qu'ils sont dans leur « intérieur, *domestica facta*. Il ne s'agissait pas de lever un coin du rideau, il fallait déchirer la toile : « et c'est ce que M. Delavigne n'a point fait, *seu debilior, seu timidior*. » (*Conserv. Litt.*, p. 151).

V. Hugo fait ensuite une analyse rapide de la pièce (*Conserv. Litt.*, pp. 152-154). Nous relèverons seulement quelques phrases que V. Hugo a dû écrire avec plaisir à cause des allusions qu'elles contenaient sur sa situation présente et ses espérances de bonheur.

« Victor, jeune poète de haute espérance, aime Lucile, jeune actrice, d'un rare talent et d'une vertu plus rare encore

De la beauté, vingt ans et pas de cachemire !... (p. 152).

« On doit jouer une comédie de Victor sur le succès de laquelle est fondé tout son espoir « d'épouser Lucile dont il est aimé... (p. 152) ...La pièce a réussi et son bonheur est comblé par son « mariage avec Lucile. » (p. 154).

Après le résumé de la pièce, V. Hugo ajoute : « Ce plan bizarre et embrouillé exige autant de « critiques que le style mérite d'éloges. Un dialogue, animé et piquant, semé de traits heureux et de « pensées épigrammatiques ; un rôle entier, rempli de beaux vers (celui de Victor, que David récite « avec chaleur mais trop vite) ; une correction continuelle, une élégance soutenue, placent les *Comé-* « *diens* au premier rang sous le rapport du style, parmi les comédies représentées depuis *les Deux* « *Gendres* » (*Conserv. Litt*, p. 154). Dans les trois pages suivantes, V. Hugo fait de nombreuses citations pour prouver « le style soigné, le dialogue naturel » et parfois « un mérite d'observation « rare surtout chez M. Delavigne. » Les appréciations de V. Hugo ne manquent pas de justesse et il signale avec raison des vers « jolis », d'autres « pleins de fermeté et de chaleur. » (*Conserv. Litt.*, pp. 156-157).

La dernière citation de V. Hugo est une tirade qui, à la 1re représentation, fut très applaudie et renferme le vers connu : « Qui sert bien son pays n'a pas besoin d'aïeux ». V. Hugo accorde que ce vers et ceux qui précèdent « sont assez bien tournés » mais à son avis « ils ne méritaient pas les « honneurs du *bis* qu'un troupeau de jeunes sots voulait leur faire obtenir. Nous nous félicitons « d'avoir contribué avec une portion du parterre, bien faible à la vérité, à ce que l'auteur continuât « son rôle. » (*Conserv. Litt.*, p. 157). Nous apprenons par ce détail que V. Hugo assista non pas à la 1re, mais à la 2e représentation, le 8 janvier 1820, si nous en croyons le récit que fit le *Journal des Débats* des deux premières représentations (cf. *Journal des Débats*, 8 janvier 1820) à moins que V. Hugo n'y ait point assisté du tout et qu'il ait tout emprunté aux *Débats*.

V. Hugo profite de cet incident pour conseiller à C. Delavigne de supprimer le rôle de Blinval. « Si ce personnage est destiné à représenter les royalistes il ne saurait être plus pitoyablement choisi « et la suppression d'un aussi triste rôle ne sera pas une grande perte. »

En terminant V. Hugo résume sa critique : la versification est brillante avec quelques taches et quelques vers de mauvais goût, le plan est compliqué, l'action est nulle. « C Delavigne nous pro- « mettait un tableau de caractères, il ne nous a offert qu'une galerie de portraits ; il avait à nous « montrer les mœurs des comédiens, il ne nous a fait voir que quelques-uns de leurs usages ; il devait « dévoiler leurs intrigues, il n'a mis à découvert que leurs tracasseries... » (*Conserv. Litt.*, p. 158).

Les dernières lignes de l'article sont à retenir : « Nous craignons que M. Delavigne ne soit « dépourvu des deux qualités les plus essentielles au théâtre. Comme auteur tragique, il a du mouve- « ment et manque de sensibilité ; comme auteur comique, il a de l'esprit et point de gaieté. *Il semble,*

30 M. l'abbé Frayssinous commence ses conférences ordinaires à Saint-Sulpice : cf. *Le Drapeau blanc* et *La Quotidienne*, 27 janvier 1820. *L'Ami de la religion* (nº 573, pp. 390-393), donne un résumé de cette conféférence sur *les principales causes de nos erreurs*.

Février

5 *Les Destins de la Vendée*, Ode dédiée à M. le vicomte de Chateaubriand : *Conserv. Litt.*, t. I, livrais. v. pp. 161-164. V.-M. Hugo : cf. 25 septembre 1819.

Histoire générale de France, par MM. Vély, Villaret et Dufau, ornée de plus de trois cents gravures, *Règne de Charles IX* (suite et fin), t. xxx, Paris, Desroy, 1er article (1) : 5

« ainsi que le disait ce joyeux et infortuné Scarron, *il semble que cet homme là n'ait ni entrailles « ni rate.* » (*Conserv. Litt.*, p. 158).

N.-B. — Le 8 et le 13 janvier 1820, le *Journal des Débats*, sous la signature de C., a donné au rez de chaussée deux articles sur *les Comédiens*. V. Hugo n'a pas dû lire le second avant d'écrire sa critique, mais il a fait de nombreux emprunts au premier ou bien C. et lui se sont rencontrés d'étrange manière.

On trouve dans les deux articles une allusion identique au *Prologue* qui précède la pièce de C. Delavigne (*Conserv. Litt.*, p. 151). Il y a beaucoup de ressemblance pour les deux débuts comme idées et comme expressions. Les idées de *rideau, héros et héroïnes* en *déshabillés, en habits bourgeois* (*Les Débats*) rappellent les *domestica facta* et le *coin de rideau* de V. Hugo (*Conserv. Litt.*, p. 151). *La vanité des actrices ambulantes, ...la tyrannie des acteurs envers les auteurs, ...l'insolente ingratitude des comédiens envers les auteurs* (*Conserv. Litt.*, p. 151), font pendant *à la coquetterie de ces dames... aux prétentions exagérées des premiers sujets* (*Débats*). *Le plan est bizarre et embrouillé*, dit le *Conserv. Litt.* (p. 154). *L'action est embarrassée de détails oiseux et surchargée d'incidents romanesques...* c'est un *inexplicable imbroglio*, affirment les *Débats*. V. Hugo a retourné certaines phrases pour les rendre plus harmonieuses. Dans les *Débats*, Floridore était un *quinquagénaire jeune premier*. Il devient sous la plume de V. Hugo *un jeune premier de cinquante ans* (*Conserv. Litt.*, p. 153). Toutes les citations des *Débats* sont reproduites à propos de Lucile, de Floridore, de Bernard, etc... mais parfois elles sont allongées... La narration des applaudissements libéraux à la 2e représentation est faite presque dans les mêmes termes. V. Hugo la dramatise un peu en se mettant lui-même en scène. Nous retrouvons les mêmes expressions à propos de l'acteur David. « David a mis beaucoup de chaleur, mais a trop précipité son débit dans le rôle de « Victor » affirment *les Débats*. « Le rôle de Victor que David récite avec chaleur mais trop vite », écrit V. Hugo. (*Conserv. Litt.*, p. 154).

V. Hugo ne s'est pas contenté de lire l'article des *Débats*, de lui faire des emprunts, il a voulu y faire des corrections historiques et littéraires dans une note qu'il a mise au bas de la p. 154 du *Conserv. Litt.* « On a observé, dit-il, que M. Delavigne avait emprunté cette idée (V. Hugo veut parler d'un cahier de papier blanc que Granville remet à Floridore et qui passe pour être le manuscrit d'une comédie nouvelle) à l'auteur de la *Matinée d'un Comédien*; mais l'anecdote étant « réellement arrivée à Grandval (et non à Molé), M. Delavigne a pu la mettre en œuvre aussi bien « que qui que ce fût. » *Les Débats* avaient dit en effet : « Ce trait naturel de mœurs comiques est « emprunté mot à mot d'un petit acte joué, il y a environ trente-six ans, à l'Ambigu-comique, sous le « titre de la *Matinée du Comédien*. L'anecdote était vraie et l'on prétend qu'elle était arrivée à Molé, « mais supposée ou réelle l'idée de la mettre en scène n'appartient point à l'auteur des *Comédiens*. « Il faut rendre à chacun ce qui lui appartient. » Nous venons nous aussi d'essayer de rendre à chacun ce qui lui appartient.

(1) La p. 43 de *Litt. et Philos. mêlées*, reproduit le 1er paragraphe de la p. 174 du *Conserv. Litt.*, avec quelques changements. A la 2e ligne, le mot *historiques* est ajouté après *grands hommes*. — A la 5e et à la 6e ligne au lieu de « *il fallut que l'histoire se laissât écrire par des lettrés et des savants, gens qui...* » il y avait « *il fallut avoir recours à des savants, c'est-à-dire à des gens « qui...* » — A la 9e ligne, on a ajouté : « *c'est-à-dire à l'histoire.* »

A la p. 44, les deux premières lignes ont été ajoutées et ne sont pas dans le *Conserv. Litt.* « *De « là dans l'histoire, telle que les modernes l'ont écrite, quelque chose de petit et de peu « intelligent.* »

La p. 45 reproduit la p. 175 du *Conserv. Litt.* avec deux petits changements. *Litt. et Philos. mêlées*, 10e ligne : « *Parmi ces ouvrages il en est...* »; *Conserv. Litt.* : « *Or, parmi ces ouvrages on*

5 Abel Hugo. *Epigramme sur le défunt Mercure*, quatre vers signés D. Monières : *Conserv. Litt.*, t. i, livrais. v, p. 165.

> Ce livre avec raison arborait les couleurs
> Du pourvoyeur des rives sombres ;
> Ne guidait-il pas ses auteurs
> Où son patron guidait les ombres ?

N.-B. — D. Monières est un pseudonyme qui appartient à Abel Hugo. Il rappelle le bourg de *Monnières* (Loire-Inférieure), où son grand-père Lenormand possédait des biens.

— Eugène Hugo. *Le duel du précipice* (poésie Erse) : *Conserv. Litt.*, t. i, livrais. v, pp. 165-167 (E.).

— Abel Hugo. *La panhypochrisiade ou le spectacle infernal du seizième siècle*, comédie épique par M. Népomucène Lemercier, de l'Académie française, 2e et dernier article : *Conserv. Litt.*, t. i, livrais. v, pp. 168-173 (A). Le 1er article est à la livrais. iii, pp. 86-92, *Conserv. Litt.*, t. i, livrais. v, pp. 174-181, 5 février 1820 (signé E) ; cf. *Litt. et Philos. mêlées*, t. i, pp. 43-45 et 57-59.

N.-B. — *L'histoire générale de France*, 2e partie du t. xxx. *Règne de Charles IX* (suite et fin), est inscrite à B. F., 4 septembre 1819, n° 5080.

« *sait ou l'on ne sait pas qu'il en est...* » ; *Litt. et Philos. mêlées*, 21e et 22e ligne : « *Celle de Vély,* « *continuée par Villaret et Garnier...* » ; *Conserv. Litt.* : *celle de Vély et continuateurs dont nous* « *allons nous occuper.* »

A la p. 46, les neuf premières lignes reproduisent le commencement de la p. 176 du *Conserv. Litt.* avec deux petits changements de style sans importance. Le reste, c'est-à-dire de la 10e ligne au bas de la page, ne fait pas partie de l'article du *Conserv. Litt.* et a été ajouté plus tard par V. Hugo.

La fin de la p. 176 du *Conserv. Litt.*, les pp. 177, 178 et les trois quarts de 179 ne se trouvent pas dans *Litt. et Philos. mêlées*. V. Hugo y parle des faibles talents des devanciers de M. Dufau. Pour ce dernier il a un style clair, rapide, concis, presque toujours élégant, sa narration est animée, ses descriptions pleines de chaleur et de coloris, ses recherches solides, sa critique judicieuse et impartiale.

V. Hugo lui conseille de refaire le travail de ces devanciers, puis il résume les faits, s'attardant un peu à la fuite de Charles IX. Il compare le récit de M. Dufau à ceux d'Anquetil, de Mézerai et du père Daniel. M. Dufau a tracé un véritable tableau de caractère et V. Hugo en cite un long passage (*Conserv. Litt.*, p. 177).

A propos du prince de Condé, V. Hugo parle du portrait si vrai, si original qu'en a laissé Mézerai, ce qui lui donne occasion de peindre ce dernier en quelques mots : « il était buveur, cynique... « il conserve son caractère dans toute son histoire... il est piquant, mais n'intéresse jamais ; il n'a ni « chaleur, ni énergie ; il est toujours en dehors des évènements ; quelque sujet qu'il traite, fêtes, « guerres ou massacres, il rappelle toujours ce vers de Segrais :

> Un vieux faune en riait dans sa gorge sauvage.

« Mais le morceau où M. Dufau nous semble avoir développé le plus de chaleur, le plus d'énergie, « en un mot le plus de talent de style, c'est dans la description de la Saint-Barthélemy. » (*Conserv. Litt.* p. 178). V. Hugo pendant toute une page parle de ce massacre citant des passages de Dufau, racontant des traits héroïques ou curieux qu'il emprunte à Dufau, à Mézerai, à d'Aubigné. (*Conserv. Litt.*, p. 179), mais nulle part nous ne trouvons une appréciation personnelle sur... « cette nuit terrible... cette nuit fatale... cette nuit terrible » que V. Hugo qualifie ainsi en termes vagues, évitant de nous donner sa pensée intime.

V. Hugo n'a point reproduit ces deux ou trois pages, peut-être à cause de son style qu'il a dû trouver plus tard faible et négligé, peut-être aussi à cause de l'absence de jugement personnel à propos d'un évènement aussi important que la Saint-Barthélemy.

La fin de la p. 179 du *Conserv. Litt.*, la p. 180 et le commencement de la p. 181 sont dans *Litt. et Philos. mêlées*, pp. 57, 58, 59 avec ce titre *A un historien*. Il faut signaler quelques changements.

A la p. 57 (*Litt. et Philos. mêlées*), la 1re phrase a pris du corps : on lisait en effet dans le *Conserv. Litt.* (p. 179) : « *Les descriptions de bataille de M. Dufau sont bien supérieures aux tableaux confus et sans couleur que nous a laissés Mézerai.* » La nouvelle rédaction gagne en ampleur et en vigueur grâce à certaines additions et au tour personnel que V. Hugo emploie : « Vos « *descriptions de bataille sont bien supérieures aux tableaux* poudreux et *confus*, sans perspective, « sans dessin *et sans couleur que nous a laissés Mézeray.* »

Le tour personnel se retrouve dans *Litt. et Philos. mêlées*, à la p. 57 (7e ligne), à la p. 58

5 *Trois Messéniennes sur les malheurs de la France, augmentées de deux élégies sur la vie et la mort de Jeanne d'Arc*, par M. Casimir Delavigne : *Conserv. Litt.*, t. I, livrais. V, pp. 181-185 (S). Cet article n'est pas de Soumet, peut-être est-il de Souillard (Saint-Valry).

La famille Lillers ou *Scènes de la vie*, par A. J. C. Saint-Prosper, auteur de l'*Observateur au XIXe siècle*, t. I, (1) ; *Conserv. Litt.*, t. I, livrais. V, pp. 185-189, 5 février 1820, signé M. ; cf. *Litt. et Philos. mêlées*, pp. 117-118 et p. 136. 5

N.-B. — *La famille Lillers*, etc... est inscrite à B. F., le 1er janvier 1820, n° 59 ; t. I, in-12, Imprimerie Everat, Paris ; Paris, Pichard.

Phocion, tragédie en 5 actes et en vers, par J.-C. Royou, représentée pour la première fois, sur le théâtre français, par les comédiens ordinaires du Roi, le 16 juillet 1817 (2) ; *Con-* 5

(16e ligne). Signalons aussi dans cette p. 58 un petit changement (4e ligne) : *Le lecteur s'arrête* au lieu de *l'esprit s'arrête*.

Le dernier paragraphe de la p. 181 du *Conserv. Litt.*, a été omis mais en partie seulement. V. Hugo encourageait M. Dufau et l'engageait à s'abandonner avec plus d'assurance à ses propres idées, puis il terminait par une phrase sentencieuse qu'il a conservée en la transformant. Nous la retrouvons à la p. 164 de *Litt. et Philos. mêlées* : « *L'homme de génie ne doit reculer devant aucune « difficulté, il fallait de petites armes aux hommes ordinaires ; aux grands athlètes, il leur « fallait les cestes d'Hercule.* » Le *Conserv. Litt.*, disait plus modestement : « *M. Dufau a du talent, « il ne doit donc reculer*, etc... »

(1) Dans *Litt. et Philos. mêlées* (pp. 117-118), sous le titre *Satiriques et Moralistes*, V. Hugo a reproduit le commencement de l'article du *Conserv. Litt.* (pp. 185-186). Un seul changement sans importance est à noter. Le mot *lui* est ajouté à la 2e ligne de la p. 117 de *Litt. et Philos. mêlées*.

Le dernier alinéa de la p. 186 et la première moitié de la p. 187 du *Conserv. Litt.* ont été négligés. V. Hugo trouve que la *Famille Lillers* est inférieure à *l'Observateur au XIXe siècle* pour la partie de l'observation. Saint-Prosper devrait éviter de se nommer : désormais « le voilà sûr de ne « plus rencontrer que des ignorants pétris de modestie, des professeurs qui s'exprimeront en français, « des garçons de bureau pleins d'affabilité, des banquiers aussi ennemis des richesses que Sénèque et « des jeunes filles qui parleront vertu comme de petits Sallustes, ou comme l'Emilie de son roman « nouveau. » (*Conserv. Litt.*, pp. 186-187). Le style de Saint-Prosper, dit V. Hugo, est « original et « piquant », ses récits sont assaisonnés « de réflexions amusantes et de digressions spirituelles. » Il faudrait qu'à ces qualités l'auteur ajoutât « le mérite d'une action vive et d'un intérêt soutenu », alors les souscripteurs se presseront en foule chez Everat et Pichard et feront « croire au passant qu'il « s'agit de relever une baraque démolie ou de soulager un pauvre millionnaire frappé de deux cents francs d'amende ! » V. Hugo l'engage ensuite à écrire d'une manière plus correcte (*Conserv. Litt.*, p. 187).

Le reste de la p. 187 du *Conserv. Litt.*, se retrouve dans *Litt. et Philos mêlées*, p. 136, avec deux changements qui font disparaître les allusions personnelles. Ligne 2e : *beaucoup d'écrivains* remplace *M. de Pradt* ; ligne 3e : *Il faut aussi éviter de...* remplace *Nous croyons encore que M. Saint-Prosper possède assez de ressources en lui-même pour éviter de...*

Les pp. 188-189 du *Conserv. Litt.*, que l'on a négligées renferment un passage sans importance, un peu recherché, sur les critiques que V. Hugo a faites de l'ouvrage de Saint-Prosper : « les lecteurs « nous croiront sur parole s'ils veulent ou ils ne nous croiront pas du tout... mais nous ne serons pas « aussi indifférents sur la foi qu'ils doivent ajouter à nos éloges. »

V. Hugo termine par une longue citation du Prologue du chap. VII du roman de Saint-Prosper.

(2) Dans *Litt. et Philos. mêlées*, les pp. 165-168 reproduisent, avec des changements importants, sous le titre : *Plan de tragédie fait au collège*, les pp. 189-194 du *Conserv. Litt.*

La p. 165 offre seulement deux changements de style : 13e ligne, au lieu de : *dans cette crise, où il s'agit de lui autant que de l'Etat*, on lisait dans le *Conserv. Litt.* : *crise terrible*.

La dernière ligne est transformée. Le *Conserv. Litt.* disait : « Voilà, en peu de mots, toute l'action

serv. Litt., t. I, livrais. v, pp. 189-196, 5 février 1820, signé H. ; cf. *Litt. et Philos. mêlées*, pp. 165-168 et 136-137.

N.-B. — *Phocion* de Royou venait d'être imprimé, B. F., 1er janvier 1820. n° 92. In-8, Imprimerie Lenormand ; Paris, Lenormand, Barba, etc.

« de *cette* tragédie, *et, comme l'on voit, elle est noble et simple.* » Voici la variante donnée par *Litt. et Philos. mêlées* : « Voilà, en peu de mots, toute l'action de *la* tragédie ; *elle est simple et peut* « *être noble pourtant.* »

La p. 166 offre elle aussi quelques changements sans grande valeur. A la 5e ligne, au lieu de : *d'un côté, la haine du peuple,* on lisait dans le *Conserv. Litt.* : *D'un côté, nous voyons la haine du peuple.* A la fin du 2e alinéa, on a interverti les propositions et on a fait une petite suppression. Le *Conserv. Litt.* disait : *les moyens sont puissants et d'un noble développement,* et il ajoutait : *et en effet cette tragédie présente des beautés.* A la 25e ligne : *lorsque le spectateur,* remplace *au moment où le spectateur.*

A la p. 167, ligne 2e, au lieu de la petite phrase : « *Mais le grand homme refuse* » il y avait dans le *Conserv. Litt.* (pp. 190-191) : *Mais le grand homme à qui M. Royou met dans la bouche les belles paroles de Mathieu Molé, Ouvrez, dit-il, Ouvrez : un magistrat ne se cache jamais. On ouvre les portes et ici commence une des scènes les plus terribles que nous ayons au théâtre.*

A la 4e ligne, après ces mots : *Phocion n'est point ému,* il y avait dans le *Conserv. Litt.* (p. 191), une citation de six vers ; à la 8e ligne, après le mot *tribunal,* V. Hugo citait un vers de Royou ; à la 16e ligne, après les mots *pour les sauver,* V. Hugo disait dans le *Conserv. Litt.* (p. 191). *Nous citerons ici les vers de M. Royou, qui sont empreints de la plus mâle éloquence.* Suivait alors une citation de dix lignes.

A la p. 167, ligne 19e, on a négligé de reproduire la phrase suivante : *le spectateur respire* ; ligne 23e, au lieu de *l'incertitude renait,* il y avait dans le *Conserv. Litt.*, *la terreur rentre dans l'âme des spectateurs* ; ligne 27e, au lieu de la phrase : *Il fait ce qu'Aristide n'aurait point osé faire, il reste du parti de la chose juste contre la chose utile,* il y avait une citation de huit vers de Royou.

A la p. 168, ligne 2e, après le mot *République,* une petite phrase a été négligée : *Nous le répétons, tous ces moyens sont pleins de grandeur et de vérité* ; ligne 3e, *Ici l'action se presse* remplace cette phrase du *Conserv. Litt.*, (p. 192) : *Ici l'action redouble de vivacité et d'intérêt* ; lignes 15e et 16e, ces mots *boit gravement le poison* remplacent une citation de dix-neuf vers (*Conserv. Litt.*, p. 193).

Le petit paragraphe qui comprend les lignes de dix-sept à vingt a été complètement transformé. On lisait dans le *Conserv. Litt.* (p. 193) : « Nous le répétons, cette tragédie est belle. C'est une des « pièces les mieux ordonnées qui aient été présentées depuis longtemps au théâtre, et elle renferme un « grand nombre de vers bien faits : cependant elle n'a obtenu qu'un succès d'estime. Cela tient à ce « qu'elle est froide ; non pas parce qu'elle manque d'action mais parce qu'elle manque de verve. Il « semble qu'après avoir dessiné un si beau plan, l'auteur n'a plus trouvé assez de forces pour l'exé- « cuter. Une grande partie des scènes ne sont qu'ébauchées ; les intentions sont plutôt indiquées que « rendues : souvent les idées sont belles et les expressions impropres. Il est malheureux que M. Royou « n'ait pas entrepris cette pièce lorsqu'il jouissait encore de toute la vigueur de la jeunesse ; cela est « malheureux pour nous, voulons-nous dire, car, pour lui, nos regrets ne doivent rien lui ôter à sa « gloire. »

En comparant les deux textes on peut voir que les verbes qui étaient au présent dans le *Conserv. Litt.* se trouvent au conditionnel dans *Litt. et Philos. mêlées.* Ajoutez à celà de nombreuses suppressions dont plus loin nous chercherons la raison, enfin une addition qu'il faut noter : *Au théâtre un conte d'amour vaut mieux que toute l'histoire.*

Les lignes vingt-et-un, vingt-deux, vingt-trois sur Campistron font suite avec quelques changements sans importance dans le *Conserv. Litt.* (p. 194), à la longue phrase supprimée que nous venons d'indiquer. Mais ensuite V. Hugo a encore laissé de côté un jugement sur le style de M. Royou et sur celui de Campistron : « *Son style* (à Campistron) *est plus soutenu que celui de M. Royou : seulement,* « *après avoir lu M. Royou, il vous sera resté de beaux vers dans la mémoire ; et si vous lisez* « *Campistron, il ne vous en restera que quelques-uns de ridicules.* »

Si après cette phrase, nous cherchons, à la p. 168 de *Litt. et Philos. mêlées,* la suite de l'article du *Conserv. Litt.*, c'est-à-dire la seconde partie de la p. 194, nous ne la trouvons pas. Au lieu de la laisser à sa place naturelle où elle continuait logiquement l'article commencé, V. Hugo l'a pour ainsi dire découpée et sans en rien changer l'a transportée, on ne sait pourquoi, au bas de la p. 136 et au commencement de la p. 137 de *Litt. et Philos. mêlées.* Le morceau commence par ces mots : *Campistron, comme Lagrange-Chancel,* etc...

Pour trouver le reste de l'article du *Conserv. Litt.*, c'est-à-dire les pp. 195 et 196, retournons

12 J.-J. Ader, *Le désespoir d'Amour*, conte par J.-J. Reda : *Conserv. Litt.*, t. i, livrais. vi, pp. 204-207.

— Abel Hugo. *Littérature espagnole* : *Juan Melendez, poesias escogidas* : *Conserv. Litt.*, t. i, livrais. vi, pp. 207-213 (A.).

Achéménide (extrait d'une traduction inédite de l'Enéide) : *Intereu fessos ventus cum sole reliquit*, etc... (livr. iii) ; cent-trente-quatre vers (1) : *Conserv. Litt.*, t. i, livrais. iv, pp. 201-204, signé : V. d'Auverney ; cf. *V. Hugo raconté*, t. i. pp. 223-228 ; cf. *Lycée* 12

dans *Litt. et Philos. mêlées*, à la p. 168 et aux pp. 169 et 170, à l'endroit même où tout à l'heure nous nous étions arrêtés. Après avoir enlevé le morceau dont nous venons de parler, V. Hugo a rapproché sans plus de façon les deux bouts en enlevant une toute petite liaison que dans sa première rédaction il avait cru utile.

Il n'a fait que deux changements, mais qui sont d'importance. Au bas de la p. 168 nous lisons : *Si l'on admet que le style de Voltaire est un bon style.* Cette phrase est absente du *Conserv. Litt.* A la fin de la p. 170 nous trouvons : *En pareil cas Corneille est sublime, il fait dire à Eurydice : Non, je ne pleure pas, Madame, mais je meurs.* Dans le *Conserv. Litt.*, V. Hugo faisait aussi allusion à une situation semblable à celle de Chysis, mais alors il ne remontait pas jusqu'à Corneille et Eurydice, il se contentait de citer une pièce dont il avait récemment rendu compte, les *Vêpres Siciliennes* de C. Delavigne *(Conserv. Litt.*, livrais. iv, pp. 133-145). *Du moins*, disait-il alors, l'*Amélie de M. Delavigne a le bon esprit de s'esquiver sans rien dire.*

Cet article, on le voit, a subi des transformations tellement importantes qu'il est difficile de le reconstituer. M. Ed. Biré a fait remarquer (*V. Hugo avant 1830*, pp. 183-184) tout ce qu'il y a d'extraordinaire dans cette métamorphose. C'est volontairement que V. Hugo a mis dans *Litt. et Philos. mêlées* un titre bien fait pour tromper le lecteur. Celui-ci, s'il n'a sous les yeux le *Conserv. Litt.*, est porté à croire que ce plan de tragédie a été fait par V. Hugo, qui lui-même l'a d'ailleurs annoncé dans sa préface de 1834 (p. 8). V. Hugo a commis là un plagiat, dit Ed. Biré (p. 184) ; pour nous, nous dirions volontiers une gaminerie et pourtant V. Hugo, à cette époque, avait dépassé la trentaine.

Peut-être au collège avait-il déjà étudié cette pièce, représentée le 16 juillet 1817, et en avait-il fait à ce moment un compte-rendu qu'il a reproduit plus tard dans le *Conserv. Litt.* Admettons même cela : ce n'est pas une excuse de sa conduite en 1834.

Pour rester dans son rôle d'auteur, V. Hugo omet dans la reproduction de son article toutes les épithètes louangeuses, toutes les citations, toutes les allusions à la pièce de Royou. Pourquoi a-t-il ajouté un jugement sur le style de Voltaire ? On l'ignore. A-t-il voulu prouver une fois de plus son affection pour Voltaire ? C'était inutile, car les preuves déjà abondaient.

Il a remplacé le nom de C. Delavigne par celui de Corneille. Rien d'étonnant car partout nous trouvons cette manière d'agir. Il a fait disparaître toute allusion à ses contemporains, disent les uns, toute allusion à ceux qui n'étaient plus ses amis, disent les autres. Les deux opinions sont plausibles : en tous cas le résultat est le même.

(1) Voici les changements que l'on a fait subir à trente-quatre vers :

V. Hugo raconté.	*Conserv. Litt.*
Page 224.	
Vers 6.	
Dans la *sombre* forêt nous attendons l'aurore ;	*Tremblants* dans *les forêts* nous attendons l'aurore ;
Vers 9.	
Des nuages *épais* nous cachent les étoiles,	Des nuages *obscurs* nous cachent les étoiles,
Vers 10.	
Et la lune *en fuyant se couvre de* leurs voiles.	Et la lune *pâlit en roulant sous* leurs voiles.
Vers 15.	
Ses cheveux hérissés, son *visage* maigri,	Ses cheveux hérissés, son *front sombre et* maigri,
Vers 16.	
Nous montrent un mortel *que ses maux ont flétri.*	*Tout annonce* un mortel *par le malheur* flétri.
Vers 17.	
Son corps faible et couvert de *jonc tressé* d'épine.	Son corps faible est couvert de *joncs tressés d'épine.*
Vers 19.	
Lui-même il *reconnaît* nos armes, nos soldats,	Lui-même il *voit de loin* nos armes, nos soldats,
Vers 21.	
Mais bientôt *jusqu'à nous* accourant tout en larmes :	Bientôt, *vers le rivage* accourant tout en larmes :
Vers 22.	
« Par *cet astre brillant témoin* de *tant* d'alarmes,	Par *ces astres brillants témoins* de *mes* alarmes,
Vers 23.	
Par ce *ciel*, par *ces* dieux *dont tout subit la loi,*	Par *les* dieux, par *ce jour qui luit encor pour moi,*
Page 225.	
Vers 16.	
Après qu'il s'est repu de carnage et de sang.	*S'enivre* de carnage et *regorge* de sang.

12 *Odes choisies*, etc... par le comte de Valori : *Conserv. Litt.*, t. I, livrais. VI, pp. 213-217 (S.). Nous faisons ici la même observation qu'à la livrais. VI du 5 février.

Armoricain, t. I, livrais. IV, pp. 258-261, Avril 1823, signé : V. Hugo : reproduction exacte du *Conserv. Litt.*; cf. *Odes et Ballades*, édition de l'Imprimerie Nationale, pp. 413-416. Achéménide a été composé du 17 au 20 octobre 1817.

Clovis, tragédie en cinq actes, précédée de *Considérations historiques*, par M. Népomucène Lemercier, de l'Académie française (1) : 12

Vers 18.	
Ce *monstre* jusqu'aux cieux lève sa tête énorme,	Ce *géant* jusqu'aux cieux lève sa tête énorme,
Vers 24.	
Et sa faim, *saisissant* leurs entrailles *mourantes*,	Et *le monstre broyant* leurs entrailles *fumantes*.
Page 226.	
Vers 8.	
Le sort *désigne* ceux qui vont punir ses crimes ;	Le sort *marque tous* ceux qui vont punir ses crimes ;
Vers 17.	
« Fuyez ces bords, fuyez trop *imprudents* nochers.	Fuyez ces bords, fuyez, trop *malheureux* nochers.
Vers 19.	
Tous, tels que Polyphème, *en des antres sauvages*	Tous, tels que Polyphème *habitant ces rivages*
Vers 20.	
Parquent les noirs troupeaux *qui paissent ces rivages.*	*Renferment leurs* troupeaux *dans leurs antres sauvages.*
Vers 21.	
Phébé m'a vu trois fois en commençant son cours	Phébé m'a vu trois fois en *finissant* son cours
Vers 22.	
Traîner *de bois en bois* mes misérables jours ;	Traîner *dans ces forêts* mes misérables jours ;
Vers 23.	
J'entendais des géants tonner la voix bruyante ;	*Là j'entends* des géants tonner la voix bruyante ;
Vers 24.	
Je *frissonnais* au *pas* de leur *masse* effrayante ;	*Là* je *tremble* au *fracas* de leur *marche* effrayante ;
Vers 26.	
Mes yeux, même la nuit, interrogeaient les mers ;	*Le jour fuit, et ma vue erre encor sur* les mers ;
Page 227.	
Vers 3.	
A peine il a parlé, nous voyons *sur* la plage,	A peine il a parlé, nous voyons *vers* la plage,
Vers 10.	
Se courbe, et dans leur *eau* lave son œil sanglant.	Se courbe, et dans leur *sein* lave son œil sanglant.
Vers 12.	
Marche, et *son buste entier s'élève* sur les ondes.	Marche, et *ses flancs encor s'élèvent* sur les ondes.
Vers 14.	
Reçoivent notre grec et volent sur les eaux.	*S'ouvrent au suppliant* et volent sur les eaux.
Vers 18.	
Et poursuit, mais en vain, *les* pâles matelots	Et poursuit, mais en vain, *nos* pâles matelots
Vers 19.	
Il *pousse un* cri ; *soudain* l'Italie agitée	Il *élève un grand* cri... l'Italie agitée
Vers 20.	
Voit *frissonner longtemps* sa rive épouvantée,	Voit *trembler à ce bruit* sa rive épouvantée.
Vers 21.	
La mer *est en fureur*, de *sourds* ébranlements	La mer *au loin bondit :* de *longs* ébranlements
Vers 23.	
Les cyclopes, *au cri*, sortent, *prêts aux ravages* ;	*Soudain* sortent *des bois* les cyclopes *sauvages* ;
Vers 25.	
Mais ces enfants d'Etna, *dont le front touche* aux cieux,	Mais ces enfants d'Etna, *portant leurs fronts aux cieux,*
Page, 228.	
Vers 5.	
Mais les rocs de Scylla montrent *déjà* leurs cimes	Mais les rocs de Scylla, montrent *de loin* leurs cimes
Vers 7.	
La mort est là, fuyons ! *et* redoublant d'efforts...	La mort est là fuyons *ou* redoublant d'efforts...

(1) Du long article du *Conserv. Litt.*, V. Hugo n'a reproduit dans *Litt. et Philos. mêlées* qu'une page qui n'a point trait à la tragédie de Népomucène Lemercier. Nous en parlerons plus loin.

V. Hugo commence par une attaque contre les comédiens de la rue Richelieu : ils ont refusé de jouer *Clovis* et l'auteur a été obligé de recourir à l'impression pour faire connaître une tragédie faite depuis vingt ans. (*Conserv. Litt.*, p. 217).

La pièce dans les circonstances présentes eut été, il est vrai, intempestive. Certains vers exprimant une vérité locale « auraient pu être considérés comme des vérités absolues et applaudis comme tels

Conserv. Litt., t. I, livrais. VI, pp. 217-228, signé E.; cf. *Litt. et Philos. mêlées*, p. 98.

N.-B. — *Clovis*, tragédie en cinq actes, précédée de considérations historiques, par M. Népomucène Lemercier. In-8, Imprimerie-librairie Baudoin, Paris. B. F., 29 janvier 1820, nº 359.

12 *Correspondance. A. MM. les Rédacteurs du Conservateur Littéraire (Massevaux, 14 janvier 1820).* Signé : Publicola Petissot (1) : *Conserv. Litt.*, t. I, livrais. VI, pp. 228-237.

« par une certaine classe de chrétiens de nos jours. Est-il si moral de présenter sans cesse les abus « que les hommes ont faits de la religion à un peuple qui n'est déjà que trop disposé à n'y voir que « des abus ? » Cette critique ne s'adresse pas à M. Lemercier : « Sa pièce n'est pas plus impie que bien « des pièces de Saint-Genest qui ne causaient pas le moindre scandale chez nos aïeux. »

M. Lemercier a voulu peindre un tyran, mais « pour entreprendre un pareil ouvrage sous Buona- « parte, il fallait avoir un courage peu commun : c'était vouloir peindre la tête de Méduse en face. « M. Lemercier y est parvenu ; il nous a tracé un tableau hideux de bassesse et de vérité. Il lui a plu « de le nommer Clovis, mais on pourra toujours dire de lui ce qu'il avait dit du Tibère de Chénier : « *il l'avait vu.* » (*Conserv. Litt.*, p. 218).

V. Hugo a une toute petite critique contre le poète qui a mis une apostrophe à la liberté dans la bouche de Moïse. Il résume ensuite la pièce, et il cite Molière et *Tartuffe* à l'occasion (*Conserv. Litt.*, p. 219), mais il ne faut pas oublier que Népomucène Lemercier y a fait deux ou trois fois allusion dans la préface de son ouvrage.

V. Hugo ne ménage pas ses éloges : « l'action marche, dit-il, elle est grande et simple : le style « prête davantage à la critique, cependant il y a de beaux vers. » Il note en passant un morceau où Lemercier a voulu lutter avec le *Mahomet* de Voltaire (*Conserv. Litt.*, p. 220). Il revient à la page suivante (p. 221) sur la même comparaison avec *Mahomet* dont *Clovis* reproduit l'intrigue. Ici encore il est à remarquer que Népomucène Lemercier avait avoué les ressemblances de sa pièce avec *Mahomet*.

V. Hugo, suivant son habitude, cite de nombreux passages de *Clovis* (pp. 222-223) et l'un d'eux lui arrache cette phrase : « Nous ne connaissons rien chez les anciens et les modernes qui soit supérieur à ce morceau par la grandeur et la terrible majesté. » A propos du 4e acte (p. 224) il ne manque pas de comparer encore la pièce de Lemercier avec *Mahomet*. « Cet acte, dit-il, est admirable ; il « soutient la comparaison avec celui de Voltaire ; s'il n'est pas aussi bien écrit, et s'il est moins « déchirant, il est aussi original ; d'ailleurs il a le mérite de laisser le spectateur dans une attente « terrible, tandis que le 4e acte de *Mahomet* épuise l'âme et termine la pièce. »

Le compte-rendu continue par de nombreuses citations (pp. 225-226) et V. Hugo termine ses éloges par cette phrase : « Malheur à ceux qui ne sentiront point de pareils vers ! »

Au moment où V. Hugo va entreprendre l'étude des dernières scènes, il affirme que sa tâche devient pénible, car il lui reste à faire autant de critiques qu'il a donné d'éloges. Il faut louer cette franchise qui ne manque pas de courage, car Népomucène Lemercier est académicien et au commencement de 1820 V. Hugo n'aurait pas voulu trop déplaire à l'Académie. Il est vrai qu'après cette phrase générale, V. Hugo sait se montrer habile : à huit pages d'éloges succède une seule page de critique. Il passe rapidement sur un moyen mélodramatique peu heureux, sans appuyer il indique que le reste de l'ouvrage ne paraît guère meilleur. Il sait ainsi concilier son intérêt et les droits de la vérité.

V. Hugo sort à ce moment de son sujet et il nous donne un long paragraphe sur le dénouement de *Mahomet* qui est manqué comme celui de *Clovis*. Nous retrouvons ce passage dans *Litt. et Philos. mêlées* (p. 98). Nous ferons remarquer après Ed. Biré (*V. Hugo avant 1830*, p. 179), que les cinq dernières lignes (pp. 98-99), ont été ajoutées. Biré, par respect pour le lecteur, n'a pas voulu les citer entièrement, nous ne pouvons mieux faire que de l'imiter.

V. Hugo termine par un conseil à Lemercier et lui indique un moyen de rendre la péripétie digne de la tragédie.

N.-B. — Il faut remarquer, à propos de cet article, que N. Lemercier, a fourni lui-même à V. Hugo une partie de sa documentation : les attaques contre MM. de la rue Richelieu, les comparaisons avec le *Mahomet* de Voltaire, les allusions à *Tartufe* se retrouvent dans les *Considérations historiques et littéraires* qui précèdent la pièce : Remarquons encore que V. Hugo pour s'autoriser à attaquer Napoléon a donné une petite entorse à la vérité. M. Lemercier composa sa pièce, il l'affirme lui-même (*Considérations*, p. xxxvij), sous le Consulat, en 1801, et alors son courage, si courage il y a eu, ne mérite pas, il semble, les éloges un peu outrés que sur ce point lui prodigue V. Hugo, lorsqu'il nous parle de la tête de Méduse.

(1) M. G. Simon (*L'Enfance de V. Hugo*, p. 206) ne donne pas Publicola Petissot parmi les onze signatures qu'il attribue à V. Hugo. M. Souriau (*La Préface de Cromwell*, p. 54), tout en reconnaissant que les deux lettres signées ainsi sont bien dans le genre d'esprit de V. Hugo, n'ose pas les lui

12 On annonce *Lord Ruthwen* ou les *Vampires*. L'auteur de *Jean Sbogar* (Nodier) n'est pas étranger, dit-on, à la composition de cet ouvrage : cf. *Drapeau blanc*, 12 février 1820.

13 Assassinat du duc de Berry.

15 Dans les jours qui précèdent cette date, V. Hugo envoie à Toulouse *Moïse sur le Nil*, *Le Jeune Banni*, *Les Deux Ages*. *Le Jeune Banni* et *Les Deux Ages* ont donc été composés avant le 15 février 1820.

20 Frayssinous prêche à St-Sulpice : *Démonstration des vérités fondamentales de la religion*. cf. *Journal des Débats*, 21 février 1820. L'*Ami de la Religion* donne comme sujet : La Providence (26 février, n° 579, p. 68).

25 Lettres d'Adèle Foucher à V. Hugo : cf. *Annales politiques et littéraires*, 28 janvier 1912, p. 92.

25-26 Lettres de Nodier au *Drapeau blanc* reniant la paternité de *Lord Ruthwen*. Ladvocat lui répond disant qu'il possède un contrat signé par Nodier. Celui-ci prétend avoir seulement donné des conseils à l'auteur : cf. *Drapeau blanc*, 26 et 27 février.

13 fév. au 15 mai V. Hugo compose l'épilogue du *Dévouement de Malesherbes*.

13 fév. au 1er mars V. Hugo compose son *Ode sur la mort du duc de Berry*. Elle est dans le *Conserv. Litt.* du 4 mars.

27 Frayssinous parle à St-Sulpice sur l'*Immortalité de l'âme* : cf. l'*Ami de la religion*, 1er mars, n° 580, pp. 87-88.

— Rez-de-chaussée de la *Gazette de France* au sujet de l'*Ode sur la mort du duc de Berry*. Elle publie cinquante vers : « Foule de beautés remarquables » dit-elle.

Février Après le 13, vers le 25 probablement, lettre de Soumet à Hugo : cf. G. Simon, *L'Enfance de V. Hugo*, pp. 195-197.

Février-Mars Première visite de V. Hugo à Chateaubriand : cf. *V. Hugo raconté*, t. II, p. 100-102.

Lettre de V. Hugo à Adèle Foucher : cf. *Annales politiques et littéraires*, 28 janvier 1912, p. 91. 20

Lettre de V. Hugo à Adèle Foucher : cf. *Lettres à la fiancée*, pp. 16-17. 28

---

attribuer, car rien, dit-il, ne permet de l'affirmer. M. E. Biré (*V. Hugo avant 1830*, p. 165), prétend que cette signature appartient sans conteste à V. Hugo. Nous n'osons en dire autant. Evidemment certaines tournures, certaines allusions aux journaux libéraux, aux faits politiques contemporains, le ton ironique et mordant, les citations empruntées à Virgile, les attaques contre de Pradt, Carrion de Nisas, etc... rappellent V. Hugo mais par ailleurs d'autres tournures de style, une connaissance très approfondie de l'histoire de la Révolution, des attaques contre J.-J. Rousseau, ne nous semblent pas appartenir à V. Hugo. Mais la critique interne de ces lettres n'est pas suffisante, il faudrait des preuves positives pour en accorder ou en refuser la paternité à V. Hugo.

Rappelons seulement que Abel Hugo s'occupait, à l'époque, de géographie et que Massevaux se trouve porté sur la carte du Haut-Rhin. Notons aussi que *Le Drapeau blanc* (26 juin 1820) contient, sous la signature L, un dialogue entre Publicola et Brutus.

3 Article de Agier dans le *Conservateur* sur le *Conservateur Littéraire*. Il cite des vers de l'*Enrôleur politique* et de l'Ode sur la *Mort du duc de Berry*: cf. *Conservateur*, t. VI, livrais. LXXV, pp. 465-470.

Ode sur la mort de son Altesse Royale Charles-Ferdinand d'Artois, duc de Berri, fils de France. Epigraphe de Schiller. Signé : V.-M. Hugo (1). *Conserv. Litt.*, t. I. livrais. VII, pp. 241-246 : cf. Tirage à part, in-8, Paris, Boucher, Petit, Pelicier, Delaunay. prix 0,60. Au verso : Extrait du *Conserv. Litt.*, (4 mars 1820). B. F., n° 976, 18 mars 1820. Le tirage à part se trouve annoncé sur la couverture de la livrais. VII du *Conserv. Litt.*, prix 0,75. cf. *Le Conservateur* qui a cité la 6e et la 13e strophe, t. VI, livrais. LXXV, p. 469, note, 3 mars 1820. Le *Conserv. Litt.*, daté du 4 mars avait été publié probablement avant le 3 ou bien V. Hugo avait envoyé une épreuve avant tirage au *Conservateur* ; cf. *Berryana ou recueil des traits de bonté de S. A. R., feu Mgr le duc de Berry*, par A. J. C. Saint-Prosper. Paris, in-18, Lenormand et Pichard. La première des poésies, pp. 191-197, est l'Ode de V. Hugo sur la mort du duc de Berry (B. F., 15 Avril 1820, n° 1341). La signature seule est changée : On lit *V. Hugo* (extrait de la VIIe livrais. du *Conserv. Litt.*) ; cf. 2e édit., avec l'*Ode sur la naissance du duc de Bordeaux* (B. F., n° 3709, 21 octobre 1820) ; cf. *Annales de la Littérature et des Arts*, t. X, livrais. CXXIII, pp. 161-166, 8 février 1823 ; cf. *Le Réveil*, 13 février 1823, sans épigraphe, même texte que *les Annales* ; cf. *Odes et Ballades*, livrais. I, ode VII, pp. 81-88. Les deux notes du *Conserv. Litt.*, pp. 244-245, ont été renvoyées en appendice, p. 541 ; 4

(1) L'Ode sur la *Mort du duc de Berry* parut avant le 4 mars puisque dès le 27 février la *Gazette de France* en parle et cite cinquante vers.

Peu de corrections ont été faites au texte du *Conserv. Litt.* et quelques-unes même datent des premières éditions des *Odes et Ballades* : on les trouve dans les *Annales de la Littérature et des Arts* et dans le *Réveil*, nous n'indiquerons que les différences entre le *Conserv. Litt.* et l'édition *ne varietur*.

1re strophe, 1er vers : ivresse *imprudente*	*Conserv. Litt.*	ivresse *insensée*	*Odes et Ballades.*
3e vers : sa main *froide et pesante*	*Conserv. Litt.*	sa main *lourde et glacée*	*Odes et Ballades.*
9e vers : chez nous, *insensés*	*Conserv. Litt.*	chez nous *malheureux*	*Odes et Ballades.*
2e strophe, 9e vers : la voix *murmurante*	*Conserv. Litt.*	la voix *chancelante*	*Odes et Ballades.*
7e strophe, 5e vers : le *monstre* obscur	*Conserv. Litt.*	le *sbire* obscur	*Odes et Ballades.*
6e vers : autour de l'*auguste* victime	*Conserv. Litt.*	*rêveur* autour de la victime	*Odes et Ballades.*
8e strophe, 2e vers : la *princesse* accourt	*Conserv. Litt.*	la *duchesse* accourt	*Odes et Ballades.*
8e vers : assistez-le, *Princesse*	*Conserv. Litt.*	assistez-le, *Madame*	*Odes et Ballades.*
9e strophe, 7e vers : *son cœur fait* un noble abandon	*Conserv. Litt.*	*Il proclame* un noble abandon	*Odes et Ballades.*
14e strophe, 14e vers : les maux que *cause* au cœur	*Conserv. Litt.*	les maux que *laisse* au cœur	*Odes et Ballades.*
15e strophe, 8e vers : qui, *par des morts célèbres*	*Conserv. Litt.*	qui, *sorti des ténèbres*	*Odes et Ballades.*
16e strophe, 5e vers : ainsi, quand le *Dragon*	*Conserv. Litt.*	ainsi quand le *Serpent*	*Odes et Ballades.*

4 Correspondance. A MM. les Rédacteurs du *Conservateur Littéraire*, 2e lettre, Massevaux, 10 février 1820, par Publicola Petissot : *Conserv. Litt.*, t. I, livrais. VII, pp. 262-269. Voir au 12 février 1820.

cf. *Odes et Ballades*, édition de l'Imprimerie Nationale, pp. 66-71.

Trois chants de l'Iliade, traduits en vers français, suivis de quelques fragments, par A. Bignan (1). *Conserv. Litt.*, t. I, livrais. VII, pp. 255-262, signé V. ; cf. *Litt. et Philos. mêlées*, pp. 130-131 et 132. 4

(1) Cet article de V. Hugo est loin d'avoir été reproduit entièrement dans *Litt. et Philos. mêlées* : la partie que V. Hugo y a insérée a d'ailleurs été complètement transformée par des additions postérieures.

Voici le résumé de l'article du *Conserv. Litt.* : Bignan n'a pas osé mettre son ouvrage en un double in-octavo, trouvera-t-il plus de lecteurs pour avoir pris le format des almanachs et des chansonniers. Ces derniers sont peu lus, ils sont obligés de relever l'intérêt par des phrases libérales. Le livre de M. Bignan sera l'objet de l'indifférence, mais l'auteur a eu raison de le publier : son exemple devrait être suivi « par tous les littérateurs qui ont d'épais volumes en portefeuille et de grosses répu« tations en espérance, un extrait de leurs œuvres inédites suffirait pour mettre le public à même « d'apprécier leur talent. » (*Conserv. Litt.*, p. 256).

V. Hugo a donné plus tard à cette phrase une forme plus ronflante, car c'est elle à n'en point douter que nous retrouvons dans *Litt. et Philos. mêlées* (p. 130) : « Il y a déjà dans la nouvelle géné« ration née avec ce siècle des commencements de grands poètes. Attendez quelques années encore. »

En tous cas nous retrouvons la suite de la page 256 du *Conserv. Litt.*, à la p. 130 de *Litt. et Philos. mêlées* : « Les fils des dents du dragon, etc... » — La p. 131 n'est que la continuation de la p. 130 avec trois petits changements : 1re ligne, une suppression : les grands poètes, *a dit un écrivain éloquent* ; 4e ligne, une suppression : Homère, *le fils aîné des Muses* ; 5e ligne, *renommée* remplace *célébrité*.

Mais dès le 1er alinéa de la p. 132, *croyez-moi, ne vous mêlez pas à ces nains*, nous ne retrouvons plus le texte du *Conserv. Litt.* Toute cette page, sauf les dernières lignes qui terminent l'article du *Conserv. Litt.*, a été écrite en 1834.

Dans le *Conserv. Litt.* (p. 257), V. Hugo parlait de l'interminable légion des commentateurs imitateurs et traducteurs d'Homère : il serait facile de rire à leurs dépens et le plus ridicule de ces auteurs ne serait pas parmi les anciens, car il y avait des peines graves contre les plagiaires.

M. Bignan n'est pas exempt de cette manie de s'enrichir des dépouilles des devanciers. C'est un misérable défaut qui annonce presque toujours de l'impuissance. M. Bignan a emprunté à Lamotte, à Aignan des vers isolés, des tournures de phrase, des hémistiches. Il n'a pas eu l'audace de dérober des passages entiers, il n'est pas de l'Institut. Emprunter est un défaut dont la moindre conséquence est le ridicule.

V. Hugo reconnaît à M. Bignan une versification riche et brillante, une flexibilité de talent nécessaire à un traducteur (p. 258). Il cite (pp. 258-259) de longs extraits et met en note les vers d'Aignan imités par Bignan.

Il continue ses citations (pp. 260-261), puis il résume ses critiques et ses éloges. M. Bignan n'a pas « cette simplicité majestueuse qui fait toute la pompe d'Homère. Son style a rarement cette cou« leur antique, ces coupes pittoresques, ces tournures variées et faciles, que seules peuvent nous « rendre, avec quelque fidélité, les mâles beautés du plus magnifique des langages humains et les « sublimes inspirations du prince des poètes. La phrase poétique de M. Bignan est élégante sans « précision et vive sans rapidité. »

V. Hugo parle ensuite des vers rendus sonores par de vains cliquetis de mots, de l'absence de cette marche large et nombreuse sans laquelle il n'est point de véritable harmonie, des traits d'afféterie ou de néologisme, des bizarres alliances de mots, des phrases emphatiques et à effet. A l'appui de ses critiques il apporte des citations. Il est à remarquer que plus tard il introduira dans ses œuvres bien des vers dans le genre de ceux qu'il condamne chez Bignan.

Il termine enfin par un dernier alinéa (p. 162) que nous retrouvons dans *Litt. et Philos. mêlées* à la fin de la p. 132 : « la simplicité d'Homère, etc...». Il a fait, en 1834, une addition : après *Lamotte-Houdard en sécheresse* nous trouvons *Bitaubé, en fadaise* (les œuvres de Bitaubé : traductions d'Homère, etc... publiées à Berlin, 1760 et 1786, n'ont été publiées en France qu'en 1824). Cette addition nous prouve que si, en 1820, V. Hugo ignorait Bitaubé, il a su se tenir au courant même des traductions d'Homère.

N.-B. — V. Hugo, dans cet article, parle, nous l'avons vu, de tous les littérateurs qui ont d'épais volumes en portefeuille et de grosses réputations en espérances. Ils devraient bien faire paraître un extrait de leurs œuvres inédites. Il ajoute : « Les fils des dents du dragon n'avaient pas besoin d'être entièrement « sortis de la terre pour qu'on reconnût en eux des guerriers... » (*Conserv. Litt.*, 4 mars 1820, p. 256, *Litt. et Philos. mêlées*, p. 130). Il est permis de mettre en parallèle une phrase du *Journal des Débats* (3 janvier 1820, *Variétés. Congrès de Carlsbad*). Nous avons vu à propos de la première représentation des *Comédiens* de Cas. Delavigne (*Conserv. Litt.*, 29 janvier 1820), que V. Hugo lisait attentivement ce journal.

4 Compte-rendu dans la *Quotidienne* de la tragédie de Brifaut, *Charles de Navarre*, qui a dû inspirer V. Hugo pour son article du *Conserv. Litt.*, t. I, livrais. VIII, pp. 307-311, 25 mars.

— ABEL HUGO, *L'Orléanide, poème national en vingt-huit chants*, par M. Lebrun des Charmettes : *Conserv. Litt.*, t. I, livrais. VII, pp. 247-255, 1er article (A.). Le 2e article est à la livrais. X, pp. 365-374, 15 Avril 1820.

N.-B. — Abel Hugo profite de cet article pour faire l'éloge de Soumet qui « semble s'être refugié « dans le temple de la fondatrice des arts. » C'est la première mention de Soumet dans le *Conserv. Litt.*, et elle est faite par Abel !

4 ABEL HUGO. *Le cimetière de V...*, nouvelle : *Conserv. Litt.*, t. I, livrais. VII, pp. 270-274, (J.), 4 mars 1820. Cette nouvelle est probablement d'Abel Hugo. La suite se trouve à la livrais. X, pp. 386-393, 15 Avril 1820.

N.-B. — *Trois chants de l'Iliade*, par A. Bignan, in-18, imprimerie Egron, Paris ; Paris, Hubert. B. F., 11 décembre 1819, no 4292 (chants I, IX, XIX, suivis de fragments de divers chants).

Revue Littéraire, *Charles de France, duc de Berri* ou *Sa Vie et sa mort par M...*, *ancien officier d'artillerie*, avec cette épigraphe : 4

Les pleurs sur son cercueil tombent comme la pluie
La douleur les répand ; mais l'espoir les essuie.
(Segrais) (1).

Conserv. Litt. t. I, livrais. VII, pp. 274-277, signé V. ; cf. *Litt. et Philos. mêlées*, pp. 81-84.

N.-B. — *Charles de France*, etc... *par M...* In-8, imprimerie de Vigor-Renaudière, Paris ; B. F., no 687, 26 février 1820.

Oraison funèbre de S. A. R. Mgr le duc de Berri, fils de France, assassiné le 13 fé- —

« Que de publicistes, disent les *Débats*, que de législateurs, que de tacticiens, que de financiers pul« lulent sur cette terre labourée par le soc de la révolution. Les dents du dragon Thébain, semées par « Cadmus, n'ont pas produit plus de soldats. » Nous trouvons sinon les mêmes expressions du moins les mêmes idées. Le rapprochement est peut-être fortuit, mais il est piquant quand on se rappelle les reproches adressés par V. Hugo à Bignan pour les vers qu'il a empruntés à Lamotte et à Aignan, pour ces plagiats « dont la moindre conséquence est le ridicule. »

(1) En comparant le début de l'article dans le *Conserv. Litt.* (p. 274) et dans *Litt. et Philos. mêlées* (p. 81), on voit que malgré la note mise au bas de la p. 81 de *Litt. et Philos. mêlées*, V. Hugo a modifié sensiblement son article. Les quatre premières lignes de *Litt. et Philos. mêlées* sont ajoutées : c'était nécessaire, car le lecteur, n'ayant plus sous les yeux le titre de l'ouvrage que V. Hugo avait critiqué, avait besoin d'être éclairé par une courte introduction. Mais pour le reste on comprend moins les transformations ; c'est à peine si dans la p. 81 de *Litt. et Philos. mêlées*, on retrouve une phrase complète et quelques mots épars du *Conserv. Litt.*

Voici le début du *Conserv. Litt.* : nous soulignons les mots que l'on retrouve dans *Litt. et Philos. mêlées*.

« Cet exposé, *tronqué*, inexact et *mal écrit* de la vie et des derniers moments du prince magna« nime que nous pleurons, n'a d'autre titre à l'indulgence des lecteurs que la précipitation avec laquelle « il a dû être rédigé. *Il y avait dans les temples de l'antiquité, certains vases sacrés qui ne pou« vaient être portés par des mains profanes* ; il est, parmi les grandes scènes de l'histoire, tels tableaux « qui ne doivent être touchés par des pinceaux vulgaires. »

« Et en effet, où nos plumes les plus éloquentes iraient-elles chercher un sujet *plus vaste* et *plus « fécond que cette vie pieuse et guerrière* etc... »

Le reste de l'article a été reproduit on peut dire textuellement. Nous ne relevons que cinq variantes, dont trois seulement méritent l'attention : *Litt. et Philos. mêlées*, p. 83, ligne 20e, *nos forces* remplacent *les bornes et le genre de ce recueil*. La correction était nécessaire. Page 84, ligne 7e, *M.* le duc de Berry remplace *Mgr* le duc de Berry ; ligne 13e, *royal* remplace *auguste*.

5 Conférence de Frayssinous à St-Sulpice : La religion, base nécessaire de toute morale et de tout gouvernement : cf. l'*Ami de la Religion*, 11 mars, n° 583, pp. 132-134.

6 Attaques contre *Lord Ruthwen* ou *les Vampires* de Nodier : cf. *Journal de Paris*. 6 mars 1820.

— Première représentation de *Marie Stuart*, de Lebrun.

7 Attaques contre *Marie Stuart* et la dépravation audacieuse des idées chez ceux qui fréquentent le théâtre, c'est-à-dire contre le Romantisme : cf. *Drapeau blanc*, 7 mars.

— Lettre de Richelieu au comte Pradel, à propos de l'Ode de V. Hugo sur *la mort du duc de Berry* : cf. *Nouvelle Revue*, article de Gabriel Vauthier, 15 mars 1909, p. 268.

9 Lettre de Neufchâteau à V. Hugo, accompagnée d'une lettre du duc de Richelieu annonçant gratification de 500 francs pour l'*Ode sur la mort du duc de Berry* : cf. G. Simon, *L'Enfance de V. Hugo*, pp. 220-221.

vrier 1820, dédiée à MM. les députés des départements, par un jeune Séminariste avec cette épigraphe :

Madame se meurt ! Madame est morte ! (1)

Conserv. Litt., t. I, livrais. VII, pp. 277-278, 4 mars 1820. Signé M.

N.-B. — *Oraison funèbre*, etc... In-8, imprimerie Renaudière, Paris, Plancher ; B. F., n° 745, 4 mars 1820. Le volume du jeune séminariste était nécessairement paru depuis quelques jours, sans quoi V. Hugo n'aurait pu en rendre compte.

Note des Rédacteurs du Conservateur Littéraire (2) : *Conserv. Litt.*, t. I, livrais. VII, p. 280. 4

Lettre de V. Hugo à Adèle Foucher : cf. *Lettres à la fiancée*, pp. 18-19. 20

Lettre de V. Hugo à Adèle Foucher : cf. *Lettres à la fiancée*, p. 19. 21

(1) Cet article de V. Hugo n'a pas été reproduit dans ses œuvres.
Il commençait par citer quelques lignes de la brochure pour en critiquer les fautes contre la grammaire. Il parlait ensuite des fautes contre le bon sens et la bonne foi. Pour le jeune séminariste, Louis XVI est un roi *philosophe*, le crime du 13 février, un crime *isolé*, commis par un *fanatique de vices*. L'auteur insistait sur les *motifs personnels* qu'avait Louvel de tuer le duc de Berry, et V. Hugo alors de s'écrier : « Jusques à quand continuera-t-on d'insulter à la désolation publique ? » Le jeune séminariste, suivant V. Hugo, témoignait extérieurement son afliction par un luxe typographique de points de toute espèce, et le critique terminait ainsi : « Nous ne serons étonnés que d'une seule chose, « c'est qu'il ait dédié sa prétendue *oraison funèbre* à *MM. les Députés des départements*, et non *aux* « *citoyens représentants du peuple*. »

(2) V. Hugo a dû travailler à cette note dont il est peut être l'unique auteur. Les Rédacteurs tiennent à garder l'anonymat, pour rester rigoureusement impartiaux, pour éviter non les menaces mais les politesses des auteurs. « De cette manière, sans abjurer leurs opinions politiques et person- « nelles, ils espèrent se dégager plus aisément, dans l'appréciation des ouvrages..., de toute influence « de parti et de toute opinion de coterie. » Ils n'ont pas voulu dans leur Prospectus faire leur éloge. « Ils aiment à croire que d'autres écrivains l'auraient pu faire sans danger, mais pour eux, ils auraient « trop craint d'être démentis par le public. » Ils se déclarent d'ailleurs tous responsables des articles insérés dans le *Conserv. Litt.* Voués à la défense de la littérature, ils seront heureux de réussir et non moins heureux de voir leur tâche mieux remplie par d'autres.

Cette note est curieuse quand on considère que Victor et Abel composaient à eux d'eux toute la rédaction et que Victor assumait à lui seul la plus grosse part du travail.

9 Article de Genoude dans le *Conservateur* sur les *Méditations* de Lamartine. Il en profite pour dire un mot de l'Ode de V. Hugo sur *la mort du duc de Berry* : cf. *Conserv.*, t. VI, livrais. LXXVI, p. 513, 9 mars 1820.

13 Première édition des *Méditations* de Lamartine.

— Entrefilet très aimable sur les *Méditations* de Lamartine dans le *Journal de Paris*.

14 Lettre d'Adolphe Trébuchet aux frères Hugo. Cette lettre n'existe plus : elle marque le commencement des relations entre Adolphe Trébuchet et ses cousins. Son existence est révélée par la lettre de V. Hugo à Adolphe du 20 avril 1820 : cf. *Figaro*, 12 mai 1886.

18 *Les Lettres Champenoises* (t. I, livrais. IV), pp. 149-150, ont un article de Mely-Janin sur les Classiques et les Romantiques. Il se tient dans un juste milieu.

— *Ode sur la mort du duc de Berry*. In-8, Paris, Boucher, par V.-M. Hugo : cf. 4 mars.

20 Lettre de Richelieu au comte Pradel avec réponse du comte Pradel. Elle répète la demande faite au commencement de Mars : cf. *Nouvelle Revue*, article de Gabriel Vauthier, 15 mars 1909, p. 269.

21 Article des *Lettres Champenoises* sur l'Ode de V. Hugo, *la mort du duc de Berry* : cf. *Lettres Champenoises*, t. I, n° 5, p. 192.

22 Articles de Marie-Joseph Trébuchet sur *la Tour d'Oudon* : cf. *Journal de Nantes et de la Loire-Inférieure*, 22 mars et 9 avril.

Annales du Musée et de l'Ecole moderne des Beaux-Arts ; *Salon de 1819*, par C. P. Landon, peintre de S. A. R. Mgr le duc de Berri, membre de la Légion d'honneur, etc... 1 vol. composé des six premières livraisons (1) : *Conserv. Litt.*, t. I, livrais. VIII, pp. 290-293, signé M. 25

N.-B. — La VIe livrais. des *Annales du Musée* est annoncée dans la VIe livrais. du *Conserv. Litt.* Elle parut le 19 février 1820. B. F., n° 576.

(1) Cet article n'a pas été reproduit. Il commence par des attaques contre les doctrinaires et les libéraux. V. Hugo, nous dit-il lui-même, est distrait, quand il visite le salon, par les évènements qui se passent autour et auprès de lui. Aussi dans la visite qu'il fit au salon de 1819, il n'a vu que sept ou huit morceaux supérieurs, il a oublié le reste. Cette manière d'observer, dit-il, est vicieuse, mais elle est celle du peuple.

Il parle ensuite de quelques auteurs qui ont écrit sur le salon : *Lettres à David*, par Kératry au *Courier* : il se moque de Kératry parce qu'il est libéral et doctrinaire. Il en arrive à Landon, il le félicite de n'être pas amateur des sujets appelés nationaux par les indépendants. Landon censure peu, il aime à louer et à encourager. Il n'a pas traité assez rigoureusement l'auteur du *Martyre d'Eudore* et deux autres peintres qui ont puisé d'admirables scènes dans les *Martyrs*, mais les ont si mal rendues.

V. Hugo montre l'utilité de l'ouvrage de M. Landon. Les hommes du monde y trouveront des jugements tout faits, ce qui est toujours agréable ; les gens de lettres, des aperçus fins, des rapprochements ingénieux et parfois même de bons avis. Landon se moque en effet de certaines pièces de vers modernes, dont le style plus niais que naïf, annonce la prétention d'imiter le tour et l'expression de nos vieux poètes. Les poètes marotiques et les romanciers gaulois feront bien d'écouter M. Landon.

V. Hugo termine, comme il a commencé, par une note politique. M. Landon était le peintre du prince, qu'une épouvantable catastrophe vient d'enlever aux espérances de la nation, de cet illustre duc de Berri qui aimait les arts comme François Ier, et les eût encouragés comme Louis XIV.

Avant le 25 Mars Lettre du comte Pradel à Richelieu. Il a donné des ordres pour qu'on remette 500 francs à V. Hugo : cf. *Nouvelle Revue*, article de Gabriel Vauthier, 15 mars 1909, p. 269.

25 Neufchâteau envoie à V. Hugo l'annonce de la gratification de 500 francs par une pièce de vers datée du 25 mars 1820 : cf. *Conserv. Litt.*, t. I, livrais. X, pp. 363-364, 15 avril 1820 et E. Biré, *V. Hugo avant 1830*, pp. 173-174.

25 *Les derniers Bardes* : *Conserv. Litt.*, t. I, livrais. VIII, pp. 281-289, Voir au 5 juin 1819.

— Abel Hugo. *La Massiliade ou la Gaule poétique*, poème épique en douze chants, avec des notes, dédié au Roi, par Scipion Marin : *Conserv. Litt.*, t. I, livrais. VIII, pp. 294-298 (A.).

L'Ecole du Cavalier, poème didactique et militaire en trois chants, par le chef d'escadron Millet, chevalier de St-Louis, officier de la Légion d'honneur ; 2e édition, revue et corrigée. *L'Art du Tour*, poème en quatre chants, orné de gravures, par Charles Libois, avocat, (1) : *Conserv. Litt.*, t. I, livrais. VIII, pp. 298-307, signé V. 25

N.-B. — *L'Ecole du Cavalier*... In-18, imprimerie Rougeron, Paris ; Paris, Dalibon. B. F., 11 mars 1820, n° 803.

La 1re édition, in-18, imprimerie d'Hautel ; Paris, Laurent Beaupré. B. F., 3 septembre 1813, n° 2440.

L'Art du Tour... In-8, imprimerie Didot, Paris ; Paris, Didot, Delaunay et Hamelin quincaillier, rue de la Barillerie. B. F., 30 octobre 1819, n° 3793.

---

(1) V. Hugo a voulu rendre compte de ces deux ouvrages sans valeur pour mettre un peu de gaieté juvénile dans le *Conserv. Litt.* qui devait paraître bien sérieux aux jeunes auteurs qui le composaient et à ceux des lecteurs qui avaient pu percer leur incognito.

Cet article, mi-sérieux, mi-plaisant, est une œuvre de fine satire, de raillerie malicieuse. V. Hugo commence par un long début où il a mis beaucoup d'esprit avec beaucoup d'érudition.

Après nous avoir dit qu'« il y a deux manières d'exciter le rire : à force d'esprit ou à force de bêtises », car Molière par ses farces, Pixérécourt par ses mélodrames, Swift par ses bons mots, Poinsinet par ses niaiseries ont réussi à nous faire rire, il parle des différentes sortes de poèmes didactiques. Les uns, ceux de Pope et de Virgile, sont intéressants et beaux, parce que leurs auteurs avaient du génie, d'autres, ceux de Bernard et de Delille sont élégants et ennuyeux, leurs auteurs n'avaient qu'une espèce de talent, tous les autres enfin font rire, soit de pitié, soit de plaisir. L'*Art Politique*, la *Gastronomie*, l'*Art de dîner en ville* et peut-être l'*Ecole du Cavalier* font rire de plaisir. La *Géométrie* mise en rimes, la *Géographie* mise en vers, trésor de niaiseries et de platitudes, font rire de pitié. Mais dans cette collection des produits de l'ineptie humaine, le premier rang appartient à l'*Art du Tour*, si cette palme glorieuse ne lui est pas enlevée par l'*Art du Relieur*. V. Hugo préfère la gaieté qui naît du ridicule à celle qui naît de la plaisanterie.

V. Hugo relève dans l'*Ecole du Cavalier* de nombreuses négligences en fait de rime et de grammaire. L'auteur s'est laissé épouvanter par le vieux Vaugelas et le gothique Richelet : savant écuyer il n'est pas dispensé de connaître Lhomond et Restaut. Mais il le félicite de quelques peintures vraies, originales, où il y a de l'élégance et de la précision : il en donne des preuves par de longues citations. M. Millet doit être plus ou moins libéral, car V. Hugo parle de la naïveté de certaines opinions. N'a-t-il pas osé appeler Napoléon un héros, écrire une invocation à l'aigle impérial. V. Hugo lui rappelle que Napoléon est l'assassin du duc d'Enghien, et lui Millet, un soldat de la France.

Il écrase ensuite sous le ridicule M. Libois, l'auteur de l'*Art du Tour*, qui, nous dit-il, n'a pas voulu écrire un poème burlesque. V. Hugo, grâce à des citations habilement faites, nous montre, par une fine et mordante raillerie, tout le ridicule de cet ouvrage écrit « avec bonhomie et simplicité. »

V. Hugo termine en encourageant l'auteur à continuer. « La succession des productions littéraires « de M. Libois, pourra rappeler ces concours, qui, suivant Addisson, s'ouvrirent jadis dans les petites « villes d'Ecosse, et où de bons villageois venaient tour à tour s'essayer sur les tréteaux à qui ferait la « plus laide grimace. »

Spectacles. Second théâtre français. Charles de Navarre, tragédie en cinq actes, par M. Brifaut, (1) : *Conserv. Litt.*, t. I, livrais. VIII, pp. 307-311, signé H. 25

L'article est suivi d'une petite note sur *Marie Stuart* de Lebrun qui vient d'obtenir un grand succès. Au 2e théâtre, échec de la *Bourgeoise ambitieuse* et des *Fausses Apparences*. Cette note est sûrement de V. Hugo.

N.-B. — *Charles de Navarre*, tragédie en cinq actes par M. Brifaut, représentée par les comédiens du Roi sur le 2e théâtre français, le mercredi 1er mars 1820. In-8, imprimerie Fain, Paris ; Paris, Ponthieu et Barba. B. F., 18 mars 1820, no 980 ; 2e édit. B. F., 3 juin 1820, no 2039.

---

(1) V. Hugo débute par un long préambule sur la nécessité de la présence d'une femme pour assurer le succès des tragédies du jour. Mais dans deux tragédies récentes les rôles des femmes n'ont apporté que des scènes parasites, des causeries insignifiantes, des longueurs et des ennuis. L'épouse de Clisson chez M. Brifaut est tout aussi inutile.

Des considérations majeures contraignent les auteurs à céder à la vanité, à la coquetterie des artistes du beau sexe. Il serait temps de cesser de pareilles complaisances qui ont pour but de satisfaire *une amoureuse* ou *une jeune-première*. Que les auteurs lèvent l'étendard de la révolte : *l'insurrection est un devoir*.

V. Hugo, après ce début, résume rapidement le sujet de la pièce et passe ensuite à la critique : « Le style de M. Brifaut, bien qu'il manque parfois de propriété, de précision et de goût n'est dénué ni « d'élégance, ni d'harmonie, ni même d'une certaine énergie. » Il cite cinq ou six vers qui, dit-il, seraient applaudis en tous temps quoiqu'ils doivent surtout aux circonstances les *bravos* que leur prodigue le public.

Vous avez tout détruit : mais qu'avez-vous fondé ?
. . . .
Sauvons la liberté : mais gardons-nous du crime !
. . . .
Laissons là les partis, ne voyons que la France.
. . . .

Deux vers expriment avec beaucoup de pompe et d'éclat une vérité trop méconnue, ajoute-t-il.

Lorsqu'un trône a tremblé dans sa base profonde,
Il ébranle en tombant tous les trônes du monde.

Certainement ces citations sont choisies par V. Hugo et mettent bien en évidence ses préférences politiques comme certains reproches qu'il fait à M. Brifaut de répéter un peu trop souvent ces mots magiques : *France, honneur, patrie, gloire*. Si l'on ne savait que Bonapartistes et libéraux employaient *ces mots magiques* comme des cris de ralliement, on se demanderait pourquoi V. Hugo met tant d'ardeur à les proscrire.

Clisson, aux yeux de V. Hugo, est un froid et emphatique déclamateur rappelant sans cesse « sa « foi, son honneur, ses services. La vertu qui se vante n'est déjà plus la vertu, et le caractère d'un « homme perd en noblesse tout ce qu'il montre en orgueil. » Il félicite M. Brifaut d'avoir choisi un sujet national, mais il l'engage à le mieux choisir une autre fois et à le mieux traiter. « Dans la tragédie, « où il n'y a pas de caractères prononcés, il n'y a pas apparence de danger, parce que sur la scène les « évènements naissent des caractères. Où il n'y a pas de danger, il n'y a pas d'intérêt, *Hinc subitae* « *mortes*. Nous n'ajouterons pas avec le satirique : *Hinc intestata senectus*, parce que nous espérons « que le talent jeune encore de M. Brifaut, lèguera à la postérité des ouvrages meilleurs que *Charles* « *de Navarre*. »

N.-B. — On ne peut pas ne pas rapprocher de l'article de V. Hugo un article sans signature paru dans la *Quotidienne* du 4 mars 1820. L'auteur de cet article et V. Hugo parlent à peu près dans les mêmes termes de l'épouse de Clisson, dont le rôle est inutile, ils citent les mêmes vers, font les mêmes allusions aux libéraux du XIXe siècle qui, se voyant mis à découvert par l'auteur, ont été mécontents et ont fait preuve d'hostilité contre lui. Il est aussi question, dans la *Quotidienne*, des mots *Honneur et Patrie* gravés sur le poignard donné par Teligny à Clisson, et que V. Hugo appelle « mots magiques ». La *Quotidienne* porte un jugement semblable à celui de V. Hugo sur le style : « Le style de l'auteur n'est pas toujours irréprochable, mais il a de « la force et de l'élévation ; on a remarqué beaucoup de vers qui ont cette tournure vive et énergique qui les « grave dans la mémoire. »

V. Hugo avait-il lu l'article de la *Quotidienne* ? C'est assez probable, mais tout en y puisant certaines idées, il a su rester original et leur donner un tour personnel.

Dithyrambe sur l'assassinat de S. A. R. Mgr le duc de Berri; par M. Tézénas de Montbrison, des Académies de Lyon, Marseille, etc... 25

Ode ou Chant funèbre sur la mort de S. A. R. Mgr le duc de Berri, par Lebrun des Charmettes.

La France royaliste aux manes de Mgr le duc de Berri, par A. J. C. St-Prosper, auteur de l'Observateur au XIXe siècle (1) : *Conserv. Litt.*, t. I, livrais. VIII, 25 mars 1820, pp. 317-319. Signé U.

N.-B. — *Dithyrambe,* par M. Tézénas de Montbrison... In-8, Imprimerie de Lanoé, Paris. Paris, Delaunay, Ponthieu, Beaucé, Audin : B. F., 11 mars 1820, n° 825.

Ode, par Lebrun. Rien à B. F.

La France Royaliste, par St-Prosper, in-8, imprimerie Le Normant. B. F., 18 mars, n° 963; 2e édit., le même jour, Paris, Pichard et Le Normant.

Lettre de V. Hugo à Adèle Foucher : cf. *Lettres à la Fiancée,* pp. 20-21. 28

Avril

Premiers jours — Lettre d'Adèle Foucher à V. Hugo : cf. *Annales politiques et littéraires*, 4 février 1912, pp. 109 et 110.

Lettre de Victor Hugo à Adèle Foucher : cf. *Lettres à la Fiancée*, p. 22. — Premiers jours

---

(1) V. Hugo n'a consacré que quelques lignes à ces trois ouvrages. La pièce de Tézénas, « inspirée « par une douleur sentie et une trop clairvoyante indignation, renferme des passages écrits avec feu « et verve. » L'énergie de Tézénas est parfois incorrecte, il réussit mieux dans les morceaux qui demandent grâce et douceur.

Lebrun des Charmettes doit se contenter de deux lignes qui ne nous disent point ce que V. Hugo pense de lui. « On retrouve dans cet ouvrage les qualités particulières du style de M. Lebrun des « Charmettes. » Est-ce un éloge, est-ce une critique ?

Saint-Prosper est mieux partagé. « Son opuscule, écrit avec une rapidité pleine d'énergie et d'ori- « ginalité, porte l'empreinte d'une douleur profonde et la fait passer dans l'âme du lecteur... Cette « nouvelle production de M. Saint-Prosper fait le plus grand honneur à ses sentiments comme roya- « liste et à son talent comme écrivain. »

V. Hugo, pour permettre à son lecteur d'apprécier les trois ouvrages, cite quelques vers de Tézénas et de Lebrun des Charmettes et une page de la prose de Saint-Prosper.

N.-B. — Cet article est suivi de trois petites notes qui sont probablement de V. Hugo : en tous cas, il a sûrement collaboré à leur rédaction.

La première parle de l'invitation faite à Chateaubriand « le noble vicomte » d'écrire la vie du duc de Berri.

La seconde parle de l'apparition prochaine de *Ivan-Hoë* de W. Scott.

La troisième est une réponse à l'article d'Agier, dans le *Conservateur* (75e Livraison). Les rédacteurs du *Conserv. Litt.* le remercient publiquement de ses éloges et de ses honorables encouragements. MM. Hugo, c'est-à-dire l'aîné et le plus jeune, ne sont pas les seuls rédacteurs du *Conserv. Litt.* : « Ils comptent plusieurs « collaborateurs dont les articles ne sont soumis, comme les leurs, qu'à la censure du conseil de rédaction « composé de la réunion de tous les rédacteurs. »

1 Eugène Hugo. *La mort du duc d'Enghien*, Ode, couronnée en 1818 par l'Académie des Jeux-floraux, par M. Eugène Hugo : *Conserv. Litt.*, t. I, livrais. IX, pp. 321-327, 1er avril 1820.

— *Les Philippiques françaises*, poème par M. Ed. Corbière : *Conserv. Litt.*, t. I, livrais. IX, pp. 337-341 (S.). Même observation qu'à la livrais. VI du 5 février pour la signature (S.).

L'Antre des Cyclopes (Extrait d'une traduction inédite de l'Enéïde). 1

Insula Sicanium juxta latus Aeoliamque
Erigitur Liparen, fumantibus ardua saxis, etc...
(Lib. VIII).

Conserv. Litt., t. I, livrais. IX, pp. 327-328, 1er Avril 1820. Signé V. d'Auverney ; cf. *Lycée Armoricain*, t. II, livrais. XII, Décembre 1823. (B. F., 27 décembre, n° 5889), pp. 429-430. Signé V. Hugo ; cf. *V. Hugo raconté*, t. I, pp. 232-234 ; cf. *Odes et Ballades*, édition de l'Imprimerie Nationale, pp. 394-395, avec cette date [Janvier] 1817.

N.-B. — Dans le *Conserv. Litt.*, V. Hugo, aux vers quatorze, quinze et seize, avait personnifié l'Eclair, le Courroux, la Grêle, la Flamme, le Bruit, la Peur. Dans *V. Hugo raconté*, on a mis de petites initiales. C'est la seule différence entre les deux textes.

Vie privée de Voltaire et Mme du Chatelet, pendant un séjour de six mois à Cirey ; par l'auteur des Lettres péruviennes, suivie de cinquante épîtres inédites en vers et en prose de Voltaire (1). *Conserv. Litt.*, t. I, 1

(1) V. Hugo n'a reproduit dans *Litt.* et *Philos. mêlées*, qu'une partie de l'article du *Conserv. Litt.* puisque sur neuf pages, cinq pages ont été négligées.

Avant d'étudier l'ouvrage lui-même, V. Hugo avait, dans un long préambule de quatre pages, étudié Voltaire et fait son éloge : ceci a été laissé de côté. Ce préambule est pourtant intéressant car il nous fait connaître quelles idées V. Hugo avait de Voltaire au commencement de 1820.

« Nous allons, disait V. Hugo, entreprendre une tâche délicate et difficile. Nous oserons parler « sans passion d'un homme qui a tantôt été décrié avec aveuglement, tantôt exalté avec mauvaise foi ; « nous allons rendre justice à Voltaire, c'est-à-dire, lui payer notre tribut d'admiration ; et certes, il « faut, comme nous, s'être résigné à dire la vérité tout entière, il nous faut avoir le courage de l'équité « pour prendre aujourd'hui place parmi les partisans de cet illustre génie. Les rangs de ses apologistes « ont été souillés par tant d'hommes, chargés de crimes et d'ignominie, la voix de ses défenseurs a été « si souvent consacrée en même temps à défendre les atrocités et les infamies d'une foule de monstres, « tout fiers de supposer Voltaire leur complice, que l'on ne doit pas s'étonner de nous voir hésiter au mo- « ment de témoigner en sa faveur ; car il s'agit de faire chorus avec la révolution tout entière. A cette idée « révoltante, et qui suffirait seule pour nous faire reculer, se joint encore le regret de nous séparer un « moment de cette classe d'hommes honorables, qui ne se sont faits les antagonistes de Voltaire que « par de respectables motifs. Certes, après tant de forfaits, d'anarchie et de longues calamités, il doit « être permis d'être accusateur lorsqu'on a été victime : l'amertume est excusable dans l'infortune, la « colère est un des droits du malheur et il y aurait mauvaise grâce à condamner en ceux qui voient « dans Voltaire l'unique auteur de notre abominable révolution, quelque emportement dans leurs « reproches et même quelque erreur dans leurs récriminations. Aujourd'hui, que nous avons par devers « nous de si terribles expériences, Voltaire est jugé bien sévèrement : il ne fut que léger, et il semble « pervers ; il ne fut qu'imprudent, et il paraît coupable. Ce fut un grand malheur pour cet homme, du « reste si noble et si généreux, de naître dans un temps corrompu ; les objets les plus sacrés et les plus « augustes, les souverainetés politique et religieuse, les cultes et les trônes étaient journellement « attaqués dans les causeries des gens du monde et les écrits des hommes de lettres. On voulait à toute « force s'amuser, l'on s'amusait de tout ; dans les salons de la bonne compagnie, on se moqua « d'abord des nobles et des prêtres, et bientôt des rois et de Dieu. Pour comble de malheur, de « grands scandales, d'étonnantes incrédulités semblaient justifier ces fatales railleries ; la noblesse « avait ses *philosophes*, et le clergé ses *esprits-forts*. Au milieu de cette confusion générale, Voltaire « ne sentit pas assez le respect qu'il se devait à lui-même et l'importance de sa propre opinion ; il crut « pouvoir faire comme les autres ; au torrent qui l'entraînait se joignirent encore des impulsions par- « ticulières ; ses sarcasmes furent dictés plutôt par un esprit de vengeance que par un esprit de révolte « ou d'irréligion. Toutefois le chantre de Henri qui, dans tous ses ouvrages sérieux, respecta la vérité, « ne se permit de mentir qu'en plaisantant ; il sembla adopter pour devise : *ridendo dicere falsum*, « croyant peut-être qu'un paradoxe, soutenu en badinant, perdait tout son danger, et se fiant sans

livrais. IX, pp. 328-337, (V.), 1er Avril 1820 ; cf. *Litt. et Philos. mêlées*, pp. 85-89.

Réflexions morales et politiques sur les avantages de la monarchie par Mme C. de M... (deuxième article) (1) : *Conserv. Litt.*, 1

« doute au vieux syllogisme : *tu ris, donc tu mens*. Les évènements ont prouvé qu'il se trompait. « C'est ainsi qu'il a sa part dans les causes de nos désastres ; il contribua, en riant, à la démoralisation « de son siècle ; et si sa gloire, ses immortels ouvrages, son prodigieux génie et surtout ses belles « actions ne rachetaient les erreurs de sa vie, il aurait à répondre, devant la postérité, de ses plaisan- « teries téméraires, et même des catastrophes qui, par une déplorable fatalité, en ont été jusqu'à un « certain point les épouvantables conséquences. »

Après ce jugement très curieux sur Voltaire, V. Hugo se lançait dans des questions moins élevées et à ses yeux plus pratiques. Il trouvait moyen de faire de la politique. Les *libéraux*, cette collection de niais, d'ignorants, de demi-savants, ont tort de le prendre pour un des leurs : Voltaire était royaliste. La démocratie, pour lui, c'est le gouvernement de la canaille, il a vanté l'aristocratie anglaise, il détestait le régicide, il ne serait pas partisan du *crime isolé* de Louvel, il n'aurait pas approuvé la *loi athée* le poète qui méritait le nom de *cagot* que lui donnait Diderot. Si Voltaire vivait de nos jours, dit V. Hugo, il exécrerait les hommes et les doctrines de la révolution. Il était essentiellement monarchique. Tous les philosophes, qui ont vu les saturnales républicaines, les ont condamnées après en avoir souffert : Rulhières, André de Chénier, Roucher et tant d'autres immolés sur l'échafaud, Raynal, Marmontel, Laharpe, Malesherbes.

V. Hugo résume enfin en quelques lignes son opinion sur Voltaire. « Nous conservons une haute « admiration pour sa grande âme, pour son vaste génie, et nous accordons un pardon facile à ses « fautes que nous sommes loin de rendre solidaires des attentats de nos sophistes et des forfaits de « nos démagogues. »

Nous retrouvons la suite de l'article dans *Litt. et Philos. mêlées* (pp. 85-89), avec quelques petits changements.

Les deux premières lignes (p. 85) ont été ajoutées pour faire liaison. Au bas de la page 86 une dizaine de lignes ont été supprimées et remplacées par des etc... etc... Les voici : « On trouve dans l'apparte- « ment de Voltaire *une foule de choses chères et recherchées, d'une propreté à baiser le par- « quet ;* etc... etc... Nous le répétons, ces lettres n'avaient pas été écrites pour voir le jour. Que l'on « joigne à cela les déclamations tranchantes et les divagations libérales dont l'éditeur s'est cru obligé « d'enrichir le texte dans ses notes presque toujours inutiles, on n'éprouvera certainement pas une « grande tentation d'ouvrir le livre. »

Dans la page 87, il y a quelques changements de style sans grande importance, mais il y a une addition intéressante à noter. A la 13e ligne, après *il devotissimo Voltaire*, V. Hugo, en 1834, a fait une traduction qu'il n'avait pas osée en 1820. En effet, on cherche en vain, dans le *Conserv. Litt.*, la phrase : « Cela veut dire *le très dévot* ou *le très dévoué*, peut-être l'un et l'autre et à coup sûr ni l'un « ni l'autre. »

A la page 88, au commencement du 1er alinéa, au lieu de ces mots : « *Le vieux suisse libre* est bon « courtisan comme on voit, » on lisait plus simplement : « Cette lettre est digne du *vieux suisse « libre*. » Enfin, à la page 89, signalons encore une transformation. Après la citation, V. Hugo disait dans le *Conserv. Litt.* (p. 336) : « Il est probable que le malin Geoffroy n'aurait pas été si chaud « partisan de Mlle Rancourt, s'il avait connu cette pièce. » V. Hugo se met en scène dans *Litt. et Philos. mêlées* : « De *jolis vers* sans doute. J'avoue pourtant que j'ai peu de sympathie pour cette « espèce de poésie. J'aime mieux Homère. » On ne sait ce que vient faire Homère en cette affaire.

La fin de l'article du *Conserv. Litt.* n'a pas été reproduite (*Conserv. Litt.* pp. 336-337). V. Hugo termine en souhaitant une 2e édition où l'éditeur supprimera des notes, grossira la collection des pièces inédites. Il y a partout des fragments et ouvrages inédits de Voltaire : le gouvernement devrait acquérir certains manuscrits. « Il se trouverait certainement dans cette multitude d'ouvragss des pro- « ductions qui ne pourraient que faire un grand mal dans ce temps d'impiété et de corruption ; mais « on se garderait des éditions compactes et l'on se contenterait de publier ceux des écrits inédits du « philosophe de Ferney qui pourraient servir les intérêts de la littérature sans blesser ceux de la « morale. »

(1) L'article du *Conserv. Litt.* a été presque entièrement reproduit. Voici les quelques changements ou suppressions qu'on peut noter.

Litt. et Philos. mêlées, p. 70, ligne 18 : « Mme de M*** se contente d'en chercher le principe... » V. Hugo avait écrit : « Mme de M*** se contente, *à l'exemple des philosophes anglais*, d'en chercher « le principe... »

Page 72, lignes 20-23, on lit une phrase sur la théorie du climat de Montesquieu, espèce de fausse clef qui lui sert à crocheter les serrures de tous les problèmes de l'histoire. En 1820, V. Hugo devait

t. I, livrais. IX. pp. 341-350 (signé B.), 1er avril 1820; cf. *Litt. et Philos. mêlées*, pp. 70-80.

N.-B. — Le 1er article était paru dans le *Conserv. Litt.*, le 29 janvier 1820, t. I, livrais. IV, pp. 145-150.

1 *Spectacles. Théâtre français. Marie Stuart; tragédie*, par M. Lebrun (1). *Conserv. Litt.*, t.

---

ignorer cette théorie car il avait mis simplement : « Peut-être aussi cela provient-il de ce que « dans le Nord, les hommes sont moins disposés à se laisser conduire. » (*Conserv. Litt.*, p. 343).

Page 74, au commencement de la page, tout un paragraphe, plein d'éloges pour Mme de M***. a été supprimé. Le voici : « Au reste, tout ce chapitre de Mme de M*** se fait lire avec beaucoup « d'intérêt, parce qu'il est nourri de faits, et c'est là la meilleure manière de raisonner : définir une « chose, c'est la montrer, dit une vieille chronique allemande ; d'ailleurs il est écrit avec une impar- « tialité qui charme et une modération bien exemplaire dans un sujet si fertile en allusions ; on y « reconnaît déjà les qualités du style de Mme de M***, de la clarté, de la raison et souvent de l'esprit, « surtout de cet esprit qui n'appartient qu'aux femmes, et qui consiste à mettre de la grâce et de la « finesse jusque dans les détails les plus usés. » (*Conserv. Litt.* p. 344).

Page 77, au commencement du § IV, on a supprimé une liaison sans importance.

Page 78, au commencement du § V, on lit ces deux lignes : « Historiens ! historiens ! faiseurs « d'emphase ! Mes amis, n'y croyez pas. » Elles ne sont point dans le *Conserv. Litt.*; à leur place on lit : « Je trouve encore un passage où Mme de M*** cite avec admiration cette conduite si souvent « citée du Sénat romain après la bataille de Cannes. Il n'y a pas de philosophe qui ne se soit extasié « sur cette conduite magnanime ; il n'y a pas un fils de bonne famille qui, dans son jeune temps, ne « lui ait consacré quelques phrases d'amplification ; moi-même, je l'admirerais peut-être encore, si les « évènements qui se sont passés sous nos yeux depuis vingt ans, ne m'avaient un peu dégoûté de cette « grandeur de Bulletin. » (*Conserv, Litt.*, p. 348).

Page 70, les dernières lignes de l'article ont été supprimées. Le *Conserv. Litt.* (p. 350) terminait ainsi : « Jusqu'ici nous ne nous sommes occupés que des prolégomènes de l'ouvrage de Mme de M*** ; « nous examinerons les opinions de cette dame sur la monarchie, dans un article suivant qui ne se « fera pas attendre si dame *Arthritis* nous le permet. »

Tous les critiques ont fait remarquer que parfois pour dérouter son lecteur V. Hugo se vieillissait à plaisir. Il faut croire que dame *Arthritis* ne lui a pas permis d'écrire un article à propos des opinions de Mme de M*** sur la monarchie : en tous cas on le cherchera inutilement dans le *Conserv. Litt.*

(1) 1° Quelques lignes de Sainte-Beuve dans la *Revue des Deux-Mondes* (*Rev. des 2 Mond.*, t. III, livrais. III, pp. 250-251, 1831) soulèvent à propos de cet article une question intéressante. Sainte-Beuve prétend qu'Eugène Hugo écrivit dans le *Conserv. Litt.* de nombreux articles de critique, dans lesquels il juge les ouvrages et les drames nouveaux, articles qui, au jugement de Sainte-Beuve, respirent une conscience profonde et accusent un retour pénétrant sur lui-même, un souci comme effaré de l'avenir. Il lui attribue précisément la critique présente sur la *Marie Stuart* de Lebrun, et il cite tout au long les dernières lignes du *Conserv. Litt.*, celles que nous trouvons au bas de la page 102 de *Litt. et Philos. mêlées* : « En général une chose nous a frappés, etc... »

Sainte-Beuve, en écrivant, avait sous les yeux le *Conserv. Litt.* Il y a trouvé sous la signature d'Eugène Hugo quelques poésies, ou pour mieux dire deux : *Stances à Thaliarque* (t. I, livrais. III, p. 84) et l'Ode sur la *Mort du duc d'Enghien*, couronnée en 1818 aux Jeux floraux (t. I, livrais. IX, pp. 321-326). Il avait pu lire récemment dans les *Annales romantiques* de 1831. [In-18, Paris, Imprim. Didot. Paris, L. Janet, B. F. 29 janvier 1831, n° 388 (pp. 50-54) avec cette note : « C'était un frère de M. V. Hugo qui devait nous donner un poète de plus »], sous la signature de M. Eugène Hugo un morceau de prose, le *Duel du Précipice*, que le *Conserv. Litt.* avait jadis donné sous la signature E. (t. I, livrais. V, pp. 165-168). Il a dû croire que tous les articles signés de cette initiale appartenaient à Eugène. Le *Conserv. Litt.* contient cinq autres articles signés de la même manière : quatre dans le 2e volume, sur *André Chénier* (t. I, livrais. I, pp. 15-23), sur l'*Histoire de France* de Vély (t. I, livrais. V, pp. 174-181), sur *Clovis* de Lemercier (t. I, livrais. VI, pp. 217-228), sur *Marie Stuart* de Lebrun (t. I, livrais. IX, pp. 350-362) ; un cinquième se trouve dans le 3e volume sur *Jean de Bourgogne* (t. III, livrais. XXVII, pp. 274-279, 6 janv. 1821), mais ces cinq articles ne sont pas l'œuvre d'Eugène Hugo. Celui-ci ne fut qu'un collaborateur accidentel du *Conserv. Litt.*

La 8e livrais. p. 320, l'affirme : « Deux des MM. Hugo seulement, l'aîné et le plus jeune, « comptent parmi les rédacteurs. » V. Hugo a-t-il protesté dans l'intimité contre l'affirmation de Sainte-Beuve qui lui ravissait la paternité des articles que nous signalons, nous n'en savons rien. Avait-il lu, avant l'impression, l'article de Sainte-Beuve, ce n'est guère probable, car autrement, il aurait corrigé

I, livrais. IX, pp. 350-360, (signé E.), 1er Avril 1820 ; cf. *Litt. et Philos. mêlées*, t. I, pp. 95, 96, 97 (en partie seulement), 99, 100, 102 (la fin), et 103 ; cf. *V. Hugo raconté*, t. I, pp. 447-458, avec la date 1819.

N.-B. — *Marie Stuart*, par M. Lebrun, tragédie en cinq actes, représentée par les comédiens ordinaires du roi sur le 1er théâtre français le lundi 6 mars 1820. In-8, Imprimerie Didot, Paris. Paris, Ladvocat et Barba. B. F., 1er avril 1820, no 1096.

9 Frayssinous reprend ses conférences à St-Sulpice. Ce jour-là il parle sur la mort : cf. *Drapeau blanc*, 11 avril 1820.

11 Lettre de M. Pinaud à V. Hugo : cf. *Odes et Ballades*, édition de l'Imprimerie Nationale, pp. 540-541 et 545.

---

l'erreur de son ami. Quoiqu'il en soit, il a protesté à sa manière, il a inséré dans *Litt. et Philos. mêlées* des lambeaux des articles que Sainte-Beuve attribuait à son frère Eugène. Cette insertion tranche-t-elle définitivement la question et ces articles sont-ils bien de Victor ? Je le crois, car d'une part nous avons la note du *Conserv. Litt.* dont nous venons de parler et qui est catégorique, d'autre part Victor n'aurait pas osé ravir à son frère l'honneur d'avoir composé quelques articles enfouis dans une revue assez oubliée à l'époque. Il a toujours montré, dans sa correspondance, une affection sincère pour Eugène, il a même écrit ou fait écrire sur lui un article très élogieux dont nous parlerons plus loin.

2o Dans *Litt. et Philos. mêlées*, V. Hugo n'a imprimé que quelques morceaux de son article du *Conserv. Litt.*, c'est-à-dire toutes les idées générales, les théories qu'il avait émises à propos de *Marie Stuart*, mais il a négligé tout ce qui a un rapport direct avec la pièce. Puisque par ailleurs on a imprimé l'article entier dans *V. Hugo raconté*, nous n'indiquerons ici que les additions faites, dans *Litt. et Philos. mêlées*, au texte primitif.

Le § I de *Litt. et Philos. mêlées* (pp. 95-96) se trouve dans le *Conserv. Litt.* p. 350, mais la dernière ligne à propos de l'Allemagne « pays de penseurs profonds, attentifs, fixes » est de 1834. V. Hugo n'avait pas osé, en 1820, faire un tel éloge des Allemands.

Le § II (p. 96) est dans le *Conserv. Litt.* (p. 351), sans changement, mais V. Hugo a intercalé, on ne sait trop pourquoi, après le § II, un § III qui n'est point de l'article sur *Marie Stuart*, mais appartient au t. II, livrais. XII, mai 1820, p. 78).

Le § IV (p. 97) se retrouve dans le *Conserv. Litt.* (p. 352). Il n'est d'ailleurs que le développement d'une idée déjà émise par V. Hugo à la 2e livrais. du *Conserv. Litt.* (p. 67), « l'amour au théâtre, « comme ailleurs, veut toujours la première place ». Il faut signaler ici encore comme intercalé le § V que nous avons déjà vu (*Conserv. Litt.*, t. I. livrais. VI, février 1820, pp. 227-228).

Les § VI et VII (pp. 99-100) se retrouvent dans le *Conserv. Litt.* (p. 356). A la page 100, il y a une petite suppression : « Il n'y avait que trois scènes à conserver de *Marie Stuart*, il fallait refaire le « reste et nous ne pensons pas que M. Lebrun en eût été incapable. » Ce passage fut supprimé évidemment, parce que personnel, mais peut-être aussi, parce que contenant une critique un peu dure, que V. Hugo en 1834 n'aurait pas voulu formuler de cette manière.

Le § IX enfin (pp. 102-103) reproduit les dernières lignes de l'article du *Conserv. Litt.* (p. 362), mais que penser de la date qu'on y trouve : 27 avril 1819 ? Dans *V. Hugo raconté* on a voulu mettre aussi une date, et à la fin de l'article (p. 458) nous trouvons 1819.

Cette date dernière ne peut s'expliquer. *Marie Stuart* fut jouée le 6 mars 1820, elle fut imprimée fin mars, l'article de V. Hugo pris en son entier ne peut être que de mars 1820, puisque la livraison 9e du *Conserv. Litt.* parut en librairie le 1er avril. A la rigueur au contraire il est possible d'expliquer la date qu'on trouve dans *Litt. et Philos. mêlées*. Le morceau qu'elle précède est un passe-partout que l'on joint à tel article ou à tel autre, c'est une impression suggérée à V. Hugo par *Marie Stuart*, ou par n'importe quelle pièce qu'il a vu jouer. Peut-être a-t-il écrit cette note le 27 avril 1819, et l'a-t-il ajoutée à son article de mars 1820. On me dira que c'est chercher à innocenter V. Hugo qui, on le sait assez, antidate ses écrits ; c'est vrai, mais quand une explication est plausible, pourquoi ne pas la donner ; s'il est possible de le décharger un peu, pourquoi ne pas le faire !

3o Dans *V. Hugo raconté*, on s'attendrait à trouver en son entier et sans changement l'article sur *Marie Stuart*, il n'en est rien. Peu nombreuses sont, il est vrai, les suppressions ou les transformations, mais nous n'en voyons pas la nécessité.

Les pages 447-448 sont une reproduction exacte. A la page 449, à la 10e ligne, on a ajouté ces

12 Deuxième édition des *Méditations* de Lamartine ; cf. *Drapeau blanc*, 12 avril.

14 Entrefilet des *Lettres Normandes* sur le *Conserv. Litt.* : « *Le Mémoire de l'Académie* « *des ignorans* continue de poursuivre, sans « abonnés, et sous l'égide du chevalier de « Fonvielle, son ignorant secrétaire, sa « course ignorante et ignorée. *Le Mercure* « *Royal* suit le même exemple. *Le Conserv.* « *Litt.* ne le suit pas. » : cf. *Lettres Normandes*, t. x, lettre VII, p. 272, 14 avril 1820.

15 *Vers adressés le 25 mars 1820*, à M. Victor-Marie Hugo, par M le comte François de Neufchâteau de l'Académie française, etc... *Conserv. Litt.*, t. I, livrais. x, pp. 361-362.

César passe le Rubicon. 15

Jam gelidas cursu Cæsar superaverat Alpes, etc...
(Lucain, *Phars.*, livrais. I) (1).

---

mots : *c'est la comédie peut-être* ; à la 26e ligne, on a remplacé le mot *grandeur* par *intérêt*. Aux pages 450, 451, 452, aucun changement notable.

A la page 453, la fin du premier paragraphe a été transformée : *on oublie le personnage pour ne plus s'occuper que de l'acteur* remplace une expression plus réaliste et plus énergique : *on oublie le personnage pour ne plus s'occuper que de la capacité de ses poumons*. On a supprimé ensuite presque une page du *Conserv. Litt.*, la page 355. Cette page est pourtant une appréciation très curieuse du genre classique et du genre romantique, des tragédies anglaises et allemandes.

« On disait autour de nous au théâtre que cette tragédie n'était pas du genre classique, mais du « genre romantique ; nous n'avons jamais compris cette distinction. Les pièces de Shakespeare et de « Schiller ne diffèrent des pièces de Corneille et de Racine qu'en ce qu'elles sont plus défectueuses. « C'est pour cela qu'on est obligé d'y employer plus de pompe scénique. La tragédie française méprise « ces accessoires parce qu'elle marche droit au cœur, et que le cœur hait les distractions ; la tragédie « allemande les recherche, parce qu'elle s'adresse souvent à l'esprit et plus souvent encore à tous les « sens. L'une présente un spectacle attachant, l'autre un tableau singulier. Dans l'une, tout concourt « au même but ; dans l'autre, il n'y a point d'ensemble. Les Français veulent que l'intérêt se con- « centre sur quelques personnages ; les Anglais regardent la variété comme une qualité tragique. « Chez nous l'intérêt va toujours croissant ; chez eux chaque scène en est réduite à son propre « intérêt ; et veut-on voir quelle différence il en résulte dans les effets ? Prenez le cinquième acte « d'une de nos tragédies et lisez-le séparément ; souvent vous le trouverez faible et languissant ; « lisez-le en le faisant précéder de tous les autres, vous n'aurez rien remarqué, seulement vous aurez « fondu en larmes.

« Mais les Allemands se contentent de leurs tragédies... cela prouve que les Allemands ont moins « de goût que nous, c'est-à-dire qu'ils raisonnent moins leurs sensations. Il suffit de la simple narration « des faits les plus bizarres et les plus invraisemblables pour émouvoir les enfants, parce que les « enfants n'ont pas la force de comparer leurs idées ; j'ai vu des enfants pleurer en lisant la Pucelle. »

La dernière phrase évidemment rappelle un souvenir vécu, souvenir personnel très probablement. Le paragraphe supprimé prouve qu'en 1820 V. Hugo n'aimait guère la tragédie allemande, et ne se gênait pas pour le dire. Il a été moins audacieux plus tard, car la plupart des suppressions portent justement sur ce point. En voici une nouvelle preuve : à la page 454, ligne 14e, on a corrigé une erreur d'impression en supprimant la phrase, mais cela supprime en même temps une critique des auteurs allemands. V. Hugo avait écrit dans le *Conserv. Litt.* : « lorsqu'ils ne pouvaient parler au cœur, ils « parlèrent aux yeux *heureux : s'ils avaient su se renfermer dans de justes bornes.* » Au lieu de faire disparaître les mots que nous venons de mettre en italique, il fallait changer simplement la ponctuation et écrire « ... ils parlèrent aux yeux : heureux s'ils avaient su se renfermer dans de justes « bornes. » A la ligne suivante on lit : *la plupart des pièces allemandes*. V. Hugo avait ajouté dans le *Conserv. Litt.*, *ou anglaises*.

Enfin dans les pages 455, 456, 457, 458, on a fait des corrections de style qui ne changent en rien la physionomie de l'article, mais dont l'utilité ne nous paraît pas évidente.

(1) Dans *V. Hugo raconté*, nous ne trouvons que quelques petits changements sans importance. Page 239, au vers 12e, au lieu de ces mots : *Plus un pas, citoyens...* on lisait dans le *Conserv. Litt.* : *Jusqu'ici, citoyens...*

Page 240, au vers 12e, au lieu de : *C'est un ennemi seul...*, on lisait : *C'est ton ennemi seul*. Au vers 26e, au lieu de *Coule* en de beaux vallons..., il y avait dans le *Conserv. Litt. Roule* en de...

Page 241, vers 6e, au lieu de *Suit* au sein..., il y avait *Guide* au sein... Enfin au dernier vers, au lieu de *Riminium*, il y avait *Riminum*.

Mais l'épigraphe ou plutôt le 1er vers du morceau de la *Pharsale*, traduit par V. Hugo, a été mal

15 J.-J. Ader, *Elégie*, par M. J.-J. Reda : *Conserv. Litt.*, t. I, livrais. x, p. 364.

— Abel Hugo. *L'Orléanide, poème national en vingt-huit chants*, par M. Lebrun des Charmettes : *Conserv. Litt.*, t. I, livrais. x, pp. 365-374 (A.) ; 2e article. Le 1er article est du 4 mars 1820, livrais. VII, pp. 247-255.

— Abel Hugo. *Le Cimetière de V...*, nouvelle (suite et fin) : *Conserv. Litt.*, t. I, livrais. x, pp. 386-393 (J). Le commencement de cette nouvelle est du 4 mars, livrais. VII, pp. 270-274.

— *Berryana*, par Saint-Prosper contient l'Ode de V. Hugo sur *la mort du duc de Berry* : Voir au 4 mars.

Conserv. Litt., t. I, livrais. x, pp. 362-363, (V. d'Auverney), 15 avril 1820 : cf. *V. Hugo raconté*, t. I, pp. 239-241 ; cf. *Odes et Ballades*, édition de l'Imprimerie Nationale, pp. 408-409, avec cette date [Avril] 1817 et quelques notes et variantes tirées du manuscrit.

Imitation d'Owen (1) : *Conserv. Litt.*, t. I, livrais. x, p. 364, J. Sainte-Marie. Quatre vers : 15

Vous vous aimez avant tous,
Paul, vous n'aimez que vous-même ;
Mais si vous n'aimez que vous,
Il n'est que vous qui vous aime.

Méditations poétiques, avec cette épigraphe : Ab Jove principium (Virg.), (2). —

reproduit dans le *Conserv. Litt.* et encore plus mal dans *V. Hugo raconté*. C'est le vers 183e du chant 1er de la *Pharsale* : « Jam gelidas Cæsar cursu superaverat Alpes. » Or le *Conserv. Litt.* avait écrit : « Jam gelidas cursu Cæsar superaverat Alpes » et *V. Hugo raconté* a fait un gros contre-sens : « Jam gelidas cursu Cæsar imperaverat Alpes. »

(1) La signature J. Sainte-Marie appartient évidemment à V. Hugo. Elle n'accompagne que deux morceaux de poésie, les quatre vers que nous venons de citer et une traduction d'Horace (*Conserv. Litt.* t. II, livrais. XII, p. 43, 20 mai 1820) *A Lydie*. Or ces vers ont été reproduits dans *V. Hugo raconté* (t. I, pp. 243-244) comme appartenant à V. Hugo. *L'Imitation d'Owen* est donc elle aussi l'œuvre de V. Hugo.

(2) V. Hugo a fait subir de notables changements à son article du *Conserv. Litt.*

Litt. et Philos. mêlées, p. 90, on a supprimé une note à la 2e ligne. Après le mot « *hommes de lettres* », V. Hugo avait expliqué son idée : « On n'a évidemment voulu désigner par cette expression, « que les prétendus *hommes de lettres* du jour. Le lecteur fera aisément les exceptions que la justice « demande, et qu'il est inutile d'indiquer. » — A la dernière ligne « les fureurs d'une faction » remplacent « les fureurs d'un factieux ».

Page 91, à la fin du premier paragraphe, V. Hugo a supprimé une attaque contre les poètes en vogue, c'est-à-dire contre les libéraux « semblables aux cordes de la lyre, dont le son varie quand le « temps change ». Il leur disait : « Que nous font vos vers, vos chants, vos hymnes ? Sont-ce là des « titres ? N'osez-vous pas renié le Dieu et brûlé aux pieds de l'idole un encens impur comme elle ?... « Je ne suis pas clair, je le sais : mais vous devez m'en remercier, car vous devez m'entendre ; le sens « de mes paroles n'est pas obscur pour vous. Balthazar n'avait pas besoin que Daniel lui expliquât les « mots réprobateurs tracés par la main mystérieuse sur la muraille de son palais de Babylone. »

Au bas de la page 91. V. Hugo disait : « J'ouvris dernièrement un livre et j'y lus les vers suivants... » et il citait la *Semaine Sainte* en négligeant les strophes 4, 5, 6, 7, 8, c'est-à-dire les plus religieuses, disons le mot, les seules vraiment catholiques. Il ajoutait : « Ces vers m'étonnèrent d'abord, « ils me charmèrent ensuite. Ils sont dépouillés, à la vérité, de notre élégance mondaine et de notre « grâce étudiée ; mais ils respirent une harmonie douce et grave ; ils sont riches d'idées ; et cette « richesse-là n'est pas d'emprunt. Plus loin je vis, sous le titre d'*Invocation*, les stances qui suivent... » et V. Hugo citait toute la pièce puis continuait ses éloges : « Il est difficile de rien voir de supérieur à « cette jolie pièce pour le charme de la pensée. Le véritable amour, l'amour triste et sérieux y est « exprimé avec une mollesse vague et expressive dont la suivante offre encore un modèle... » V. Hugo faisait alors une longue citation de la pièce *Souvenir* (9 strophes sur 18).

Nous ne trouvons donc point les trois premières lignes du § III, p. 92 (*Litt. et Philos. mêlées*). Une partie de l'idée se retrouve dans ce que nous venons de donner, mais une partie seulement. A la 4e ligne, V. Hugo a simplifié ses éloges. « Je trouvai dans ces vers quelque chose d'André de Chénier », ne vaut pas évidemment l'expression du *Conserv. Litt.* : « Je trouvai dans ces vers *si mélodieux et si* « *touchants*, quelque chose d'André de Chénier. » A la 8e ligne, le mot *fraîcheur* remplace le mot *variété*.

Page 93, les deux premières lignes n'ont jamais appartenu à l'article du *Conserv. Litt.* Elles sont le commencement d'un article de V. Hugo sur A. de Vigny (*Poèmes, Héléna, le Somnambule, la fille de Jephté*, etc...) qui parut dans l'*Etoile* du 24 mars 1822, et dont la fin se trouve dans *Litt. et Philos. mêlées*, au bas de la page 159.

Au lieu de ces deux lignes, V. Hugo disait : « Dans un autre endroit du livre, je lus un dithyrambe « sur la *Poésie sacrée*, où le tableau de tout ce que renferme la Bible était terminé par cette strophe

15 ALISSAN DE CHAZET : *Eloge historique de S. A. R. Mgr le duc de Berry*, grand in-8, Paris, Pillet. On le trouve à B. F., au 29 avril, n° 1529 : cf. *Drapeau blanc*, articles élogieux. 15 et 23 avril, 1er et 8 mai.

Conserv. Litt., t. I, livrais. x, pp. 374-381, (V.), 15 avril 1820 ; cf. *Litt. et Philos. mêlées*, pp. 90-93.

Spectacles. Second théâtre français. Charles de Navarre, tragédie en cinq actes, par M. Brifaut (2e et dernier article) (1) ; *Conserv. Litt.*, t. I, livrais. x, pp. 382-392 (signé H.). 15

N.-B. — Le 1er article était paru le 25 mars 1820, *Conserv. Litt.*, t. I, livrais. VIII, pp. 307-311.

Revue Littéraire. Epître à un honnête homme qui veut devenir intrigant, par Mme la princesse C. de S. —

Berriana ou Recueil des traits de bonté les plus remarquables de S. A. R. feu Mgr le duc de Berri, précédé de la vie de ce prince, par A. J. C. Saint-Prosper, auteur de l'Observateur au XIXe siècle, orné d'un facsimile et d'un portrait du prince (2).

« majestueuse » (alors il citait les dix derniers vers de Lamartine). « Ailleurs, la cause du déplorable « aveuglement des athées était exposé en vers qu'il suffira de citer pour en faire ressortir la beauté. » (V. Hugo citait seize vers de *Dieu*). « Enfin dans une épître éclatante de poésie, adressée à Lord Byron, « je fus frappé du morceau qui suit » et V. Hugo terminait ses citations par les trente-quatre derniers vers de *L'Homme* à *Lord Byron*.

« A de pareils vers, qui ne s'écrierait avec Laharpe : *Entendez-vous le chant du poète ?* »

V. Hugo terminait enfin par le dernier paragraphe de la page 93 (*Litt. et Philos. mêlées*).

(1) V. Hugo revient avec plaisir, dit-il, sur cette pièce qui n'a pas réussi auprès du parterre : il espère qu'elle aura plus de succès auprès des lecteurs maintenant qu'elle est imprimée.

Après ce préambule, il ajoute : « Nous allons mettre sous les yeux du lecteur quelques fragments « d'une scène de cette tragédie que nous prenons au hasard. » Il nous semble que la scène n'est pas prise au hasard mais choisie à dessein : il semble aussi que V. Hugo depuis son premier article a un peu évolué dans son opinion sur *Charles de Navarre*. Après la représentation, il avait cru cette pièce trop libérale : à la lecture il s'est aperçu que certaines scènes avaient une allure bien différente. Pour son lecteur et pour lui-même il veut justifier ses nouvelles idées et c'est de ce point de vue qu'il se place pour choisir la scène qu'il transcrit.

Il s'agit d'une entrevue entre Clisson et le Dauphin. Clisson d'abord exhale librement le cri de sa douleur et de son ressentiment. Il a vécu de sa haine : elle est son espoir, son bien, son avenir, il veut se venger, troubler l'empire. Le Dauphin lui répond en lui pardonnant au nom du roi et en le nommant général. La patrie a besoin du bras de Clisson, qu'il affranchisse son pays et lui rende son roi. Clisson accepte. Les allusions à la Restauration sont très transparentes dans cette longue citation dont nous résumons les idées principales et c'est la raison qui l'a fait choisir par V. Hugo.

Il ajoute : « Ces vers sont loin de manquer de l'éclat et de la noblesse tragiques. Plusieurs d'entre « eux sont d'une beauté remarquable et par l'expression et par les idées. » Je crois bien que ce sont les idées, que V. Hugo prête à l'auteur, qui dictent son jugement, car la scène qu'il a citée ne m'a pas semblée très entraînante.

Il termine ainsi : « Pour faire une part à la critique nous aurions désiré dans certains endroits « plus d'élégance et de poésie... En résumé, la pièce de M. Brifaut n'est pas inférieure à bien des « pièces prônées de nos jours. Elle nous semble, quant à nous, préférable à la *Jeanne d'Arc* de « M. d'Avrigny par la conduite et pour le style. Cependant la *Jeanne d'Arc* a mieux réussie... Combien « faut-il de libéraux pour former un sot public ? »

(2) V. Hugo n'a consacré que quelques lignes au premier des deux ouvrages : Un mot de critique et un mot d'éloge avec deux ou trois citations. La galanterie l'empêche de justifier son opinion, mais Mme de S. a fait entrer dans son tableau des personnages qu'on s'étonne d'y trouver, elle a tenu dans l'ombre des caractères qui semblaient devoir se présenter à son esprit. Sa versification est pure, harmonieuse, facile : son style ne manque ni de chaleur ni d'énergie.

V. Hugo est plus à l'aise pour louer le second ouvrage : ses éloges ne sont d'ailleurs qu'un remer-

17 Lettre d'Adèle Foucher à V. Hugo : cf. *Annales politiques et littéraires*, 4 février 1912, p. 110. Il y a dans les *Annales*, à la p. 110, deux fragments de la même lettre.

20 *Lettre d'Abel Hugo à Adolphe Trébuchet. Le Figaro*, 12 mai 1886, en donne quelques lignes, le reste est inédit : cf. *Appendice*.

23 Frayssinous, à St-Sulpice, parle de l'établissement de la religion chrétienne, considéré comme preuve de la divinité de la religion : cf. l'*Ami de la Religion*, 26 avril 1820, n° 596, p. 342. Frayssinous avait dû donner cette conférence déjà l'année précédente.

26 Chateaubriand, venant de Berlin, arrive à Paris : cf. *Journal de Paris*, 26 et 28 Avril.

— Rupture entre les familles Hugo et Foucher : cf. *Lettres à la Fiancée*, pp. 28-29.

Conserv. Litt., t. I, livrais. x, pp. 393-396, (signé U.).

N-B. — *Epître à un honnête homme*... par Mme la Princesse C. de S. (de Salm). In-8, Imprimerie Cellot, Paris; Paris, Arthus Bertrand. B. F., 18 mars 1820, n° 914.

Berriana... In-18, imprimerie Lenormand, Paris ; Paris, Pichard et Le Normant. B. F., 25 avril 1820, n° 1341.

Lettre de V. Hugo à E. Géraud. V. Hugo 16
remercie E. Géraud de son article du 21 mars sur l'Ode *Mort du duc de Berry*. Il lui envoie plusieurs opuscules, l'Ode en question et le 1er vol. du *Conserv. Litt.* Il voudrait un échange avec la *Ruche d'Aquitaine* : ils défendent la même cause : cf. Maurice Albert, *Un homme de lettres sous l'Empire et la Restauration, Edmond Géraud*. In-12, Flammarion, Paris. *Introduction*, pp. XVII-XVIII.

Lettre de V. Hugo à M. Pinaud : cf. *Corres-* 18
pondance 1815-1835, pp. 358-361.

Lettre de V. Hugo à Adèle Foucher : cf. —
Lettres à la fiancée, pp. 23-25.

Lettre de V. Hugo à Adolphe Trébuchet : cf. 20
Figaro, 12 mai 1886 et *Correspondance 1815-1835*, pp. 6-7.

N.-B.— Le *Figaro* reproduit toute la lettre et ne renferme qu'une petite faute de lecture. La *Correspondance* a négligé deux longs passages. Dans le *Figaro* « toute familiarité » remplace « la familiarité. »

---

ciement bien dû à Saint-Prosper qui, justement dans son livre, a imprimé l'Ode de V. Hugo, sur *La mort du duc de Berri*. Nous indiquerons rapidement quelques-unes des appréciations de V. Hugo.

« La vie (du duc de Berri) dont M. Saint-Prosper fait précéder son utile recueil est écrit avec beau« coup de talent. *On y remarque avec plaisir cette liberté d'opinion qui annonce l'indépendance « de l'esprit*, et sans laquelle il était impossible de réussir dans un pareil sujet. » Nous avons souligné quelques mots qui nous montrent déjà les tendances de V. Hugo.

Il cite ensuite de longs passages de la vie du duc de Berri qui vengeront « la gloire trop méconnue « de cette noble armée de Condé ». Il parle aussi de la partie anecdotique de l'ouvrage : « elle ren« ferme un grand nombre de traits peu connus... elle est pleine d'agrément et d'intérêt. »

V. Hugo ajoute enfin : « Saint-Prosper, pour satisfaire la vive curiosité que son titre excitera sans « doute a joint à son ouvrage un choix de morceaux en prose et en vers de différents auteurs sur la « mort de Mgr le duc de Berri. » V. Hugo ne nomme pas ces auteurs, par modestie sans doute. Nous suppléerons à son silence. Le premier morceau, c'est son ode imprimée dans la 7e livrais. du *Conserv. Litt.*, comme le dit une note de Saint-Prosper. Elle est signée : Victor Hugo (pp. 191-197). Elle est suivie d'une ode de Lebrun des Charmettes, de vers de Désaugiers, d'Egvilly, d'une ode de Charles Loyson. L'honneur pour V. Hugo n'était pas mince, de voir son nom précédant ces noms assez illustres à cette époque.

Avril

28 Enterrement de Volney à St-Sulpice : cf. *Drapeau blanc*, 28 Avril 1820.

— V. Hugo de Besançon est nommé maître ès-jeux floraux : cf. Biré, *V. Hugo avant 1830*, p. 130, et G. Simon, *L'Enfance de V. Hugo*, p. 194. On y trouve le texte même du diplôme.

30 Dernière conférence de Frayssinous à St-Sulpice : *La religion, base de la société* : cf. *La Quotidienne*, 2 mai 1820.

Fin Lettre d'Eugène Hugo à A. Trébuchet. Inédite : cf. *Appendice*.

Mai

1 Mlle Georges, arrivée depuis quelques jours à Paris, va débuter incessamment au 2e théâtre,

Littérature française. Œuvres posthumes de Jacques Delille (1) : *Conserv. Litt.*, t. II, 6

(1) Presque tout cet article, sauf les dix dernières lignes, n'a pas été reproduit.

Le début (pp. 13-14) parle de l'impression que font les ouvrages posthumes sur les lecteurs. Ceux-ci, qui comparent ces ouvrages avec ceux précédemment parus, ne croient pas toujours à l'authenticité de ce qu'on leur présente, car « le mérite de ces sortes de livres est toujours moins grand « que la réputation des hommes auxquels on les attribue. » V. Hugo continue par quelques lignes pleines de bon sens : « Ce sont presque toujours les premiers essais ou les derniers travaux des écrivains « fameux que l'on nous livre après leur mort : dans l'âge qui précède celui des passions, le génie « sommeille ; dans l'âge où le cœur est refroidi, l'imagination se décolore ; de là, l'infériorité de ce « que produisent l'adolescence et la vieillesse. C'est donc aux auteurs de se préserver des éditions « posthumes ; l'intérêt de leur gloire leur commande de détruire tout ce qui ne l'accroîtrait « pas ; il faut qu'ils condamnent eux-mêmes à mourir avec eux tout ce qui ne pourrait point « vivre après eux. Et ici nous parlons sérieusement ; il ne faut point brûler en parade un manuscrit « dont on conserve la copie dans sa poche. Lulli agit ainsi, et Lulli passe pour avoir fait de méchante « musique. Gresset brûla de bonne foi le recueil de ses médisances poétiques et les épigrammes qu'il « a jetées au feu ont une réputation qu'elles n'auraient peut-être pas obtenues s'il les eût livrées au « public. »

V. Hugo, qui donnait de si bons conseils aux auteurs, ne les a point mis en pratique, car il conservait alors précieusement ses œuvres de jeunesse, et plus tard il n'a rien brûlé des œuvres de sa vieillesse.

V. Hugo, après ce début, étudie les œuvres posthumes de Delille. Quelques morceaux auraient pu ne pas trouver place dans ce volume, mais dans beaucoup de passages on reconnaît encore l'imagination du peintre des *Jardins*, l'âme du chantre de la *Pitié*. V. Hugo n'aime pas le père de la *Poésie descriptive*, il lui préfère l'auteur des vers si touchants de la *Pitié* sur les malheurs de la famille royale. « Delille sera sans doute le chef d'une école ; mais cette école sera dangereuse : le talent s'y « égarera, et la médiocrité y trouvera un refuge ; elle sera de plus inutile : Delille y dominera toujours « seul, et il n'y formera jamais de disciple qui puisse égaler le maître. Peut-être aussi faut-il être un « Homère pour faire des Virgiles (pp. 14-15). »

V. Hugo tient cependant à défendre la vie et les œuvres de Delille contre les Aristarques sévères qui prétendent qu'il ne fut que versificateur par le talent. « Personne ne niera, dit-il, qu'il n'ait été « poète par le caractère ». V. Hugo n'oublie pas de nous montrer en Delille le royaliste, et de choisir des citations qui lui permettent de faire paraître ses propres sentiments. Ainsi dans le discours inédit de Delille sur l'*Education*, il cite l'éloge du grand Dauphin, éloge qui « semble inspiré par les vertus « de notre duc de Berri et dicté par les circonstances présentes (p. 15). »

V. Hugo aborde ensuite le joli poème de Delille sur le *Départ d'Eden*. « Delille a su se préserver « de tout luxe descriptif ; la lecture de son poème est attachante, et s'il présente dans certains endroits « de la prolixité, elle est presque toujours dans le style et rarement dans les idées. On y reconnaît « partout l'élégance et l'harmonie de Delille (p. 16). »

V. Hugo cite après cela deux longs passages dans lesquels il signale un manque de simplicité, un peu de diffusion, une recherche d'expressions antithétiques. A tous ces reproches de détail s'en ajoute un autre plus grave. Delille avait mis dans la bouche de l'archange Michel ces deux vers.

. . . . . . pour expier vos crimes,
Dieu se doit vos malheurs, il se doit des victimes.

« Il nous semble, dit V. Hugo, que ces paroles inexorables ne sont conformes ni au texte ni à

dans *Clytemnestre ;* cf. *Drapeau blanc*, 1er mai 1820.

2 Note de une colonne et demie sur le *Conserv. Litt.* non signée : cf. *Journal de Nantes et de la Loire-Inférieure*, 2 mai.

3 V. Hugo obtient à Toulouse une amaranthe d'or réservée, pour *Moïse sur le Nil.*

— V. Hugo est proclamé Maître ès-Jeux floraux : cf. Lettre de M. Pinaud à V. Hugo, du 9 mai 1820 dans les *Odes et Ballades*, édition de l'Imprimerie Nationale, p. 544.

6 *Poésie. Le rétablissement de la statue de Henri IV*, Ode qui a remporté en 1819 le lis d'or, prix extraordinaire proposé par l'Académie des Jeux floraux ; par M. V.-M. Hugo : *Conserv. Litt.*, t. II, livrais. XI, pp. 3-7. Voir au 5 juin 1819.

— *Prose. Le Vendéen et le Voyageur*, dialogue imité du bas-breton Signé L. Th. P. : *Conserv. Litt.* t. II, livrais. XI, pp. 12-13. Ce morceau est de L. Théodore Pélicier.

8 *Le Moniteur Universel* du 8 mai 1820, p. 614, parle des vers publiés à l'occasion de la mort du duc de Berry. Il se borne à donner des noms d'auteurs : Charles Loyson, Lebrun des Charmettes, d'Ecquevilly, le comte de Valory, V.-M. Hugo, Tezenas de Montbrison, etc... Il cite un seul auteur, V. Hugo, à qui il emprunte deux strophes, celles qui commencent par les vers suivants :

Et toi, veuve éplorée, au milieu de l'orage
. . . .
Pourtant, ô frêle appui de la tige royale,
. . . .

9 Lettre de M. Pinaud à V. Hugo ; cf. *Odes et Ballades*, édition de l'Imprimerie Nationale, p. 544.

livrais. XI, pp. 13-20, signé V. ; cf. *Litt. et Philos. mêlées*, p. 119.

N.-B. — *Œuvres de Jacques Delille*, 17e volume, contenant les œuvres posthumes en prose et en vers ; suivies d'une table générale des matières. In-8, Imp. Everat, Paris. Paris, Michaud. B. F., 5 février 1820, n° 435.

Bug-Jargal (Extrait d'un ouvrage inédit intitulé : *Les Contes sous la tente*) : *Conserv. Litt.*, t. II, livrais. XI, pp. 23-31, sans signature ; cf. *V. Hugo raconté*, t. I, pp. 367-377. Il n'y a que trois petites corrections de style sans importance et inutiles. 6

« l'esprit des livres saints. Le Dieu miséricordieux est ici représenté comme un maître impitoyable. « Nous pensons que le discours de l'archange aurait été plus en harmonie avec le ton général du poème « et des traditions sacrées, si, après avoir annoncé, en peu de mots, au couple pécheur, l'irrévocable « volonté du Très-Haut, il leur eût présenté quelques consolations en s'étendant sur les félicités de « l'autre vie, et surtout en rappelant les promesses de l'Eternel et le Messie qui rachètera les hommes. « Il est bien vrai que Delille a effleuré toutes ces idées et donné à Michel un *air doux et sévère à la « fois ;* mais le cœur n'est point satisfait, on désirerait que cette *douceur* se montrât encore plus dans « les paroles que sur le visage du messager divin (p. 19). »

Les dix dernières lignes de l'article (pp. 19-20) sont reproduites dans *Litt. et Philos. mêlées*. Elles forment le premier alinéa de la page 119, « *il ne faut point juger Voltaire... sur son char de « triomphe.* »

15 V. Hugo dépose à l'Académie le *Dévouement de Malesherbes*; cf. Ernest Dupuy, *Revue de Paris*, 15 février 1902, p. 857.

— L'Académie des Jeux floraux a tenu sa séance annuelle, le 3 mai. Aucune Ode n'a obtenu le prix de l'année : deux ont mérité un prix d'encouragement. L'une, intitulée le *Siècle de Louis XIV*, est de M. Dieulafoy; l'autre qui a pour titre *Moyse sur le Nil* est de M. Hugo, jeune poète déjà connu par des succès dans le même genre : cf. *Journal de Paris*, 15 mai 1820.

20 *Prose. Le Hulan*, chant élégiaque, imité du Polonais par L. Th. P. *Conserv. Litt.*, t. II, livrais. XII, pp. 44-45. Ce morceau est de L. Théodore Pélicier.

— *Les Ages de l'homme.* Poème en 6 chants, suivi de notes historiques par M. P. V. Bois-

Spectacles. Théâtre français. Le Flatteur, comédie en cinq actes et en vers, par M. Gosse. 6

Second théâtre français. L'Homme poli, comédie en cinq actes et en vers, de M. Merville (1) : *Conserv. Litt.* t. II, livrais. XI, pp. 31-37, Signé H.

N.-B. *Le Flatteur*, comédie en 5 actes et en vers, par Etienne Gosse, membre de la société philotechnique, représentée par les comédiens ordinaires du Roi, le 6 mai 1820. In-8, Imp. Fain, Paris, Barba. B. F. : 24 juin 1820, n° 2282.

L'Homme poli ou *la Fausse bienveillance*, comédie en 5 actes et en vers, par M. Merville, représentée par les comédiens du Roi, sur le le 2e théâtre français, le 8 avril 1820. In-8, Imp. Fain, Paris, Barba. B. F. : 13 mai 1820, n° 1642.

Poésie. A Lydie. Ode. Lydia, dic per omnes, etc. (Hor., lib., I, Ode. VIII.) (1). 20

---

(1) V. Hugo n'a jamais reproduit la critique qu'il a faite du *Flatteur* et de l'*Homme poli*. Il est difficile d'ailleurs d'en découper des morceaux car son travail se prêterait peu à cette opération. Il faut lire les deux pièces et les suivre pas à pas pour comprendre ce que V. Hugo en a écrit.

Nous allons seulement noter quelques-unes des idées ou des affirmations de V. Hugo. Il commence par prouver que flatter n'est pas un caractère : la pièce de M. Gosse n'est qu'une pâle copie du *Tartufe*. A ce sujet il prétend que flatter par de faux dehors de piété est un motif qui n'a rien d'avilissant. L'idée et l'expression nous semblent également fausses. V. Hugo compare encore le *Flatteur* au *Méchant* de Gresset, puis pour le style, il s'amuse à tourner en ridicule quelques vers (la chose est facile pour n'importe quel auteur), à prouver que certains sont empruntés à Rousseau qui les a pris à Regnard qui les a pris à Juvénal.

V. Hugo revient encore au *Méchant* à propos de l'*Homme poli* de Merville. C'est pour lui le même personnage dépouillé de toute originalité. Il résume la pièce tout en critiquant les défauts qu'il rencontre ; mais on trouve peu de choses intéressantes à glaner dans ses appréciations, sauf quelques réflexions générales dans le genre de celle-ci : « En général, c'est une erreur de croire que parce qu'une « chose nous a fait rire dans le monde, elle fera rire au théâtre. Un homme grave, disant une sottise, « réjouira tout un cercle, au théâtre il sera hué. L'avare, le joueur, le jaloux, ne font pas rire ceux « qui les entourent ; ils les mettent au désespoir. »

(1) Le texte du *Conserv. Litt.* et celui de *V. Hugo raconte* sont tellement différents que le mieux est de les reproduire tous les deux.

Conservateur Littéraire.

Au nom des Dieux dont tu te ris,
Lydie, en ta folle tendresse,
Veux-tu donc perdre Sybaris ?
Dans l'amour dont il est épris
Va-t-il consumer sa jeunesse ?
Pourquoi n'a-t-il que du mépris
Pour Mars, pour sa noble poussière ?
Pourquoi dans l'arène guerrière,
Surpassant ses rivaux surpris,
Ne franchit-il pas la carrière,
Fier de ses coursiers aguerris ?
Depuis que son cœur n'est plus libre,
Pourquoi craint-il l'onde du Tibre ?
Pourquoi, sur ses membres flétris,
N'ose-t-il pas verser l'olive ?
Pourquoi ta tendresse craintive
Amollit-elle ses esprits ?
Pourquoi sous l'armure falisque
Ses bras ne sont-ils pas meurtris ?
Pourquoi de la flèche et du disque
N'a-t-il pas mérité le prix ?
Jadis, à la douleur en proie,
Thétis, à la cour de Scyros,

V. Hugo raconte.

Au nom des Dieux dont tu te ris
Lydie, en ta folle tendresse,
Veux-tu donc perdre Sybaris ?
Dans les liens où tu l'as pris
Va-t-il consumer sa jeunesse ?
D'où vient que prenant en mépris
Le champ de Mars et sa poussière,
Il ne vient plus dans la carrière
Guider ses coursiers aguerris ?

Sur son corps, jadis souple et libre,
Pourquoi craint-il l'onde du Tibre,
Et d'oindre ses membres flétris
Du suc généreux de l'olive ;
Et dans sa nonchalance oisive,
De fatiguer ses bras meurtris
Au poids de l'armure falisque ?

Pourquoi de la flèche et du disque
Laisse-t-il à d'autres le prix ?
Telle, à l'inquiétude en proie,
Thétis, autrefois, à Scyros,

sières. (Signé S.). *Conserv. Litt.* t. ii, livrais. xii, pp. 55-60.

Conserv. Litt. t. ii, livrais, xii, p. 43 ; 29 vers. Signé J. Sainte-Marie ; cf. *V. Hugo raconté*, t. i, pp. 243-244 ; 26 vers, *A Lydie*. — *Lydia, dic per omnes*, Horace, livrais. i, Ode viii ; cf. les *Odes et Ballades*, édition de l'Imprimerie Nationale, p. 410. On y trouvera le texte du *Conserv. Litt.*

Littérature anglaise. Ivanhoé, ou le Retour du Croisé ; par Walter Scott (1) : *Conserv.* 20

Loin des fatales tours de Troie
Elevait un naissant héros,
Qui jusqu'au pied de leurs murailles,
Sur les Troyens anéantis,
Devait semer les funérailles :
Es-tu donc une autre Thétis ?

Loin des funestes tours de Troie,
Dérobait le naissant héros
Qui, jusqu'au pied de leurs murailles,
Sur les Troyens anéantis
Devait semer les funérailles :
Es-tu donc une autre Thétis ?

(1) V. Hugo a reproduit à peine deux pages de son long article. En voici le résumé. W. Scott n'écrit plus sur des sujets et des souvenirs nationaux *(Conserv. Litt.*, p. 45) mais son nouveau roman, *Ivanhoé*, a cependant du mérite et du succès. « Le talent est de tous les lieux comme de tous les « temps... le génie ne perd pas ses forces, comme Antée, en quittant la terre maternelle. »

La traduction que l'on vient de publier est négligée mais c'est un témoignage éclatant en faveur de W. Scott. « Si un ouvrage doit être regardé comme bon, c'est quand un mauvais traducteur n'a « point réussi à le rendre ennuyeux. » *(Conserv. Litt.*, p. 46.)

V. Hugo parle ensuite des luttes nécessaires entre deux peuples habitant la même terre, dont l'un est vainqueur et l'autre vaincu, alors surtout qu'il y a inégalité de civilisation entre les deux nations ; dans le cas présent il s'agit des luttes entre les Saxons vaincus et les Normands vainqueurs. W. Scott a trouvé dans ces guerres une matière féconde : son nouveau roman est riche d'observations morales, il ne manque pas non plus de vérité dans les peintures locales et les détails historiques. (*Conserv. Litt.*, pp. 46-47.)

Pour accroître encore l'originalité de la composition, une troisième race se présente naturellement au milieu des deux peuples : la race juive. « W. Scott a su tirer de l'aversion générale qu'elle inspi- « rait, une foule de scènes neuves qui tantôt amusent et tantôt intéressent. » *(Conserv. Litt.*, p. 47.)

V. Hugo cite alors une page de W. Scott « tableau fidèle de la sorte d'hospitalité que l'on exer- « çait alors envers les Juifs. » *(Conserv. Litt.* p. 48).

Il a reproduit la page 49 dans *Litt. et philos. mêlées* (pp. 50-51), mais il n'a pas manqué d'y faire quelques changements, suivant son habitude. Les cinq premières lignes de la page 50 (*Litt. et Philos. mêlées*) reproduisent l'idée mais non l'expression du *Conserv. Litt.* (cf. les trois dernières lignes de la page 48). La note au bas de la page 50 (*Litt. et Philos. mêlées*) a subi dans ses deux dernières lignes une transformation qui donne plus de vigueur à la phrase. Au lieu de ces mots : *Juif complet, qui met l'expérience de l'usurier au service de la doctrine du rabbin*, il y avait : *le bon rabbin le savait peut-être par expérience*. (*Conserv. Litt.*, p. 50.)

Les deux premières lignes de la page 51 (*Litt. et Philos. mêlées*) ont conservé l'idée mais non pas l'expression du *Conserv. Litt.* Celui-ci disait : « *A l'exécration, dont les Israélites étaient l'objet*, « *se joignait encore dans toute la chrétienté le plus profond mépris.* » Il y a évidemment plus d'énergie dans *Litt. et Philos. mêlées :* « *Voilà un échantillon de haine ; voici un échantillon de mépris.* » Un peu plus loin, dans la même page, on a fait une suppression qui a son importance. Parlant de la conversion au judaïsme du professeur Rittangel de Kœnigsberg et de Antoine, ministre chrétien à Genève, il écrivait qu'ils avaient embrassé la loi mosaïque « *par un inconcevable aveuglement* » Ce jugement trop chrétien a disparu dans *Litt. et Philos. mêlées.*

Enfin il a ajouté un paragraphe dont nous ne voyons point l'équivalent dans le *Conserv. Litt.* : « Aujourd'hui, il y a fort peu de juifs qui soient juifs, fort peu de chrétiens qui soient chrétiens. On « ne méprise plus, on ne hait plus, parce qu'on ne croit plus. Immense malheur ! Jérusalem et Salo- « mon, choses mortes ; Rome et Grégoire VII, choses mortes. Il y a Paris et Voltaire. » Tout ceci est certainement de 1834.

Dans le *Conserv. Litt.*, V. Hugo continue en citant de longs fragments de W. Scott (cf. pp. 50 à 53). Pour terminer (cf. pp. 53-54) il parle de quelques critiques faites au roman. Malgré ce qu'on a pu dire, il aime le bouffon Wamba et ses plaisanteries parfois un peu bizarres ; il aime les tournois, les châteaux, les souterrains, les voleurs, etc. Il a trouvé un défaut plus grave : l'unité d'intérêt ne lui parait pas sauvegardé. L'attention se divise entre lady Rowena et la juive Rebecca, qui à certains moments parait être le personnage principal.

Enfin le dernier paragraphe du *Conserv. Litt.* se retrouve dans les quatre dernières lignes de la page 111 et les trois premières de la page 112 *(Litt. et Philos. mêlées)*. La citation commence par ces

Litt. t. II, livrais. XII, pp. 45-54. Signé V. ; *Litt. et Philos. mêlées*, t. I, pp. 50-51, 111-112.

N.-B. — *Ivanhoé* ou *le Retour du Croisé*, par Walter Scott, roman traduit de l'anglais, par le traducteur des *Contes de mon hôte*, 4 vol. in-12. Imp. Cosson, Paris ; Paris, H. Nicolle. B. F. : 8 avril 1820, n° 1250.

Bug-Jargal (Extrait d'un ouvrage inédit 20
intitulé : *Les Contes sous la tente*) : *Conserv. Litt.* t. II, livrais. XII, pp. 63-72, sans signature ; cf. *V. Hugo raconté*, t. I, pp. 377-388. Il y a six ou sept corrections ou omissions de phrase sans importance.

Institut Royal de France. Séance publi- —
que annuelle des quatre Académies (24 Avril 1820) (1). *Conserv. Litt.* t. II, livrais. XII, pp. 72-74. (Signé M.).

Spectacles. Second théâtre français. Con- —
radin et Frédéric, tragédie en cinq actes, par M. Liadières (1) : *Conserv. Litt.* t. II, li-

---

mots : « *On nous promet le Monastère.* » Le mot *faiseurs* remplace *écrivassiers* ; *j'en ai là une pile*, remplace *nous en avons sur notre bureau une pile*...

V. Hugo a glissé sept ou huit lignes écrites en mai 1820, dans un article qui ne peut être que postérieur, et aux pages qu'il a ainsi arrangées, il a donné pour date : Avril 1820 !

(1) V. Hugo n'a reproduit nulle part ce compte-rendu académique. Il y a en effet peu de choses intéressantes à en citer. Il y a, au commencement, une longue page sur le dégoût qu'éprouvent pour les lettres les hommes de 1820. On aime mieux lire le bulletin des pairs ou l'ordre du jour des députés. V. Hugo, en passant, tient à montrer sa science de la littérature et à se moquer de M. Carrion de Nisas, le dithyrambique.

Il parle ensuite des discours, des lectures faites à l'Académie. La voix de l'un des orateurs était peu élevée, un autre a lu une dissertation un peu trop longue. Tout ce compte-rendu a été fait, je crois bien, en vue de la dernière lecture faite à l'Académie. M. Picard a lu, en effet, pour M. le Comte François de Neufchâteau, dont la santé ne lui permettait pas d'assister à la séance, une traduction, en vers, de divers fragments des poètes comiques grecs, qui fait partie de la *Philosophie des Poètes*, ouvrage auquel travaille M. de Neufchâteau. V. Hugo ne manque pas de signaler les savantes remarques qui accompagnent la traduction, et enfin la grâce et la facilité de celle-ci.

(1) De ce long article, V. Hugo a extrait quelques phrases qu'il a introduites avec des changements dans *Litt. et Philos. mêlées*. Pour ne pas y revenir, citons immédiatement la première. Texte du *Conserv. Litt.* (p. 78) : *En un mot il* (M. Liadières) *invente des ressorts dramatiques et semble manquer de vigueur pour les faire jouer, semblable à cet artisan grec qui n'eut pas la force de tendre l'arc qu'il avait forgé.* Voici maintenant le texte de *Litt. et Philos. mêlées* (p. 97) : *Il y a des poètes qui inventent des ressorts dramatiques, et ne savent pas ou ne peuvent pas les faire jouer, semblables à cet artisan grec qui n'eut pas la force de tendre l'arc qu'il avait forgé.*

Le reste de l'article, sauf une douzaine de lignes, n'a pas été reproduit : il renferme pourtant quelques idées ou théories intéressantes. Il débute par un long exposé de la pièce, exposé un peu aride qu'égaient çà et là des appréciations, des jugements, des critiques fines et mordantes (*Conserv. Litt.*, pp. 74, 75, 76.)

V. Hugo a écrit ensuite un long paragraphe sur le plan de cette tragédie, sur la vérité historique et sur les règles. On en retrouve une partie dans *Litt. et Philos. mêlées*, p. 287, § VI.

« Le plan... blesse souvent l'histoire et non moins souvent la vraisemblance ; mais comme cette « invraisemblance n'existe que dans la nature même des concessions que l'auteur s'est faites, et non « dans la marche de l'action ou l'enchaînement des scènes, l'intérêt n'en est pas détruit. Les défauts « de cette tragédie ont cela d'ingénieux, qu'il faut pour en être choqué avoir lu l'histoire et connaître « les règles ; le grand nombre des spectateurs s'en aperçoit peu, parce qu'il ne sait que sentir ; aussi « le grand nombre juge-t-il toujours bien. Et en effet, pourquoi trouver si mauvais qu'un auteur tra- « gique viole quelquefois l'histoire ? Si la licence n'est pas poussée trop loin, que m'importe la vérité « historique, pourvu que la vérité morale soit observée. Voulez-vous donc que l'on dise de l'histoire « ce qu'on a dit de la poétique d'Aristote : *Elle fait faire de bien mauvaises tragédies ?* Soyez

25 Lettre d'Abel Hugo à Adolphe Trébuchet (inédite) ; cf. *Appendice.*

Abel parle d'un voyage qu'il projette en Vendée, et d'un voyage de sa mère et de ses frères à Nantes. Il se moque un peu de son frère *Monsieur Eugène.*

— Lettre d'Abel Hugo à son oncle Trébuchet : cf. *Revue des autographes*, n° 153, mars 1893. Le sujet traité semble le même que dans la lettre du même jour à Adolphe Trébuchet ; cf. *Catalogues Charavay*, n° 228, on y signale la même lettre.

27 Le duc de Rohan reçoit les ordres mineurs à Saint-Sulpice ; cf. *Journal de Paris*, 28 mai, *Quotidienne et Drapeau blanc*, 29 mai.

29 Lettre d'Abel Hugo à Adolphe Trébuchet (inédite) : cf. *Appendice.* C'est une lettre de condoléance à propos de la mort de la mère d'Adolphe.

vrais. XII, pp. 74-80 (Signé H.) ; cf. *Litt. et Philos. mêlées*, p. 97, § III, et p. 287, § VI.

N.-B. — *Conradin* et *Frédéric*, tragédie en 5 actes, par M. P. Ch. Liadières, capitaine au corps royal du génie, etc... représentée pour la première fois par les comédiens ordinaires du Roi, sur le 2e théâtre français, le samedi, 22 avril 1820. In-8. Imp. Didot, Paris. Paris, Barba. B. F., 27 mai 1820, n° 1884.

Lettre de V. Hugo à M. Pinaud : *Correspondance 1815-1835*, pp. 361-363. 24

Lettre de V. Hugo à Adolphe Trébuchet ; cf. *Figaro*, 12 mai 1886. 25

Il n'y a qu'une mauvaise lecture sans importance : *partager le don avec vous*, dit le *Figaro* ; *partager le don avec les donateurs*, a écrit V. Hugo.

Lettre de V. Hugo à Adolphe Trébuchet ; cf. *Figaro*, 12 mai 1886 et *Correspondance 1815-1835*, pp. 7-8. 29

N.-B. — Dans la *Correspondance* il y a huit suppressions qui font disparaître au moins la moitié de la lettre. Dans le *Figaro* il y a trois erreurs de lecture : *écrivais* pour *écrivis*, *le vide* pour *ce vide*, *reverrez* pour *verrez*.

Juin

1 Lettre de Marie-Joseph Trébuchet aux frères Hugo : L'existence de cette lettre est affirmée par une lettre de V. Hugo à Adolphe Trébuchet, 10 juillet 1820. (Voir à cette date).

2 *Le Journal de Nantes et de la Loire-Inférieure* contient un long extrait du *Conserv. Litt.* sur les Jeux floraux, puis une dizaine de lignes sur V. Hugo qui a eu précédemment plusieurs odes couronnées, qui a

Mélanges. Bug-Jargal (extrait d'un ouvrage inédit intitulé : *les Contes sous la tente*) Suite : *Conserv. Litt.* t. II, livrais. XIII, pp. 99-107 ; cf. *V. Hugo raconté*, t. I, pp. 388-397. A la page 392, après le premier alinéa on a oublié une ligne : *Un regret s'éleva en moi ; car je crus qu'il ne mourrait plus de ma main.* 3

N.-B. — Nous donnons, tant pour cette livraison

« peintre fidèle de la nature et des caractères et non copiste servile de l'histoire. » (*Conserv. Litt.* p. 77). Dans *Litt. et Philos. mêlées*, on a ajouté (p. 287) à ce paragraphe une phrase, la dernière, qui n'appartient point au *Conserv. Litt.*

V. Hugo continue en faisant remarquer que M. Liadières a su imaginer des situations théâtrales qu'il paraît n'avoir pu développer. Il trouve aussi qu'à part deux caractères biens conçus et habilement tracés, les autres sont ternes et pâles.

Le style offre peu de remarques à faire : la versification « a bien à peu près tout ce qui s'acquiert, « savoir : la correction et la clarté ; mais elle a bien peu de ces qualités qui ne s'acquièrent pas et « qu'il serait dur de désigner ici ». (*Conserv. Litt.* p. 79.)

remporté, cette année, un des premiers prix décernés par l'Académie. Il a obtenu récemment le lys d'or pour le *Rétablissement de la statue de Henri IV*. Agé de 18 ans, il vient d'être nommé *Maître ès-Jeux floraux* et proclamé comme tel le 3 mai. Le journal indique ensuite le nom des onze *maîtres*.

3 *Les lettres Champenoises*, lettre x, pp. 31-33, 3 juin 1820. font une critique élogieuse de l'ode *Moïse sur le Nil* sous la signature M. J. (Mély-Janin).

— *Académie des Jeux floraux* (3 mai 1820) : *Conserv. Litt.*, t. II, livrais. XIII, pp. 107-112 (Signé J.).

Ce long article d'Abel Hugo contient d'abord un compte-rendu de la séance du 3 mai 1820, puis un extrait du programme. Abel Hugo a fait des extraits de l'ode de M. Dieulafoi sur *Le siècle de Louis XIV*, de *l'Epître sur le suicide*, de M. Charles de Saint-Maurice, de l'ode *Le Génie*, de M. F. Durand de Marseille. Enfin il adresse un éloge à Mme Tastu pour son *Hymne à la Vierge*. Il n'a pas négligé en terminant de louer l'Académie des jeux floraux qui « se montre digne « du titre de Seconde Académie de France et de « plus ancien corps littéraire de l'Europe. »

— *Revue littéraire. Budjet de la Littérature pour l'an 1819, avec solde d'une partie de l'arriéré, satire anonyme* : *Conserv. Litt.*, t. II, livrais. XIII, pp. 112-115. Cet article est signé F. : nous n'osons l'attribuer à V. Hugo, quoique ce soit bien son genre.

— *Variétés, Nouvelles littéraires*, etc... : *Conserv. Litt.*, t. II, livrais. XIII, pp. 116-120.

Ce long article non signé appartient certainement, en partie du moins, à V. Hugo, mais il nous est impossible d'indiquer la part qui lui revient.

Il y a des appréciations sur Volney, des nouvelles sur Lamartine qui part pour l'Italie, sur Lebrun qui va parcourir la Grèce, sur C. Delavigne, etc... Nous attribuons à cette livraison ainsi que pour toutes les autres, la date que nous trouvons à la Bibliographie de la France, mais il est très évident que la livraison 13e parut avant le 3 juin, puisque le *Journal de Nantes* du 2 juin, en publie un long extrait.

Revue Littéraire. Les plaisirs de Clichy, ou Histoire de la Souscription, etc., avec cette épigraphe : *Et victrix resurget*. 3

Lithographie morale et politique de Messieurs les Membres de la Chambre des Députés, ou Résultat des votes pour et contre la liberté individuelle (1). *Conserv. Litt.*, t. II, livrais. XIII, pp. 115-116 (V.).

(1) Ces deux compte-rendus n'ont jamais été reproduits. Le premier commence par une phrase un peu lourde et pas très claire pour nous; mais le reste nous prouve les sentiments ultras de V. Hugo. « Il est impossible, dit-il, de lire deux pages de ce plat ouvrage... On rit de pitié à la première ligne, « on bâille de dégoût à la seconde. Cette compilation est si ridicule, qu'elle en est nauséabonde. Si le « libraire a cru faire une bonne spéculation, il s'est grandement trompé, car les acheteurs ne se dis- « puteront probablement pas un livre où les niais mêmes qui ont souscrit, rougiront de voir leurs « noms. On ne peut mieux qualifier les *Plaisirs de Clichy* qu'en leur appliquant l'expression de « Cailhava : *C'est un vrai chaos de bêtises*. »

Nous trouvons les mêmes idées dans le second compte-rendu, très court d'ailleurs. « Si vous voulez « apprendre que M. Manuel est un Mirabeau, que la fameuse ode d'Horace commence par *Fortis et* « *tenacem*, et que M. le marquis de la Fayette est un homme *fortis et tenacem*; si vous désirez savoir « de plus que le nom de M. Aurran *de Pierrefeu* a de l'analogie avec la loi exceptionnelle; que tous « les *ultras* portent des *chapeaux à trois cornes ressuscités du XVe siècle*, etc., etc., ouvrez cette « nouvelle brochure. Il est fâcheux que l'idée n'en soit pas neuve, et que le *Tarif des consciences*, etc., « soit là depuis deux ans pour nous apprendre qu'on ne saurait avoir plus de conscience que M. Etienne, « ni plus de talent que M. Evariste Dumoulin. »

vigne qui compte aussi faire un voyage. *Les Mémoires* de M. de Chateaubriand sur Mgr le duc de Berri ont paru : on en rendra compte dans la prochaine livraison (le compte-rendu est de Victor). On parle des lettres du 28 avril 1820 qui ont nommé V. Hugo maître ès-jeux floraux et l'on cite le nom des onze *maîtres* (cette liste a été copiée par le *Journal de Nantes* qui s'est servi en même temps de l'article d'Abel dont nous avons parlé).

3 Saint-Victor publie, dans le *Défenseur*, un article très intéressant intitulé *De la poésie en général et des méditations poétiques* de M. de la Martine : *Le Défenseur*, t. I, livrais. VIII, pp. 344-354 (J.-B. de Saint Victor).

Vers le 5 probablement. — *Moïse sur le Nil*, Ode qui a obtenu une amaranthe réservée ; par M. Victor-Marie Hugo, de Besançon (1) : *Recueil des Jeux floraux*, 1820, pp. vij-x. Premiers jours

L'apparition du Recueil n'est pas indiquée à B. F., mais elle a eu lieu comme d'habitude vers le 5 juin.

Cf. *Conserv. Litt.* t. II, livrais. XIV, pp. 121-124, 10 juin 1820 ; *Moïse sur le Nil*. In-8. Imp. Guiraudet, Paris. Ode, par V.-M. Hugo, couronnée par l'Académie des Jeux floraux. B. F., 9 février 1822, n° 702 ; *Tablettes Romantiques*, 1823, pp. 96-100 ; *Odes et Ballades*, édition *ne varietur*, pp. 257-261 ; *Odes et Ballades*, édition de l'Imprimerie Nationale, pp. 184-187.

Vers le 5 probablement. — *Le Jeune banni. Raymond à Emma*, héroïde qui a concouru pour le prix ; par M. Victor-Marie Hugo, de Besançon (1) : *Recueil des Jeux floraux*, 1820, pp. XXV-XXIX. Premiers jours

---

(1) V. Hugo avait proposé à M. Pinaud, dans une lettre du 18 avril 1820 (*Correspondance 1815-1835*, p. 339) deux corrections qui n'ont pas été faites. Les voici : à la 1re strophe, 5e vers, il proposait de remplacer *chastes plaisirs* par *jeux innocents* ; à la 8e strophe, 4e vers, il disait qn'on pouvait mettre : *Ses malheurs* éveillent *mon amour*, au lieu de *ses malheurs* ont ému *mon amour*.

Le texte des *Jeux floraux* et celui du *Conservateur Littéraire* sont identiques. Les *Odes et Ballades* n'ont fait qu'une correction. Nous la trouvons à la 13e strophe, au bas de la p. 260, au dernier vers. Les *Odes et Ballades* donnent : *Chanter* les lyres éternelles. En 1820, V. Hugo avait écrit : *Monter* les lyres éternelles, mais dès 1822 *(Odes et Poésies diverses)*, il avait fait la correction.

(1) Le *Recueil des Jeux floraux* n'avait point imprimé tous les vers de l'héroïde envoyée par V. Hugo. Il avait fait trois coupures et supprimé cinquante-cinq vers. *V. Hugo raconté* en a fait autant, mais n'a laissé de côté que 32 vers. Autre remarque : Ce morceau est pour le *Recueil des Jeux floraux* une héroïde, mais une élégie pour le *Conserv. Litt.* : Pour *V. Hugo raconté*, *Le jeune banni* est devenu *Raymond d'Ascoli*.

Suivons le texte de *V. Hugo raconté*.

Page 263. Les neuf premiers vers ont été laissés de côté. Les voici :

Le bruit du vent dans le feuillage
Trouble la paix du bois désert.
Le flot expire sur la plage ;
Et dans les échos du rivage.
Prête à mourir ma voix se perd.
Ces lieux, si chers à mon jeune âge,
Entendent mon dernier concert ;
Seul, bientôt, le bruit du feuillage
Troublera la paix du désert.

De ces neuf vers, le *Recueil des Jeux floraux* n'avait imprimé que les cinq premiers, négligeant les quatre autres.

Page 263. Les deux premiers vers donnés par *V. Hugo raconté* ont été transformés. Les voici d'après le *Recueil des Jeux floraux* et le *Conservateur Littéraire*.

Bientôt... Lis sans retard, lis, ô ma douce amante,
Ces mots qu'en frémissant trace ma main tremblante.

Cf. *Conserv. Litt.*, t. II, livrais. XVI, pp. 209-215 : *Le Jeune banni. Raymond à Emma* : Elégie ; *Odes et Poésies diverses* par V.-M. Hugo, in-12, Paris, Pélicier, 1822, pp. 199-209 ; *V. Hugo raconté*, t. I, pp. 263-270 : *Raymond d'Ascoli*, Elégie ; *Odes et Ballades*, édition de l'Imprimerie Nationale, pp. 486-491.

Page 264. Le 1er vers est transformé lui aussi :

Je t'écris ; mais pardonne ; oui, mon sort est fixé !	Emma, pardonne-moi, car mon sort est fixé.
Conserv. Litt.	*V. Hugo raconté.*

Le *Recueil des Jeux floraux*, après le vers : « Ne t'offre un cadavre glacé », a supprimé trente-huit vers, jusqu'au vers : « Oui, frémis, ma charmante épouse. » (p. 265.)

Page 265. Après le 1er vers, quatre vers ont été laissés de côté par *V. Hugo raconté* :

Alors, j'avais, fidèle à ce bel art que j'aime,
Monté ma lyre en ton honneur,
Et mon luth insensé devait aujourd'hui même
Achever ce chant de bonheur.

Le 8e vers a été transformé :

Dans mon sein reposait ta colombe craintive ;	*Dans mes mains* reposait ta colombe craintive ;
Conserv. Litt.	*V. Hugo raconté.*

Le 15e vers aussi :

Demain *j'aurai* tout oublié.	Demain *aura* tout oublié.
Conserv. Litt.	*V. Hugo raconté.*

Page 266. Le vers 8 a subi un petit changement :

Où dormira ma cendre abandonnée ;	*Hélas !* où dormira ma cendre abandonnée ;
Conserv. Litt.	*V. Hugo raconté.*

Page 267. Vers 8 et 9 :

Pour moi, j'ignorais tout ; *moi*, je t'aimais sans crainte ; *Et* le sort vient d'apprendre à ce tyran jaloux	Pour moi, j'ignorais tout *et* je t'aimais sans crainte ; *Mais* le sort vient d'apprendre à ce tyran jaloux
Conserv. Litt.	*V. Hugo raconté.*

Vers 17 :

Ces vers, pour qui ton *tendre* amour	Ces vers pour qui ton *jeune* amour
Conserv. Litt.	*V. Hugo raconté.*

Après le 19e vers, dix-neuf vers ont été supprimés par *V. Hugo raconté* :

Non, mais depuis longtemps, distrait et taciturne,
Mon trouble se lisait dans mes yeux indécis ;
Je m'échappais dès l'aube, ou, promeneur nocturne,
J'épouvantais ma mère en bravant ses récits.
[Tantôt gai, fier, heureux, si j'avais par mon zèle
Mérité ses simples faveurs ;
Tantôt, sur un regard te croyant infidelle,
Sombre, sous les arceaux de l'antique chapelle
Je promenais mes pas rêveurs.]
Mon père en souriait : « C'est son Dieu qui l'inspire ;
« Son maître est, comme lui, sombre et gai tour à tour... »
Hélas ! il oubliait qu'aussi, dans son délire,
Si Pétrarque est roi de la lyre,
Il est esclave de l'amour.
Ma mère, à son époux jetant un œil d'envie,
Bénissait ce calme trompeur ;
Muette, elle savait, dans sa tendre douleur,
L'affreux mystère de ma vie
Et le doux secret de mon cœur.

Page 268. Vers 2 et 3 :

Ce qui fait les ennuis, où mon âme est en proie ; Mon réveil fut suivi du pâle désespoir.	Ce qui cause le deuil dont mon âme est la proie ; Mon réveil fut celui du pâle désespoir,
Conserv. Litt.	*V. Hugo raconté.*

Vers 15 :

En quels lieux puis-je aller courir ?	Sous quels cieux puis-je aller souffrir ?
Conserv. Litt.	*V. Hugo raconté.*

Vers le 5 probablement. — *Les Deux Ages. Idylle qui a concouru pour le prix ; par M. V.-M. Hugo, de Besançon* (1). Premiers jours

Aetatis cujusque notandi sunt tibi mores.
Hor. (Ars poetica; 156).

6 Mariage de Lamartine.

Recueil des Jeux floraux, 1820, pp. XXXIV-XXXVI. On ne trouve pas à B. F. l'indication de l'apparition du *Recueil* en 1820, mais il a dû paraître à son ordinaire, c'est-à-dire vers le 5 juin ; cf. *Conserv. Litt.* t. II, livrais. XX, 2 septembre 1820, pp. 369-371. V.-M. Hugo ; *Odes et Poésies diverses* par V.-M. Hugo. In-18, Imp. Guiraudet ; Paris, Pélicier. *Idylle*, pp. 211-217 ; *Annales romantiques*, 1825. In-18, Paris, Canel, pp. 264-266. Pas d'épigraphe. Signé : Victor-Hugo., B. F., 1er janvier 1825, n° 116. *V. Hugo raconté*, t. I, pp. 247-

---

Page 269. Vers 1 et 2 :

Emma, la mort est moins amère Quand on meurt presque dans tes bras. *Conserv. Litt.*	La mort, ô mon Emma, m'eût été moins amère De mourir presque dans tes bras. *V. Hugo raconté.*

Vers 21 :

Fuyant Emma, redoutant de la suivre, *Conserv. Litt.*	Fuyant Emma, dont l'aspect seul m'enivre, *V. Hugo raconté.*

Vers 24 :

Dans ce vain corps resterait pour souffrir... *Conserv. Litt.*	Dans sa prison resterait pour souffrir... *V. Hugo raconté.*

Les six derniers vers de la page 269 (*V. Hugo raconté*) et les deux premiers de la p. 270 ont été laissés de côté par le *Recueil des Jeux floraux*.

Les cinq vers que nous avons mis entre crochets ne se trouvent pas dans le *Recueil des Jeux floraux*, mais alors que les autres vers supprimés ont été remplacés par des points, ici nous ne trouvons aucune indication : on peut donc se demander s'ils n'ont pas été ajoutés après coup au texte envoyé aux Jeux floraux.

Le texte de *V. Hugo raconté* est presque identique à celui des *Odes et Poésies diverses* de 1822. On a ajouté (pp. 264-265) vingt-six vers déjà supprimés par les Jeux floraux. Voici le premier et le dernier :

Les beaux jours ! ils ont fui. Sais-tu ce qu'il me reste ?
. . . .
Demain aura tout oublié.

Toutes les corrections que nous avons indiquées avaient été faites dès 1822, sauf les vers 8 et 9 de la p. 267, les vers 2 et 3 de la p. 268. Pour ces quatre vers, le texte du *Conservateur Littéraire* est identique à celui des *Odes et Poésies diverses*.

(1) Le texte des *Annales romantiques* et celui du *Conserv. Litt.* sont identiques.
Le texte du *Conserv. Litt.* et celui du *Recueil des Jeux floraux* ne diffèrent que par un mot. Prenons le texte de *V. Hugo raconté* pour voir cette différence, p. 248, vers 21.
Dans le *Recueil des Jeux floraux* on lisait : la *sagesse* inspire mes discours.
Dans le *Conserv. Litt.* on lit déjà : la *raison* inspire mes discours.
Dans *V. Hugo raconté* on a supprimé cinq vers qui trouvent leur place au bas de la p. 247. Les voici :

Le vieillard :	Redoute un sexe ingrat : mon fils, tu dois m'en croire. Vole plutôt au Pinde, illustrer ta mémoire.
Le jeune homme :	Le Pinde et ses sentiers déjà me sont connus.
Le vieillard :	Apollon n'aime que la gloire.
Le jeune homme :	Apollon ne hait pas Vénus.

On a fait de plus deux corrections : Dans *V. Hugo raconté*, p. 248, vers 1er, on lit : *Viens briguer* ; on lisait : *Brigue donc* ; au dernier vers de la même page : *une vierge* si *belle* remplace *une vierge* aussi *belle*.
Le texte du *Conservateur Littéraire* et celui des *Odes et Poésies diverses* sont identiques.

10 *Moyse sur le Nil*, ode, couronnée en 1820 par l'Académie des Jeux floraux.

En ce temps, la fille de Pharaon vint au fleuve pour se baigner, accompagnée de ses filles, qui marchaient le long du bord de l'eau. Ex. ch. II, ℣. 5.

Conserv. Litt., t. II, livrais. XIV, pp. 121-124, V.-M. Hugo. 249; *Odes et Ballades*, édition de l'Imprimerie Nationale, pp. 492-494.

Littérature française. *Mémoires, Lettres et Pièces authentiques touchant la Vie et la Mort de S. A. R. Mgr Charles-Ferdinand d'Artois, fils de France, duc de Berri*; par M. le Vicomte de Chateaubriand (1) : *Conserv. Litt.*, t. II, livrais. XIV; pp. 125-145, signé V. 10

---

(1) V. Hugo n'a jamais reproduit ce long article qui renferme d'abondantes citations, mais aussi, au commencement, deux ou trois pages très intéressantes sur Chateaubriand, sur la légitimité, et la faction régicide. Nous les transcrivons simplement afin de ne pas déflorer les idées de V. Hugo.

« Il est en Afrique une hydre (le *Tenné*) qui s'endort après avoir dévoré sa proie : on lui abandonne une victime, et l'on profite de son engourdissement pour la tuer. Nous avons acheté bien cher « le droit d'écraser l'hydre révolutionnaire (*Conserv. Litt.*, p. 125), mais celle-la ne s'endort pas. Le « treize février nous l'a prouvé.

« Il faut donc l'attaquer à force ouverte. Il faut anéantir la faction régicide. Sans doute le gou- « vernement remplira dignement la noble tâche qui lui est aujourd'hui confiée; mais c'est aux « royalistes, c'est surtout aux écrivains monarchiques à le seconder. Jeunes ou vieux, obscurs ou « célèbres, qu'ils accourent; on en est aux assassinats, le péril presse; qu'ils se rangent, qu'ils se « serrent autour de ce trône que la Révolution s'attend tous les jours à voir crouler, parce qu'elle vient « de lui donner pour base un tombeau.

« Elle a été longtemps à méditer ce crime : le dogme sacré de la légitimité l'embarrassait; la « protection céleste, si évidemment étendue sur la maison royale de France, lui semblait inexplicable. « Qu'a-t-elle fait ? elle a tranché ce nouveau nœud gordien d'un coup de poignard. La violence et la « trahison, voilà tout le secret des succès révolutionnaires.

« La France s'est un moment crue perdue. Cependant tout espoir de perpétuité dans la race royale « ne lui a pas été enlevé, et elle se rassure chaque jour davantage; car il reste encore dans son sein de « ces hommes qui sont des puissances contre les révolutions, et dont le génie peut suffire quelquefois « pour arrêter la décomposition des empires. A la tête de ces Français privilégiés, nous aimons à « placer M. le Vicomte de Chateaubriand. Dans cette époque de stérilité littéraire et de monstruosités « politiques, chaque ouvrage du noble pair est un bienfait pour les lettres, et, ce qui est bien plus « encore, un service pour la monarchie. On peut lui appliquer ce que Virgile a dit du sage jeté au « milieu des agitations populaires :

Iste regit dictis animos et pectora mulcet.

« Ce magnifique triomphe est surtout réservé à l'admirable ouvrage qu'il vient de publier sur la « vie et la mort de Mgr le duc de Berri. Ce livre a été une consolation publique : la France entière l'a « lu et s'est sentie soulagée, quoiqu'il fût peut-être de nature à rendre sa perte plus amère en lui en « faisant mieux connaître toute l'étendue. Cependant on éprouve tant de plaisir à voir un si beau « monument élevé à la royale victime, que l'admiration, inspirée à la fois par le héros et par l'historien, « efface presque tout sentiment pénible. M. de Chateaubriand réveille à la vérité un bien cruel sou- « venir; mais ce souvenir a-t-il besoin d'être réveillé ? et doit-on se plaindre d'une main qui ne « rouvre la blessure que pour verser du baume sur la plaie ?

« Tel est le pouvoir du génie : l'apparition de ces *Mémoires* a été un évènement entre tous les « évènements qui nous agitent. Depuis longtemps attendus, ils ont été en un moment enlevés et « répandus par toute la France. A la gloire de l'auteur, l'enthousiasme, après les avoir lus, n'a pas été « moins grand que l'impatience avant de les lire : l'ouvrage du plus illustre de nos écrivains s'est « trouvé encore au-dessus de l'idée qu'on s'en était formée.

« Nous voudrions pouvoir louer dignement celui qui a si dignement loué notre infortuné duc de « Berri : nous ferions ressortir cette richesse d'imagination, cette profondeur de sentiment, cette « variété de style, cette prodigieuse propriété d'expressions, cette facilité, cette harmonie, cette négli- « gence si gracieuse, cette naïveté de génie (si l'on peut s'exprimer ainsi) dans les particularités sur « l'enfance et la vie privée du Prince, et cette énergie d'une âme fortement indignée dans les détails « sur son exil et sur sa mort. Nous nous plairions, aujourd'hui que M. de Chateaubriand s'est placé « si haut dans la sphère littéraire et politique, aujourd'hui que la calomnie même et l'esprit de parti « se taisent devant sa gloire sous peine de ridicule, à revenir sur les obstacles que ce grand écrivain « a rencontrés en entrant dans la carrière; nous aimerions à triompher pour lui des outrages qu'il a « dûs à la beauté de son génie et des persécutions que lui a suscitées la noblesse de son caractère : « mais l'auteur des *Martyrs* n'a pas besoin de nos éloges; et si d'ineptes critiques l'ont abreuvé de « dégoûts dans ses premiers efforts, il a reçu pour dédommagement l'admiration contemporaine, qui « lui répond de celle de la postérité. Nous remplirons donc ces feuillets par de nombreux passages de « la production extraordinaire que nous avons sous les yeux : elle a été lue de tout le monde; n'im-

10

10 Prose. *La mort du Vendéen* par L. Th. P. (L. Th. Pélicier) : *Conserv. Litt.*, t. II, livrais. XIV, pp. 124-125.

Mélanges. Bug-Jargal (extrait d'un ouvrage inédit intitulé : Les *Contes sous la tente*), Suite : *Conserv. Litt.*, t. II, livrais. XIV, pp. 150-159 ; *V. Hugo raconté*, t. I, pp. 397-409. 10

Nota. — Trois ou quatre changements sans importance et une suppression, p. 400, après le 2e alinéa : *Henri sourit, mais n'osa interrompre Delmar par son épiphonème ordinaire.*

Spectacles. Théâtre français. Démétrius, tragédie en cinq actes, par M. Delrieu (1) : *Conserv. Litt.*, t. II, livrais. XIV, pp. 160-165 (H.). —

« porte ! ce sera une occasion de la relire : et qui s'en plaindra ? Nous serons forcés de mêler de « temps en temps notre prose à ces citations ; mais elle servira seulement à joindre les diverses « parties de notre extrait, comme l'alliage dans l'or. » (*Conserv. Litt.*, pp. 126-128.)

Après cette longue citation nous ne ferons qu'une réflexion. V. Hugo dit qu'il est à une époque de stérilité littéraire et de monstruosités politiques. Cette pensée, il l'a développée plus tard, transformée, arrangée et il l'a mise dans *Litt. et Philos. mêlées*, p. 111, sous la date d'avril 1820. Cette page est certainement postérieure à l'article qui nous occupe.

Nous ne donnerons pas le reste de l'article, ni les citations faites par V. Hugo qui avec beaucoup d'art y mêle sa prose, tantôt pour dire que « le début de la première partie (de l'ouvrage) est majes- « tueux et rapide » (*Conserv. Litt.* p. 128), tantôt pour rappeler le passage de la Loire dans la célèbre notice de Chateaubriand sur la Vendée. Le tableau du licenciement de l'armée de Condé « arrache les « larmes : c'est le propre des hommes fortement émus d'émouvoir fortement les autres. Au reste il « n'est pas une page dans cet écrit qui ne décèle dans son auteur l'âme la plus noble et la plus élevée, « cette âme passionnée pour tous les genres de gloire qui s'est peinte en ce seul mot : *J'aurais voulu « vivre avec Périclès et mourir avec Léonidas (Itinéraire de Paris à Jérusalem)*. Cf. *Conserv. Litt.*, « pp. 132-133.

Citons encore quelques réflexions de V. Hugo sur la correspondance du duc de Berri avec la petite-fille du roi des Deux-Siciles avant leur mariage, correspondance « où se peignent dans toute « leur pureté ces deux belles âmes, ces deux nobles cœurs, si tôt et si cruellement séparés. On lit ces « lettres charmantes avec une sorte de plaisir religieux, et ce n'est pas sans une certaine crainte res- « pectueuse que l'on viole, pour ainsi dire, le secret de tant de vertus. Cette publication est un vrai « service rendu à la cause royale. Aux siècles antiques, dans les temps de calamités publiques, on « déchirait dans les temples le voile qui cachait le sanctuaire, afin que le peuple pût voir de plus près « ses dieux. » (*Conserv. Litt.*, p. 137.)

Voici la conclusion de l'article de V. Hugo : « Dans cet écrit, l'homme d'état et l'écrivain « brillent avec une égale supériorité, et c'est une chose consolante, dans ce temps de sophismes, que « la politique de M. de Chateaubriand, toute généreuse, soit en même temps si juste et si forte de « raison. M. de Chateaubriand parle, pense, et écrit avec son âme : voilà pourquoi il n'y a pas dans « ses *Mémoires* une seule ligne qu'un lecteur français voulût retrancher. Pour nous, nous avouerons « naïvement qu'après la première émotion causée par cette lecture, nous avons cherché si l'ouvrage « ne pourrait pas donner matière à quelques critiques, espérant par là donner même plus de poids à « nos éloges. *La critique est aisée et l'art est difficile*, a-t-on dit ; nous avons reconnu que cette « maxime tant de fois citée était ici en défaut ; car si l'art qui a dicté ces *Mémoires*, est certes *diffi- « cile*, il nous est démontré qu'une *critique* fondée de ce bel ouvrage ne le serait pas moins. » (*Conserv. Litt.*, pp. 144-145.)

(1) Cette critique théâtrale n'a été reproduite nulle part dans les œuvres de V. Hugo. On le comprend facilement. A part quelques appréciations, l'article est un long résumé de la pièce.

Notons ce jugement : « Peu d'ouvrages renferment autant de reconnaissances que la tragédie « nouvelle ; ce moyen, vraiment épique, quand il est habilement employé, y devient presque ridicule « par l'abus qui en a été fait. » (*Conserv. Litt.*, pp. 160-161.)

Citons encore la conclusion : « Quelques situations tragiques et plusieurs vers, dignes d'un meilleur « ouvrage, ne peuvent racheter les défauts d'un pareil plan. Les caractères, plutôt esquissés que peints, « sont de pâles copies d'originaux fameux. Laodice rappelle Cléopâtre, dans *Rodogune* ; Stratonice « ressemble à Zénobie ; Antiochus, au frère de Nicomède ; Héliodore, à Egisthe dans *Oreste*. Le seul « caractère de Nicanor, dont la conception appartient à M. Delrieu, est bien tracé et bien soutenu.

« Le style de Démétrius a de la noblesse et de la correction, il est quelquefois tragique ; mais il « manque généralement de poésie. Si M. Delrieu n'avait fait représenter cet ouvrage il y a longtemps

10 *Variétés. nouvelles littéraires*, etc...: *Conserv. Litt.*, t. II, livrais. XIV, pp. 172-176.

Deux ou trois de ces variétés nous semblent appartenir à V. Hugo, mais nous ne pouvons l'affirmer. Citons une note sur des stances élégiaques parues dans le *Journal de Nantes* et signées C. S. K., un long entrefilet sur des discours politiques et une attaque contre le *célèbre* Royer-Collard, une note sur l'Académie, sur Chateaubriand. Une critique d'une demi-page d'*une ode contre l'existence de Dieu* paraît trop chrétienne pour être de V. Hugo, mais qui sait?

N.-B. — Démétrius, tragédie en 5 actes, par M. Delrieu, représentée pour la 1re fois sur le théâtre français, le 31 octobre 1815, remise au théâtre avec changements, le jeudi 18 mai 1820. In-8, Imp. Fain, Paris, Ladvocat. B. F. : 27 mai 1820, n° 1889 ; 2e édit. B. F. : 18 novembre 1820, n° 4213.

Second théâtre français. La Dame Noire, Comédie en trois actes et en prose (1) : *Conserv. Litt.*, t. II, livrais. XIV, pp. 165-167 (M.). 10

N.-B. — Nous ne croyons pas que la *Dame noire* ait été imprimée.

La dernière page (p. 167) de l'article de V. Hugo sur la *Dame noire* a été reproduite par le *Télégraphe de la Littérature, des spectacles, des sciences et des arts, de Toulouse*, t. I, livrais. III, p. 32 (août 1820 ?).

Revue Littéraire. *Nuits françaises sur l'attentat du 13 février 1820, suivies d'une élégie sur la mort de S. A. R. Mgr le duc de Berri*, par A. d'Egvilly. —

Nos regrets, héroïde ; par M. le Chevalier de Port de Guy (2).

Conserv. Litt., t. II, livrais. XIV, pp. 168-170 (U.).

N.-B. — *Nuits françaises*, etc... In-8, imp. Boucher, Paris, Petit et Dentu. B. F. : 6 mai 1820, n° 1601.

« déjà (et s'il ne fallait des années aux comédiens français pour monter une tragédie nouvelle) nous « pourrions croire que le succès de *Conradin et Frédéric* l'a engagé à faire reparaître *Démétrius* sur « la scène. En tout cas, M. Delrieu a fait un mauvais calcul ; postulant à l'Académie, sa pièce n'ajoute « rien à sa réputation, et, pour lui, ne pas avancer c'est reculer. » (*Conserv. Litt.*, p. 165.)

(1) Si l'on voulait montrer les sentiments ultras de V. Hugo en 1820, il n'y aurait qu'à citer toute cette critique. Il se moque de M. Tirecuir de Corcelle, de l'*Homme gris*, de M. Cugnet de Montarlot, des personnages de la pièce qui viennent vanter *la condition des chanoines, les dîners des prélats*. Il conclut à sa grande satisfaction « qu'il ne suffit plus aujourd'hui d'une douzaine de phrases libérales « pour racheter, auprès du parterre, le défaut d'intérêt, l'absence de comique, la nullité de vraisem- « blance, le vide d'action, et faire d'un mauvais imbroglio le chef-d'œuvre à la mode. » (*Conserv. Litt.*, p. 166.)

Il termine son article ainsi : « *La Dame Noire* ne présente absolument rien de neuf que son « titre, création digne de cette Melpomène des boulevards qui ressemble à la muse tragique comme « la Cythérée hottentote ressemblait à Vénus. *La Dame Noire* aurait dû tomber dès l'exposition, qui « a lieu à la seconde scène de la manière la plus maladroite et la plus ridicule. Cependant cette « justice prématurée aurait empêché le public d'apprécier quelques scènes assez plaisantes et plusieurs « mots spirituels dont on doit tenir compte à l'auteur. Ce dernier, que nous aurons la politesse de ne « pas nommer, retirera sans doute définitivement sa pièce. Ni l'*Homme gris*, ni la *Dame Noire* ne « sont des sujets de comédie ; mais il est un personnage qui réussirait sans doute aujourd'hui sur la « scène comme il réussit dans le monde, je veux dire l'*Homme de toutes les couleurs*. » (*Conserv. Litt.*, p. 167.)

(2) V. Hugo consacre quelques lignes seulement à ces deux ouvrages. Du premier il fait deux citations qui, espère-t-il, donneront aux lecteurs l'envie de lire l'ouvrage de M. d'Egvilly.

M. de Port de Guy est « du petit nombre des anciens confesseurs de la légitimité, pour qui les « règnes divers des usurpations qui se sont successivement détrônées depuis trente ans n'ont jamais « été qu'un long et pénible temps d'épreuves ». V. Hugo cite une dizaine de vers bien tournés. Il parle ensuite de deux ouvrages du même auteur. En tête de l'un d'eux « sont rappelées... les condamnations *afflictives ou infamantes* » dont a été frappé M. de Port de Guy. « Ces titres singuliers, mais bien « réels, au respect public, sont aujourd'hui la dernière propriété de bien des royalistes et les seuls que « la plupart d'entre eux aient jamais reçus, en récompense de leur dévouement. »

15 *Le dévouement de Malesherbes* obtient une 2e mention à l'Académie : cf. *Rapport Raynouard*, p. 684. M. E. Dupuy, renvoie à tort, croyons-nous, cette mention au 10 avril 1821.

17 *La Veille de Noël*, hymne à la Vierge couronné en 1820 par l'Académie des Jeux floraux, par Mme Tastu : *Conserv. Litt.*, t. II, livrais. XV, pp. 177-179.

— *Epigramme*. J. J. Reda (J. J. Ader) : *Conserv. Litt.*, t. II, livrais. XV, p. 179.

— *Littérature française. Le Moucheron, poème de Virgile*, traduit en vers français, par M. le Comte de Valori : *Conserv. Litt.*, t. II, livrais. XV, pp. 187-193 (S.).

Le style de cet article nous rappelle beaucoup la manière de V. Hugo.

— *Revue Littéraire. Les Pyrénées de la Bigorre* par M. Arnaud Abbadie : *Conserv. Litt.*, t. II, livrais. XV, pp. 202-204 (F.).

On dirait encore ici le style de V. Hugo. De plus, l'auteur de cette *Revue littéraire* parle de l'*Ecole du Cavalier* et de l'*Art du Tour* comme s'il avait fait l'article sur ces deux volumes. Or, c'est V. Hugo qui en a rendu compte (cf. *Conserv. Litt.*, t. I, livrais. VIII, pp. 298-307).

Nos regrets..., par M. le Chevalier de Port de Guy, auteur de l'*éloge de Louis XVI*. In-8, imp. Boucher, Paris. B. F. : 1er avril 1820, no 1126.

Ce que j'aime. Vers faits à un dessert : *Conserv. Litt.*, t. II, livrais. XV, p. 179, 17 juin 1820. Signé : V. d'Auverney. 17

Cf. *Observateur des Modes*, 3e année, n° 26, 20 juin 1820, p. 125, d'Auverney ; cf. *V. Hugo raconté*, t. I. p. 213. Les vers du *Conserv. Litt.*, et de l'*Observateur des Modes* sont exactement reproduits.

Ces vers ont été composés le 2 août 1818, d'après le manuscrit même de V. Hugo.

Littérature anglaise. Lalla Roukh ou la Princesse Magole ; par Thomas Moore (1) : *Conserv. Litt.*, t. II, livrais. XV, pp. 180-187 (V). —

Cf. *Litt. et Philos. mêlées*, t. I, pp. 52-53. Ces 2 pages reproduisent avec quelques changements les pp. 182-183 du *Conserv. Litt.* ; cf. *V. Hugo raconté* : *Lalla Roukh*, poème de Thomas Moore, t. I, pp. 423-430.

Mélanges. Bug-Jargal (Extrait d'un ouvrage inédit intitulé : *les Contes sous la tente*). Suite et fin (2) : *Conserv. Litt.*, t. II, livrais. XV ; pp. 193-202 (M) ; cf. *V. Hugo raconté*, t. I, pp. 409-419. —

---

(1) Dans *V. Hugo raconté* on a fait subir au texte du *Conserv. Litt.* quelques transformations qui semblent bien inutiles. Les voici, et pour les donner, nous suivons le texte de *V. Hugo raconté*.

Page 423 : on a ajouté à la 3e ligne le mot *seulement*.

Page 425 : tout au bas de la page, *Hakem ben Hassem* remplace *Hakem ben Haschem*.

Page 427 : à la 2e ligne, le mot *femmes* remplace *concubines* ; à la 20e ligne, après les mots « *formules interrogatives et exclamatives* », on a supprimé ces mots : « *qui maintenant presque tout le poème sur le ton lyrique blesse le goût et surtout fatigue l'attention* ». On se demande pourquoi ce jugement a disparu ?

Au bas de la même page, la phrase « *elle appuie son bras... de sa blessure,* » se trouvait dans le *Conserv. Litt.* après la 1re ligne de la citation, après les mots *voix éteinte* (*V. Hugo raconté*, p. 428, ligne 5e).

Page 428 : on a fait subir de nombreux changements à la citation : ligne 6e, *espérais* remplace *croyais* ; ligne 9e. *croyais* remplace *espérais* : ligne 20e, *s'il doit t'être doux* remplace *s'il te sera doux* ; ligne 24e. après les mots *l'âme de Zélica*, on a supprimé *qu'il oublie tout, excepté sa bienveillance pour toi* ; lignes 26e et 27e, *le parfum des fleurs que nous aimons* remplace *le parfum de nos fleurs chéries* ; ligne 33e, *ici-bas* remplace *dans ce bas monde*.

Page 429, ligne 22e, *qu'il lui donne la mort* remplace *qu'il lui donne la santé ou la mort* ; ligne 23e, *Ah ! si mon sang pouvait être* remplace *Plût au ciel que mon sang soit* ; ligne 33e, *attache tes lèvres aux miennes* remplace *attache tes lèvres à mes lèvres*.

Page 430. les lignes 7, 8, 9, 10 ont été transformées. Voici le texte du *Conserv. Litt.* : *Les ouvrages de Thomas Moore qui ont plu généralement choqueront toutefois le goût de quelques champions du classique sans qu'ils puissent motiver leur sévérité. La poésie romantique, par ses formes vagues et indécises échappe à la critique.*

(2) On a fait subir à la fin de Bug-Jargal un certain nombre de changements. Prenons *V. Hugo raconté* :

Page 411 : au bas de la page, *cet arbre* remplace *ce végétal*.

Page 413 : On a transformé les quatres premières lignes pour éviter, je suppose, une amphibologie on lisait : « Frères, allez dire à Biassou qu'il ne déploie pas le drapeau noir sur son captif, car il a sauvé la vie à Bug-Jargal et Bug-Jargal veut qu'il vive, » mais la phrase de *V. Hugo raconté* n'est guère plus heureuse.

A la 12e ligne, après le mot *fierté* on a supprimé plusieurs lignes : « Il fit un signe : Rask sauta à

20 *Ce que j'aime. Vers faits à un dessert. Observateur des Modes*, 20 juin. Cf. 17 juin.

23 Lettre de Sigisbert Hugo au rédacteur du *Courrier français* : cf. *Catalogues Charavay*, n° 305.

Juillet

1 *Poésie. Le jeune banni. Raymond à Emma, élégie* : *Conserv. Litt.* t. II, livrais. XVI, pp. 209-215. V.-M. Hugo ; cf. Premiers jours de juin 1820, *Recueil de l'Académie des Jeux floraux*.

Spectacles. Théâtre français. Le folliculaire, comédie en cinq actes et en vers ; par M. Delaville de Mirmont. 1

Second théâtre français. L'artiste ambitieux, comédie en cinq actes et en vers ; par M. Théaulon (1).

« mes pieds. — Suis-le, me cria-t-il. — Il disparut. — Le jappement du dogue qui marchait devant « moi me guida à travers les ténèbres ; nous sortîmes du mont. En entrant dans la vallée, Bug-Jargal « vint au-devant de moi, son visage était serein. »

Aux 16e et 17e lignes, on lisait : « J'ai fait dire à Biassou de ne pas déployer le drapeau noir » au lieu de « Biassou ne déploira pas... »

Page 417, après la 2e ligne, on a supprimé une phrase : « J'étais pétrifié. Le peu que je compre- « nais à ce qui venait d'avoir lieu me faisait prévoir tous les malheurs. »

Aux lignes 5e et suivantes, il y a eu des transformations, on a supprimé de petits détails : le chien baissait la queue, ses grands yeux étaient humides. Le capitaine sentait les mêmes craintes que lui, il faisait quelques pas de son côté au lieu de s'élancer vers lui.

Page 418, les lignes 5 et 8 ont été transformées. Il y avait simplement ceci : « Je lui annonçai « que ce serait lui ou dix des siens qui vous tiendraient compagnie » ; à la ligne 9e, on n'indique plus comment Bug-Jargal s'était sauvé « en faisant un grand trou ».

Page 419, à la fin, on lisait : « Le sergent se tut. »

Nous n'avons indiqué que les changements ayant une certaine importance. Nous avons négligé toutes les petites transformations sans valeur.

(1) Cet article n'a pas été reproduit, croyons-nous. V. Hugo, à propos du *Folliculaire*, fait un rapprochement entre la première représentation de cette comédie et la première des *Comédiens*. Il parle ensuite du teint royaliste de la pièce et des journalistes libéraux qui riaient du bout des lèvres (*Conserv. Litt.*, p. 223).

Il est, quant à lui, trop petit publiciste pour connaître les vices et les ridicules des journalistes.

La pièce nouvelle offre beaucoup de ressemblance avec le *Tartufe* et V. Hugo cherche à le prouver. Le *Folliculaire* malgré cela est amusant : il est supérieur aux *Comédiens* par l'intrigue et l'intérêt. Le dialogue est plein d'esprit et de naturel : il y a des traits piquants, des idées ingénieuses, de beaux vers, un style plein de verve ; les caractères sont habilement tracés.

Au commencement de son compte-rendu sur l'*Artiste ambitieux*, V. Hugo fait preuve d'érudition. L'évêque de Claudianopolis, nous dit-il, et le traducteur des *Contes Arabes* rapportent, dans leur *Supplément à la bibliothèque orientale de M. d'Herbelot*, cette maxime des Persans : *qui possède un art peut dire qu'il est grand seigneur*. Ce début n'amène guère le sujet, mais V. Hugo a fait preuve de science.

L'*Artiste ambitieux* rappelle le *Glorieux* de Destouches. Le plan a des défauts, mais il a des intentions dramatiques et des scènes piquantes. Les caractères ne sont pas tous également soutenus ; le style n'est pas assez soigné et cependant la pièce est écrite avec esprit.

V. Hugo se moque de jeunes niais qui ont applaudi des traits contre les distinctions sociales. « On « regrette que M. Théaulon, dont les opinions sont, dit-on, monarchiques, ait cru prudent de s'as- « surer ce pauvre moyen de succès. » — « L'*Artiste ambitieux* n'est pas une bonne comédie ; ce n'est « pourtant pas non plus une comédie médiocre ».

N.-B. — On trouve, dans la *Quotidienne* du 5 juin 1820, un article sur l'*Artiste ambitieux* de Théaulon que l'on pourrait rapprocher facilement de celui de V. Hugo. Il y a trois ou quatre idées communes, sur les huissiers, sur les traits satiriques contre la noblesse, sur Théaulon royaliste ; on y trouve, au commencement, le même rapprochement avec le *Glorieux*. Dans le *Drapeau blanc* du 8 juin, Martainville écrivit un article sur le *Folliculaire* : on trouve les mêmes idées que dans le *Conserv. Litt.*, p. 223, allusions aux journaux royalistes, à Molière et Tartuffe, mêmes idées pour le style.

1 *La Maçonnerie*, poème en 3 chants, avec des notes historiques, étymologiques et critiques : *Conserv. Litt.*, t. II, livrais. XVI, pp. 217-223 (A.). Article d'Abel Hugo contre la franc-maçonnerie.

— *Variétés, nouvelles littéraires*, etc... : *Conserv. Litt.*, t. II, livrais. XVI, pp. 240-246.

Nous devons reconnaître la main de V. Hugo dans quelques-unes des *Variétés* ou *Nouvelles Littéraires* : par exemple la note sur Guiraud dont le *Pélage* a été reçu au 2e théâtre français, la note sur Edmond Géraud et la *Ruche d'Aquitaine*, l'annonce du 2e volume de l'*Essai sur l'Indifférence* de Lamennais.

— *Sur quelques phrases du Défenseur* : *Conserv. Litt.*, t. II, livrais. XVI, pp. 246-248.

Cet article est signé : *Les Rédacteurs du Conservateur Littéraire*. Une part en revient donc à V. Hugo. C'est une attaque du *Défenseur* et une apologie dithyrambique de Chateaubriand, « le noble pair », le chef des royalistes, « le plus illustre génie du siècle ».

— *Histoire de Gil Blas de Santillane par Lesage*, etc... par M. le Comte François de Neufchâteau, etc... 3 vol. in-8. Imp. Crapelet, Paris, Lefèvre.

On trouve dans cette édition l'examen de la question de savoir si Lesage est l'auteur de *Gil Blas* ou s'il l'a pris de l'espagnol, etc... par M. François de Neufchâteau.
B. F., 1er juillet 1820, no 2354.

— Article signé Trébuchet (une colonne) sur V. Hugo et *Moïse sur le Nil*, dans le *Journal de Nantes et de la Loire-Inférieure*, 1er juillet 1820.

Conserv. Litt., t. II, livrais. XVI, pp. 223-231, signé H.; cf. *Le télégraphe de la littérature, des spectacles, des sciences et des arts, Toulouse*, t. I, livrais. III, pp. 27-28. Il reproduit une partie des pp. 224, 225, 227 du *Conserv. Litt.*, sur le *Folliculaire* et une partie de la p. 229, sur l'*Artiste ambitieux*.

N.-B. — *Le Folliculaire*, comédie en 5 actes et en vers, par Delaville de Mirmont, représentée par les comédiens ordinaires du roi, le mardi 6 juin 1820. In-8, imp. Fain, Paris; Paris, Ladvocat. B. F. : 24 juin 1820, no 2281.
L'Artiste ambitieux ou l'*Adoption*, comédie en 5 actes et en vers, par M. Théaulon, représentée sur le théâtre français du faubourg Saint-Germain, le 3 juin 1820. In-8, imp. Didot, Paris ; Paris, Barba. B. F., 8 juillet 1820, no 2519.

Revue littéraire... Hommage de l'aveugle de Nanterre aux mânes de S. A. R. Mgr le duc de Berri : *Conserv. Litt.*, t. II, livrais. XVI, p. 238 (U.). 1

Il n'y a que quelques lignes pour dire que l'idée est touchante et que les regrets de l'aveugle sont exprimés avec naturel et simplicité.
N.-B. — *Hommage de l'Aveugle*, etc... In-8, Imp. Boucher : B. F., 20 mai 1820, no 1822.

Lettres de V. Hugo à Adolphe Trébuchet : 10 et 11
Figaro, 12 mai 1886 ; cf. *Correspondance 1815-1835*, pp. 9-11. La moitié de la lettre est supprimée. On y trouve aussi plusieurs inexactitudes ; cf. *Appendice*.

Revue poétique. — MM. de Labouïsse. — Cipeirel. — Aug. Richomme. — L. A. de la Villestreux. — Gasp. Descombes (1) : *Conserv. Litt.* t. II, livrais. XVII, pp. 255-261 (U) ; cf. *Litt. et Philos. mêlées*, t. I, p. 157. 22

---

(1) Dans cet article, V. Hugo fait de nombreuses citations : il se contente d'ajouter çà et là une critique ou un éloge.
M. de Labouïsse est un poète aimable et un poète *fidèle* (c'est-à-dire royaliste). Dans son élégie *Ma maladie* on trouve les sentiments d'un bon père, d'un bon époux et d'un bon français. Il y a des idées gracieuses exprimées avec bonheur dans son idylle *La solitude*.
Le *Conserv. Litt.* n'insère pas les chansons : on fait une exception pour des couplets de M. Cipeirel intitulés *Le Grenadier*.
M. Richomme a imité en vers une élégie traduite de l'Allemand *Blanche et Wilhelm*, insérée dans la XIIIe livraison du *Conserv. Litt.* V. Hugo cite des vers touchants qui ne manquent pas d'énergie. « On trouve dans la pièce de M. Richomme, qui, sans doute, est jeune encore, des traces « d'un talent qu'il aurait tort de ne pas cultiver. »
« Il y a de bons sentiments et de bons vers dans une « *Ode contre les ennemis de la Légitimité* « que nous transmet M. de la Villestreux », mais il y a des prosaïsmes fréquents, un défaut presque absolu de mouvements lyriques. Il est l'auteur de l'*Hommage de l'aveugle de Nanterre à Mgr le duc de Berri*.
Le *Conserv. Litt.* ne peut pas admettre les poésies *érotiques*. La pièce *Souvenir*, envoyée par M. Gaspard Descombes est de ce nombre. « Elle n'est dénuée ni de grâce, ni d'élégance, ni de fraî« cheur. » — « Au reste nous croyons utile de prévenir en passant nos jeunes poètes contre le genre « *érotique* qui diffère beaucoup du genre purement *élégiaque*. Et ici nous nous bornons à plaider les « intérêts de l'art. »
Les cinq dernières lignes de son article, V. Hugo les a insérées dans *Litt. et Philos. mêlées*, t. I, p. 157 (au milieu de la page) : « La peinture des passions etc... »

3 Lettre d'Adolphe Trébuchet aux frères Hugo : cf. Lettre de V. Hugo à Adolphe Trébuchet (10 juillet 1820).

6 Le second volume de l'*Essai sur l'Indifférence* de Lamennais est en vente : cf. *La Quotidienne*, 7 juillet.

10 Lettre d'Abel Hugo à Adolphe Trébuchet, jointe à celle de Victor du même jour. Inédite. Cf. *Appendice*.

15 V. Hugo assiste à la leçon de clôture du cours de poésie latine de Tissot : *Conserv. Litt.*, t. II, livrais. XVIII, pp. 321-325.

16 V. Hugo et Adèle Foucher se rencontrent au bal de Sceaux : *Lettres à la fiancée*, p. 55.

Mi-juillet Mme Hugo et ses fils vont habiter rue de Mézières, n° 10 : cf. Lettre d'Eugène Hugo à Adolphe Trébuchet, 4 août 1820.

22 De St-Victor publie dans le *Défenseur* un 2e article. *De la poésie en général et des méditations poétiques de M. de la Martine*. C'est la suite de l'article du 3 juin. Il y fait l'éloge de l'ode de V. Hugo : *Moïse sur le Nil* : cf. *Le Défenseur*, t. II, livrais. XVI, p. 117, 22 juillet 1820.

— *Nécrologie*. M. Charles Loyson, mort le 27 juin 1820 : *Conserv. Litt.*, t. II, livrais. XVII, pp. 284-285, (A). Cet article d'Abel Hugo est un éloge de Ch. Loyson.

24 J.-B. Rousseau avait lu à Voltaire son *Ode à la Postérité* : « Elle n'ira pas à son adresse », dit le sardonique Arrouet. On n'en dira pas autant *au Génie*, ode que M. Victor-

Mémoires pour servir à l'histoire de la maison de Condé, ouvrage imprimé sur les manuscrits autographes, contenant la vie du Grand Condé, écrite par feu Mgr le prince de Condé, et la correspondance de ce prince avec les souverains et princes des familles royales de l'Europe (1) : *Conserv. Litt.*, t. II, livrais. XVII, pp. 261-271 (V.) ; cf. *Litt. et Philos. mêlées*, pp. 156-157. 22

N.-B. — *Mémoires pour servir à l'histoire de la maison de Condé*, etc.

T. I. in-8, imp. Boucher, Paris ; chez l'édit., rue des Bons-Enfants, n° 34, B. F. : 22 janvier 1820, n° 332.

T. II, in-8, imp. Gratiot, Paris ; chez l'édit., rue des Bons-Enfants, n° 34. B. F. : 29 janvier 1820, n° 355.

2e édit., 2 vol. in-8. Paris, imp. Boucher ; Paris, chez l'édit, rue des Bons-Enfants, n° 34 et chez Ponthieu. B. F. : 2 décembre 1820, n° 4375.

(1) De ce long article V. Hugo n'a reproduit que le dernier paragraphe dans *Litt. et Philos. mêlées*, tout le reste est inédit.

V. Hugo commence par nous parler de la magie qui s'attache au nom de Condé. Il réveille en notre esprit une foule d'idées nobles et généreuses qui ne sont plus de notre temps. V. Hugo profite du meurtre du duc d'Enghien pour exprimer sa haine contre Napoléon.

« Un homme qui est venu parmi nous comme pour attester que la Révolution vivait encore, le « meurtrier de ce même prince, a mieux témoigné encore en faveur de l'illustre nom de Condé, en « lui consacrant une de ses dernières imprécations. *Je voudrais*, a-t-il dit, *aller dans le ciel pour « y tourmenter le prince de Condé*. Hommage effroyable de l'athée à Dieu et du crime à la vertu.

« Bonaparte, despote né dans l'anarchie, connaissait de même tout l'empire des souvenirs de la « race de Condé sur les Français. Sans rappeler son épouvantable *faute* du 22 mars 1804, nous trou« vons la preuve de ce que nous avançons dans l'opposition qu'il apporta, tant que dura son usurpa« tion, à ce que la *vie du grand Condé*, écrite par Mgr le prince de Condé, vît le jour... » *(Conserv. Litt.*, p. 262.)

V. Hugo fait ensuite l'éloge de cet ouvrage qui n'est pas un panégyrique. L'auteur mêle aux éloges les observations sévères que mérite la conduite politique du grand Condé. V. Hugo fait une longue comparaison entre les deux Condés, exilés tous deux, mais pour des causes différentes ; il apporte de longues citations pour montrer que le style de l'ouvrage est noble, simple, quoique un peu prolixe.

V. Hugo se montre très élogieux ensuite pour l'historien du dernier prince de Condé.

Il n'oublie pas la volumineuse correspondance inédite jointe à l'ouvrage, les *fac-simile* « qui éveillent un souvenir et satisfont une curiosité ». En traits rapides, il esquisse ensuite l'histoire de la campagne de l'armée de Condé (que son père, il me semble, a dû combattre, alors qu'il était avec Moreau sur le Rhin).

Il termine enfin par le paragraphe qu'on peut lire dans *Litt. et Philos. mêlées*, pp. 156-157.

Hugo vient de faire paraître : le poète y a mis le nom de Chateaubriand : l'*Ode au Génie* est bien à son adresse. Nous regrettons de ne pouvoir citer que deux strophes de cette belle ode.

Cf. *Drapeau blanc*, 24 juillet 1820.

Fin juillet Arrivée de Soumet à Paris. « M. Soumet... est à Paris depuis quelques jours » : cf. *La Quotidienne*, 31 juillet 1820 ; Voir aussi *Conserv. Litt.* t. II, livrais. XIX : *Variétés, nouvelles littéraires*, pp. 364-368, 19 août 1820, où cette arrivée est annoncée.

Fin juillet Lettre de Soumet à J. de Rességuier. Soumet, fraîchement arrivé à Paris, y fait le portrait de V. Hugo : BIRÉ, *V. Hugo avant 1830*, pp. 152-153.

Août

1 Entrefilet très élogieux du *Journal des Débats* sur le *Génie*. « Dans cette *ode sur le Génie* » .

Poésie, Le Génie, ode à M. le Vicomte de Chateaubriand (1). 5

---

(1) La livraison 18e du *Conserv. Litt.* parut certainement avant le 5 août ainsi que le tirage à part. La *Bibliographie de la France* les donne tous les deux à cette date, mais ils sont certainement antérieurs. Une lettre d'Eugène Hugo à A. Trébuchet, datée du 4 août, annonce l'envoi du tirage à part. De plus, le 1er août, le *Journal des Débats* fait l'éloge de l'ode de V. Hugo ; le 24 juillet, le *Drapeau blanc* en cite deux strophes. L'ode était donc parue à cette époque.

Le tirage à part ne diffère du *Conserv. Litt.*, que par un seul vers changé (8e strophe, 8e vers, *Odes et Ballades*, p. 277). Le *Conserv. Litt.* disait : *Des fers chargent leurs mains serviles*. Le tirage à part a donné le texte qui est resté : *Les Grecs courbent leurs fronts serviles*.

Mais depuis, on a fait bien des corrections, bien des changements, soit en 1822, soit en 1828 ; on a signalé bien des variantes, soit M. Barthou, dans la *Revue bleue*, 2 décembre 1911, pp. 708-709, sous le titre *Chateaubriand et V. Hugo*, soit M. G. Simon, dans l'*édition des* ODES ET BALLADES *de l'Imprimerie Nationale*, pp. 515-519. Nous allons noter ces changements et ces variantes en suivant l'édition *ne varietur*.

Commençons par l'épigraphe. En 1822, V. Hugo avait mis deux épigraphes : l'une est empruntée au Tasse : « Va d'un pas ferme au Capitole ». On vient de la rétablir dans l'*édition de l'Imprimerie Nationale*. L'autre, de Lamennais, était restée. On la trouve dans les *Pensées diverses* (pp. 570-571) qui suivent les *Réflexions sur l'Etat de l'église de France pendant le* XVIIIe *siècle et sur sa situation actuelle, suivies de Mélanges religieux et philosophiques*. In-8, 1819, Paris, Tournachon.

A la 2e strophe, les vers 1, 2, 4 ont été transformés en 1822. Voici les deux textes :

D'un éclat magique et céleste La Gloire fascine ses yeux ; Il subit le pouvoir funeste De ce fantôme impérieux *Conserv. Litt.*	La gloire, fantôme céleste, Apparaît de loin à ses yeux ; Il subit le pouvoir funeste De son sourire impérieux ! *Odes et Ballades.*

Voici, pour les mêmes vers, deux autres variantes signalées par M. Barthou et par M. G. Simon :

Il subit ton pouvoir funeste,
Gloire, fantôme impérieux ;

Tu l'entraînes, belle et céleste, Dans l'avenir mystérieux.	Tu pares d'un éclat céleste, Son avenir mystérieux.

A la 3e strophe, M. G. Simon signale les variantes suivantes :

1 Si la Sirène qu'il adore 1 Ou si la Gloire qu'il adore 2 L'accueille après de longs efforts, ...	5 La Haine, l'Injure impunie, 6 Le Dédain qui suit le génie 7 Usent les jours de ce mortel, 8 Du malheur mémorable exemple...

La variante du vers 7 est le texte même du *Conserv. Litt.*

« *Génie*, adressée à M. de Chateaubriand, le « poète se tient souvent à la double hauteur « de son sujet. » Signé R. ; cf. *Journal des Débats*, 1er Août 1820.

2 Trébuchet parle du *Conservateur Littéraire* dans le *Journal de Nantes et de la Loire-Inférieure*, 2 août 1820.

4 Lettre d'Eugène Hugo à Adolphe Trébuchet. *Le Figaro* (12 mai 1886) en a reproduit seulement quelques lignes. Eugène envoie six

Conserv. Litt. t. II, livrais. XVIII, pp. 289-293, Signé V.-M. Hugo.

Cf. *Le Génie*, ode à M. le Vicomte de Chateaubriand ; par Victor--Marie Hugo. In-8, Paris, chez Anthe Boucher, imprimeur-libraire, rue des Bons-Enfants, n° 34 et chez Pélicier et Ponthieu, libraires au Palais-Royal, M.DCCC.XX. (au verso : extrait du *Conservateur Littéraire*, t. II, livrais. XVIII). In-8, 7 pages. De l'imprimerie d'Anthe Boucher, successeur de L. G. Michaud, rue des Bons-

---

A la 4e strophe, notons, d'après M. G. Simon, trois variantes aux vers 1, 2 et 8.

1 Toutefois dût-il être en proie
2 Aux traits amers de la douleur,
2 Aux longs tourments de la douleur,
8 Voudrait, infidèle à sa gloire...

Pour la 5e strophe, M. G. Simon donne une variante au 5e vers :

Quand ton nom doit *survivre aux* âges, *Edit.* NE VARIETUR.	Quand ton nom doit *braver les* âges, *Edit. de l'Imprim. Nationale.*

De plus les cinq derniers vers ont été changés en 1828. Voici à côté du texte des *Odes et Ballades* celui du *Conserv. Litt.* :

Que t'importe les vils outrages D'un vulgaire, né pour mourir, Qui, poussé par la calomnie, Poursuit encor dans ton génie Le grand siècle qu'il veut flétrir. *Conserv. Litt.*	Que t'importe, avec ses outrages, A toi, géant, un peuple nain ? Tout doit un tribut au génie. Eux, ils n'ont que la calomnie Le serpent n'a que son venin. *Odes et Ballades.*

A la 6e strophe, on relève sur les manuscrits plusieurs variantes aux vers 5, 6, 7, 8, 9, 10, variantes signalées par MM. Barthou et G. Simon (cf. *Odes et Ballades*, édition de l'Imprimerie Nationale, p. 516).

5 Longtemps ignoré dans le monde,	5 Hélas ! bien des plages lointaines, 5 Hélas ! comme toi Méonide, 5 Hélas ! le Cygne de Sorrente,
6 Ta nef a lutté contre l'onde	6 Bornant tes courses incertaines, 6 Longtemps, sans patrie et sans guide, 6 Comme toi, d'une étoile errante
7 Souvent prête à l'ensevelir ;	7 Ont souvent cru t'ensevelir. 7 Traîna son sort de mers en mers, 7 Subit les caprices divers ;
8 Ainsi jadis le vieil Homère	8 Sous une étoile vagabonde 8 Comme toi, le vieux Méonide,
9 Errait inconnu sur la terre,	9 Tu devais errer dans le monde 9 Longtemps sans patrie et sans guide,
10 Qu'un jour son nom devait remplir.	10 Avant de remplir l'univers. 10 Traîna son sort de mers en mers.

A la 7e strophe, le 3e vers a été corrigé après 1822 :

Tu fuis : le feu pur qui t'anime *Conserv. Litt.*	Tu fuis : le souffle qui t'anime *Odes et Ballades.*

Voici d'après les manuscrits quelques autres variantes des premiers vers de cette strophe :

1 Loin des bords qui t'avaient vu naître 2 Tu fuis quand régnaient des pervers ; au jour de nos revers 3 Et tu trouvas un nouvel être 4 Au sein d'un nouvel univers. 5 Perdu sur ces lointains rivages, 6 Leurs grands fleuves, leurs bois sauvages 7 Plaisaient à ton âme de feu ;	1 Jeune encor, vers un nouveau monde 2 Tu fuis loin de nos bords sanglants, 3 Et là, du feu qui te féconde 3 Et là, d'une extase féconde 3 Et là, d'une extase profonde 4 Tu sentis les premiers élans. . . . .

A la 8e strophe, le 8e vers a été changé comme nous l'avons indiqué plus haut. Au 10e vers, *les tours de leurs tyrans* ont pour variante *les créneaux des tyrans*.

exemplaires de l'ode sur le *Génie*, il donne l'adresse de leur nouvelle demeure et invite Adolphe à venir faire son droit à Paris. Il est question de politique et de Chateaubriand : cf. *Appendice*.

Enfants. nº 34. B. F., 5 août 1820, nº 2825. Prix 0 fr. 50. Cf. *Odes et Poésies diverses*, 1822 ; cf. *Odes et Ballades*, livrais. III, ode VI, pp. 273-279, juillet 1820 (l'édition de 1828 porte comme date : juin 1820) ; cf. *Odes et Ballades*, édition de l'Imprimerie Nationale, pp. 196-199.

A la 9e strophe, les vers 6, 7, 8 ont été corrigés après 1822. Voici le texte du *Conserv. Litt.* et celui de l'édition *ne varietur* :

Les dieux ont fui : dans les prairies,
Eleusis de ses théories
N'entend plus les pieux concerts ;
Délos cherche ses chœurs fidèles ;
Conserv. Litt.

Les dieux ont fui ; dans les prairies,
Adieu les blanches théories !
Plus de jeux, plus de saints concerts !
Adieu les fêtes fraternelles !
Odes et Ballades.

Voici maintenant quelques variantes signalées par l'*édition de l'Imprimerie Nationale* :

5 Thèbes a vu ses grandeurs flétries ;

6 Les chœurs, les longues théories
6 Marcher les blanches théories

7 Elever / Elevant leurs pieux concerts ;

8 On n'entend plus leurs luths (chants) fidèles :

La 10e strophe a subi des remaniements nombreux. Nous allons d'abord mettre en regard le texte du *Conserv. Litt.* et celui que nous avons actuellement dans les *Odes et Ballades*.

A l'ombre de la Pyramide,
Tente immobile de la Mort,
Le camp voyageur du Numide
T'accueillit errant sur ce bord.
Tu vis encor le Mont Auguste
Où, maudit par son peuple injuste,
Mourut le Sauveur des humains ;
Sur le tombeau qui nous rachète,
La muse sainte du Prophète
T'enseigna ses secrets divins.
Conserv. Litt.

Mais si la Grèce est sans prestiges
Tu savais des lieux solennels
Où sont de plus sacrés vestiges,
Des monuments plus éternels,
Une tombe pleine de vie
Et Jérusalem asservie
Qu'un pacha foule sans remord,
Et le Bédouin, fils du Numide,
Et Carthage, et la Pyramide,
Tente immobile de la mort !
Odes et Ballades.

Pour les premiers vers du texte du *Conserv. Litt.*, nous possédons trois variantes. L'une se trouve dans l'édition de 1822, l'autre est signalée par M. Barthou, la dernière nous est donnée par l'*édition de l'Imprimerie Nationale*. Les voici :

Le camp voyageur du Numide
T'accueillit errant sur ce bord
Où s'élève la Pyramide
Tente immobile de la mort.
1822.

Le camp voyageur du Numide
T'accueillit errant sur ce bord
Qu'ombrage au loin la Pyramide
Tente immobile de la mort.
Variante de M. Barthou.

1 A l'ombre de ces Pyramides,
2 Où s'acharnent / 2 Où s'entassent / 2 Que dévorent — les ans rongeurs,
3 La tente agreste des Numides
3 La tente des anciens Numides
4 Accueillit tes pas voyageurs ;
5 Tu vis encor ces lieux augustes
6 Où mourut le premier des Justes,
7 Sauveur des profanes humains,

Variante de l'*édition de l'Imprimerie Nationale.*

Pour les trois derniers vers du texte du *Conserv. Litt.*, nous possédons, grâce à M. Barthou, au moins six variantes :

Et là des larmes arrosée
La muse de Job et d'Osée
T'enseigna ses secrets divins.

Et près de sa tombe muette
La sainte muse du prophète
T'enseigna. . . . .

Et près de sa tombe éternelle
La muse sainte et solennelle
T'enseigna. . . . .

Et sur sa tombe délaissée
La muse d'Amos et d'Osée / d'Elie et d'Osée
T'enseigna ses secrets divins.

Et dans ces paisibles retraites
La sainte muse du prophète
T'enseigna. . . . .

Et près de sa tombe adorée
La muse éternelle et sacrée
T'enseigna. . . . .

5 *Correspondance. A MM. les Rédacteurs du Conservateur Littéraire* : *Conserv. Litt.*, t. II, livrais. XVIII, pp. 325-356. (P.-S.-F. d'Arboy).

Beaux-Arts. Exposition des morceaux de concours pour le grand prix de peinture. Portrait de Mgr le duc de Berri ; par M. Gérard (1). 5

Conserv. Litt., t. II, livrais. XVIII, pp. 296-299 (M).

Pour la 11e strophe, MM. Barthou et G. Simon ont donné de nombreuses variantes. Nous allons transcrire d'abord le texte de l'édition *ne varietur* avec en regard une de ces variantes.

1 Enfin, au foyer de tes pères,	1 Enfin, au foyer de tes pères,
2 Tu vins, rapportant pour trésor	2 Tu revins, fatigué du sort ;
3 Tes maux aux rives étrangères	3 L'absence, aux rives étrangères,
4 Et les hautes leçons du sort.	4 T'avait rendu plus grand encor.
	3 Ton grand cœur, tes nobles misères
	4 Te restaient pour dernier trésor.
5 Tu déposas ta douce lyre.	5 Dès lors, laissant ta douce lyre,
6 Dès lors, la raison qui t'inspire	6 De la sagesse qui t'inspire
7 Au Sénat parla par ta voix ;	7 Le Sénat entendit la voix ;
8 Et la liberté rassurée	8 Et la liberté, sage et fière,
9 Confia sa cause sacrée	9 Confia sa chaste bannière
10 A ton bras, défenseur des rois.	10 A ton bras, défenseur des rois.

Les trois derniers vers de la strophe présentent trois autres variantes :

8 Et la liberté, chaste et sage,	8 Et la liberté profanée
9 Vint fuir un culte qui l'outrage	9 S'enfuit, longtemps abandonnée,
10 Dans tes bras, défenseurs des rois.	9 S'enfuit, tremblante et consternée,
	10 Dans tes bras, défenseurs des rois.

8 Et la liberté rassurée
9 Commit sa cause vénérée
10 A ton bras, défenseur des rois.

Il faut enfin signaler une dernière variante des six derniers vers, variante toute différente de celles que nous venons d'indiquer :

5 Le Rhône, au jour cachant son onde,
6 Au sein de la terre profonde
7 Plonge ses flots tumultueux ;
8 Puis, échappé des sombres plages,
9 Il reparaît sur nos rivages,
10 Plus vaste et plus majestueux.

A la 12e strophe, trois vers seulement ont une variante.

6 Sers ton prince, éclaire la France,	Sers ton prince, défends la France,
. . . .	. . . .
8 L'Anarchie, altière et servile,	L'Anarchie, affreuse chimère,
9 Pâlit devant ton front tranquille	Pâlit devant ton front sévère,
. . . .	. . . .
Edition NE VARIETUR	*Edition de l'Imprim. Nationale.*

Dans la 13e et dernière strophe, les cinq derniers vers ont subi quelques changements :

Tel l'oiseau du Cap des Tempêtes	Tel l'oiseau du cap des tempêtes
Voit des nuages sur nos têtes	Voit les nuages sur nos têtes
Rouler l'amas séditieux ;	Rouler leurs flots séditieux ;
Pour lui, loin du bruit de la terre,	Pour lui, loin des bruits de la terre,
Bercé sur son aile légère,	Bercé par son vol solitaire,
Il plane et s'endort dans les cieux (*).	Il va s'endormir dans les cieux !
Conserv. Litt.	*Odes et Ballades.*

L'édition de l'Imprimerie Nationale signale deux variantes pour les vers 6 et 7 :

Voit d'en haut, planant sur nos têtes,
Nos soins, nos débats furieux ;

(1) V. Hugo n'a pas reproduit cet article. Il profite du sujet donné au concours (Achille, aux jeux funèbres célébrés en l'honneur de Patrocle, donnant à Nestor le prix de la sagesse) pour parler littérature. Il prétend que le sujet est plutôt dans Mme Dacier que dans Homère ; il critique avec une grande finesse de doigté Mme Dacier. Il passe ensuite en revue les tableaux qui ont obtenu des récompenses, mais il a surtout remarqué un tableau que les juges n'ont point couronné. C'est « une « composition bizarre, sans grâce, sans noblesse, sans goût, sans harmonie, sans élégance et où « brillait toutefois un beau talent. Nestor ressemblait... à un vieux berger, sorcier de village... Achille « rappelait... un campagnard querelleur... Ulysse avait l'air d'un chef de voleurs... ajoutez à cela la

(*) *L'Albatros* dort en volant.

Cette lettre parle de l'élégie, *Un banni*, élégie un peu longue « de notre jeune et brillant collaborateur, M. V.-M. Hugo ». L'auteur indique une élégie allemande ayant beaucoup de ressemblance avec Raymond d'Ascoli.

5 *Variétés. Nouvelles littéraires*, etc... : *Conserv. Litt.*, t. II, livrais. XVIII, pp. 327-328.

V. Hugo a dû y collaborer, car ces variétés renferment une longue note sur Gil-Blas, Llorente, Neufchâteau, une autre note sur les *Lettres Champenoises* et Lamartine dont la mort a été heureusement démentie.

9 Eloge de l'ode de V. Hugo sur *le Génie*, par Trébuchet. Il en donne des extraits (cinquante vers), il recommande le *Conservateur Littéraire*; cf. *Journal de Nantes et de la Loire-Inférieure*, 9 août 1820.

19 *Poésie. A M. A.-J. Carbonel*, élégie : *Conserv. Litt.*, t. II, livrais. XIX, pp. 330-331. Signé : De Labouïsse.

Spectacles. Académie royale de Musique. 5
Aspasie et Périclès, opéra en un acte ; paroles de M. Viennet, musique de M. Daussaigne, ballets de M. Gardel.

Second théâtre français. Une promenade dans Paris, ou *de Près et de Loin*, comédie en cinq actes et en prose (1).

Conserv. Litt., t. II, livrais. XVIII, pp. 310-314 (H).

N.-B. — *Aspasie et Périclès*, représentée... le 17 juillet 1820. In-8, imp. Vve Porthmann, Paris. Paris chez Vente. B. F., 29 juillet 1820, n° 2757.

Une promenade dans Paris n'a pas dû être imprimée.

Collège Royal de France. Clôture du 5
cours de poésie latine, par M. Tissot (2).

Conserv. Litt., t. II, livrais. XVIII, pp. 321-325 (V).

« foule des Grecs, dont les physionomies prodigieusement variées, paraissaient des copies adoucies « des têtes des démons dans la tentation de saint Antoine... cependant à ces défauts se mêlaient des « beautés réelles. Les formes étaient âpres, mais bien étudiées; les têtes ignobles, mais fortement « caractérisées; l'ensemble offrait quelque chose de sauvage et de nouveau. Placez la scène non chez « les Grecs, mais chez les Sarmates ou les Wisigoths, le tableau était frappant de vérité. » V. Hugo, en écrivant cette page, pensait-il à Han d'Islande ? On le dirait en vérité.

Le portrait du duc de Berri par Gérard lui permet de parler de « la peinture vivante qu'a tracée « du prince que nous pleurons le premier de nos écrivains... Nous ne nous étendrons pas beaucoup « sur cet ouvrage dont la vue nous a vivement émus ; nous pourrions déraisonner comme bien d'autres « sur ses défauts et ses beautés ; mais nous ne nous en sentons pas le courage. Nous l'admirons à « tort et à travers, comme Henri IV aimait Crillon. »

(1) V. Hugo résume le sujet d'*Aspasie et de Périclès*. Il ajoute : « le spectacle a de l'éclat ; les scènes « sont liées avec assez d'art et le style ne manque pas d'élégance ». Il cite un long fragment sur lequel il porte ce jugement : « Il y a du naturel et de la grâce dans ces vers, où l'on voudrait toutefois « effacer quelques expressions impropres. »

Une promenade dans Paris a subi une chute complète. Le public n'a voulu entendre que les deux premiers actes. ce fait dispense V. Hugo de faire l'analyse de la pièce. Il en porte le jugement suivant : « trivialité et incorrection du style, défaut absolu de naturel dans les caractères et les per- « sonnages, incohérence des scènes, mauvais goût du dialogue, invraisemblance et faiblesse de l'action, « absence de comique... »

V. Hugo, un peu contre son habitude, adresse ensuite des éloges aux acteurs : Samson, Lafargue, Mlle Claire, Duparai.

L'auteur d'*Une promenade dans Paris* est incertain. Le *Conserv. Litt.*, avait nommé M. Malmontey : les journaux l'ont répété après lui avec force jeux de mots et calembourgs.

V. Hugo termine par une observation sur la salle même de l'Odéon. Sur la balustrade du balcon, *Crébillon* est placé avant *Voltaire*. « Ce contre-sens absurde doit-il être imputé à la chronologie ou au « goût exquis des décorateurs ? Voltaire aurait-il encore droit de dire de nos jours :

On m'ose préférer Crébillon le barbare !

« Hélas ! on fait plus : on lui préfère *Campistron* : n'est-il pas vrai, M. Lepan, qu'il n'y a rien au « dessus de Campistron ?... si ce n'est peut-être M. Lepan. »

(2) V. Hugo, dans cet article, ne ménage pas M. Tissot, non pas seulement parce qu'il est mauvais professeur mais aussi et peut-être surtout parce qu'il est libéral et philosophe. M. Tissot, ne l'oublions pas, était, à cette époque, la tête de turc de tous les journaux royalistes. Il devait parler souvent de l'*Etre Suprême* puisque V. Hugo dit qu'il a reçu de l'*Etre Suprême* un talent tout particulier pour les clôtures.

V. Hugo le compare aux grands orateurs radicaux d'Angleterre, puis il fait son portrait (il le connaissait bien puisqu'il avait été son élève, affirma plus tard M. Tissot lui-même).

Citons quelques lignes : « L'éloquence de M. Tissot, comme celle de tous les grands orateurs, « est encore plus dans l'action et dans le geste que dans les paroles ; elle est dans ce charmant embar-

19 *Littérature Anglaise. Harold l'intrépide,* poème en six chants, par Sir Walter Scott : *Conserv. Litt.*, t. II, livrais. XIX, pp. 332-340. Signé J. (cet article est d'Abel Hugo).

— *Essai sur l'Indifférence en matière de religion,* par M. l'abbé F. de la Mennais (tome II) : *Conserv. Litt.*, t. II, livrais. XIX, pp. 348-351. Signé A. (cet article est d'Abel Hugo).

N.-B. — *Essai sur l'indifférence.* In-8, imp. Cellot. Paris, Tournachon-Molin et Seguin. B. F., 8 juillet 1820, n° 2511.

— *Variétés. Nouvelles Littéraires,* etc... : *Conserv. Litt.*, t. II, livrais. XIX, pp. 364-368.

V. Hugo a dû collaborer à la rédaction de cet article s'il ne l'a pas composé en entier.

Il est question de la séance annuelle de l'Académie des Inscriptions et Belles Lettres. On annonce l'arrivée à Paris d'Alexandre Soumet « cet « enfant d'Isaure qui occupe un rang si distingué « parmi nos jeunes poètes. »

La 3e note est sur un autre ami de V. Hugo, *Poésie. Le vieillard du Galèse* (1). 19

Conserv. Litt., t. II, livrais. XIX, pp. 329-330. Signé V. d'Auverney.

Cf. *France littéraire*, t. III, livrais. I, pp. 182-183, juillet 1832 ; cf. *V. Hugo raconté*, t. I, pp. 229-231 ; cf. les *Odes et Ballades*, édition de l'Imprimerie Nationale, pp. 411-412.

N.-B. — La livrais. XIX du *Conserv. Litt.*, est antérieure de plusieurs jours au 19 août, puisque le *Journal de Nantes et de la Loire-Inférieure* en parle à la date du 20 août.

Les Psaumes traduits en vers français, par M. de Sapinaud de Boishuguet, chevalier de St-Louis ; seconde édition revue et augmentée. —

Elégies Vendéennes, dédiées à Mme la marquise de la Rochejaquelein ; par le même (1).

Conserv. Litt., t. II, livrais. XIX, pp. 351-358 (V).

« ras qui annonce que Monsieur le professeur ne sait pas trop ce qu'il va dire, lequel embarras se « termine d'ordinaire par un bredouillement plein de grâce et un ingénieux *non-sens ;* elle est dans « ces grands yeux, dans ces longs bras étendus, dans ce coup de poing donné si à propos sur la chaire « au moment où il faut que l'auditoire applaudisse, dans ce verre d'eau que l'on boit pendant l'inter- « ruption lorsqu'il faut que les applaudissements se prolongent, et dans cette confusion pudibonde qui « colore le visage de l'orateur enivré de ces témoignages de l'estime publique. »

V. Hugo rend compte ensuite de la leçon elle-même, des comparaisons faites par le professeur entre Horace et Montesquieu, des explications données sur Lucain, des contre-sens faits par M. Tissot, de ses digressions sur Marius, ce grand homme qui a renversé l'aristocratie de la noblesse, sur les orateurs sacrés qui avaient derrière eux « toute une école antique où ils ont été abreuver leur génie. »

V. Hugo reconnaît que l'auditoire applaudissait frénétiquement et qu'il était le seul qui osât rire de l'auditoire et du professeur. Il termine en décochant un dernier trait. « Dans certains moments je « me suis cru transporté dans le *bon temps*, écoutant les discours du citoyen Tissot aux clubs des « cordeliers ou des jacobins... »

(1) Nous avons trouvé entre le *Conserv. Litt.*, et *V. Hugo raconté*, deux différences plutôt amusantes. Sont-ce des coquilles ou des corrections. Nous reproduisons les quatre vers où elles se trouvent : le lecteur pourra juger.

Il plantait le tilleul près du pin résineux, Et greffait le *prunier* sur l'arbuste épineux ; Chez lui, se soumettant au cordeau qui l'aligne, Le platane ombrageait les *amants* de la vigne ; *Conserv. Litt.*	Il plantait le tilleul près du pin résineux, Et greffait le *premier* sur l'arbuste épineux ; Chez lui, se soumettant au cordeau qui l'aligne ; Le platane ombrageait les *sarmants* de la vigne ; *V. Hugo raconté*, p. 231.

Le texte de la *France littéraire* est le même ici que celui du *Conservateur Littéraire*.

(2) V. Hugo ne veut pas dire comme les journaux que la traduction de M. Sapinaud est *excellente*, elle n'est pas *bonne* encore, mais elle deviendra *excellente* si l'auteur l'améliore d'édition en édition.

Rien n'est difficile comme une traduction des Psaumes. Rousseau qui en a traduit plusieurs n'a pas toujours réussi, donc il n'est pas honteux pour M. Sapinaud d'avoir échoué quelquefois dans une traduction complète des saints cantiques. « D'ailleurs la poésie hébraïque, si continuellement sublime, « mais toujours grave, simple, nue en quelque sorte, trouve mal aisément une interprète fidèle dans « la muse française, qui sacrifie à l'élégance et à l'harmonie, la propriété de l'expression et la vérité « des images. Il est même, à notre avis, dans les livres sacrés, une foule de passages qui ne pourront « jamais être transportés dans notre littérature, et déconcerteront tous les traducteurs ». On pourrait se demander si V. Hugo n'a pas emprunté sur ce dernier point des idées et même des tournures à un article de Lestrade sur le même sujet dans le *Drapeau blanc* du 1er juillet 1820.

V. Hugo cite ensuite quelques exemples de la traduction de Sapinaud de Boishuguet. Il prétend qu'elle est exacte et textuelle ; nous ne partageons pas son avis, du moins pour les psaumes cités : Sapinaud de Boishuguet ajoute, retranche, transpose avec une étonnante facilité.

V. Hugo termine ainsi son jugement : « Le style de M. Sapinaud n'est dépourvu ni de force, ni

Pichat, dont la tragédie de *Turnus* est annoncée pour le 15 janvier 1821. L'auteur fait un grand éloge de Pichat.

Enfin deux pages sont consacrées aux *Lettres Normandes* qui ont prétendu que Chateaubriand s'était fait *monarchique* et *religieux* par intérêt personnel. L'auteur déclare en passant que le 1er volume du *Génie du Christianisme* a été imprimé à Londres avant le retour de Chateaubriand en France.

20 *Le Journal de Nantes et de la Loire-Inférieure* contient un long extrait du *Conservateur Littéraire*, XIXe livrais. sur le *Voyage* de Richer; l'article signé J. doit être d'Abel Hugo : cf. *Journal de Nantes et de la Loire-Inférieure*, 20 août 1820.

30 Chateaubriand est de retour à Paris : cf. *La Quotidienne*, 30 août 1820.

N.-B. — *Les Psaumes*, 2e édit., 2 vol. in-18, Paris, imp.-libr. Leclerc. B. F., 24 juin 1820, no 2335.

Elégies Vendéennes. In-8, imp. Didot, Paris, Leclerc. B. F., 10 juin 1820, no 2120.

Lettre de V. Hugo à A. Trébuchet : *Figaro*, 22 août 1888. 23

Septembre

2 *Poésie. Les deux Ages* : *Conserv. Litt.*, t. II, livrais. XX, pp. 369-371. Signé V.-M. Hugo.

Voir le 5 juin : *Les deux Ages* ont été imprimés dans le *Recueil des Jeux floraux*.

— *La mort du duc d'Enghien*, poème, suivi d'une ode intitulée le *Cri des Royalistes*, par M. Michelet, officier dans la garde royale ; *Conserv. Litt.*, t. II, livrais. XX, pp. 382-385.

Littérature française. Examen critique et complément des Dictionnaires historiques les plus répandus, depuis le dictionnaire de Moréri jusqu'à la Biographie Universelle inclusivement. **Tome I (A.-J), contenant environ 240 articles nouveaux, 50 refaits et 560 corrigés ou augmentés; par l'auteur du *Dictionnaire des ouvrages anonymes et pseudonymes*(1).** 2

« d'onction, ni de vivacité; mais il manque trop généralement de grâce, d'élégance, en un mot de « poésie. Les figures y sont souvent tronquées ou incohérentes, et le goût n'a pas toujours présidé au « choix des expressions, à l'harmonie des images, et même à la composition des rythmes. »

V. Hugo parle ensuite des *Elégies Vendéennes*. « Il était digne d'un chevalier français, porteur « d'un nom devenu historique durant ces nobles guerres, de leur consacrer une lyre déjà accoutumée « à répéter les tons graves de la harpe du psalmiste... Les infortunes de l'armée royale ont quelque « chose de sacré qui donne à ces élégies un air de continuation des saints cantiques. »

(1) *Litt. et Philos. mêlées* reproduisent (p. 113-114) le commencement de l'article (*Conserv. Litt.*, pp. 371 et 372). Une petite correction de style a été faite : *qualification* remplace *dénomination*.

Ce qui suit dans l'article du *Conserv. Litt.*, offre peu d'importance et nous arrivons à cet autre morceau sur Jean Alary que V. Hugo a mis dans *Litt. et Philos. mêlées* (pp. 114-115). Mais à la page 115, la réflexion qui suit la citation a été complètement transformée et augmentée. Au lieu des six lignes de *Litt. et Philos. mêlées*, V Hugo avait dit simplement : « Sous Louis XIV, cette dénomi- « nation de *crottés* passa des philosophes aux poètes, en 93, elle revint des poètes aux philosophes ». En 1834, il n'attaque plus les philosophes et les révolutionnaires, il donne à son idée une forme plus vague et plus générale.

V. Hugo, pour mettre de la variété dans son article et intéresser son lecteur, cite des traits de noblesse ou de fidélité, des observations plaisantes ou des détails piquants : un pasteur protestant, Claude Brousson, un paysan Vendéen, un révolutionnaire, Camille Desmoulins, un philosophe, J.-J. Rousseau, lui en fournissent la matière. Mais il n'oublie pas ses amis et ses protecteurs. Il parle des notes dont le Comte François de Neufchâteau a enrichi le *Gil Blas* de Crapelet, critique Barbier d'avoir attaqué « les innombrables admirateurs de l'illustre vicomte de Chateaubriand ». Notons en passant, une critique plus importante peut-être : « Je blâmerai... M. Barbier d'avoir apporté un esprit « de philosophisme et presque de libéralisme dans un ouvrage où l'impartialité semblait indispensable. »

Il fait ensuite quelques critiques de style, rectifie des vers cités d'une manière incorrecte. Il reproche à Barbier d'avoir relaté un fait peu honorable pour Volney qu'il raconterait si Volney n'était pas mort.

Il s'amuse en terminant à parler de sa propre biographie dont il laissera les matériaux aux bureaux du *Conserv. Litt.*

L'article, dans le corps de la revue, n'est pas signé, mais à la table on trouve A.-B. ou AB. Est-il d'Abel Hugo? Peut-être. Mais le style ressemble bien à celui de Victor.

2 *Mélanges. Visite à la Trappe*: *Conserv. Litt.*, t. II, livrais. XX, pp. 385-389. Signé A. T.-T. Cette lettre est d'Adolphe Trébuchet.

— Entrefilet sur l'ode *le Génie*, dédiée à M. de Chateaubriand, par Victor-Marie Hugo.

« Autrefois l'apparition d'un poème, d'une « ode, soulevait la foule, aujourd'hui... les « poètes n'ont plus d'autres lecteurs qu'eux- « mêmes et leurs amis. Quelques-uns ont « triomphé de l'indifférence du public, et « parmi ces élus on doit compter M. Victor « Hugo, déjà célèbre par de nombreux triom- « phes académiques. Il vient de publier une « ode sur *le Génie*, dédiée à M. le vicomte de « Chateaubriand. On ne pouvait mieux l'adres- « ser. Le poète n'est pas resté au dessous du « sujet. »

Ici quarante vers sont cités.

Conserv. Litt., t. II, livrais. XX, pp. 371-378 (V); cf. *Litt. et Philos. mêlées*, pp. 113, 114, 115.

N.-B. — *Examen critique*... etc. In-8, imp. Baudoin; Paris, chez Rey, Gravier et Baudoin. B. F.. 3 juin 1820, n° 1952.

Manuel de recrutement, ou Recueil des Ordonnances approuvées par le Roi, circulaires et décisions ministérielles, auxquelles l'exécution de la loi du 10 mars 1818 a donné lieu, publié par ordre du ministre de la guerre (1). 2

Conserv. Litt., t. II, livrais. XX, pp. 394-395 (M).

N.-B. — Nous n'avons pu trouver cet ouvrage à la Bibliographie de la France où il n'a pas été annoncé. Nous ne savons à quelle époque il a été imprimé, ni où il l'a été. En 1819 parut à Melun (chez Michelin), avec l'autorisation du préfet, un *Manuel de recrutement* dont le titre est un peu différent de l'ouvrage de M. Foucher.

Variétés, nouvelles littéraires, etc... (2) —

Conserv. Litt., t. II, livrais. XX. pp. 396-400; cf. *Litt. et Philos. mêlées*, t. I, p. 60.

---

(1) V. Hugo ne pouvait manquer d'adresser des éloges à l'auteur de ce *Manuel* puisqu'il n'était autre que M. Foucher, le père d'Adèle. Aussi parle-t-il « de l'homme utile et laborieux qui a rassemblé « les matériaux de ce recueil, sans même avoir la consolation de voir son nom sur la couverture... « Beaucoup d'ordre, d'exactitude et de méthode dans le classement des matières, donnent un grand « prix au *Manuel du Recrutement*. L'auteur de cet excellent recueil a réussi à mettre de la clarté « dans une partie bien embrouillée de notre législation. »

Il se moque un peu de la toise du recruteur suspendue sur toutes les têtes, de la loi du 10 mars « si chère aux partisans de cette absurde égalité qui ravale tout le monde et n'élève personne... « Remarquons seulement en passant que les appels forcés n'ont jamais réussi dans l'héroïque Vendée, « où chaque homme est un soldat volontaire, au premier appel du devoir. » Il ne faut pas oublier que la toise du recruteur était suspendue sur la tête de V. Hugo et qu'il l'éviterait par ses pressantes démarches auprès du secrétaire des Jeux floraux, le bon M. Pinaud.

Il critique en terminant le nombre immense des fonctionnaires. « Beaucoup de ces Messieurs... « sont à peu près aussi utiles à l'Etat que l'Arlequin de Regnard qui recevait une pension de la ville, « *pour faire tous les quinze jours le crin au cheval de bronze.* »

(2) L'article, *Variétés, Nouvelles Littéraires*, n'est peut-être pas tout entier de la main de V. Hugo, mais il a dû y travailler puisqu'il en a reproduit un passage dans *Litt. et Philos. mêlées*. D'autre part certaines nouvelles qu'il renferme devaient l'intéresser tout particulièrement.

L'article commence par un reproche fait au *Télégraphe de la littérature*... imprimé à Toulouse. Il a reproduit des articles du *Conserv. Litt.*, sans indiquer la source. Ce sont des articles de spectacles de V. Hugo. Mais le *Conserv. Litt.*, n'est pas très fâché puisqu'il annonce aimablement le *Télégraphe de la littérature* qu'il trouve cependant libéral. « De tous les journaux littéraires qui s'impriment « dans la capitale, aucun n'est libéral : c'est qu'en effet l'amour des lettres se concilie difficilement « avec la soif des révolutions. »

Parmi les *Nouvelles littéraires*, citons une note sur le *Conservateur* de Chateaubriand « ouvrage célèbre », sur le *Conservateur* de Neufchâteau, « excellent choix de morceaux inédits » (or ce recueil n'est point certes à mettre entre toutes les mains), sur le *Conservateur* de M. Delandine. Le *Conserv. Litt.* cite une demie page de ce recueil, à propos *du nombre huit, dans la vie du calife Motassem*. Cette petite histoire arabe doit être de V. Hugo, qui à cette époque aimait et étudiait la littérature arabe.

A la suite se trouve l'extrait du *Courrier français* reproduit par *Litt. et Philos. mêlées*. En reproduisant on a changé la date et mis 14 septembre au lieu de 18 septembre.

Enfin on lit l'annonce de différents poèmes épiques, entre autres la *Jeanne d'Arc* de Soumet, la découverte de divers manuscrits faite en Irlande. « L'examen de ces papiers y a fait reconnaître une « vieille traduction des poésies originales d'Ossian, fort antérieure à l'imitation de Macpherson. » Tout ceci pourrait bien encore appartenir à V. Hugo.

« Et maintenant l'auteur peut se dire comme « le Corrège : *Son pittor anche io.* »

Cf. *Lettres Champenoises*, 1820, t. II, lettre XVIII, pp. 338-340 (B. F., 2 septembre, mais cette lettre est sûrement du mois d'août).

Discours. Sur les avantages de l'enseignement mutuel. 9

Agmine partito fulgent, paribusque magistris.
Virg. (1).

Conserv. Litt., t. III, livrais. XXI, pp. 7-15. Signé *** ; cf. *Litt. et Philos. mêlées*, pp. 133-135 ; cf. *V. Hugo raconté*, t. II, pp. 31-41 ; cf. *Odes et Ballades*, édition de l'Imprimerie Nationale, pp. 466-473, avec cette date : 12 mai 1819.

Littérature française. Histoire de Gil Blas de Santillane par Lesage ; édition collationnée sur celle de 1747, corrigée par l'auteur, avec un examen préliminaire, de nouveaux sommaires des chapitres et des notes historiques et littéraires, par M. le Comte François de Neufchâteau, de l'Académie française, etc... (2) : *Conserv. Litt.*, t. III, —

(1) Le *Conserv. Litt.* avait mis (p. 78) la note suivante : « L'auteur de cette pièce avait vu dans « l'Enseignement mutuel une méthode utile, mais non admirable, comme le prétend la fraction libé« rale. Considérant sa pièce sous le rapport littéraire, nous l'admettons dans ce recueil, sans partager « tout à fait son opinion. L'enseignement mutuel y est, à la vérité, loué très modérément (l'auteur le « regarde seulement comme susceptible de rendre les premiers travaux élémentaires *moins tristes et « plus courts*) ; l'auteur a même su faire percer dans plusieurs endroits son opinion royaliste et ses « sentiments religieux et nous devons lui en savoir gré dans un pareil sujet ; cependant nous pensons « que la nouvelle méthode, sans même l'envisager sous le point de vue moral, présente le grand « inconvénient de laisser vite oublier ce qu'elle a promptement enseigné, ce qui compense du reste « l'avantage d'abréger et d'égayer les études. L'auteur de cette pièce nous autorise à la faire précéder « de cette note ; de mûres réflexions et une observation mieux entendue de la méthode mutuelle l'ont « déjà fait presque revenir à notre avis. Son discours fut envoyé en 1819 à l'Académie, qui lui décerna « une mention honorable sous le n° 16, et décida qu'elle ne donnerait pas le prix. On l'insère ici, tel « qu'il fut soumis à l'Académie ; on croit devoir ajouter que l'auteur ne l'a point représenté au con« cours cette année. »

Cette note est curieuse quand on connaît le dessous des cartes.

V. Hugo raconté a reproduit fidèlement le *Conserv. Litt.* ; il a même corrigé quelques fautes d'impression. A la p. 32, les trois vers d'Horace que le *Conserv. Litt.*, attribuait à la sat. IV, du liv. II, sont restitués à la sat. VI. A la p. 35, vers 3e on a remplacé avec raison *à des leçons si chères* par une expression meilleure *à tes leçons si chères*. A la p. 39, vers 13e : *le savoir vous honore* remplace avec raison *le savoir nous honore*.

Dans son volume *Litt. et Philos. mêlées*, V. Hugo avait reproduit (pp. 133-135), 42 vers sous les titres suivants : *En voyant les enfants sortir de l'école* et *A des enfants en classe*. Il avait mis la date *Juin 1820* qui est fausse. *L'enseignement mutuel* a été écrit avant le 15 mai et publié en septembre. Il avait fait deux corrections : p. 134, 13e vers, *âge serein*, remplace *âge enchanteur* ; p. 135, 11e vers, *purs et joyeux* remplace *intéressants*.

(2) L'article de V. Hugo débute par des plaisanteries sur deux pots pourris à propos du *Vampire*, sur un libelle apologétique pour le duc Decazes, sur les proverbes moraux de M. Gosse, sur certains ouvrages politiques. Il s'excuse auprès de ses lecteurs de ne pas leur parler de ces productions importantes et de « s'occuper des notes dont un de nos académiciens les plus distingués vient d'enrichir le « chef-d'œuvre du premier des romanciers français ».

On retrouve la suite de l'article dans *Litt. et Philos. mêlées*, pp. 108 et 109, avec la date *Avril 1819*. C'est un parallèle entre Lesage et Walter Scott. V. Hugo a pu à la rigueur l'écrire en 1819 et le glisser, en 1820, dans cet article, mais nous n'en avons aucune preuve, et nous croyons tout simplement que la date *avril 1819* est fausse.

Après ce morceau reproduit dans *Litt. et Philos. mêlées*, V. Hugo en arrive au travail de François de Neufchâteau (*Conserv. Litt.*, p. 17). C'est un travail, « grand, important, utile » — « François « de Neufchâteau éclaircit dans ses notes les obscurités du texte, résout les difficultés grammaticales, « relève les erreurs historiques... » Pour prouver ces assertions, V. Hugo fait de nombreuses citations qu'il entremêle agréablement de souvenirs littéraires ou d'innocentes critiques. Ainsi il attaque la manie des acteurs de mêler des vers à leur conversation (*Conserv. Litt.*, p. 18). Il réfute certaines étymologies de Neufchâteau qui lui semblent mauvaises : les mots *hidalgo* et *Chinchilla* (pp. 19 et

livrais. XXI, pp. 15-25 (V); cf. *Litt. et Philos. mêlées*, pp. 108, 109, 110.

N.-B. — *Histoire de Gil Blas de Santillane* etc..., 3 vol. in-8, avec 9 gravures, imp. Crapelet. Paris, Lefèvre. B. F., 1er juillet 1820, no 2354.

Mélanges. Institut royal de France. Académie française. Séance publique annuelle de la St-Louis (14 août 1820) (1): *Conserv. Litt.*, t. III, livrais. XXI, pp. 31-37 (M). 9

---

20). Ici certainement la science de son frère Abel a dû lui venir en aide. La biche de Sertorius, le pigeon de Mahomet, le renard caché dans la robe du jeune Spartiate lui permettent de faire de l'érudition (pp. 20-23). Il ne peut oublier la politique : « En fait de charlataneries je ne balancerais « pas à mettre les mouchoirs de Makandal sur la même ligne que le *démon familier* dont s'était « gratifié, il y a peu d'années, un gigantesque parodiste de toutes les folies des fléaux de Dieu qui « l'avaient précédé » (p. 20). Il s'agit ici évidemment de Napoléon à qui V. Hugo oppose immédiatement le grand siècle où l'on faisait « d'héroïques jongleries ». Condé jetait son bâton de maréchal dans les lignes assiégées. Chevert parlant à son grenadier était lui aussi un charlatan mais d'une toute autre manière.

V. Hugo ne manque pas de donner çà et là des éloges à François de Neufchâteau « habile annotateur », « savant commentateur », « bon poète » Les quelques critiques qu'il se permet sont faites si gentiment que ce dût être un plaisir pour Neufchâteau de les recevoir.

V. Hugo parle longuement de la réclamation de l'Espagne à l'égard de *Gil Blas* et de la réfutation qui en a été faite par Neufchâteau « dont les recherches sont extrêmement piquantes ». La question portée devant l'Académie va bientôt être tranchée. V. Hugo termine par un *erratum* sur le nom de Llorente que le *Conserv. Litt.*, avait estropié en le nommant Florente.

A la p. 110 de *Litt. et Philos. mêlées*, on a reproduit la p. 22 du *Conserv. Litt.*, et par le fait même une plaisanterie qu'on trouve à la 1re livraison du t. I du *Conserv. Litt.*, pp. 38-39. Cette plaisanterie doit être de V. Hugo qui se la rappelle trop bien à propos ici pour ne pas l'avoir commise alors. Il la fait suivre d'une autre plaisanterie sur le système de Kant. Le thermomètre de ce système, ce sont les variations de prix de la perruque du philosophe (*Litt. et Philos. mêlées*, p. 110; *Conserv. Litt.*, p. 22).

(1) Ce compte-rendu est très curieux et très intéressant. V. Hugo caché sous le voile de l'anonymat ne se gêne pas pour dire sa façon de penser et émailler sa prose de réflexions piquantes, de mots dont on goûte toute la saveur lorsque l'on comprend les faits auxquels il fait de discrètes allusions.

Il commence par un long début sur l'objet de la séance, sur le public, sur les immortels arrivant les uns après les autres. Pour lui en attendant l'ouverture, il *songeait*. Il voudrait que l'Académie française fut séparée du reste de l'Institut; sur chaque fauteuil il serait heureux de lire les noms de ceux qui l'ont occupé; le jour de chaque réception on rappellerait à haute voix le nom des ancêtres académiques du récipiendaire.

Le discours du nouvel élu, M. le Marquis de Pastoret, fut plein d'élégance. La péroraison fut touchante sur les vertus des Bourbons (V. Hugo appuie ici longuement). M. Laya lui a répondu : il a évité comme Pastoret toute allusion aux idées politiques de Volney. V. Hugo aurait désiré, chez Pastoret, une répudiation franche, quoique circonspecte, des principes de son prédécesseur.

M. Raynouard a lu le rapport sur le quadruple concours de 1821. Pour le prix d'éloquence le sujet était : *Déterminer et comparer les qualités propres à l'orateur du barreau et à l'orateur de la tribune*. V. Hugo, après avoir regretté que l'éloquence de la *chaire* eut été oubliée, est heureux de féliciter M. Armand Malitourne qui a eu la première mention honorable. N'oublions pas que c'est l'un de ses amis. V. Hugo use d'une fine moquerie à l'égard de M. Delamalle, ancien avocat, qui a obtenu le prix. Pour le *Dévouement de Malesherbes* il indique, sans insister, les deux mentions honorables que l'Académie a accordées. La 2e a été donnée au no 33 : *Sunt lacrymae rerum*. V. Hugo aurait pu donner le nom que cachait cette épigraphe puisque c'était le sien. Parlant de l'*Institution du Jury* et de l'Epître de Mennechet qui avait obtenu le prix il dit : « L'épître de M. Mennechet offre de l'élé« gance, de la précision, des détails gracieux et ingénieux ; mais elle ne renferme pas plus de poésie « que le sujet. »

Il faut voir là évidemment la petite vengeance d'un concurrent malheureux.

En donnant le nom du vainqueur du concours sur l'*Enseignement Mutuel*, M. X. B. de Saintine, V. Hugo en profite pour dire, qu'en 1817, Saintine a partagé avec Lebrun le prix de poésie sur le *Bonheur de l'étude* : « personne, affirme-t-il, n'a oublié ce brillant concours. » Il ajoute qu'il n'aime pas le sujet mais qu'il porte à l'auteur un véritable intérêt. Sa pièce, « pleine de vers heureux, n'est « cependant exempte ni de prolixité, ni de prosaïsme. Ajoutons, à la louange du jeune auteur, qu'elle « n'est que très modérément libérale. En général, nous le disons avec peine, et parce que nous avons

23 Compte-rendu du t. II de l'*Essai sur l'Indifférence* dans les *Lettres Champenoises*, par Laurentie. Le critique est loin de partager toutes les idées de l'auteur ; cf. *Lettres Champenoises*, 1820, t. II, lettre XX, pp. 41-51. Signé L. (Laurentie).

29 Naissance du duc de Bordeaux à 2 h. 35 du matin.

Du 29 au 1er oct. V. Hugo compose l'ode sur la *naissance du duc de Bordeaux* : cf. Lettre de V. Hugo à Saint-Valry, du 20 octobre ; cf. G. Simon, *L'Enfance de V. Hugo*, pp. 222-223 et la lettre de M. Foucher du 6 octobre.

Lettre de Victor Hugo à Adolphe Trébuchet : cf. *Le Figaro*, 12 mai 1886 ; *Correspondance 1815-1835*, pp. 11-12. 21

N.-B. — Il y a, dans le *Figaro*, trois erreurs de lecture insignifiantes, mais dans la *Correspondance* un tiers de la lettre est supprimé.

Octobre

6 Lettre de M. Foucher à Mme Hugo, pour remercier Victor de son article sur le *Manuel du recrutement* et de l'envoi de son *Ode sur la naissance du duc de Bordeaux* : cf. *Lettres à la fiancée*, p. 34.

— Entrefilet de *la Quotidienne* sur *le Conservateur Littéraire*. « Parmi les productions « remarquables, consacrées à célébrer la nais- « sance du duc de Bordeaux, on cite une ode « de M. V.-M. Hugo qui doit être insérée dans « le prochain numéro du *Conservateur Litté-* « *raire*. Ce recueil périodique qui a des titres « à la protection du gouvernement et pour le- « quel devraient souscrire tous les amis des

Projet de la proposition d'accusation contre M. le duc Decazes, pair de France, ancien président du Conseil des Ministres, ancien ministre de l'Intérieur et de la police générale du royaume, à soumettre à la chambre de 1820 : par M. Clausel de Coussergues, membre de la chambre des députés, conseiller à la Cour de Cassation, chevalier de l'ordre royal et militaire de St-Louis, officier de l'ordre royal de la Légion d'Honneur. 7

Observations sur l'écrit publié par M. Clausel de Coussergues contre M. le duc Decazes; par M. le comte d'Argout, pair de France (1) : *Conserv. Litt.*, t. III, livrais. XXII, pp. 50-64.

« promis de tout dire, ces deux concours étaient médiocres ; et cela, bien plus par la faute de notre « vénérable Académie française, que par celle des concurrents forcés de travailler sur de méchants « sujets. »

V. Hugo avait probablement raison, mais malgré soi, on ne peut oublier qu'il avait été concurrent malheureux et qu'il jugeait ses juges.

(1) Il était difficile à V. Hugo de reproduire cet article qui traite des questions essentiellement politiques V. Hugo, dans le *Conserv. Litt.*, avait tenu pourtant à parler de ces deux ouvrages afin de montrer ses opinions. Pour justifier son article et prouver qu'il restait cependant dans la critique littéraire et qu'il ne dépassait point les limites de son recueil, il avait fait au commencement une série d'inductions. « Pour qu'un ouvrage remplisse son objet, il est utile que la forme vaille le fond « et nécessaire que les matériaux justifient le titre. La critique littéraire doit donc apprécier les maté- « riaux et juger la forme, c'est à dire, voir, si l'ouvrage est polémique, sur quelles preuves reposent « les arguments et de quel style ils sont revêtus. »

Il résume ensuite le volume de Clausel de Coussergues, appuyant fortement sur l'accusation solennelle portée à la tribune contre le comte Decazes, après l'assassinat du duc de Berry, discutant longuement « sur la prétendue terreur de 1815. » Dans les *Observations* du comte d'Argout, il cherche en vain, dit-il, des preuves contre l'acte d'accusation.

Il compare les styles des deux parties. Celui de Clausel de Coussergues « porte l'empreinte de la « conviction et le cachet de la probité... il est simple et clair, dans l'exposition ; dans la récapitula- « tion..., il est rapide et précis... il est semé de traits piquants et d'observations spirituelles... Du reste « on n'y trouve point d'éclat, point de mouvement, peu de chaleur. » — « M. Clausel répond aux « injures par une dignité calme, aux calomnies par un froid silence. » — « M. d'Argout est bien loin « de ce ton dont la modération fait l'énergie... Son exorde est au moins maladroit. » — « *Tu te fâches*, « *Jupiter*, lui dit V. Hugo, *donc tu as tort*. »

Voici la conclusion de l'article : « Nous réclamons, en terminant, l'indulgence du lecteur pour cet « article, écrit malgré tant d'entraves, et dicté du moins par une intention pure. Déplorant le silence « obligé des feuilles royalistes, nous n'avons pas voulu qu'un généreux défenseur des prérogatives du « trône et des libertés du peuple, parût au milieu de nous sans être accueilli par une voix amie et

« lettres véritablement royalistes, se fait re-« marquer par les doctrines les plus pures et « les aperçus littéraires les plus ingénieux et « quelquefois les plus profonds. Dire que la « rédaction en est principalement confiée aux « soins de M. V. Hugo et de ses frères, c'est « en faire le seul éloge qui ne puisse être « contesté. »

On souscrit pour un ou plusieurs volumes, à Paris, aux bureaux du *Conserv. Litt.*, rue des Bons-Enfants, 34. Prix de chaque livraison séparée. 1 fr. 50. Cf. *La Quotidienne*, 6 octobre 1820.

7 *Poésie. Céphise, idylle imitée de Montesquieu*, par J.-J. Ader: *Conserv. Litt.*, t. III, livrais. XXII, pp. 41-42.

— *Littérature française. La mort du duc de Berri, poème à S. A. R. Mme la Duchesse de Berri*, par M. le marquis de Coriolis d'Espinouse : *Conserv. Litt.*, t. III, livrais. XXII, pp, 43-46. (J.). Cet article est d'Abel Hugo.

— *Spectacles. Second théâtre français. L'Homme à précautions*, comédie en cinq actes et en vers, par M. Désaugiers : *Conserv. Litt.*, t. III, livrais. XXII, pp. 64-67. (A.). Cet article est d'Abel Augo.

— *Mélanges. El Viejo*, fragment : *Conserv. Litt.*, t. III, livrais. XXII, pp. 67-74. A. H. (Abel Hugo).

— *Variétés. Nouvelles littéraires*, etc... : *Conserv. Litt.*, t. III, livrais. XXII, pp. 78-80.

A la p. 79, il y a une vingtaine de lignes sur la philosophie et les philosophes du XVIIIe, qui est bien dans le ton et les idées de V. Hugo. Cette note parle d'une phrase prononcée par Rousseau sur Voltaire. « Le vieillard » qui l'a communiquée à l'auteur pourrait bien être François de Neufchâteau.

14 Alissan de Chazet. — *La nuit et la journée du 29 septembre 1820*, naissance du duc de Bordeaux, avec pièces de divers auteurs. In-8, imp. Dupont, Paris, Ponthieu. B. F., 14 octobre 1820.

Alissan de Chazet, protecteur de V. Hugo, cite des vers de divers auteurs, mais ne cite rien de V. Hugo.

N.-B. — La XXIIe livrais. est certainement parue vers le 15 septembre, puisque V. Hugo en fait mention dans sa lettre à son cousin, du 21 septembre, à propos de la Société Académique de Nantes.

Projet... par Clausel de Coussergues. In-8, imp. Dentu, Paris, Dentu, etc. B. F., 19 août 1820, n° 2990. — 2e édit., 26 août, n° 3060 — 3e edit., 19 septembre, n° 3251, augmentée d'une réponse à l'écrit du comte d'Argout.

Observations... par le comte d'Argout. in-8, imp. Dupont, Paris. Paris, chez les marchands de nouveautés. B. F., 26 août, n° 3061.

Lettre de V. Hugo à Saint-Valry : cf. Ed. Biré, *V. Hugo avant 1830*, pp. 222, 223 et 231. 20

Lettre de V. Hugo au duc de Maillé. Il lui annonce l'envoi de deux exemplaires d'une ode sur *La naissance du duc de Bordeaux*. « J'espère que vous voudrez bien en accepter « un et mettre l'autre sous les yeux de Son « Altesse Royale *Monsieur*. A cette ode est « jointe une autre pièce dont j'ose également « faire hommage à S. A. R. aujourd'hui que la « France et nos princes ont enfin une consolation. » —

Cf. *Catalogues Charavay*, n° 423.

« reconnaissante. Nous lui avons rendu témoignage aussi clairement que nous l'avons pu : satisfaits « si, dans notre suffrage littéraire, il a su lire notre approbation politique. »

V. Hugo, plus tard, s'est sûrement rappelé cet article quand il a écrit dans *Litt. et Philos. mêlées* : « Une grande querelle politique vient de s'émouvoir, ces jours-ci, à propos de M. Decazes. M. Donna-« dieu contre M. Decazes ; M. d'Argout contre M. Donnadieu ; M. Clausel de Coussergues contre « M. d'Argout » (p. 112). Cette phrase est évidemment de 1834 et les souvenirs de V. Hugo sont peut-être un peu confus, comme l'a prouvé E. Biré (*V. Hugo avant 1830*, pp. 186-187). Il aurait dû dire : M. Clausel de Coussergues a écrit contre M. Decazes, M. d'Argout a répondu à M. Clausel qui a répondu à M. d'Argout.

19 La librairie Pichard a réuni dans un *Recueil* les poésies, discours, morceaux de prose sur la naissance du duc de Bordeaux. Nous voudrions citer Dureau de la Malle... et une ode de M. Hugo dont nous avons déjà parlé. Elle est insérée au *Conserv. Litt.*, ; cf. *La Quotidienne*, 19 octobre 1820.

21 Lettre de la maréchale Oudinot à V. Hugo, de la part de la duchesse de Berry au sujet de l'*ode sur la naissance du duc de Bordeaux* : cf. G. Simon, *l'Enfance de V. Hugo*, pp. 222-223.

— *Littérature anglaise. Lettres de Fitz-Osborne, par William Melmoth*, traduites de l'Anglais par A. D.

Conserv. Litt., t. III, livrais. XXIII, pp. 96-102. J. J. A. = J. J. Ader.

— *Littérature française. Rapport du Secrétaire perpétuel de l'Académie sur le concours d'éloquence en 1820.*

Conserv. Litt., t. III, livrais. XXIII, pp. 103-113. A. = Abel Hugo.

N.-B. — Il fait l'éloge de son ami Malitourne et il cite une dizaine de vers de l'ode de son frère Eugène *sur la mort du Prince de Condé*. C'est un excellent exemple d'affection fraternelle.

Poésie. Ode sur la naissance de S. A. R. Henri-Charles-Ferdinand-Marie-Dieudonné d'Artois, duc de Bordeaux, petit-fils de France (1). 21

Conserv. Litt., t. III, livrais. XXIII, pp. 81-83. V.-M. Hugo.

N.-B. — Il est évident que la livrais. XXIII parut avant le 21 octobre, puisque nous avons une lettre de la maréchale Oudinot (21 octobre) remerciant V. Hugo au nom de la duchesse de Berry.

Ode sur la naissance de S. A. R. Mgr le duc de Bordeaux, suivie d'une *Ode sur la mort de S. A. R. Mgr le duc de Berri*. Par Victor-Marie Hugo, de l'Académie des Jeux floraux. —

In-8, imp. Boucher, Paris. Paris, Boucher, Pélicier, Ponthieu, 0.75 (Extrait du *Conserv. Litt.*, t. III, livrais. XXIII, pp. 81-86).

Cf. *Odes et Ballades*, édition *ne varietur*, pp. 89-95 ; cf. *Odes et Ballades*, édition de l'Imprimerie Nationale, pp. 72-76.

Revue poétique. MM. Reymond, de Labouïsse, Gasp. Descombes, Gabriel, Aug. Richomme (2). —

Conserv. Litt., t. III, livrais. XXIII, pp. 86-96. U.

---

(1) L'épigraphe qu'on lisait en 1820 et même dans l'édition de 1822 *(Odes et Poésies diverses)* a été abrégée. Voici le commencement qui a disparu : « *L'enfer, qui pressent sa ruine, tente tous les* « *moyens de victoire ; les Démons de la Volupté, de l'Ambition cherchent à corrompre la milice* « *fidèle. Le ciel vient au secours de ses enfants* ; *il* prodigue... etc... »

Voici d'autre part les changements que cette ode a subis.

Page 91, vers 5. On lisait en 1820 et 1822 : Et viens voir si la *noble* épée — *grande* épée (1828).

Page 91, vers 12. En 1820 : Une race de rois à leur trône *ébranlé* — *isolé* (1822).

Page 92. Les trois derniers vers ont été transformés. Les voici tels qu'on les lisait en 1820 et 1822.

Sois aux sombres soucis qui nous rongent encore
Ce qu'est le flambeau de l'aurore
Aux vapeurs dont la nuit couvre son char de deuil.

Page 93, vers 13. On lisait en 1820 et 1822 : Maudis la trahison et proclamas la foi.

Page 94, vers 7. On lisait en 1820 et 1822 : Dis, qu'iras-tu chercher *aux lieux qui t'ont vu naître*.
vers 10. On lisait en 1820 et 1822 : Voit Palerme en fureur, Messine *dans les larmes*,

(2) V. Hugo n'a reproduit nulle part cet article qui n'a rien de bien intéressant. Il commence par rendre compte d'un *Hommage à Delille*, par M. Reymond, ancien maire d'Issoire. C'est un prospectus rimé pour la commune de Chanonat qui veut élever un monument à Delille. « Mettre du talent dans « un prospectus, voilà ce qui était *neuf* et *difficile* et c'est ce qu'a fait M. Reymond... Ce prospectus « est partout plein d'élégance ; plusieurs passages rappellent la grâce et la fraîcheur du chantre des « *Jardins*. » V. Hugo donne de longs extraits où l'on rencontre des vers « charmants..., harmo- « nieux..., beaux..., pleins de chaleur et de fermeté. »

M. de Labouïsse a envoyé de Castelnaudary plusieurs pièces. V. Hugo les fait connaître en citant plusieurs passages de trois morceaux : *A Eléonore, le Verger d'Adolphe, le Baptême*. Dans *le Verger d'Adolphe*, de Labouïsse chante l'amandier, l'abricotier, le cerisier, le pêcher. L'abricotier seul ne plaît pas à V. Hugo car ce nom lui « semble peu harmonieux ». Il termine sa critique par cette phrase qui mérite d'être citée : « Nous regrettons que le défaut d'espace nous interdise de plus longues « citations, où l'on aurait pu trouver des preuves de ces sentiments monarchiques que professe M. de « Labouïsse, et sans lesquels il est difficile d'être vraiment poète. Peu de beaux vers ont été inspirés « par la trahison et la révolte. »

A propos de M. Gaspard Descombes qui a traduit l'églogue de Gallus, il s'amuse à se moquer de M. Tissot, *le premier de nos poètes élégiaques* au dire du *Constitutionnel*. M. Descombes est bien au-

21 *Mélanges. Témoignage de l'astronome Lalande en faveur des Jésuites.*

Conserv. Litt., t. III, livrais. XXIII, pp. 113-115. J. = Abel Hugo.

— *Revue Littéraire. Entrevue de Henri IV et du duc de Berri aux Champs-Elysées, par M. Bruleboeuf-Letournan.*

Ode sur les exploits du chevalier Bayard... par J.-B. Le Lorrain.

Conserv. Litt., t. III, livrais. XXIII, pp. 116-119. J. = Abel Hugo.

N.-B. — Abel se moque agréablement de M. Le Lorrain et il lui oppose 22 vers de Soumet dont la pièce a été, en 1815, couronnée à l'Académie française avec celle de Mme Dufrenoy.

Séance publique de la Société Académique du Département de la Loire-Inférieure, tenue le 23 août 1820, sous la présidence de M. Fréteau (1). 21

Conserv. Litt., t. III, livrais. XXIII, pp. 119-120. M.

Lettre de V. Hugo à M. Pinaud (Toulouse). 24
Correspondance 1815-1835, pp. 363-364.

Lettre de V. Hugo à Agier. 27

Lettre de V. Hugo à Saint-Valry. 28
Ed. Biré. *V. Hugo avant 1830*, p. 231.

Novembre

4 *Louis XVII au berceau de Henri V* suivi de *Malesherbes*, dithyrambe qui a concouru à l'Académie française en 1820, par le Comte Gaspard de Pons, officier de la garde royale. In-8, Imp. Boucher, Paris, Boucher, Pélicier, Ponthieu. B. F., 4 Novembre 1820, n° 3948.

— *Mélanges. La naissance de Henri IV* : *Conserv. Litt.*, t. III, livrais. XXIV, pp. 148-155. A. H. (Abel Hugo).

— *Variétés. Nouvelles Littéraires*, etc. *Conserv. Litt.*, t. III, livrais. XXIV, p. 168.

Une petite note des *Variétés* semble appartenir à V. Hugo. « L'on attend avec impatience un

Mémoire pour le Vicomte Donnadieu, lieutenant général des armées du Roi, commandeur de l'ordre Royal et militaire de Saint Louis, grand officier de la Légion d'Honneur ; sur la plainte en calomnie par lui portée contre les sieurs Rey, Cazenave et Regnier, auteurs et signataires d'une pétition pour quelques habitants de Grenoble. 4

Réponse au mémoire de M. Berryer, pour le général Donnadieu ; par M. le Comte de Saint-Aulaire (2).

Conserv. Litt., t. III, livrais. XXIV. pp. 134-142 (V) ; Cf. *Litt. et Philos. mêlées*, p. 112.

---

dessus de lui, car sa traduction mérite des éloges... et des conseils. V. Hugo lui donne les deux. Il reconnaît que sa traduction présente de la grâce et de la précision et que sa phrase poétique n'est dénuée ni d'abandon ni de vivacité.

Les stances à un ami après la mort d'une amante chérie, de M. Gabriel, ne manquent ni de douceur ni de facilité. Il cite une douzaine de vers « harmonieux et touchants ».

L'épître à mon frère sur son penchant à la poésie, de M. Richomme, contient de « bons exemples et d'excellents conseils ».

(1) V. Hugo a quelque peine à faire rentrer ce compte-rendu dans le cadre du *Conserv. Litt.* La société académique de Nantes s'occupe surtout de recherches scientifiques. C'est avec plaisir qu'il en parle, « il veut payer un tribut de louanges à une société qui dans une ville commerciale, semble sur- « tout avoir à cœur la prospérité de l'agriculture. » V. Hugo a d'autres raisons qu'il ne peut évidemment donner au public de ses lecteurs. Dans le rapport du secrétaire général il est heureux de « trouver les noms de plusieurs savants Bretons recommandables par de bons ouvrages et des essais « utiles. On y remarque M. de la Boëssière, général et agriculteur, ancien royaliste qui pratique les « vertus républicaines : M. l'abbé de la Trappe qui vit loin des hommes et cherche encore à les servir ; « *M. Trébuchet, savant aussi estimable que modeste, qui est un antiquaire très distingué et croit* « *n'être qu'un amateur curieux* (c'est nous qui soulignons et non V. Hugo) ; M. Ed. Richer dont le « talent et les connaissances ont été si justement loués dans ce recueil ; M. Athenas et une foule « d'autres hommes instruits et peu connus, parce que la célébrité suit rarement la science utile. »

V. Hugo encadrait ainsi admirablement l'éloge de son oncle par l'éloge des amis de son oncle. Ce compte-rendu n'avait pas en effet d'autre but que de faire plaisir à Marie-Joseph Trébuchet.

(2) Cet article est une répétition de celui paru le mois précédent dans le *Conserv. Litt.* (t. III, livrais. XXII, pp. 50-64, 7 octobre 1820).

« Nous autres, dit V. Hugo dès le début du présent article, nous autres, qui nous occupons de

« ouvrage de M. le Vicomte de Chateaubriand sur « les affaires actuelles ». L'auteur presse Chateaubriand de publier ce volume dont par discrétion il ne veut pas révéler le titre.

Avant le 10 Adolphe Trébuchet vient faire ses études de droit à Paris et descend chez Mme Hugo : Cf. Lettre de son père du 18 novembre.

11 Ch. Nodier publie dans le *Défenseur* un article où V. Hugo a pris la phrase qui sert d'épigraphe à la *Bande Noire* dans les *Odes et Ballades* : cf. le *Défenseur*, t. III, livrais. XXXIII, p. 294, 11 novembre 1820.

— V. Hugo envoie à Gaspard de Pons la pièce intitulée *A Gaspard de Pons* : cf. GASPARD DE PONS. *Adieux poétiques*, t. III, p. 169 ; E. BIRÉ, *V. Hugo avant 1830*, pp. 344-345 ; *V. Hugo raconté*, t. I, pp. 255-256.

N.-B. — *Réponse au Mémoire*, etc... In-8. Imp. Fain, Paris, Ladvocat : B. F. 7 octobre, n° 3562 ; 2e édit., 14 octobre, n° 3594 ; 3e édit., 4 nov., n° 3952.

Mémoire pour le Vicomte Donnadieu, etc. Je n'ai rien trouvé à B. F.

Beaux-Arts. Exposition des morceaux de peinture, de sculpture, de gravure et d'architecture, couronnés à Paris et envoyés de Rome. Portrait de Mme la Duchesse de Berri ; par M. Kinson (1). *Conserv. Litt.*, t. III, livrais. XXIV, pp. 146-147 (Signé M.). 4

Correspondance. A MM. les Rédacteurs du Conservateur Littéraire (2). —

Conserv. Litt., t. III, livrais. XXIV, pp. 155-158, V.-M. Hugo.

« vers et de prose, de spectacles et de beaux-arts, nous jouissons du privilège de faire entendre, de « temps en temps, des vérités que nous croyons utiles. On ne s'est pas borné à rogner les ongles, à « limer les dents aux journaux politiques, on leur a mis un baillon : et nous, parce que nous n'avions « ni ongles, ni dents, on n'a pas songé à nous ôter la voix ; aussi cherchons-nous, sans oublier que ce « recueil est littéraire, à justifier en même temps son titre de *Conservateur*. »

V. Hugo cite ensuite trois ou quatre pages du *Mémoire* « écrites, dit-il, avec beaucoup de talent ». Il veut lui aussi ajouter sa page au *Mémoire* et il s'adresse au duc Decazes : « En vérité, infortuné duc « Decazes ! quoi ! vous n'êtes encore que pair de France, que duc, que ministre d'Etat, qu'ambassadeur, « que cordon bleu : comme chacun sait et comme l'a si bien prouvé M. d'Argout, *entré riche au ser-* « *vice du Roi de France*, vous en êtes *sorti pauvre*, à peine avez-vous le moyen de louer une maison « de campagne de 24.000 francs : hé bien ! pour comble de tribulations, on publie encore contre vous « des *libelles diffamatoires*, et, ce qu'il y a de plus affreux, ces vilains *libelles* sont grossis d'une « liasse de *pièces justificatives*, qui sont encore plus *libelles* que tout le reste. Il faut convenir que « les royalistes sont bien ingrats après toutes les bontés de votre excellence, et que leurs procédés à « votre égard sont peu délicats. » (*Conserv. Litt.*, p. 139.)

Les questions littéraires, on le voit, sont laissées de côté dans cet article pour faire place aux questions de pure politique. L'auteur met un malin plaisir à attaquer le duc Decazes, à prouver ses opinions *ultras* et à donner en passant un coup d'encensoir à un illustre membre de la chambre haute, M. de Chateaubriand, qui avec autorité avait adressé jadis un défi au ministre qui se renferma alors dans sa toute puissance. M. de Saint-Aulaire fait comme le duc Decazes, il répond par un fier silence à toutes les assertions capitales de M. Berryer.

V. Hugo termine son article par deux ou trois phrases que l'on retrouve un peu transformées dans *Litt. et Philos. mêlées* (p. 112). Voici le texte du *Conserv. Litt.* : « M. Decazes répondra-t-il (s'en « mêlera-t-il, dans *Litt. et Philos. mêlées*) enfin lui-même ? Toutes ces querelles (batailles, dans « *Litt. et Philos. mêlées*) nous rappellent les anciens temps où de preux chevaliers allaient provoquer « dans son fort quelque géant félon. Au bruit du cor un nain paraissait. Nous avons déjà vu plusieurs « nains apparaître ; nous n'attendons plus que le géant. »

Il est évident qu'en composant en 1834 les pp. 111 et 112 de *Litt. et Philos. mêlées*, sous la date d'avril 1820, V. Hugo avait sous les yeux le *Conserv. Litt.* Il y puisait quelques lignes... « on nous promet le *Monastère*, etc... », qui sont bien d'avril 1820. Mais avec ses deux articles du 7 octobre et du 4 novembre, il composait une partie du reste, citant même textuellement le morceau que nous devons de restituer à son article du 4 novembre.

(1) Cet article n'a pas grande importance. Il nous montre cependant que V. Hugo sait aborder e discuter tous les sujets. Il s'occupe plus particulièrement de trois ou quatre tableaux traitant des sujets antiques ou poétiques : « Nous louons, dit-il, la poésie partout où nous en trouvons vestige. »

Il a réservé pour la fin le portrait de Madame la Duchesse de Berri. « Tout Paris a voulu voir ce « tableau : en cette circonstance, il nous a été doux de suivre la mode, et c'est avec plaisir que nous « payons à l'artiste un tribut bien mérité de louanges. Sa composition est de l'effet le plus vrai, le « plus touchant et le plus dramatique. Tous les Français en font le même éloge que le Roi.

« Nous terminons en priant humblement ceux de MM. les Artistes que nos jugements contra- « rieraient, de les casser sans scrupule : nous ne sommes simplement qu'amateur, et il y a si loin d'un « *amateur* à un *connaisseur* ! »

(2) Cette lettre n'est qu'un article littéraire sur une élégie de M. l'abbé Lafont d'Aussonne. On se demande pourquoi V. Hugo a consacré trois grandes pages à un ouvrage qui nous paraît absolument

18 Lettres de Marie-Joseph Trébuchet à Adolphe Trébuchet et à Sophie Hugo. Inédites : cf. *Appendice*.

Il est heureux de l'excellent voyage de son fils à Paris. Causerie littéraire et politique. Conseils paternels. Remerciements à Sophie.

26-29 Chateaubriand est nommé envoyé extraordinaire et ministre plénipotentiaire à la cour de Prusse : cf. l'*Etoile*, 26 et 29 novembre 1820.

Fin nov. Lettre d'Adolphe Trébuchet à son père. Inédite.

Nous n'en possédons qu'un fragment. Il est question des relations du général et de Mme Hugo. « J'oubliais de te dire que Victor et Eugène suivaient les cours de droit, ils en sont à leur « 3e année, Abel travaille chez un négociant. »

N.-B. — *Le crime du 16 octobre ou les fantômes de Marly* : monument poétique et historique élevé à la mémoire de Marie-Antoinette d'Autriche, reine de France, et du jeune roi, son fils, par M. Lafont d'Aussonne.

In-8. Paris, Imp. Egron. Paris, Pichard, etc. : B. F., 28 oct., no 3885.

Spectacles. Théâtre français. Clovis, tragédie en cinq actes ; par M. Viennet (1). 18

Conserv. Litt., t. III, livrais. XXV, pp. 201-208 (H.).

N.-B. — *Clovis* tragédie... représentée par les comédiens ordinaires du Roi, le 19 octobre 1820. In-8. Imp. Fain ; Paris, Ladvocat et Barba.

B. F., 4 nov., n° 3910 ; 2e édit., 11 nov., no 4074.

---

de nulle valeur. Cette élégie comprend seulement 132 vers suivis de 30 pages de notes et d'anecdotes. Il est vrai que V. Hugo n'a pas prodigué ses éloges : l'auteur, dit-il, a du talent..., certains vers sont touchants... d'autres pleins de grâce et de mélancolie. Mais il n'a pas craint de faire des réserves. Lafont a fait une faute de goût : Marie-Antoinette prononce elle-même son propre éloge..., l'élégie est par ailleurs un peu longue... quelques stances faibles la déparent.

V. Hugo en parlant ainsi est généreux encore : les stances qu'il a citées comme les meilleures n'ont pas grande valeur, on se demande même s'il n'a pas choisi les plus faibles. Il y a dans l'élégie de Lafont comme une lointaine ébauche de l'ode que V. Hugo écrira sur Louis XVII, mais il y a si peu de rapports entre la valeur poétique des deux que franchement ce serait faire injure à V. Hugo de le comparer avec Lafont d'Aussonne qui semble un *pauvre abbé païen du XVIIIe siècle* égaré dans le XIXe. Les notes qui suivent son élégie, sont bien plus intéressantes, mais l'ouvrage ne méritait pas un article du *Conserv. Litt.*

Les raisons nous croyons les trouver dans les deux faits suivants. L'élégie est très royaliste, ce qui permet à V. Hugo de montrer ses opinions. Les notes, qui lui font suite, se terminent par un *Extrait* du *Conserv. Litt.*, « *journal du plus grand mérite*, rédigé par MM. Hugo ». (*Le crime du 16 octobre*, p. 40). Il s'agissait des dernières volontés de Jacques Delille. C'était un moyen pour V. Hugo de prouver sa reconnaissance et en même temps d'affirmer qu'il y avait d'autres rédacteurs au *Conserv. Litt.*

(1) V. Hugo n'a pas reproduit cet article. On n'y trouve en effet aucune de ces idées générales qu'il aimait à développer et qu'il a reproduites dans *Litt. et Philos. mêlées*. Peut-être est-ce pour cela que cet article est l'un des moins bons qu'il ait produits sur le théâtre.

Son début semble un peu cherché et V. Hugo a bien de la peine à amener son sujet. Plus intéressante est la comparaison qu'il fait entre le *Clovis* de Lemercier et celui de Viennet ; assez clair est le résumé de la pièce qui est « un imbroglio tragique ». V. Hugo la débarrasse d'une foule de scènes épisodiques, de nœuds accidentels qui embrouillent le fil de l'intrigue sans resserrer l'action.

« Le style n'est guère au dessus du plan ; il est diffus, négligé... et manque essentiellement de « poésie... » Deux pages de citations appuient l'opinion du critique. Il n'aime pas les vers qui parlent de *pays* et de *liberté*, ce sont « des vérités triviales, trivialement exprimées » !! Il applaudirait plus volontiers avec les amis de l'auteur les deux vers suivants :

Vos soldats irrités demandent son trépas
Clovis ne reçoit point la loi de ses soldats.

« Le jeu de Talma et les affaires actuelles de l'Europe contribuent beaucoup à la beauté de ces « vers. »

On souhaiterait que le jugement de V. Hugo fut plus indépendant de la politique, car on sent trop souvent dans cet article que, royaliste, il n'a pas cette impartialité jadis promise à ses lecteurs. Il accuse Viennet d'avoir emprunté des vers à Brifaut, à Voltaire, à Corneille : les preuves qu'il apporte à l'appui semblent bien faibles, pour ne pas dire davantage. Evidemment le succès de la pièce lui a déplu. « Si elle était tombée, nous aurions été plus indulgent, » dit-il dans sa conclusion. Le succès vient des applaudissements des amis de l'auteur rangés sous le *Lustre*, évidemment des libéraux. Le mot *lustre* permet à V. Hugo de faire, en terminant son article, une citation et un piètre jeu de mots.

9 *Littérature anglaise. Œuvres complètes de Lord Byron* (1er article).

Conserv. Litt., t. III, livrais. XXVI., pp. 212-216 (A. de V.) = A. de Vigny.

N.-B. — Le 2e article ne parut jamais.

— *De l'usage et de l'abus de l'esprit philosophique durant le XVIIIe siècle*, par Portalis.

Conserv. Litt., t. III, livrais. XXVI, pp. 216-223. A. S. = Alex. Soumet.

— *Eloge de S. A. R. Charles Ferdinand d'Artois, duc de Berri*... par Maquart.

Conserv. Litt., t, III, livrais. XXVI, pp. 224-228. A. = Abel Hugo.

— *Second théâtre français. L'accident en voyage, comédie en 3 actes et en prose de M. Georges Duval.*

Conserv. Litt., t. III, livrais. XXVI, pp. 235-237, A. H. = Abel Hugo.

— V. Hugo assiste à la représentation de *Eugène et Guillaume* de Rougemont. Cf. *Conserv. Litt.*, t. III, livrais. XXVII, pp. 279-284, 6 janvier 1821.

— *Variétés, nouvelles littéraires etc.*, *Conserv. Litt.*, t. III, livrais. XXVI, pp. 246-248.

Il est assez probable que quelques-unes de ces nouvelles sont de V. Hugo. Il est question d'un jeune officier « dont la réputation naissante ne « tardera pas à devenir de la célébrité ». C'est évidemment Gaspard de Pons ou A. de Vigny. — Il est question d'E. Deschamps et de sa traduction d'Horace, de Guiraud et de son *Pélage*, d'Amédée Tissot, de l'édition de l'*ode* de V. Hugo *sur la naissance du duc de Bordeaux,* imprimée à Nantes.

Poésie. Le 4 novembre 1820 (Saint-Charles). Stances. 9

Conserv. Litt., t. III, livrais. XXVI, pp. 209-210, V. M. Hugo.

Cf. *Litt. et Philos. mêlées*, t. I, pp. 151-152, *la Saint-Charles de 1820.*

Au 24e vers, *Martyr* remplace *Héros*.

Beaux-Arts. — Annales du Musée. — Salon de 1819, par C. P. Landon, peintre de S. A. R. Mgr le duc de Berri, membre de la Légion d'honneur, etc... 2e vol. Composé des six dernières livraisons (1). —

Conserv. Litt., t. III, livrais. XXVI, pp. 229-230 (M.).

B. F. *Salon de 1819*, etc... In-8. Imp. royale à Paris : Paris, bureau des *Annales du Musée* : B. F. 30 Sept., no 3431.

Revue Littéraire. Epître à Dieu ; par M. le Chevalier de Port-de-Guy, auteur des Considérations religieuses, morales et politiques. —

Carmen sacrum, auctore Radulpho Carr.

Dissertation sur la Césure, traduite de l'anglais, par A. M. H. Boulard.

A S. A. R. Mme la Duchesse de Berri, à l'occasion de la naissance de Mgr le duc de Bordeaux ; par M. Bérenger de Labaume (2).

Conserv. Litt., t. III, livrais. XXVI, pp. 242-243, 245-246 (U.).

N.-B. — *Epître à Dieu*, etc. In-8. Imp. Boucher, Paris, B. F., 30 sept., no 3447.

Dissertation sur la césure, etc... In-8, Imp. Gueffier, Paris ; Paris, Gueffier et Maradan. B. F., 14 oct., no 3606.

Nous n'avons rien trouvé à B. F. pour les deux autres.

---

(1) Il n'y a d'intéressant dans cet article que le début et la conclusion. Le début est une attaque contre les libéraux, MM. Juge, Bousquet-Deschamps, Pontignac de Villars et enfin M. Kératry qui « a « oublié certaines épîtres métaphysiques sur le salon ; car depuis quelque temps, ce grand publiciste à « la suite des ex-conseillers d'état, Royer-Collard et Guizot, verse, à propos des affaires du jour, des « flots d'encre doctrinaire. encre qu'on a plaisamment dit *beaucoup plus noire que l'autre.* »

La conclusion est une attaque contre les Musées ou plutôt la valeur des tableaux qu'ils renferment. « La dernière exposition a prouvé selon nous, que l'abondance n'est pas la richesse. Socrate voulait « que sa maison fut petite, pourquoi nos musées sont-ils si grands? Les vrais chefs-d'œuvre sont-ils « moins rares que les vrais amis ? *Nos musées sont des temples*, a-t-on dit ; d'accord, car beaucoup de « temples sont des hospices. »

(2) V. Hugo rend compte en quelques lignes de ces quatre volumes.

Il félicite le chevalier de Port de Guy d'avoir longtemps et noblement souffert pour la cause royaliste. « Ses vers, écrits de verve, sont pleins d'énergie et de chaleur. Le style des écritures y est imité « avec beaucoup de bonheur ; nous avons d'autant meilleure grâce à louer les vers de M. Port de Guy, « que nous ne partageons pas complètement toutes ses opinions, sans toutefois lui céder en royalisme »

A propos du *Carmen sacrum*, V. Hugo écrit : « Des idées religieuses et morales y sont rendues « d'une manière ingénieuse et énergique... quel dommage... que tant de bons conseils ne puissent « être compris de la plupart de nos libéraux ! »

Dans la pièce de M. Bérenger de Labaume, il y a des vers charmants. V. Hugo en cite quelques-uns dont « l'un est adressé à nos libéraux qui montrèrent tant de stupeur à la naissance de l'enfant « qui est pour eux, suivant la belle et énergique expression de M. de Labaume, l'*inévitable Roi.* »

23 Le duc de Rohan est ordonné sous-diacre. Cf. *La Quotidienne*, 24 déc. 1820.

28 Chateaubriand part pour Berlin. Cf. L'*Etoile* et le *Journal de Paris*, 28 déc. 1820.

— Lettre d'Abel Hugo à son oncle Trébuchet : Cf. *Revue des Autographes*, n° 94, nov. 1885, p. 12 et *Catalogues Charavay*, n° 75.

31 Le prospectus d'un ouvrage en 30 vol. in-8, intitulé le *Génie du Théâtre Espagnol*, par M. A. Hugo, rédacteur du *Conservateur Littéraire* se distribue en ce moment et paraît devoir fixer l'attention du monde littéraire. Cette entreprise dont l'importance et l'utilité semblent incontestables a déjà mérité à son auteur une foule de suffrages honorables. Cf. l'*Etoile*, 31 déc. 1820.

Lettre de V. Hugo à son oncle Trébuchet, cf. *Le Figaro*, 22 août 1888. 26

CHAPITRE IV

1821

1821 *Janvier*

6 *Poésie.* — *Le Bal*: *Conserv. Litt.*, t. III, livrais. XXVII, pp. 249-251. Le Comte Alfred de Vigny.

— *L'Apostat*; *Conserv. Litt.*, t. III, livrais. XXVII, pp. 251-252. A. S. Saint-Valry.

— *Ode à Quintius Hirpinus* (extrait d'une traduction inédite des Odes d'Horace : *Conserv. Litt.*, t. III, livrais. XXVII, p. 253. Emile Deschamps.

— *Littérature espagnole. Lope dé Véga. Les Fêtes de Madrid* : *Conserv. Litt.*, t. III, livrais. XXVII, pp. 254-259. A. = A. Hugo.

Littérature française. L'Observateur au XIXe siècle; par A. J. C. Saint-Prosper. (Deuxième édition) (1). 6

Conserv. Litt., t. III, livrais. XXVII, pp. 259-265 (Signé V.); cf. *Litt. et Philos. mêlées*, t. I, p. 153. Défiez-vous de ces gens... etc...

N.-B. — *L'Observateur au XIXe siècle*, etc... 2e édit. In-12. Imp. Pillet, Paris; Paris, Pichard. B. F., 2 déc. 1820, n° 4445.

Spectacles. Théâtre français, Jean de Bourgogne, tragédie en 5 actes. par M. de Formont (2). —

---

(1) Le commencement de l'article se trouve dans *Litt. et Philos. mêlées*, avec un seul changement. Les cinq premières lignes sont une citation comme le prouve ce bout de phrase négligé. « *Que conclure des paroles de Duclos ? Rien, sinon qu*'il faut observer avec ses yeux. »

Dans les pages du *Conserv. Litt.* qui suivent, V. Hugo parle avec éloges de cette 2e édition de l'*Observateur*. « On retrouve à chaque page l'écrivain vif et piquant, l'observateur habile, quoique « parfois systématique, le philosophe compatissant et railleur, le Français fidèle. » Il cite de longs extraits, s'amuse ensuite en rappelant les titres des chapitres, à faire des réflexions amusantes ou savantes, toujours pleines d'à-propos, continue ses citations pour terminer par quelques réflexions sur « le talent très distingué de M. Saint-Prosper. On regrette que son style ne soit pas toujours aussi « flexible que son esprit et qu'il n'écrive pas avec autant de pureté que de concision, de correction que « de rapidité. Peut-être aussi ces légers défauts, dans un ouvrage plein de mérite, sont-ils un calcul « adroit de l'auteur. On sait pourquoi Alcibiade, élève de Socrate, coupa la queue à son chien.

« *L'Observateur au XIXe siècle* est un livre attachant, quoique un peu abstrait et parfois même « obscur. Il présente beaucoup d'aperçus neufs, d'idées originales, d'images pittoresques; son succès « ne peut manquer de s'accroître encore. Espérons que M. Saint-Prosper publiera avant peu une « 3e édition, où seront signalés tous les travers du siècle. Ces nombreux sujets, tout variés qu'ils sont, « entrent naturellement dans son cadre ; car, ainsi que le disait naïvement Montaigne dans son « chapitre des *noms, quelque diversité d'herbes qu'il y ait, tout s'enveloppe sous le nom de « salade.* »

(2) L'article du *Conserv. Litt.* a été coupé en deux morceaux pour trouver place dans *Litt. et Philos. mêlées*, de plus on a mis au commencement un préambule qui n'appartient pas à cet article du *Conserv. Litt.*, mais à son article sur *Don Carlos*, du même numéro de la revue (*Conserv. Litt.*, pp. 279-280). A la fin *Don Carlos* remplaçait évidemment *Jean de Bourgogne*.

L'article du *Conserv. Litt.* commence dans *Litt. et Philos. mêlées*, au haut de la p. 140 « *dès les premières scènes de cette pièce...* » Il y a peu de changements. A deux ou trois reprises V. Hugo a remplacé le nom de l'auteur par une périphrase. Au bas de la p. 142, V. Hugo a supprimé tout un

6 *Mélanges. Le combat de taureaux* : *Conserv. Litt.*. t. III, livrais., XXVII, pp. 268-274, A. H. = Abel Hugo.

— *Variétés, nouvelles littéraires*, etc, : *Conserv. Litt.*, t. III, livrais. XXVII, pp. 286-288.

Une partie de cet article appartient certainement à V. Hugo. On rappelle le programme des Jeux floraux. On espère que MM. Pichat et Soumet feront paraître prochainement leurs tragédies qui présagent des talents d'un ordre si élevé. On se moque de M. Tissot et de ses cours au collège de France. On annonce avec éloge le prospectus du *Génie du théâtre espagnol*, ouvrage en 30 vol. in-8, par A. Hugo. On parle de la fondation de la *Société des Bonnes Lettres* et de la création d'une académie royale de médecine.

— « J'ai lu dernièrement, par hasard, un « numéro du *Conservateur Littéraire* où l'on « prétend que Lope de Véga a donné à tous « les personnages de ses comédies, la physio-

Conserv. Litt., t. III, livrais, XXVII, 6 janvier 1821, pp. 274-278, E. ; cf. *Litt. et Philos. mêlées*, pp. 140-144 et 101-102 et *Europe Littéraire*, 1er sept. 1833, livrais. VI, p. 98.

N.-B. — *Jean de Bourgogne*, tragédie en 5 actes, représentée sur le théâtre français, par les comédiens ordinaires du roi, le 4 décembre 1820, par M. Guilleau de Formont. In-8, imp. Firmin-Didot. Paris, Mme Cellis et Barba. B. F.., 30 déc. 1820, n° 4811.

Second théâtre français. Eugène et Guillaume. comédie en 4 actes et en prose. 6

Don Carlos, tragédie en 5 actes, par feu M. Lefebvre (1).

Conserv. Litt., t. III, livrais. XXVII, pp. 279-284. Il y a deux articles, le 1er est signé : H. et le 2e : M.

Cf. *Litt. et Philos. mêlées*, pp. 139-140, c'est le début de l'article sur *Don Carlos*.

---

morceau qu'il a reporté sans grandes transformations pp. 101 et 102. (Ce morceau a été reproduit dans l'*Europe littéraire*, 1er septembre 1833, livrais. VI, p. 98.)

L'article continue p. 143, mais quelques changements ont été nécessaires au haut de la page pour recoudre ensemble les deux parties ; ces changements sont sans importance.

La dernière phrase de l'article : « *Mais dans la tragédie telle qu'elle est faite*... » n'appartient pas au *Conserv. Litt.* On lisait à la place : « On mieux encore, il fallait comme M. Lemercier, établir « une double conspiration, nous montrer le duc conspirant pour assassiner le Dauphin et Tanneguy-« Duchâtel sacrifiant son honneur au salut de son maître : nous pensons que la pièce ainsi conçue, « serait restée au théâtre surtout si elle avait été exécutée avec le talent dont M. de Formont a donné « des preuves dans plusieurs parties de son ouvrage, talent auquel nous aurons lieu de rendre « justice dans le prochain article que nous consacrerons au style de cette tragédie. »

(1) V. Hugo se contente de quelque lignes à propos de *Eugène et Guillaume*. Il ne veut pas rendre compte des deux actes qui ont été joués. « On nous accuserait de troubler le repos des morts. L'au-« teur, M. Rougemont, a mieux fait ; il a fait pis aussi, car il a mis son nom au roman des *Mission-« naires*. Ducis qui préférait, disait-il, faire un mauvais ouvrage plutôt qu'une mauvaise action, aurait « mieux aimé faire une mauvaise comédie qu'un roman immoral et irréligieux. »

On avait empêché la représentation : les amis et les ennemis de l'auteur s'étaient battus et après le 3e acte les acteurs avaient dû renoncer à continuer. Le *Journal des Débats*, du 10 décembre, rendit compte de l'incident et V. Hugo lui a certainement emprunté quelques expressions.

C'est dans le *Journal des Débats* (article de C., du 21 octobre, à propos de la 1re représentation de *Clovis*, de Viennet) que V. Hugo a puisé l'idée qui forme le début de son article sur *Don Carlos* (*Litt. et Philos. mêlées*, pp. 139-140). Le parterre ignore les sujets historiques, l'exposition ne l'en instruit pas assez et c'est dans le journal du lendemain qu'il trouvera les renseignements désirés. Le même journal (25 décembre) a dû lui fournir sa documentation sur Raynouard, Schiller et Lefebvre.

V. Hugo fait un résumé de la pièce, accuse le poète d'avoir embelli le caractère historique de Don Carlos. Le style offre des prosaïsmes, mais le 5e acte est écrit de verve. V. Hugo fait toute une page de citations de vers concis, fort beaux, touchants. Mais « les aristarques du lustre ont couvert de « bravos d'assez mauvaises tirades sur les *prêtres*, les *inquisiteurs*, etc.... etc... » V. Hugo se demande si l'on a eu raison de choisir l'assassinat de Don Carlos pour sujet tragique. « M. Lebrun nous a « montré une reine décapitant sa sœur par politique ; M. Lemercier nous peint un roi déshéritant son « fils par démence ; M. Lefebvre nous en fait voir un autre tuant le sien par jalousie amoureuse ; « convient-il de traduire éternellement sur la scène le *délirant reges* ? Non, sans doute ; aussi allons-« nous bientôt applaudir, grâce à M. Pichat, Enée, roi fondateur, Léonidas, roi libérateur ; grâce à « M. Guiraud, Pélage, roi libérateur et fondateur tout ensemble. N'interdisons d'ailleurs aucune des « ressources de l'histoire aux auteurs tragiques ; abandonnons-leur, s'il le faut, les *prêtres* d'autrefois, « l'*inquisition*, aujourd'hui si vieille. Dans quelques siècles, nos jacobins, nos radicaux, nos teuto-« niens, nos carbonari seront aussi du domaine de l'histoire ancienne, soyons sûrs qu'alors les auteurs « n'auront plus besoin d'aller chercher des crimes pour leurs tragédies dans les annales des trônes, « dans les archives du Saint-Office. »

« nomie des Espagnols du temps de Charles-« Quint. Si on l'eut dit de Caldéron, j'en aurais « déduit que M. A... l'avait mal lu ; mais puis-« qu'il s'agit de Lope de Véga, il m'a fallu « conclure qu'il ne l'avait pas lu du tout, et « je suis fâché pour lui qu'il n'ait pas eu ce « plaisir. »

Cf. *Minerve Littéraire*, t. I, livrais. VIII, p. 352, 6 janvier 1821. Lettre première sur la Littérature espagnole, par L. Rincovedro.

12 *Le Génie du théâtre espagnol* .. avec un précis historique... une notice biographique... un examen critique... par A. Hugo, rédacteur du *Conserv. Litt.*, souscription. 30 vol in-8, Boucher.

Annonces d'ouvrages nouveaux dans la *Minerve Littéraire*, t. I, livrais. IX, p. 434, 12 janvier 1821.

20 *Poésie. Glorvina. Elégie.*

Conserv. Litt., t. III, livrais. XXVIII, pp. 289-290 : Le comte J. de Rességuier.

On trouve, au bas de la p. 289, une note qui est certainement de V. Hugo, sur la grâce et l'élégante facilité de ces vers.

N.-B. — *Don Carlos*, tragédie... représentée sur le 2e théâtre français, le mercredi 20 déc. 1820. In-8, imp. Fain ; Paris, Dufour. B. F., 17 février, n° 647.

La 1re et unique représentation de *Eugène et Guillaume* eut lieu le 9 déc. 1820.

Histoire générale de la France, depuis le règne de Charles IX, jusqu'à la paix générale en 1815 ; par M. Dufau, ornée de plus de 230 portraits. — x[e] et xie livrais. (1). 20

Conserv. Litt., t. III, livrais. XXVIII, pp. 306-312, signé V.

---

(1) Nous retrouvons le commencement de l'article du *Conserv. Litt.* dans *Litt. et Philos. mêlées*, p. 65. Faisons remarquer que les deux premières lignes « *Tout historien qui se laisse faire par l'histoire*... etc. » ont été ajoutées après coup. L'article du *Conserv. Litt.* commence à *Sindbad le marin*... Après cette introduction, V. Hugo fait le procès de Vely qui a vu l'histoire de si près, de Garnier qui l'a vue de si loin et Villaret de si bas. Pour Garnier, il lui reproche d'avoir attelé son talent à ces trois médiocrités consécutives. « M. Dufau aurait dû, comme le corinthien Lacoëthès, « refuser de forger une branche d'acier pour un arc de fer. »

V. Hugo cherche à montrer ensuite que les évènements du monde veulent être peints à distance. « Nous ne pouvons, en général, peindre l'histoire à mesure que nous la faisons : peu de génies forts « savent se soustraire aux préventions contemporaines, et voilà pourquoi il est plus difficile, ce nous « semble, d'être bon publiciste que d'être bon historien. »

Il revient à M. Dufau, qui a fait entre la fin du XVIe siècle et celle du XVIIIe, des rapprochements singuliers autant que douloureux. Il lui reproche d'avoir été trop impartial, d'avoir poussé trop loin « cette timidité de jugement dont on fait, je ne sais pourquoi, une qualité de l'historien ». Il lui sait gré pourtant de ses réflexions sages et modérées sur les Jésuites.

Le style lui paraît vif, rapide, animé, parfois un peu négligé... La critique est juste et éclairée : l'auteur en est sobre, grand mérite chez un jeune historien. Chez lui, point de phrases, point de lieux communs; peu d'effets partiels, beaucoup d'effet total. V. Hugo apporte deux pages de citations à l'appui de son dire. Il est heureux en parlant du président Brisson, de rappeler le souvenir de Lavoisier et de faire une réflexion générale sur le premier président du parlement de Paris.

Nous la retrouvons dans *Litt. et Philos. mêlées*, p. 64, sans aucun changement.

V. Hugo, après quelques éloges sur la simplicité élégante de M. Dufau, l'abandonne pour parler de Voltaire. La digression comprend une grande page qu'on trouve reproduite dans *Litt. et Philos. mêlées*, pp. 54, 55 et 56. Mais en imprimant à nouveau son article de 1820, V. Hugo lui a fait subir de nombreux changements.

A la p. 54 : « Quels *mots* aurait-il mis au dessous de pareilles *choses ?* » Le *Conserv. Litt.* avait écrit : « Quels *tableaux*... » Les deux lignes suivantes : « Un spectacle curieux, ce serait celui-ci : « Voltaire jugeant Marat, la cause jugeant l'effet, » sont une addition de 1834.

A la p. 55, il y a des additions plus importantes encore, et M. Ed. Biré a déjà montré qu'ici V. Hugo dit, en 1834, justement le contraire de ce qu'il disait en 1820 (E. Biré, *V. Hugo avant 1830*, pp. 180-181). Etudions rapidement les deux textes. Au milieu de la p. 55, nous lisons : « Peut-être « n'eut-il point eu ce tort s'il se fut borné à la France. Le sentiment national eût émoussé la pointe « amère de son esprit. Pourquoi ne pas se faire cette illusion ? » En 1820, V. Hugo s'était contenté de dire : « Peut-être n'eut-il point eu ce tort, s'il se fut borné à tracer les fastes de sa patrie » — Plus bas

20 *Les Nymphes sur la neige.*
Conserv. Litt., t. III. livrais. XXVIII, pp. 290-292 : J. L... (probablement Jules Lefèvre).

— *Littérature française. La cloche, poème traduit de Schiller ;* par M. Emile Deschamps.
Conserv. Litt., t. III, livrais. XXVIII, pp. 293-297 : A. S. = Alexandre Soumet.

La traduction d'E. Deschamps est encore inédite. A. Soumet se fait donc son éditeur et publie 78 vers de ce poème. Il en profite pour faire un pompeux éloge du père d'E. Deschamps.

— *L'Orléanide*, poème national en 28 chants, par M. Lebrun des Charmettes (4e et dernier article).
Conserv. Litt., t. III, livrais. XXVIII, pp. 297-305 : A. = A. Hugo,

— *Caractères et réflexions morales*, par le Vicomte L. C.
Conserv. Litt., t. III, livrais. XXVIII, pp. 312-317 : G. de P. = Gaspard de Pons.

— *Mélanges. La vengeance. Nouvelle.*
Conserv. Litt., t. III, livrais. XXVIII, pp. 318-322 : J. = Abel Hugo.

— *Second théâtre français. L'intrigant maladroit, comédie en trois actes et en prose*, par M. Picard.
Conserv. Litt., t. III, livrais. XXVIII, pp. 323-324 : A. H. = Abel Hugo.

Janvier V. Hugo compose *La fille d'Otaïti*, (date indiquée dans les *Odes et Ballades*, édition *ne varietur*, p. 283 et dans l'*édition de l'Imprimerie Nationale*, p. 202).

Cf. *Litt. et Philos mêlées*, pp. 54, 55, 56, 64, 65.

N.-B. — La xe livrais. est à B. F. : 25 mars 1820, no 1009.
La xie livrais. est à B. F. : 16 sept. 1820, no 3341.

---

nous lisons (toujours p. 55) : « Pour moi bien que l'historien cosmopolite soit plus grand et plus à « mon gré, je ne hais pas l'historien patriote. Le premier est plus selon l'humanité, le second est plus « selon la cité. Le conteur domestique d'une nation me charme souvent, même dans sa partialité « étroite, et je trouve quelque chose de fier... » En 1820, V. Hugo avait écrit : « Pour moi, je n'aime « pas, je l'avouerai, qu'un historien soit cosmopolite ; et je trouve quelque chose de fier... »

A la p. 56, nous trouvons tout en haut quatre ou cinq lignes qui sont de 1834, ou en tout cas n'appartiennent point à l'article que nous analysons: « Voltaire a toujours l'ironie à sa gauche... etc... »

Au lieu de cet éloge de Voltaire, V. Hugo recommandait à M. Dufau de soigner son style et de prodiguer un peu moins les détails et de ne tenter jamais l'histoire des peuples étrangers. La raison qu'il en donne, tirée des convenances du langage, nous la retrouvons dans *Litt. et Philos. mêlées*, p. 56. Mais là encore V. Hugo a transformé son article. Voici deux phrases que ne contenait pas le *Conserv. Litt.* : « Un historien étranger ne trouverait jamais certaines expressions qui sentent l'homme « du pays... Nuance toute chinoise et toute charmante. » A la place de cette dernière phrase exclamative, il y avait celle-ci : « Cette délicatesse d'expression serait-elle d'un étranger ? »

La conclusion de l'article n'a jamais été reproduite. C'est un éloge de W. Scott, de Chateaubriand, de Lamennais. C'est la première fois, croyons-nous, que V. Hugo fait allusion à Lamennais.

« Ces vérités semblent avoir été senties d'un contemporain : Sir Walter Scott écrit l'histoire « d'Ecosse. Un de nos compatriotes nous fournit un exemple plus éclatant encore : M. de Chateau- « briand écrit l'histoire de France. Quel vide remplira dans notre littérature l'ouvrage de cet homme « qui, suivant la belle expression de M. de Lamennais, *est si avant dans la gloire !* Nous posséderons « alors notre histoire écrite par un personnage historique, nos hommes d'état jugés par un homme « d'état, nos écrivains appréciés par un écrivain, nos grands hommes enfin immortalisés une seconde « fois par un grand homme. »

Janvier

Janvier-février Fondation de la *Société des Bonnes Lettres.*

Les Lettres Champenoises ont deux notes intéressantes sur la société. Le 9 février (t. IV, lettre XXIX, pp. 65-69) elles donnent les noms des fondateurs, membres influents, donateurs. Le 17 février (t. IV, pp. 107-116, lettre XXX) elles donnent le nom des littérateurs, parmi lesquels sont cités Abel et V. Hugo.

Le Journal des Débats (10 février) en parle lui aussi assez longuement.

Février

Commencement de février Lamennais arrive à Paris et descend chez Saint-Victor, rue du Cherche-Midi, 15.

Cf. D'HAUSSONVILLE, *Lettres de Lamennais à la baronne Cottu*, p. 106. « Je serai probable- « ment à Paris, à la fin de janvier » : cf. LAVEILLE, *Un Lamennais inconnu. Lettres à Benoit d'Azy*, p. 127. « J'arriverai le 3 ou 4 février. »

6 Annonce du *Génie du théâtre espagnol*, etc... par Abel Hugo...

Journal de Nantes et de la Loire-Inférieure, 6 février 1821.

11 Première conférence de Frayssinous, à Saint-Sulpice, sur l'*Incrédulité des jeunes gens* : cf. *La Quotidienne*, 18 février.

— Destitution de Tissot, professeur de poésie latine au collège de France, successeur de Delille : cf. *Le Journal des Débats*, 11 février 1821.

12 Rességuier, aux Jeux floraux, prononce l'éloge de M. Poitevin-Peitavi, imprimé le 31 mars 1823.

15 Séance d'ouverture des Bonnes Lettres : cf. *Le Journal de Paris*, 19 février 1821.

17 *Poésie. L'infidèle. Elégie.*

Conserv. Litt., t. III, livrais. XXIX, pp. 329-330 : Alex. Soumet.

Littérature française. Poésies de Mme Desbordes-Valmore (1). 17

Conserv. Litt., t. III, livrais. XXIX, pp. 338-345 : V.

---

(1) Cette critique littéraire n'a jamais été reproduite par V. Hugo, et pourtant elle est curieuse à étudier. V. Hugo semble accabler Mme Desbordes-Valmore de louanges, mais à y regarder de plus près, il n'a donné tant de compliments que pour faire passer en même temps sa véritable pensée. La coupe était amère, il a mis beaucoup de miel sur les bords. Voici le début :

« Je viens de lire, pour la 3e fois, ce volume de *poésies*, et je suis décidé à en faire un grand « éloge ; car je suis décidé à beaucoup citer. J'étais prévenu contre Mme Desbordes-Valmore : j'avais « lu son nom dans l'*Almanach des Muses* ; et, avant d'ouvrir le livre, j'avais préparé un long préam- « bule d'article en plusieurs points. Le premier roulait sur la fadeur des poésies élégiaques en général ; « je démontrais le ridicule de ces éternelles lamentations amoureuses ; j'avais découvert qu'il n'y a rien « de tel que d'être *mourant* pour vivre longtemps, et je citais à tort et à travers l'exemple de Voltaire, « qui fut mourant 80 ans ; puis, descendant aux détails de la vie privée, je montrais le mourant mar- « chandant avec son libraire, ou corrigeant son désespoir amoureux sur une épreuve. Le second point « traitait des dames auteurs ; je pesais toutes les gloires féminines, anciennes, modernes et même

17 *Chant du vieux Morlaque*, tiré du roman de *Jean Sbogar*.
Conserv. Litt, t. III, livrais. XXIX, pp. 330-331 : Le comte France d'Houdetot.

— *Littérature anglaise. Robert Southey. Roderick, le dernier des Goths, poème.*
Conserv. Litt., t. III, livrais. XXIX, pp. 332-338 : A. = Abel Hugo.

— *Le Malheur, poème, par M. Gabriel de Moyria.*
Conserv. Litt., t. III, livrais. XXIX, pp. 346-350 : G. de P. = G. de Pons.

— *Mélanges. Voyage à Auverney. Costumes. Mœurs. Habitations. Une noce.*
Conserv. Litt., t. III, livrais. XXIX, pp. 352-362 : J. A.

Cet article est-il d'Abel Hugo comme le prétend M. L. de la Sicotière dans la *Revue de Bretagne et de Vendée*, 25 mars 1882 (cité par E. Biré, *V. Hugo avant 1830*, p. 165), nous n'osons le croire, ou bien il est tout de fantaisie, car Abel Hugo, pas plus d'ailleurs que ses frères, n'avait jamais visité Auverné. La correspondance entre les Trébuchet et les frères Hugo le prouve suffisamment.

— *Société des Bonnes Lettres* (extrait du prospectus).
Conserv. Litt., t. III, livrais. XXIX, pp. 362-367. On trouve parmi les membres Abel et V. Hugo.

N.-B. — *Poésies de Mme Desbordes-Valmore*, 3e édit. In-8, imp. Didot, Paris, François-Louis. B. F., 1er juillet 1820, no 2439.

La matinée du 29 septembre, ou la naissance de Mgr le duc de Bordeaux, poème, par M. de Tallayrat, maire de Brioude (1). 17
Conserv. Litt., t. III, livrais. XXIX, pp. 345-346.

N.-B. — *La nuit du 13 février*, in-4, imp. Dupont : B. F., 30 sept. 1820, no 3433.
La matinée du 29 sept., n'est pas à B. F.

« contemporaines, j'en revenais finalement à l'avis de ce poète qui n'aimait pas à voir *l'encre salir* « *des doigts de rose.* »

Mais les premiers vers du livre, pleins de charme et de poésie, ont fait évanouir ces pensées hostiles et V. Hugo est vite convaincu que dans les vers de Mme Desbordes-Valmore il y a de la mélodie, de la grâce et de la douceur, des faits touchants, des observations qui partent du cœur, en un mot de la poésie et un talent charmant. V. Hugo multiplie les citations (il y en a quatre ou cinq pages), les entremêlant de notes critiques toujours aimables.

La conclusion suivante termine son article :

« Ce volume est un des recueils poétiques les plus remarquables qu'on ait publiés depuis long- « temps. La critique y peut reprendre des répétitions, des négligences, quelquefois de l'obscurité, un « emploi trop fréquent de certaines expressions, telle que *sensible, pauvre, petit*, etc., qui sentent « l'affectation à force de naturel : la poésie de Mme Desbordes-Valmore est essentiellement rêveuse, et « rien n'est plus éloigné de la mélancolie que la mignardise. Je ne m'arrêterai point à ces légères « imperfections, je ne reprendrai même point dans des vers constamment harmonieux des hémis- « tiches durs, tel que *inexplicable cœur*, ou des rimes comme *mien* et *chagrin*, *monde* et *tombe* ; « taches faciles à effacer. Il est une observation plus importante que je soumettrai à l'auteur. La Muse « de Mme Desbordes-Valmore est triste, et, chose singulière, ce n'est presque jamais au ciel qu'elle va « chercher ses consolations ; elle ne songe en quelque sorte à Dieu que dans trois ou quatre élégies « touchantes sur la mort de son enfant. Sa douleur est toute terrestre, à moins qu'elle ne devienne « maternelle. Il me semble que Mme Desbordes-Valmore n'a encore obtenu que la moitié du triomphe « réservé à un talent tel que le sien ; ses vers passionnés vont au cœur : qu'elle leur imprime un « caractère religieux, ils iront à l'âme. »

Il faut remarquer la note franchement religieuse qui termine cet article, car on n'est point habitué à rencontrer à cette époque de pareilles idées sous la plume de V. Hugo.

(1) V. Hugo rappelle que M. de Talayrat a chanté la mort du duc de Berry dans un poème « plein « de sombres inspirations et d'émotions touchantes ». Le poème qu'il donne aujourd'hui ne lui est nullement inférieur. V. Hugo cite une douzaine de vers « dont le désordre est poétique et la facture « élégante ». Puis il ajoute : « Nous ne nous lassons pas de mentionner dans ce recueil les ouvrages « sur la naissance de Henri V : ce glorieux enfant inspirera longtemps nos poètes ; et la muse française « pourrait lui adresser ces paroles du psaume : *In te semper erit cantatio mea.* »

17 *Variétés, Nouvelles Littéraires*, etc... *Conserv. Litt.*, t. III, livrais. XXIX, pp. 367-368.

Il y est parlé de la *Clytemnestre* de J. Lefèvre, de l'*Immortalité de l'âme* de Joseph Rocher, d'un poème de J.-J. Ader, sur la *Fronde*. V. Hugo a dû contribuer à cet article pour une large part.

18 Conférence de Frayssinous à Saint-Sulpice, contre l'*Athéisme*.

Cf. *La Quotidienne*, 20 février 1821.

Avant le 28 V. Hugo compose l'ode sur *Quiberon* : cf. *Odes et Ballades*. p. 68.

28 V. Hugo lit à la Société des Bonnes Lettres son ode sur *Quiberon* : cf. *Annales de la Littérature et des Arts*, t. II, livrais. XXII, p. 368, 3 mars 1821.

Février V. Hugo compose *Regret*. La date est donnée par les *Odes et Ballades*, p. 345.

— V. Hugo rencontre Adèle dans la rue. La correspondance interrompue depuis longtemps va recommencer entre eux. Cf. *Les Annales politiques et littéraires*, 4 février 1912, pp. 111-112.

Février-Mars V. Hugo compose *Vision*, lue le 11 mars à la société des Bonnes Lettres.

Mars

Commencement de mars Lettre d'Adèle Foucher à V. Hugo : cf. *Les Annales politiques et littéraires*, 4 février 1912, p. 112.

3 Compte-rendu de la séance des Bonnes Lettres du 28 février. — « Le nom encore peu « connu de MM. Hugo, qui devaient remplir à « eux seuls cette séance avait attiré peu de « monde... MM. Hugo ont été accueillis avec « l'indulgence qui devait s'attacher à leur âge « et à leurs sentiments... M. Victor Hugo est « venu réchauffer la prose de son frère par « une ode sur *Quiberon*, qui a été fort ap- « plaudie et qui méritait de l'être, parce que, « malgré quelques obscurités, on y trouve un « sentiment profond et une poésie animée. »

Annales de la Littérature et des Arts, t. II, livrais. XXII, p, 368, 3 mars 1821.

11 Conférence de Frayssinous, à Saint-Sulpice, sur l'*Union de la religion et de la société* : cf. *La Quotidienne*, 12 mars 1821 et la *Gazette de France*, 19 mars 1821.

13 Lecture aux Bonnes Lettres, par V. Hugo, d'une ode sur le XVIIIe siècle intitulée *Vision*.

Cf. *La Quotidienne*, 12 mars ; les *Annales de la Littérature et des Arts* (t. II, livrais. XXIII, p. 415) 10 mars 1821 ; le *Conservateur Litté-*

Lettre de V. Hugo à Adèle Foucher. Cf. *Lettres à la fiancée*, pp. 37-40. Samedi, commencement de mars

raire (t. III, livrais. xxx, pp. 408-410) 31 mars 1821 ; les *Lettres Champenoises*, XXXIVe lettre, p. 265, 20 avril 1821. Il semble que V. Hugo indisposé a fait lire par un autre son ode (cf. 31 mars 1821).

14 Lettre d'Adèle Foucher à V. Hugo : cf. *Les Annales politiques et littéraires*, 4 février 1912, p. 112.

15 Mort de l'abbé Carron, à 3 h. 35 du matin, dans l'établissement dit de *Marie-Thérèse*, qu'il dirigeait, impasse des Feuillantines, n° 12 ; cf. *Le Défenseur*, t. IV, livrais. XLVIII, p. 401, 17 mars 1821.

16 au 19 Lettre d'Adèle Foucher à V. Hugo : cf. *Annales politiques et littéraires*, 11 février 1912, p. 138.

19-20 Lettre d'Adèle Foucher à V. Hugo : cf. *Annales politiques et littéraires*, 11 février 1912, p. 138.

21-22 Adèle Foucher écrit à V. Hugo : cf. *Annales politiques et littéraires*, 11 février 1912, p. 139 et *Lettres à la fiancée*, p. 46.

21 V. Hugo habite déjà, 10, rue de Mézières et Saint-Valry, 22, rue des fossés de M. le Prince, d'après la lettre de V. Hugo à de Rességuier, du 21 mars : cf. *Mercure de France*, décembre 1902, p. 588.

22 Chateaubriand est nommé président de la société des Bonnes Lettres à la place de Fontanes : cf. *Annales de la Littérature et des Arts*, t. II, livrais. XXVII, p. 40, 7 avril 1821.

23 Deux frères qui se recommandent également à l'attention publique et par leur jeunesse et par leur talent, ont fait les frais de cette séance (séance des Bonnes Lettres, 28 février). M. Abel Hugo qui s'occupe d'un grand travail sur la littérature espagnole en a lu quelques extraits... M. Victor Hugo, jeune poète plein de vigueur et d'énergie, a lu une ode sur Quiberon qui a été très applaudie. Cf. *Lettres Champenoises*, t. IV, lettre XXXII, p. 188, 23 mars 1821.

25 Conférence de Frayssinous, à Saint-Sulpice, sur l'*Education des enfants* : cf. *Le Journal des Débats*, 26 mars 1821.

28 ? Lettre d'Adèle Foucher à V. Hugo : cf. *Annales politiques et littéraires*, pp. 139-140.

29 V. Hugo déjeune avec le duc de Rohan et l'abbé Frayssinous. Il dîne avec Soumet, Mlle Duchesnois, Mlle Leverd et Mme Sophie Gay. Il assiste ensuite à la 1re représentation du *Maître de Chapelle*, de Mme Sophie Gay : cf. *V. Hugo raconté*, t. II, pp. 130-133.

30 V. Hugo est mené, par le duc de Rohan, aux Feuillantines voir Lamennais : cf. *V. Hugo raconté*, t. II, pp. 133-135.

Lettre de V. Hugo à Adèle Foucher : cf. *Lettres à la fiancée*, pp. 41-42. 16

Lettre de V. Hugo à Adèle Foucher : cf. *Lettres à la fiancée*, pp. 43-44. 19

Lettre de V. Hugo à Adèle Foucher : cf. *Lettres à la fiancée*, p. 45. 21

Lettre de V. Hugo à J. de Rességuier : cf. E. Biré, *V. Hugo avant 1830*, pp. 131, 133, 232 note et Armand Praviel, *Mercure de France*, t. XLIV, pp. 587-588, décembre 1902. Les deux se complètent. —

Lettre de V. Hugo à Adèle Foucher : cf. *Lettres à la fiancée*, p. 46. 23

Lettre de V. Hugo à Adèle Foucher : cf. *Lettres à la fiancée*, pp. 47-48. 25

Lettre de V. Hugo à M. Pinaud (Toulouse) : cf. *Correspondance 1815-1835*, pp. 364-366. Il envoie l'ode sur *Quiberon*. 28

Lettre de V. Hugo à Adèle Foucher : cf. *Lettres à la Fiancée*, pp. 49-50. 29

31 *Ode à Valgius* (extrait d'une traduction inédite des Odes d'Horace): *Conserv. Litt.*, t. III, livrais. XXX, pp. 369-370. Emile Deschamps.

— *Littérature allemande. Jean Chrétien Spietz. Le Petit Pierre. Roman : Conserv. Litt.*, t. III, livrais. XXX, pp. 375-382. A. = Abel Hugo.

— *Mélanges. Le Carnaval de Venise* : *Conserv. Litt.*, t. III, livrais. XXX, pp. 393-408. A. H. = Abel Hugo.

— Le *Conserv. Litt.*, sous le titre *Société des Bonnes Lettres* et sous la signature F. de B., donne un bref compte-rendu des séances de février et de mars. Il se contente de nommer les lecteurs et le titre de la lecture.

Le 28 février : M. A. Hugo, sur la *Littérature espagnole.* — M. V. Hugo, de l'académie des Jeux floraux, ode intitulée : *Quiberon.*

L'émigré en 1794, ou *Une scène de la Terreur*, drame en 5 actes et en prose, avec cette épigraphe : *Que l'exemple du passé vous prémunisse contre l'avenir* (1). 31

Conserv. Litt., t. III, livrais. XXX, pp. 382-385. V. ; cf. *Litt. et Philos. mêlées*, pp. 61-63, avec ce titre : *Après une lecture du Moniteur.*

N.-B. — *L'émigré en 1794*, etc... In-8. Imp. Fougueray, Paris, Goujon, Ponthieu. B. F., 18 nov. 1820, n° 4140.

Odes, par Antoine-Charles. *Laocoon, Apollon vengeur. La Religion* (2). —

Conserv. Litt., t. III, livrais. XXX, pp. 385-388. M.

N.-B. — *Odes*, par Antoine-Charles, etc... In-8. Imp. Didot, Paris. B. F., 17 février 1821, n° 678.

---

(1) V. Hugo a reproduit presque en entier son article du *Conserv. Litt.* mais avec quelques suppressions.

Page 61, la 1re phrase se terminait ainsi : « Proëthès et Cyestris... soutinrent jadis contradictoire-« ment une thèse à peu près aussi oubliée de nos jours que les problèmes de M. Gosse, ou le gros livre « de M. Guizot sur les Francs et les Gaulois ».

Page 61, le 1er alinéa finissait par cette phrase : « Comme tout le monde n'a pas ce volumineux « recueil à sa disposition, je vais le feuilleter un moment pour l'amusement et l'effroi de mes lec-« teurs ».

Page 61, avant-dernière ligne : au lieu de « Les Académies, collège des lettres » on lisait « Les Aca-« démies, sanctuaire des lettres ».

Page 63, le 1er alinéa a vu ses premières lignes transformées : « après l'odieux vient le risible. « Tournez la page. Vous êtes à une séance des Jacobins », lisons-nous dans *Litt. et Philos. mêlées.* Le *Conserv. Litt.* disait : « Je m'aperçois que je deviens sérieux, et j'ai promis de faire rire mes lec-« teurs. Pour tenir ma promesse, le n° suivant m'offre une séance des Jacobins ».

Page 63, après la 22e ligne, V. Hugo a supprimé une phrase : « Ne continuons pas ; car nous « tombons dans l'atroce *simple*, et c'en est trop ».

V. Hugo n'a pas reproduit la fin de son article. Nous allons en donner de larges extraits.

« La révolution naturalisera le drame dans notre littérature, parce que l'on ne pourra guère faire « que des pièces de ce genre bâtard sur cette époque monstrueuse. La royale tragédie y est toujours « souillée par le drame bourgeois et la farce populacière. C'est ce qu'a senti avec beaucoup de juge-« ment l'auteur dont j'annonce l'ouvrage. La fable de sa pièce est d'une déplorable vérité ; le plan est « théâtral, l'action se noue avec art, se dénoue naturellement, c'est à dire horriblement, car la nature « de ce temps là était horrible. Des contrastes, habilement ménagés, font succéder à la peinture plai-« sante des Brute de cabaret et des Aristide de carrefour, le tableau effroyable des Solon du club et « des Lycurgue de la commune. Les personnages sont fidèlement dessinés et opposés entre eux avec « talent... Quant au style, il est vrai, l'auteur sait être trivial avec les assassins, et élevé avec les « victimes.

« Ajoutons que la partie comique du drame n'est point inférieure à la partie tragique : nous « pensons que cet ouvrage n'est nullement indigne du personnage, aussi distingué par son rang et « ses lumières que respectable par son âge, auquel on l'attribue. *Non opus auctori, sic non operi* « *nocet auctor*, qu'on me pardonne de citer en terminant un peu de latin ; il faut bien que cet article « contienne au moins une ligne purement littéraire. »

(2) V. Hugo est heureux de signaler ce petit recueil. Deux des trois odes qu'il contient ont déjà obtenu un honorable succès. « Elles défendaient la religion et la monarchie, à une époque où il y « avait quelque courage à le faire, surtout pour les hommes qui en se constituant les Laocoons de « notre âge, étaient exposés à voir d'un moment à l'autre arriver sur eux les serpents vengeurs sous « la forme de destitutions ministérielles. »

Il semble que V. Hugo grossit à plaisir les dangers que M. Antoine-Charles a pu courir *en 1819* quand il publia ses odes sur *Laocoon* et *la Religion*. Avec plus de raison il aurait pu le féliciter du

6

Le 13 mars, M. V. Hugo devait lire une vision sur le VIIIe siècle (on a voulu écrire le XVIIIe siècle); il ne l'a pu, pour cause d'indisposition.

Le 27 mars, M. A. Hugo, *suite de son discours sur la Littérature espagnole.*

Cf. *Conserv. Litt.*, t. III, livrais. XXX, pp. 408-410, 31 mars 1821.

31 *Variétés, nouvelles littéraires*, etc... *Conserv. Litt.*, t. III, livrais. XXX, pp. 410-412.

On trouve dans cet article quelques nouvelles, mises là sûrement par V. Hugo. Il y est question de la séance de l'académie des Jeux floraux, du 12 février 1821, et de l'éloge de M. Poitevin-Peitavi, par M. le comte Jules de Rességuier.

Mémoires de la société d'émulation de Cambrai ; agriculture, sciences et arts (année 1820) (1). 31

Conserv. Litt., t. III, livrais. XXX, pp. 388-389. U.

N.-B. — *Mémoires*, etc... In-8. Imp. Hurez, Cambrai : B. F., 9 mars 1821, n° 943.

Correspondance. A MM. les Rédacteurs du Conservateur Littéraire, sur la Biographie nouvelle des Contemporains (2). —

Conserv. Litt., t. III, livrais. XXX, pp. 389-392, Victor-Marie Hugo.

---

courage qu'il avait montré *en 1815* en écrivant *La nécessité de renverser Bonaparte et de rétablir les Bourbons.*

Mais V. Hugo veut faire de la politique. Plus loin le nom de Sinon lui permet une petite attaque contre le duc Decazes. « Quelqu'un me demadait l'autre jour si ce *Sinon* (il s'agit du personnage de « l'Enéide de Virgile, type de la ruse et de la fourberie) n'était pas actuellement ambassadeur en An- « gleterre. L'ignorance est quelquefois malicieuse .»

V. Hugo félicite l'auteur de son « style rapide et pressant, quoique parfois obscur, par l'heureuse « audace de ses métaphores, la pompe de ses rimes et l'élégante pureté de sa versification .»

En terminant il lève un peu le voile de l'anonyme qui couvrait l'auteur. « Sous ce nom se cache, « nous dit-on, un de ces Français qui, après avoir longtemps combattu dans nos armées, consacrent « aujourd'hui leurs loisirs à leur muse et leur muse au trône... C'est tout simplement un brave officier « qui ne s'est point servi de ses vers pour gagner ses épaulettes, et ne se sert point de son épée pour « faire sa réputation littéraire. »

Antoine-Charles cachait en effet Antoine Charles Perrin-Brichambault ou Perrin de Brichambault, colonel de génie. C'était un pauvre poète et ses vers, malgré les éloges de V. Hugo, ne sont pas fameux. La politique ou l'amitié ont été pour beaucoup probablement dans la critique de V. Hugo. Antoine-Charles était de plus membre de la société des Bonnes Lettres.

(1) V. Hugo regrette de consacrer un petit article à un gros volume, la raison en est dans l'abondance des matières. Il a distingué des observations *sur le climat d'Egypte* par M. Servois, des vers de M. Delcroix. Le docteur Peysson a fait un poème sur la *vaccine*. V. Hugo est étonné « que l'auteur « ait abordé un pareil sujet, après le beau poème couronné il y a peu d'années par l'Académie Fran- « çaise. Le poète éminemment distingué, qui célébrait si bien alors l'art de Jeuner, ne s'est jamais, « que nous sachions, mis en tête de le pratiquer ; M. Peysson, qui, nous n'en doutons pas, le pratique « avec beaucoup de succès, aurait-il dû entreprendre de le chanter ? *Cuique suum* .»

(2) Cette lettre nous montre bien l'état d'âme de V. Hugo et le désir qu'il a de faire preuve à cette époque d'un ardent royalisme. Cette fois d'ailleurs il va mettre son nom et ses prénoms.

Voici de larges extraits de cet article :

« Les spéculations libérales de librairie se multiplient comme les conspirations ; chaque jour « amène son *Prospectus* et son explosion, et il serait curieux de rechercher si l'audace des factieux est « inspirée par l'insolence des écrivains, ou l'insolence des écrivains par l'audace des factieux... Je pense « d'ailleurs que l'intérêt personnel est bien tant soit peu le moteur des hommes à entreprises, surtout « à entreprises commerciales ; en dupant le bon public, on marche à la fortune et à la gloire ; M. Tou- « quet, déjà renté par la *petite propriété*, ne vient-il pas d'obtenir les honneurs de l'*Ana ?*

« En fait de spéculations de ce genre, c'est de la *Biographie nouvelle des contemporains*, par « MM. Arnault, A. Jay, Jouy et Norvins, que je vais vous entretenir. Je signalerai à votre attention ce « qui m'a frappé à une première et rapide lecture, souvent interrompue par des mouvements d'indi- « gnation et de dégoût que vous partagerez sans doute. Le Dictionnaire est précédé d'un *Tableau* « *chronologique des événements depuis 1787, jusqu'à ce jour*, où il semble que l'on se soit plu à « insulter le trône comme dernièrement un élève du libéralisme insultait l'autel, en face. »

V. Hugo donne alors ses preuves : *Madame Royale* est toujours dans cet ouvrage *la fille de Louis XVI ;* S. M. Louis XVII n'est jamais *le Roi* ; Louis XVIII est *Monsieur* ou encore *le Prétendant.* Il est question de l'*Empereur Napoléon*. Le 21 mars 1804 est le jour de *la mort* du duc d'Enghien *qui avait été pris cherchant à rentrer en France.* Le 13 juillet 1793. Marat est *assassiné* par Charlotte Corday. Pichegru s'*étrangle* dans sa prison ; Georges Cadoudal et ses *complices* sont condamnés à mort. Les massacres des 5 et 6 octobre 1789 sont des *journées tumultueuses.* Au 13 vendémiaire,

La *Clytemnestre*, de M. Soumet, de l'académie des Jeux floraux, vient d'être reçue à l'unanimité aux Français. Ce bel ouvrage prendra le tour de la *Cléopâtre*, du même auteur, reçue depuis 12 ans, et sera joué incessamment.

On annonce ensuite l'apparition de deux ouvrages « dignes de tout l'encouragement des roya- « listes qui voudront sans doute faire pour la reli- « gion et la monarchie, ce que les libéraux font « contre elle nuit et jour. » Il s'agit des œuvres de Bossuet et d'un ouvrage de Saint-Prosper, « jeune écrivain royaliste et distingué » intitulé : *Martyrologe royal*.

Mars V. Hugo compose l'ode le *Poète dans les Révolutions :* date donnée dans les *Odes et Ballades*, p. 43.

Fin mars Le *Conservateur littéraire* cesse de paraître.

Avril

4 Conférence de Frayssinous, à Saint-Roch, pour l'œuvre du Bon Pasteur : *Ce que nous avons à craindre et ce que nous avons à espérer pour la religion en France :* cf. *La Quotidienne*, 6 avril 1821.

7 Des travaux littéraires commmencés depuis longtemps et auxquels MM. Hugo frères désirent se livrer presque exclusivement ne leur permettant plus de consacrer au journal qu'ils ont fondé le temps et les soins que demande une telle entreprise, ils nous ont offert de réunir leur recueil aux *Annales* et de prendre

Lettre de V. Hugo à Aimé Martin. Il lui demande la place de répétiteur de littérature française à l'Ecole polytechnique. 5

Cf. *Intermédiaire des Chercheurs*, 25 oct. 1888, t. XXI, p. 607.

La fille d'O-Taïti, ode. 7

Annales de la Littérature et des Arts, t. III, livrais. XXVII, pp. 15-16, 7 avril 1821. Victor-M. Hugo. Pas d'épigraphe. Il n'y a que des différences de ponctuation avec le texte des *Odes et Ballades*.

Cf. *La Foudre*, 15 juin 1822, pp. 339-340.

Bonaparte *dissipe les factieux*. « Ne trouvez-vous pas, Messieurs, s'écrie V. Hugo, une fleur de philan- « thropie dans cette apologie de la mitraillade de St-Roch ? »

V. Hugo utilise ensuite le *Vocabulaire des dénominations de partis*. Les *bonnets-rouges* sont des républicains *ardents ;* les *patriotes* se font gloire de la dénomination de *sans culottes ;* l'auguste surnom de *chambre introuvable* est une *dénomination dérisoire ;* le 10 août, le 2 septembre, le 21 janvier, le 16 octobre sont des *journées remarquables*. « Enfin on lit dans ce *vocabulaire* le mot « *votants* ; on n'y trouve pas le mot *régicide ;* oubli inutile, il n'est personne qui ne songe à l'y « chercher. »

Sur le texte même de la *Biographie*, V. Hugo se résigne à ne faire qu'une seule observation. « Elle sera consacrée à signaler au mépris une attaque bien obscure et un mensonge bien grossier « contre la gloire du grand Moreau. » La *Biographie* attribuait la victoire de Hohenlinden à Augereau. Victor Hugo, avec raison, restitue à Moreau la gloire qui lui appartient, mais n'oublions pas qu'en 1821, Moreau est pour les royalistes le « grand Moreau », pour V. Hugo, c'est de plus le chef et le compagnon d'armes de son père.

V. Hugo après sa rectification continue ainsi : « Soit ignorance, soit perfidie, voilà comment les « nouveaux biographes écrivent l'histoire. Du reste, MM. Arnault, Jay, Jouy et Norvins, ont déjà fait « un article très flatteur sur M. Arnault, et ils en préparent sans doute de non moins glorieux à « MM. Jay, Jouy et Norvins.

« Comme je me suis vu forcé à quelques attaques un peu vives, permettez-moi, Messieurs, de m'en « rendre responsable en signant, et de me dire bien cordialement votre collaborateur et ami. Victor- « Marie Hugo. »

V. Hugo dans son dernier article du *Conserv. Litt.*, ne se contente pas, on le voit, d'être ardemment royaliste, il mène une charge à fond contre les libéraux, contre Bonaparte et le pauvre Augereau. Peut-être, sur certains points, n'avait-il pas tort, mais le désir évident d'afficher son royalisme lui fait dépasser les bornes d'une critique juste et désintéressée.

part avec nos collaborateurs à la rédaction de ces dernières. Les talents de MM. Hugo, l'identité de leurs doctrines politiques et littéraires avec celles que nous professons nous ont fait accepter leur proposition avec autant d'empressement que de plaisir ; nous avons regretté que les rangs complets de notre rédaction ne nous permissent pas de donner dans les Annales à tous les écrivains du *Conserv. Litt.* la place qu'ils méritent d'y occuper. Nous espérons cependant ne pas être privés de toute coopération de leur part et nous comptons bien qu'ils nous aideront à jeter dans notre journal cette variété de tons et de matières que les lecteurs ont droit d'exiger dans un ouvrage qui n'a pour objet que de les distraire. Le directeur des Annales. (Au verso de la couverture de la 27e livraison, 7 avril 1821). Cette livraison contient *la fille d'O-Taïti* et un article de Malitourne.

Cf. *Annales de la Littérature et des Arts*, t. III, livrais. XXVII, 7 avril 1821.

8 Conférence de Frayssinous, à Saint-Sulpice, à laquelle assiste la duchesse de Berry ; voici le sujet : *Divinité de notre sainte religion par son établissement même qui est un miracle :* cf. *Le Défenseur*, 10 avril 1821.

14 Sur la couverture des *Annales de la Littérature et des Arts*, on ajoute à la suite des noms des rédacteurs ceux de A. Malitourne, V. Hugo, A. Hugo, dans cet ordre ; cf. *Annales de la Littérature et des Arts*, t. III, livrais. XXVIII, 14 avril 1821.

16 Sermon de Frayssinous, à Saint-Sulpice, pour *les enfants délaissés*, en présence de la duchesse de Berry : cf. *La Quotidienne*, 15 et 17 avril 1821.

18 Lettre d'A. de Vigny à V. Hugo, signalée dans la *Correspondance 1815-1835*, p. 13.

Avant le 21 Avril V. Hugo reçoit, entre le 28 février et le 21 avril, une lettre de Chateaubriand qui le félicite de son ode sur *Quiberon*, : cf. *Correspondance 1815-1835*, lettre de V. Hugo à A. de Vigny, 21 avril 1821, p. 15.

Avant le 21 Avril V. Hugo commence *Han d'Islande :* cf. *Correspondance 1815-1835*. Lettre de V. Hugo à A. de Vigny, 21 avril 1821, p. 15. — Dans les *Lettres à la fiancée* (pp. 171-172, lettre du 16 fév. 1822) il est question du mois de mai 1821. Peut-être a-t-il commencé à l'écrire en mai, après y avoir travaillé en avril et peut-être même avant.

21 Sur la couverture des *Annales*, le nom de V. Hugo est placé avant ceux de Ch. Nodier, Ancelot, Amar, Destains, Malitourne, A. Hugo : cf. *Annales de la Littérature et des Arts*, t. III, livrais. XXIX, 21 avril 1821.

Epigraphe : Ecoutez la jeune fiancée qui pleure parce qu'elle est délaissée (ballade d'Arven). Cf. *Le Courrier Littéraire*, 13 juin 1823 ; cf. *Les Tablettes romantiques*, 1823, pp. 141-143 ; cf. *Les Odes et Ballades*, pp. 281-283 avec la date : Janvier.

Lettre de V. Hugo à J. de Rességuier : cf. ED. BIRÉ, *V. Hugo avant 1830*, pp. 134 et 219 ; cf. ARMAND PRAVIEL. *Mercure de France*, décembre 1902, t. XLIV, pp. 589-590. 17

Lettre de V. Hugo à A. de Vigny : cf. *Correspondance 1815-1835*, pp. 13-16. C'est le contenu de la lettre qui nous fait préciser la date. Le 21 avril est le samedi saint. 21

Lettres de V. Hugo à Adèle Foucher : *Lettres à la fiancée*, pp. 51-52, 53-54, 54-56. 26-27-28

29 Conférence de Frayssinous, à Saint-Sulpice : *Nos devoirs comme chrétiens, nos devoirs comme français :* cf. *La Quotidienne*, 1er mai 1821.

30 Lettre de la Maréchale Oudinot au marquis de Lauriston. Elle demande au nom de la duchesse de Berry une pension pour V. Hugo : cf. *Catalogues Charavay*, n° 405.

Mai

Premiers jours de mai Mme Hugo tombe malade : cf. *Lettres à la fiancée*, p. 59.

3 *Académie des Jeux floraux*. La séance a été terminée par la lecture d'une ode intitulée *Quiberon*, de M. V. Hugo, qui eut l'honneur d'être admis l'an dernier parmi les membres de ce célèbre corps littéraire : cf. *Annales de la Littérature et des Arts*, t. III, livrais. XXXIII, pp. 279-280, 19 mai 1821 ; cf. *Le Journal de Paris*, 28 mai 1821 ; cf. *Le Drapeau blanc*, 21 mai 1821.

4 V. Hugo lit aux Bonnes Lettres son *ode sur le baptême du duc de Bordeaux* : cf. *Annales de la Littérature et des Arts*, t. III, livrais. XXXI, 5 mai 1821.

3-5 Note du *Défenseur* à propos de l'*ode sur le baptême du duc de Bordeaux*. C'est la plus remarquable des pièces publiées. L'auteur est à peine âgé de 19 ans. Il compte déjà parmi l'élite des écrivains royalistes. Le journal cite 22 vers ; cf. *Le Défenseur*, t. V, nos 2 et 3, pp. 40-41, 3 et 5 mai 1821.

3-5-8 Annonces des *Romances historiques* d'A. Hugo, sur la couverture du *Défenseur* des 3, 5 et 8 mai.

7 Lettre de M. Pinaud, Toulouse, à V. Hugo : cf. *Odes et Ballades*, édition de l'Imprimerie Nationale, pp. 548-549.

— *Ode sur le baptême du duc de Bordeaux*. « On trouve chez Lenormand une ode de « M. Victor Hugo, jeune poète déjà connu par « une foule de productions qui annoncent à la « fois un beau talent et d'excellentes doc- « trines. Celle dont nous parlons se distingue « comme toutes les autres par une versifica- « tion soutenue, par des mouvements poéti- « ques et par des sentiments honorables. Nous « citons au hasard les vers qui suivent, en « regrettant de ne pouvoir citer le poème « entier où étincelle le feu du génie pindari- « que. » 22 vers sont ensuite cités ; cf. *La Quotidienne*, 7 mai 1821.

Ode sur le baptême de S. A. R. Henri-Charles-Ferdinand-Marie Dieudonné d'Artois, duc de Bordeaux, par Victor-Marie Hugo de l'Académie des Jeux floraux. In-8. Imp. Ant. Boucher. Paris, Pelicier. Avant le 5

N.-B. — On ne trouve sur cette ode aucune indication à la Bibliographie de la France, mais elle fut composée et publiée entre le 21 avril et le 5 mai. Le 21 avril, V. Hugo écrit à de Vigny qu'il ne l'a pas commencée. Le 4 mai, V. Hugo la lit aux Bonnes Lettres. Le 5, *les Annales de la Littérature et des Arts* l'annoncent en vente chez Pelicier et *le Défenseur* en publie des extraits.

Cf. Robert, *Couronne de cyprès et de roses : ode sur le baptême du duc de Bordeaux*, par Victor-Marie Hugot (sic) de l'Académie des Jeux floraux, pp. 115-122 ; cf. *Odes et Poésies diverses*, pp. 71-82 ; cf. *Odes et Ballades*, pp. 97 104.

On trouvera au 8 juin 1822, les variantes de cette ode.

14 *Ode sur le baptême du duc de Bordeaux*. *Le Journal de Paris* a reçu une foule d'odes, stances, épîtres... il se borne à citer les plus remarquables. « La première de ces mentions « honorables est due sans contredit à l'ode de « M. Victor Hugo. Ce jeune poète, déjà auteur « de très belles odes sur l'attentat du 2 février « et la naissance de l'enfant des miracles a « encore eu cette fois de très heureuses inspi- « rations. C'est surtout pour ce morceau plein « de verve et de chaleur que nous regrettons « la sobriété des citations à laquelle nous con- « damne le défaut d'espace et nous nous « bornons à transcrire ici une des strophes les « plus remarquables. » Le journal cite 6 vers, puis nomme des poètes inconnus que V. Hugo n'avait pas de gloire à vaincre : cf. *Journal de Paris*, 14 mai 1821.

18 Entrefilet à propos de l'*Ode sur la naissance du duc Bordeaux*, par Mely-Janin, cf. les *Lettres Champenoises*,, t. IV, lettre XXXVI, 18 mai 1821.

25 V. Hugo a dû faire une lecture à la société des Bonnes Lettres ; cf. *Annales de la Littérature et des Arts*, t. III, livrais. XXXI, 5 mai 1821.

Quiberon, ode ; par M. Victor-Marie Hugo, maître ès Jeux Floraux (1). 26

---

(1) Cette ode, d'après le manuscrit, a été composée du 11 au 17 février 1821 (*Odes et Ballades*, édition de l'Imprimerie Nationale, pp. 56 et 498). Elle a été lue, le 28 février 1821, à la société des Bonnes Lettres (*Annales de la Littérature et des Arts*, t. II, livrais. XXII, p. 368, 3 mars 1821). V. Hugo l'envoya, le 28 mars, à Toulouse (*Correspondance 1815-1835*, p. 365) où elle fut lue à la séance du 3 mai.

En 1822, on corrigea le dernier vers de la 1re strophe. Dans le *Recueil des Jeux Floraux*, on lisait : *Viennent luire sur l'univers*. On lit maintenant : *Apparaissent sur l'univers*. A la même époque on ajouta la 2e strophe qui n'est pas dans le *Recueil des Jeux Floraux*. Enfin on fit disparaître une coquille signalée, le 9 juin, par V. Hugo lui-même (*Annales de la Littérature et des Arts*). A la 9e strophe (*Odes et Ballades*, p. 65) on avait imprimé : *Amis*, on va vous rendre enfin une patrie, au lieu de : *Bannis*, on va...

L'édition de l'Imprimerie Nationale vient de nous donner quelques variantes d'après le manuscrit (cf. pp. 508-509).

A la 1re strophe, nous avons des variantes aux vers 1 et 3.

1 Sur son sanglant bonheur en vain le crime veille.
3 L'anathème, parlant sans cesse à son oreille,
3 . . . ., toujours fidèle à son étoile,

La composition de la 14e strophe a beaucoup coûté, semble-t-il, à V. Hugo. Il en a fait deux ou trois rédactions, conservant la moins religieuse, négligeant celle où nous apparaît davantage l'influence de Chateaubriand et du *Génie du christianisme*. Voici cette dernière :

1 Alors tous les démons bannis des autres mondes,
2 Avaient fait pour le nôtre un sénat digne d'eux ;
3 Tel un dragon, issu de cent dragons immondes,
4 Rassemble en lui leurs traits hideux.
5 Le colosse de fer s'est dissous dans la fange,
6 En vain le ténébreux archange
7 S'applaudissait en le créant,
8 Ce sénat que le crime encor admire et vante,
9 Qui vomissait le meurtre et semait l'épouvante,
10 En son sein portait son néant.

Citons encore certains vers biffés, des variantes qui montrent son effort et le travail de sa pensée.

2 L'ange imposteur du mal sourit en le créant ;
. . . .

Mai *Epître à M. Victor Hugo, de l'Académie des Jeux floraux sur l'insurrection des Grecs*, par le comte Gaspard de Pons, officier de la garde royale, chez Boucher, Pélicier... : cf. Annonces de la couverture des *Annales de la Littérature et des Arts*, t. III, livrais. XXXV, 2 juin 1821 ; cf. Annonces des *Lettres Champenoises*, t. V, lettre XXXVIII, p. 70.

Cette épître n'est ni à la bibliographie de la France, ni à la bibliothèque nationale.

Recueil de l'Académie des Jeux Floraux, pp. 49-53 : B. F., 26 mai 1821, n° 2086. Cf. *Odes et poésies diverses*, 1822, pp. 29-38 ; cf. *Odes et Ballades*, édition *ne varietur*, pp. 61-68 ; cf. *Odes et Ballades*, édition de l'Imprimerie Nationale, pp. 51-56.

Juin

3 Séance des Jeux Floraux du 3 mai : La lecture d'une très belle ode de M. Victor Hugo, maître ès Jeux Floraux a terminé dignement cette belle séance. Cette ode avait pour titre : *Quiberon*, elle a été lue par M. le comte de Rességuier ; cf. la *Gazette de France*, 3 juin.

Recueil de l'Académie des Jeux Floraux (année 1821) (1). 9

Annales de la Littérature et des Arts, t. III, livrais. XXXVI, pp. 379-392, Victor-M. Hugo, 9 juin 1821.

---

6 Tous les crimes, impur mélange,
7 Formaient ce sénat digne d'eux ;
8 Cette hydre vomissant le meurtre et l'épouvante ;
8 Tel un affreux dragon, n'empruntant de ce monde
9 Que redoutaient les rois, que l'imposture vante,
9 Que les difformités de chaque monstre immonde,
10 Les rassemble en son corps hideux.

A la dernière strophe enfin, nous avons trois variantes aux trois premiers vers.

On dit que, de nos jours, *plaignant ces temps parjures*,
Dans la plaine homicide où ces preux sont tombés,
Viennent, les yeux en pleurs, prier les vierges pures.

(1) V. Hugo raconte les origines de la *Fête des fleurs*. Il parle de l'indulgence de l'Académie, du cortège des vieux souvenirs « qui font du corps des Jeux floraux l'une des plus vénérables associations « littéraires de l'Europe... C'est s'exposer au ridicule que de montrer encore quelque respect pour tout « ce qui est venu à nous de l'ancienne France ; mais nous ne reculerons jamais devant le ridicule, « lorsqu'il s'agira de témoigner en faveur des traditions paternelles et des institutions séculaires. Et « en cela, l'institution des Jeux floraux a quelque chose qui séduit et qui impose à la fois ; par son « origine, elle appartient à l'antiquité chevaleresque ; par ses formes, à l'antiquité héroïque... »

V. Hugo s'attache ensuite à étudier le recueil de l'année 1821 et passe en revue les morceaux qui le composent : *Le poète*, ode *aux savants*, du chevalier de Foucry, une *Ode au sommeil*. Il cite avec plaisir *le Jeune poète mourant* de Holmon-Durand. L'amitié qu'il a pour l'auteur le porte à citer deux pages, mais il n'hésite pas à lui faire remarquer non pas des plagiats mais des réminiscences de Millevoye et de Soumet. C'est une preuve que Hugo et Durand lisent, aiment et savent par cœur les beaux vers, suivant l'expression de Hugo lui-même — V. Hugo étudie encore une *Epître aux Muses* de M. Châtillon, *l'épître à un poète* de Charles de Saint-Maurice ; il s'attarde une seconde fois à l'ouvrage d'un ami : *l'immortalité de l'âme*, poème de M. Joseph Rocher, « où chaque vers porte « l'empreinte d'un talent élevé et religieux ». V. Hugo cite le début « plein de douceur et de majesté », puis « une invocation charmante du poète à l'âme immortelle d'une sœur qui n'est plus, idée qui « serait ingénieuse si elle n'était profondément touchante ». V. Hugo, après de longues citations ayant trait à la bonté divine finit ainsi son éloge : « Ces beaux vers terminent dignement le poème qui, bril- « lant d'images et d'harmonie, promet aux lettres un homme religieux et à la religion un poète ». — Il n'a pas d'espace pour examiner en détail le discours couronné de M. de la Servière « sur les *littéra-* « *tures classique et romantique* ». Il passe aussi très rapidement sur le discours en vers *la Semonce* de M. Carré, l'extrait du rapport de M. Pinaud, *les derniers accents d'un Vieillard*, ode par M. le Marquis d'Aguilar. M. le Comte Jules de Rességuier a fait l'éloge de M. Poitevin-Peitavi « dans un discours « écrit avec une élégance soutenue et une pureté rare », discours « toujours intéressant et souvent « éloquent ». V. Hugo continue l'éloge de son ami : « On retrouve encore, en tête de deux élégies, le « nom de M. de Rességuier, et ce nom est toujours d'heureux augure. L'une, intitulée *Glorvina*, a été « insérée dans le *Conserv. Litt.*, ; l'autre *la mort d'une Fille de Village* est également remplie de

6 On répète en ce moment au théâtre une tragédie de M. Soumet sur le même sujet que l'*Oreste* de Mely-Janin (c'est-à-dire *Clytemnestre*); cf. l'*Etoile*, 6 juin.

16 Le duc de Rohan est ordonné diacre : cf. le *Journal de Paris*, 17 juin.

19 V. Hugo a dû faire une lecture à la société des Bonnes Lettres : cf. les *Annales de la Littérature et des Arts*, t. III, livrais. XXXV, 2 juin 1821.

24 Note du *Défenseur* sur V. Hugo à propos des poésies lyriques de M. Dorion (un Nantais). « On n'a pas assez rendu justice au talent de « M. Hugo. » Cf. le *Défenseur*, t. v, n° 33, p. 337, 21 juin.

27 Mort de Mme Hugo. Elle est enterrée au Père-Lachaise, 27e division, chemin Montvoisin. Son tombeau est reproduit dans l'*Illustration* du 30 mai 1885.

— Du 27 juin au 21-22 juillet, V. Hugo cesse de travailler à *Han d'Islande* : cf. *Lettres à la fiancée*, p. 172.

29 Bal chez M. Foucher. Désespoir de V. Hugo qui a vu Adèle danser et rire : cf. *Lettres à la fiancée*, p. 60.

30 L'*Etoile* consacre une grande colonne à l'épître de Gaspard de Pons, sur l'*Insurrection des Grecs*. Le journal termine ainsi : « Cette « pièce est adressée à M. Victor Hugo, jeune « poète dont tous les pas ont été des succès. « Il n'est pas un amateur de beaux vers qui « ne lui conseille de faire une réponse. » Cf. l'*Etoile*, n° 242, samedi 30 juin 1821.

Lettre de V. Hugo à son oncle Trébuchet : cf. *Figaro*, 22 août 1888. 30

Juillet

3 « M. le général Hugo et ses fils, MM. Hugo, « jeunes écrivains monarchiques, ont fait une « perte cruelle. Mme Hugo, leur épouse et « mère, vient de leur être enlevée à un âge où « sa famille et ses amis, dont ses vertus faisaient le bonheur, pouvaient espérer de la « posséder longtemps encore. » Cf. La *Quotidienne*, 3 juillet.

« charme et d'harmonie... L'élégie charmante de M. de Rességuier, que les *Annales* ont dernièrement « publiée, suffisait pour donner aux lecteurs une idée de ses jolis vers. Nous avons aussi voulu leur « faire connaître son excellente prose : car M. le Comte de Rességuier n'est pas comme beaucoup de « poètes de ce temps, dont on connaît la prose quand on a lu leurs vers ».

V. Hugo termine ainsi son compte-rendu : « On ne parlerait point ici d'une ode sur *Quiberon*, « qui se trouve également dans la seconde partie du recueil, s'il ne s'y trouvait une faute d'impression « assez grave que les possesseurs du volume pourront rectifier. Au lieu de

Amis, on va vous rendre enfin une patrie,

« il faut lire : *Bannis*, etc... Les auteurs, qui ont essuyé des fautes d'impression, nous passeront cette « petite observation typographique. Il n'y a que les bons ouvrages qui puissent braver les fautes d'impression, comme il n'y a que les femmes vraiment belles qui restent belles en dépit d'un faux jour « ou d'une toilette sans élégance. » Victor-M. Hugo.

3 « L'épouse de M. le général Hugo vient de « mourir dans la force de l'âge et lorsqu'elle « semblait devoir promettre à sa famille de « longues années de vie et de bonheur. Cette « dame, aussi distinguée par son esprit que « respectable par son caractère, était mère des « jeunes littérateurs monarchiques de ce « nom. » Cf. La *Gazette de France*, 3 juillet.

7 Les journaux français, à la suite des journaux anglais du 4 juillet, annoncent la mort de Napoléon survenue le 5 mai. Cf. le *Journal des Débats*, 7 juillet.

14 Vers le 14, Adolphe Trébuchet part pour Nantes où il arrive le 22 : cf. Lettre d'Eugène Hugo à Marie-Joseph Trébuchet, 10 août.

15 Départ de la famille Foucher pour Dreux.

16 Départ de V. Hugo pour Dreux. Il reste un jour à Versailles, chez Gaspard de Pons.

19 Arrivée de V. Hugo à Dreux.

— Dans les premiers jours de septembre on jouera au théâtre français *Clytemnestre*, tragédie en 5 actes, de M. Soumet, pour la représentation de retraite au bénéfice de Thénard : cf. le *Journal de Paris*, 19 juillet.

20 Rencontre de V. Hugo et de M. Foucher.

23 Lettre de M. Pinaud, Toulouse, à V. Hugo : cf. *Odes et Ballades*, édition de l'Imprimerie Nationale, p. 549.

25 Du 25 juillet au mois d'octobre, V. Hugo se remet à *Han d'Islande*. Il achève le 15ᵉ chapitre : cf. *Lettres à la fiancée*, p. 172.

28 Lettre de M. Foucher à V. Hugo : cf. *Annales politiques et littéraires*, 18 février 1912, p. 159.

30 V. Hugo remet à Chateaubriand le diplôme de *Maître ès Jeux Floraux* : cf. l'*Etoile*, 30 juillet 1821 ; la *Quotidienne*, 31 juillet, et les *Annales de la Littérature et des Arts*, t. IV, livrais. XLIV, p. 208, 4 août 1821.

Fin juillet Deux lettres de Marie-Joseph Trébuchet aux fils Hugo, avec une lettre d'Adolphe : cf. Lettre d'Eugène Hugo à son oncle, 10 août 1821.

Juillet V. Hugo compose le *Vallon de Chérizy* : date donnée par les *Odes et Ballades*, p. 350.

Lettre de V. Hugo à J. de Rességuier : cf. *Correspondance 1815-1835*, pp. 16-17 et A. Praviel, *Mercure de France*, décembre 1902, p. 591. On a mis par erreur 14 juillet 1822. 14

Lettre de V. Hugo à M. Pinaud : cf. *Correspondance 1815-1835*, p. 366. —

Lettre de V. Hugo à son oncle Trébuchet : cf. *Figaro*, 22 août 1888. 16

Lettre de V. Hugo à M. Foucher : cf. *Lettres à la fiancée*, pp. 62-63, qui en contiennent des fragments. 20

Lettre de V. Hugo à A. de Vigny (Rouen) : cf. *Correspondance 1815-1835*, pp. 17-20. —

La lettre est datée du 30, mais c'est une erreur, elle est du 20, puisque V. Hugo dit qu'il est arrivé la veille à Dreux.

Lettre de V. Hugo à M. Foucher : cf. *Annales politiques et littéraires*, 18 février 1912, p. 159. 27

Lettre de V. Hugo à M. Foucher : cf. *Lettres à la fiancée*, p. 64, qui en contiennent un fragment ; cf. *Annales politiques et littéraires*, 18 février 1912, p. 159, autre fragment. 28

Août

1 Abel Hugo publie dans l'*Etoile* un article intitulé : *Variétés, Rodrigue, Romances espagnoles* (4 colonnes signées A. H.) : cf. l'*Etoile*, 1ᵉʳ août 1821.

3 Réponse de l'*Etoile* à une attaque du *Miroir*, à propos de l'article d'A. Hugo. L'attaque du *Miroir* est aussi du 3 août.

3 V. Hugo est à Montfort-l'Amaury, chez son ami Saint-Valry : cf. Lettre de V. Hugo à M. Foucher du 3 août.

4 Lettre de M. Foucher à V. Hugo : cf. *Annales politiques et littéraires*, 18 février 1912, pp. 159-160.

10 Lettre d'Eugène Hugo à son oncle Trébuchet : cf. *Figaro*, 19 mai 1886, qui en contient deux fragments, le reste est inédit.

Vers le 10 août Lettre d'Abel Hugo à son oncle Trébuchet, inédite.

Vers le 10 août A. de Vigny et Gaspard de Pons sont à Paris : cf. Lettre d'A. Hugo à son oncle Trébuchet.

10 au 14 Lettre de Vigny à V. Hugo : cf. Lettre de V. Hugo à Saint-Valry, du 14 août.

— Lettre du duc de Rohan à V. Hugo : cf. Lettre de V. Hugo à Saint-Valry, du 14 août.

13 V. Hugo rentre de Montfort-l'Amaury à Paris : cf. *Annales politiques et littéraires*, p. 160.

14 V. Hugo rend visite à Rocher qui est à Paris : cf. Lettre de V. Hugo à Saint-Valry, du 14 août. Il part avec Rocher pour la Roche-Guyon, il y reste trois jours et en repart le 21 : cf. *Annales politiques et littéraires*, 18 février 1912, p. 160.

15 au 20 V. Hugo a dû écrire au duc de Rohan : cf. Lettre de V. Hugo à Saint-Valry, du 14 août.

16 Lettre de M. Foucher à V. Hugo : cf. *V. Hugo raconté*, t. II, p. 124 ; cf. *Annales politiques et littéraires*, 18 février 1912, p. 160.

18 *La Couronne de cyprès et de roses ou le Deuil, la Naissance et le Baptême*, par Robert, contient, pp. 115-122, l'ode sur le Baptême du duc de Bordeaux, par Victor-Marie Hugot (*sic*) de l'Académie des Jeux floraux.

19 Lettre de M. Foucher à V. Hugo : cf. *Annales politiques et littéraires*, 18 février 1912, p. 160.

21-23 Le 21 août V. Hugo quitte la Roche-Guyon, le 22 il est à Mantes et il arrive à Paris le 23 au matin : cf. *Annales politiques et littéraires*, 18 février 1912, p. 160.

25 V. Hugo assiste à la séance annuelle de l'Académie : cf. Lettre de V. Hugo à A. de Vigny, du 27 août.

27 Note de l'*Etoile* à propos de la *Couronne de cyprès et de roses*. Le journal cite 10 vers de l'ode de V. Hugo : cf. l'*Etoile*, 27 août.

Lettre de V. Hugo à M. Foucher, datée de Montfort-l'Amaury : cf. *Lettres à la fiancée*, p. 64 ; cf. *V. Hugo raconté*, t. II, pp. 119-120 ; cf. *Annales politiques et littéraires*, 18 février 1912, p. 159. 3

Lettre de V. Hugo à M. Pinaud : cf. *Correspondance 1815-1835*, p. 367. 14

Lettre de V. Hugo à Saint-Valry : cf. E. Biré, *V. Hugo avant 1830*, pp. 233-235. —

Lettre de V. Hugo à M. Foucher : cf. *V. Hugo raconté*, t. II, pp. 123-124 ; cf. *Annales politiques et littéraires*, 18 février 1912, p. 160. 16

Lettre de V. Hugo à M. Foucher, datée de la Roche-Guyon : cf. *Lettres à la fiancée*, p. 64 ; cf. *V. Hugo raconté*, t. II, p. 116 ; cf. *Annales politiques et littéraires*, 18 février 1912, p. 116. 20

Lettre de V. Hugo à M. Foucher : cf. *Annales politiques et littéraires*, 18 février 1912, p. 160. 23

Lettre de V. Hugo à Saint-Valry : cf. E. Biré. *V. Hugo avant 1830*, p. 231. 27

Lettre de V. Hugo à A. de Vigny : cf. Ernest Dupuy, *Revue de Paris*, 15 février 1902, p. 865. —

Août

29 V. Hugo assiste au banquet des Bonnes Lettres que préside Chateaubriand : cf. Lettre de V. Hugo à Saint-Valry, 27 août ; cf. la *Quotidienne*, 31 août.

Avant septemb. Lettre de la duchesse de Berry au comte Pradel, pour demander une pension en faveur de V. Hugo : cf. *Nouvelle Revue*, 15 mars 1909, p. 270.

Septembre

4 Abel Hugo. *Variétés. Le dernier des Goths* (*El Ultimo Godo*), comédie fameuse en 3 journées de Lope de Véga. Article signé H. (Abel Hugo) : cf. l'*Etoile*, n° 308, 4 septembre 1821.

6 Le général Hugo épouse civilement devant le maire de Chabris (Indre) Marie-Catherine Thomas : cf. Dufay, *V. Hugo à vingt ans*, p. 23.

15 Rapport favorable et ordonnance pour une gratification de 500 fr. en faveur de V. Hugo. Alissan de Chazet, entre le 27 juin et le 15 septembre, a envoyé, à ce sujet, une note au comte Pradel : cf. G. Vauthier, *Nouvelle Revue*, 15 mars 1909, pp. 270-271.

19 Abel Hugo. *La sabia doncella Theodora* (article signé A. H.) : cf. l'*Etoile*, n° 323, 19 septembre 1821.

23 Adolphe Trébuchet. *Visite à la Trappe* (signé A. T-t.) C'est l'article du *Conserv. Litt.* que le journal imprime d'après un journal de Marseille (Lettre d'Eug. Hugo à son oncle, 1er novembre 1821) : cf. le *Journal des Débats*, 23 septembre 1821.

26 Abel Hugo publie dans l'*Etoile* une variété *Berdon le Roux*, chanson norvégienne. Il y a bien des ressemblances entre cette nouvelle et les chap. XXXVII, XXXVIII et XXXIX de *Han d'Islande*.

29 Marie-Joseph Trébuchet publie les *Sites de Saint-Fiacre et de la Sèvre*, dans le *Journal de Nantes et de la Loire-Inférieure*, 29 septembre 1821.

Lettre de V. Hugo à Saint-Valry : cf. E. Biré, *V. Hugo avant 1830*, pp. 235-236. 16

Octobre

2 *La Clytemnestre* de Soumet est à l'Odéon retirée des serres du comité des Français : cf. l'*Etoile*, 2 octobre 1821.

3 Annonces dans l'*Etoile* de l'épître adressée à V. Hugo par G. de Pons sur l'*Insurrection des Grecs* et de l'ode de Holmodurand (Durangel) *le jeune poète mourant* : cf. l'*Etoile*, 3 octobre 1821.

Lettre de V. Hugo à son oncle Trébuchet : cf. le *Figaro*, 10 mai 1886. V. Hugo habite rue du Dragon, n° 30. 3

Lettre de V. Hugo à Adèle Foucher : cf. *Lettres à la fiancée*, pp. 67-68. 5

7 Lettre d'Adèle Foucher à V. Hugo : cf. *Annales politiques et littéraires*, 18 février 1912, p. 161.

10 Annonce avec éloges de l'*Ode aux Grecs*, par A. Guiraud : cf. l'*Etoile*, 10 octobre 1821.

20 Lettre d'Adèle Foucher à V. Hugo : cf. *Annales politiques et littéraires*, 18 février 1912, p. 161. Cette lettre a été reçue par V. Hugo le 20 octobre.

21 Lettre d'Adèle Foucher à V. Hugo, qui l'a reçue le 21 octobre : cf. *Annales politiques et littéraires*, 18 février 1912, p. 161.

27 Lettre d'Adèle Foucher à V. Hugo : cf. *Annales politiques et littéraires*, 18 février 1912, p. 162.

29 Lettre d'Adèle Foucher à V. Hugo, reçue le 30 : cf. *Annales politiques et littéraires*, 18 février 1912, p. 162.

En octobre V. Hugo pense à un grand sujet tragique que Soumet approuve : cf. *Lettres à la fiancée*, pp. 172-173.

Octobre et novemb. V. Hugo travaille au rapport académique demandé par François de Neufchâteau, sur *Gil Blas* : cf. *Lettres à la fiancée*, p. 173.

Lettre de V. Hugo à Adèle Foucher : cf. *Lettres à la fiancée*, pp. 69-72. Cette lettre, non datée dans l'original, doit être du 8 octobre, car elle répond à une lettre d'Adèle du 7 octobre. 15

Lettre de V. Hugo à Adèle Foucher : cf. *Lettres à la fiancée*, pp. 72-76 ; cf. *V. Hugo raconté*, t. II, pp. 122-123. 20

Lettre de V. Hugo à Adèle Foucher : cf. *Lettres à la fiancée*, pp. 77-78. 26

Lettre de V. Hugo à Adèle Foucher : cf. *Lettres à la fiancée*, p. 79. 27

Lettre de V. Hugo à son oncle Trébuchet : cf. le *Figaro*, 19 mai 1886 (trois erreurs sans importance) ; cf. *Correspondance 1815-1835*, pp. 20-22 (sept à huit lignes sont supprimées). 30 oct.-2 nov.

Novembre

1 Lettre d'Eugène Hugo à son oncle Trébuchet. Inédite : cf. *Appendice*.

5 Ouverture des cours de droit : cf. la *Quotidienne*, 21 octobre 1821.

10 Frayssinous est nommé premier aumônier du roi. Il laisse pour un moment ses conférences. M. de Trevern le remplace et commence le 12 novembre à Saint-Thomas d'Aquin : cf. le *Journal des Débats*, 5 novembre 1821 ; cf. l'*Etoile*, 11 novembre 1821 ; cf. les *Annales de la Littérature et des Arts*, t. V, livrais. LIX, 17 novembre, p. 201 et livrais. LXIV, 22 décembre, pp. 375-384.

— Lettres d'Adèle Foucher à V. Hugo : cf. *Annales politiques et littéraires*, 18 février 1912, p. 162 et 25 février 1912, p. 180.

V. Hugo les a reçues le 10 novembre mais elles ont dû être écrites entre le 2 et le 10 novembre.

11 Long article sur les Bonnes Lettres, sur les attaques subies, sur les cours, les professeurs, les conférenciers... Abel Hugo, Genoude, Victor Hugo, Rocher... : cf. le *Journal des Débats*, 11 novembre 1821.

16 Lettre d'Adèle Foucher à V. Hugo, reçue le 17 : cf. *Annales politiques et littéraires*, 25 février 1912, p. 180.

Lettre de V. Hugo à Adèle Foucher : cf. *Lettres à la fiancée*, pp. 80-82. 1

Lettre de V. Hugo à Adèle Foucher : cf. *Lettres à la fiancée*, pp. 82-84. 2

Lettre de V. Hugo à J. de Rességuier : cf. *Correspondance 1815-1835*, pp. 22-24 ; cf. A. PRAVIEL, *Mercure de France*, décembre 1902, pp. 591-592. Le texte du *Mercure* ajoute une ligne au texte de la *Correspondance*. 7

Lettre de V. Hugo, Paris, à son père, Blois : cf. *Catalogues Charavay*, n° 114. 12

Il lui parle de la maladie et de la mort de sa mère, de ses études et de ses projets. Il lui envoie ses essais littéraires qui lui ont valu d'être nommé membre de la 2e académie du royaume. « Nous « voudrions, mon cher papa, donner quelque « renommée littéraire au nom que nous te de- « vons, mais elle n'égalera jamais la renommée « militaire que tu y as attachée. »

Les *Catalogues Charavay* (n° 200) signalent une lettre de V. Hugo à son père, relative à la mort de sa mère. Cette lettre est faussement datée de 1820 et ne fait qu'un probablement avec cette lettre du 12 novembre 1821.

Novembre

20 Lettre d'Adèle Foucher à V. Hugo, reçue le 20 : cf. *Annales politiques et littéraires*, 25 février 1912, p. 181.

28 Lettre d'Adèle Foucher à V. Hugo : cf. *Annales politiques et littéraires*, 25 février 1912, p. 181. V. Hugo a reçu cette lettre le 28 novembre, jour de la naissance d'Adèle.

Lettre de V. Hugo à Adèle Foucher : cf. *Lettres à la fiancée*, pp. 85-86. V. Hugo remit cette lettre en même temps que la suivante : elles sont toutes deux sur la même feuille. 12

Lettre de V. Hugo à Adèle Foucher : cf. *Lettres à la fiancée*, pp. 87-88 ; cf. *V. Hugo raconté*, t. II, p. 122. 13

Lettre de V. Hugo au baron Trouvé, à propos d'une lecture à faire aux Bonnes Lettres : cf. *Amateur d'autographes*, décembre 1910. 14

Lettre de V. Hugo à Adèle Foucher : cf. *Lettres à la fiancée*, pp. 89-92. 17

Lettre de V. Hugo à Adèle Foucher : cf. *Lettres à la fiancée*, pp. 93-97. 24

Décembre

5 Ouverture des *Bonnes Lettres*, rue Neuve-Saint-Augustin, n° 17, ancien hôtel de Gèvres : cf. la *Quotidienne*, 6 décembre 1821.

6-7 Lettre d'Adèle Foucher à V. Hugo, reçue le 8 : cf. *Annales politiques et littéraires*, 25 février 1912, p. 182.

14 Lettre d'Adèle Foucher à V. Hugo, reçue le vendredi 14 : cf. *Annales politiques et littéraires*, 25 février 1912, p. 182.

— Abel Hugo. *Romances mauresques. Le Captif d'Ochali* (signé H.) ; cf. l'*Etoile*, 14 décembre 1821 et 7 janvier 1822.

15 V. Hugo envoie à Adèle la pièce *A toi :* cf. *Lettres à la fiancée*, p. 106 ; cf. *Odes et Ballades*, pp. 350-354.

17 Article de Ch. Nodier sur *Walter Scott et le Romantisme :* cf. la *Quotidienne*, 17 décembre 1821.

21 Lettre d'Adèle Foucher à V. Hugo, reçue le 22 : cf. *Annales politiques et littéraires*, 25 février 1912, p. 182.

29 Lettre d'Adèle Foucher à V. Hugo, reçue le samedi 29 décembre : cf. *Annales politiques et littéraires*, 25 février 1912, p. 182.

— V. Hugo est invité, comme membre de l'académie des Jeux floraux, à dîner chez le comte de Chabrol, préfet de la Seine. C'est Alissan de Chazet qui transmet l'invitation. V. Hugo, sur cette invitation, écrivit, le samedi 29 décembre, à 4 heures, à Adèle Foucher une lettre qui est inédite.

Décembre V. Hugo compose l'*Ode sur la Peste de Barcelone :* cf. *Lettres à la fiancée*, p. 173 ; cf. *Odes et Ballades*, pp. 263-269, le *Dévouement*.

Lettre de V. Hugo à Adèle Foucher : cf. *Lettres à la fiancée*, pp. 98-99 ; cf. *V. Hugo raconté*, t. II. pp. 120-121. 7

Lettre de V. Hugo à Adèle Foucher : cf. *Lettres à la fiancée*, pp. 99-100. Les lettres du 7 et du 8 sont sur la même feuille. 8

Lettre de V. Hugo à Adèle Foucher : cf. *Lettres à la fiancée*, p. 101. 13

Lettre de V. Hugo à Adèle Foucher : cf. *Lettres à la fiancée*, pp. 102-104 ; cf. *V. Hugo raconté*, t. II, pp. 125-126. 14

Lettre de V. Hugo à Adèle Foucher ; cf. *Lettres à la fiancée*, pp. 105-106. Les lettres du 13, du 14 et du 15 sont sur la même feuille. 15

Lettre de V. Hugo à Adèle Foucher : cf. *Lettres à la fiancée*, p. 107. 17

Lettre de V. Hugo à Adèle Foucher : cf. *Lettres à la fiancée*, pp. 108-110. 21

Lettre de V. Hugo à Adèle Foucher : cf. *Lettres à la fiancée*, pp. 110-112. Les lettres du 21 et du 22 sont sur la même feuille. 22

Lettre de V. Hugo à Adèle Foucher : cf. *Lettres à la fiancée*, pp. 112-113. 24

Lettre de V. Hugo à Adèle Foucher : cf. *Lettres à la fiancée*, pp. 113-114. 27

Lettre de V. Hugo à Adèle Foucher : cf. *Lettres à la fiancée*, pp. 115-116. 28

Lettre de V. Hugo à Adèle Foucher : cf. *Lettres à la fiancée*, pp. 116-118 ; cf. *V. Hugo raconté*, t. II, p. 122. 29

CHAPITRE V

1822

1822 *Janvier*

2 Querelle entre V. Hugo et la famille Foucher à propos de Chateaubriand : cf. *Lettres à la fiancée*, pp. 123-124.

5 Lettre d'Adèle Foucher à V. Hugo : cf. *Annales politiques et littéraires*, 3 mars 1912, p. 208.

7 Lettre d'Adèle Foucher à V. Hugo : cf. *Annales politiques et littéraires*, 3 mars 1912, pp. 208-209.

8 La séance extraordinaire de l'Académie a été terminée par la lecture d'une *Réponse de M. François de Neufchâteau* à un nouveau système *sur l'auteur de Gil Blas* : cf. le *Journal de Paris*, 10 janvier 1822.

12 Lettre d'Adèle Foucher à V. Hugo (reçue le samedi 12) : cf. *Annales politiques et littéraires*, 3 mars 1912, pp. 209-210.

17 Maladie d'Adèle Foucher à un bal : cf. *Lettres à la fiancée*, pp. 142-143.

22 Lettre d'Adèle Foucher à V. Hugo (reçue le mardi 22) : cf. *Annales politiques et littéraires*, 3 mars 1902, p. 210.

25 *Moïse sur le Nil*, par V.-M. Hugo : cf. *La Foudre*, n° 52, pp. 112-114, 25 janvier 1822.

25-26 Lettre d'Adèle Foucher à V. Hugo (reçue le samedi 26) : cf. *Annales politiques et littéraires*, 3 mars 1902, p. 210.

29 Abel Hugo fait à la société des Bonnes Lettres une lecture sur la *littérature dramatique espagnole* : cf. *Annales de la Littérature et des Arts*, t. VI, livrais. LXVIII, p. 104 et livrais. LXX, p. 178.

30 V. Hugo va à l'Odéon soutenir une pièce royaliste ; cf. *Annales politiques et littéraires*, 3 mars 1902, p. 210.

Lettre de V. Hugo à Adèle Foucher : cf. *Lettres à la fiancée*, pp. 123-128. 4

Lettre de V. Hugo à Mme Delon : cf. *Lettres à la fiancée*, p. 125. 4 ?

Lettre de V. Hugo à Adèle Foucher : cf. *Lettres à la fiancée*, pp. 128-135. 8

Lettre de V. Hugo à Adèle Foucher : cf. *Lettres à la fiancée*, pp. 136-141. 13

Lettre de V. Hugo à J. de Rességuier : cf. *Correspondance 1815-1835*, pp. 25-26 ; cf. E. Biré, *V. Hugo avant 1830*, pp. 131-132 et 137 ; cf. A. Praviel, *Mercure de France*, décembre 1902, pp. 592-593. 17

Lettre de V. Hugo à Adèle Foucher : cf. *Lettres à la fiancée*, pp. 142-143. 19

Lettre de V. Hugo à Adèle Foucher : cf. *Lettres à la fiancée*, pp. 144-146. 20

Lettre de V. Hugo à Adèle Foucher : cf. *Lettres à la fiancée*, pp. 147-149. 21

Lettre de V. Hugo à Adèle Foucher : cf. *Lettres à la fiancée*, pp. 150-152. 24

V. Hugo a écrit ce jour-là une lettre à son père, le général Hugo. Elle est signalée dans les *Lettres à la fiancée*, 25 janvier, p. 154. —

Lettre de V. Hugo à Adèle Foucher : cf. *Lettres à la fiancée*, pp. 153-155. 25

Lettre de V. Hugo à Adèle Foucher : cf. *Lettres à la fiancée*, pp. 156-157. 31

Janvier

La pièce en question doit être *Le Père et le Tuteur* ou l'*Ecole de la Jeunesse*, comédie en 3 actes et en vers, par MM. Théodore et Achille Dartois (ou d'Artois) de Bournonville ; représentée, le 28 janvier 1822, sur le second théâtre français. In-8. Imp. de Guiraudet, Paris. Paris, Barba. B. F., 9 mars 1822, n° 1163. La 2e représentation eut lieu le 30 janvier.

30 janv.- Lettre d'Adèle Foucher à V. Hugo (reçue le 2 février) : cf. *Annales politiques et littéraires*, 3 mars 1902, p. 210.

Janvier V. Hugo travaille à *Amy Robsart* : cf. *Lettres à la fiancée*, p. 173 ; cf. E. Biré, *V. Hugo avant 1830*, pp. 449-457.

Février

1-16 V. Hugo travaille à *Amy Robsart* : cf. *Lettres à la fiancée*, p. 173 ; cf. E. Biré, *V. Hugo avant 1830*, pp. 449-457.

9 V. Hugo reçoit une lettre d'Adèle Foucher, écrite le mardi 5, mercredi 6, vendredi 8, samedi 9 février.

— *Moïse sur le Nil*, ode par M. V. Hugo, couronnée par l'académie des Jeux Floraux. In-8. Imp. Guiraudet, Paris (c'est un tirage à part de la *Foudre*, du 25 janvier 1822). B. F., 9 février 1822, n° 702.

10 Lettre d'Adèle Foucher à V. Hugo, écrite le dimanche 10, de 2 h. à 4 h. et reçue le même jour : cf. *Annales politiques et littéraires*, 10 mars 1912, p. 231.

— V. Hugo va à la messe à Saint-Sulpice : cf. *Lettres à la fiancée*, p. 165.

14 Adèle Foucher part inopinément pour Gentilly et envoie à V. Hugo ce billet inédit : « Je « pars aujourd'hui à Gentilly. Cela se décide « à l'instant. Je voulais profiter de la sortie de « maman pour t'écrire, mais je suis constam- « ment contrariée. »

15 La *Vengeance de la Madone*, fragment tiré de l'italien, par Abel Hugo : cf. la *Foudre*, 15 février 1822, pp. 205-209.

— Lettre d'Adèle Foucher à V. Hugo : cf. *Annales politiques et littéraires*, 10 mars 1912, p. 232.

16 La *Vengeance de la Madone*. In-8. Imp. Guiraudet, Paris (signé Abel Hugo). C'est un tirage à part de la *Foudre* : B. F., 16 février 1822, n° 947.

21 V. Hugo a passé sa soirée (jeudi) avec quelques hommes de génie et plusieurs hommes de talent : cf. *Lettres à la fiancée*, p. 177. V. Hugo n'a-t-il pas fait erreur et mis jeudi pour vendredi, jour de séance aux Bonnes Lettres.

Lettre de V. Hugo à Adèle Foucher : cf. *Lettres à la fiancée*, pp. 158-159. 1

Lettre de V. Hugo à Adèle Foucher : cf. *Lettres à la fiancée*, pp. 159-160. 8

Lettre de V. Hugo à Adèle Foucher : cf. *Lettres à la fiancée*, pp. 160-163 ; cf. *V. Hugo raconté*, t. II, pp 123 et 125. 9

Lettre de V. Hugo à Adèle Foucher : cf. *Lettres à la fiancée*, p. 164. —

Lettre de V. Hugo à Adèle Foucher : cf. *Lettres à la fiancée*, pp. 165-166. 10

Deux lettres de V. Hugo à Adèle Foucher : cf. *Lettres à la fiancée*, pp. 167-173 ; cf. *V. Hugo raconté*, t. II, p. 127. 16

Lettre de V. Hugo à Adèle Foucher : cf. *Lettres à la fiancée*, p. 174. 20

Lettre de V. Hugo à Adèle Foucher : cf. *Lettres à la fiancée*, pp. 175-176. 21

22 Abel Hugo a eu du succès aux Bonnes Lettres, dans sa leçon sur la littérature dramatique espagnole et dans ses traductions de plusieurs morceaux de poésie : cf. *Annales de la Littérature et des Arts*, t. VI, livrais. LXXIV, p. 308, 2 mars 1822.

23 Lettre d'Adèle Foucher à V. Hugo, reçue le samedi 23 : cf. *Annales politiques et littéraires*, 10 mars 1912, pp. 232-233.

Février Soumet est très occupé par sa tragédie de *Clytemnestre* : cf. *Lettres à la fiancée*, p. 173.

Lettre de V. Hugo à Adèle Foucher : cf. *Lettres à la fiancée*, pp. 176-178. 23

Lettre de V. Hugo à Adèle Foucher : cf. *Lettres à la fiancée*, pp. 179-180. 24

Lettre de V. Hugo à J. de Rességuier : cf. E. BIRÉ, *V. Hugo avant 1830*, pp. 137-138 et 337-338 ; cf. A. PRAVIEL, *Mercure de France*, décembre 1902, pp. 594-595. 25

Mars

2 Lettre d'Adèle Foucher à V. Hugo : cf. *Annales politiques et littéraires*, 10 mars 1912, p. 233.

3 Première conférence de Frayssinous à Saint-Sulpice, à 2 h. : *Tolérance civile, chrétienne et philosophique* : cf. *Journal des Débats*, 27 février 1822 et la *Quotidienne*, 5 mars 1822.

5 Le *Journal des Débats* du 5 mars annonce que, dans le premier consistoire, M. l'abbé Frayssinous, 1er aumônier du roi, sera préconisé évêque in partibus d'Hermopolis.

— M. Abel Hugo, dans la séance des Bonnes Lettres du 5 mars, s'est fait écouter avec plaisir dans ses analyses du théâtre espagnol de Lope de Véga : cf. *Annales de la Littérature et des Arts*, t. VI, livrais. LXXV, p. 338, 9 mars 1822.

9 Lettre d'Adèle Foucher à V. Hugo, reçue le samedi 9 mars : cf. *Annales politiques et littéraires*, 10 mars 1912, p. 234.

10 V. Hugo va à l'église de Saint-Sulpice pour voir de loin Adèle Foucher. Il va aussi probablement à la messe : cf. *Lettres à la fiancée*, p. 193.

11 Annonce élogieuse d'*Héléna*, d'A. de Vigny, dans le *Journal des Débats*, du 11 mars 1822.

12 Saint-Valry, le mardi 12 mars, lit à la société des Bonnes Lettres une ode intitulée : *La mort de Bonchamp* : cf. *Annales de la Littérature et des Arts*, t. VI, livrais. LXXVI, pp. 346-349, 16 mars 1822.

13 Lettre d'Adèle Foucher à V. Hugo : cf. *Annales politiques et littéraires*, 17 mars 1912, p. 251.

— V. Hugo reçoit une lettre de son père, apportant une réponse favorable à son mariage : cf. *Lettres à la fiancée*, p. 197.

15-16 V. Hugo court les ministères pour sa pension : cf. *Lettres à la fiancée*, pp. 206-207.

Lettre de V. Hugo à Adèle Foucher : cf. *Lettres à la fiancée*, p. 181. 1

Lettre de V. Hugo à Adèle Foucher : cf. *Lettres à la fiancée*, pp. 182-184. 2

Lettre de V. Hugo à Adèle Foucher : cf. *Lettres à la fiancée*, pp. 185-188. 4

Lettre de V. Hugo à Adèle Foucher : cf. *Lettres à la fiancée*, pp. 189-191. 8

V. Hugo écrit au général Hugo, pour lui demander de consentir à son mariage : cf. *Lettres à la fiancée*, p. 189, qui parlent de cette lettre sans en rien citer. —

Lettre de V. Hugo à Adèle Foucher : cf. *Lettres à la fiancée*, p. 191. 9

Deux lettres de V. Hugo à Adèle Foucher : cf. *Lettres à la fiancée*, pp. 192-194. 10

Lettre de V. Hugo à Adèle Foucher : cf. *Lettres à la fiancée*, pp. 195-196. 11

Lettre de V. Hugo à Adèle Foucher : cf. *Lettres à la fiancée*, p. 197. 13

Lettre de V. Hugo à Adèle Foucher : cf. *Lettres à la fiancée*, pp. 203-207. 15

Lettre de V. Hugo à son père. Il en est fait mention dans les *Lettres à la fiancée*, p. 206. —

15 *L'heure de la mort*, nouvelle par A. H. = Abel Hugo : cf. la *Foudre*, t. IV, pp. 341-345. 15 mars 1822.

— Lettre d'Adèle Foucher à V. Hugo : cf. *Annales politiques et littéraires*, 17 mars 1912, p. 252.

16 *Poèmes. Héléna, la Somnambule, la Fille de Jephté, la Femme adultère, le Bal, la Prison*. In-8. Imp. Guiraudet, Paris. Paris, Pélicier (sans nom d'auteur = A. de Vigny) : B. F., 16 mars 1822, n° 1349.

19 Lettre d'Adèle Foucher à V. Hugo : cf. *Annales politiques et littéraires*, 17 mars 1912, p. 252.

21 Lettre d'Adèle Foucher à V. Hugo : cf. *Annales politiques et littéraires*, 17 mars 1912, p. 252.

23 *L'Heure de la mort*. In-8. Imp. Guiraudet, Paris. En prose. Signé Abel Hugo (tirage à part de l'article paru dans la *Foudre*, le 15 mars 1822) : B. F., 23 mars 1822, n° 1435.

24 Lettre d'Adèle Foucher à V. Hugo : cf. *Annales politiques et littéraires*, 17 mars 1912, p. 253.

24 Frayssinous prêche à Saint-Sulpice la *Nécessité de la religion pour le bonheur social* : cf. la *Quotidienne*, 26 mars 1822.

Lettre de V. Hugo (30, rue du Dragon) à M. de Lourdoueix, chef de division au Ministère de l'Intérieur. Il lui envoie deux odes et il le remercie de la peine qu'il se donne pour lui : cf. *Revue augustinienne*, t. X, p. 449, 15 avril 1907. 19

Lettre de V. Hugo à Adèle Foucher : cf. *Lettres à la fiancée*, pp. 208-209. 21

Lettre de V. Hugo à Adèle Foucher : cf. *Lettres à la fiancée*, pp. 209-211. 22

Lettre de V. Hugo à Adèle Foucher : cf. *Lettres à la fiancée*, pp. 211-214. 23

Littérature. Poèmes, Héléna, la Somnambule, la Fille de Jephté, la Femme adultère, le Bal, la Prison, etc... (1). 24
Article de 3 colonnes signé V.-M. Hugo dans l'*Etoile* du 24 mars 1822 : cf. *Litt. et Philos. mêlées*, pp. 93 et 159.

---

(1) V. Hugo n'a reproduit que sept lignes de cet article dans *Litt. et Philos. mêlées*. Les deux premières lignes de la p. 93 sont le commencement de l'article de l'*Etoile*. Les cinq dernières lignes de la p. 159 sont la conclusion de l'article

Voici cet article, presque entièrement inédit, dans toute son intégrité :

« Voici enfin des *poèmes* d'un poète, des poésies qui sont de la poésie ! Nos lecteurs auront peut- « être peine à croire cette chose merveilleuse ; mais qu'ils ouvrent le volume ou qu'ils lisent cet article, « si ce n'est pas trop prétendre que de demander pour une jeune gloire qui vient de naître quelques « moments de cette attention si vivement sollicitée par les impuissantes folies du siècle, qu'ils cessent « pour un moment d'attacher leur pensée toute entière aux grandes commotions du corps social, la « machine politique n'aura sans doute pas le temps de se déranger pendant qu'ils parcourront ces « colonnes et peut-être auront-ils quelque chose de plus dans l'âme lorsqu'ils jetteront cette feuille.

« Qu'ils se rassurent d'ailleurs, ils n'auront point abandonné entièrement les objets de leur médi- « tation habituelle. Le poème d'*Héléna*, qui s'offrira le premier à leurs regards, est encore du domaine « de la politique du moment ; car l'auteur fut inspiré par *les affaires de la Grèce*. D'un autre côté « par une inspiration mystérieuse, comme si la muse avait voulu punir le poète d'avoir attaché un « drapeau à sa lyre pour attirer la foule, *Héléna* est un des morceaux de son recueil où son talent « brille avec le moins d'éclat. Toutefois, mettez de côté les défauts singuliers de la composition et « vous serez intéressé, ému, entraîné par les douleurs de cette malheureuse fiancée, qui aime, qui sait « qu'elle est aimée et que le plus grand des malheurs contraint à se dérober à ce plus grand des biens, « de peur qu'il n'empoisonne toute sa vie par des plaisirs pareils aux supplices qu'elle a subis. Ajoutez « à cet attrait de curiosité et de pitié un style où se trouve à chaque pas des vers tels que ceux-ci dans « lesquels la grâce d'une expression habilement négligée accroît le charme d'une rêverie profonde et « vraie. »

V. Hugo cite ici 24 vers dont voici le premier et le dernier.

Au cœur privé d'amour c'est bien peu que la gloire
. . . .
D'un fraternel éclat illuminent les cieux.

puis il continue :

« Ces vers semblent écrits avec la plume de cet André Chénier qui avait *quelque chose là*, de ce

26 Lettre de Lamennais à V. Hugo : cf. *Amateur d'autographes*, juin-juillet 1876, p. 99 ; sept ou huit lignes seulement sont citées ; cf. *Catalogues Charavay*, nos 138 et 141 : la lettre est datée de la Chênaie.

30 Saint-Valry publie une poésie : *Le Printemps*, dans les *Annales de la Littérature et des Arts*, t. VI, livrais. LXXVIII, pp. 416-418, 30 mars 1822.

En mars V. Hugo compose son ode sur *Bonaparte*.

Lettre de V. Hugo à Adèle Foucher : cf. *Lettres à la fiancée*, pp. 215-218. 30

« jeune et brillant poète, dévoré par l'échafaud républicain et qui reçut il y a quelques années sa cou-
« ronne de gloire des mains d'un homme noble et illustre auquel alors l'envie disputait encore la
« sienne propre.

« Cette fraternité remarquable entre le talent d'André Chénier et celui de M. le comte Alfred de
« Vigny se décèle partout dans le nouveau recueil. Prenons un tableau gracieux.

V. Hugo cite 10 vers dont voici les premiers et le dernier.

La harpe tremble encore et la flûte soupire.
Car la Walse bondit dans son sphérique empire ;
. . . .
la Vierge . . . .
Sème et foule en passant les bouquets de sa tête.

« Certes pour le luxe des images, la vérité des détails, la vivacité des coupes, l'éclat de l'ensemble,
« je crois qu'il est impossible de rien trouver de supérieur à ce morceau dans tout André Chénier.
« Choisissons une peinture terrible. »

V. Hugo cite 12 vers.

Telle Sodome a vu cette femme impudente
. . . .
N'entendit plus ses pas qu'il écoutait encor.

« Après avoir cité ces grands vers, pour montrer la variété du beau talent de M. de Vigny, nous
« voudrions transcrire de la *Femme adultère* et *de la Fille de Jephté*, cette foule de vers touchants
« qui frappent comme si l'on trouvait tout à coup quelque chose de Virgile dans la Bible et dans
« l'Évangile, mais la plupart de ces traits demandant à être vus en situation, nous préférons renvoyer
« le lecteur au volume lui-même qui lui présentera encore bien d'autres jouissances. Nous ne déta-
« chons également rien du *Somnambule*, drame de soixante vers, qui a ses actes et ses péripéties, et
« qui mérite certainement bien d'être lu en entier. Citons les derniers vers d'une charmante élégie
« antique, intitulée *Symètha* ; ils suivent les plaintes d'un jeune grec qui voit partir celle qu'il aime
« et dont l'absence causera sa mort. »

V. Hugo cite 10 vers.

Dans le port de Pyrée un jour fut entendue
. . . .
Qui, d'une aile invisible avait ému sa lyre.

« Ici la naïveté est déchirante ; pour trouver des idées d'un effet aussi profond il faut peut-être
« aller chercher ce que le *Masque de fer* mourant a de plus lugubre à dire à son confesseur. »

V. Hugo cite 22 vers.

« Les vers de M. Alfred de Vigny ont cela de particulier qu'ils sont tous aussi beaux que d'autres,
« sans être beaux comme d'autres, cette nativité de talent est digne d'attention. Terminons nos
« extraits par cette belle strophe gracieuse tirée de l'hymne des Turcs dans *Héléna*.

V. Hugo cite 10 vers sur la *Péri*.

« Ces jolis vers, si riches et si harmonieux, se louent d'eux-mêmes. Nous avons beaucoup cité et
« nous avons mal fait de ne pas citer davantage car nous regrettons maintenant tout ce que nous
« avons laissé dans le volume. Ce recueil participera sans doute au succès si mérité d'André Chénier,
« nous osons le prédire. Les rapports, que l'organisation poétique de M. de Vigny présente avec celle
« du jeune Chénier, frapperont tout le monde, de même que l'originalité primitive et personnelle qui
« les caractérise tous deux. Ces deux talents sont frères, comme ces sœurs dont parle Ovide ; ils se
« ressemblent sans être pareils. André Chénier s'est borné à étudier l'antique. M. de Vigny a,
« comme cet article a pu le faire voir, emprunté avec le plus rare bonheur les couleurs grecques,
« hébraïques et modernes. Les gens qui aiment à gâter leur jouissance et cherchent de la peine dans
« leur plaisir trouveront beaucoup de taches parmi tant de beautés, des incorrections nées d'un systè-
« me, des négligences nées de la paresse. Nous, qui respectons profondément l'émotion poétique, nous
« nous garderons d'entrer dans ce débat ; que les critiques se tourmentent à tourmenter l'auteur,
« nous jouirons en égoïstes de tant de talent. Tous ces hommes graves qui sont si clairvoyants en
« grammaire, en versification, en prosodie et si aveugles en poésie, nous rappellent ces médecins qui
« connaissent la moindre fibre de la machine humaine, mais qui nient l'âme et ignorent la vertu. »

Victor-M. Hugo.

4 (jeudi saint) V. Hugo va deux fois à Saint-Sulpice pour voir Adèle : cf. *Lettres à la fiancée*, pp. 219 et 221.

5 Article sur l'ode de M. Victor-M. Hugo, intitulée *Buonaparte*, signé Z. On cite 10 vers. Eloges : cf. l'*Etoile*, n° 503, 5 avril 1822.

6 J. de Rességuier publie le *Pèlerin*, dont la finale rappelle la finale d'*O. Taïti* : cf. *Annales de la Littérature et des Arts*, t. VII, livrais. LXXIX, pp. 11-12, 6 avril 1822.

6 V. Hugo part pour Gentilly avec Adèle : cf. *Lettres à la fiancée*, pp. 222-224.

7 Pâques.

9 Ancelot lit pour V. Hugo aux Bonnes Lettres, l'ode *sur la Peste de Barcelone* : cf. *Annales de la Littérature et des Arts*, t. VII, livrais. LXXX, p. 71, 13 avril 1822.

10 Abel Hugo. *Les Bourbons*, article signé Ch., mais le 5 juillet 1822, Abel le revendique : cf. l'*Etoile*, 10 avril 1822, t. V, pp. 28-30.

— Article sur l'ode de M. Victor-M. Hugo, intitulée *Buonaparte*, signé M. : cf. la *Foudre*, 10 avril 1822, t. V, n° 67, pp. 31-32.

13 Lettre d'Adèle Foucher à V. Hugo : cf. *Annales politiques et littéraires*, 17 mars 1912, p. 254.

14 A Saint-Sulpice, à 1 h., conférence de Frayssinous à laquelle assistent la duchesse d'Angoulême et la duchesse de Berry : *ce qu'il faut penser des auteurs, des propagateurs et enfin des lecteurs des livres impies* : cf. *Journal des Débats*, 15 avril ; *Quotidienne*, 16 avril ; *Gazette de France*, 15 avril.

19 Frayssinous est préconisé évêque d'Hermopolis, le 19 avril : cf. *Journal des Débats*, 5 mai 1822.

20 Joseph Rocher publie un article sur la traduction de la Bible de Genoude : cf. *Etoile*, 20 avril 1822.

— Ancelot publie un article sur *Héléna*..., de Vigny. Eloges. Il compare lui aussi Vigny à Chénier : cf. *Annales de la Littérature et des Arts*, t. VII, livrais. II, pp. 73-83, 20 avril 1822.

21-24 *Les Catalogues Charavay* (n° 377) signalent le manuscrit autographe de l'ode *La Lyre et la Harpe*, avec des ratures, des corrections et des variantes inédites. D'après le manuscrit, l'ode aurait été composée du 21 au 24 avril.

22 Mély-Janin (M. J.) publie un article de trois grandes colonnes sur *Héléna*, de Vigny. Eloges et critiques : cf. la *Quotidienne*, 24 avril 1822.

Lettre de V. Hugo à J. de Rességuier : cf. 3
E. BIRÉ, *V. Hugo avant 1830*, pp. 132, 138, 237 ; cf. A. PRAVIEL, *Mercure de France*, décembre 1902, pp. 595-596.

Lettre de V. Hugo à Adèle Foucher : cf. 4
Lettres à la fiancée, pp. 219-221 et *V. Hugo raconté*, t. II, pp. 121, 122.

Lettre de V. Hugo à Adèle Foucher : cf. 5
Lettres à la fiancée. pp. 221-222.

Lettre de V. Hugo à Adèle Foucher : cf. 6
Lettres à la fiancée, pp. 222-224.

Buonaparte, ode par Victor-M. Hugo. In-8. —
Imp. Guiraudet, Paris. Paris, Pélicier. B. F., 6 avril 1822, n° 1636. L'ode a dû paraître avant le 5 avril, puisque ce jour là l'*Etoile* en fait l'éloge et cite 10 vers. Pour les variantes, voir au 8 juin 1822.

Les Catalogues Charavay (n° 200) signalent 11
une lettre de V. Hugo à son père, relative à son frère Eugène. S'il s'agit de la folie d'Eugène, cette lettre est faussement datée.

Lettre de V. Hugo à J. de Rességuier : cf. 17
E. BIRÉ, *V. Hugo avant 1830*, pp. 134 et 219 ; cf. A. PRAVIEL, *Mercure de France*, décembre 1902, pp. 589-590.

Lettre de V. Hugo à J. de Rességuier : cf. 19
E. BIRÉ, *V. Hugo avant 1830*, pp. 132 et 242 ; cf. A. PRAVIEL, *Mercure de France*, décembre 1902, pp. 596-597.

Avril

26 Abel Hugo, aux Bonnes Lettres, parle de la tragédie d'*Inès de Castro*, par Maxias de Lacerda : cf. *Annales de la Littérature et des Arts*, t. VII, livrais. LXXXII, p. 136, 27 avril 1822.

27 Article sur l'ode de V. Hugo, *Bonaparte*, deux colonnes du rez-de-chaussée et une citation : cf. la *Quotidienne*, 27 avril 1822.

28 Dernière conférence de Frayssinous à Saint-Sulpice : *Discours sur les missions* : cf. le *Moniteur*, 1er mai 1822.

30 *Childe-Harold à Pise*, fragment inédit traduit de Lord Byron, par Abel Hugo : cf. la *Foudre*, t. V, n° LXXI, pp. 123-127, 30 avril 1822.

En avril V. Hugo compose :

La Lyre et la Harpe : *Odes et Poésies diverses 1822*, pp. 103-111 : édition *ne varietur*, pp. 251-255.

A l'Académie des Jeux Floraux : *Odes et Poésies 1822*, pp. 131-134 ; édition *ne varietur*, pp. 271-272, avec la date : mai 1822. Cette ode fut lue à Toulouse le 3 mai 1822, elle fut donc composée et envoyée en avril 1822.

La Chauve-Souris : *Odes et Poésies 1822*, pp. 179-185 ; édition *ne varietur*, pp. 355-357.

Le Nuage : *Odes et Poésies 1822*, pp. 185-188 ; édition *ne varietur*, pp. 359-360.

Le Cauchemar : *Odes et Poésies 1822*, 189-192 ; édition *ne varietur*, pp. 361-362.

Le Matin : *Odes et Poésies 1822*, pp. 193-196 ; édition *ne varietur*, pp. 363-364.

Mai

3 On lit aux Jeux Floraux la pièce que V. Hugo adressa à l'Académie et une ode de J. de Rességuier où il est question de V. Hugo.

5 Abel Hugo. *Le comité directeur ou les candidats éligibles* (signé Lucifer, mais à la table Abel Hugo) : cf. la *Foudre*, n° LXXII, t. V, pp. 144-151, 5 mai 1822.

Lettre de V. Hugo (Gentilly) à Adèle Foucher : cf. *Lettres à la fiancée*, pp. 225-226. 6

7 Lecture aux Bonnes Lettres de *Romances Vendéennes* sur Henri de la Rochejacquelein et Lescure, par A. Hugo : cf. *Annales de la Littérature et des Arts*, t. VII, livrais. LXXXIV, p. 202, 11 mai 1822.

Deux lettres de V. Hugo (Gentilly) à Adèle Foucher : cf. *Lettres à la fiancée*, pp. 227-229. 7

11 *Le Dictionnaire historique de la Jeunesse* (B. F., 11 mai, n° 2150) parle avec éloges de V. Hugot (sic) et de ses odes, *les Vierges de Verdun et le Rétablissement de la statue de Henri IV*.

14 Lecture aux Bonnes Lettres par Abel Hugo, sur la tragédie du *Vieux Mendo :* cf. *Annales de la Littérature et des Arts*, t. VII, livrais. LXXXV, p. 236, 18 mai 1822.

— *Buonaparte*, ode, par Saint-Valry, est lue aux Bonnes Lettres, le 14 mai : cf. *Annales de la Littérature et des Arts*, t. VII, livrais. LXXXV, p. 225-228, 18 mai 1822.

17 V. Hugo est à Paris d'où il adresse une lettre à Lamennais.

19 Lettre d'Adèle Foucher à V. Hugo : cf. *Annales politiques et littéraires*, 17 mars 1912, p. 254.

24 V. Hugo et A. Foucher font une promenade en bateau : cf. *Lettres à la fiancée*, p. 235.

25 Abel Hugo. *Les Libéraux en action* (signé Lucifer, à la table Abel Hugo) : cf. la *Foudre*, t. V, n° LXXVI, pp. 243-246, 25 mai 1822.

27 V. Hugo quitte Gentilly le 27 mai pour venir à Paris : cf. *Lettres à la fiancée*, p. 237.

29 Lettre d'Adèle Foucher à V. Hugo : cf. *Annales politiques et littéraires*, 17 mars 1912, p. 254.

30 Lettre d'Adèle Foucher à V. Hugo : cf. *Annales politiques et littéraires*, 17 mars 1912, p. 254.

— Abel Hugo. *Les fiançailles du Vaivode.* Nouvelle. Chanson historique traduite du morloque (signé A. H. et à la table Abel Hugo) : cf. la *Foudre*, t. V, n° LXXVII, pp. 269-271, 30 mai 1822.

Lettre de V. Hugo (Gentilly) à Adèle Foucher : cf *Lettres à la fiancée*, pp. 229-231. Cette lettre doit être du dimanche 19 mai au lieu du 12 comme la lettre qu'on trouve pp. 232-234, et datée : dix heures du soir. 12

Lettre de V. Hugo (Paris) à Lamennais : cf. *Correspondance 1815-1835*, pp. 26-28. 17

Lettre de V. Hugo (Gentilly) à Adèle Foucher : cf. *Lettres à la fiancée*, pp. 235-236. 25

Le dévouement dans la Peste, ode par M. Victor-Marie Hugo, maître ès-jeux floraux (1). —

Recueil de l'Académie des Jeux Floraux, pp. 52-55 ; cf. *Odes et Poésies diverses* : *le Dévouement*. pp. 121-129 : cf. *Odes et Ballades*. pp. 263-269.

Lettre de V. Hugo à Rességuier : cf. E. Biré, *V. Hugo avant 1830*, p. 338 ; cf. Praviel, *Mercure de France*, décembre 1902, pp. 597-598. 26

Lettre de V. Hugo (Paris) à Adèle Foucher : cf. *Lettres à la fiancée*, pp. 237-238. 28

Lettre de V. Hugo (Paris) à Adèle Foucher : cf. *Lettres à la fiancée*, pp. 238-239. 29

Lettre de V. Hugo (Paris) à Adèle Foucher : cf. *Lettres à la fiancée*, pp. 239-240. 30

Juin

Avant juin V. Hugo compose l'*Homme Heureux*, puisqu'on le trouve dans les *Odes et Poésies diverses* du 8 juin.

---

(1) Cette ode a subi quelques changements en juin 1822 et en 1828. Les voici en suivant l'édition *ne varietur*.

Page 265, vers 6. *Et l'étreint dans ses bras* — remplace — *Et l'étreint de ses bras* (Jeux Floraux et 1822).

Vers 12 et 13.

Le monstre l'une à l'autre enchaîne ses victimes
Ils les traîne aux mêmes abîmes.
Odes et Ballades.

Sous mille traits amis, par cent nœuds légitimes,
Le monstre enchaîne ses victimes.
Jeux Floraux et *Odes et Poésies diverses.*

Vers 20. Dans le *Recueil des Jeux Floraux*, on lisait : *jetés aux tigres* (corrigé dans *Odes et Poésies diverses*).

Page 267, vers 3. Dans le *Recueil des Jeux Floraux*. on lisait : *quel grand destin* (corrigé dans *Odes et Poésies diverses*).

Vers 8. On lisait (*Recueil des Jeux Floraux* et *Odes et Poésies diverses*) : *sur ce globe d'argile*. En 1828 on a mis : *dans ce monde stérile*.

1 Le duc de Rohan est ordonné prêtre à Notre-Dame : cf. au 8 juin le récit de l'ordination par Saint-Valry. V. Hugo a dû assister à l'ordination.

— Abel Hugo. *Romances historiques, traduites de l'espagnol*, par A. Hugo. In-12. Imp. Boucher, Paris. Paris, Pélicier. B. F., 1er juin 1822, n° 2537.

— Abel Hugo. *Romancero e historia de rey de Espanà don Rodrigo, postero de los Todos en lenguage antiguo ;* recopilado por Abel Hugo. In-12. Imp. Boucher, Paris. Paris, Pelicier, Rodriguez et Baudry. B. F., 1er juin 1822, n° 2608.

— Entrefilet sur les leçons d'Abel Hugo et les lectures de V. Hugo aux Bonnes Lettres : cf. l'*Etoile*, 1er juin 1822.

5 Abel Hugo. *Les Régicides* (signé A. mais au n° 84, 5 juillet. Abel Hugo revendique cet article) : cf. la *Foudre*, t. v, n° 78, pp. 286-288.

7 V. Hugo va voir le duc de Rohan pour lui porter un exemplaire de l'ouvrage de Marie-Joseph Trébuchet sur *Anne de Bretagne* : cf. Lettre d'Adolphe Trébuchet à son père, du 8 juin. Inédite.

— Lettre d'Adèle Foucher à V. Hugo : cf. *Annales politiques et littéraires*, 24 mars 1912, p. 272.

8 Lettre d'Adolphe Trébuchet à son père. Inédite. Il parle du duc de Rohan et de la 1re édition des *Odes et Poésies diverses* : cf. *Appendice*.

Lettre de V. Hugo à Adèle Foucher : cf. 5
Lettres à la fiancée, pp. 241-242 Le texte de la lettre prouve qu'il est à Paris avec Adèle et non à Gentilly comme on l'a imprimé dans les *Lettres à la fiancée*.

Lettre de V. Hugo à Adèle Foucher : cf. 8
Lettres à la fiancée, p. 243. Cette lettre a été certainement écrite de Paris d'après certaines parties inédites. V. Hugo a dû rentrer avec Adèle à Gentilly, le samedi soir, 8 juin.

Odes et Poésies diverses, par Victor-M. —
Hugo. Epigraphe : *Vox clamabat in deserto*. In-8, ij-234 p. Imp. Guiraudet, Paris. Paris, Pélicier (1). B. F., 8 juin 1822, n° 2711.

---

(1) *La Préface* contient deux pages : on la retrouve dans l'édition *ne varietur*, pp. 5-6.

Le volume renferme 24 odes et 3 poésies diverses. Les voici dans l'ordre où V. Hugo les a placées en 1822, avec les transformations qu'il leur a fait subir à cette époque ou les changements que l'on trouve dans l'édition de 1828 et par conséquent dans l'édition *ne varietur*.

I. — *Le poète dans les Révolutions*, pp. 3-8, ode composée en 1821, mais non encore imprimée (*Odes et Ballades*, pp. 39-43).

En 1822, elle était dédiée à Alexandre Soumet et portait outre l'épigraphe d'A. Chénier une autre tirée de l'épître d'Horace *ad Pisones* : *Dictus ob hoc lenire tigres, rabidosque leones*.

Voici les changements que cette ode a subis.

Odes et Ballades, p. 40, 23e vers. Quand le crime, Python *livide* — on lisait en 1822 : Quand le crime, Python *perfide*.

Page 41, vers 14 et 15 :	On lisait en 1822 :
Sans *briser* d'autres destinées, *Rompre* la chaîne de tes jours ?	Sans *trancher* d'autres destinées, *Briser* la chaîne de tes jours ?
Page 42, vers 12 :	En 1822 :
Ne *sais plus rien de* l'avenir !	Ne *raconte plus* l'avenir.
Page 42, vers 20 :	En 1822 :
Prophète à *son jour mortuaire*.	Prophète à *son heure dernière*.
Page 42, vers 23 et 24, et page 43, vers 1 :	En 1822 :
Que n'es-tu *né sur les* rivages *Des Abbas et des* Cosroës, *Aux rayons d'un ciel* sans nuages,	Que n'es-tu *loin de nos* rivages *Aux champs où régna* Coesroës, *Né sous un beau ciel* sans nuages,

8 Saint-Valry publie une lettre assez curieuse sur l'ordination du 1er juin : cf. *Annales de la Littérature et des Arts*, t. VII, livrais. LXXXVIII, pp. 313-317. A. de Saint-Valry, 8 juin 1822.

9 Lettre de Lamennais à V. Hugo : cf. *V. Hugo raconté*, t. II, pp. 141-142.

10 *Les libéraux en coucou. Macédoine politique, morale et littéraire*, article d'Abel Hugo : cf. la *Foudre*, t. V, n° 79, pp. 314-319, 10 juin 1822 : signé Asmodée et Lucifer et à la table Abel Hugo.

— *L'étoffe merveilleuse*, conte traduit de l'espagnol. Article signé A. H. : cf. La *Foudre*, t. V, n° 79, pp. 320-323, 10 juin 1822 (à la table Abel Hugo).

Page 43, vers 16 :	En 1822 :
Mais pour l'aiglon, fils des *orages*,	Mais pour l'aiglon fils des *nuages*.
Page 43, vers 17 :	En 1822 :
Ce n'est qu'à travers les *nuages*	Ce n'est qu'à travers les *orages*.
Page 43, vers 18 :	En 1822 :
Qu'il *prend son vol vers le* soleil !	Qu'il *monte au palais du* soleil !

II. — *La Vendée*, pp. 9-18. — *Odes et Ballades*, pp. 45-51.

Ode imprimée en plaquette, le 25 septembre 1819, reproduite dans le *Conserv. Litt.*, le 5 février 1820.

Nous retrouvons, en 1822, le texte de la plaquette et du *Conserv. Litt.*, sauf l'épigraphe : « *Ave, Cæsar, morituri te salutant* (Tacit.) qui est de 1822. A la même époque appartient aussi la correction faite à l'avant dernier vers (*Odes et Ballades*, p. 51) : V. Hugo a remplacé *leurs champs détruits* par *leur temple en deuil*. Toutes les autres corrections sont postérieures à 1822.

III. — *Les Vierges de Verdun*, pp. 18-28. — *Odes et Ballades*, pp. 52-59.

Ode imprimée dans le *Recueil des Jeux Floraux*, 5 juin 1819, et dans le *Conserv. Litt.* L'épigraphe est la même que celle des *Jeux Floraux* : les vers de Guiraud n'ont été placés qu'en 1828.

Presque toutes les corrections ont été faites en 1822 : on les trouvera en se reportant à ce que nous avons dit au 5 juin 1819. Deux ou trois vers sont cependant à noter.

Odes et Ballades, p. 54, le 3e vers se lisait ainsi : Pourquoi sur *ces* festons ces chaînes insultantes.

C'est en 1822 qu'a été supprimée la 4e strophe que nous avons donnée au 5 juin 1819.

Page 58, vers 18. On lisait encore : *Charlotte, au cœur d'airain* et non *Charlotte, autre Judith* qui est de 1828, mais toutes les autres corrections religieuses sont de 1822.

IV. — *Quiberon*, pp. 29-38. — *Odes et Ballades*, pp. 61-68.

Ode lue aux Bonnes Lettres, le 28 février 1821, envoyée à Toulouse le 28 mars, lue à Toulouse le 3 mai 1821, imprimée dans le *Recueil des Jeux Floraux* (cf. 26 mai 1821 pour les corrections).

V. — *Rétablissement de la statue de Henri IV*, pp. 39-48. — *Odes et Ballades*, pp. 75-80.

Ode imprimée dans le *Recueil des Jeux Floraux*, le 5 juin 1819, puis dans le *Conserv. Litt.*, le 6 mai 1820.

Odes et Ballades.

Page 76. Les corrections que nous avons indiquées des vers 18, 21, 22 ont été faites en 1822.

Page 77, vers 18. En 1822 c'est encore le texte du *Conserv. Litt.* ; la correction est de 1828.

Page 78, vers 16. La correction est de 1822.

Page 79. Toutes les corrections sont de 1822, sauf le dernier vers où on lisait : qu'il est *grand*, cet airain...

Page 80. Les corrections sont de 1822, sauf le vers 13 où on lit encore : *Ecartons* tout présage...

VI. — *La mort du duc de Berry*, pp. 49-59. — *Odes et Ballades*, pp. 81-88.

Ode imprimée dans le *Conserv. Litt.*, 4 mars 1820, puis en tirage à part. Un certain nombre de corrections sont de 1822.

Odes et Ballades.

Page 81. Les corrections aux vers 1 et 3 sont de 1822.

Page 82. Au vers 3, la correction est de 1822.

Au vers 13, on lit encore : *la voix murmurante*... comme dans le *Conserv. Litt.*

14 Première représentation des *Macchabées*, de Guiraud, à l'Odéon. V. Hugo y assiste certainement.

15 *La fille d'Otaïti.* Poésie, par Victor-M. Hugo : cf. la *Foudre*, t. v, n° 80, pp. 339-340, 15 juin 1822 ; cf. *Odes et Poésies diverses* au 8 juin.

— Abel Hugo. *La dernière assemblée des francs-juges.* Fragment traduit de l'allemand de Spietzz : cf. la *Foudre*, t. v, n° 80, pp. 343-346, 15 juin 1822. Signé A. H. et à la table Abel Hugo.

— Saint-Valry. *Prière d'un jeune poète à la Vierge* : cf. *Annales de la Littérature et des Arts*, t. VII, livrais. LXXXIX, pp. 365-368, 15 juin 1822.

Pages 84 et 85. Les corrections sont de 1822.

Page 87, vers 13. C'est encore le texte du *Conserv. Litt.* : les maux que *cause* au cœur.

Page 88, vers 8 et 13. C'est encore le texte du *Conserv. Litt.*

VII. — *La naissance du duc de Bordeaux*, pp. 61-70. — *Odes et Ballades*, pp. 89-95.

Ode imprimée dans le *Conserv. Litt.*, 21 octobre 1820, puis tirage à part. Un seul mot a été changé, en 1822, au texte de 1820. Dans l'édition *ne varietur*, il est à la page 91, vers 12 ; leur trône *isolé* a remplacé leur trône *ébranlé*. Toutes les autres corrections faites à cette ode l'ont été postérieurement à 1822.

VIII. — *Le baptême du duc de Bordeaux*, pp. 71-82. — *Odes et Ballades*, pp. 97-104.

Ode imprimée en plaquette, avant le 5 mai 1821, lue aux Bonnes Lettres le 4 mai, imprimée le 18 août 1821, dans *Couronne de cyprès et de roses*, par Robert, pp. 115-122.

Voici les différences qui existent entre l'édition de 1822 et l'édition *ne varietur*.

Odes et Ballades.

Page 98, vers 1 : Où va-t-on ? dans la nuit perfide — on lisait en 1822 : Où marchons-nous ? dans l'ombre vide.

Vers 8 : Les troupeaux *chassent* les pasteurs ; — on lisait : les troupeaux *font fuir* les pasteurs ;

Page 100, vers 6 : Les *ombres* sans cercueils... — on lisait ; les *spectres* sans cercueils veillent sur son berceau.

Page 102, les vers 12, 13, 14 ont été changés. Voici les deux textes :

Trône, autel, chartes, lois, tomber sous une épée Les vertus sans *honneur*, les forfaits impunis ; Et lui, des *vieux croisés* cherchait l'ombre sublime.	*Et le trône et la Croix*, tomber sous une épée Les vertus sans *soutien*, les forfaits impunis ; Et lui, des *chevaliers* cherchait l'ombre sublime.
1828 et 1880.	1822.

Page 102, vers 17. En 1822 on lisait : *Coupe* voyageuse au lieu de *gourde* voyageuse.

Page 104, vers 2 : Quand *l'évêque* sur toi *répandra* l'huile austère — remplace — Quand le *prêtre* sur toi *versera* l'huile austère (1822).

IX. — *Vision*, pp. 83-93. — *Odes et Ballades*, pp. 105-110.

Cette ode a été composée avant le 13 mars 1821, puisque V. Hugo devait la lire ce jour-là aux Bonnes Lettres. Elle a dû être imprimée pour la 1re fois dans cette édition de 1822.

Cette ode était dédiée en 1822, comme d'ailleurs en 1828, à M. le comte Gaspard de Pons, dédicace qu'on ne retrouve plus dans l'édition *ne varietur*. Il y a quelques changements à signaler.

Odes et Ballades.

Page 106, vers 2 : *Redescend* dans la nuit profonde,	On lisait en 1822 : *Retourne* dans la nuit profonde.
Page 106, dernier vers : Qui *mène* au ciel la sombre nuit.	En 1822 : Qui *guide* au ciel la sombre nuit.
Page 107, vers 8 : Et la roue, aux *flammes* bruyantes,	En 1822 : Et la roue, aux *traces* bruyantes,
Page 107, vers 16 : Te voilà nu *dans* ma présence,	En 1822 : Te voilà nu *sous* ma présence,

15 *Les Odes et Poésies diverses* de V. Hugo sont annoncées par la *Gazette de France* du 15 juin 1822.

17 Voyage de V. Hugo de Gentilly à Paris: cf. *Lettres à la fiancée*, 17 juin, p. 244.

19 V. Hugo asssiste, sans Adèle, à une pièce de théâtre (d'après une lettre inédite d'Adèle, du 21 juin, vendredi). Il s'agit probablement des *Macchabées*, de Guiraud, dont la première représentation a eu lieu le 14 juin.

Lettre de V. Hugo (Paris) à Adèle Foucher : cf. *Lettres à la fiancée*, p. 244. 17

Page 109, vers 2 :	En 1822 :
Un roi *bon*, une *belle* reine.	Un roi *sage*, une *grande* reine.
Page 109, vers 14 :	En 1822 :
Mon souffle, propice ou terrible,	*C'est moi dont le souffle invisible*

X. — *Buonaparte*, pp. 93-101. — *Odes et Ballades*, pp. 111-116.

Cette ode a été composée en mars 1822, imprimée en plaquette le 6 avril 1822.

Voici les différences qui existent entre l'édition de 1822 et l'édition *ne varietur*.

Odes et Ballades.

Page 112, vers 10. Et dans leur gloire *impie, en désastre féconde*, — remplace — Et dans leur gloire *impure et leur grandeur immonde*.

Vers 13. *Naguère*, de lois affranchie, — remplace — *De nos jours* de lois affranchie.

Page 113, dernier vers. Qui livre au méchant *le pervers*, — remplace — qui livre au méchant *les pervers*.

Page 115. Les 6 premiers vers ont été transformés. Voici les 2 textes :

1828-1880.	1822.
Ses aigles, *qui volaient* sous vingt cieux *parsemées*, *Au* nord, de ses longues armées *Guidèrent* l'immense appareil ; Mais là parut l'écueil de sa course hardie. *Les peuples sommeillaient ; un sanglant* incendie Fut l'aurore du grand réveil !	*Rappelant* sous vingt cieux ses aigles *parsemées*, *Le* nord de ses longues armées *Vit venir* l'immense appareil ; Mais là parut l'écueil de sa course hardie. *Et le phare sauveur d'un grand* incendie Fut l'aurore du grand réveil !

Vers 8. *Il* voulut, *fantôme* ennemi, — remplace — Voulut, *faible spectre* ennemi.

Les vers 21, 22 et 23 ont été transformés. Voici les 2 textes :

1828-1880.	1822.
Des trônes restaurés écoutant la fanfare *Il brillait de loin comme un phare,* *Montrant l'écueil au nautonnier.*	*Tous ses pas dans son île ébranlaient nos murailles.* *Exilé des champs de batailles* *Il se survivait tout entier.*

Vers 24. Il mourut — Quand ce bruit *éclata dans* nos villes, — remplace — Il mourut — Quand ce bruit *accourut vers* nos villes.

XI. — *La Lyre et la Harpe*, pp. 103-111. — *Odes et Ballades*, pp. 251-255.

Cette ode a été composée en avril 1822, du 21 au 24, d'après les *Catalogues Charavay*, n° 377, et imprimée pour la 1re fois dans cette édition. Elle a été reproduite dans les *Tablettes romantiques* de 1823, pp. 18-21 (c'est le même texte que l'édition de 1822).

En 1822, il n'y a pas de dédicace à Lamartine. On la trouve en 1828. Remarquons en passant que la 2e épigraphe empruntée aux Actes des Apôtres a été arrangée par V. Hugo. Au lieu de : *Et cœpit loqui, prout Spiritus Sanctus dabat eloqui*, on lit, ch. 2e, verset 4e : *Et cœperunt loqui variis linguis prout Spiritus Sanctus dabat eloqui illis.*

Trois corrections seulement ont été faites à l'édition de 1822 :

Odes et Ballades.

Page 252, vers 16 : Dieu, ton maître, a d'un *signe* austère — remplace — Dieu, ton maître, a d'un *bras* austère.

Page 253, vers 4 : Son être emplit *le monde* — remplace — Son être emplit *l'espace*...

Page 255, vers 18 : Et frémit *de* l'éternité — remplace — Et frémit *sous* l'éternité...

XII. — *Moïse sur le Nil*, pp. 113-120. — *Odes et Ballades*, pp. 257-261.

Cette ode composée en février 1820 a été imprimée vers le 5 juin 1820 dans le *Recueil des Jeux Floraux*. En 1822, V. Hugo n'a fait qu'un changement en la réimprimant.

Odes et Ballades, p. 260, dernier vers : *Chanter* les lyres éternelles — remplace — *Monter* les lyres...

20 Abel Hugo. *Les Macchabées*, tragédie en 5 actes, par M. Alexandre Guiraud : cf. la *Foudre*, t. v, n° 81, pp. 366-368, 20 juin 1822, signé A. H.

— *Lithographie. Le tombeau du Vendéen* : cf. la *Foudre*, t. v, n° 81, p. 369, 20 juin 1822, signé J. A. et à la table Abel Hugo.

21 Entrefilet à propos de la *Notice sur Anne de Bretagne*, par Marie-Joseph Trébuchet : cf. la *Quotidienne*, 21 juin 1822. Cet entrefilet est de Victor Hugo ou de l'un de ses frères.

22 Entrefilet sur les *Romances historiques* d'A. Hugo et les *Odes et Poésies diverses* de V. Hugo : cf. la *Quotidienne*, 22 juin.

Deux lettres de V. Hugo (Paris) à Adèle Foucher : cf. *Lettres à la fiancée*, pp. 245-246. V. Hugo malgré l'en-tête de la lettre écrit cette lettre étant à Paris, mais il doit rentrer tous les soirs à Gentilly et remettre ses lettres à Adèle. 21

XIII. — *Le Dévouement*, pp. 121-129. — *Odes et Ballades*. pp. 263-269.

Cette ode, composée en décembre 1821, a été lue le 9 avril 1822, à la Société des Bonnes Lettres par Ancelot, qui remplace V. Hugo, puis le 3 mai 1822 aux Jeux Floraux, et imprimée dans le *Recueil des Jeux Floraux* (cf. le 25 mai, pour les corrections).

Odes et Ballades.

Page 265, vers 6. Au lieu de : Et l'étreint *dans* ses bras hideux — on lisait : Et l'étreint *de*...

Les vers 12 et 13 ont été refaits. Voici les 2 textes :

Le monstre l'une à l'autre enchaîne ses victimes ; Il les traîne aux mêmes abîmes ;	Sous mille traits amis, par cent nœuds légitimes, Le monstre enchaîne ses victimes :
1828-1880.	1822.

Page 267, vers 8 : *Dans ce monde stérile* — remplace — *Sur ce globe d'argile* (1822).

XIV. — *A l'Académie des Jeux Floraux*, pp. 131-134. — *Odes et Ballades*, pp. 271-272.

Cette ode, malgré la date donnée par l'édition *ne varietur*, a été composée au moins en avril 1822, puisqu'elle fut lue à Toulouse le 3 mai.

L'édition *ne varietur* est identique à l'édition de 1822, M. Gustave Simon (*L'enfance de V. Hugo*, p. 197), cite la 1re strophe de la p. 272 en modifiant un peu le dernier vers. Le manuscrit peut-être porte cette modification. Au lieu de : Et fait asseoir *dans* vos banquets — il écrit — Et fait asseoir *à* vos banquets.

XV. — *Le Génie*, pp. 135-145. — *Odes et Ballades*, pp. 273-279.

Cette ode a été composée en juin 1820 d'après l'édition de 1828, en juillet 1820 d'après l'édition *ne varietur*. Elle a été imprimée dans le *Conserv. Litt.* le 5 août 1820. En se reportant à cette date on verra suffisamment, croyons-nous, l'état de cette ode dans l'édition de 1822.

XVI. — *La Fille d'Otaïti*, pp. 147-150. — *Odes et Ballades*, pp. 281-283.

Cette ode a été composée en janvier 1821, imprimée dans les *Annales de la Littérature et des Arts*, le 7 avril 1821, sans épigraphe (voir à cette date les autres réimpressions).

Dans l'édition de 1822, V. Hugo avait mis comme épigraphe : *Ecoutez la jeune fiancée qui pleure parce qu'elle est délaissée*, Ballade d'Arven. L'épigraphe tirée de *Dolorida* d'Alfred de Vigny est de 1828. L'édition de 1822 est exactement reproduite dans l'édition *ne varietur*, il n'y a que des différences de ponctuation qui ne changent pas le sens sauf pour le 1er vers de la p. 283 (*Odes et Ballades*). On lit en 1822 : *tu veux partir aux monts*, etc...

XVII. — *L'Homme Heureux*, pp. 151-155. — *Odes et Ballades*, pp. 285-287.

On ne sait à quelle époque cette ode fut composée mais c'est évidemment avant le mois de juin 1822.

L'édition de 1822 diffère un peu de l'édition *ne varietur*.

Page 286, vers 4. Au lieu de : Sur un lit aux pieds de vermeil — on lisait en 1822 : La pourpre orne mon lit de vermeil.

Page 286. La strophe qui termine la p. 286 et commence la p. 287 n'existait pas en 1822, mais on la trouve dans l'édition de 1828.

Page 287, vers 3. Au lieu de : les *femmes* de l'Europe... — on lisait en 1822 : les *beautés* de l'Europe...

XVIII. — *Le Regret*, pp. 157-161. — *Odes et Ballades*, pp. 343-345.

Cette ode, composée en février 1821, offre en 1822 le même texte que l'édition *ne varietur*.

22 J. de Rességuier. *Poésie, Clémence Isaure, ode*: cf. *Annales de la Littérature et des Arts*, t. VII, livrais. XC. pp. 406-407, 22 juin 1822. Il consacre quatre vers à V. Hugo, dont il fait l'éloge.

24 Rapport d'Alissan de Chazet au ministre de la maison du Roi. Il lui envoie les *Odes et Poésies diverses* de V. Hugo et demande pour lui une pension : cf. GABRIEL VAUTHIER, *Nouvelle Revue*, 15 mars 1909, pp. 273-274.

25 Entrefilet très élogieux sur les *Odes et Poésies diverses*: « L'auteur, qui n'a pas « encore atteint sa vingtième année, a déjà « pris place parmi les poètes lyriques les plus « célèbres... » : cf. *Journal de Paris*, 25 juin 1822.

26 Annonces des *Odes et Poésies diverses* de V. Hugo et des *Romances historiques* d'Abel Hugo : cf. l'*Etoile*, 26 juin 1822.

XIX. — *Au vallon de Cherizy*, pp. 163-169. — *Odes et Ballades*, pp. 347-350.

Cette ode fut composée en juillet 1821. Les éditions de 1822, 1828, 1880 donnent absolument le même texte.

XX. — *A toi*, pp. 171-177. — *Odes et Ballades*, pp. 351-354.

Ces vers furent envoyés à Adèle le 15 décembre 1821 : leur composition remonte donc à novembre ou décembre 1821.

Trois petits changements seulement sont à signaler.

Odes et Ballades.

Page 352, les vers 12 et 14 ont été refaits. Voici les deux textes :

Sombre au lieu du bonheur *que j'avais tant rêvé*.	Sombre au lieu du bonheur que *ma folie a cru*
. . . .	. . . .
Avec un rire affreux le malheur *s'est levé* !	Avec un rire affreux le malheur *a paru* !
1828-1880.	1822.

Page 353, le vers 13 a été lui aussi transformé :

La lumière *à jamais ne me fut point* ravie ;	La lumière *à mes yeux n'a point été* ravie ;
1828-1880.	1822.

XXI. — *La Chauve-Souris*, pp. 179-185. — *Odes et Ballades*, pp. 355-357.

Cette ode fut composée en avril 1822 et imprimée pour la 1re fois dans la présente édition, puis reproduite un mois après dans *la Foudre* du 5 juillet 1822.

L'épigraphe que nous lisons dans l'édition *ne varietur* est de 1828. En 1822, on lisait à sa place la phrase suivante : *Fille de la nuit brumeuse, pourquoi voles-tu ainsi sur ma tête avec tes ailes noires et froides* ? Edda.

Un seul vers a subi un petit changement :

Odes et Ballades, p. 356, au dernier vers, au lieu de : *Attiré par la gloire*, on lisait : *Appelé par la vie*. Cette correction doit être de 1828.

XXII. — *Le Nuage*, pp. 185-188. — *Odes et Ballades*, pp. 359-360.

Composée en avril 1822, imprimée pour la 1re fois dans la présente édition, cette ode n'a subi aucune retouche.

XXIII. — *Le Cauchemar*, pp. 189-192. — *Odes et Ballades*, pp. 361-362.

Ecrite en avril 1822, imprimée ici pour la 1re fois, cette ode avait trois épigraphes dont deux ont disparu en 1828 : *Aegri somnia*, HORAT, et *Il soulève sa tête énorme et rit*. CH. NODIER, *Smarra*.

V. Hugo a fait deux corrections à l'édition de 1822. On s'était beaucoup moqué du dernier vers de la p. 361 (*Odes et Ballades*). On lisait en effet: *Tantôt d'une eau morte il traîne son corps bleu*. Il l'a remplacé par celui que nous lisons maintenant : *Tantôt d'une eau dormante il lève son front bleu* ; (la correction est de 1828). Le 10e vers de la p. 362 a été retouché : La nuit d'un pas léger *touche* ton front vermeil, a été remplacé par : La nuit d'un pas léger *court* sur ton front vermeil.

30 *L'épreuve.* Nouvelle, signée à la table Abel Hugo : cf. la *Foudre*, n° 83, pp. 415-419, t. v, 30 juin 1822. C'est un lointain croquis des *Burgraves*.

Juin ou juillet. Entrefilet des *Lettres Champenoises* à propos de l'ode de V. Hugo sur *Bonaparte* et à propos de ses *Odes et Poésies diverses* : cf. *Lettres Champenoises*, t. IX, lettre 74.

Juin-juillet Article signé S. F. sur la notice *Anne de Bretagne*, de Trébuchet. C'est à peu près le même texte que l'article du *Journal de Nantes* du 5 juillet 1822, portant la signature S. F. Cet article est d'Adolphe Trébuchet ou des fils Hugo. S. F. équivaudrait alors à Son Fils ou Ses Fils : cf. *Lettres Champenoises*, t. IX, lettre 75.

Juillet

Juillet ? Soumet obtient une pension de 1.000 fr. « comme auteur de plusieurs poésies couron-« nées par l'académie française et vivement « recommandé de toutes parts » : GABRIEL VAUTHIER, *Nouvelle Revue*, 15 mars 1909, p. 274, note.

5 *Poésie. La Chauve-Souris*, par Victor-M. Hugo : cf. la *Foudre*, t. VI, n° 84, pp. 18-19, 5 juillet 1822. (Voir *Odes et poésies diverses*, 8 juin 1822).

4 Lettre de V. Hugo à son père : cf. *Correspondance 1815-1835*, pp. 166-167 ; cf. PIERRE DUFAY, *V. Hugo à vingt ans*, pp. 35-37. Ce dernier ouvrage complète la *Correspondance*.

XXIV. — *Le Matin*, pp. 193-196. — *Odes et Ballades*, pp. 363-364.

Composée en avril 1822, cette ode fut imprimée dans cette édition pour la 1re fois. En 1828, V. Hugo ne l'a pas retouchée mais depuis deux vers ont été transformés.

Odes et Ballades, p. 364, vers 1 et 3.

Un soleil aussi beau luire à ton désespoir	Luire à tes yeux en pleurs un soleil aussi beau
. . . .	. . . .
Sur mon tombeau muet et noir !	Sur mon noir et muet tombeau !
1880.	1822 et 1828.

A la suite des *odes* se trouvent les *Poésies diverses* avec cette épigraphe : *Facies non omnibus una* (Ovide).

I. — *Raymond d'Ascoli. Elégie*, pp. 199-209 ; cf. *V. Hugo raconté*, t. II, pp. 263-270, mais le poète a négligé 26 vers que l'on trouve dans *V. Hugo raconté*, pp. 264-265. Le premier commence par ces mots : *Les beaux jours ont fui*... et voici le dernier : *Demain aura tout oublié*. Voir pour cette poésie au 5 juin 1820,

II. — *Idylle*: *Ætatis cujusque notandi sunt tibi mores*, *Horat*. pp. 211-217. V. Hugo a réimprimé le texte donné aux Jeux Floraux. Voir au 5 juin 1820.

III. — *Les Derniers Bardes*, pp. 219-232 ; cf. *V. Hugo raconté*, t. I, pp. 271-283.

Certains vers ont été négligés. Ainsi on ne trouve pas 24 vers qu'on lit p. 280-281 dont voici le 1re et le dernier.

Tu nous braves comptant sur ta nombreuse armée
. . . .
Du sang des héros morts pour nous.

Voir pour le reste au 5 juin 1819.

5 Abel Hugo. *Un interrogatoire en enfer* : cf. la *Foudre*, t. vi, n° 84, pp. 15-17, 5 juillet, signé Asmodée, mais le contenu indique qu'il est d'Abel Hugo.

— Article du *Journal de Nantes*, sur Trébuchet, semblable à l'article des *Lettres Champenoises*, de juin-juillet 1822 et à celui des *Lunes Parisiennes* du 3 avril 1823.

9 Lettre d'Adèle Foucher à V. Hugo : cf. *Annales politiques et littéraires*, 24 mars 1912, p. 272.

10 Abel Hugo. *Histoire contemporaine. Huit juillet* : cf. la *Foudre*, t. vi, n° 85, pp. 25-29, 10 juillet 1822. A. Hugo.

— Entrefilet élogieux sur les *Odes et Poésies* de V. Hugo et les *Macchabées* de Guiraud : cf. l'*Etoile*, 10 juillet 1822.

12 Lettre d'Adèle Foucher à V. Hugo : cf. *Annales politiques et littéraires*, 24 mars 1912, p. 272.

14 Entrefilet élogieux sur le recueil d'*Odes* de V. Hugo « jeune homme d'une si haute espérance » : cf. *Journal des Débats*, 14 juillet 1822. Cet article est peut-être de Lamennais.

— Lettre d'Adolphe Trébuchet à son père.

16 Nouvel entrefilet ou plutôt annonce de l'éditeur des *Odes* de V. Hugo : cf. *Journal des Débats*, 16 juillet 1822.

— Rapport favorable pour une pension de 1.200 fr. demandée par Hugo et Soumet, rapport qui ne reçut pas la signature demandée : cf. Gabriel Vauthier, *Nouvelle Revue*, 15 mars 1909, p. 274.

20 Article de Saint-Valry sur les *Odes et Poésies diverses* de M. V.-M. Hugo : cf. *Annales de la Littérature et des Arts*, t. viii, livrais. xciv, pp. 65-70.

20 au 25 Lettre du général Hugo à Victor, contenant une lettre à M. Foucher demandant la main d'Adèle. L'existence de cette lettre est prouvée par la *Correspondance 1815-1835*, pp. 167-168. On en trouve un fragment avec fragment de la réponse dans *V. Hugo raconté*, t. ii, pp. 145-146.

23 Lettre d'Eugène Hugo à son oncle Trébuchet : cf. *Appendice*.

30 La *Foudre* (t. vi, n° 89, pp. 125-129, 30 juillet) fait l'éloge de Victor et d'Abel Hugo, article sur la *Romance*, signé Le Béquillard.

Deux lettres de V. Hugo (Paris) à Adèle Foucher : cf. *Lettres à la fiancée*, pp. 247-250. 5

Deux lettres de V. Hugo à Adèle Foucher : cf. *Lettres à la fiancée*, pp. 251-252. 13

Lettre de V. Hugo à son père. Il lui donne des détails intimes sur sa position et la pension de 1.200 fr. que le roi lui a accordée : cf. *Catalogues Charavay*, n° 200. 18

Lettre de V. Hugo à Adèle Foucher : cf. *Lettres à la Fiancée*, pp. 253-254. 20

Lettre de V. Hugo à J. de Rességuier : cf. *Correspondance 1815-1835*, pp. 29-30 ; cf. E. Biré, *V. Hugo avant 1830*, pp. 253-254 ; cf. A. Praviel, *Mercure de France*, décembre 1902, pp. 599-600. —

Lettre de V. Hugo à Adèle Foucher : cf. *Lettres à la fiancée*, p. 255. 23

Lettre de V. Hugo à son père : cf. *Correspondance 1815-1835*, pp. 167-168 ; cf. Pierre Dufay, *V. Hugo à vingt ans*, pp. 38-40, pour compléter le texte. 26

10 Lettre d'Adèle Foucher à V. Hugo : cf. *Annales politiques et littéraires*, 24 mars 1912, pp. 272-273.

— La *Foudre* contient une ode de E. Michelet, *La journée du 7 juillet à Madrid*. Deux vers de *Quiberon* de V. Hugo servent d'épigraphe.

13 Lettre d'Adèle Foucher à V. Hugo : cf. *Annales politiques et littéraires*, 24 mars 1912, p. 273.

16 Lettre d'Adèle Foucher à V. Hugo : cf. *Annales politiques et littéraires*, 24 mars 1912, p. 273.

— La société d'émulation de Cambrai décerne un prix à Abel Hugo pour son ode sur *la bataille de Denain* : cf. le *Journal de Paris*, 26 août ; cf. le *Moniteur Universel*, 27 août ; cf. l'*Etoile*, 29 août.

20 Lettre d'Adèle Foucher à V. Hugo : cf. *Annales politiques et littéraires*, 24 mars 1912, p. 273. On a simplement donné quelques lignes de la lettre.

21 V. Hugo va au ministère pour son brevet : cf. *Lettres à la fiancée*, p. 265. La 2e partie de la lettre est du mercredi 21 août.

22 Le *Réveil* (dont le 1er numéro est du 1er août 1822) annonce les *Odes et Poésies diverses* de V. Hugo, dans un entrefilet très élogieux.

24 Lettre d'Adèle Foucher à V. Hugo : cf. *Annales politiques et littéraires*, 24 mars 1912, p. 273. Elles n'en citent qu'une phrase et y font de nombreuses allusions.

25 Ch. Nodier est nommé chevalier de la Légion d'Honneur : cf. l'*Etoile*, 25 août.

27 M. Victor Hugo, auteur d'un recueil de poésies dont nous avons parlé avec éloges, désire que nous fassions connaître que c'est son frère, M. Abel Hugo, qui a remporté le prix de poésie de la société de Cambrai : cf. *Journal de Paris*, 27 août.

28 Le *Réveil* publie un article de deux colonnes sur les *Odes et Poésies diverses* de V. Hugo : grandes pensées, énergie de l'expression, éclat de poésie, goût presque toujours sûr, admirable richesse d'images, noblesse de sentiments.

— V. Hugo obtient une pension de 1.000 fr. : cf. Gabriel Vauthier, *Nouvelle Revue*, 15 mars 1909, p. 275.

— Lettre d'Adèle Foucher à V. Hugo ; cf. *Annales politiques et littéraires*, 24 mars 1912, p. 273. Deux lignes seulement sont citées.

Lettre de V. Hugo à Adèle Foucher : cf. *Lettres à la fiancée*, p. 256. 5

Lettre de V. Hugo à Adèle Foucher : cf. *Lettres à la fiancée*, pp. 257-258. 7

Lettre de V. Hugo à Adèle Foucher : cf. *Lettres à la fiancée*, pp. 259-260. 8

Lettre de V. Hugo à son père : cf. *Correspondance 1815-1835*, pp. 169-170 et pour compléter Pierre Dufay, *V. Hugo à vingt ans*, pp. 41-42. —

Lettre de V. Hugo à Adèle Foucher : cf. *Lettres à la fiancée*, pp. 262-263. 13

Lettre de V. Hugo à Adèle Foucher : cf. *Lettres à la fiancée*, pp. 263-264. Les deux lettres sont sur le même papier. 14

Lettre de V. Hugo à Adèle Foucher : cf. *Lettres à la fiancée*. pp. 265-266. La 2e partie de la lettre, c'est-à-dire à partir du 2e alinéa, est du mercredi 21 août. 20

Lettre de V. Hugo à Adèle Foucher : cf. *Lettres à la fiancée*, p. 267. 22

Lettre de V. Hugo à Adèle Foucher : cf. *Lettres à la fiancée*, pp. 268-269. 23

Lettre de V. Hugo à Adèle Foucher : cf. *Lettres à la fiancée*, pp. 270-272. 26

Deux lettres de V. Hugo à Adèle Foucher : cf. *Lettres à la fiancée*, p. 273 et pp. 274-275. 27

Deux lettres de V. Hugo à Adèle Foucher : cf. *Lettres à la fiancée*, p. 276 et pp. 277-278. 28

Deux lettres de V. Hugo à Adèle Foucher : cf. *Lettres à la fiancée*, pp. 278-279 et pp. 279-280. 29

Lettre de V. Hugo à son père : cf. *Correspondance 1815-1835*, pp. 170-171 et pour compléter Pierre Dufay, *V. Hugo à vingt ans*, pp. 44-46 ; cf. Belton, *Mémoires de la Société des Sciences et Lettres du Loir-et-Cher*, 31 mars 1902, pp. 30-31. 31

31 Lettre d'Adèle Foucher à V. Hugo; cf. *Annales politiques et littéraires*, 24 mars 1912, p. 273. On a donné seulement sept à huit lignes de cette lettre.

Septembre

1 Article signé X., sur les *Odes et Poésies diverses* par M. Victor Hugo ; deux colonnes : cf. l'*Etoile*, 1er septembre 1822.

Article élogieux : « l'auteur, encore adolescent, « est au premier rang des poètes et des penseurs « contemporains ». Quelques observations : trop de choses dans un vers, trop de pensées dans une strophe... contrainte... obscurité... froideur allégorique dans les odes politiques.

2 Lettre d'Adèle Foucher à V. Hugo : cf. *Annales politiques et littéraires*, 24 mars 1912, p. 274, au commencement de la page.

6-7 Lettre d'Adèle Foucher à V. Hugo : cf. *Annales politiques et littéraires*, 24 mars 1912, p. 274.

9 Entrefilet sur la *Bataille de Denain* d'A. Hugo : cf. la *Quotidienne*, 9 septembre 1822.

12 Lettre de M. Foucher à M. Trébuchet : cf. *Appendice*.

— Soumet est nommé bibliothécaire de Saint-Cloud : cf. *Journal des Débats*, 2 septembre ; cf. *Journal de Paris*, 13 septembre ; cf. *Moniteur universel*, 12 septembre 1822.

— Chateaubriand, ambassadeur de France à Londres, arrive à Paris ; il s'en va au congrès de Vérone : cf. *Journal des Débats*, 13 septembre.

13 Lettre d'Adèle Foucher à V. Hugo : cf. *Annales politiques et littéraires*, 24 mars 1912, p. 274.

21 L'*Almanach des Dames* pour 1823 contient trois odes de V. Hugo : *La fille d'Otaïti* (pp. 37-39), *le Génie*. ode à M. le vicomte de Chateaubriand (pp. 47-52), *Moïse sur le Nil* (pp. 113-117) : B. F., 21 septembre, n° 4272.

25 Lettre du ministre, marquis de Lauriston, annonçant à V. Hugo que le roi lui donne une pension de 1.000 fr. en même temps qu'à Dorion : cf. Gabriel Vauthier, *Nouvelle Revue*, 15 mars 1909, p. 275.

28 Abel Hugo. *La bataille de Denain* : cf. *Annales de la Littérature et des Arts*, t. viii, livrais. civ ; pp. 383-389. A. Hugo. 28 septembre 1822.

Lettre de V. Hugo à Lamennais : cf. *Correspondance 1815-1835*, pp. 30-31. 1

Deux lettres de V. Hugo à Adèle Foucher : cf. *Lettres à la fiancée*, p. 281 et pp. 282-283. 2

Lettre de V. Hugo à Adolphe Trébuchet : cf. *Correspondance 1815-1835*, pp. 31-32 ; cf. *Figaro*, 26 mai 1886. 3

Lettre de V. Hugo à Adèle Foucher : cf. *Lettres à la fiancée*, pp- 284-285. 5

Lettre de V. Hugo à J. de Rességuier : cf. *Correspondance 1815-1835*, pp. 35-36 (la date 1823 est fausse d'après le contenu lui-même) ; cf. E. Biré, *V. Hugo avant 1830*, pp. 338-339 ; cf. A. Praviel, *Mercure de France*, décembre 1902, pp. 600-602. 6

Lettre de V. Hugo à Adèle Foucher : cf. *Lettres à la fiancée*, pp. 285-286. 7

Lettre de V. Hugo à Adèle Foucher : cf. *Lettres à la fiancée*, pp. 286-287. 9

Lettre de V. Hugo à son père ; cf. *Correspondance 1815-1835*, pp. 172-173 ; cf. Pierre Dufay, *V. Hugo à vingt ans*, pp. 47-48. Il rectifie une faute de la *Correspondance* : cf. Belton, *Mémoires de la Société des Sciences et Lettres du Loir-et-Cher*, 31 mars 1902, p. 45. 13

Lettre de V. Hugo à son père : cf. *Correspondance 1815-1835*, pp. 173-175 ; cf. Pierre Dufay, *V. Hugo à vingt ans*, pp. 49-52, qui complète la *Correspondance*. 18

Lettre de V. Hugo à Adolphe Trébuchet : cf. *Correspondance 1815-1835*, pp. 31-32. 23

Lettre de V. Hugo à son oncle, le colonel Louis Hugo, à Tulle : cf. Pierre Dufay, *V. Hugo à vingt ans*, pp. 57-58. Il en cite deux fragments dans une lettre du colonel Hugo à son frère le général, du 9 octobre 1822. Septemb.

29 Mély-Janin publie tout un rez-de-chaussée de huit colonnes sur les *Odes et Poésies diverses* de V. Hugo. Il fait quelques critiques sur la préface et sur la nouvelle école. Mais on rendra ju tice à l'auteur appelé à de hautes destinées poétiques : cf. *Quotidienne*, 29 septembre 1822.

29 Article de O Mahony dans la *Foudre*, t. vi, nº 101, p. 383, ainsi daté Paris, *29 septembre 1842* (1).

Septemb. Les *Lettres Champenoises* (t. ix, lettre 81, pp. 265-266) contiennent un entrefilet sur la notice *Anne de Bretagne* de Trébuchet. Elles annoncent comme prochaine la 2ᵉ édition. Puis vient immédiatement après (pp. 266 à 272) un long article sur les *Odes et Poésies diverses* de V. Hugo, article bien fait et très élogieux, signé A. V. ; serait-il d'Alfred de Vigny ?

— Annonces des *Odes et Poésies diverses* et article aimable de l'*Apollon*, t. i, livrais. iv, p. 120 et livrais. vii, pp. 174-178.

Octobre

5 Abel Hugo. *Orven ou le Poignard*, nouvelle : cf. la *Foudre*, 5 octobre 1822, t. ii. nº 102, pp. 18-19, signé A.

— Chateaubriand quitte Paris pour se rendre au Congrès de Vérone : cf. *Journal de Paris*, 7 octobre 1822.

Lettre de V. Hugo à Lamennais, la Chênaie, pour lui annoncer son mariage : cf. *Catalogues Charavay*, nº 220. 1

Cette lettre fait double emploi, semble-t-il, avec celle du 1ᵉʳ septembre, qu'on trouve dans la *Correspondance 1815-1835*, pp. 30-31. V. Hugo

(1) L'article de O Mahony mérite plus qu'une simple mention. *La Foudre* est censée composer le nº du 29 septembre 1842. A. de Beauchamp célèbre dans un tableau historique l'anniversaire du 29 septembre 1820, date de la naissance du duc de Bordeaux. Le comte O Mahony rend compte de la séance de l'Académie du 27 septembre 1842. De nombreux immortels sont morts ; beaucoup de libéraux ont perdu la vie ; Jouy, Aignan, Népomucène Lemercier, François *natif* de Neufchâteau sont parmi les victimes. De vrais royalistes les ont remplacés : Lamennais, Nodier, Lamartine. — V. Hugo n'a pas encore été jugé digne d'entrer dans l'illustre assemblée (O Mahony s'est trompé puisqu'il y entra en 1841). On inaugure d'abord la statue du comte de Maistre que l'Académie regrette de n'avoir pas compté au nombre de ses membres. Bonald fait son éloge. Le cardinal de Bausset découvre la statue. — « Le secrétaire perpétuel a ensuite donné lecture de la pièce couronnée. Le sujet indiqué « par Mgr le duc de Bordeaux lui-même était : *La religion considérée comme l'unique source des* « *grandes pensées et des grandes actions*. M. Victor Hugo s'est montré digne de traiter un si beau « sujet et a couronné, dans cette circonstance, les brillantes espérances que son talent nous avait fait « concevoir il y a 18 ans. La pièce est terminée par un éloge délicat du Prince qu'il nous montre « conduit à la gloire par la religion, et étant lui-même la preuve vivante de la vérité développée dans « tout l'ouvrage. Les murmures les plus flatteurs ont accompagné l'auteur quand il est allé recevoir « une couronne si bien méritée ; et un public *vraiment français* lui a prouvé qu'il savait apprécier « cette production digne d'une Académie vraiment *française*.

« On a lu ensuite des stances de M. de Lamartine intitulée *La mère d'un Héros*. Tous les yeux « se sont portés vers la tribune de la mère de notre Henri, mais elle s'était retirée en entendant « l'annonce de son éloge.

« La séance a été terminée par la lecture d'un fragment d'un ouvrage politique de M. le vicomte « de Chateaubriand dédié à Mgr le duc de Bordeaux. Il est intitulé : *La charte selon la monarchie*. « Si l'on peut en juger par un morceau détaché et qui a été trouvé trop court, l'ouvrage sera le chef- « d'œuvre de ce célèbre écrivain ; il a été couvert d'applaudissements. »

6 Lettre de Lamennais à V. Hugo : cf. *V. Hugo raconté*, t. II. pp. 146-147.

12 Mariage de V. Hugo et d'Adèle Foucher. V. Hugo va habiter chez son beau-père, rue du Cherche-Midi, n° 39.

15 Article-entrefilet sur le *Trapiste*, de Vigny et sur *Anne de Bretagne*, de Trébuchet. Pas signé : cf. le *Réveil*, 15 octobre.

19 Le *Trapiste*, par A. de Vigny. B. F., 19 octobre, n° 4689.

20 J. de Rességuier arrive à Paris vers le 20 octobre et va pour voir V. Hugo qui est absent : cf. *Correspondance 1815-1835*, p. 368.

23 Reprise des *Macchabées*, de Guiraud, à l'Odéon. Il n'y avait eu d'abord que neuf représentations. Il y en eut cette fois deux seulement : cf. *Journal de Paris*, 23, 25 octobre ; cf. le *Journal des Débats*, 27 octobre.

24 Lettre de A. Soumet (?) à Gimel, directeur de l'Odéon. Il consent à la reprise des *Macchabées* (?) puisque c'est le désir du marquis de Lauriston. Il abandonne la distribution des billets d'auteur à MM. de Rigny et A. Hugo : cf. *Catalogues Charavay*, n°s 163 et 224.

25 Article sur les *Poèmes*, de Vigny, non signé. On dirait style V. Hugo : cf. le *Réveil*, 25 ocbre 1822.

28 Entrefilet non signé sur le *Trapiste*, de Vigny : cf. l'*Etoile*, 28 octobre 1822.

29 Article du *Moniteur* sur les *Poèmes* d'Alfred de Vigny et les *Odes et Poésies diverses*, de V. Hugo (1) : cf. *Moniteur universel*, 29 octobre, p. 1520, signé X.

n'a pas attendu le 1er octobre pour parler à Lamennais de son mariage, comme le prouve sa correspondance avec son père : cf. *Correspondance 1815-1835*, p. 172, lettre du 13 septembre 1822. Le 1er octobre, il dût écrire pour indiquer la *date exacte* et Lamennais lui répondit par la lettre du 6 octobre qu'on trouve dans *V. Hugo raconté*, t. II, pp. 146-147.

D'autre part, la lettre du 1er septembre semble faussement datée ou du moins n'a pas été adressée à la Chênaie, le 1er septembre. Lamennais quitta la Chênaie, pour aller à Paris, vers la mi-août et n'y rentra qu'à la mi-septembre (cf. *Correspondance avec le baron de Vitrolles*, pp. 107-108 et *Lettres à Benoit d'Azy*, p. 153). V. Hugo, le 1er septembre, ne pouvait ignorer la présence de Lamennais à Paris.

Lettre de V. Hugo à Adèle Foucher : cf. 1
Lettres à la fiancée, pp. 288-289.

Lettre de V. Hugo à Guiraud : cf. *Mélanges* —
de littérature et d'histoire religieuse publiés à propos du Jubilé de Mgr de Cabrières. Paris, Picard, in-8, 1899, t. III, p. 194.

Lettre de V. Hugo à Adèle Foucher : cf. 4
Lettres à la fiancée, pp. 290-291.

Lettre de V. Hugo à Saint-Valry : cf. E. Biré, 11
V. Hugo avant 1830, p. 273. Biré cite deux lignes de cette lettre et la date ainsi : « la veille de son mariage. »

Lettre de V. Hugo à son père : cf. *Corres-* 19
pondance 1815-1835, pp. 176-177 ; cf. Pierre Dufay, *V. Hugo à vingt ans*, pp. 63-65. Il rectifie quelques erreurs de lecture ; cf. Belton, *Mémoires de la Société des Sciences et Lettres du Loir-et-Cher*, 31 mars 1902, pp. 49-50.

Lettre de V. Hugo à M. Pinaud (Toulouse) : 24
cf. *Correspondance 1815-1835*, pp. 368-369.

---

(1) L'auteur commençait par parler des ennuis que souffrent les poètes nouveaux de la part des critiques et des indifférents. Il faisait ensuite un bon paragraphe sur les deux poètes. « Ils nous pardonneront peut-être de n'avoir qu'une même couronne pour leur double triomphe ; nous ne nous « pardonnerions pas de l'arrêter plus longtemps sur un front que sur l'autre ; ces deux talents ont « une même source, le cœur ; tous deux sont doués de force et de grâce ; ils ont tous deux initié la « poésie au secret des plus intimes émotions..... La moindre préférence serait une grande injustice ; « et cependant pour doubler nos plaisirs en les variant. Si tout est égal entr'eux, rien n'est pareil : « ni le système de composition, ni la facture des vers, ni le coloris et les mouvements du style » — L'auteur faisait une citation de *Symétha* de Vigny, parlait de ses modèles : Théocrite, Virgile, A. Chénier. Il continuait par l'éloge de V. Hugo : « La même originalité, la même nouveauté de con- « ception est un des plus grands charmes des ouvrages de M. Victor Hugo. Laissant à nos poètes lyri- « ques, ses devanciers, leurs exclamations, leurs invocations pompeuses, leur savant désordre et tout « le cortège usé de leur mythologie on dirait qu'il n'a adopté le rythme et les formes de l'ode que « comme un beau moule où se précipitent sans confusion les brûlants soupirs d'un cœur jeune et pur, « et *les saintes aspirations d'une âme chrétienne*. M. Victor Hugo est le créateur de l'ode pathétique « et pensée. » Suivait une citation de *A toi*.

Le critique terminait en parlant des pompeux éloges, des critiques acerbes qu'on adressait aux deux poètes. Ils devaient s'en glorifier et en profiter. Ils peuvent pécher contre la versification mais non contre la poésie. « La haute critique ne descend pas *à cette petite guerre aux mots* ; elle est « surtout l'art de distinguer l'énorme distance qui sépare le *bien* du *beau*, parce qu'elle sait que les « ouvrages plaisent et vivent par l'éclat des beautés et non par l'absence des défauts. »

Novembre

7 Première représentation de *Clytemnestre*, de Soumet, au Théâtre français. Pour la critique de cette pièce on peut lire : le *Réveil*, du 7 novembre ; le *Moniteur Universel*, du 8 novembre ; le *Journal de Paris*, du 8 novembre ; le *Journal des Débats*, du 9 novembre ; le *Réveil*, du 9 novembre ; le *Moniteur Universel*, du 9 novembre ; la *Gazette de France*, du 9 novembre ; la *Quotidienne*, du 10 novembre (article de Mély-Janin).

9 Première représentation de *Saül*, de Soumet, à l'Odéon. Il faut lire pour la critique : le *Réveil*, du 9 et du 10 novembre ; l'*Etoile*, du 10 novembre ; la *Quotidienne*, du 11 et du 14 (article de Mély-Janin, qui lâche les unités de temps et de lieu, et ne garde que l'unité d'action) ; le *Journal de Paris*, du 10 et du 11 novembre (attaques) ; le *Journal des Débats*, du 11 novembre ; le *Réveil*, du 25 novembre.

17 Article de Z. (Hoffman) sur les *Odes et Poésies diverses* de V. Hugo : cf. *Journal des Débats*, 17 novembre 1822, article favorable. L'auteur parle longuement de l'ode *Bonaparte*, il signale à V. Hugo deux écueils : l'obscurité et l'exagération romantique.

21 Entrefilet des *Débats* qui annoncent que la 1re édition des *Odes et Poésies diverses* est presque épuisée : cf. *Journal des Débats*, 21 novembre 1822.

30 *Moïse sur le Nil* est imprimé dans l'*Almanach des Muses chrétiennes*, Paris, Lefuel, pp. 182-187. B. F., 30 novembre 1822, n° 5362.

— *La fille d'Otaïti* est imprimée dans l'*Almanach des Muses*.

— *Les Muses chrétiennes ou choix de Poésies religieuses et morales* (Paris, Masson) contiennent *Moïse sur le Nil*, pp. 182-187.

— *L'almanach dédié aux demoiselles* (Paris, Eymery) contient la *Canadienne*, pp. 1-3. B. F., 30 novembre 1822, n° 5257.

Lettre de V. Hugo à son père : cf. *Correspondance 1815-1835*, pp. 177-178 ; cf. Pierre Dufay, *V. Hugo à vingt ans*, qui cite cette lettre, et en donne une autre du même jour, d'Adèle à son beau-père (pp. 66-67). 19

Lettre de V. Hugo au *Moniteur Universel*; cf. *Moniteur Universel*, 26 novembre 1822, p. 1628. Dans le journal on trouve la date 20 septembre, mais c'est évidemment 20 novembre qu'il faut lire : cf. E. Biré, *V. Hugo avant 1830*, pp. 279-282 ; cf. *V. Hugo raconté*, t. I, pp. 431-436. 20

Décembre

5 Lettre de M. Langlois à V. Hugo à propos de la pièce *Inez de Castro*, lue et reçue à l'unanimité au *Panorama dramatique*, et interdite par la censure : cf. *Odes et Ballades*, édition de l'Imprimerie Nationale, p. 552.

Méditations poétiques, par A. de Lamartine, 9e édition, etc... 7

Le Trapiste, poème par le comte Alfred de Vigny, 2e édition, etc... (Premier article) (1) :

(1) Voici le dernier § qui a été négligé :
« De toutes les renommées qui s'élèvent dans notre époque, celle de M. de Lamartine est peut-être « la seule qui ait atteint du premier bond toute sa hauteur. Encore les neuf éditions incroyables *du* « *Solitaire* ont-elles parodié les neuf éditions *des Méditations* ! Il semble que ce siècle ait rougi « d'avoir applaudi une fois à propos, et qu'il ait voulu expier par un engouement absurde et de bon-

Avant le 10 V. Hugo compose *Louis XVII*.

10 V. Hugo lit *Louis XVII* à la Société des Bonnes Lettres.

12 La *Quotidienne* publie *Louis XVII* avec une note très élogieuse : « On a pleuré aux « beaux vers de cette muse de vingt ans... « qu'on écoute ces nobles chants et qu'on dise « si les muses libérales peuvent atteindre à ce « degré d'élévation et de sentiment » : cf. la *Quotidienne*, 12 décembre.

13 Le *Moniteur Universel* publie *Louis XVII* : cf. *Moniteur Universel*, p. 1695, 13 décembre 1822.

cf. le *Réveil*, samedi, 7 décembre 1822, n° 129, p. 2 : cf. *Litt. et Philos. mêlées*, pp. 155-156, qui reproduisent avec deux petits changements sans importance, les trois premiers paragraphes : « Ceux qui ne savent pas admirer... « leurs pesanteurs et la nature leur assignent. »

Méditations poétiques, par A. de Lamartine. 10
9e édition, etc...

Le Trapiste, poème par M. le comte Alfred de Vigny, 2e édition, etc... (Second et dernier article) (1) : cf. le *Réveil*, mardi, 10 décembre 1822, n° 132, pp. 2 et 3 : cf. *Litt. et Philos. mêlées*, pp. 153, 154, 155 : « Quand « une langue... ... user les bords du chapeau « de Piron. »

« ton, la maladresse d'avoir reconnu et salué un vrai talent. Les belles élégies de M. de Lamartine « ont obtenu tout le succès qu'elles ont mérité, et mérité tout le succès qu'elles ont obtenu. Félicitons- « en ce jeune poète, et pour nous et pour lui. L'originalité de ses couleurs, le charme de sa poésie, « la mélancolie profonde empreinte dans l'ensemble de ses ouvrages, assignent à l'auteur des *Méditations* une des places les plus élevées parmi nos poètes. Hâtons-nous de dire (car l'espace nous presse « et nous serons obligé de remettre à un second article ce qui nous reste à dire des deux nouvelles « éditions que nous annonçons), hâtons-nous de dire que M. le comte Alfred de Vigny n'est pas moins « appelé, par la flexibilité de son talent, la richesse de son imagination, la fraîcheur de sa pensée, « la grâce et la vérité de sa poésie, à briller au rang le plus éminent de la littérature. Dans un pro- « chain numéro nous citerons quelques vers *du Trapiste* et *des Méditations nouvelles*. Le critique « est heureux quand il n'a pas à critiquer. »

(1) Voici la fin de l'article qui a été supprimée :

« Cette histoire de tant de prétendus auteurs est loin d'être celle des deux jeunes poètes qui font « le sujet de cet article. Tous deux originaux, ils marchent tous deux à la gloire par des chemins « différens, mais d'un pas également sûr. Notre intention n'est pas d'établir un parallèle entre deux « talens qui n'ont de commun que leur supériorité. Nous aurions désiré entrer dans quelques détails « sur les rapports de la poésie avec la versification, art bien plus difficile et bien moins vulgaire qu'on « ne pense ; mais nous nous apercevons qu'il est temps d'en venir aux citations que notre premier « article a promises, et que nous offrons au lecteur comme un dédommagement de notre prose.

« Le recueil de M. de Lamartine est enrichi de deux odes, d'une élégie et d'une épître. Cette der- « nière *méditation* est la plus belle des quatre ; des deux odes, celle sur la *naissance du duc de* « *Bordeaux* qui était déjà connue, et que l'auteur a refaite nous semble la plus remarquable. Elle « abonde en beautés mâles et neuves. Nous croyons devoir seulement faire observer à M. de Lamar- « tine qu'il lui arrive quelquefois de mêler les couleurs religieuses et mythologiques, de parler de « l'étoile de Bethléem et du feu de Vesta, de Dieu et des dieux, défaut étrange qu'il faut laisser aux « longues, pâles et harmonieuses odes de ce lyrique qu'on a si singulièrement appelé *grand* et auquel « M. de Lamartine est tellement supérieur dans un genre où pourtant ne brille pas toute sa supério- « rité.

« Un des morceaux les plus achevés de tout ce volume est sans contredit le passage de la nou- « velle méditation intitulée : *Philosophie*, où l'auteur raconte l'une de ces journées de rêverie, qui « ne se peuvent raconter : « (Et) s'il est au sommet de la verte colline. » (V. H. cite 24 vers).

« Il est impossible de jeter dans la poésie plus de charme, de grâce et de rêverie. M. de Vigny, « vers lequel de si beaux vers sont la transition la plus naturelle, nous semble avoir également tiré le « plus grand parti de la description des objets physiques, lorsqu'il peint l'imposant tableau que la « nature déploie autour du Trapiste haranguant ses intrépides soldats dans les solitudes du Mont- « Serrat : La lune alors plus belle écartait un nuage. » (10 vers cités).

« Nous croyons inutile de faire remarquer au lecteur l'éclat de ce coloris et la largeur de ce pin- « ceau. Entre toutes les beautés dont le *Trapiste* étincèle nous choisirons encore un passage qui, à « tous ses autres mérites, joint un singulier mérite d'à propos : « Soit que la main de Dieu le couvre « où se retire. » (10 vers cités).

« Ces vers, qui sont au nombre des plus beaux qu'aient faits M. de Vigny et tous les poètes, « étaient dans la première édition.

« Ajoutons, en terminant le compte que nous avions à rendre de ces deux nouvelles éditions, que « les corrections les plus heureuses et les plus sages leur donnent un nouveau prix. Les vrais poètes, « tels que MM. de Vigny et de Lamartine, sont aussi sévères pour eux-mêmes que les faux poètes, tels « que MM. tels et tels le sont pour autrui. »

13 V. Hugo traite avec Persan pour la 2e édition des *Odes* : cf. le *Miroir*, 24 mai 1823.

— Abel Hugo a lu aux Bonnes Lettres un discours sur la littérature espagnole et a trouvé l'occasion de venger MM. Ancelot, Guiraud et Soumet des injures radicales dont ils ont été l'objet : cf. le *Réveil*, 19 décembre.

14 La *Quotidienne* annonce pour le 20 décembre la 2e édition des *Odes* de V. Hugo et les *Tablettes romantiques* : cf. la *Quotidienne*, 14 décembre.

— Les *Annales de la Littérature et des Arts* (t. IX, livrais. CXV, pp. 354-356), publient *Louis XVII*.

17 Le Roi souscrit à 25 exemplaires des *odes* de V. Hugo : cf. l'*Etoile*, 17 décembre ; cf. la *Quotidienne*, 18 décembre ; cf. le *Réveil*, 18 décembre.

18 V. Hugo vend 1.000 fr. la 1re édition de *Han d'Islande* : cf. le *Miroir*, 24 mai 1823.

Avant le 20 V. Hugo écrit *Jéhovah* et la *Préface* des *Nouvelles Odes*.

18 V. Hugo signe un traité avec Persan, pour la réimpression des *Odes et Ballades*. L'édition de l'Imprimerie Nationale des *Odes et Ballades* donne ce traité, pp. 552-553.

20 Article très curieux du journal le *Réveil*, non signé. Nous le résumons (2).

Lettre de V. Hugo à M. Pinaud : cf. *Correspondance 1815-1835*, pp. 369-370. 11

Lettre de V. Hugo à son oncle Trébuchet : cf. *Figaro*, 22 août 1888. —

Louis XVII, ode : cf. le *Réveil*, 11 décembre, pp. 3-4 (1). 11

Le journal accompagne l'ode de la note suivante. « M. Victor Hugo a terminé la soirée (Bonnes « Lettres) par la lecture d'une ode sur Louis XVII. « Le jeune poète tour à tour énergique, sensible « et gracieux a excité de véritables transports. « Chacun de ses vers était accueilli par une salve « d'applaudissements. L'ode sur *Louis XVII* sera « insérée dans la 2e édition des *Poésies* de M. Victor « Hugo qui va paraître incessamment mais nous « croyons servir l'impatience de nos lecteurs en la « donnant toute entière dès aujourd'hui » : cf. la *Quotidienne*, 12 décembre : cf. le *Moniteur Universel*, 13 décembre ; cf. les *Annales de la Littérature et des Arts*, 14 décembre ; cf. la 2e édition des *Odes*, 1823 ; cf. les *Odes et Ballades*, pp. 69-73.

Lettre de V. Hugo à M. Tézenas. Il lui recommande Lebarbier, libraire de Blois, non brévété, qui a été privé de la faculté de continuer son commerce : cf. *Catalogues Charavay*, n° 282. 16

Lettre de V. Hugo à son père : cf. *Correspondance 1815-1835*, pp. 178-179 : cf. Pierre Dufay, *V. Hugo à vingt ans*, pp. 71-72. Même texte. 20

(1) V. Hugo a fait un certain nombre de corrections à cette ode. A part les fautes d'impression, les textes du *Réveil*, de la *Quotidienne*, du *Moniteur Universel*, des *Annales de la Littérature et des Arts* sont identiques.

Voici les principales corrections, nous les indiquons en suivant le texte de l'édition *ne varietur*. *Odes et Ballades*.

Page 69, vers 8 : Au lieu de « son œil *bleu* », on lisait « son œil doux. »

Page 70, vers 3 : « *martyre* » a remplacé « *martyr* ». — Vers 7 : « *rentre* » a remplacé « *entre* ». — Vers 19 : « *Sauveur* » a remplacé « *Seigneur* ». — Vers 20 : « *Ton Dieu* » a remplacé « *Viens, Dieu* ».

Page 71, vers 3 : « *où le meurtre d'horreur avide* » a remplacé « *où le crime de sang avide* ». — Vers 5 : « *longue vie* » a remplacé « *lente vie* » — Vers 15 : « je n'avais pas *de* mère » a remplacé « je n'avais pas *ma* mère ». — Vers 24 : « Et *des* peuples » a remplacé « Et *les* peuples ».

Page 73, vers 7 : « bénis *tes* revers » a remplacé « bénis *ces* revers ». — Vers 14 : Le texte de l'édition *ne varietur* est celui du *Réveil* et des *Annales* mais la *Quotidienne* avait écrit : *Ton Seigneur... en ses...* et le *Moniteur* : *Son Seigneur... en ses...* Ce sont évidemment des fautes d'impression.

(2) Cet article est-il de V. Hugo ? Nous n'osons l'affirmer, mais il est certainement de l'un de ses amis intimes ou de son frère Abel. En tous cas, Victor l'a approuvé, peut-être en fut-il l'inspirateur.

L'auteur parle « des triomphes multipliés de cet essaim de jeunes poètes qui se sont levés depuis « peu avec leurs belles lyres et leurs chastes inspirations. » Il veut « associer à ces jeunes gloires si « récentes quelques autres renommées futures et prochaines peut-être. » Il veut « profiter des avan- « tages de la position pour rendre service et aux jeunes talents... et au public... et aux lettres. »

Il parle d'abord de *Jules Lefebvre*, auteur, dit-on, de deux tragédies *Clytemnestre* et les *Mexicains*. Il a gardé un excellent souvenir des *Deux Aveugles*. — Puis vient *Durand de Vrandaulmon*, ou *Holmon-Durand*, couronné aux Jeux floraux pour une ode : *Le Détachement de la Terre*. Il cite quelques strophes d'une autre ode : l'*Adieu*. — *Saint-Valry* reçoit à son tour des éloges pour son *Hymne à la Vierge* dont on fait une longue citation. « Il faut féliciter de pareils vers, le poète et « l'académie qui les couronne » — Ensuite vient *Gaspard de Pons*, dont on rappelle le poème *Constant et Discrète*. Il va insérer une pièce intitulée l'*Infini* « dans le recueil qui va être incessamment

28 *Les Tablettes romantiques* viennent de paraître chez Persan : cf. la *Quotidienne*, 28 décembre ; cf. l'*Etoile*, 29 décembre ; cf. le *Réveil*, 28 et 30 décembre.

29 *Le Parricide*, de Jules Lefèvre, vient de paraître : cf. le *Réveil*, 29 décembre.

31 La 2e édition des *Odes* de V. Hugo paraît aujourd'hui : cf. le *Réveil*, 31 décembre ; cf. l'*Étoile*, 30 décembre.

En décembre V. Hugo a dû composer *Jéhovah* et la *Préface* de la 2e édition des *Odes*. Il écrit aussi *A G. . . . y* (*A Gentilly*) d'après l'édition de l'Imprimerie Nationale des *Odes et Ballades*, p. 553.

Décembre Deux articles élogieux de l'*Apollon*, (t. II, livrais. XX, p. 257 et livrais. XXI, p. 297) sur Victor Hugo.

1822 L'*Annuaire historique*, de Lesur (p. 853), dit qu'on a remarqué cette année « un recueil « d'*Odes et de Poésies diverses*, de M.-V. Hugo, « d'un style chaud, vigoureux ».

« publié sous le titre piquant de *Tablettes romantiques*. » (*Les Tablettes romantiques* ne contiennent pas ce morceau mais bien deux autres : *Cynégire* et *Le Désir de la gloire militaire*).

La série des jeunes poètes continue par *M. de Vignet (Vinet ?)* « poète Sarde qui ne tardera pas « sans doute à se révéler aux amis des lettres, » par *M. Pichald* qui a eu un accessit à l'Académie et dont la poésie « est éclatante de hauteur et de hardiesse » et le style « riche de pensées et plus encore « d'images, » par *M. E. Deschamps*, qui « travaille dans le secret de la vie privée à d'importants ouvra- « ges. »

La finale de l'article est curieuse et inattendue : « Nous terminons dignement cette liste de noms, « dont plusieurs sont promis à de belles gloires, par le nom de *M. Eugène Hugo*. Ce jeune poète « cherche l'oubli comme s'il désespérait de son temps ; et pourtant tous les amis des beaux vers se « rappellent ses deux odes sur Mgr le duc d'Enghien et M. le Prince de Condé, étincelantes d'un talent « qui n'est cependant pas tout celui de M. Eugène Hugo. Nous connaissons de ce jeune écrivain, « appelé, s'il le veut, au plus bel avenir littéraire, des fragments en vers et en prose qui prouvent, « par une foule de beautés neuves, une vigueur d'âme et une originalité de conception bien rares. « Nous regrettons que notre mémoire ne nous permette que cette strophe sur Buonaparte qui étonne « et émeut comme un passage de Tacite (citation de 10 vers). Il y a dans ces vers quelque chose de « fort et d'abondant en pensées qui annonce que ce talent est peut-être du génie. M. Eugène Hugo « aurait tort de se condamner au silence, il doit savoir qu'on ne peut lutter avec sa destinée quand « on la porte en soi comme lui : la sienne est la gloire. »

Cet éloge étonne un peu ; mais n'était-ce pas peut-être un moyen employé par l'amitié pour secouer et relever l'intelligence d'Eugène Hugo qui depuis deux mois avait sombré dans la folie.

CHAPITRE VI

1823

1823 *Janvier*

1 Entrefilet élogieux de la *Quotidienne* sur la 2e édition des *Odes*, de V. Hugo.

2 Article du *Miroir* sur l'ode le *Génie* qui est dans l'*Almanach des Dames*. Il se moque de Chateaubriand, *le porteur d'eau du Jourdain*, dont la vie y est racontée chapitre par chapitre : cf le *Miroir*, 2 janvier 1823.

3 Entrefilet de la *Quotidienne* sur les séances de décembre des Bonnes Lettres et sur l'ode admirable de V. Hugo : *Louis XVII*.

— Lettre de M.-J. Trébuchet à son fils Adolphe : cf. *Appendice*.

4 *Les Tablettes Romantiques*. Recueil orné de quatre portraits inédits et d'une vignette, lithographiés par MM. Colin et Boulanger. In-12. Imp. de Debusscher, Paris. Paris, Persan et chez Pélicier. B. F., 4 janvier 1823, no 22 (1).

Jéhovah, ode : cf. *Tablettes Romantiques*, pp. 368-369, M. Victor Hugo ; cf. *Odes et Ballades*, pp. 335-337. 4

N.-B. — V. Hugo n'a fait qu'un petit changement à cette ode. On le trouve à la p. 336 des *Odes et Ballades*, vers 8. On lisait dans les *Tablettes romantiques* : Ou *sur les bords* du monde — au lieu de — Ou *dans un coin* du monde. Il n'y avait pas non plus d'épigraphe.

---

(1) On a souvent parlé de ce petit volume presque introuvable puisque la Bibliothèque Nationale elle-même ne le possède pas. Nous n'en dirons ici que ce qui peut avoir un rapport prochain avec V. Hugo et ses amis. Ils s'étaient fait dans ce volume une part considérable. Ancelot, Chateaubriand, E. Deschamps, Mme Desborde-Valmore, Delphine Gay, E. Géraud, A. Guiraud, Lamartine, Jules Lefèvre, Lamennais, Ch. Nodier, L. Th. Pélicier, G. de Pons, Saint-Valry, A. Soumet, J.-B. Soulié, A. de Vigny et surtout les trois frères Hugo avaient apporté à l'ouvrage une large contribution. Chateaubriand s'inscrivait pour six morceaux, fragments déjà publiés dans la *Revue d'Aquitaine*, les *Annales de la Littérature et des Arts*, après l'avoir été ailleurs. Il semblait avoir la première place mais en réalité A. Hugo l'emportait sur lui. Quatre morceaux sont signés par lui, mais quatre autres lui appartiennent aussi : deux qui, on ne sait pourquoi, sont attribués à son frère Eugène, la *Dernière assemblée des Francs-Juges*, imprimée sous son nom dans la *Foudre* (15 juin 1822) et la *Bataille de Denain* couronnée par l'Académie de Cambrai et imprimée dans les *Annales de la Littérature et des Arts* (28 septembre 1822). Pourquoi les a-t-on attribués à Eugène, est-ce une erreur de l'éditeur, est-ce pour faire plaisir à Eugène, atteint par la folie ? On ne sait que penser. Deux morceaux anonymes sont aussi l'œuvre d'Abel : *Les fiançailles du Vaivode*, imprimées dans la *Foudre* (30 mai 1822), et le *Captif d'Ochali*, paru dans la *Foudre* (14 décembre 1821 et 7 janvier 1822). Par contre le *Duel du précipice*, œuvre d'Eugène Hugo, est mis au rang des anonymes. Victor plaça dans les *Tablettes Romantiques* quatre de ses odes : *La Lyre et la Harpe*, *Moïse sur le Nil*, *La fille d'Otaïti* et enfin

4 Saint-Valry fait un article sur les *Tablettes Romantiques*, contenant l'éloge de V. Hugo : cf. *Annales de la Littérature et des Arts*, t. x, livrais. cxviii, p. 6, 4 janvier 1823.

— Le *Parricide*, poème suivi d'autres poésies, par M. Jules Lefèvre. In-8. Imp. Rignoux, Paris. Paris, Amyot. B. F., 4 janvier 1823, n° 34.

9 Lettre de V. Hugo à son père d'après Pierre Dufay, *V. Hugo à vingt ans*, pp. 75-77. Mais cette lettre est du 9 janvier 1824, comme le contenu l'indique.

10 Article du *Miroir*, à propos de la religion au théâtre et en poésie. Il se moque un peu des *Tablettes Romantiques* et du déshabillé des portraits. Il signale *Job* comme sujet encore vierge. V. Hugo a peut-être puisé là son amour pour Job : cf. le *Miroir*, 10 janvier 1823.

15 Après la 1re représentation de *Mathilde* au théâtre de l'Odéon, l'anniversaire de Molière a été célébré par une pièce de vers de Romieu et d'Abel Hugo. Les *Annales de la Littérature et des Arts* l'attribuaient à tort à V. Hugo, les autres journaux l'attribuaient soit à M. Hugo soit à M. A. Hugo.

16 Lettre de Lamennais à V. Hugo : cf. *Amateur d'autographes*, t. xix, p. 122, 1867.

— Le général Hugo vend sa maison de Saint-Lazare et s'établit à Blois, rue de Foix, 73 : cf. Pierre Dufay, *V. Hugo à vingt ans*, pp. 77-79.

22 Article d'une colonne sur les *Tablettes Romantiques*. Rien sur Victor, un mot sur Abel. Article aimable : cf. le *Miroir*, 22 janv.

24 Reprise de *Clytemnestre*.

25 Lettre d'A. Trébuchet à son père : cf. *Appendice*.

Janvier L'*Apollon* publie un article sur les *Tablettes Romantiques* et fait l'éloge de Victor et d'Abel Hugo : cf. l'*Apollon*, t. iii, livrais. xxii, pp. 46-49, B***.

— V. Hugo compose la *Préface* de la 1re édition de *Han d'Islande*.

Lettre de V. Hugo à M. Pinaud : cf. *Correspondance 1815-1835*, p. 371. 8

Lettre de V. Hugo à son oncle Trébuchet : cf. *Figaro*, 22 août 1888. —

Odes, par Victor-M. Hugo. Deuxième édition, augmentée de deux odes nouvelles. In-18. Imp. de Debuscher, Paris. Paris, rue de l'Arbre-Sec, n° 22 (Persan) et chez Pélicier. 11

Ce volume contient 26 odes. Les 2 odes ajoutées sont les ve et xxvie (*Louis XVII* et *Jéhovah*). Trois poèmes sont supprimés : *Raymond d'Ascoli, Idylle, les Derniers bardes*.

La préface de cette nouvelle édition des *Odes* se trouve reproduite dans les *Odes et Ballades*, pp. 5-8.

Nous indiquons ici la date de la Bibliographie de la France (B. F., 11 janvier, n° 120) mais cette 2e édition a dû paraître le 31 décembre suivant l'*Etoile* et le *Réveil* et même la *Quotidienne*.

Jéhovah. Cette dernière ode était imprimée en même temps dans la 2e édition des *Odes* mais comme il semble que les *Tablettes Romantiques* ont précédé de quelques jours l'apparition des *Odes* on peut dire que c'est ici la 1re édition de *Jéhovah*. L'ami de Hugo, L. Th. Pélicier, réimprimait deux morceaux parus dans le *Conserv. Litt.* : *Le Hulan* (*Conserv. Litt.*, t. ii. livrais. xii, mai 1820, pp. 44-45), et le *Cimetière de Luben* (*Conserv. Litt.*, t. ii. livrais. xi, juillet 1820, pp. 234-235, signé ***). Citons pour mémoire deux élégies de Guiraud, *Méditation à Elvire* de Lamartine, le *Roi des Aulnes* de Latouche, les *Deux Aveugles* de J. Lefèvre, une étude sur le *genre romantique* de Nodier (avec trois autres fragments), l'*Apostat*, de Saint-Valry, la *Pauvre fille*, de Soumet, le *Classique*, de Hoffman.

1 *Jéhovah*, ode par M. Victor Hugo : cf. *Annales de la Littérature et des Arts*, t. x, livrais. cxxii, pp. 139-140, 1er février 1823.

— Les *Lettres Champenoises* contiennent un compte rendu (96e lettre) des *Tablettes Romantiques* ; elles font « remarquer comme « une espèce de phénomène qu'à côté du nom « déjà célèbre de M. Victor Hugo, se trouvent « ceux de MM. Abel et Eugène Hugo, ses frères « par le talent autant que par la naissance. »

Avant le 4 Première édition de *Han d'Islande.*

4 *Han d'Islande* vient de paraître chez Persan : cf. le *Réveil*, 4 février 1823 ; cf. le *Miroir*, 4 février, dont l'entrefilet est élogieux.

8 Article du *Réveil* (non signé) sur les *Elégies savoyardes*, de A. Guiraud.

— *La mort du duc de Berry*, ode par M. Victor Hugo : cf. *Annales de la Littérature et des Arts*, t. x, livrais. cxxiii, pp. 161-166.

Han d'Islande, 4 vol. in-12. Imp. de Nicolas-Vaucluse, Paris. Paris. rue de l'Arbre-Sec, n° 22. Prix 10 fr. B. F., 8 février 1823, n° 619 (1) ; cf. 2e édition, *Han d'Islande*, 2e édition, 4 volumes in-12. Imp. Lebel, Paris. Paris, Lecointe et Durey. Prix 10 fr. B. F.. 26 juillet 1823, n° 3137 ; cf. 3e édition, 4 vol. in-12. Paris, Gosselin, libraire. Imp. Lachevardière. 1829. B. F., 7 février 1829, n° 731 ; cf. 4e édition. Imp. Plassan, Paris. Paris, Renduel, 2 vol. in-8. B. F.. 1er juin 1833, n° 2887. 8

---

(1) La première édition porte au bas du titre : Paris, Persan, éditeur, rue de l'Arbre-Sec n° 22 MDCCCXXIII. Elle contient 4 tomes, 1er tome : viii-316 pp., ch. i à xii incl. ; 2e tome : 237 pp. ch. xii à xxiv incl. ; 3e tome : 237, pp., ch. xxv à xxxvi incl. ; 4e tome : 347 pp., ch. xxxvii à la fin.

Cette édition comprend des épigraphes nombreuses qui ont disparu de l'édition *ne varietur*. Quelques unes sont à noter. Le ch. i avait emprunté au général Hugo une épigraphe qui a disparu.

« Je ne démêle pas, disait le roi Cornu,
Qui diable ce peut-être ; il nous faut donc attendre ;
Car de ce point jamais rien ne nous est venu.
(Le général H., La Révolte des enfers).

Au ch. x, une épigraphe empruntée à Soumet a disparu.

Tu le sais, le cœur d'une mère
Est inépuisable en douleurs.

Le ch. xii contenait une longue épigraphe du comte de Maistre, *Soirées de St-Pétersbourg* sur le bourreau autour duquel on fait le vide. Ce qui nous prouve que V. Hugo pour son ouvrage a largement utilisé les *Soirées de St-Pétersbourg.* Au ch. xxx, on trouve dans l'édition *ne varietur* une épigraphe de Régnier qui remplace une phrase de *Bug-Jargal, les Contes sous la tente.* N'est-ce pas original cette façon de faire : mettre sa propre prose en épigraphe à ses ouvrages. Au ch. xxxvi, Régnier est encore inconnu ; il était remplacé par *Kotzebue, Adélaïde de Wolfingen.* Au ch. xl, Brantôme a pris la place de J. Lefèvre à qui V. Hugo avait emprunté six vers de *Parisina*. Au ch. xliv, Ch. Nodier a pris la place de Kotzebue. Au ch. xlviii, six vers de *Parisina* de Lefèvre ont encore disparu. Au dernier chap. une épigraphe de *Ed. Geraud, Les enfants dans les bois, Ballade* « Ainsi tous les forfaits reçurent leur salaire ! » a disparu elle aussi.

Bien d'autres auteurs n'ont pas trouvé de remplaçants ; citons en quelques-uns dont les noms nous renseignent sur les lectures de V. Hugo : Lessing, Aboutt'Haybb, poète arabe, Le Prieur, Schiller, Lope de Vega, Goethe, Calderon, le baron d'Eckstein, Edda. Mille et Une Nuits. chant de Fafnir etc... V. Hugo, on le voit, se contente parfois d'indiquer le titre d'un ouvrage au lieu du nom de l'auteur. Quelques chapitres avaient jusqu'à trois et quatre épigraphes. Ces épigraphes ont dû disparaître en 1833 ou 1841, car nous les trouvons dans les trois premières éditions (nous n'avons pu voir celle de 1833).

La 2e édition portait une épigraphe au dessous du titre : « *Souvent le même effet naît de causes contraires* (Anonyme) ». Cette édition compte un chapitre de moins que la 1re par la raison bien simple que dans la 1re on avait oublié de mettre un chap. xlix. Ce devrait être là une « des incongruités typographiques » que V. Hugo reprochait à l'ignorance stupide de son prote.

Elle comprenait 4 tomes : 1er tome ; xxxv-244 pp., ch. i à xi incl. ; 2e tome. 285 pp., ch. xii à xxiv incl. ; 3e tome, 268 pp., ch. xxv à xxxix incl. ; 4e tome, 248 pp., ch. xl à la fin.

Le 1er tome était précédé de deux préfaces, celle de la 1re édition et une seconde beaucoup plus longue que l'on trouvera dans l'édition *ne varietur*,

La 3e édition ressemble presque entièrement à la seconde : on retrouve la division en 4 tomes,

9 Second article du *Réveil* sur les *Tablettes Romantiques*. Il parle de la poésie du recueil et il ne cite pas le nom de V. Hugo (article non signé).

12 Annonce des *Elégies savoyardes*, de Guiraud : cf. *Journal de Paris*, 12 février 1823.

— Annonce de *Han d'Islande* : cf. *Journal des Débats*, 12 février 1823 ; cf. l'*Etoile*, 13 février 1823 ; cf. le *Constitutionnel*, 15 février.

13 *La mort du duc de Berry*, ode, Victor Hugo. Cette ode est extraite de la 2e édition des *Odes* de M. V. Hugo, in-18, 3 fr., Persan et Trouvé : cf. le *Réveil*, 13 février 1823.

15 La *Foudre* parlant des *Elégies Savoyardes* de M. A. Guiraud dit ceci : « Les derniers hon- « neurs de la société des Bonnes Lettres ont « été accordés, je crois, à M. Victor Hugo » : cf. la *Foudre*, t. VIII, n° 128, p. 201, 15 février 1823, Rochefort.

17 V. Hugo reçoit 150 fr. pour *Han d'Islande* : cf. le *Miroir*, 24 mai 1823.

18 Article de 2 colonnes très élogieux sur *Han d'Islande* : cf. le *Réveil*, 18 février 1823.

21 *Le duel du précipice*, de Eugène Hugo, est est imprimé dans le *Réveil* du 21 février 1823 (extrait des *Tablettes Romantiques*).

24 Long entrefilet assez élogieux sur *Han d'Islande* : cf. la *Quotidienne*, 24 février 1823.

Littérature. Le Parricide, poème, suivi d'autres poésies, par M. Jules Lefèvre, in-8, 4 fr. 50, Amyot et Trouvé (1) : cf. le *Réveil*, mercredi, 19 février 1823, n° 203, deux colonnes non signées ; cf. *Litt. et Philos. mêlées*, pp. 157-159 : « Ceux qui observent avec un curieux plaisir les divers changements... comme la scorie desséchée d'une vieille plaie qui se cicatrise. » 19

---

le nombre des pages est le même. Quelques points sont cependant à noter. La préface de la 2e édition est précédée ici de la phrase suivante : *note particulièrement ajoutée à la présente édition*. Il suffit de lire cette note pour voir qu'elle n'est point de 1829 mais de 1823 et qu'elle a été particulièrement ajoutée à la 2e et non à la 3e édition.

Nous retrouvons les épigraphes de la 1re et de la 2e édition ; cependant au ch. VII, l'épigraphe empruntée à Lessing disparaît ; au ch. XXI, on a ajouté une 2e épigraphe « D'où vient cette frayeur qui trouble les jours d'une prospérité coupable...? Pourquoi y a-t-il une voix dans le sang, une parole dans la pierre ». (*Chateaubriand, Génie du christianisme).*

(1) *Litt. et Philos. mêlées* reproduisent le commencement de l'article, c'est-à-dire la première colonne, mais avec quelques changements graves que voici.

Page 158, 5e ligne, il faut signaler un changement de ponctuation : « *Cette opinion, aride héritage* remplace *Cette opinion aride, héritage légué...*

Page 158, après la 8e ligne et avant la 9e il y avait : « *qui appelle la* HENRIADE *une épopée et les* MARTYRS *un roman*. »

Page 158, à la fin du §, 18e ligne, au lieu du nom de *Corneille*, V. Hugo avait mis *Racine*.

Page 159, à la 9e ligne, on lisait *Chateaubriand* au lieu du *Dante*.

Page 159, à la 17e ligne : « *la routine reculera...* » on lisait : « L'opinion déplorable que nous avons signalée dans cet article reculera. »

Le Réveil avait mis la note suivante au bas de la page : Nous insérons cet article sans partager toutes les opinions de notre collaborateur sur la théorie nouvelle qu'il prétend établir des progrès de la littérature de notre époque. Les poésies de M. Jules Lefèvre, auquel il accorde des éloges si éclatants, ont été jusqu'à présent l'objet de louanges exagérées ou de critiques excessives ; notre collaborateur pouvait garder une juste mesure ; il a préféré s'abandonner à son admiration et n'a voulu remarquer que les beautés, nous sommes loin de lui en faire un reproche, mais l'auteur du *Parricide* annonce trop de talent pour avoir besoin de ces ménagements ; son livre, qui justifie à la fois les éloges et les critiques qu'il a reçus, est un des plus bizarres et des plus remarquables recueils de poésie, qui aient été publiés depuis le commencement de cette année.

25 Article de deux colonnes sur *Han d'Islande*, (2e article) : cf. le *Réveil*, 25 février 1823.

Février *Cacus*, de V. Hugo, est imprimé dans le *Lycée Armoricain*, t. I, livrais. II, pp. 106-108, février 1823.

— V. Hugo obtient une nouvelle pension de 2.000 fr. : cf. Gabriel Vauthier, *Nouvelle Revue*, 15 mars 1909, p. 275 note.

Mars

Mars V. Hugo va habiter rue de Vaugirard, n° 90.

3 Le *Journal de Paris* annonce *Han d'Islande*. « Nous parlerons de ce roman qui, « par sa bizarrerie, doit piquer la curiosité » : cf. *Journal de Paris*, 3 mars 1823.

7 *Han d'Islande* de V. Hugo ; critique de deux colonnes, signée B. L. : cf. *Journal de Paris*, 7 mars 1823. Cet article, dur dans certains endroits, est au fond très juste et, tout en signalant à V. Hugo ses défauts, il ne méconnaît pas ses qualités.

10 Abel Hugo. La *Vengeance de la Madone* : cf. le *Réveil*, 10 mars 1823.

Lettres de V. Hugo à son frère Eugène et à son père, à Blois : cf. *Correspondance 1815-1835*, pp. 180-182 ; cf. Pierre Dufay, *V. Hugo à vingt ans*, pp. 80-83. 5

Voici la partie de l'article qui a été négligée :

Nous ne doutons pas que le poète dont nous annonçons ici un peu tardivement la première publication ne soit appelé à l'une des plus belles destinées littéraires qui illustreront notre époque. Nous ne doutons pas également qu'il ne soit un de ceux de nos jeunes écrivains dont le talent rencontrera le plus de contradicteurs. Pour arriver à la gloire qui lui est réservée, M. Jules Lefèvre a beaucoup d'obstacles à vaincre dans le public et en lui-même. Son imagination forte et hardie est souvent rude et téméraire dans ses conceptions ; son expression, neuve et pittoresque, est fréquemment bizarre, ses couleurs, presque toujours franches dans les détails, sont parfois indécises dans l'ensemble. Quelquefois il néglige le vers, quelquefois il le torture. Son style, qui réunit les qualités les plus différentes, présente en même temps les défauts les plus contraires, tantôt si simple qu'il devient trivial, tantôt si figuré qu'il en est sauvage. A côté de traits dignes de Milton ou du Dante, on trouve des locutions de Dorat ou de Marivaux ; mélange singulier de la grandeur et de la mignardise, de la force et de l'afféterie. On pourrait comparer le talent de M. Jules Lefèvre, tel qu'il apparaît dans ce remarquable recueil à un jeune chêne plein de sève et de verdeur, dont on a orné le feuillage inculte et vigoureux de quelques roses artificielles. On ne saurait dire également s'il est plutôt propre à tel genre qu'à tel autre : on trouve mêlées dans son livre les poésies lyriques, dramatiques, élégiaques ; et toutes ces muses ont envoyé à M. Lefèvre de belles inspirations. Nous appliquerions volontiers à ce poète ce que Mad. de Staël dit de Goëthe, qu'*il ressemble à la nature qui produit tout et de tout*. Qu'il se garde bien de voir ici dans cette appréciation réfléchie de son talent autre chose que l'expression d'une haute et sincère estime, nous ne prétendons pas non plus lui donner des conseils dont il n'a pas besoin ; car nous sommes persuadés qu'il en sait bien plus que nous encore sur son talent. Il porte en lui le feu sacré qui épure l'imagination en la vivifiant. Loin de nous d'oublier le respect dû au talent, ce noble don de l'âme qui élève l'homme au dessus de l'homme. Des imperfections passagères n'effacent pas des beautés immortelles, et nous voudrions voir les critiques imiter ces anciens sectateurs de Zoroastre, qui, même quand il se levait dans les nuages, n'en adoraient pas moins le soleil.

Que M. Lefèvre attende donc, sans se décourager, sa belle couronne ; qu'il laisse se développer son talent original et fort dans la veille et la méditation, les hommes tels que lui sont maîtres de l'avenir, ce juge inexorable de la médiocrité.

Dans un 2e article nous justifierons par des citations ce que nous avons dit des poèmes singulièrement remarquables de M. Jules Lefèvre.

12 Ch. Nodier consacre deux colonnes dans la *Quotidienne* à *Han d'Islande*. Il y a critiques et louanges. Il affirme, sans rire, que ce roman a eu « un débit authentique et légitime de 12.000 exemplaires » : E. BIRÉ, *V. Hugo avant 1830*, en cite une partie, pp. 295-296.

17 V. Hugo reçoit 200 fr. pour *Han d'Islande* : cf. *Le Miroir*, 24 mai 1823.

19 et 21 Abel Hugo. *El Viejo* : cf. le *Réveil*, 19 et 21 mars 1823.

19 Lettre d'Eugène Hugo à son frère Abel : cf. PIERRE DUFAY, *V. Hugo à vingt ans*, pp. 86-87.

22 Entrefilet du *Réveil* sur *Han d'Islande*. On le traduit à Londres, Vienne et Berlin. On en a tiré trois mélodrames pour la Porte Saint-Martin, l'Ambigu et la Gaieté !!! : cf. le *Réveil*, 22 mars 1823.

— Le *Trappiste*, poème, par l'auteur des *Poèmes antiques et modernes*, etc. B. F., n° 1270, 22 mars 1823. L'*Etoile* l'annonçait dès le 20 mars. Le 25 mars la *Foudre* en donne un compte-rendu par Emile de Pluyette.

27-28 *Venise* ou le *Conseil des Dix*, par A. Hugo : cf. le *Réveil*, 27 et 28 mars 1823.

28 Mély-Janin fait un long article, ni classique, ni romantique, sur les *Tablettes Romantiques* : cf. la *Quotidienne*, 28 mars 1823.

31 J. de Rességuier publie l'éloge de M. Poitevin-Peitavi, prononcé le 12 février 1821. B. F., 31 mars 1823, n° 1271.

Mars Eugène Hugo. *Stances à Thaliarque* : cf. *Le Lycée Armoricain*, t. I, liv. III, p. 172, mars 1823.

Lettre de V. Hugo à son père : cf. PIERRE DUFAY, *V. Hugo à vingt ans*, pp. 83-85. 15

Lettre de V. Hugo à Charles Nodier à propos de l'article de ce dernier sur *Han d'Islande* (dans la *Quotidienne* du 12 mars) : cf. *Catalogues Charavay*, n° 151. 23

Lettre d'Adèle et de Victor Hugo au général Hugo : cf. PIERRE DUFAY, *V. Hugo à 20 ans*, pp. 87-89. Mars-Avril

Avril

Avril *Achéménide*, par V. Hugo : cf. *Le Lycée Armoricain*, t. I, liv. IV, pp. 258-261, avril 1823.

— *Escoublac*, extrait d'un voyage inédit à Guérande et ses environs par Adolphe Trébuchet : cf. *Le Lycée Armoricain*, t. I, liv. IV, pp. 255-257, avril 1823.

1er *Ode à V. Hugo*, par Jules Dehesmes d'Avignon, cf. *Lettres champenoises*, t, XII, lettre 103, p. 120, 1er avril 1823.

3 Article sur *Anne de Bretagne*, de Trébuchet, copie de l'article du 5 juillet 1822, dans le *Journal de Nantes et de la Loire-Inférieure* avec la même signature : cf. les *Lunes parisiennes*, t. II, liv. XXII, pp. 312-314, 3 avril 1823, méchante petite revue, irréligieuse, anti-monarchique et philosophique.

10 Lettre d'A. Trébuchet à son père : cf. *Appendice.*

12 Première représentation à l'Odéon du *Comte Julien* de Guiraud : cf. le *Journal de Paris*, 12 avril 1823. Il revient sur cette pièce le 13, le 14, le 24 avril.

13 Articles de l'*Etoile* sur le *Comte Julien* qui n'a qu'à moitié réussi.

13-19 Articles de l'*Eclair* sur le *Comte Julien*. Long début sur le rôle de la génération poétique qui s'élève : cf. *La Foudre et l'Eclair*, 13 et 19 avril 1823.

19 Entrefilet de l'*Eclair* qui rappelle celui du *Réveil* du 22 mars : « La censure drama- « tique vient, dit-on, de défendre aux théâtres « du boulevard la représentation de plusieurs « mélodrames tirés du fameux roman de *Han* « *d'Islande* » : cf. *L'Eclair et la Foudre*, 19 avril 1823.

29 *Le Repas libre* a été composé le 29 avril, à Gentilly. d'après le manuscrit : cf. *Odes et Ballades*, édition de l'Imprimerie Nationale, p. 498.

Avril V. Hugo compose la Préface de la 2e édition de *Han d'Islande.*

Avril-Mai Article intitulé : *Du côté gauche, du côté droit et du centre de la République des lettres*, signé X... : cf. *Tablettes Universelles*, livrais. XXXIII, pp. 18-28. « MM. Hugo, beau- « coup plus inégaux (que Lamartine) et sur « tout moins séduisants, ont obtenu néanmoins « de la muse lyrique des beautés d'un ordre « très élevé et qui signalent un vrai talent. »

Mai

3 La duchesse d'Angoulême visite l'Académie des Jeux floraux. M. Pinaud fait l'éloge des poètes de l'Académie et entre autres de V. Hugo qui l'année précédente célébrait la naissance du duc de Bordeaux : cf. *Annales de la Littérature et des Arts*, t. XI, livrais. CXXXVI, 10 mai 1823.

11 Un journal annonce la 2e édition de *Han d'Islande* d'après la lettre du 17 mai des éditeurs de *Han d'Islande* au rédacteur du *Miroir*.

17 Lettre des éditeurs de *Han d'Islande* aux rédacteurs du *Miroir* : cf. *Le Miroir*, 17 mai ; cf. E. Biré., *V. Hugo avant 1830*, pp. 296-297.

Lettre de V. Hugo (Gentilly) aux rédacteurs du *Miroir* : cf. *Le Drapeau blanc*, 21 mai ; cf. E. Biré. *V. Hugo avant 1830*, pp. 297-298. *Le Miroir* l'a reçue seulement le 22 ou 23 mai. 19

22 Entrefilet du *Miroir*. Il n'a pas reçu la lettre de V. Hugo, parue dans le *Drapeau blanc*. Il l'aurait insérée avec plaisir : cf. *Le Miroir*, 22 mai 1823.

Mai

23 Lettre de Persan aux rédacteurs *du Miroir* : cf. *Le Miroir*. 24 mai ; cf. E. Biré. *V. Hugo avant 1830*, pp. 298-299.

27 Lettre de M. Foucher à M. Trébuchet : cf. *Appendice*.

Mai-Juin V. Hugo est à Gentilly.

Lettre de V. Hugo à son père : cf. *Correspondance 1815 - 1835*, pp. 182-183 ; cf. Pierre Dufay, *V. Hugo à vingt ans*, pp. 92-94. 24

Lettre de V. Hugo aux rédacteurs du *Miroir* : cf. *Le Miroir*, 26 mai ; cf. E. Biré, *V. Hugo avant 1830*, p. 300. —

Juin

Juin Article de Saint-Prosper sur les *Odes* de V. Hugo : cf. *Lettres Champenoises*, t. xiii, lettre 109, pp. 13-20.

6 Abel Hugo et Romieu font jouer à l'Odéon *Un à-propos sur Pierre et Thomas Corneille* : cf. *Journal de Paris*, 6, 7, 12, 16 juin ; cf. *La Foudre*, 10 juin.

8 Lettre de Lamartine à V. Hugo, datée de Saint-Point par Mâcon : cf. *Revue de Paris*, *Lamartine et V. Hugo*, *Lettres inédites*, par M. G. Simon, 15 avril 1904, pp. 671-672.

13 *La Fille d'O-Taïti*, de V. Hugo, est imprimée par le *Courrier Littéraire*, n° 7, pp. 105-106, 13 juin 1823.

21 L. Thiessé publie un article sur *Han d'Islande*. C'est une fine moquerie contre l'auteur anonyme de *Han d'Islande* ; c'est une excellente critique : cf. *Mercure du XIX*e *siècle*, t. i, livrais. xi, pp. 513-525 ; cf. E. Biré, *V. Hugo avant 1830*, pp. 293-294.

21-25 Lettre de Saint-Valry à Thiessé à propos de *Han d'Islande*.

24 Article élogieux sur l'*A-Propos* de Romieu et A. Hugo (Monnières), joué le 6 juin à l'Odéon : cf. *Le Miroir*. 24 juin. C'est le dernier numéro du journal.

26 Réponse de Thiessé à Saint-Valry à propos de *Han d'Islande* : cf. E. Biré, *V. Hugo avant 1830*, pp. 294-295.

Juin Marie-Joseph Trébuchet. *Châteaux du Bouffay. de Nantes et de Châteaubriant* : cf. *Lycée Armoricain*. t. i, livrais. vi, pp. 378-383. Juin 1823.

— V. Hugo compose l'*Ame*.

— V. Hugo écrit son article sur *Walter Scott* à propos de *Quentin Durward*.

Lettre de V. Hugo (Gentilly), à M. Pinaud : cf. *Correspondance 1815-1835*, p. 372. 9

Lettre de V. Hugo à son père : cf. *Correspondance 1815-1835*, pp. 184-186 ; cf. P. Dufay, *V. Hugo à vingt ans*, pp. 96-98. 27

M. Dufay cite à la suite une lettre d'Adèle au général, p. 99.

Lettre de V. Hugo à son oncle Trébuchet, datée de Gentilly : cf. *Le Figaro*, 22 août 1888. 30

Juillet

Juillet Fondation de la *Muse française*.

5 *Ode à Victor Hugo* qui a concouru pour le prix par M. Durand-Vrandaulmon : cf. *Recueil des Jeux floraux*, pp. ix-xj. B. F., 5 juillet 1823, n° 2788.

Lettre de V. Hugo à son père : cf. *Correspondance 1815-1835*, pp. 187-188 ; cf. Pierre Dufay, *V. Hugo à vingt ans*, pp. 100-101. 1er

21 *La Gazette de France* annonce l'apparition des 3e et 4e volumes de l'*Essai sur l'indifférence*, de Lamennais : cf. *Gazette de France*, 21 juillet 1823.

23 Lettre de Lamennais à V. Hugo : cf. *Amateur d'autographes*, juin-juillet 1876, p. 99.

27 Lettre du général Hugo (Blois), à A. Trébuchet : cf. *Appendice*.

29 *La Quotidienne* annonce la *Muse française*. *La Gazette de France* donne le sommaire du premier numéro et cite l'article de V. Hugo sans donner son nom. (Le premier numéro parut donc vers le 27 ou 28 juillet).

31 Article de plus d'une colonne sur la *Muse française*. On est très élogieux pour E. Deschamps : cf. *L'Etoile*, 31 juillet 1823.

— Article de la *Pandore* sur *Han d'Islande*. Quelques louanges et beaucoup de critiques : cf. *La Pandore*, 31 juillet 1823.

En juillet V. Hugo compose l'ode *La Liberté* (*Odes et Ballades*, pp. 147-153) et l'article de la *Muse française* sur l'*Essai sur l'Indifférence*, de Lamennais.

Fin juillet-2 août Le premier numéro de la *Muse française* contient : un *fragment de Jeanne d'Arc*, de Soumet; la *Jeune Malade*, de Saint-Valry; *Meilleraye*, de Guiraud; un article sur les *Mœurs*, de E. Deschamps. V. Hugo a dû travailler avec ses amis à l'*Avant-Propos*.

Lettre de V. Hugo à son père : cf. *Correspondance 1815-1835*, pp. 188-190 : cf. Pierre Dufay, *V. Hugo à vingt ans*, pp. 102-104. 24

Han d'Islande, 2e édition, 4 vol. in-12, imp. Lebel, Paris. Paris, Lecointe et Durey. B. F., 26 juillet 1823, no 3137. 26

N. B. — Voir au 8 février 1823 les notes à propos de la première édition.

Lettre de V. Hugo à son père : cf. *Correspondance 1815-1835*, pp. 190-192 : cf. Pierre Dufay, *V. Hugo à vingt ans*, pp. 105-107. 29

Critique Littéraire. Quentin Durward ou l'Ecossais à la Cour de Louis XI, par Sir Walter Scott, *traduit de l'Anglais*, etc... (1) : cf. *La Muse Française*, t. I, livrais. I, pp. 29-45 (no de juillet, mais à B. F., 2 août, no 3269), signé Victor-M. Hugo ; cf. *Litt. et Phil. mêlées*, t. I, pp. 245-257. Fin juillet-2 août

---

(1) Voici les changements qui méritent d'être signalés :

Litt. et Philos. mêlées, page 246 : Après le premier alinéa, on a supprimé un parallèle entre Napoléon et W. Scott. Napoléon a voulu rajeunir le Louvre et recrépir la monarchie de Charlemagne. W. Scott comprend mieux sa mission de poète que ce géant aveugle n'a compris celle de fondateur (cf. E. Biré. *V. Hugo avant 1830*, p. 313).

Page 248 : Après le 1er alinéa, suppression d'un éloge des *Martyrs*, cet admirable poème qui mérite la palme épique. Critique de la *Henriade*, gazette en vers sans poésie (cf. Biré, p. 315).

Page 249 : la note au bas de la page contenait une discussion sur *Gil Blas* de Lesage, les travaux de Llorente et de Neufchâteau.

Page 250 : Au lieu « de l'éloquence *même* de Rousseau » — on lisait « l'éloquence *brûlante* de Rousseau. »

Page 251 : l'alinéa qui termine la p. 251 et commence la p. 252 a été ajouté en 1834.

Page 252 : les deux premiers alinéas ont été remaniés pour le style. On a supprimé un reproche fait à W. Scott d'avoir choisi Louis XI quand il y avait tant d'autres rois qui méritaient mieux (cf. Biré, p. 313).

Page 256 : On lisait dans la *Muse* : *ce pauvre fou* au lieu de *ce pauvre Triboulet*.

Page 257 : V. Hugo terminait en remerciant W. Scott de sa préface touchante et ingénieuse. Son vieux marquis provoque à chaque instant le sourire et les larmes. Il ne faut pas rire de quelques vieillards, des français qui ont vécu dans l'exil et meurent dans la pauvreté... ce sont les infortunes de l'honneur. Pour nous, nous avons toujours pensé qu'il peut y avoir quelque chose de plus ridicule que la vieillesse et le malheur (cf. Biré, pp. 314-315).

4 *Le Journal des Débats* parle du premier numéro de *La Muse Française*... « Un examen aussi ingénieux que profond du roman « de *Quentin Durward* par M. Victor Hugo « montre dès à présent avec quelle hauteur et « quelle originalité la critique sera exercée « dans cette feuille » : cf. *Le Journal des Débats*, 4 août 1823.

5 *La Foudre*, à propos des *Lettres Vendéennes* du vicomte Walsh, cite des vers des *Vierge de Verdun*. Cette ode est attribuée par elle à Abel Hugo : cf. *La Foudre*, t. IX, n° 13, p. 301, 5 août 1823.

6 Lettre de M. Pinaud, Toulouse, à V. Hugo, à propos de la *Muse française* : cf. *Odes et Ballades*, édition de l'Imprimerie Nationale, p. 553.

14 Dans un article intitulé *Catéchisme romantique*, il y a des allusions moqueuses contre *Han d'Islande* : cf. *Le Corsaire*, 14 août 1823.

15 Reprise de *Saül* à l'Odéon : cf. le *Journal de Paris*, 16 août 1823.

24 *Les Français en Espagne*, à-propos-vaudeville en 1 acte, à l'Odéon, par MM. Abel Hugo et Alphonse Vulpian : cf. *L'Etoile*, 24 août ; cf. *La Quotidienne*, 25 août ; *Le Journal des Débats*, 25 août ; *Le Corsaire*, 25 août (article aimable).

30 *Les Français en Espagne*, à-propos-vaudeville en 1 acte, etc... par MM. Abel Hugo et Alphonse Vulpian, in-8, imp. Tastu, Paris ; Paris, Ponthieu, B. F., 30 août 1823, n° 3702.

30 Second numéro de *La Muse Française*.

En août V. Hugo compose : *Le poète*, *A mon père*, *Actions de grâce*, *A mes amis*.

Fin août Outre l'article de V. Hugo, le n° 2 de *La Muse Française* contient des vers de Pichald, Mme Desbordes-Valmore, Jules Lefèvre, J. de Rességuier, un article de St-Valry et un de E. Deschamps.

Août-Sept. *Le Courrier Littéraire* de Strasbourg prétend que Abel Hugo, écrivain de marque, a dû fonder *Le Constitutionnel des dames*, ou *Le Corsaire*, ou *Le Diable boiteux*, ou *La Pandore* : cf. *Le Courrier Littéraire*, 25e numéro, août-septembre 1823.

Lettre de V. Hugo à son père : cf. *Correspondance 1815-1835*, pp. 192-193 ; cf. PIERRE DUFAY, *V. Hugo à vingt ans*, pp. 107-109. Il joint à la suite une lettre d'Adèle au général, p. 109. 3

Lettre de V. Hugo à son père : cf. *Correspondance 1815-1835*, pp. 194-196 ; cf. PIERRE DUFAY, *V. Hugo à vingt ans*, pp. 110-112 ; cf. BELTON, *Mémoires de la Société des sciences et lettres du Loir-et-Cher*, vol. XVI, livrais. I, 31 mars 1902, pp. 26-27. 6

Lettre de V. Hugo à A. Trébuchet : cf. *Correspondance 1815-1835*, pp. 33-34 : cf. *Figaro*, 26 mai 1886. 22

Critique Littéraire. Essai sur l'indifférence en matière de religion, par *M. l'abbé de la Lamennais*, t. III et IV (1). Fin d'août

Cf. *La Muse française*, t. I, livrais. II, pp. 91-105 ; n° 2, août 1823 (B. F., 30 août, n° 3719). Signé Victor-M. Hugo.

Cf. *Litt. et Philos. mêlées*, t. I, pp. 259-265.

---

(1) V. Hugo, en reproduisant son article, a fait un certain nombre de suppressions intéressantes. *Litt. et Philos. mêlées*, p. 261, lignes 8, 9, 10, il parlait de l'enthousiasme avide qu'avait excité le *Génie du Christianisme*.

Page 262 : lignes 12, il disait que l'*Essai sur l'Indifférence* avait continué l'impulsion donnée aux esprits par les admirables écrits de Chateaubriand.

Page 263 : Après la ligne 20, il parlait d'un « sentiment d'impuissance purement personnel qui

3 Annonce des *Mémoires* du Général Hugo : cf. *La Quotidienne* et *Le Journal des Débats*, 3 septembre.

12 *La Mort de Socrate*, de Lamartine, paraît chez Ladvocat : cf. *La Quotidienne*, des 3 et 12 septembre : cf. *L'Etoile*, des 3, 12 et 15 septembre.

16 Long article de *L'Etoile* sur les *Méditations poétiques* de Lamartine, 2e vol., qui paraîtra le 20 septembre et en particulier sur le *Poète Mourant* : cf. l'*Etoile*, 16 septembre 1823.

Sept.-Octobre Le troisième numéro de *La Muse Française* contient des vers de Mme Amable Tastu, de Ulric Guttinguer (qui cite trois vers de V. Hugo), de Ancelot et des articles de G. Desjardins, Saint-Valry et E. Deschamps.

Lettre de V. Hugo à son père : cf. *Correspondance 1815-1835*, pp. 196-197 ; cf. PIERRE DUFAY, *V. Hugo à vingt ans*, pp. 113-114. 13
On y ajoute une lettre d'Adèle au général, pp. 114-116 et un *Post-scriptum* de Victor.

A mon père, ode (1) : cf. *La Muse Française*, t. I, livrais. III (15 septembre, mais à B. F., 4 octobre, n° 4232), pp. 141-145 : cf. *Odes et Ballades*, pp. 137-141 ; cf. *Nouvelles Odes*, 1824, pp. 39-47. Sept.-octobre

Octobre

1er Lettre du général Hugo à Rabbe pour lui recommander Feraudi : cf. *Catalogues Charavay*, n° 220.

3 Lettre de Vigny à V. Hugo : cf. E. BIRÉ. *V. Hugo avant 1830*, pp. 320-324.

4 V. Hugo écrit *La Mort de Mlle de Sombreuil* : cf. *Odes et Ballades*, édition de l'Imprimerie Nationale, p. 554.

Lettre de V. Hugo à son père : cf. *Correspondance 1815-1835*, pp. 197-198 ; cf. PIERRE DUFAY, *V. Hugo à vingt ans*, pp. 118-119. Il ajoute une lettre d'Adèle au général, pp. 117-118. 4

« lui interdisait d'aborder le sujet de la controverse agitée à l'occasion du 2e volume de l'*Essai*. Dans « une discussion où il s'agit d'autorité ce n'est pas à l'auteur de cet article qu'il appartient d'élever « la voix. »

V. Hugo a supprimé aussi toutes les citations qui ornaient son article et toutes les petites réflexions qu'elles lui ont suggérées. Il a ainsi supprimé sept pages. V. Hugo avouait encore qu'il ne voulait pas se prononcer sur les doctrines. Il faisait allusion aux « pages merveilleuses » écrites par Chateaubriand sur les Juifs, pages qui passent de mémoire en mémoire. Il a fait disparaître certains éloges qu'il adressait à Lamennais : « Nous ne savons si l'on partagera notre émotion mais il nous paraît difficile « d'épancher dans les paroles humaines plus de consolante douceur, plus de céleste joie, plus de « ravissante mélancolie. On croirait entendre les soupirs que les cithares de Sion rendaient d'elles- « mêmes, suspendues aux saules de Babylone durant la longue captivité. »

Page 264 : après le 1er alinéa, on lisait : « Que M. de Lamennais ne désespère pas de ceux aux- « quels il apprend à espérer. On peut appliquer à ce prêtre illustre ce qu'on a dit poétiquement de je « ne sais quel écrivain *que la gloire est pour lui une mission*. »

(1) V. Hugo a fait quelques changements à cette ode, en 1824 et en 1828. *La Muse française* contenait une longue note de 36 lignes sur la vie du général Hugo de 1805 à 1813, tirée du *Dictionnaire des généraux français* par M. le chevalier de Courcelles : il n'était pas question de la Révolution. Il n'y avait pas d'épigraphe.

Odes et Ballades.

Page 137, vers 4 ; on lisait : *Mais chercher de David les traces effacées*. (Corrigé en 1828).

Page 139, vers 13 ; on lisait : *Trompé* par la fortune. (Corrigé en 1824).

Page 140, vers 9 ; on lisait : Vingt courtisans royaux *attendre* son réveil. (Corrigé en 1824).

— vers 11 ; on lisait : Ne compte plus, *craintive en sa pénible attente*. (Corrigé en 1828).

— vers 19 ; on lisait : *L'astre heureux* luit... au lieu de : *L'étoile de* Brennus luit... (Corrigé en 1828).

Page 141, il faut corriger dans les *Odes et Ballades* le 1er vers. V. Hugo a écrit *ployant ta tente* et non *ta tête*. C'est ici une erreur typographique.

Page 141, vers 9 ; on lisait : puisque *ta bannière*... remplacé par : puisque *ton étendard*. (Corrigé en 1824).

9 Mort de Léopold-Victor Hugo, fils de Victor Hugo, né le 12 juillet : PIERRE DUFAY, *V. Hugo à vingt ans*, donne l'acte de décès, p. 122.

20 Annonce de la 2e édition de *Han d'Islande*, « ouvrage singulier, digne du beau talent de « M. Victor Hugo, son auteur » : cf. *La Foudre*, 20 octobre 1823.

Octobre Adolphe Trébuchet consacre trois pages à la 2e édition des *Odes et poésies diverses*, de V. Hugo : cf. *Lycée Armoricain*, t. II, livrais. X, pp. 283-286, signé Adolphe T...

— Après le 9, V. Hugo compose l'ode : *A l'ombre d'un enfant* : cf. *Odes et Ballades*, pp. 389-390.

Oct.-nov. Le numéro IV de *La Muse Française* (no du 15 octobre), contient des vers de Chenedollé, de Mme Verdier, d'Alfred de Vigny, de Ch. Nodier et des articles de Soumet, Holmodurand, Saint-Valry et J. de Rességuier.

Lettre de V. Hugo à son père : cf. *Correspondance 1815-1835*, p. 199 ; cf. PIERRE DUFAY, *V. Hugo à vingt ans*, p. 120. Une lettre d'Adèle est ajoutée, p. 121. 6

Lettre de V. Hugo à son père, cf. *Correspondance 1815-1835*. p. 200 ; cf. PIERRE DUFAY, *V. Hugo à vingt ans*, pp. 123-124. 13

Lettre de V. Hugo à son père : cf. PIERRE DUFAY, *V. Hugo à vingt ans*, pp. 126-127. 16

Lettre de V. Hugo au vicomte de Sennes au sujet de sa souscription à *Han d'Islande*. 30

Novembre

13 V. Hugo compose la *Guerre d'Espagne* : cf. *Odes et Ballades*, édition de l'Imprimerie Nationale, p. 555.

15 *La Foudre* du 15 nov. contient trois articles intéressants. Le premier (pp. 197-201), sur le livre de Lamennais : *Du Devoir dans les temps actuels*, est signé S. V. (probablement Saint-Valry). Le deuxième, sur *La Littérature romantique, La Littérature classique, La Muse Française, Le Mercure* (pp. 202-206), est signé B. Le troisième (pp. 206-209), intitulé *Romans. Han d'Islande*, est signé S. V. (Saint-Valry probablement) (1).

20 Annonce des Mémoires du général Hugo : cf. *La Quotidienne*, 20 novembre 1823.

22 *Mémoires du Général Hugo*, t. I et II, 2 vol. in-8, imp. Pochard, Paris. B. F., 22 novembre, no 4995. Ils sont précédés d'un *Précis historique des évènements qui ont conduit Napoléon sur le trône d'Espagne*, par Abel Hugo fils (CII pages).

Lettre de V. Hugo à son père : cf. *Correspondance*, pp. 201-202 ; cf. PIERRE DUFAY, *V. Hugo à vingt ans*, pp. 127-128 ; cf. BELTON, *Mémoires de la Société des Sciences et Lettres du Loir-et-Cher*, t. XVI, livrais. I, 31 mars 1902, p. 37. Nov. samedi

(1) Ces trois articles sont intéressants à lire. Le premier est une attaque à fond contre Lamennais. La chose est à noter dans un journal ami de V. Hugo, surtout si l'article est de Saint-Valry, ce que nous n'osons affirmer. Le 2e article parle des divisions politiques et littéraires, des jeunes talents de la *Muse française*, de l'article de Thiessé contre *Han d'Islande*, article qui fera époque en fait de scandale : suit alors une attaque à fond contre cet article et le *Mercure du XIXe siècle*, rival de la *Muse française*. Le 3e abonde dans le même sens. Il parle lui aussi des divisions littéraires où l'on mêle la politique : *Han d'Islande* a été attaqué par la fraction révolutionnaire et par les feuilles royalistes. L'auteur est pourtant un homme de talent qui professe des opinions généreuses.

25 Article de *La Foudre* sur la 2e édit. des *Odes* de Victor Hugo (1) : cf. *La Foudre*, pp. 247-252 (E. D.), 25 novembre.

30 Article de *La Foudre* sur les *Mémoires* du général Hugo : cf. *La Foudre*, pp. 274-277 (B.), 30 novembre.

— Article sur *Anne de Bretagne*, de Trébuchet et sur les *Fables* de Feraudy : cf. *La Foudre*, pp. 283-285, peut-être de V. Hugo.

— *La Fille d'O-Taïti* : cf. *Almanach des Muses*, pp. 261-262.

En nov. V. Hugo compose *L'Arc de Triomphe* : cf. *Odes et Ballades*, pp. 163-165.

Nov.-déc. Le numéro v de *La Muse Française* (n° du 15 novembre) contient des vers de Baour-Lormian, Mme Dufrenoy, Adolphe Michel, A. Guiraud, des articles de Soumet, E. Deschamps (qui fait l'éloge d'A. Hugo) et G. de M.

Nov. au 2 déc. V. Hugo vend à Ladvocat les *Nouvelles Odes* : cf. lettre d'Adèle Hugo au général Hugo, 2 décembre, dans Pierre Dufay, *V. Hugo à vingt ans*, p. 130,

Décembre

1er V. Hugo signe un traité avec Ladvocat, pour une 3e édit. des *Odes* : cf. *Odes et Ballades*, édition de l'Imprimerie Nationale, p. 555.

2 Lettre d'Adèle Hugo au général Hugo : cf. Pierre Dufay, *V. Hugo à vingt ans*, pp. 129-131.

6 *Précis historique des évènements qui ont conduit Joseph Napoléon sur le trône d'Espagne*, par Abel Hugo, in-8, imp. Pochard, Paris.

Extrait des *Mémoires* du général Hugo. Tiré à 60 exemplaires, ne se vend pas, contient des pièces justificatives. B. F., 6 décembre, n° 5435.

7 *La Quotidienne* parle des vers de Soumet, Guiraud, Mély-Janin, Victor Hugo et tant d'autres sur la guerre d'Espagne : Cf. *La Quotidienne*, 7 décembre 1823.

29 Ch. Nodier est nommé bibliothécaire à l'Arsenal : cf. *Journal de Paris*, 30 décembre 1823.

---

(2) L'auteur de cet article cite abondamment la préface des *Odes* de V. Hugo et l'on trouve chez lui plusieurs des idées qui serviront à V. Hugo pour composer la *préface de Cromwell*.

Décemb. *L'Antre des Cyclopes*, par V. Hugo : cf. *Le Lycée Armoricain*, t. II, livrais. XII, pp. 429-430, décembre 1823.

— V. Hugo compose *La Mort de Mlle de Sombreuil* : cf. *Odes et Ballades*, pp. 167-172.

Fin déc. *La Muse Française* (nº VI du 15 décembre, mais du 27 à B. F.), contient des vers de Delphine Gay, de Brifaut, de Nestor de Lamarque, de L. Belmontet, des articles de Soumet, de Guiraud (sur les *Mémoires* du général Hugo), de Holmodurand, de Saint-Valry, de V. Hugo, de E. Deschamps.

En 1823 Sans date de mois. V. Hugo compose : *A mes vers* (*A mes odes : Odes et Ballades*, pp. 119-124); *L'Histoire* (*Odes et Ballades*, pp. 125-127); *La Bande Noire* (*Odes et Ballades*, pp. 129-136) : *Le Sylphe* (*Odes et Ballades*, pp. 439-443); *La grand'mère* (*Odes et Ballades*, pp. 445-447); *Epitaphe* (*Odes et Ballades*, pp. 319-321); *Mon enfance* (*Odes et Ballades*, pp. 365-370) ; *A G...y* (*Odes et Ballades*, pp. 371-372) ; *Paysage* (*Odes et Ballades*, pp. 373-376) ; *Encore à toi* (*Odes et Ballades*, pp. 377-379); *Son Nom* (*Odes et Ballades*, pp. 381-382); *L'Antechrist* (*Odes et Ballades*, 313-318); *Le dernier chant* (*Odes et Ballades*, pp. 173-176).

Lettre de V. Hugo à son oncle Trébuchet : cf. *Le Figaro*, 26 mai 1886. 30

Sur Voltaire, fragment. Muse française, t. I, nº 6, pp. 427-436 (numéro de décembre, à B. F., 27 décembre), V. Hugo (1). Fin déc.

Cf. *Litt. et Philos. mêlées*, t. I, pp. 236-243.

---

(1) Une note de la *Muse française* renseignait le lecteur. — Ce fragment est tiré d'une *Notice sur la vie et les écrits de Voltaire* qui précède *Un choix de lettres* de cet écrivain célèbre, publié par A. Boulland et Cie. Ce choix de lettres fait partie d'une collection imprimée par Firmin-Didot, sur papier fin, publiée en deux formats, in-12 et in-8 grand raisin. Elle sera ornée des portraits des divers auteurs.

L'éditeur n'épargnera rien pour que cette collection particulièrement destinée à la jeunesse soit également digne des bibliothèques de tous les amateurs de bons et beaux livres. Elle sera, par son extrême élégance, susceptible d'être donnée en étrennes. Chaque choix de lettres sera précédé d'une notice biographique et raisonnée sur l'auteur auquel elles seront empruntées.

Le choix de lettres et la rédaction des *Notices* sont confiés à M. V. Hugo. La 1re livraison paraîtra le 10 décembre 1823, (elle parut en 1824 et il ne contint que des lettres de Voltaire et de Mme de Sévigné).

Dans *Litt. et Philos. mêlées* l'article commence au bas de la page 236 : *Nommer Voltaire*... Il y a pas mal de variantes. voici les changements importants.

Page 239, 18e et 19e lignes : Au lieu de « la *Pucelle* » on lisait « *son infâme Pucelle.* » — Au lieu de « *coupable* ouvrage » on lisait « *repoussant* ouvrage. »

Page 240, 10e ligne : *œuvre dramatique* a remplacé *chefs-d'œuvre dramatiques*.

Page 242, 11e ligne : *La force ce n'est pas Protée, c'est Jupiter* remplace ceci : *Et pour emprunter une comparaison à cet Olympe si usé, jamais les temples païens n'ont brûlé pour Protée le même encens que pour Jupiter.*

Page 242, 15e ligne : *fatale révolution* remplace *déplorable révolution*.

— 18e ligne : *choses monstrueuses* remplace *monstruosités*.

— 19e ligne : *révolution* remplace *époque*.

— 21e ligne : *le plus redoutable des sophistes* remplace *le plus dangereux*.

— Note, 1re ligne : *ait jeté* remplace *eut jeté*.

CHAPITRE VII

1824

1824 *Janvier*

14 Lettre de Lamartine à V. Hugo : cf. *Revue de Paris*, *Lamartine et V. Hugo, Lettres inédites*, par M. G. Simon, 15 avril 1904, pp. 676-678.

15 Septième livraison de la *Muse Française*. On y trouve des vers de Mme Desbordes-Valmore, A. Guiraud, J. de Rességuier, Mme A. Tastu, V. Hugo, un article de Guiraud (*Nos doctrines*), des articles de G. de Pons, A. de Vigny et E. Deschamps.

A la 7e livrais., on donne la date du 15 janvier et on indique que *La Muse* paraît le 15 de chaque mois. On la trouve à B. F. au 24 janvier.

17 *Poèmes et chants élégiaques*, ornés de gravures, par A. Guiraud. In-18. imp. Didot, Paris. Paris, Boulland et Cie, Ladvocat : B. F., 17 janvier 1824, n° 366. *La Quotidienne* du 17 janvier contient un entrefilet sur cet ouvrage.

Lettre de V. Hugo à son père : cf. Pierre 9
Dufay, *V. Hugo à vingt ans*, pp. 75-77. Dufay la donne comme étant de 1823 mais le contenu, le post-scriptum surtout, indique qu'elle est de 1824.

La Bande Noire, Ode (1). *Muse française*, 15
t. II, livrais. VII, pp. 43-49. V. Hugo : cf. *Odes et Ballades*, pp. 129-136.

Lettre de V. Hugo à son père : cf. Pierre 19
Dufay, *V. Hugo à vingt ans*, pp. 133-134, qui donne une lettre d'Adèle au même, pp. 132-133. Dufay, d'après le manuscrit, donne simplement *ce lundi 19* : c'est nécessairement le 19 janvier.

---

(1) On a supprimé dans l'épigraphe, après le nom de Ch. Nodier, le titre de l'article *Saint Michel* auquel cette phrase est empruntée : cf. le *Défenseur*, t. III, livrais. XXXIII, p. 294, 11 novembre 1820. Voici les corrections en suivant le texte des *Odes et Ballades*.

Page 131, vers 14 : on lisait *presser* son coursier — au lieu de — *hâter*... (Correction de 1824).

— vers 23 : *Et* levant des voix sépulcrales — au lieu de — *Ou*, levant... (Corr. de 1824).

— dernier vers : *Où tremble* la cloche du soir — au lieu de — *Qui ébranle* la cloche... (Correction de 1824).

Page 135. Les vers 15, 16, 17, 18 sont transformés. Voici les 2 textes :

Un tel triomphe est sans dangers.	Pour eux il n'est point de danger
Mais qu'ils n'éveillent pas les preux de ces murailles	Les héros qui veillaient sur ces hautes murailles
Ces ombres qui jadis ont gagné des batailles	Les ombres qui jadis ont gagné des batailles
Les prendraient pour des étrangers.	Ne combattent que l'étranger.
Odes et Ballades.	*Muse française* et *Odes* de 1824.

Les corrections de la p. 131 ont été faites pour l'édition de 1824 ; celles de la p. 135 ont été faites en 1828 seulement.

A la fin de l'ode, *La Muse française* avait mis cette note : Cette ode fait partie, ainsi que celle du même auteur, insérée au 1er volume de la *Muse* (*A mon père*) d'un volume d'odes inédites qui paraît en ce moment chez Ladvocat, prix 3 fr. 50. Nous rendrons compte de ce nouveau recueil d'*Odes* de M. V. Hugo.

Janvier

En janv. V. Hugo compose : *Le Chant de l'Arène* (*Odes et Ballades*, pp. 297-301); *Le Chant du Cirque* (*Odes et Ballades*, pp. 303-306) : *Le Chant du Tournoi* (*Odes et Ballades*, pp. 307-311).

Janvier-février V. Hugo compose *Une Fée* : cf. *Odes et Ballades*, pp. 435-437, date 1824.

Février

Février V. Hugo compose la Préface des *Nouvelles Odes* : cf. *Odes et ballades*, pp. 9-21.

15 La 8e livraison de *La Muse Française* (B. F., 28 février) contient des vers de Mme Céré-Barbé, de Ch. Nodier, de Mme Sophie Gay, de Villebois, de Louis Belmontet, des articles de Rességuier, de Saint-Prosper et de E. Deschamps.

Mars

6 *Les Tablettes Universelles* parlent d'une dispute entre l'*Etoile* et l'*Oriflamme* à propos du romantisme. L'*Etoile* est contre, l'*Oriflamme* est pour les Romantiques. L'*Etoile* a appelé à son secours « le principe d'autorité du Père Lamennais » : cf. *Tablettes Universelles*, 66e livrais., 6 mars, pp. 176-178.

7 *La Gazette de France* consacre deux colonnes aux *Nouvelles Odes* par Victor-M. Hugo, article signé F. B. On lui reproche des abstractions métaphysiques, des obscurités, on le félicite du caractère religieux et politique de ses œuvres. Son *Antéchrist* est une des conceptions les plus étonnantes. Son *Bonaparte* est imposant et mystérieux : cf. *Gazette de France*, 7 mars 1824.

11 *La Pandore* se moque des jeunes poètes, dévoués au culte de la contemplation. Ils sont tristes, confèrent avec les morts, les esprits, les vampires, revenants, lutins, fées, ils connaissent les secrets des tombeaux. Ils sont bien mangeants, bien pensionnés, bien placés, bien imprimés, bien vantés. Epris de leur gloire ils rêvent alors à l'infini ou à l'incompréhensible.

« Le plus intelligible, le moins obscur et « sans contredit le plus distingué des congréganistes pleureurs dont je viens de parler « est M. V. Hugo. » Le critique fait ensuite l'historique de la vie de V. Hugo qui d'après lui a 27 ans. Il a publié en 1822 un recueil d'*odes* où il y a de beaux vers, de grandes pensées mais une politique haineuse. Ses *Nouvelles odes* sont mieux. Tous ses chants méritent d'être lus. Le poète déserte les rangs des

Lettre de V. Hugo à Charles Nodier, à propos d'un article qui doit paraître dans la *Quotidienne*. « Est-ce que l'aigle consentirait à « juger le vol du moineau franc ? » 8
cf. *Catalogues Charavay*, n° 404.

Choix Moral de Lettres de Mme de Sévigné, précédé d'une notice sur sa vie et ses ouvrages, et orné de son portrait (le portrait manque). 13
3 vol. In-18. Imp. Didot, Paris. Paris, Boulland : B. F., 13 mars 1824, n° 1313.

contempteurs de l'honneur national ; la preuve en est dans *Mon enfance* : cf. *La Pandore*, 11 mars 1824 (non signé).

12 Annonce des *Nouvelles Odes* : cf. le *Drapeau blanc*, 12 mars 1824.

Choix Moral des Lettres de Voltaire précédé d'une notice sur la vie et les ouvrages de cet écrivain célèbre et orné de son portrait (1). 13

3 vol. in-18. Imp. Didot, Paris. Paris, Boulland : B. F., 13 mars 1824, n° 1314.

Cf. *Litt. et Philos. mêlées*, pp. 115 et 116, 164 et pp. 231, 243.

---

(1) *Le choix moral des Lettres* de Mme de Sévigné et de Voltaire est précédé d'une *Préface de l'Editeur*. On en retrouve le commencement dans *Litt. et Philos. mêlées*, pp 115 et 116, et une phrase que V. Hugo a reproduite, p. 164 : *on doit encore plus de respect à la jeunesse qu'à la vieillesse*. Dans les trois lignes, qui précèdent cette phrase, il a résumé la demi-page précédente.

Les deux préfaces sont identiques. Après avoir parlé du style épistolaire, il indiquait les modèles du genre : Mme de Sévigné, Voltaire, Jean-Jacques, mais ils ne sont pas sans danger pour la jeunesse. Mme de Sévigné elle-même ne peut être lue par les jeunes filles : « il faut environner d'une chaste et « religieuse sollicitude les premières impressions d'une jeune âme et les premières émotions d'un « jeune cœur et l'on ne saurait trop répéter cette pensée vénérable d'un antique sage, que *l'on doit « encore plus de respect à la jeunesse qu'à la vieillesse* ». V. Hugo citait ensuite le nom des *épistolaires* dont il offrait une collection choisie : Voltaire, J.-J. et J.-B. Rousseau, Frédéric, Montesquieu, Racine, La Harpe, Lamotte, d'Alembert, Diderot, Fléchier, Boileau. Bussy-Rabutin, Voiture, Balzac, Mmes de Sévigné, Maintenon, Aïssé, Simiane, Lafayette, Staal, Villars, Tencin, Graffigny etc... (L'entreprise était grande, nous n'avons trouvé que Voltaire et Mme de Sévigné).

Rien dans cette collection ne blessera la religion et la morale. « C'est toujours dans les lettres « d'un homme qu'il faut chercher, plus que dans tous ses autres ouvrages, l'empreinte de son cœur et « la trace de sa vie. Quant aux suppressions, elles nous sont indiquées par une intention trop pure « pour que nous songions à les justifier... Ce que la morale conseille est toujours approuvé par le « goût. »

La préface de l'éditeur dans le Choix moral de Lettres de Mme de Sévigné comprend les pp. v à viij. Elle est suivie (pp. XIX à XXX) d'une *Notice sur Mme de Sévigné*. Nous n'avons trouvé nulle part dans les œuvres de V. Hugo cette Notice qui, d'après l'éditeur, est pourtant bien son œuvre.

Il commençait par rappeler quelques phrases de J.J. Rousseau contre les femmes, puis il affirmait que le style épistolaire leur appartenait en propre. Il critiquait en passant Balzac et Voiture, qui écrivaient sous les regards de la postérité. Mme de Sévigné fut auteur à son insu : V. Hugo admire « son « aisance, son naturel exquis, son style animé, sa familiarité. » Son livre est unique en son genre, « il est des choses qui ont une telle empreinte d'originalité, que plus on cherche à les imiter, plus on « les rend inimitables. »

V. Hugo raconte ensuite la vie de Mme de Sévigné agrémentant de quelques réflexions cette vie qui est toute dans *Les Lettres*.

Il termine en montrant que ces Lettres offrent un vrai tableau de la cour de Louis XIV, il en étudie le style. Mme de Sévigné a été souvent critiquée : les uns la trouvent *précieuse*, les autres *janséniste* ; Voltaire l'appelait une *caillette*. V. Hugo cherche à prouver la fausseté de ces critiques. On a comparé Mme de Sévigné à Cicéron, Montaigne, La Fontaine. Il y a quelque chose de vrai, dit V. Hugo, qui cite pour conclure une page de La Harpe sur notre *Fablier*, page qui d'après lui s'applique aussi bien à Mme de Sévigné.

Il y aurait vraiment intérêt à reproduire dans les œuvres de V. Hugo ces quelques pages sur Mme de Sévigné ; elles sont charmantes et l'on dirait parfois que V. Hugo a pris Mme de Sévigné pour son modèle et il s'en est approché d'assez près.

La *Notice* qui accompagne les *Lettres de Voltaire* se trouve reproduite en entier dans *Litt. et Philos. mêlées*, pp. 231-243. Une partie (les pp. 237-243) avaient déjà paru dans la *Muse française* (décembre 1823) ; mais les pp. 231-236 paraissent ici pour la première fois. Le texte du *Choix Moral* et celui de *Litt. et philos. mêlées* n'offrent que de rares variantes dont voici les plus importantes :

Page 232, ligne 28 : « poème *blafard* de la Ligue, » était simplement « poème de la Ligue ».

Page 235, ligne 26 : V. Hugo n'avait pas osé écrire en toutes les lettres le mot *Pucelle* : on lisait *son odieuse P......*

Page 236, ligne 3 : on a supprimé deux lignes où V. Hugo racontait que Voltaire avait recueilli la petite fille du Grand Corneille.

Nouvelles Odes, par Victor-M. Hugo. *Nos canimus surdis*. Paris, Ladvocat (Imp. Pinard), MDCCCXXIV (1824). In-18. xxviij.-232 p. : B. F., 13 mars 1824, n° 1370 (1). 13

N.-B. — *Les Nouvelles Odes* ont dû paraître dans les premiers jours de mars puisque la *Gazette de France* en parle dès le 7 et *La Pandore* dès le 11.

---

(1) La Préface se trouve aux *Odes et Ballades*, édition *ne varietur*, pp. 9-21 (février 1824), elle est reproduite exactement.

Ce volume contient 28 odes. Les voici, dans l'ordre de cette édition avec les changements qu'on a depuis introduits.

I. — *A mes vers*, pp. 1-10, est devenue, en 1828, *A mes odes* (t. I. pp. 121-129). Elle a gardé ce titre dans les *Odes et Ballades*, pp. 119-124. — Nous n'avons trouvé que deux petits changements sans importance.

Au 1er vers, au lieu de *Mes odes, c'est l'instant*... il y avait *Mes vers, voici l'instant*...

Page 121, au vers 11, il y avait : *Vous, ô mes vers*... au lieu de *Vous, ô mes chants*...

II. — *Le poète*, pp. 11-18. — *Odes et Ballades*, pp. 245-249.

Il y avait deux épigraphes à cette ode en 1824. Voici celle qui a disparu : *Ah ! ceux que ravissent ces chants sont loin de croire à l'amertume qui ronge son cœur !* Th. Moore, *Mélodies irlandaises.* Pour le reste, V. Hugo n'a rien changé.

III. — *L'Histoire*, pp. 19-23. — *Odes et Ballades*, pp. 125-127.

Trois vers ont subi une transformation. *Odes et Ballades*, p. 126, vers 5, on lisait : *Trouvent un but pareil en leurs sentiers contraires* au lieu de *Trouvent un but pareil par des routes contraires.* Vers 14, *fonde*... remplace *dresse*...

Page 127, le dernier vers se lisait : *Et la dernière tombe et le premier berceau* au lieu de *Et la première tombe et le dernier berceau.*

IV. — *La Bande Noire*, pp. 25-38. — *Odes et Ballades*, pp. 129-136.

Cette ode a été imprimée, nous l'avons vu, dans la *Muse française*, t. II, livrais. VII, pp. 43-49. On peut voir, au 15 janvier 1824, les corrections faites à cette ode soit en mars 1824, soit en 1828. L'édition de 1824 portait (p. 26) une petite note sur la trivialité du titre. — « *La Bande Noire* est une *institu-* « *tion* laissée par la révolution : et, en parlant des choses de cette révolution, la trivialité est souvent « un défaut inévitable ». Cette note n'a pas été reproduite dans l'édition *ne varietur*.

V. — *A mon père*, pp. 39-47. — *Odes et Ballades*, pp. 137-141.

Cette ode a été imprimée dans la *Muse française*, t. I, livrais. III, septembre-octobre 1823. En 1824, il y avait deux épigraphes dont l'une a disparu en 1828. La voici : *Nous eûmes nos forfaits mais nous eûmes nos gloires.* Holmodurand.

En lisant ce que nous avons dit en septembre-octobre 1823 on verra quel était le texte de 1824.

VI. — *Le repas libre*, pp. 49-54. — *Odes et Ballades*, pp. 143-145.

En 1824, cette ode était précédée de la note suivante : *il est aisé de voir que la composition de cette ode est antérieure à la mémorable guerre d'Espagne.*

D'après le manuscrit, elle aurait été composée à Gentilly le 29 avril (1823). Cf. *Odes et Ballades*, édition de l'Imprimerie Nationale, p. 498.

Les quatre premiers vers ont été transformés. — Voici les deux textes :

Lorsqu'à l'antique Olympe immolant l'Evangile Le préteur appuyant d'un tribunal fragile Ses temples odieux Livide, avait proscrit des chrétiens pleins de joie. *Odes et Ballades.*	Lorsqu'aux dieux de l'Olympe immolant l'Evangile Et d'un vil tribunal prêtant l'appui fragile A leur temple odieux Le juge avait proscrit les chrétiens pleins de joie. *Nouvelles Odes.*

Page 145, le premier vers a subi un petit changement. Au lieu de — *Cherchaient le noir chemin* ;... on lisait — *Cherchaient l'affreux chemin* ;

VII. — *La Liberté*, pp. 55-64. — *Odes et Ballades*, pp. 147-153.

Des deux épigraphes que contenait l'édition de 1824, une seule est restée, voici celle que l'on a supprimée — « *Où est l'esprit du Seigneur, là aussi est la liberté* — St-Paul, *épître aux Corinthiens* — Voici le texte de St Paul : *Ubi autem Spiritus Domini, ibi libertas.* 2 Corinth, III. 17.

Odes et Ballades.

Page 148, vers 3. — Au lieu de : Liberté ! pur flambeau — on lisait, Liberté, *guide*, pur flambeau...

La fin de la strophe est complètement remaniée. Voici les deux textes :

Car mon luth est de ceux dont les voix importunes Pleurent toutes les infortunes,	Mes hymnes dévoués ne vont point sur l'arène Traînant dans la lutte une chaîne

15 *Nouvelles Odes*, par Victor-M. Hugo. Article élogieux de Soumet : cf. *Muse française*, t. II, livrais. IX, 15 mars 1824, pp. 161-173.

16 Entrefilet aimable sur le t. III des *Mémoires* du général Hugo : cf. *Le Corsaire français*, 16 mars 1824.

Bénissent toutes les vertus.
Mes hymnes dévoués ne traînent point la chaîne
Du vil gladiateur, mais ils vont dans l'arène,
Du linceul des martyrs vêtus.
Odes et Ballades.

Mais du manteau d'azur vêtus
Mon luth n'est point de ceux dont les voix importunes
Ne savent pas pleurer toutes les infortunes
Et bénir toutes les vertus.
Nouvelles Odes, 1824.

Dans l'édition de 1824, l'expression *d'azur vêtus* était accompagnée de cette note : *Les martyrs condamnés aux bêtes, descendaient dans le cirque, couverts d'une tunique bleue.*

Page 150. Le vers 4 a pris une tournure religieuse qu'il n'avait pas en 1824. La correction est de 1828.

Et les sages, menteurs aux *paroles divines* — Et les sages, menteurs aux pompeuses doctrines.
Odes et Ballades. *Nouvelles Odes.*

L'édition des *Odes et Ballades* de l'Imprimerie Nationale nous a donné quelques variantes.
Nous les indiquons en suivant l'édition *ne varietur*.

Page 150, vers 8 : *Sur son propre forfait jetant* tous les fléaux,
— vers 16 : *Promettre un échange* d'oubli,
— vers 19 : Nations, de vos rois brisez *le joug d'airain !*

Page 152, vers 8 : En *pensers* fraternels, sa parole est féconde ;
— vers 9 : *Il voulut être* humble et souffrant !
— vers 10 : *Frères*, la Liberté *qu'on souille par des crimes*,
La Liberté, *sourit, couronnant* les victimes,
— vers 11 : *Mère des* dévoûments sublimes,
— vers 12 : *Les mêle en un commun orgueil*,
— vers 15 : Unit Malesherbes et *Sombreuil.*

VIII. — *La guerre d'Espagne*, pp. 65-76. — *Odes et Ballades*, pp. 155-162.
Les journaux ont parlé de cette ode avant son apparition dans les *Nouvelles Odes* : il semble qu'elle a dû être imprimée quelque part.

V. Hugo n'a changé qu'un mot : on le trouve dans les *Odes et Ballades*, p. 160, vers 9 — *le Vieux Louvre* — remplace — *le Louvre ému*. La note des *Odes et Ballades*, p. 543, a été aussi un peu modifiée — *selons nous, c'est là son tort* — remplace — *O imitatores, servum pecus.*

Voici quelques variantes données, d'après le manuscrit, par l'édition de l'Imprimerie Nationale.
Edition *ne varietur*,

Page 155, vers 1 : Oh ! que la Royauté, vénérable et *poudreuse*,
vers 3 : *Resplendissante image* en leur nuit *ténébreuse*,
Page 156, vers 5 : Son bras, *quand l'orgueil dresse une tête* rebelle,
Page 160, vers 9 : *Qu'à l'Alhambra joyeux*, le Louvre *ému* réponde ;
Page 162, vers 8 : *Son épée, aux pervers funeste*,
vers 9 : *Est pareille* au glaive céleste.

IX. — *L'Arc de Triomphe*, pp. 77-81. — *Odes et Ballades*, pp. 163-165.
Cette ode est devenue *L'Arc de Triomphe de l'Etoile*, c'est le seul changement.

X. — *La mort de Mlle de Sombreuil*, pp. 82-92 — *Odes et Ballades*, pp. 167-172.
V. Hugo, pour tout changement, a fait disparaître une épigraphe : *Une femme mourut qui pratiquait l'aumône*. A. Guiraud. *L'Aumône.*

XI. — *L'Ame*, pp. 93-102. — *Odes et Ballades*, pp. 289-295.

Deux mots seulement ont été changés.
Odes et Ballades.
Page 292, vers 1 : *marche* remplace *trace.*
Page 293, vers 10 : *secret éternel* remplace *secret merveilleux.*

XII. — *Le Chant de l'Arène*, pp. 103-110. — *Odes et Ballades*, pp. 297-301.
Un seul mot changé : *Odes et Ballades*, p. 298, dernier vers : *riches hécatombes* remplace *saintes hécatombes.*

XIII. — *Le Chant du Cirque*, pp. 111-118 — *Odes et Ballades*, pp. 303-306.
En 1828, V. Hugo a fait disparaître une épigraphe, tirée des *Martyrs* de Chateaubriand : *Cependant le peuple s'assemblait à l'amphithéâtre de Vespasien.* Il a fait deux corrections :

22 *Le Corsaire* se moque de l'article de Soumet dans la *Muse française* sur V. Hugo. Il cite quelques vers du poète tirés de *A mes vers* et *A toi* : il trouve que Soumet doit être bien fier de comprendre ces belles choses là : cf. *Le Corsaire*, 22 mars 1824.

24 Annonce des *Nouvelles Odes* de V. Hugo : cf. *Journal des Débats*, 24 mars 1824.

Odes et Ballades.
Page 304, vers 6 : d'*Hyrcanie* remplace de *Nubie.*
vers 10 : *Les parfums* remplace *Cent parfums.*

XIV. — *Le Chant du Tournoi*, pp. 119-128 — *Odes et Ballades*, 307-311.
En 1828, Victor Hugo a supprimé une épigraphe d'A. Soumet :

Le Beffroi de la prochaine tour
Appelle aux jeux guerriers les Seigneurs d'alentour.

Il a changé trois mots.
Odes et Ballades.
Page 307, vers 3 : *vert dragon* remplace *grand dragon.*
vers 5 : *Croix d'Aragon* remplace *tour d'Aragon.*
Page 308, vers 9 : *Les maisons* remplace *les palais.*

XV. — *Le Sylphe*, pp. 129-137. — *Odes et Ballades*, pp. 439-443.
Odes et Ballades.
Page 441, vers 3 : *Damoiselle* remplace *Bachelette.*

XVI. — *La Grand'Mère*. pp. 139-144. — *Odes et Ballades*, pp. 445-447.
L'épigraphe de Ducis (*Hamlet*) : *La mort c'est un sommeil...*, qu'on lisait en 1824, a été remplacée, en 1828, par celle de Shakespeare que nous lisons dans les *Odes et Ballades.*
La strophe qui termine la p. 446 a été très heureusement remaniée en 1828. Voici les deux textes :

Ou montre-nous ta bible, et les belles images Le ciel d'or, les saints bleus, les saintes à genoux, L'enfant-Jésus, la crèche, et le bœuf, et les mages ; Fais-nous lire du doigt, dans le milieu des pages, Un peu de ce latin, qui parle à Dieu de nous. *Odes et Ballades.*	Ou montre-nous ta bible aux figures dorées, Les saints vêtus de blanc, protecteurs des hameaux, Les vierges, de rayons dans leur joie entourées, Et ces feuillets, où luit en lettres ignorées Le langage inconnu qui dit à Dieu nos maux. *Nouvelles Odes*, 1824.

XVII. — *Epitaphe*, pp. 145-150. — *Odes et Ballades*, pp. 319-321.
Odes et Ballades.
Page 319, le vers 3 a été remanié : *instinct* remplace *appel* et vice versa.
Page 320, vers 3 : *mon néant* remplace *mes néants.*

XVIII. — *Mon enfance*, pp. 151-159. — *Odes et Ballades*, pp. 365-370.

En 1824, il y avait deux épigraphes. — En 1828, V. Hugo en a fait disparaître une empruntée aux Géorgiques de Virgile.

. . . . Primus labor
. . . . animos atque arma videre
Bellantùm — Virg. Georg.

De nombreux changements ont été faits à cette ode.
Odes et Ballades.
Page 366, vers 8 : *l'affût des canons* remplace *l'airain des canons.*
La strophe qui termine la p. 366 et commence la p. 367 a été complètement remaniée.

Et j'accusais mon âge : — Ah ! dans une ombre obscure, Grandir, vivre ! laisser refroidir sans murmure Tout ce sang jeune et pur, bouillant chez mes pareils, Qui dans un noir combat, sur l'acier d'une armure, Coulerait à flots si vermeils ! — *Odes et Ballades.*	Et j'accusais mon âge, et je disais : « O Gloire ! Quand donc serai-je aussi connu de la victoire ? Mon sang dormira-t-il dans mes veines perdu ? Faut-il qu'en un combat, célébré par l'histoire, Il ne soit jamais répandu ! ». *Nouvelles Odes*, 1824.

Page 368, vers 16 : *Puis Turin, puis Florence* remplace *Je vis Turin, Florence...*
Page 369, vers 7 : *Les rires* remplace *Et les ris.*
Pages 369-370. La dernière strophe a été entièrement ajoutée en 1828.

XIX. — *Une fée*, pp. 161-166. — *Odes et Ballades*, pp. 435-437.
En 1824, elle était intitulée : *Ballade* et avait cette épigraphe : *Elle apparaît comme ces figures dont le poète voit les yeux étinceler à travers le feuillage sombre, quand, dans sa promenade du soir, il rêve de l'amour et du ciel.* Th. Moore. *Amours des Anges.*

25 V. Hugo déjeune avec M. de Clermont-Tonnerre : cf. *Correspondance 1815-1835*, pp. 202-203, lettre du 27 mars 1824 au général Hugo.

Mars Article d'Adolphe Trébuchet sur les *Tablettes romantiques* : cf. *Lycée Armoricain*, t. III. livrais. XV, pp. 287-291, mars 1824, Adolphe T...t.

Lettre de V. Hugo à son père : cf. *Correspondance 1815-1835*, pp. 202-203 : cf. BELTON, *Mémoires de la Société des Sciences et Lettres du Loir-et-Cher*, t. XVI, livrais. 1re, 31 mars 1902, p. 32. — Belton ajoute cinq à six lignes à la *Correspondance* : cf. PIERRE DUFAY, *V. Hugo à vingt ans*, pp. 135-136. 27

Lettre de V. Hugo à son oncle Trébuchet. Cf. *Le Figaro*, 26 mai 1886. Mars

---

Trois vers ont été transformés.
Odes et Ballades.
Page 436, vers 9 et 10 :

Joigne la harpe du trouvère Au gantelet du chevalier. *Odes et Ballades.*	Joigne à la harpe du trouvère Le gantelet du chevalier. *Nouvelles Odes*, 1824.

Page 437, vers 8 : *Fait mugir l'air* remplace *Mugit le vent....*

XX. — *A G... y*, pp. 167-171. *Odes et Ballades*, pp. 371-372.
Un seul mot changé :
Odes et Ballades.
Page 371, vers 8 : *vibre* remplace *semble.*

XXI. — *Paysage*, pp. 173-179. — *Odes et Ballades*, pp. 373-376.
Odes et Ballades.
Page 374, vers 16 et 17.

Ces magiques palais qui naissent sous le chaume Dans les beaux contes de l'aïeul. *Odes et Ballades.*	Ces magiques palais qu'enfantent sous le chaume Les contes rians de l'aïeul. *Nouvelles Odes*, 1824.

Page 375, vers 7 : *Et des bords* remplace *sur des bords.*

XXII. — *Encore à toi*, pp. 181-186. — *Odes et Ballades*, pp. 377-379.
L'épigraphe seule est changée. Il y avait en 1824 ces mots : *Et nunc et semper.*

XXIII. — *Son Nom*, pp. 187-191. — *Odes et Ballades*, pp. 381-382.
Cette ode n'a jamais été retouchée.

XXIV. — *Actions de grâces*, pp. 193-199. — *Odes et Ballades*, pp. 383-386.
En 1824, V. Hugo avait mis une épigraphe de Gilbert : *J'ai présenté mon cœur au Dieu de l'innocence*, puis à l'épigraphe actuelle il avait donné comme source : *Salomon*. Ps. CXXV, vers. 5.
Voici les changements :
Odes et Ballades.
Page 383, vers 3 et 4 :

. . . de ma lampe mourante Votre soufle vivant rallume la splendeur *Odes et Ballades.*	. . . à ma lampe mourante Votre souffle vivant a rendu sa splendeur. *Nouvelles Odes*, 1824.

Page 384, vers 6 : *Mêle à ses premiers jours...* remplace *Mêle au calice amer...*
vers 15 : *je marchais dans l'abîme...* remplace *je planais sur l'abîme* ;
vers 20 : *L'effroi qui précède...* remplace *L'extase qui l'amène...*

Page 385, vers 1 — *Et mon âme.....* remplace *Mais mon âme...*
La dernière strophe a subi la même transformation que la première aux vers 3 et 4.

XXV. — *A mes amis*, pp. 201-205. — *Odes et Ballades*, pp. 387-388.
L'épigraphe qu'on lit actuellement dans les *Odes et Ballades* est de 1828. Il y avait en 1824 ces seuls mots : *Et in Arcadia ego* ! Il n'y a pas eu d'autre changement.

XXVI. — *A l'ombre d'un enfant*, pp. 207-211 — *Odes et Ballades*, pp. 389-390.
Pas de changement.

XXVII. — *L'Antechrist*, pp. 213-222. — *Odes et Ballades*, pp. 313-318.
Un seul mot a été changé.
Odes et Ballades.
Page 315, vers 5 : *Les peuples* remplace *Les mortels.*

XXVIII. — *Le dernier chant*, pp. 223-229. — *Odes et Ballades*, pp. 173-176.
Odes et Ballades.
Page 174, vers 5 : *Mille échos...* remplace *un écho faible....*
vers 9 : *En l'orage qui gronde*, remplace *quand l'orage gronde*,
La dernière strophe de la p. 174 et la 2e de la p. 175 ont été ajoutées en 1828.

15 La 10e livrais. de la *Muse française* contient des vers de Soumet, de Rességuier, d'A. de Vigny, un article contre les classiques de Ch. Nodier, un article sur Delphine Gay de Guiraud.

30 *Le Corsaire* annonce *Og*, roman nouveau, et en profite pour se moquer de *Jean Sbogar*.., de *Han d'Islande* : cf. *Le Corsaire*, 30 avril 1824.

Avril-Mai *Le Mercure du XIXe siècle* contient un long article de P. F. Tissot sur les *Nouvelles Odes* de V. Hugo. « M. Hugo est, dit-on, l'un « des élèves de M. Chateaubriand qui, dans « sa prédilection paternelle, ne l'appelait « jamais que l'enfant sublime » : cf. *Mercure du XIXe siècle*, t. v, pp. 285-304.

Mai

5 Lettre du général Hugo (Blois) à A. Trébuchet : cf. *Appendice*.

11 Lettre d'A. Trébuchet à son père : cf. *Appendice*.

13 Le roi vient d'agréer la dédicace de l'*Histoire de la campagne d'Espagne en 1823*, par MM. Abel Hugo et Couché fils, 1re livrais. le 15 mai, chez Lefuel et Pillet : cf. *Gazette de France*, 13 mai 1824.

15 La livrais. xie de la *Muse française* contient des poésies de Pichald, de Mme Desbordes-Valmore, de Ch. Nodier (*Adieux aux romantiques*), de J. de Rességuier, d'A. Guiraud, un article de V. Hugo sur *Eloa*, deux articles de E. Deschamps.

Eloa, ou la Sœur des Anges, mystère, par le comte Alfred de Vigny, avec cette épigraphe : *C'est le serpent, dit-elle, je l'ai écouté, et il m'a trompé.* Genèse (1) : cf. *Muse française*, t. II, livrais. XI, pp. 275-286, Victor-M. Hugo ; cf. *Litt. et Philos. mêlées*, pp. 276, 277, 278. 15

(1) Les pages 275-276, n'ont pas été rééditées. V. Hugo y attaque les classiques en tournant en dérision toutes les sources de poésie où ils puisaient. Dans une longue phrase de 28 lignes il se moque du Tartare, du Pinde, de la Vache Io, de Silène, des sources d'Hippocrène, de la fontaine Castalie, du ruisseau du Permesse. Il veut être de son pays, de son siècle, de sa religion.

Les deux dernières lignes de la p. 276, les pp. 277 et 278 sont dans *Litt. et Philos. mêlées*, t. I, *Idées au hasard*. § IV. Trois changements : p. 284, 9e ligne, il y a une suppression : *Pour nous renfermer dans notre idée principale, remarquons que* ces deux opérations........ ; p. 285, les lignes 22 et 23 se lisaient ainsi : *Nous ne nous arrêterons pas sur une idée qui* paraîtra sans doute paradoxale au premier aperçu *et nous laisserons à de plus habiles le soin d'examiner* jusqu'à quel point... etc....

Le 1er § de la p. 279 constitue le § v de *Litt. et Philos. mêlées*, pp. 286 et 287 avec quelques changements. Au commencement du § v, V. Hugo a supprimé la liaison : *Ces réflexions nous amènent naturellement à l'auteur d'Eloa*, puis tout ce qui a rapport à A. de Vigny, pour l'attribuer à Milton. Ainsi, § v, p. 286, 3e ligne, *c'est le Paradis perdu* remplace *c'est ce poème* (Eloa) ; 5e ligne, *sublimes* remplace *enchanteurs* ; 11e et 12e lignes, *Eve* entraînée par la curiosité, la compassion et l'imprudence jusqu'*à la perdition* remplace *la sœur des anges* entraînée. . jusqu'*au Prince des réprouvés*. V. Hugo a ajouté ensuite *la première femme en contact avec le premier démon* (pp. 286-287) ; p. 287, 2e ligne, au lieu de *Eloa* on lit l'*œuvre de Milton*.

La fin de la p. 279, les pp. 280, 281, 282, 283, 284, 285 et les six premières lignes de la p. 286 n'ont pas été reproduites. V. Hugo dans la *Muse française* faisait de longues citations du poème d'*Eloa* ; peintures de l'Ether, du Chaos, portraits du démon, d'Eloa, remords du démon au moment de consommer son crime, dialogue qui précède la chûte d'Eloa. La p. 285 renferme des éloges sur le talent d'A. de Vigny qui va se perfectionnant, sur son imagination, son style, V. Hugo parle ensuite de l'obscurité de son nom à lui.

La fin de la p. 286 se retrouve dans *Litt. et Philos. mêlées*, au § III, pp. 283-284. V. Hugo a supprimé à la 6e ligne la phrase suivante : *Cette fois ci, du moins, la Muse française aura obéi à l'usage.*

24 *Le Journal de Paris* parlant de la séance des Jeux Floraux annonce qu'il n'y a pas eu de sonnet couronné. « Vous verrez que M. « Lam... ou M. V. H.. auront eu la malice « d'adresser à l'académie des sonnets *roman-* « *tiques*. Aussi les voilà bien punis ! » Il prétend qu'il y a une croisade contre les Romantiques : Auger à Paris, à l'Académie, d'Aguilar aux Jeux Floraux de Toulouse : cf. *Journal de Paris*, 24 mai 1824.

25 *Le Drapeau blanc* publie un rez-de-chaussée de huit colonnes sur les *Nouvelles Odes* de V. Hugo. Cet article est très élogieux pour le jeune poète dont il raconte la vie et les succès. On fait deux longues citations de la *Guerre d'Espagne* et de *Grand'mère* (20 et 40 vers). « L'art apprendra à M. V. Hugo ce « qu'il doit perdre, la nature lui a donné le « génie et l'inspiration. Il est à 23 ans le pre- « mier poète lyrique comme Soumet est le « premier poète tragique » : cf. *Drapeau blanc*, 25 mai 1824.

Lettre de V. Hugo à M. Magalon. Il le félicite d'être rendu à la liberté. « Si l'un de nous « doit des remerciements à l'autre, c'est « moi » : cf. *Catalogues Charavay*, n° 428. 21

Juin

7 Article contre *Eloa* de Vigny. Rien de plus *beau* que l'impression de son livre, rien de moins *bon* que ses vers : cf. *La Pandore*, 7 juin 1824.

— V. Hugo compose *A M. Chateaubriand* : cf. *Odes et Ballades*, édition de l'Imprimerie Nationale, p. 556.

14 Variétés. *Nouvelles Odes* par M. V. Hugo (Z. = Hoffman).

Le critique lui consacre trois colonnes et demie. Au commencement il y a quelques éloges puis viennent ensuite des attaques contre le Romantisme de V. Hugo : cf. *Journal des Débats*, 14 juin 1824.

15 La livrais. xıı^e de la *Muse française* contient des poésies d'A. Guiraud, de Brifaut, d'A. de Vigny, d'E. Deschamps, un article de V. Hugo sur Byron, une revue poétique d'E. Deschamps, une étude de mœurs de Saint-Valry.

Sur Georges Gordon, Lord Byron (1) : cf. *Muse française*, t. ıı, livrais. xıı^e pp. 327-339. Victor-M. Hugo ; cf. *Litt. et Philos. mêlées*, t. ı, pp. 267-278 ; cf. *Annales romantiques, 1827-1828*, pp. 1-11. 15

(1) Cet article a été reproduit deux fois : 1° dans les *Annales romantiques*. 1827-1828, *Sur Lord Byron et ses rapports avec la littérature moderne*, pp. 1-11 ; 2° dans *Litt. et Philos. mêlées*, t. ı, pp. 267-278, *Sur Lord Byron, à propos de sa mort*.

La p. 267 dans *Litt. et Philos. mêlées* reproduit textuellement *la Muse Française* à partir de la 8e ligne : *A en croire les ingénieuses fables*..... Ce qui précède reproduit l'idée que renferme la p. 327 de *la Muse*,

Le reste de l'article est reproduit assez fidèlement et c'est l'un des écrits de V. Hugo qui a subi le moins de transformation.

Litt. et Philos. mêlées : p. 269, 6e ligne, *œuvres* remplace *chants* ; p. 270, 8e ligne, à la place de *contre* on lisait *comme* ; p. 271, 9e ligne, V. Hugo avait écrit *Buonaparte* et non *Bonaparte* ; p. 272,

25 *La Pandore* critique l'article de V. Hugo dans la *Muse française* sur Byron. V. Hugo a oublié le dicton populaire ; *Qui se ressemble s'assemble* : cf. *La Pandore*, 25 juin 1824.

Lettre de V. Hugo à son père : cf. *Correspondance de 1815-1835*, pp. 203-204 ; cf. Pierre Dufay, *V. Hugo à vingt ans*, pp. 140-142. Il corrige une erreur de la *Correspondance*, *Coetlogon* mis pour *Coëtlosquet*. 27

Lettre de V. Hugo à son oncle Trébuchet, (charmante lettre intime), signalée dans la *Revue des Autographes*, n° 153, mars 1893 et dans les *Catalogues d'autographes* de Charavay, vente du 10 mars 1892 : cf. *Catalogues*, nos 196 et 232. Juin

Juillet

1 Lettre de Soumet à V. Hugo. Il l'informe de l'ajournement de sa Cléopâtre. « Je m'attends « à beaucoup d'injures ; je m'en consolerai à « votre précieuse amitié et livré aux tigres de « l'opposition, je relirai le *Chant du cir-* « *que* » : cf. *Catalogues Charavay*, n° 285.

2 *La Pandore* attaque la *Préface* des *Nouvelles Odes* à propos de l'horloge qui est une *clepsydre* et des 10.000 vaillants *Alcides*. Hoffman a tort de descendre jusqu'à régenter un écolier comme M. V. Hugo. Il doit être effrayé de ce débordement d'ignorance et de mauvais goût qui inonde le domaine des lettres : cf. *La Pandore*, 2 juillet 1824.

12 Article de la *Quotidienne* sur la *Muse française* : cf. La *Quotidienne*, 12 juillet, et *Les Odes et Ballades*, édition de l'Imprimerie Nationale, pp. 553-554.

— Lettre de E. Deschamps, A. Soumet, Guiraud, J. de Rességuier à V. Hugo. Ils donnent leur démission de rédacteurs à la *Muse française* : cf. *Odes et Ballades*, édition de l'Imprimerie Nationale, p. 554.

15 Entrefilet élogieux (15 à 20 lignes de commande) sur la 2e livrais. du bel ouvrage d'A. Hugo sur la guerre d'Espagne : cf. *Gazette de France*, 15 juillet 1824.

Lettre de V. Hugo à Hoffman (Z. du *Journal des Débats*). La composition de cette lettre est antérieure de quelques jours au 26 puisqu'on la trouve à cette date dans les *Débats*. V. Hugo prend la défense des romantiques et de ses *Nouvelles Odes* contre les attaques de l'article du 14 juin. E. Biré en a cité une partie dans *V. Hugo avant 1830*, pp. 369-372 : cf. *Journal des Débats*, 26 juillet 1824. 26

Lettre de V. Hugo au rédacteur des *Débats* à propos de la disparition de la *Muse française*. Il est absolument étranger à la disparition de ce recueil à la fondation duquel il s'honore d'avoir pris part : cf. *Journal des Débats*, 29 juillet 1824 : La même lettre fut adressée à la *Quotidienne* : cf. *Odes et Ballades*, édition de l'Imprimerie Nationale, p. 554. 28

19e ligne, *philosophie* remplace *philosophisme* ; p. 273, 15e ligne, il y a une suppression importante. On lisait : deux illustres génies, *dont le premier est, il est vrai, supérieur au second autant par sa propre élévation que par la hauteur de sa morale*, Chateaubriand et Byron ; p. 274, 2e ligne, *poète* remplace *interprète* ; 13e ligne, on lisait *terrestres* au lieu de *réels;* 15e ligne, *plans* au lieu de *poëmes* ; 26e ligne, *dans ses plus louables productions* au lieu de *même dans ses moins belles œuvres* ; p. 275, 3e ligne, *profonde* remplace *étrange* ; note, 8e ligne, V. Hugo a supprimé *comme dit Horace* après ces mots les *hommes ne tolèrent* ; p. 276, note, 10e ligne, *poésies* remplace *poëmes*.

Les Annales romantiques (Recueil de morceaux choisis de littérature moderne 1827-1828. In 18, imp. de Balzac, à Paris. Paris, Urbain Canel : B. F., 5 janvier 1828, no 9) contenaient une grande partie de l'article de la *Muse française*. Nous nous servons de *Litt. et Philos. mêlées* pour indiquer la partie reproduite. Elle commençait à la page 269, ligne 23 ; *Des esprits faux*... et finissait à la p. 277, laissant de côté l'alinéa qui commence par ces mots *La mort de Byron*. Elle ne contenait pas la longue note des pp. 275-276. Elle reproduisait exactement le texte de la *Muse française* et ajoutait seulement une petite note : *On connaît le touchant adieu adressé à Lord Byron*, qui se place après la 2e ligne de la p. 277 de *Litt. et Philos. mêlées*.

17 *Og*, parodie (de *Han d'Islande*), par Vignon Rétif de la Bretonne, in-12, imp. Jacob, Versailles ; Paris, Hubert, Locard et Davi, B. F., 17 juillet 1824, n° 3730.

31 Second article de Hoffman à propos des *Nouvelles Odes* : cf. *Journal des Débats*, 31 juillet 1824.

Juillet Article d'A. Trébuchet sur *Han d'Islande*. Eloges et un semblant de critique : cf. *Lycée Armoricain*, t. IV, livrais. XIX, pp. 58-62.

Lettre de V. Hugo au rédacteur des *Débats* à propos du 2e article d'Hoffman. *Les Débats* refusèrent l'insertion, V. Hugo l'envoya au *Drapeau blanc* qui l'imprima le 13 août et à la *Gazette de France* qui l'inséra le 12 août. Voir aussi *Catalogues Charavay*, n° 148. 31

La *Correspondance 1815-1835* contient (pp. 37-38) une lettre de V. Hugo à Hoffman sans date. Elle devrait se placer entre le 26 et le 31. Juillet

Août

3 Article contre *Eloa* d'A. de Vigny : cf. *Journal de Paris*, 3 août 1824.

14 Depuis que le romantique a donné naissance à des ouvrages tels que le *Renégat*, *Han d'Islande*, le *Monstre*, le *Damné*... on a remarqué que les fièvres cérébrales sont beaucoup plus fréquentes qu'autrefois : cf. *La Pandore*, 14 août 1824.

21 *Nouvelles odes* par V. Hugo. Critique assez violente du poète et du romantisme. On reconnaît cependant du talent à V. Hugo : cf. *Oriflamme*, t. I, livrais. VI, 21 août 1824, pp. 246-255, (X.).

Lettre de V. Hugo au rédacteur du *Drapeau blanc* pour lui demander d'insérer sa réponse à Hoffman que lui refusent *les Débats* : cf. *Drapeau blanc*, 13 août 1824. 10

Lettre de V. Hugo au rédacteur de la *Gazette de France*, sur le même sujet : cf. *La Gazette de France*, 12 août 1824. —

Lettre de V. Hugo au rédacteur de la *Quotidienne* sur le même sujet : cf. *Catalogues Charavay*, nos 105 et 301. —

Lettre de V. Hugo à Guiraud : cf. *Mélanges de Littérature et d'Histoire religieuse*, in-8. Paris, Picard, t. III, p. 195. 28

Septembre

6 Lettre de Lamennais à V. Hugo. Il l'invite à choisir un jour pour qu'ils puissent dîner ensemble : cf. Feugère, Lamennais avant l'*Essai sur l'Indifférence*. p. 299 ; cf. *Catalogue Bovet*, n° 810 ; cf. *Catalogues Charavay*, n° 220.

22 *Avènement de Charles X*, ode par Guiraud : cf. *Gazette de France*, 22 sept. 1824.

Septembre *César passe le Rubicon* : cf. *Lycée Armoricain*, t. IV, livrais. XXI, pp. 262-263.

Lettre de V. Hugo à son oncle Marie-Joseph Trébuchet. Il lui annonce la naissance de Léopoldine : cf. *Catalogues Charavay*, n° 273 et 300. 1

Lettre de V. Hugo à Guiraud : cf. *Mélanges de Littérature et d'Histoire religieuse*, In-8, Paris, Picard, t. III, p. 195. 22

Les funérailles de Louis XVIII, ode par V. Hugo (Louis XVIII mourut le 16 septembre) : cf. *Journal des Débats*, *Drapeau blanc* et *Gazette de France*, 23 septembre 1824 : cf. *Odes et Ballades*, pp. 193-199. 23

Cette ode a subi quatre ou cinq petits changements.

Les voici en suivant le texte des *Odes et Ballades*.

A la p. 194, vers 2, on lisait *cercueils* au lieu de *couches* ; au vers 11 : *Mon cercueil* au lieu de *Ma dépouille*. A la p. 196, vers 1 : *main* a remplacé *bras* ; le vers 11 se lisait ainsi : Loin du *saint monument* qu'il *se promit* naguère. A la p. 198, vers 5, on lisait : *Place au dessus de tous* au lieu de *Donne aux sujets égaux*. A la p. 199, vers 7, on lisait change la *pompe* au lieu de la *pourpre*, (ce devait être une erreur typographique).

Octobre

1 Lettre de Soumet à Hugo (1er octobre d'après le timbre de la poste).

Soumet est indigné de l'épithète de *belle* donnée par les *Débats* à l'ode sur *Louis XVIII* de son cher et immortel ami. Il lui a voué une pieuse admiration. Il l'appellerait *Saint Victor* si un *Saint-Victor* n'avait traduit Anacréon et fait le *Voyage du poète* : cf. *Intermédiaire des chercheurs*, t. IX, p. 95, 10 février 1876.

Novembre

13 V. Hugo reçoit Lamartine à dîner : cf. *Revue des Deux Mondes*, 15 sept. 1907, p. 340, article de M. Doumic.

16 Lettre de Guttinguer, ami de V. Hugo, à Tissot pour le remercier des compliments faits sur son volume de poésie : cf. *Catalogues Charavay*, n° 278.

25 Réception de Soumet à l'Académie française : cf. *Gazette de France* (Ch. de R...), 25 novembre 1824 (3 ou 4 colonnes), et *Journal de Paris*, 26 novembre.

Lettre de V. Hugo à M. Villars, de l'Académie française : cf. *Correspondance 1815-1835*, pp. 40-41. 14

Lettre de V. Hugo à François de Neufchâteau : cf. *Correspondance 1815-1835*, pp. 42-43 ; cf. *Intermédiaire des chercheurs*, t. XVIII, pp. 348-349, 10 juin 1885. 15

Lettre de V. Hugo à M. Raynouard. Il lui demande des billets pour la réception de MM. Soumet et de Quélen : cf. *Catalogues Charavay*, n° 140. 16

Lettre de V. Hugo au baron d'Ekstein : cf. *Correspondance 1815-1835*, pp. 39-40, (datée du dimanche 28 novembre 1824). Les *Catalogues Charavay*, n° 383, donnent une lettre du même au même et datée du 29 novembre. V. Hugo félicite M. d'Ekstein pour ses articles de critique littéraire insérés dans le *Drapeau blanc*. C'est évidemment la même lettre. 28

Décembre

1 Long article signé F. sur l'*Histoire de la Campagne d'Espagne en 1823* par A. Hugo et Couché : cf. *Gazette de France*, 1er décembre 1824.

10 Article plein de malice, intitulé *Les Arts Nouveaux*, tout entier contre V. Hugo. On se moque sans le nommer de *Han d'Islande*, V. Hugo est appelé M. VHOGO. La moquerie ne manque pas de finesse : cf. *La Pandore*, 10 décembre 1824.

19 V. Hugo, Guiraud, Soumet feront une lecture à la séance d'ouverture de la Société des Bonnes Lettres, le 21 décembre : cf. *Gazette de France*, 19 décembre 1824.

22 Second article de F. sur l'ouvrage d'Abel Hugo : cf. *Gazette de France*, 22 décembre 1824.

Lettre de V. Hugo à Roger de l'Académie française. Cachet à ses armes. Il lui demande l'autorisation de se dire « son très indigne confrère » : cf. *Catalogue d'autographes Charavay*, vente du 10 mars 1892. 19

Lettre de V. Hugo à son oncle Trébuchet : cf. *Figaro*, 22 août 1888. 23

23 Lettre de Lamartine à V. Hugo : cf. *Revue de Paris*, 15 avril 1904, pp. 678-679, *Lamartine et V. Hugo, Lettres inédites*, par M. G. Simon.

1824. Sans mois, sans jour.
Lamennais à V. Hugo. Invitation à dîner : cf. FEUGÈRE, Lamennais avant l'*Essai sur l'Indifférence*, p. 297 ; cf. *Catalogues Charavay*, n° 181.

Lettre de V. Hugo à A. de Vigny : cf. *Correspondance 1815-1835*, pp. 43-45. 29

APPENDICE

AVERTISSEMENT

Les Lettres que nous publions ici intéressent Victor Hugo, car elles nous racontent tout au long l'histoire de ses parents et de sa famille. Elles sont pour la plupart inédites ; quelques-unes ont paru dans le *Figaro* (15 juillet 1885, 12 mai, 19 mai, 26 mai 1886, 1er août, 8 août, 15 août, 22 août 1888). Mais M. Macé de Challes (pseudonyme de M. Decamp), qui les a présentées au public, n'a parfois donné qu'un texte incomplet ou fautif. Nous avons cru qu'il n'était pas inutile de les publier intégralement en les révisant soigneusement sur l'original. Nous avons mis entre crochets [ ] les parties imprimées dans le *Figaro*.

Nous tenons à remercier la famille Liberge, de Nantes, qui aimablement nous a communiqué ces Lettres et nous a permis de les publier. Mlle Claire Trébuchet, décédée à Nantes le 14 janvier 1908, possédait elle aussi, grâce à son père Adolphe Trébuchet, une correspondance très abondante qu'elle avait mise gracieusement à notre disposition et dont nous avons abondamment profité.

Lettre du «citoyen» Delair au «citoyen» Trébuchet, Employé à l'hôpital militaire de Port Brieuc (Saint-Brieuc). A Port Brieuc.

Nantes, ce 23 thermidor, 3e année rép. (10 août 1795).

CITOYEN AMI,

J'ai reçu hier la vôtre du 8 courant, votre papa a reçu la sienne en même temps, vous nous avez tiré d'inquiétude car nous présumions votre situation critique, mais nous sommes maintenant rassurés. Nous avons sçus ici, aussitôt que vous, les grands succès des Républicains à Quiberon, chacun s'en est réjoui, il doit nous arriver bon nombre de troupes pour réduire enfin la Vendée et les Chouans, qui sont les uns et les autres terribles, chacun est impatient de voir une bonne fois ce chancre politique disparaître; quelques-uns conçoivent l'espérance de faire vendanges, quelle satisfaction l'on goûterait à faire ce que l'on est privé depuis trois ans! il faut attendre ce bienfait de la Providence ainsi que la paix générale qu'on nous annonce et que les bruits paraissent accréditer. Ce sera alors que l'on pourra se réjouir et que l'espoir d'un sort plus heureux sera flatteur, que tant de membres dispersés des familles se rejoindront et que l'absence rend chère et le rapprochement augmente l'amitié. Vous demandez des nouvelles de votre frère, votre papa a reçu une lettre de lui de la Guadeloupe, où il est maintenant, il paraît aussi désirer la paix pour en goûter les doux fruits.

Il y a environ 3 semaines que Picomme (?) vint apporter une lettre de Conan qui est toujours à Machoul (Machecoul ?), il m'assura qu'il se portait bien, il me demanda de vos nouvelles, il me dit qu'il était toujours dans les ambulances, il aurait bien désiré avoir son changement, mais il n'a pu y réussir.

Votre tante Trébuchet et sa fille sont à Auverné depuis 12 jours, comme les routes sont interceptées plus que jamais, nous n'avons point sçu de leurs nouvelles depuis leur départ, je les recommande à leur bon ange pour qu'il les préserve de tous fâcheux accidents. Votre sœur et votre autre tante se portent bien, elles ont été bien enchantées d'apprendre de vos nouvelles.

Nous n'entendons point parler de votre tonton ; depuis votre départ, j'ai seulement entendu dire qu'il était divorcé et remarié avec une autre à Valenciennes ; il est à plaindre de n'avoir pas écouté les sages conseils de son père, qui lui a prédit ce qui lui arrive, ce qui prouve que l'on doit toujours respecter les volontés paternelles et les mettre à profit.

Vous êtes avec un commis d'âge mur qui met votre patience à l'épreuve, dites-vous, par son peu d'expérience il vous faut vaincre le feu de votre jeune caractère et le plier, cela est beau quand on peut le faire, et rend sociable. Je vous y invite et pour surmonter les mouvements qui se font sentir, il faut se mettre en la place des autres et penser que nous serions bien aises de l'indulgence qu'on aurait pour nous en pareil cas, ces réflexions nous sont souvent utiles ; comme vous êtes doué de bonnes qualités je ne doute point que vous ne preniez ce que je vous dis en bonne part. Mais je laisse là le sérieux pour vous entretenir des objets qui ont fait vos plaisirs dans les temps de vos petits loisirs je veux parler du jardin, oh! qu'il est agréable, les capucines sont superbes ainsi que les pois à fleurs qui font une verdure émaillée de fleurs charmantes, cela flatte la vue et l'odorat, les voisines en dérobent, tant elles sont tentées de les posséder, mais elles se dispensent des permissions. Je ferai la police si j'en trouve quelqu'une en flagrant délit. Ce que nous croyons être un melon d'eau est devenu un artichault qui a maintenant du fruit. Le cerisier est de toute beauté, j'ai un regret qu'il ne soit pas écussonné j'ai fait tout mon possible pour celà sans avoir pu y réussir. Les jardiniers m'ont tous manqué de parole, ah! les perfides. Les rosiers n'ont produit aucune fleur, le pied de vigne fait triste figure il attend votre retour pour être transplanté, l'endroit où il est ne lui convient point. Les potées de la fenêtre ont trompé mon attente il semble que votre absence les afflige. Vos tourterelles se portent bien, elles vous adressent tous les jours leur agréable mélodie, elles font quelquefois enrager votre mère nourrice qui couche dans la chambre et encore davantage Siette qu'elles réveillent dès l'aurore. Elles sont toujours mignonnes.

Maintenant parlons du monde de la maison, tous se portent bien, chacune de vos mies vous plaignent beaucoup, demandent souvent si on reçoit des lettres de vous, sont sènsibles aux marques d'amitié que vous leur témoignez. Je puis vous assurer que si vous êtes éloigné d'elles, vous êtes bien proche de leur mémoire, ou pour mieux dire vous n'en sortez point. La Métaireau et ses filles ont aussi un cœur bien tendre pour vous, s'il dépendait d'elles vous seriez le mortel le plus heureux du monde. Votre cousin Savariau s'est souvent informé de vous ainsi que la bonne dame Guérineau et tous ceux qui vous connaissent. Pour moi, je suis avec attachement et amitié

Votre Concitoyen,

L. DELAIR.

Votre papa vient de recevoir votre seconde lettre dans laquelle vous lui marquez avoir *La Charmante*. Laissez croître vos ongles et ménagez-les car elles doivent vous être utiles, vous vous seriez bien passé de cette charmante qui ne cesse pas que d'être très désagréable, tâchez de vous en défaire promptement, pareilles douceurs sont bonnes à éviter. Votre papa vous écrira demain. Vous recevrez sa lettre avec celle-ci. Je vais souper et boire à votre santé. Grand bien vous fasse.

Lettre de Sophie Hugo à son grand-père Le Normand, Juge, rue de Maupertuis, Nantes. (1)

Paris, 19 novembre 1797.

MON CHER PAPA,

[Des lettres de mon frère et de Hugo vous ayant annoncé notre heureuse arrivée ici et mon mariage qui a eus lieu il y a quatre jours il ne me reste plus qu'à vous parler du bonheur qu'il me promet qui sera sans doute parfait puisque j'ai trouvé dans mon époux toutes les qualités qui caractérisent l'honnête homme je suis persuadée que je serai infiniment heureuse avec lui. Sa sensibilité son attachement pour ses parens celui qu'il ressent déjà pour vous ; tout me garantie la bonté de son cœur et la durer de ses sentiments pour moi c'est à vous mon cher papa que je dois mon bonheur en consentant à mon union avec mon cher Hugo vous avez mis le comble à tous vos bienfaits aussi en suis-je extrêmement reconnaissante.]

Mon mari fait ses efforts pour procurer à mon frère une place avantageuse s'il ne réussit pas ce ne sera pas défaut de soins et de démarches nécessaires. Voulez-vous bien nous envoyer la grande malle que (nous) avons laissez par une voie sure et la moins coûteuse qu'il se pourra dut elle ne pas nous parvenir si promptement.

[Jeannette m'avez dit que votre intention était de nous donner quelques serviettes cela nous fera bien plaisir. Vivant chez nous et le linge étant extrèmement cher ici si vous vouliez avoir la bonté d'y joindre deux paires de draps et deux ou trois napes nous vous serions bien obligées comme je prévois que la malle ne sera pas pleine si vous vouliez aussi avoir la bonté de nous envoyer dix livres de caffé et douze livres de sucre du prix de vingt cinq à trente sols les marchandises coloniales n'onts point de prix dans cette ville immense vous nous enverriez la note et de suite nous vous en ferions passer le montant ou

(1) Cf. *Figaro*, 15 août 1888.

un reçu si cela vous était égal je vous prie aussi de dire à Jeannette de mettre dans la malle deux robes à ma mère une fond rouge avec des fleurs blanches et une fond bleue avec des fleurs blanches aussi j'en ait besoin pour quelques arrangement de ménage et j'en tiendrez compte à ma sœur.] Mon frère ne veut point de son violon il craint qu'il ne soit casser en route adieu mon cher papa jouissez d'une bonne santé vos trois enfants qui vous chérissent égallement prie le ciel qu'il vous conserve longtemps à leurs tendres et respectueux attachement.

Je suis avec respect
Votre très obéissante fille

TREBUCHET HUGO.

MON CHER PAPA,

Voulez-vous bien permettre que Normand Mr Delair Jeannette Marion trouvent ici l'assurance de notre souvenir et de notre sincère amitié. [Je prie Jeannette de ne pas oublier les couteaux.]

Lettre de Hugo, adjudant-major au 1er bataillon de la 20e demi-brigade d'infanterie de ligne, capitaine rapporteur près le conseil de guerre de la 17e division militaire au citoyen Trébuchet chez le citoyen Lenormand, juge, rue des Carmélites à Nantes. Inédite.

Le 17 nivôse de l'an 6 (Samedi, 6 janvier 1798).

J'ai reçu hier votre lettre très tard, mon cher Trébuchet, et malgré cela je me suis rendu à la maison Longueville, elle était fermée. J'y suis retourné ce matin et on m'a fait voir une réponse que l'on venait de faire à la lettre que vous aviez écrite d'Orléans.

Je vous avoue que je n'ai pas été aussi satisfait de cette réponse que je croyais devoir l'être, j'ai vu dans l'absence véritable ou prétendue du chef de l'administration des moyens de lenteur qui m'ont paru de nature à tout annuller si l'on met de la négligence à cette affaire. Aussi je vous engage à faire promptement et sans tarder un inventaire des effets qui se trouvèrent dans votre malle et d'en porter l'estimation à la valeur qu'ils avaient étant neufs, de le faire certifier par plusieurs citoyens et ensuite de faire vérifier la signature de ces citoyens par l'administration municipale, vous m'en adresserez un et l'autre vous l'enverrez à l'administration. Je crois cette mesure nécessaire, pour presser vivement le remboursement des effets volés. Ne négligez donc rien de votre côté et du mien je vous réponds de tout ce dont mon zèle et mon activité me rendent capable.

Si l'administration est honnête, ce remboursement ne tardera pas. Si elle ne l'est pas, alors elle prendra des moyens de détours contre lesquels il faudra se mettre en garde. Instruisez-moi donc de tout ce qu'elle vous annoncera, afin que je la presse.

Dans le cas où elle ne se conduira pas bien, il n'y aura plus de ménagement à garder et je vous donnerai alors un conseil qui lui fera regretter de ne pas vous avoir satisfait.

Sophie et moi quoique bien affligés de votre évènement malheureux vous embrassons et vous prions d'en faire autant à l'égard de notre famille, et notamment de notre papa.

HUGO.

Des choses honnêtes au Cn Delaire.

J'ai réfléchi que des citoyens de Nantes ne pouvaient pas donner eux-mêmes le certificat de ce qu'il y avait dans la malle, faites en un cependant et je le ferai signer par mon frère et le signerai moi-même. Donnez l'état au juste, mais estimez tout à sa valeur primitive.

N.-B. — Marie-Joseph Trébuchet écrivit lui-même sur la lettre de Hugo la petite note suivante qui nous rend plus compréhensibles les évènements :

« Réponse à la lettre que je lui écri-
« vis de Blois qui lui apprenait le vol
« que j'avais éprouvé sur la route de Pa-
« ris à Orléans, et par laquelle je l'en-
« gageais à faire des démarches auprès
« de l'entreprise responsable de toute ma-
« nière des effets qui lui sont confiés. »

Lettre du Capitaine Hugo à son beau-frère Trébuchet. Inédite.

Paris, 27 pluviôse de l'an 6 de la République française (Jeudi 15 février 1798).

Vous aurez sans doute été bien prêt, mon cher Trébuchet, à m'accuser de négligence, puisque j'ai été si longtemps à vous écrire, mais c'est qu'attendant de jour en jour le résultat de l'affaire dont vous m'aviez chargé, je voulais vous le présenter en vous donnant de mes nouvelles.

J'ai vu le Cn Fadat, après avoir été au moins vingt fois chez lui avant de le trouver ; j'ai causé avec lui dans ma première entrevue et nous avions paru être fort contents l'un de l'autre, quoiqu'alors il n'eut rien pu terminer sans prendre de renseignements .Je lui adressai d'après sa demande un double de vos pertes il devait le présenter au conducteur à la charge duquel il paraissait vouloir faire tomber le remboursement, mais voyant qu'il ne répondait pas je lui adressai plusieurs lettres, après cependant avoir été infructueusement pour le trouver et pressé de me répondre, puisque j'avais chargé l'ordonnance d'attendre, il m'écrivit la lettre dont voici le contenu.

Paris le 22 pluviôse an 6.

CITOYEN,

Le malheur arrivé au Cn Trébuchet, votre ami, ne peut être considéré comme devant être sous la responsabilité du conducteur, attendu que le vol de la malle a eu lieu par effraction et qu'il n'a pu être paré en aucune manière toutes les précautions ayant été prises par le bureau et le conducteur pour la préservation de cet article.

J'ai pris à cet égard toutes les informations convenables pour m'assurer s'il n'y avait pas de négligence de la part du conducteur et j'ai été convaincu que son magasin était *baché avec sa chaine* et la bache recouverte attachée.

Comme le vol de la malle a eu lieu avec *effraction* et pendant la nuit, le conducteur ne peut être et encore moins l'entrepreneur, responsable de ce délit qui est entièrement à la *charge du propriétaire*.

Je suis fâché de ne pouvoir vous donner une réponse plus satisfaisante.

J'ai l'honneur, Citoyen, de vous saluer de tout mon cœur.

Signé : FADATTE.

J'ai été d'autant plus étonné du stile de cette lettre que je m'attendais d'après la conversation que j'avais eue avec ce Fadatte, à une réponse favorable à vos intétérêts : et voulant intimider son administration et ne plus lui montrer de ménagement, je lui fis la réponse ci-dessous, que je suis certain qu'elle a reçue.

Paris le 22 pluviôse 6.

HUGO Cl AU Cn FADATTE,

Je m'étais persuadé, Citoyen, que les lenteurs apportées dans l'affaire du Cn Trébuchet, mon beau-frère, se seraient terminées par une décision favorable et conciliation de tous les intérêts lésés. Mais votre lettre d'hier annonce assez ouvertement les intentions de lui faire supporter seul la perte de sa malle, pour que j'entre avec vous dans les détails nécessaires à légitimer la conduite qu'il va tenir envers vous.

Le Cn Trébuchet a un titre qui prouve que sa malle a été confiée à votre administration, c'est l'extrait de la feuille de votre diligence signé Démore.

Lors d'une première vérification de la voiture à Bourg-Egalité, on s'est aperçu que des attaches de cuir avaient été coupées et que des effets avaient été enlevés. On a dit au Cn Trébuchet que sa malle en faisait partie et plein de bonne foi il a eu assez de confiance en vous pour croire qu'on ne lui mentait pas : moi qui suis son fondé de pouvoir par procuration légale, je révoque en doute le vol de la malle dans la voiture ; parce que je n'ai aucune preuve qu'elle ait été comprise dans les effets dont elle a été chargée ; je sais bien que vos registres, vos commis, vos garçons, voudront certifier pour vous, mais vos registres étant faits par vous, vos commis, vos garçons étant vos salariés, étant à votre service ne peuvent aux termes de l'article 351 de la loi du 3 brumaire tester ni pour ni contre vous. Je n'aurai donc aucune preuve que la malle du Cn Trébuchet ait été comprise dans le chargement de la voiture, partie le 12 nivôse, et je pourrai taxer d'escroquerie manifeste la conduite tenue à son égard.

Ma loyauté ne me permet pas de vous cacher ma conduite, vous avez tranché vous-même l'importante question du remboursement, moi j'en appelle aux tribunaux il n'appartient qu'à eux seuls de la décider.

Mais comme la justice des tribunaux en vous atteignant ne fera pas assez connaître la conduite que vous avez tenue envers le Cn Trébuchet et qu'il sera important que le public ne puisse désormais être dupé, je vous préviens que son intentention est que la déclaration ci-jointe et ci-dessous soit affichée en placards à Nantes, à Paris et où besoin sera si vous lui faites perdre vingt-cinq louis, il peut en sacrifier autant pour renverser la confiance que le public a jusqu'à ce moment eu dans votre administration : Voici cette déclaration :

« Ne vous fiés pas à l'Administration des Messageries de la *Maison Longueville*.

« Je lui ai confié le 12 Nivôse, une malle pesant 90 livres pour qu'elle soit transportée à Nantes. Je n'ai aucune preuve que cette malle ait été comprise dans le chargement de la voiture partie le 12 et cependant on m'a déclaré qu'elle avait été prise.

« J'ai demandé un remboursement, puisqu'elle n'avait pas, de l'avis du conducteur, été enlevée à *force ouverte* : l'Administration s'est ri de mes déclarations et m'a déclaré par le Cn Fadatte, qu'elle ne pouvait, ni son conducteur, être responsable de la perte éprouvée par moi.

« L'Administration des Messageries Nationales mérite plus de confiance. Celle rue Mont-Martre a toujours rendu fidèlement les objets qui lui ont été confiés, et je n'aurais pas à me plaindre si j'eusse remis ma malle dans ses voitures.»

Paris, le Pluviose, an 6.

Signé : TRÉBUCHET, Citoyen de Nantes

J'attendrai jusqu'au 26 de ce mois pour porter devant le Juge de Paix cette affaire et pour la présenter à l'opinion publique par les placards et j'agirai comme je viens d'avoir l'honneur de vous le dire, si d'ici à cette époque je ne reçois de vous, non l'avis d'une indemnité, mais celui du remboursement des effets du Cn Trébuchet.

La conduite que je tiens est légitimée par la vôtre. J'aurais voulu chez vous plus de loyauté et je me serais fait un plaisir de conserver avec vous le ton d'honnêteté et de confiance que vous m'aviez d'abord inspiré.

Signé : HUGO.

C'est aujourd'hui le 27, mon cher Trebuchet et l'Administration Fadat n'a rien répondu : vous avez senti sans doute quels effets produiraient des placards semblables à ceux dont je la menace, surtout à Nantes et à Orléans. — Mais voilà seulement mon manifeste, c'est à vous à consulter notre bon papa sur la marche qu'il croit la plus prudente et la plus convenable. Je sens bien qu'on peut faire un tort infini à Fadatte par de telles affiches, et que Fadat ne peut rien contre l'auteur d'un tel moyen puisqu'il n'offre que la vérité. Mais si notre papa, trouvait un plus sûr moyen de forcer Fadat à payer, je pense qu'il faudrait ne pas balancer à le prendre.

J'ai remis au dossier toutes les pièces de cette affaire, ma lettre et celle de Fadat y sont jointes. Répondez-moi donc après avoir consulté notre papa, sur ce que son dessein est que nous fassions maintenant, et je verrai ce qu'il y a à faire en conséquence.

Mon épouse se porte à merveille, elle a cependant été malade quelques jours, elle vous embrasse d'un bon cœur, ainsi que moi, et tous deux nous vous chargeons de mille choses affectueuses pour notre bon papa et sa famille.

Vous verrés bien par l'écriture illisible de ma lettre, que je l'écris à la hâte, je n'ai jamais en effet eu tant d'occupations que depuis une quinzaine.

Je crois bien définitivement que je n'irai pas en Angleterre.

Louis, Martin et sa femme, et Maphte (?) vous saluent.

Le Cn Delaire et sa famille vous saluent ainsi que notre papa.

Et moi je vous embrasse.

HUGO.

Lettre du Capitaine Hugo au greffe du 1er conseil de guerre, à Paris, Maison commune, place de Grève, au citoyen Lenormand, Juge au Tribunal civil, rue Maupertuis No 19, Nantes. Inédite.

Paris, 1 floréal de l'an 6 (Vendredi 20 avril 1798).

MON CHER PAPA,

Je reçois à l'instant votre petite lettre en date du 27 germinal ; l'objet en a été rempli par une que je vous ai écrite et il y a peu de jours, puisque la vôtre demandant des renseignements sur l'affaire de Trebuchet et des nouvelles de la santé de mon épouse et de la mienne, je vous ai donné tous les renseignements que vous désiriés. Maintenant je vais vous entretenir en jurisconsulte de notre affaire avec Fadatte, car je crois inutile de vous rappeler que mes retards à vous écrire, n'ont eu d'autres causes que celles de ne rien dire que de décisif et que l'espoir qui invite toujours à différer au lendemain.

Vous savés qu'il n'est pas en usage que les voyageurs détaillent en menu tous les effets contenus dans les malles ou paquets qu'ils déposent aux Messageries et que si cette formalité s'observait il faudrait un registre pour chaque départ. Cependant le défaut de cette formalité prévenu par les lois anciennes et nouvelles, apporte un étrange changement dans une affaire comme la nôtre, et pour s'en convaincre on n'a qu'à consulter *Bourgeix* (?) sur le droit commun de la France tome 2, titre 9, chap. I, paragraphes No 5 et 11 ainsi que les lois sur les Messageries en date du 29 août 1790 article 4, paragraphe 5 et du 10 avril 1791, art. 22 et 23. L'omission de cette formalité qui n'est usitée nulle part, réduit à la prétention de 150 livres seulement, le voyageur assés malheureux pour perdre ses effets. Mais dans le cas de détails, il en est bien différent. Nous sommes dans le premier cas, Trebuchet n'a fait porter que le poids de sa malle et l'Administration Fadatte à la rigueur ne lui est redevable que de 150 livres. Je me suis consulté avec le Cn Terrasson, mon avocat, il est infiniment adroit, infiniment instruit ; il a conféré avec Fadatte de l'objet dont il était chargé, Fadatte se prétend dans le droit de ne rien payer et au surplus il s'en réfère à ce que fera son défenseur officieux, qui depuis dix ans est chargé de semblables affaires.

Dans ma consultation avec le Cn Terrasson, je me suis trouvé fort embarrassé, par la question qu'il m'a faite, *si je ne puis obtenir plus de* 150 *francs accepterai-je cette somme* ? Cet embarras m'a fait appesantir sur toutes les circonstances. D'abord le désir de concilier me portait à faire un léger sacrifice et je pensais que Fadatte ne pouvait faire mieux que de remettre 500 francs, mais son défenseur bien instruit des lois et s'obstinant à ne rien donner ou à ne donner même que 150 francs, il me fallait nécessairement prendre un parti. Ce défenseur bien instruit en persistant à n'accorder que 150 francs, pourra vu mon refus de les recevoir les consigner juridiquement et faire retomber sur notre compte les frais de la procédure que j'aurai intentée alors les frais qui s'élèveront à une centaine de livres ne me feront pas même sentir le gain de ma cause, puisqu'il me restera à peine 50 francs. D'un autre côté en acceptant les 150 francs purement et simplement, j'aurai à payer sur cette somme le défenseur officieux. J'ai cru devoir laisser à ce dernier toute la latitude possible pour terminer et pour obtenir ce qu'il pourra en sus de la somme fixée, pour indemnité, par les lois. Je lui ai dit de faire sentir au défenseur de Fadatte que si Trebuchet n'obtenait que 150 francs l'Administration aurait à s'en repentir par le discrédit que cela ne manquera pas de verser sur elle, tant à Nantes qu'à Paris, où l'on serait dans le cas d'en conférer et où l'on raconterait les procédés qu'elle tenait dans des circonstances qui intéressent tous les voyageurs.

Dans ma lettre à Fadatte dont j'ai envoyé copie à mon frère, je lui dis que je l'attaquerai comme escroc, puisqu'il lui sera impossible de prouver que la malle a été perdue : mais ce moyen d'attaque a été annulé par une lettre de Trebuchet qui convient que la malle lui a été prise en route : cette pièce, preuve de la bonne foi de mon frère, a beaucoup rassuré Fadatte que cette accusation avait fait troubler (trembler).

Enfin, mon cher papa, les intérêts de Trebuchet me touchent autant que les miens propres et je ferai pour le mieux, faute de pouvoir dicter des conditions.

Ma famille sera sensible à votre bon souvenir ainsi que celle du Cn Delaire.

Je vous embrasse de tout mon cœur, mon épouse en fait autant et nous vous prions tous deux d'assurer notre famille et le Cn Delaire de notre attachement.

HUGO.

Lettre du Capitaine Hugo et de Sophie à son beau-frère Trébuchet. Inédite.

Paris, 2 prairial 6 (Lundi 21 mai 1798).

AU PETIT FRÈRE TREBUCHET,

J'avais bien promis à Fadatte, mon cher frère, que votre affaire dans le cas d'un mauvais succès, lui nuirait infiniment plus que le sacrifice qu'il lui convenait de faire de 600 francs pour assoupir ou éteindre le souvenir d'un événement qui dans tous les cas, tendait par la publicité, à faire perdre tout le crédit de son entreprise. Mais Fadatte, peut-être trop sûr de sa réputation, n'a pas consulté les suites d'une conduite suggérée par l'homme de loi chargé de ses affaires ; celui-ci n'avait et ne devait avoir d'autre but que son gain de cause, et l'autre qui n'aurait pas dû l'envisager de même, malheureusement a été de son avis. Qu'en est-il résulté, c'est que j'ai fait part à beaucoup de personnes de la fin de votre affaire et que nombre de ces personnes nées au département de l'ouest et du midi pour des relations commerciales et autres ont craint qu'en cas de perte elles en viennent à essuyer les mêmes pertes que vous et elles se sont adressées ailleurs. Plusieurs Nantais ont pris la voiture de la rue Mont Martre de 10 francs moins chère, et apparemment plus sûre. Ainsi donc, Fadatte a été dupé de trop de tenacité et je ne calcule pas jusqu'où les torts iront ; ce n'est pas en public qu'il est maintenant possible d'attaquer cet entrepreneur il a suivi les ordres de la loi et il est inattaquable ; mais c'est en public qu'on peut dire j'ai essuyé cette perte par telle cause, et ce raisonnement contre lequel on ne peut arguer rien, est le plus destructeur de son crédit. Je n'ai mis dans cette affaire que l'intérêt que je mettrai toujours à vous obliger, je n'ai eu qu'un seul chagrin c'est de n'avoir pu mieux faire et en effet il était impossible d'en agir autrement et de réussir d'une autre manière ; vous avés vu d'ailleurs les raisonnements que je vous ai apportés et vous les avés jugés et bien jugés sans doute.

Sophie s'étonne toujours de ce que vous lui parlés de réponses à des lettres que vous lui avés adressées, elle n'en a reçu réellement aucune de vous, c'est ce que je puis vous certifier. Ecrivez lui donc mon cher Trébuchet et soyez certain qu'elle vous répondra car déjà plusieurs fois elle a parlé de vous écrire. Elle a également écrit à M. Charbry (ou Chailvy ?) et à notre tante et a reçu des réponses à ses lettres.

Je voudrais bien, mon cher frère, céder au désir de ma nouvelle famille, et vous aller embrasser tous à Nantes. On m'a donné une nouvelle qui pourrait peut-être me faciliter ce plaisir on m'a assuré que les conseils de guerre n'allaient plus être chargés que des affaires purement militaires, et non des délits commis par des militaires, ce qui diminuera beaucoup la masse de mes occupations. Alors, mon cher Trébuchet, je ferais valoir auprès du directoire, pour l'obtention d'un congé limité, l'activité du service que j'ai fait depuis que je suis à Paris et je ne doute pas qu'alors il ne me soit accordé le temps de vous aller voir.

Embrassez pour moi votre bon papa, et assurez toute notre famille de mon attachement sincère. La mienne de Paris vous dit mille choses honnêtes.

Je vous embrasse de tout mon cœur.

HUGO.

Je n'ai réellement reçue aucunes lettres de toi mon cher frère et les reproches que tu me fais de ne t'avoir pas répondu m'ont plus d'une fois surprise ; Aujourd'hui je n'ai que le temps de t'assurer de la sincérité de mon amitié et de te prier d'être auprès de mon papa de mes tantes de ma sœur de Louis et généralement de toute ma famille l'interprette de mes sentiments de respect et d'attachement n'oublie pas non plus normand que j'embrasse ainsi que Jeannette et Marion ; Jean craint que tu n'aye oublier sa commission il désirerai savoir des nouvelles de ses parents la première fois que tu nous écriras dis nous si tu as pris quelques informations. Adieu je t'embrasse et te souhaite une bonne santé et te prie de croire au sincère attachement de ta sœur et amie.

Fe HUGO.

On publie officiellement la nouvelle suivante l'Anglais a commencé le bombardement d'Ostende et a fait descendre 4000 hommes sur nos côtes entre cette ville et Dunkerque, 1600 hommes républicains les ont attaqués, ont fait 2000 prisonniers et tué 100 hommes, les républicains n'ent ont perdu que 16. La flotte anglaise continuait le bombardement d'Ostende sur les 8 heures du matin (2 plairial) Muscart lui a fait signifier que si elle ne cessait le feu il allait faire fusiller les prisonniers et le feu a cessé. Cette nouvelle doit réjouir tous les Nantais surtout ceux qui ont des enfants prisonniers en Angleterre, car dans l'état d'activité avec lequel se font les échanges c'est toujours 2000 hommes de plus qui nous seront rendus et 2000 français valent bien 6000 anglais.

Lettre du Capitaine Hugo à son beau-frère Trébuchet (1).

Paris, le 9 fructidor an 6 de la République française (Dimanche 26 août 1798).

[Eh bien mon frère, Eh bien! Le silence est-il le dieu que vous avés choisi ? Est-ce avec moi que vous désirés célébrer son culte, je vous préviens que je n'y suis nullement disposé, et qu'ayant depuis près de cinq lustres contracté l'habitude de parler, qu'ayant aussi depuis moins de tems à la vérité, contracté celle d'écrire, je veux rester enraciné dans toutes deux, j'écris donc et c'est à vous, à vous qui vous taisés envers moi, envers votre sœur, envers votre futur neveu ou nièce.

Notre bon papa est-il de retour] à Nantes ? A-t-il fait une heureuse vacance, est-il rendu à votre amitié, à vos soins affectionnés ? Si comme je le désire, il est au milieu de vous, je vous charge, et vous fait à cet effet mon plénipotentiaire, de l'embrasser autant de fois, que vous espérés sous trois mois compter de parents à Paris ; de lui dire que nous espérons lui écrire et qu'il sortira de la règle qu'il s'est prescrite, pour nous répondre ne fussent que deux mots. Mais s'il n'est point à Nantes, mon cher frère, rappelés vous de vos pleins pouvoirs et dites lui tout ce que vous trouverés de joli, d'aimable et de sentimental.

[Savés vous bien une chose, c'est que je désire vous voir cet hyver, et que je crois ne pas désirer en vain. Une loi nouvelle qui répartit entre les deux Conseils de guerre toute la besogne d'abord attribuée au premier, me permettra de

(1) Cf. *Le Figaro*, 1er août 1888.

demander au directoire la permission de courir jusqu'à Nantes.] Alors nous nous r'embrasserons de bon cœur.

Mon cher Trébuchet, comment se porte-t-on dans la famille. Le cousin et la cousine Mathis, mes tantes, ma sœur et tout ce qui la compose se porte-t-il à souhait. Et vous que faites-vous ? A quoi passés vous vos moments précieux, n'êtes vous pas employé au département.

[Votre sœur se porte bien, bien ma foi! et le travail qu'elle dispose ne l'incommode nullement. Elle s'amuse, elle a fait peu d'amies, mais elles les a bien choisies, très bien. Il est vrai que notre position est différente que celle dans laquelle vous nous avés vus, alors nous étions seulement en ménage, nous n'étions que très peu à notre aise, aujourd'hui cela va mieux. J'avais alors l'inquiétude de faire partie de l'armée d'Angleterre et nous n'en avons fait partie que sur le tableau. Ce n'est pas, mon ami, que j'eusse craint les dangers et les fatigues, mais je délaissais une nouvelle épouse, et cela n'est pas régalant.

La guerre aura peut-être recommencée avant que vous n'eussiés reçu ma lettre, au moment où vous la lirés nos armées auront déjà brillé par la victoire, tout est en mesure et tout ira bien.] Si par la circonscription militaire, vous veniés à être classé dans un corps tachés que ce soit dans la 20e, on vous y procurerait des avantages, si vous vous trouviés dans le cas de rejoindre.

[Je vous embrasse, Sophie en fait autant] et nous vous engageons à ne nous oublier auprès de personne de la famille ni auprès du Cn Delair de chez vous, et du citoyen Delaire de Paris.

HUGO.

[Louis vous dit bonjour.

Le citoyen Boulay-Paty, membre du Conseil des 500 m'a chargé de dire mille choses honnêtes de sa part à notre bon papa], veuillés bien le lui dire.

Lettre du Capitaine Hugo à son beau-frère Trébuchet (1).

Paris, le 26 fructidor an 6 de la République française (Mercredi 12 septembre 1798).

Mon cher frère, votre réponse est charmante, ma femme et moi l'avons lue avec une satisfaction vive, entière et tous deux nous vous en votons des remerciements. Puisque vous n'encensés que le dieu de la tendre, de la douce amitié, j'unis mes soins aux votres pour fêter cette divinité si chère aux bons cœurs et si souvent défigurée par les mauvais, malheureusement pas assez rares.

Votre défense est excellente, ma foi! tout à fait excellente et la persuasion qui pénètre en la lisant, suffit au juge pour assurer votre succès, ainsi donc vous avés raison.

Vous trouverez ci-joint une lettre pour notre bon Papa, vous qui aimez à mettre les adresses des personnes qui vous sont chères, mettez-y la sienne et qu'elle le trouve en joye et bonne santé.

[J'ai toujours les mêmes désirs d'aller vous voir, mais des désirs vifs, tout à fait vifs ; une réflexion cependant me frappe et je me dis le petit enfant pourra-t-il supporter cette longue route, je le pense et le degré de ses forces nous fera juger si nous pouvons prudemment nous mettre en voyage, car vous ne doutés pas, mon cher frère, que Sophie veut être tout à fait mère de son enfant, qu'elle ne veut pas l'abandonner à un sein étranger avant d'avoir essayé de lui donner le sien ; qu'elle veut en nourrissant elle-même son poupon, ne faire couler dans ses veines qu'un sang de famille, source des habitudes, et trop souvent guide de la vie. Né d'honnêtes gens, il doit avoir leurs principes, et il ne sucera dans le sein de sa mère aucun des vices qui dégradent tant d'êtres dans la société. Sophie en se chargeant de nourrir son enfant, obéit à la nature ; elle aura des peines, mais aussi que de jouissances ne se procurera-t-elle pas, elle jouira du pre-

(1) Cf. *Le Figaro*, 1er août 1888.

mier sourire de l'innocence et verra prospérer sous ses yeux ce qu'elle aura de plus cher.]

Continués, mon cher Trebuchet, à me donner des nouvelles de notre famille, Sophie et moi vous en sommes et vous en serons toujours reconnaissants.

[Vous devriez bien, mon ami, vous livrer aux mathématiques. Par la suite elles pourraient vous procurer de grands avantages et, à votre âge il est temps encore de commencer. Mon jeune frère qui est à Nancy et qui s'est livré depuis quelque temps à cette étude brillante, sera au premier moment reçu second Lieutenant dans les troupes de la marine et la conscription ne l'enveloppera que comme officier. Dans l'Infanterie il y a peu d'avancement et si peu que depuis 18 mois je n'ai pu encore y procurer un grade à Louis. Il est vrai qu'il n'est pas instruit, mais il l'est encore beaucoup plus que d'autres qui occupent des grades supérieurs et qui n'en sont pas meilleurs à la vérité. Louis est brave autant qu'on peut l'être, à Fleurus, au siège de Maestricht et dans la Franconie, il s'est distingué et je ne sais pourquoi il est resté là], il a de bonnes qualités, des dehors avantageux et il ne peut obtenir rien. Si je vous offre mon Corps plutôt que tout autre, c'est que, mon cher Trebuchet, il vaut mieux, dans l'état où est la discipline, servir avec ses parents et des parents amis, que dans des troupes où tout est étranger. D'ailleurs on s'aide et ceux qui le peuvent en ces cas, ne doivent-ils pas faire. Je doute fort cependant que vous soyez conscript à marcher de suite, je pense au contraire qu'étant conscript d'un âge plus éloigné de Vendémiaire, vous pourrés finir chez vous vos cinq ans.

Depuis le départ de Paris du Cn Delaire, j'ai été plusieurs fois pour saluer sa famille et je n'ai eu le plaisir qu'une fois d'y trouver Mlle Archambeau, j'y suis retourné pour y faire vos compliments et n'y ai trouvé personne. Néanmoins croyés que je m'acquitterai de votre commission.

Je vous engage toujours, mon cher Trebuchet, à témoigner aux Cns Delaire, tout ce que vous trouverés à leur dire d'obligeant de ma part.

Martin, son Epouse et Louis vous remercient de votre souvenir et ils se rappellent avec plaisir, Trebuchet qu'ils aiment bien.

Veuillez dire au cousin Mathis que j'ai fait sa commission et que demain je lui écrirai.

Témoignés notre attachement à toute notre famille et dites lui que si Sophie n'écrit à personne c'est que depuis sa grossesse elle a un dégoût étonnant pour lire et pour écrire et que ce dégoût est insurmontable.

[Allons, Trébuchet, je finis mon Epitre, ma longue épitre et je vous embrasse bien franchement.]

HUGO.

Lettre du Capitaine Hugo à son beau-frère Trébuchet, chez Lenormand, Juge au Tribunal civil (1). Premier conseil de guerre permanent de la 17e division militaire, greffe du 1er conseil de guerre à Paris, maison commune, place de Grève. Hugo adjudant-major au 1er bataillon de la 20e demi-brigade d'infanterie de ligne, rapporteur près du 1er conseil de guerre.

Paris, le 1er brumaire an 7 de la République française (Lundi, 22 octobre 1798).

Je ne m'amuse jamais, mon Cher Trébuchet à faire des phrases pour le bon plaisir de dire ce que je ne pense pas, pour donner des éloges à qui n'en mérite pas, pour mentir avec élégance : Quand j'écris à mes amis, ou à des parents que j'aime, la source de mon stile part de mon cœur et d'elle ne découlent que des expressions pleines de franchise. A quoi servent ces beaux discours qu'on ne pense pas, ces périodes brillantes que le sentiment repousse lorsqu'il ne s'y sent pas porté, à nulle autre chose qu'à prouver que leur auteur ment quand il le faut et souvent sans nécessité.

Je vous ai donné mon avis et [je

(1) Cf. *Le Figaro*, 8 août 1888.

vous ai félicité sur ce que j'avais vu dans vos lettres, je vous ai dit ce que je vous répète, qu'elles sont pleines d'idées neuves et justes et que votre stile peut être plus qu'ordinaire, si vous travaillez à le soigner, si vous vous donnés de l'application à l'étude. Je le disais encore à Sophie en recevant votre dernière du 3 Vendémiaire et elle était de mon avis. A votre âge on a du temps de reste et lorsqu'on le divise bien on en trouve pour l'agréable et pour l'utile, on acquiert quelques talents nécessaires et déjà vous avés commencés cette marche. Déjà vous vous êtes adonné aux mathématiques : Essayés d'étudier vous même une langue, l'italienne par exemple est facile et il faut peu de temps pour l'apprendre. Nos conquêtes nous rendent cette étude indispensable et elle offre beaucoup d'agréments. Ah ! si la carrière des armes que j'ai embrassée trop tôt pour mes goûts puisqu'à peine militaire, j'ai été forcé d'abandonner les sciences, eut prescrit que je m'adonnasse au dessin, à l'allemand, à la musique que j'avais commencés. Aujourd'hui je me récréerais le matin en traçant un léger paysage, je parlerais allemand le jour et je me désennuyerais le soir. On ne peut plus travailler pour sa propre instruction, quand on remplit des fonctions publiques, telles encore que celles qui absorbent tous mes instants. Si la paix se fait je réparerai le tems perdu, si je m'apperçois qu'il ne soit plus trop tard.]

Il me paraît que vous vous êtes amusé à St-Fiacre et que notre bon papa a été satisfait de sa récolte ; excellente et en quantité, m'a-t-il écrit, aussi devés vous bien vous être amusés en vendange. Sophie aurait bien désiré partager vos plaisirs et sans sa rotondité, ma foi, il eut été possible qu'elle fut allée vous voir. Moi, j'ai passé le tems dans mes occupations habituelles. Je m'attendais à les voir diminuer un peu parce que la répartition des affaires entre les deux Conseils devait me le faire croire, celà n'empêchera pas que de quelques mois nous ne travaillerons beaucoup. Nous avons entre les mains une affaire qui contient plus de huit cents pièces, dont la majorité a trois et quatre cents rolles ; cette affaire concerne vingt sept chauffeurs de la même bande, elle nécessitera l'appel à Paris de plus de deux cents témoins, et ne finira guère qu'en nivose ou pluviose. Si mon Collègue s'en charge, j'aurai le tems du jugement pour vacance et tacherai d'en profiter.

J'ai reçu la lettre de notre bon papa et la note du Cousin Mathis qui y était jointe, j'y répondrai sous peu de jours, en attendant, mon Cher Trebuchet, assurés toujours ma sœur et notre famille de notre souvenir. Sophie et moi vous embrassons de bon cœur.

HUGO.

Bien des choses honnêtes au C^n Delair.

Le C^n Delair et sa famille vous disent aussi bien des choses. Martin, sa femme et Louis vous aiment toujours bien et se rappellent à votre souvenir.

Lettre du Capitaine Hugo à son beau-frère Trébuchet. Inédite.

Paris, le 9 Nivôse an 7 de la République française (Samedi, 29 décembre 1798).

S'il y a longtemps, mon cher Trebuchet, que je ne vous ai écrit, c'est parce que je n'ai pu le faire : mille soins divers m'ont occupé au point que je ne sais comment je ferai pour réparer ma négligence envers mes parents et mes amis ; il faudra que les uns et les autres m'excusent, et ils en viendront là facilement quand ils sauront que je ne les ai pas un moment délaissés que dans l'intention de leur donner plus de temps, quand mes occupations me le permettraient.

Je ne sais si vous pourrés me lire, je ne peins pas, j'écrit comme un chat ; je peine comme quatre et je griffonne presque nuit et jour. Il n'en peut être autrement quand l'on est chargé de besogne et surtout à la veille de quitter des fonctions, qui ne permettent pas de rien laisser en arrière.

J'aurais cependant désiré que moins d'occupations m'eussent permis de vous entretenir plus fréquemment. Vous avés tant gagné depuis que vous vous occupés de votre éducation, que cela me fait un plaisir inexprimable. Continués, continués les mathématiques, pour moi depuis quelque tems mes devoirs m'ont fait abandonner les sciences, délaisser les muses, et ne plus rien donner (?) aux plaisirs.

Je vais à la campagne et je m'appliquerai si je puis car les soins qu'on m'y destine, laissent également peu de repos. J'espère que vous m'écrirés et parce que votre frère trop occupé ne vous écrit presque pas, vous ne le délaisserés pas absolument.

Adieu, mon petit Trebuchet, ma femme et mon fils et son père, vous embrassent ainsi que toute votre famille.

Louis est caporal.

HUGO.

Lettre du Capitaine Hugo à son beau-frère Trébuchet (1).

Paris, le 15 pluviôse an 7 de la République française (3 février 1799).

J'ai reçu avec plaisir, mon cher Trebuchet, la lettre que vous m'avés écrite le 26 du mois dernier, et dans laquelle vous m'exposés les craintes, que votre bon cœur vous fait ressentir sur mon changement de fonctions ; vous craignés qu'elles soient d'un moindre traitement et que le séjour de Courbevoye, n'ait pas pour nous autant de charmes que celui de Paris. Je dois vous remercier de l'intérêt que vous prenés à ce qui nous regarde, et vous dire comment j'envisage ma nouvelle situation.

Je vais vivre à mon Corps plus ignoré sans doute que je ne l'étais dans les fonctions de Rapporteur d'un Conseil de Guerre séant à Paris : mais l'espèce d'obscurité à laquelle je vais être réduit, surtout dans un cantonnement ne sera pas sans quelque charme pour moi ; elle pourra m'offrir le temps qui m'est nécessaire à [réparer le vide de travaux studieux, que j'éprouve depuis trois ans, pendant lesquels je me suis consacré en entier pour la chose publique.] Il m'est doux je vous l'avoue de quitter aussi honorablement des fonctions aussi délicates, desquelles souvent, avec les meilleures intentions, on ne se tire pas comme on le désirerait. La calomnie ne m'atteindra pas avec sa patte aux cent griffes, j'ai pour m'en préserver, le bouclier de l'opinion publique et l'ordre général de la Division, dont j'ai envoyé copie à notre bon papa.

[Je ne regrette pas Paris, je vous l'assure, et mon Epouse doit moins le regretter encore. Elle n'a pu y jouir des plaisirs qu'il offre chaque jour, et si elle s'est quelquefois distraite à Idalie (?), à Mousseaux ou à Tivoli, elle a passé bien de tristes journées, dans notre antique maison Commune. Quand elle a voulu sortir elle a été couverte de boue, elle a été fatiguée avant d'être rendue aux promenades publiques, elle a risqué de fouler le piéton avec un cabriolet, et tout cela, a bien suffi sans doute pour la dégoûter d'une ville, où l'on est toujours forcé de courir une et deux heures pour voir un ami, au risque de ne pas le trouver : A Courbevoye, elle aura peu de courses à faire pour trouver quelques femmes aimables, elle jouira des plaisirs de la campagne, elle verra croître Abel et elle sera bien satisfaite.] Elle désire autant que moi d'y être rendue bientôt, et je suis malheureusement encore à Paris pour plus de vingt jours. Vous pensés, mon cher frère, que la cessation de mes fonctions doit m'offrir moins d'appointements, je conviens que cela est vrai, que logement, chauffage et indemnités, j'aurai par an 2.000 francs de moins, eh bien avec cette diminution je n'en serai pas plus mal, par la raison que je vais vivre à la campagne, où mes chevaux me coûteront beaucoup moins, et où je n'aurai pas tant de dépenses à faire. Au reste les avantages dont j'ai joui jusqu'à ce jour

(1) Cf. *Le Figaro*, 8 août 1888.

n'ont été et ne seront toujours que des avantages éphémères et cette chose que je quitte aujourd'hui peut encore me revenir demain.

Savés-vous bien dans tout cela ce que je considère. C'est le plaisir qu'éprouve Sophie d'aller à la campagne, celui d'y voir prospérer notre jeune enfant ; l'honneur de former un bataillon capable de se couvrir de gloires, et l'amitié de tous mes camarades. Pour du reste, l'argent est le nerf de la guerre et pourvu que j'en aye assés pour vivre en paix, je vis sans dettes et sans soucis.

Sophie vous embrasse de tout son cœur et je me joins à elle.

Renouvelés à notre bon papa et à notre famille l'assurance de notre attachement. Dites à ma sœur que quoique il y ait longtems que nous n'ayons reçu de ses nouvelles nous ne l'en aimons pas moins et que je la prie de permettre à son frère le militaire de l'embrasser de bon cœur et d'embrasser aussi pour lui notre tante.

Louis se porte si bien que bientôt il ne pourra plus passer par notre porte, tant il devient gros et grand.

Bien des choses honnêtes au Cn Delaire.

Ecrivés moi toujours en ma qualité de Rapporteur et à la maison commune.

[La place de Grève est couverte d'eau, tant la Seine est grande, on ne vient chez moi qu'en bateau, et je désire que la présente ne se noye pas en chemin et vous arrive saine et entière.]

HUGO.

Lettre de Hugo, adjudant-major au 3e bataillon de la 20e demi-brigade à son beau-frère Trébuchet (1).

Paris, 23 ventôse an 7 (13 mars 1799).

[Me voilà, mon cher Trebuchet, tout à fait installé dans mes nouvelles fonctions ; depuis le seize je suis logé à l'école militaire ; mon épouse et mon fils m'y ont suivi et l'une comme l'autre ne semblent pas s'y déplaire, la maman parce qu'elle étend la vue sur les fertiles coteaux de Vaugirard, sur les plaines qui bordent la Seine, sur des avenues que le printemps va rendre charmantes ; le petit Abel parce qu'il aime le bruit des tambours qui se fait entendre du matin au soir ; qu'il sautille aux fanfares guerriers de la superbe musique de la 20e, qu'il s'égaye au bruit perçant des trompettes et que ses yeux ne peuvent suivre trop loin ces bouches à feu que conduit au grand galop une magnifique artillerie légère. Tout ce qui effraye les enfants de son âge, l'amuse et le satisfait] aussi sa bonne est-elle toujours au Champ de Mars depuis midi jusqu'à cinq heures, à le promener et là lui faire prendre le bon air.

[Voilà les plaisirs de mon épouse, voilà ceux de mon fils, voici, mon cher Trebuchet, les miens] les plus constants. [Du matin au soir je manie mon bataillon je m'occupe de tous les détails qui le concernent et que l'absence du chef, laisse en partie à ma surveillance. Ensuite les jours pairs je me rends au Conseil de guerre où je travaille à terminer les affaires qui me restent.]

Nous devrions être à Courbevoye, mais les fatigues du service de Paris et les élections nous retiennent ici ; peut-être nous y rendrons-nous quand elles seront faites du moins on en parle.

Nous avons su le 9 pluviose les effets du tremblement de terre qui a eu lieu le 6 sur les rives de l'Océan et qui s'est étendu à vingt myriamètres au moins dans l'intérieur de la République, je suis charmé d'apprendre que ce phénomène ne vous ait causé aucun malheur et que toute notre famille en ait comme vous été quitte pour la peur.

Les inondations ont été aussi grandes à Paris qu'à Nantes. Nous avons été obligés de sortir de la maison commune en bateau et l'on ne traversait pas autrement la place de Grève, les quais du Louvre et de la Grève ont été inondés jusqu'au premier étage.

Ce que vous me dites de certaine personne me fait deviner pourquoi elle n'a pas daigné répondre à la lettre que je

(1) Cf. *Le Figaro*, 1er août 1888.

24

lui avais écrite quelque temps après mon mariage.

Mon frère Louis est détaché à Chelles où il est Commandant de la place avec une garnison de seize hommes : je lui ferai un grand plaisir en lui disant avec quel plaisir vous l'embrassez.

Je vous embrasse, mon cher frère, du meilleur de mon cœur, mon épouse et mon fils en font autant et tous trois réunis, nous embrassons notre bon papa et vous prions d'être auprès de lui et de notre famille l'organe de notre affection.

HUGO.

Sensibles aux civilités et au bon souvenir du Cn Delaire, du Cn Marion et de Jeannette, nous les remercions de bon cœur et les assurons de notre bon souvenir.

Adressez-moi jusqu'à nouvelle adresse, mes lettres à la Maison Commune.

Lettre de Hugo, adjudant-major au 3e bataillon, 20e demi-brigade d'infanterie de ligne à son beau-frère Trébuchet (1).

Nancy, le 17 floréal an 7 (Mardi 6 Mai 1799)

Vous devez être étonné, mon cher frère, de recevoir une lettre timbrée de Nancy, lorsque vous me croyez encore au sein de l'ancienne capitale de la France ; vous cesserez de l'être lorsque vous serez instruit que [chargé d'une mission particulière au moment où je venais de perdre un père aussi chéri de sa famille qu'estimé des bons citoyens je n'ai pas perdu un moment et pour apporter s'il était possible des consolations à ma bonne mère et pour remplir le but de ma mission. Ma chère Sophie et mon Abel ont été du voyage, et sont avec moi, au sein d'une famille qui les chérit.]

Vous vous plaignez de mon silence sur Abel, vos plaintes doivent être fondées puisqu'elles ont lieu ; je vais les faire cesser.

[Si je vous parle en père de mon Abel, vous me croirez partial je ne veux vous répéter que ce que j'en entends dire et d'avance je vous dis que c'est la vérité.

Dès qu'il s'éveille, il gazouille et ne pleure jamais. On soulève le rideau de sa couchette et il sourit à quiconque lui rend le premier ce service. Si c'est sa maman il veut lui dire quelque chose et se fait embrasser mille fois. Tout le long du jour il ne fait que sauter, rire, téter ou dormir. Tous disent qu'il a les traits les plus délicats, aussi s'entend-il dire souvent : oh ! la jolie petite fille, et ce petit bonhomme, comme s'il comprenait le compliment, rit aux éclats à ceux qui lui parlent ainsi. Il a les yeux bien ouverts, un teint de Vénus ; c'est un amour, aussi est-il adoré de sa mère, de son père et de ses tantes.] Ta. Ta. Joignez à tous ces attraits dont une jolie fille offre l'assemblage, une force dans les reins et dans les bras, qui si elle accroît avec l'âge dans la proportion en fera un luron des plus nerveux.

Ne croyez pas, mon cher Trebuchet, que mon Abel, dans ses promenades, soit confié à de jeunes filles, à des étourdis, il échapperait de leurs mains ; il lui faut des bonnes raisonnables et nerveuses. La route que nous avons faite et dans laquelle il est presque toujours resté sur les genoux de sa mère ou sur les miens, loin de lui faire le moindre mal, me semble ainsi qu'à tout le monde, avoir accru ses qualités physiques. Voilà je crois le portrait d'Abel, de votre premier, de votre plus cher neveu.

Je repartirai d'ici le 30. Je serai rendu à Paris le 6 du mois prochain, parce que je dois m'arrêter à Toul et vous pourrez m'adresser vos lettres à l'école militaire, sous la qualité que je vous donne en tête de la présente.

J'aurais bien désiré, mon cher Trebuchet, que le temps de ma mission n'eut pas été limité, j'aurais fait deux ou trois cents lieues de plus et j'aurais été embrasser mon papa, mes tantes, ma famille et vous aussi. Sophie eut vu ses parents chéris, vous eussiez tous vu mon fils, et

(1) *Le Figaro*, 1er août 1888.

tous réunis, nous eussions été contents. Mais, mes ordres sont impératifs, il faut que je sois à Paris le 6 prairial, et je vais quitter Nancy en y laissant mes affaires domestiques entre les mains d'un fondé de pouvoir, ou de ma mère si la chose est possible.

Adieu, mon cher Trebuchet, embrassez pour ma femme, pour mon fils et pour moi, nos chers et bons parents, et surtout faites en sorte de me donner de leurs nouvelles à mon retour à Paris.

Nous sommes tous à vous.

HUGO.

Lettre de l'adjudant-major Hugo à son beau-frère Trébuchet chez le citoyen Lenormand, juge au Tribunal civil, rue Maupertuis, n° 19 (1).

Paris, le 25 prairial an 7 de la République française (13 juin 1799).

[Le moment le plus pénible de ma vie est arrivé, mon cher Trébuchet, je pars et je suis forcé de me séparer de mon épouse chérie et de mon cher Abel : Tous deux ont pris hier tristement la route de Nancy et demain je vais prendre celle de Worms, près Mayence ; mon cœur est dans la même situation que le leur] il éprouve un double chagrin et si quelque chose peut me consoler c'est l'espoir de revoir Abel et Sophie le 8 Messidor à mon passage à Metz. Je tacherai de les revoir quelquefois et si je puis trouver quelque occasion de les rapprocher de moi, je la saisirai avec empressement.

Si j'eusse pu prévoir ce départ précipité, j'aurais laissé tous mes effets à Nancy, lorsque j'y étais, j'aurais dispensé ma petite famille du retour à Paris et je l'aurais quittée bien arrangée. Malheureusement je n'ai pu pressentir ce départ, et d'autant moins encore que j'avais reçu dans mes foyers des lettres qui me promettaient un long séjour à l'école militaire.

(1) Cf. *Le Figaro*, 1er août 1888.

Sophie a balancé entre sa famille et la mienne, elle fut retournée à Nantes, si elle n'eut pas eu l'espérance de me revoir plus facilement en allant à Nancy qui n'est distant de Worms que d'environ vingt myriamètres, et d'où elle peut avoir de mes nouvelles tous les huit jours. J'ai fini par la décider, et comme elle y est connue et aimée, elle ne peut qu'y être bien.

Le Cn Conaud (?) est venu chez moi pendant mon absence ; à mon retour j'ai appris du Cn Boulay-Paty qu'il n'était plus à Paris, ce dont j'ai été d'autant plus fâché, que j'aurais avec bien de la satisfaction fait sa connaissance, parlé de vous et satisfait à vos désirs.

Mon Abel est toujours gay ; il se fortifie chaque jour et quoiqu'il n'ait que son septième mois aujourd'hui, il dit déjà distinctement papa et maman : peu d'enfans donnent autant de satisfaction et se font autant et généralement aimer que lui.

Embrassés pour moi, mon grand Papa.

Voyés je vous prie mon cousin Mathis, embrassés-le pour moi ainsi que ma cousine, et dites-lui que quoique je ne lui aye pas répondu, je n'en ai pas moins remis les pétitions qu'il m'a adressées entre les mains du Cn Boulay-Paty, qui m'a assuré les avoir apostillées et déposées à la Commission. Dites-lui de plus que si je n'ai pas répondu, ce n'est pas par négligence, mais c'est qu'ici comme au Conseil de Guerre, je n'ai pas une minute à moi et que peut-être je ne vous écrirais pas sitôt si, pour raison du départ, mes occupations n'étaient par là suspendues.

[Voici l'adresse de Sophie :

A la Cnne Hugo la jeune, chez sa mère, Rue des Maréchaux N° 81, Ville vieille à Nancy.]

Voici quelle sera la mienne :

Au Cn Hugo, à Worms, armée du Danube.

Je vous prie, mon cher frère, de croire à ma sincère amitié, elle vous est vouée sans bornes.

La famille Labrosse vous salue ainsi

que mon grand papa. Mes amitiés aux jeunes Delair et Brosson.

Ne m'oubliés pas auprès de notre famille.

Tachés de me donner de vos nouvelles promptement et pour ce adressés-moi votre lettre Poste restante à Metz, faites en sorte qu'elle y soit rendue le 7 de Messidor, Sophie en prendra connaissance.

Votre ami,

HUGO.

Toutes les fois que vous m'adresserés une lettre simple à l'armée, affranchissés-la pour trois sols elle me parviendra plus surement.

Lettre de l'adjudant-major Hugo, armée du Rhin, 4e division militaire, quartier général Nancy, au citoyen Trébuchet, lieutenant d'une compagnie franche de la Loire-Inférieure, rue Maupertuis, nº 19, Nantes (1).

Nancy, le 19 thermidor an 7 de la République française (6 août 1799).

En quittant Paris, mon cher frère, j'avais envoyé mon épouse et mon fils à Nancy, elle y demeurait chez ma mère, j'avais préféré lui donner cette destination parce que je regardais comme possible qu'elle me revit quelque fois, et que j'étais persuadé qu'elle recevrait plus facilement de mes nouvelles que si elle eut été à Nantes, beaucoup trop éloigné de notre armée ; mes espérances se sont réalisées d'une manière agréable pour elle et pour moi, puisque nous sommes réunis et que je suis employé comme adjoint aux adjudants généraux de cette division, je ne sais combien de tems je resterai ici, mais il serait possible que j'y restasse l'hyver et alors j'aurais la satisfaction de passer cette rude saison au sein de ma famille. S'il en était autrement, je me résignerais encore, mais [je sais prendre le bon tems quand il vient.

Sophie se porte toujours bien, elle nourrit encore son Abel et veut qu'il tette jusqu'à un an, parce que, dit-elle, c'est la mode dans vos départemens et que les enfants s'y portent mieux qu'ailleurs. Je pense que c'est assés jusqu'au neuvième mois, pour la mère comme pour l'enfant, car si celui (ci) profite ce ne doit être qu'aux dépens de la santé de sa mère et je craindrais que celle de Sophie n'en fut altérée, avec un luron de l'appétit d'Abel.] Il a heureusement fait deux dents, j'espère que les autres pousseront de même et je regarderai comme un grand bonheur s'il échappe à tous les dangers de l'enfance, qui chaque jour jettent l'épouvante et le deuil dans les familles. La petite vérole a fait ici des ravages, je crois que mon fils en sera exempt cette année. Je voudrais bien, mon cher Trébuchet, que les circonstances me permissent d'aller revoir Nantes, d'aller faire connaissance avec ma famille, et de vous présenter ce que j'ai de plus cher.

Donnés-moi des nouvelles de notre grand papa et de nos parents de Nantes, il y a longtemps que je n'ai rien reçu et que je désire en recevoir. Dites de notre part bien des choses honnêtes au Cn Delaire et aux Cns Delaire fils de Paris.

[L'armée reçoit chaque jour des renforts. Les bataillons auxiliaires s'organisent et avant peu je pense que nos armées reprendront victorieusement l'offensive.]

Donnés moi de vos nouvelles, de celles de votre Pays et de l'Etat de la guerre qui s'y fait.

Louis doit être nommé actuellement sous-lieutenant de Grenadiers, le Cn Moulin (?) membre du Directoire m'annonce qu'il a apostillé la demande que j'ai faite de ce grade pour lui, et je m'attends à recevoir de jour à autre sa commission.

Je vous embrasse de tout mon cœur.

HUGO.

Adjoint aux adjudants généraux, rue des Maréchaux, Nº 81, Vieille ville, à Nancy (Meurthe), 4e division militaire.

---

(1) Cf. *Le Figaro*, 1er août 1888.

Lettre de Hugo, adjudant-major à la 20e de ligne, adjoint aux adjudants généraux, capitaine rapporteur du 2e conseil de guerre. Armée du Rhin, second conseil de guerre permanent de la 4e division militaire, au greffe du 2e conseil de guerre, à Nancy, rue Callot, n° 102, à son beau-frère Trébuchet. Inédite.

Nancy, le 8 vendémiaire an 8 de la République française (30 septembre 1799).

Sophie et moi, mon cher frère, avons été sensiblement affligés de la maladie de notre grand papa, et nous l'eussions été bien davantage, si en nous annonçant cette nouvelle, vous ne l'eussiez pas accompagnée de celle qui nous l'annonce hors de tout danger : Nous vous remercions tous deux de l'intention que vous avez eue à ne pas nous jetter dans l'inquiétude, et nous vous prions au nom de tout ce que vous avés de plus cher a engager ce bon Papa a beaucoup de ménagements. Je sais qu'il est grand travailleur, qu'il se fatigue sans cesse, son âge veut du repos et il doit en prendre. Que je serais heureux mon cher Trebuchet, si je pouvais l'embrasser, lui présenter mon fils, mon épouse... Si je pouvais connaître la famille à laquelle j'appartiens. Sera-ce donc envain que j'en formerai le désir ? Me voilà à cent myriamètres de vous, quand pourrai-je les franchir pour aller vous embrasser tous. Quand ? Ah, mon ami, que l'espoir en est encore loin de moi.

L'armée dont je fais partie a repassé le Rhin, il ne reste plus au delà que les garnisons d'Ehrenbresthein, Neuvied, Cassel, Kehl et Huningue, qui gardent ces forts. Ce qui a déterminé ce mouvement rétrograde était la suite d'une combinaison militaire, dont le but était de découvrir l'armée du Danube commandée par Masséna, afin que ce général put chasser entièrement l'ennemi des lignes grises, et détacher ensuite un corps de vingt mille hommes par la vallée d'Airolo sur le Milanais où le Général Championnet devait attaquer les Austro-Russes et faire sa jonction tant avec cette colonne détachée de l'armée du Danube, qu'avec l'armée des Alpes. Une partie de ce plan a réussi, la bataille de Novi, où la France a perdu Joubert, devait préparer nos succès en Italie, elle a été livrée, mais les troupes ont été forcées de reprendre leurs positions primitives. Néanmoins Championnet a pénétré dans le Piémont, Lecourbe dans la vallée d'Airolo, après quelques succès de Masséna, et l'on s'attend à la jonction de ces deux généraux. La passage du Rhin exécuté par notre armée et sa marche sur Schwetzingen ont forcé le général Autrichien Charles à se rendre à marches forcées sur nous et quand il n'en était qu'à deux journées, nous nous sommes retirés, ses forces étant infiniment supérieures aux nôtres, numériquement seulement. A peine nous retirions-nous sur la rive gauche de ce fleuve, que l'armée a reçu ordre de détacher douze mille hommes vers la Hollande, de sorte que ce qu'il en restait a été de suite réparti dans les places fortes et cantonnemens, s'attendant à voir d'un moment à l'autre l'ennemi à passer le Rhin, et n'ayant plus de moyens de l'empêcher. Néanmoins nous avons appelé dans nos places les moins exposées, les bataillons auxiliaires des départemens de l'arrondissement de l'armée, et au moyen de ces nouvelles troupes, nous tirerons les vieilles d'une partie de ces places, pour les opposer en cas de passage, ou couvrir en attendant des renforts, les points principaux. Voilà notre situation actuelle, elle peut d'un instant à l'autre beaucoup s'améliorer et j'ai lieu de penser qu'elle a encore quelque chose d'imposant, puisque le P. Charles n'a pas encore tenté de faire usage de ses nombreux équipages de pontons.

Nos départemens sont tranquilles, très tranquilles, on y acquitte bien les contributions, on y fournit à toutes les réquisitions, mais il faut y veiller sur les prêtres. Ils avaient déjà formé des rassemblemens à des fontaines miraculeuses, ils en avaient formé sur la chaîne des Vosges, les premiers ont été dissipés par la persuasion, les derniers par des détachements de troupes qui les ont battus et dispersés, de sorte qu'à présent il n'en est plus du tout question.

Me voilà encore une fois rapporteur d'un Conseil de Guerre je crois qu'à force de plaider, je finirai par en faire ma profession. De tous tems elle n'a pas été la plus mauvaise, je ne dis pas cela pour moi, elle ne me rapporte rien et depuis trois mois je n'ai pas touché un denier, mais je le dis pour tous ceux qui ont célébré Bartolet et Cujas et qui ne s'en sont pas mal trouvés.

Mon Abel a eu la petite vérole, il en est un peu masqué sur le nez, mais comme elle ne le défigure pas, et qu'au milieu de la contagion qui nous entoure, il a eu grâce au sein de sa mère le bonheur de s'échapper, nous sommes on ne peut plus contens qu'il ait eu aussi heureusement cette maladie. Sophie a eu pour lui tous les soins d'une bonne mère, c'est à son sein qu'il doit son salut puisqu'il tétait encore et que très peu d'enfants sevrés ont été sauvés depuis que cette funeste maladie existe ici.

Vous êtes donc toujours entouré de vos vilains chouans, quand donc finiront-ils leurs brigandages ? Ici nous sommes plus heureux, nous n'avons que de sales Autrichiens, que d'horribles Russes qui sont très contens de leur captivité. Les premiers sont on ne peut plus mal vêtus, une mauvaise capote les couvre et la misère s'en sert pour se couvrir avec eux ; les autres sont couverts de haillons, ont des bonnets pointus comme les habitants de l'Isle verte, et font peur aux petits enfans par leurs longues barbes. Ce sont de très vilaines gens. Aussi depuis que nos jolies femmes les ont vus, elles ne les désirent plus et préfèrent les volontaires français, à toute cette race maudite, pouilleuse et pillarde.

Sophie se plaît beaucoup par ici. Elle court les bois, où elle trouve des sites charmans, et compare tout ce qu'elle voit aux rivages de la Chère et du fameux Chateaubriant. Là c'est une épaisse forêt qui ressemble à la petite trouppe qui couvre cette ville, ici c'est un superbe édifice qui imite la Maison Commune qu'on y voit ; là c'est la Meurthe rapide et tortueuse qui ressemble en tout à la Chère marécageuse et dormante ; Nous rions tous deux de ces comparaisons et je finis par convenir qu'excepté Nantes, la Bretagne est un pays qui n'est pas trop agréable, malgré toutes ses richesses, qui ne valent pas la tranquillité de ce pays, où l'on dort sans inquiétude, excepté Sophie cependant qui pendant 24 heures a eu peur du prince Charles.

Adieu, mon cher Trebuchet, Embrassé par ma femme, mon fils et moi, allés embrasser notre bon papa pour tous ainsi que notre famille.

HUGO.

Lettre de Hugo, capitaine rapporteur du 1er conseil de guerre etc... à son beau-frère Trébuchet chez le Cn Lenormand-Dubuisson, rue Maupertuis (1).

Nancy, le 19 germinal, an 8 de la République française (9 avril 1800).

Arrivé d'hier, mon cher Trebuchet, après avoir assés longtems cotoyé les Vosges, avoir été au pied du Donon, et être remonté aux sources de la Sarre, je m'attendais en retrouvant ma Sophie et mon Abel, a lire au moins une de vos lettres, étant parti extrêmement étonné de votre silence et ayant différé de vous écrire en remettant toujours au lendemain par l'espérance de recevoir de vos nouvelles et de notre chère famille. Jugés si j'ai du être surpris en ne trouvant rien chez moi de ce qui vous était relatif car je vous dirai que je n'ai pas reçu la lettre par laquelle vous nous annoncés la grave maladie de notre cher grand papa, je ne sais ce qu'elle est devenue et puisqu'elle m'a évité des inquiétudes je rends grâce à ceux qui l'ont placée aux oubliettes, je ne ferais pas de même, mon cher Trebuchet, si vous ne m'eussiez donné la nouvelle de son heureux rétablissement dont je vous prie de lui témoigner tout notre plaisir. [En arrivant ici j'ai retrouvé mon épouse bien portante mon Abel bien gai, babillant à faire rire et surtout ne pleurant pas] je voudrais que

(1) Cf. *Le Figaro*, 8 août 1888.

vous puissiez nous revoir en famille, cela nous ferait plaisir à tous.

[Vous me dirés, qu'êtes vous allé faire dans les Vosges et je vais vous le dire : Chargé de l'instruction d'une procédure très volumineuse contre des assassins, j'ai eu besoin de me rendre sur les lieux, d'y visiter leurs repaires, d'y entendre les témoins, de donner à la procédure le développement nécessaire. J'ai, je vous l'avoue parcouru un pays unique en son genre. Couvert de la suite des Alpes appelée Vosges, le sommet des monts est couvert de neiges, de glaces et de sapins toujours verts, et qui offre un coup d'œil étonnant. Des rocs aigus et détachés qui dépouillés de terre s'élèvent par degrés et quelques uns jusqu'aux nues, surmontent beaucoup de collines dont les vallées sont remplies de tourbe recouverte d'herbes aromatiques ; si elles offrent des paturages délicieux, elles offrent aussi des dangers après les pluies qui détrempant cette tourbe, la rendent aussi molle que les marais et exposent les hommes et les chevaux à se noyer sans espoir d'être secourus. Le paysage y est brillant !]

Vous connaissez par là les causes de mon silence. Je suis bien charmé que les vôtres ayant été dans l'espoir que vous avés eu de nous donner de plus agréables nouvelles que celles que vous nous avés adressées et que nous n'avons pas reçues. Dites donc à notre bon papa combien nous sommes charmés de son entier rétablissement et combien nous voudrions pouvoir l'embrasser pour lui en témoigner notre joye.

Si notre grand Papa désire être conservé et qu'il ne le soit pas, cela nous fera de la peine par rapport à lui, mais si consultant mieux son intérêt, c'est-à-dire sa santé, il préfère une vie douce et paisible au tracas des tribunaux, nous serons aussi contens de le voir tranquille, parce qu'au moins nous serons plus surs de le conserver. Nous ne désirons en cela què ce qui peut et lui faire plaisir, et lui conserver la santé.

La lettre dont je vous parle dans la présente est celle que j'ai reçue tout à l'heure, elle est datée du 6 de ce mois.

Nous vous félicitons d'être conservé dans votre place.

Sensibles au bon souvenir de notre famille, nous vous prions de lui en témoigner notre reconnaissance.

Ma femme, Abel et moi, vous embrassons tous du meilleur cœur et vous prions de ne nous oublier auprès d'aucune des personnes qui vous parleront de nous.

HUGO.

Ne négligés pas de m'écrire une fois chaque mois, au moins, de mon côté j'en ferai autant je vous le promets.

Lettre de l'adjudant-major Hugo, armée du Rhin, quartier général de Memingen, à son beau-frère. Inédite.

Memingen, le 22 floréal an 8 de la République française (12 mai 1800).

J'ai reçu hier, mon cher frère, la lettre que vous m'avés écrite et dans laquelle vous me donnés les détails des malheurs arrivés à Nantes ; je l'ai de suite envoyée à ma Sophie, dont je recevais aussi une lettre, dans laquelle elle me peignait ses affreuses inquiétudes. Je n'ai été informé de ce terrible évènement que par le Moniteur qui ayant donné le nom des victimes m'épargna des inquiétudes sur le sort de ma famille. Sans ce journal, sans les détails dont il est plein, jugés qu'elles eussent été les miennes, vous sachant si près de ce château. Je vous remercie toujours beaucoup, mon cher frère, du soin, que vous avés pris de m'instruire vous-même de cette explosion, et de me rassurer sur le sort de tout ce qui nous appartient.

Voilà donc Louis maréchal des logis de la gendarmerie organisée dans les départements de l'Ouest ; Si, mon cher Trebuchet, on juge à propos de l'attacher à la place de Nantes, je vous recommande de le guider dans sa conduite et lui faire bien sentir qu'il ne peut se maintenir dans son nouveau grade, que par une excellente conduite. Guidés alors la sienne, mon ami, ne lui procurés que quelques-unes de vos connaissances et faites tous vos efforts pour l'empêcher d'en faire de mauvaises. Louis n'a pas cultivé son éducation dans son enfance il préférait le jeu à l'instruction et il doit se bien repentir des moments qu'il a perdus. Sa jeunesse s'est passée dans les camps, il y a contracté les habitudes du soldat, il faut aujourd'hui qu'il répare le temps perdu, qu'il établisse un nouveau plan de vie, qu'il travaille à son instruction et se fasse un peu à la société.

Témoignés, mon cher Trebuchet, à mon grand papa, à mon cousin Mathis et à notre famille ma reconnaissance de l'accueil flatteur qu'ils lui ont fait ; je sais sentir le prix de pareils procédés et je voudrais être à même de leur en faire connaître moi-même toute ma satisfaction. Je ne désire qu'une chose, c'est que mon frère travaille à se concilier leur estime.

Je vous écrivais que mon épouse allait se rendre à Nantes ; des lettres que je reçois et dans lesquelles elle n'annonce point encore ouvertement l'idée contraire, me font penser, qu'attendu son état, elle agira plus prudemment et ne s'encaissera pas dans une diligence au risque de se faire presser, ainsi que son intéressant Abel. Je préfère, comme j'ai lieu de prévoir que les hostilités seront bientôt suspendues, qu'elle fasse ses couches à Nancy où j'irai la joindre incessamment et la conduire lorsque son enfant aura assés de forces, dans une voiture à moi, dans le sein de sa famille ; elle désire la voir, je désire la connaître et certainement je ne négligerai rien pour que nous soyons tous deux satisfaits. Je m'en fais une véritable fête.

Je vous remercie sur ce que vous me dites d'obligeant, mon cher Trebuchet, je vous avoue que je me trouve infiniment honoré de la confiance qu'on m'accorde et que tous mes efforts tendent à la conserver, mais que s'il fallait rester longtemps séparé de ma Sophie, quand je la sais dans de vives inquiétudes, je prendrai peut-être un autre parti. Si les espérances d'un sort plus brillant peuvent me flatter, c'est je vous assure plus à cause de votre sœur, du bienêtre qui peut en résulter pour elle, que par rapport à moi. Quand on a une famille et qu'on est dans l'âge de la voir se former, on ne doit négliger aucun des moyens de lui assurer une honnête aisance, ou du moins un sort ; tel a toujours été mon but depuis que j'ai connu votre chère sœur, je n'ai négligé aucun des moyens de le remplir. Je préfère le tenir longtems de mon travail que du malheur des autres, puissent à cet égard mes enfants, me conserver un pareil attachement à celui que je porte à ce qui appartient à mes deux familles.

Je vous embrasse bien sincèrement ; vous avés dû déjà recevoir de ce pays une lettre de moi, elle vous donne mon adresse. Si vous ne l'aviés pas reçue, continués à m'adresser vos lettres comme vous l'avés fait.

Embrassés pour moi grand papa et notre famille.

HUGO.

Lettre de Hugo, adjudant-major, quartier général de Memingen en Souabe, armée du Rhin, Général Moreau, à son beau-frère Trébuchet (1).

Memingen en Souabe, le 13 prairial an 8 de la République française (Lundi 2 juin 1800).

J'ai appris par mon épouse, mon cher frère, que vous m'aviés écrit à Nancy et que vous me donniés dans votre lettre, des nouvelles de notre grand papa dont la santé continue à notre satisfaction commune à s'améliorer. Elle a dû ou doit vous répondre sous peu, et vous annoncer que depuis le 28 germinal [je suis parti de Nancy pour me rendre près du chef de l'état-major de la réserve de cette armée.] La peine que lui a fait ce départ l'a déterminé à me demander d'aller faire un voyage dans sa famille et de s'y distraire des chagrins qu'elle ressent de mon absence ; j'ai senti par mon propre état, ce que je devais à une épou-

(1) Cf. *Le Figaro*, 8 août 1888.

se chérie et, je lui ai répondu que je consentais de tout mon cœur à ce qu'elle se rendit près de vous, mais comme elle a beaucoup de précautions à prendre tant pour son fils qui fait des dents, que pour elle qui est enceinte, je l'ai fortement engagée à n'entreprendre ce voyage qu'après avoir consulté le médecin que j'ai chargé du soin de sa santé et après s'être mise dans le cas de le faire avec toutes les commodités possibles ; si donc rien ne s'oppose à ce que ses désirs soient satisfaits, elle quittera incessamment ma famille pour retourner vers la sienne, où je ne doute pas qu'elle ne soit infiniment accueillie. Peut-être bien sera-t-il possible que si la campagne continue à être heureuse et qu'elle ne soit pas longue comme nous avons lieu de le penser, j'aille la joindre, vous embrasser et faire connaissance avec une famille que j'aime ; ce sera je vous avoue un bien beau jour pour moi, puisse-t-il arriver bientôt.

Voilà trois couriers que je n'ai pas reçu des nouvelles de Nancy, cela m'inquiète ; cependant j'espère en recevoir demain parce que Sophie est très exacte à m'en donner de mon côté je lui écris presque tous les deux jours et aussitôt que j'ai un moment ; c'est elle que je charge de mes commissions envers ma famille, je n'y écris plus qu'à elle seule, et comme elle demeure chez ma mère et qu'elle y mange, elle lui communique ce qui la concerne.

C'est mon Abel qui porte mes lettres à la poste, il les tient à sa main et dit aux personnes qu'il connaît qu'il va mettre une lettre dans le trou pour son papa. Il est dans mon absence l'unique consolation de [sa mère qui ne veut voir personne.

Si elle se rend dans sa famille, il faudra bien qu'elle voye ses parents, ses amis et nécessairement elle se dissipera ; il le faut pour sa santé, aussi, mon cher Trebuchet, je vous engage à ne négliger aucun des moyens de la distraire des noires idées dont elle se charge l'imagination ; elle aime bien, il faut donc éloigner d'elle toute idée des dangers que je puis courir ; la rassurer quand le retard des postes serait dans le cas de lui faire croire à des évènements malheureux ; c'est je vous assure ainsi qu'il faut se conduire avec elle depuis que je l'ai quittée elle s'est plusieurs fois rendue très malade et l'aurait été davantage si ma grande exactitude si mon attention scrupuleuse, à lui écrire souvent ne l'eut mise dans le cas de recevoir des lettres qui la rassuraient, mais elle ne se rassure qu'un peu et s'imagine toujours que dans l'intervalle qui s'est écoulé, il peut m'être arrivé quelque chose de fâcheux. Je gémis je vous l'assure de la voir dans un pareil état de sensibilité parce que je sens l'impossibilité dans laquelle je suis de la rassurer assés tôt. Elle devrait se faire un peu à moins d'inquiétudes ; je me suis trouvé à plusieurs combats et aux trois grandes batailles que nous avons livrées à Lugen, Moeskirch et Biberach et j'ai eu le bonheur de n'être pas blessé. Les évènements qui pourront se passer seront nécessairement moins chauds que ceux qui ont eu lieu et dans lesquels l'acharnement et l'opiniatreté ont été sans exemple. Rassurés la donc aussi quand vous lui écrirés.

Bien des choses de ma part à notre grand papa et à notre famille, je les embrasse ainsi que vous. HUGO.

Mon adresse est :

Au C^n^ HUGO, adjoint en chef de l'Etat-Major de la réserve de l'armée du Rhin, en Souabe.

Vous savez sans doute que nous sommes depuis le 8 maîtres de la ville d'Augsbourg, et que déjà de nos troupes sont sur le territoire de la Bavière.

Nous attendons des nouvelles du Premier Consul pour pousser plus avant.]

Lettre de Hugo à son beau-frère Trébuchet (1).

Bombach, le 15 messidor an 8 de la République française (vendredi 4 juillet 1800).

[Nous sommes au cœur de la Bavière mon cher Trébuchet, nous tenons gar-

(1) Cf. *Le Figaro*, 8 août 1888.

nison dans Munich qui en est la Capitale. Nos troupes sont en possession de la Souabe et de tout le cours du Danube jusqu'à Neudorf. Bombach d'où je vous écris est à trois lieues d'Ingolstadt. Nous nous occupons de la réduction d'Ulm. Sophie s'est décidée à m'attendre à Nancy où j'espère être rendu en fructidor prochain.]

Embrassés pour moi mon grand papa ma famille et tout ce qui vous appartient.

Je vous embrasse aussi.

HUGO.

[Voici mon adresse :

Au Cn HUGO chef de bataillon, adjoint au chef de l'Etat-Major du centre de l'armée du Rhin.

Au Quartier Général de l'Armée.

En Bavière.]

Lettre du Capitaine Hugo à M. Lenormand-Dubuisson. Inédite.

Lunéville, le 4 germinal an 10 (?) (25 mars 1802) (?)

A mon retour d'une mission qui m'avait été confiée je trouve ici une lettre de vous, mon cher grand papa, et je vois qu'ayant perdu les places que vous occupiés, vous désirés entrer comme juge dans les tribunaux spéciaux. Je vais m'occuper d'en faire pour vous, la demande dans la supposition comme vous me le prescrivés où il en serait établi un dans le département que vous habités.

J'aurai beaucoup à me féliciter, si appuyé des apostilles dont je vais le faire émarger, je puis être assés heureux pour vous être utile.

Dans mes lettres en est jointe une de mon frère Louis, qui voit enfin la paix après beaucoup de périls et de gloires.

Pendant mon absence ma femme était allée en passer le temps dans ma famille, je l'ai retrouvée ici bien portante, ainsi que ses enfants. Elle a fait vacciner le plus jeune.

Nous sommes maintenant ici seuls, et j'attends des ordres sur une destination quelconque. Je pense être appelé à Paris, si cela est j'en serai d'autant plus content que cela me permettra de suivre activement les démarches que j'ai commencées, les unes pour faire placer TREBUCHET dans les postes, les autres pour faire placer mon jeune frère aspirant dans la marine. J'attache beaucoup à la réussite de ces deux démarches qui finiront par leur procurer à chacun un état.

Présentés de la part de ma femme et de la mienne, à mes frères et sœurs et à notre famille l'hommage de notre sincère attachement.

Bien des choses honnêtes au Cn DELAÏR.

Nous vous embrassons de tout notre cœur, mon cher grand papa.

HUGO.

Lettre de Hugo à son beau-frère Trébuchet. Au citoyen Trébuchet rue Vandick, maison Caillé 9. Inédite (1).

Lunéville.

. . . .

Ma femme qui n'écrit jamais me charge de dire à notre aimable sœur qu'elle approuve de bon cœur les nœuds d'amour que vous avez formés et elle désire qu'ils vous rendent entièrement heureux. L'interprète de Sophie répond aussi à sa sœur qu'il ne démentira jamais la marque d'attachement et d'intérêt qu'il n'a cessé de lui montrer et il l'embrasse de tout son cœur. Mes petits garçons embrassent leur petite cousine, leur oncle et leur tante.

HUGO.

Embrassés pour nous notre grand papa et notre famille. Ne changés pas mon adresse que je ne vous la donne de nouveau.

---

(1) La lettre, dont ce fragment fait partie, contenait deux ou trois pages qui ont été déchirées. Cette lettre a été envoyée de Lunéville, probablement à la même époque que celle qui précède adressée à M. Lenormand-Dubuisson.

Lettre du Capitaine Hugo à son beau-frère Trébuchet (1).

Porto-Ferrajo, Ile d'Elbe, le 16 messidor an 11 (Mardi 5 juillet 1803).

[J'ai enfin reçu de vos nouvelles, mon cher Trébuchet, et ce qu'il y a de mieux c'est que les Anglais les ont laissé passer deux fois. Il y avait deux ans que je n'en avais reçu aucune.]

Les détails que vous me donnez sur votre famille et le bonheur dont vous jouissés dans votre ménage m'ont fait infiniment de plaisir, je voudrais vous voir cependant dans une position plus agréable car avec vos moyens je vous vois englouti dans la nécessité de végéter longtems et malheureusement je ne puis vous soutenir auprès d'aucune de [mes connaissances qui depuis sept mois travaillent à me tirer de la 20e où je me ruine et qui ne peuvent réussir.] Peut-être si la guerre s'engage sur le continent pourrai-je me trouver à même de vous procurer un emploi plus lucratif, mais il faudra alors que je sois placé comme on me le fait espérer et que votre sœur se détermine à vivre quelque temps seule.

[Ruiné en partie par le Congrès qui ne m'a valu que de brillantes lettres, je suis venu m'achever dans la 20e voilà 25000 fr. passés que j'ai dépensé depuis environ trois ans et si l'on continue à me faire courir, il ne me restera rien. Nous sommes ici dans un pays brulant où tout est d'une affreuse rareté et par conséquent d'un prix fou. L'isle est belle, d'un aspect riant,] mais nous y sommes presque rationnés pour l'eau, le pain y vaut six sols la livre et ne vaut rien, le bœuf 12 et c'est souvent du buffle, le beurre est à 40 sous la livre et le tout à proportion. Je couche sur une paillasse et si je n'avais pas mes draps je serais obligé de me contenter de mon grabat tout nud. Votre sœur ne partage heureusement pas cette position, [elle est en France pour mes affaires et fait tout ce qu'elle peut pour m'y ramener. J.B. s'intéresse à notre position et cependant nous n'avons encore pu réussir à rien.]

Enfin, mon cher, il est dans la vie des tems heureux, il en est de malheureux. [Peu s'en est fallu que je ne fisse partie de l'expédition de St Dom.,] j'aurais été un joli cadet. Ne jettés pas le manche après la cognée, j'ai encore quelques espérances d'être mieux et les plus gros finissent par pouvoir aider les plus petits. Il faut, il est vrai, de la patience, et comme moi, vous en prenez par votre attachement à votre épouse et par votre tendresse pour vos enfants. Croyés bien que si je ne fais rien pour vous c'est par impossibilité, car pour de la bonne volonté et de l'amitié, j'en suis rempli pour vous.

Assés heureux pour avoir pu placer Louis, j'ai fait d'inutiles efforts pour placer mon jeune frère qui pétille d'esprit et de moyens, J. B. s'y est intéressé vivement et je ne sais comment rien n'a réussi ; las d'être balotté il s'est jetté dans le barreau où il a quelques succès. Je voudrais vous voir un état, car vous n'en avés pas. Il est vrai que vous vous intéressés dans les affaires et que par la suite vous pourrés faire vous-même quelque chose, mais jusques là je suis autant que vous mécontent de votre sort.

[J'ai mes enfants avec moi, les deux ainés se portent très bien, ils apprennent la langue italienne ; le plus petit Victor, fait des dents avec beaucoup de difficultés et ne s'acclimate pas aussi bien que ses frères. Il est vrai qu'il fait ici une chaleur extraordinaire, on la compare à celle de l'Amérique.]

Embrassés bien ma sœur pour moi, dites-lui que je la félicite d'avoir fait un fils, que je voudrais bien l'embrasser et la connaître, mais que tous mes projets de semestre (?) ont été rompus par des circonstances. Dites à ma sœur la religieuse et à notre tante que quoique je ne reçoive jamais de leurs nouvelles, je ne les aime pas moins, que tandis qu'elles prient pour moi, je me bats pour elle qu'ainsi nous nous acquittons les uns envers les autres, excepté d'amitié dont je ne les tiens pas quittes.

(1) Cf. *Le Figaro*, 8 août 1888.

J'ai écris par la poste de France à mon grand papa, embrassés le pour ses enfans et voici l'adresse à laquelle il faut m'envoyer vos lettres sans quoi je risquerai de ne pas les recevoir.

Je vous embrasse de bien bon cœur.

HUGO.

Envoyés mon adresse à ma tante Robin.

[Au cit. HUGO chef de Bn de la 20e 1/2 Bde de ligne à Porto Ferrajo isle d'Elbe par Livourne,] à remettre dans cette ville à Mr Joseph Poggialy Négociant pour la faire passer.

Ne m'oubliés pas auprès de toute notre famille.

Lettre de Hugo à son beau-frère Trébuchet, rue Vandick, maison Caillé, 9, Nantes. Inédite.

Porto-Ferrajo, le 10 ventôse an 12 (Jeudi 1er mars 1804).

Je viens de recevoir, mon cher Trébuchet, votre lettre du 5 pluviose qui m'a été transmise par Mr Poggialy. Ce négociant a du vous donner de mes nouvelles et vous dire combien les communications par mer sont difficiles pendant l'hyver et souvent à travers la nuée de corsaires qui nous ont entouré. Je me proposais de vous écrire en Germinal ainsi qu'à notre cher grand papa et à notre tante de Chateaubriant, mais il se présente une occasion de le faire et je m'empresse à la saisir.

Tout ce que vous me dites sur la santé de notre grand papa me fait infiniment de chagrin et augmente mes regrets de ne pas le connaître. Depuis que je lui appartiens la guerre m'a toujours retenu loin de vous et si je continue à m'éloigner comme je l'ai fait depuis 18 mois bientôt je me verrai sur les côtes de quelque terre anciennement visitée.

Votre tendresse vous aura sans doute trop alarmé sur l'état de notre grand papa et malgré son grand âge, il faut encore espérer qu'il nous sera conservé. Vous savez qu'il a été bien mal déjà et qu'il s'en est heureusement tiré, il faut encore espérer pour cette fois, mon cher frère, je ne suis moi-même pas sans cette espérance. Malgré cela la marche que vous m'indiquez est trop sage pour que je ne la suive pas et je le fais d'autant plus volontiers que mon grand éloignement du lieu des affaires pourrait vous entraîner en cas que nous vinssions à le perdre dans des retards facheux et dans tous les inconvénients que vous avez prévus.

J'adresse donc ma procuration à mon épouse avec plein pouvoir de se faire représenter par qui bon lui semblera et d'agir comme elle le croira convenable pour notre intérêt commun.

Vous saurez, mon cher Trébuchet, que Sophie habite Paris avec ses enfants et qu'elle y demeure rue neuve des petits champs No 76. Je me suis déterminé à lui donner cette résidence en considérant tous les évènements auxquels elle aurait pu être exposée en cas de siège, et l'instabilité cruelle à laquelle nous sommes exposés depuis quelques années. Il m'a fallu de pareilles raisons pour me déterminer à un sacrifice aussi grand et je vous avoue que c'en est un bien grand, que malgré que j'en sente l'absolue nécessité il m'est impossible de m'y habituer. Vous qui n'avés jamais quitté votre épouse chérie, mettez vous à ma place, je n'aime pas moins la mienne que vous pouvez aimer la vôtre, jugez par là de la situation dans laquelle je me trouve.

Soyés, mon cher Trébuchet, auprès de votre aimable épouse, de mon grand papa et de toute sa famille l'interprète de mes sentimens de vive affection, dites leur à tous que mon plus grand plaisir serait celui de les embrasser et de leur présenter ma femme et mes bons petits garçons.

Tout à vous, mon cher Trébuchet.

HUGO.

Louis est officier de grenadiers dans

le 55e régiment d'infanterie au camp de St-Omer.

Bien des choses à Delaire et à Mr Delaire.

Embrassés ma belle sœur, ma sœur, ma tante et Mme Bellet et son mari pour celui qui espère les aimer autant un jour qu'il désire les connaître tous.

Lettre de Sophie Hugo à son frère Marie-Joseph Trébuchet. Inédite.

Paris, 4 juin 1808 (?).

Ta lettre du 7 mai mon cher frère ma fait le plus grand plaisir elle m'en aurait encore fait davantage si je ne voyais que tu regardes ma négligence à t'écrire comme une preuve de mon défaut d'attachement pour toi. Sois donc bien convaincu que les torts de ma paresse ne sont point ceux de mon cœur, et puis si tu savais combien d'affaires et d'inquiétudes de toutes espèces m'ont affligées depuis un an tu serais certainement plus indulgent j'ai fait un voyage à Naples avec mes enfants et cela m'a déjà pris plus de six mois je croyais pouvoir m'y fixer mais il ne m'a pas été possible par beaucoup de raisons qui sont trop longues à détailler dans une lettre mon mari est colonel du régiment Royal Corse dans ce pays là ; ils se portent fort bien j'ai reçu de ses nouvelles avant hier je lui écrit pour avoir sa procuration nous avons été assez étourdis l'un et l'autre pour oublier le besoin que j'en pouvais avoir, aussi-tôt que je l'aurai reçu je t'enverrai la mienne tu pense bien que je n'en chargerai pas un autre que toi au reste il est possible que je fasse un petit voyage à Nantes à la fin de l'été j'aurais bien du plaisir à t'embrasser et à faire connaissance avec ta famille surtout avec ma belle sœur que j'aime sans la connaître d'après les éloges que toutes les personnes qui l'as connaisse en font, embrasse la bien pour moi ainsi que tes enfants et crois à mon sincère attachement.

HUGO née TRÉBUCHET.

Assure mon grand papa de mon attachement respectueux et n'oublie pas ma sœur ma tante et toute la famille.

Mon adresse est actuellement rue St-Jacques près l'église No 250.

Lettre de Sophie Hugo à son frère Marie-Joseph Trébuchet (1).

Paris, le 12 avril 1809.

J'ai reçu ta lettre du 5 avril mon cher frère je l'ai lue avec beaucoup d'attention ainsi que les pièces y jointent et notamment l'arrangement fait par notre grand père et signé par la 1re communauté, hors moi qui m'applaudis beaucoup aujourd'hui que j'ai eu copie de cet arrangement de n'avoir point envoyé de pouvoir pour signer cette pièce et cela par deux raisons ; la 1re c'est qu'il me semble que les droits de la 1re communauté sur la propriété de Saint-Fiacre sont mal établis, en ce que puisqu'il fut stipulé dans le contrat de mariage de notre ayeule que la moitié de la somme qu'elle apportait serait employée en achat de bien fonds qui lui reviendraient propres, nul doute que c'est le bien, payé avec cette somme, qui doit appartenir à ses enfans et non point la reprise de cette somme. S'il en était autrement nous serions lésés, car tu conviendras qu'en 1747 l'argent avait une valeur beaucoup plus grande que celle qu'il a actuellement, il faut examiner le contrat de mariage de notre ayeule, et les contrats d'acquisition de la propriété de Saint-Fiacre pour connaître la portion qui a été payée avec les deniers de notre grande mère, laquelle portion nous appartient aussi légitimement que le bien de Monnière apporté par la seconde femme de notre grand père appartient à la seconde communauté, je te déclare donc que je ne signerai rien, que je n'aye eu connaissance de ces différentes pièces parce que ce sont elles qui doivent établir nos droits et non pas

(1) Cf. *Le Figaro*, 15 août 1888.

des déclarations qui ne peuvent en tenir lieu surtout dans l'état de faiblesse de tête où je trouve réduit notre grand père par son âge avancé, d'ailleurs tu me dis que quelques acquiers portés par mon grand père comme fait du tems de la 1re communauté pourraient être contestés par la 2me parce qu'il ne s'explique pas clairement la lecture des différents contrats d'acquisitions donnant la date certaine du tems où elles ont été faites, tout sujet de contestations sera détruit et je serais pour ma part très fâchée que la 2me communauté fut par surprise frustrée dans quelqu'un de ses droits, crois-moi, mon ami, traitons toujours les autres comme nous voudrions l'être nous-même.

La seconde raison qui dans tous les cas m'aurait empêcher de signer cette déclaration quand les bases m'en auraient semblait justes est [la rédaction de cette pièce injurieuse à la mémoire de notre père qu'on présente presque comme un aventurier qui vend tout et laissent ses enfans à la merci du premier venu ; voilà l'idée que la lecture de cette déclaration destinée à devenir papier de famille aurait donné de lui à nos enfants et petits-enfants, et je suis étonnée que tu aies souffert qu'on présentat d'une manière si défavorable une action aussi simple que celle de la vente de son mobilier qu'il était forcé de faire par les circonstances où il se trouvait à la veille d'un voyage lointain qui devait durer trois années et n'ayant que des enfants en bas âge et par conséquent incapables de veiller à leurs intérêts, il est faux qu'il nous eut laisser à la charge de mon grand père, puisque nous fumes mis en pension par lui-même, et sans que mon grand père s'en mêlat en rien] de plus j'ai toujours entendu dire à la tante Trébuchet qui savait bien ce qui s'était passé à cette époque qu'il avait laissé des fonds pour payer notre pension pendant les trois ans que devait durer son voyage ; il paraît qu'elle s'était trompée ; mais toujours est-il vrai que [mon pauvre et honoré père ne laissa ses enfants à la charge de personne et que c'est la mort seule qui nous mis dans cette malheureuse position] quant à toi notre tante Rosette qui est ta marraine avait désiré t'avoir dans la maison de mon grand père et je crois que notre père y avait consentit, encore n'en suis-je pas sûre j'ai dit que sa mort nous laissa dans la malheureuse position d'être à charge à notre famille mais aujourd'hui que nous ne sommes plus des enfants à qui on peut faire croire ce qu'on veut, discutons quelle part de cette charge notre grand père prit ; d'abord notre oncle Lenormant se chargea de nos deux sœurs et paya leur pension chez notre tante Trébuchet, ma tante Robin me prit chez elle et mon grand père garda mes deux frères ainés (je ne parle pas de toi puisqu'il avait annoncé la volonté de te garder chez lui ; même en supposant le retour de notre père) mais cette surcharge de nos frères fut t'elle très pesante pour lui je dis sans détour que non, car il jouissait de la portion de bien échu à notre mère, du chef de sa mère, de plus il avait à sa disposition une somme de quatre mille francs nous appartenant ; laquelle somme aurait été facilement placée à six pour cent par an, puisque c'était l'intérêt du commerce à Nantes ; j'évalue donc le revenu du petit bien de notre mère et celui de cette fortune à 300 fr. au moins, et je te demande si on aurait pas trouvé à Nantes ou aux environs dans ce tems, une pension pour mes frères, ou certes ils auraient reçu une aussi bonne éducation car je me rappelle fort bien qu'on les envoyait à l'école chez Mr. Dupas rue St-Denis ou on payait 3 ou 4 fr. par mois pour chacun ; et aussitôt qu'ils onts sut lire et écrire un peu d'arithmétique on les a fait embarquer j'ai vu la note de la dépense qui fut faite pour Auguste à cette occasion laquelle dépense s'élevait à 66 francs et à chaque retour de voyage c'était avec l'argent qu'ils touchaient de leurs appointements qu'on leur achetait ce qui leur était nécessaire ; voilà des faits dont j'ai une parfaite connaissance ma sœur aînée tomba à la charge de notre ayeul après la mort de notre oncle, qui eut lieu à peu près dans le tems du départ de nos frères, les cent écus que j'ai affecter plus haut à leurs dépenses devaient donc servir à celles de notre sœur, et tu m'avoueras que la pauvre enfant ne les dépensait pas dans le ménage de la tante Trébuchet dont toute la maison ne coutait pas 100 francs par an ; Madelaine était entrée au couvent sur la promesse de l'oncle Lenormant de lui payer sa dot et sa pension de noviciat ; conséquemment mon grand père n'en a point était chargé et j'ai été peiné de voir qu'on lui comptait des dépenses qui devaient être prises sur la succession de notre oncle puisque sa volonté était bien connue et que d'ailleurs on ne doutait pas que si il eut eu le tems de faire connaître ses dernières volontés il nous eut fait tous les avantages qui auraient été possible, ce qui aurait été de toute justice puisque mon grand père n'ayant point fait d'inventaire à la mort de sa seconde femme la succession de notre oncle qui était toute mobilière tombait pour les trois quarts dans la 2me communauté, au reste elle n'en profitera pas car il paraît que tout a passé dans le même gouffre.

Il me reste à parler de l'article qui me concerne dans cette déclaration j'avoue que j'ai été passablement surprise d'y lire que les dons que mon grand père m'avait fait, devaient engager mon mari à consentir à tous les arrangemens ; je crois que l'intérêt de la fortune de 667 fr., dont il me devait compte depuis ma majorité c'est à dire pendant quatre ans et ma petite portion du bien de ma grand mère dont il me devait compte aussi dans le même tems et dont il jouit depuis quinze ans ont bien payé deux paires de draps deux napes, deux douzaine de serviettes et six ou douze torchons ; voilà cet envoi de linge dont on veut bien me faire abandon.

Je suis fâchée d'avoir à relever de semblables misères mais j'y suis forcée et je ne consentirai point à me charger d'obligation quand je suis loin d'en devoir car je suis bien sure que si mon petit avoir, eut été confié à ma tante ; quoiqu'elle n'eut que six cents livres de rente et par conséquent assez mal à l'aise mon argent eut été placé les intérêts accumulés et le tout m'aurait été religieusement remis et ce n'aurait point été 667 francs mais une somme triple.

Au surplus ne crois pas que je veuille plus qu'il ne convient censurer la conduite de notre grand père je le respecte et n'attribue qu'à son grand âge ce qu'il y a d'extraordinaire dans sa déclaration ; cette lettre te prouvera combien je suis loin de consentir à la signer, mais j'approuve fort que nous lui aidions chacun d'après nos moyens quand tu m'auras fait connaître au juste ses revenus ce qui lui est nécessaire pour ses dépenses annuelles je ferai tout ce que je pourrai parce que quelques soient mes idées sur le passé ; rien dans mon opinion ne peut me dispenser de remplir un devoir sacré à mes yeux ; je dois cependant te dire que ma position me défend de prendre aucun engagement à ce sujet n'ayant point de pouvoirs de mon mari qui m'autorise à faire des partages aux conditions que vous me proposées et que je suis sure que Hugo refuserai de s'engager à faire des revenus fixes il se fonderait sur ce que n'ayant pas d'autres ressources que ses appointements si demain un coup de fusil venait l'enlever à sa famille je me trouverais avec trois enfants à élever et pour tout bien une pension de douze cent francs que je pourrais obtenir du gouvernement tu vois que je serais loin de pouvoir aider à notre grand père ; j'espère bien qu'un semblable malheur ne m'arrivera pas et si je conserve mon mari je puis espérer un avenir heureux du côté de la fortune déjà je serais hors d'inquiétude de ce côté si des donations faites avaient été approuvées j'en ai parlé à Pouponneau qui a pu t'en dire quelque chose dans le tems ; quant à présent je suis loin d'être à l'aise, mon mari obligé à des voyages continuels dépense beaucoup et m'envoie à peine de quoi faire les frais de mon ménage ce n'est qu'avec la plus grande économie que je puis y parvenir ; pour t'en donner une idée je te dirai que mon mari n'a pu m'envoyer dans toute l'année dernière que trois mille cent livres ; sur cette somme j'ai eu à payer cent francs par mois que me coûte l'éducation de mes trois garçons et fournir aux frais de leur entretien ce qui a été un objet de 300 francs et qu'avec les 1600 fr, restants j'ai pourvu aux frais de nourriture de cinq personnes qui compose mon ménage (mes trois garçons ne faisant qu'un repas dans la pension où ils sont) j'ai payé loyer, bois, blanchissage, enfin tout ce qui est nécessaire dans une maison ; et sentant que j'aurais de la peine à arriver à la fin de l'année sans faire des dettes ne voulant point déranger l'instruction de mes enfants j'ai réformé ma domestique et fait moi-même ma cuisine ; mon amitié pour toi me fait entrer dans tous ces détails, afin que tes idées se fixent enfin sur ma position, et que tu n'attribue point à mauvaise volonté, ce qui serait impossibilité, je te le répette, je suis dans le même cas qu'une personne qui jouerait à la loterie et qui pourrait se réveiller riche ou ruinée, la seule différence qu'il y aurait entre elle et moi, c'est que ce n'est pas volontairement que je suis le jouet des évènemens. je ne puis rien que les attendre et les supporter avec courage s'ils sont malheureux ; je viens dans l'instant de recevoir une lettre de Bellet encore plus inconvenante que celle que Lenormant m'a écritte ; je suis fâchée pour mes deux cousins qu'ils aient assez peu de bon sens et de jugement pour ne pas sentir que le ton pédant qu'ils prenent en m'écrivant ne leur va point vis à vis de moi qui suis de toute manière leur égale, au surplus les raisons que me donnent ces deux docteurs, ne me persuaderons pas que je dois sur leur parole envoyer des pouvoirs pour signer, sans voir clair dans des affaires qui me regardent aussi bien qu'eux ; les contes qu'ils me font ou par ineptie ; ou pour me faire peur ; ne sont pas propres à me donner confiance dans leur lumière ; par exemple Bellet me menace de la perte de la somme que doit prélever la 1re communauté ; si mon grand père est forcé d'engager ses biens ; il suppose donc que j'ignore que non seulement cette somme, mais encore la moitié des acquiers tant de la 1re, que de la 2me communauté ne répondent pas plus des dettes qu'il pourrait faire ; que les biens du grand mogol ; Bellet me dit aussi qu'il vient d'expédier une corde de bois à notre grand père qui en manque (dit-il) pour se chauffer et qui n'a pas de quoi pourvoir à ses premiers besoins, j'avoue que tout cela a bien lieu de me surprendre car en supposant qu'il ne retire que sept à huit cent livres de rente de ses propriétées, il n'y a pas de quoi être à l'aise, mais si son ménage était bien administré il ne manquerai pas des premières choses nécessaires à la vie ; Bellet en parle presque comme d'un homme réduit à l'aumône ; je ne puis croire à cet état de choses allarmant je te prie de m'écrire la dessus toute la vérité ; quels sont ses revenus, quelles personnes sont auprès de lui, quelle somme il dépense par an ; et ce qui lui serait nécessaire pour vivre sans privations ; je contribuerait alors autant qu'il me sera possible à rendre la fin de sa vie douce s'il fallait pour cela une somme trop considérable et que nos moyens à tous ne nous permissent pas de lui fournir il vaudrait beaucoup qu'il vende ou engage les biens qui sont à lui ; que de se laisser manquer de quelques choses.

Si l'état de sa santé pouvait faire craindre une fin prochaine tu me l'écrirais de suite et je t'enverrais un pouvoir suffisant pour empêcher l'apposition des scellets me réservant de faire un voyage à Nantes si ce malheur arrivait, je t'aurais envoyé dès aujourd'hui ce pouvoir, mais la procuration de mon mari, ne m'autorisant que jusqu'au premier août prochain j'ai préférer attendre une prolongation de pouvoir afin de te donner le mien pour un tems plus long.

J'aurai répondu plutot à ta lettre du mois d'octobre dernier si je n'avais pas attendu une réponse de mon mari à qui j'avais écris pour savoir s'il connaissait le préfet ou quelqu'un qui put avoir quelque influence sur son esprit ; mon mari changeant continuellement de lieu mes lettres sont souvent perdues ou ne lui parviennent qu'après avoir été renvoyées dans cinq ou six endroits ce qui demande beaucoup de tems je croyais bien qu'il ne connaissait personne qui put te servir et malheureusement cela s'est vérifié, sois persuadé qui si je me trouvais à même de pouvoir t'être utile je ne serais point paresseuse pour t'annoncer quelques bonnes nouvelles et si cela peut m'arriver un jour je ressentirai un plaisir plus vif que celui que je pourrai te faire mais je te prie de n'être envers moi ni rancuneux n'y susceptible et de croire à mon bien sincère attachement.

Je t'embrasse ainsi que ta femme et tes enfants.

HUGO *née* TREBBUCHET.

Lettre de Marie-Joseph Trébuchet à Sophie Hugo (1).

Nantes, 20 avril 1809.

Ma chère Sophie,

Je réponds à ta lettre du 12 Avril que je n'ai reçue qu'hier et qui m'a beaucoup affecté. Je vais combattre tes objections et je me plais à croire que les nouvelles observations que je vais te faire, te rappelleront à des sentiments plus conformes à nos intérêts.

Je commencerai par une observation générale. Notre grand'père aurait manqué à l'esprit de justice et à la probité qui le caractérisent, s'il avait cherché dans les arrangements rédigés par lui à favoriser une communauté aux dépens de l'autre. Bellet et moi, sommes ainsi que toi de la première communauté, et comme toi intéressés à nous assurer que nos droits étaient entièrement conservés par les dits arrangemens. Nous aurions été ignorants de les signer s'ils avaient portés atteinte à ces mêmes droits, et de mauvaise foi s'ils avaient été nuisibles aux intérêts de la deuxième communauté. Tous, nous avons voulu la conservation de nos droits mais rien de plus ; nous désirons seulement une jouissance assurée et qui ne pût être contestée des dits droits. Notre grand'père remplit donc nos désirs à tous, lorsqu'au *commencement de l'an* 12, il s'occupa de mettre de l'ordre dans ses affaires de famille et de rédiger deux règlements des intérêts de ses deux communautés, *établis sur ses titres et papiers* dont malgré son grand âge il fit une recherche difficile et longue et un examen pénible. Aussi nous rendîmes grâces au ciel de ce qu'il lui avait inspiré un tel projet, et de ce qu'il lui avait donné assez de forces pour le mettre à exécution. Le résultat de ce travail important qui assurait d'une manière claire et juste à chaque communauté ce qui lui appartenait, nous semblait alors devoir éviter un jour des discussions et peut-être des procès qui paraissaient probables dans la confusion où se trouvaient tous ces papiers qu'il aurait été impossible de débrouiller, chose que notre grand'père pouvait faire lui seul. Nous nous félicitâmes donc tous de cette opération essentielle, et nous nous en félicitâmes surtout, parce que nous pensions que notre approbation eut été unanime, et que nous n'aurions eu qu'à partager ses biens à l'amiable, sans discussion et sans frais, conformément aux bases arrêtées par notre grand'père et approuvées par nous à l'exception de toi. Tu dois te rappeler que dans ce temps là (dans l'an 12) je t'écrivis une longue lettre à ce sujet par laquelle je te faisais connaître comment nos droits respectifs avaient été réglés. Je dois donc être péniblement affecté aujourd'hui que je vois les objections que tu fais contre cette opération qui établit avec justice nos droits à chacun et qui m'avait semblé propre à entretenir entre nous tous l'union et l'intelligence si nécessaires pour terminer nos partages. Aussi je vais faire tous mes efforts pour répondre à tes objections d'une manière satisfaisante.

1re *objection*. Les droits de la 1re communauté sont mal établis dis tu en ce qu'il n'est pas stipulé que la moitié des 6.000 francs que notre grand'mère apportait en mariage et qui fut employée en achat de biens fonds, appartiendrait à ses enfants, qui conséquemment seraient autorisés à prélever le bien payé avec cette fortune. Il est dit par l'article 1er que nous prélèverons en *fonds d'héritage* à dire d'experts jusqu'à la con-

---

(1) Cette lettre est une copie, faite par Marie-Joseph Trébuchet, de la lettre envoyée à Sophie.

currence des dits 3.000 francs *sur les acquets faits pendant le 1er mariage*. D'après cet article nous avons donc le droit de prélever nos 3.000 francs *en biens fonds*, et il est entendu que ce sera de préférence les objets acquis avec ces 3.000 francs ; ce que nous connaîtrons à l'instant de nos partages, notre grand père devant nous remettre tous nos titres. Au surplus en supposant même que nous prélevions indistinctement pour 3.000 francs de biens sur tous les acquets du 1er lit, je crois que nous n'y perdrions pas car tu conviendras qu'attendu la non valeur actuelle des propriétés et surtout des vignobles, nous aurions à estimation d'experts, plus de biens pour 3.000 francs que cette somme n'a du en procurer en 1747, époque où les biens étaient à un très haut prix.

2me *objection*. — Tu dis que tu ne signeras rien que tu n'ayes vu les *pièces*, parce que ce sont elles qui doivent établir nos droits et non pas des *déclarations*, surtout dans l'état de faiblesse de tête où se trouve notre grand père.

Mais je te le dis encore, ces pièces confondues avec les autres papiers de notre grand père, auraient été de l'hébreu pour nous, s'il ne les avait pas lui-même réunies et classées ; et ce sont ces pièces ainsi mises en ordre *qui ont servi de base aux dites déclarations*, qui conséquemment présentent nos droits, d'après ce qui résulte des pièces. Je serais fâché que tu signasses aveuglément : Tous les titres seront communiqués à toi ou à ton fondé de pouvoir.

Sur la déclaration ou règlement pour la 2me communauté, à chaque *article d'acquets, la date du contrat y est indiquée* ; ainsi nul doute et par la rédaction et la date des contrats, que les dits articles n'appartiennent à cette 2me communauté. Les contrats existent, je les ai vus. Sur les déclarations pour la première, il est dit après les 22 articles détaillés, que *tous ces objets ont été acquis d'avec Mr Mignaud, Jean Braud, le Sr Guilbaud et autres*, et ces contrats existent également. Tout sera représenté à ton fondé de pouvoir qui, s'il mérite ta confiance, ne signera rien sans être convaincu que tes intérêts ne sont pas lésés. Quant à ce que tu dis sur la faiblesse *actuelle* de tête de notre grand père, je t'observerai que les dites déclarations ne viennent pas d'être rédigées actuellement ; mais que c'est au *commencement de l'an* 12, ainsi qu'il est dit ci-dessus, et alors notre grand père jouissait pleinement de toutes ses facultés morales et surtout de sa mémoire ; ce qui le prouve c'est le travail même.

3me *Objection*. — Tu me marques aussi que je t'annonce que quelques acquets, désignés à la 1re communauté pourraient être contestés par la 2me, parce qu'ils ne sont pas expliqués clairement, et tu ajoutes que tu ne voudrais pas en profiter *aux dépens de cette 2me communauté*.

Je n'ai point voulu te dire qu'il y avait des doutes sur la véritable destination de ces articles, parce que les contrats prouveront facilement qu'ils font partie des acquets du 1er lit ; mais j'ai voulu te faire entendre qu'à la simple lecture de la déclaration qui nous concerne, plusieurs articles, tels par exemple que les maisons de Bordiers qui sont en assez grand nombre seraient difficiles au premier moment à distinguer. Autant que toi je serais fâché que la 2me communauté *fut frustrée par surprise* et tu en es surement convaincue.

4me *objection*. — Une autre raison, ajoutes-tu, qui t'aurait empêchée de signer cette déclaration, c'est qu'elle est injurieuse à la mémoire de notre père, représenté comme un aventurier qui vend tout et laisse ses enfans à la merci des premiers venus.

Je conviendrai avec toi que notre grand père aurait pu employer des expressions plus convenables pour faire connaître que notre père était forcé à cette vente par des circonstances impérieuses ; mais je dirai aussi qu'il ne le représente pas comme un aventurier, car si cela était, j'aurais été bien peu délicat de signer, avant d'avoir fait supprimer ce qui pouvait flétrir la mémoire de notre père. Notre grand père n'a jamais eu un style fleuri et élégant ; il a toujours écrit à peu près comme il parlait, sans détour comme aussi quelquefois avec un peu de rudesse.

Cependant je remarque que dans l'article dont tu te plains, il dit qu'avant de partir pour son *dernier voyage*, il fit une vente de tout son mobilier, et ces mots *dernier voyage*, font connaître le motif de la vente.

Quant à l'embarras qu'il dit avoir eu de nous, à la mort de notre père, cela me paraît vraisemblable, puisqu'il resta chargé de notre éducation et de pourvoir à nos besoins ; ainsi que cela est prouvé par le payement des pensions et entretiens faits à Mme veuve Dugay, en 1781, 1782, 1783 et 1784, et je remarque que ce n'est qu'en *1786* qu'il parvint à toucher quelque chose provenant des appointements de notre père. Je dois donc croire que les dites quatre années de pension ont été avancées de ses fonds particuliers, car je ne puis supposer qu'il eut *antérieurement à 1786* touché pour nous de l'argent dont il ne ferait nulle mention et ne nous tiendrait pas compte. Une semblable idée serait de ma part une injustice et une ingratitude.

Le compte qu'il nous rend ensuite des 4.000 francs restants me parait juste, et en effet, les soins qu'il a pris de chacun de nous ont certainement absorbé au delà des 667 francs qui revenaient à chacun dans cette somme. Je me rappelle très bien que mes frères en sortant de chez Mme Dugay furent comme moi nourris et élevés par notre grand père, qui non seulement leur fit apprendre à lire et à écrire chez Mr Dupas et chez Mr Duval au Pilory, mais encore les mit à la pension Kerhervé pour faire leurs études. A la vérité, Auguste trop léger n'apprit pas grand chose, mais mon frère aîné plus studieux étudia avec assez de succès le latin et eut une belle écriture. Je me rappelle une lettre de lui écrite de Brest à notre grand père, dont l'écriture, l'orthographe et le stile prouvaient qu'il avait reçu une assez bonne éducation. En ajoutant à ces frais de nourriture, d'entretien et d'éducation, les dépenses que notre grand père faisait à chacun de leurs voyages, pour leur procurer tous les effets nécessaires, nous trouverons certainement que les 667 francs qui leur revenaient de la succession de notre père ont dû être bien insuffisants. Je me rappelle encore que plusieurs fois Auguste revenant de ses voyages, était dans un dénuement absolu, les effets étant perdus ou volés, et qu'il fallait à notre grand père faire de nouvelles dépenses pour le voyage suivant.

Quant à Madelon, j'ai toujours entendu dire que notre oncle de Rennes s'était engagé à payer la moitié de sa dot, qu'il avait même chargé le curé de St-Laurent de compter, et que mon grand père avait compté l'autre moitié.

Pour l'article qui te concerne j'avouerai que n'ayant point été *toi seule*, à la charge de notre grand père, il aurait bien pu parler des 712 francs qu'il a déboursés en argent, pour toi, et au contraire te tenir compte comme à moi, des 667 francs nous revenant ; mais il a considéré que tu avais reçu chez Madame Robin notre tante commune, les frais qu'il m'a donnés à moi-même, et qu'au résultat tu te trouvais aussi favorisée que moi, puisque indépendamment des bienfaits de la sœur de notre père, il t'avait compté au delà de la dite somme de 667 francs. Relativement à l'intérêt de cette modique somme de 667 francs *ainsi que de ta petite portion dans les biens de notre grand' mère*, il me semble que tu ne peux les demander, 1° en considération des sacrifices que l'on a fait pour tes frères et sœurs ; 2° parce que si tu élevais cette prétention, les enfans de la 2me communauté, pourraient également demander compte *depuis leur majorité des revenus des biens de leur grand'mère* laquelle demande aussi fondée que la tienne, produirait en leur faveur, seulement pour les biens de Monnières, estimés environ 250 francs de rente, une somme considérable.

Sois donc bien persuadée, ma chère Sophie, que si Bellet et moi nous sommes dans le tems empressés de signer cette déclaration, c'est que nous sommes convaincus, qu'elle était conforme à l'équité et conciliait nos intérêts respectifs. Je te répèterai même que la 2me communauté aurait eu des objections à nous faire relativement à l'avantage qui résulte pour la 1re communauté de la dite déclaration. Notre grand père a, après la guerre civile qui avait tout dévasté, fait de grandes dépenses sur les biens de son premier mariage à St-Fiacre pour la reedification de la maison principale et des maisons de bordiers qui avaient été incendiées ; pour la réparation des pressoirs et autres logements etc. Toutes ces dépenses ayant été payées avec ses fonds particuliers et pendant la continuation de la 2me communauté, cette dernière communauté aurait eu le droit à une reprise de la moitié du montant de toutes ces sommes ; mais pour nous donner une preuve de son désir de tout terminer à l'amiable, elle a abandonné cette prétention et a signé *sans réservation* la déclaration qui nous fait profiter de tout. Cet objet, je pense, doit plus que balancer la petite perte que tu appréhendes sans fondement, sur le prélief des 3.000 francs de biens fonds.

Les causes de la gêne où se trouve réduit notre grand père sont 1° la guerre de la Vendée qui l'a privé de ses revenus pendant plusieurs années, et l'obligea, lorsque la paix fut établie à des dépenses énormes, tant pour faire relever les maisons incendiées et remplacer son mobilier que pour la culture des vignes depuis longtemps abandonnées ; 2° son état de paralysie pendant bien des années ce qui nécessita des achats de médicaments de toute espèce, et d'avoir auprès de lui, médecin, chirurgien, garde-malade ; c'est durant cette maladie qu'il épuisa l'argent qui lui restait. Dans le même temps il fut privé de sa place de juge.

Par suite de ces évênemens malheureux il a donc été réduit au seul revenu de son bien qui, attendu la guerre maritime, qui empêche l'exportation des vins, lui a produit chaque année, très peu de chose. J'estime que net et quitte, il n'a pas retiré annuellement 7 à 800 francs de ses propriétés qui, en temps de paix pourraient valoir 12 à 1500 francs de revenu. Déduisant de ces 700 francs les 150 francs de rente produit par les 3000 dus sur les acquets de la 2me communauté et les 225 de loyer, il restera 325 francs somme bien insuffisante pour lui, Jeannette et Marion, lesquelles sont toujours restées chez lui, et sont bien recommandables par tous les soins qu'elles ont eu et qu'elles ont pour lui. Les veilles et les fatigues ont singulièrement altéré la santé de Jeannette, qui dans l'état de faiblesse où il est toujours, ne peut le quitter ni jour ni nuit et veille sans cesse auprès de lui. Marion devient indispensable pour la cuisine et pour faire les choses nécessaires dans le ménage.

Ces détails doivent te faire voir qu'il n'est pas étonnant qu'il ait contracté pour environ 3.500 francs de dettes, et qu'inévitablement il sera obligé d'en contracter beaucoup d'autres, si nous ne nous empressons de mettre un terme à cet état de choses.

Jé présume qu'une somme de 1200 fr. sera suffisante pour subvenir aux besoins et aux dépenses de notre grand père ; ainsi le revenu de ces propriétés, dans ces tems malheureux, ne pouvant produire net plus de 7 à 800 francs, nous aurions à nous répartir entre nous environ 400 francs nécessaires pour completter les 1200 francs que je pense devoir suffire ; Ainsi si nous convenons de payer tous également la même somme, étant 7 héritiers, les dits 400 francs ne feraient pour chacun qu'une modique somme de 57 francs par an, que nous aurions à payer en sus du produit de nos lots respectifs, qui tous réunis ne présenteraient, d'après mon calcul approximatif ci-dessus, qu'environ 800 francs net de revenu.

Par ce léger sacrifice d'une cinquantaine de francs chacun par an, nous aurons la satisfaction de mettre nous-mêmes, notre grand père à l'abri du besoin, et nous aurons l'avantage de nous conserver un bien qui maintenant sans valeur par suite des circonstances de la guerre, est susceptible, lorsque ces circonstances n'existeront plus, de doubler de revenu comme avant la Révolution. Et puis, chacun connaissant sa portion après les partages pourra l'améliorer et en surveiller l'exploitation.

Si tu le désirais et afin de ne point les morceller, nos trois lots resteraient indivis sous la surveillance de ton fondé de pouvoir, et nous en aurions chacun la moitié, dans le cas que nous nous arrangerions avec notre sœur pour son tiers. Je pense aussi qu'il nous serait avantageux d'acquérir conjointement avec Bellet, les prétentions de la 2me communauté à St-Fiacre, par la raison que nous aurons des conditions favorables, et que les biens, presque sans valeur à présent, doubleront de prix à la paix.

Si, au contraire, des entraves imprévus s'opposent à ces partages si avantageux pour tous, il en résultera que notre grand père s'adressera à des étrangers pour emprunter à de gros intérêts des sommes qui seront hypothéquées sur ses biens personnels, ou que pour doubler son revenu, il vendra à rente viagère ces mêmes biens personnels ; et indépendamment de la perte qui en résulterait pour nous, nous aurions la triste perspective de voir, au décès de notre grand père notre bonne intelligence troublée et des dissensions entre nous, dont les frais finiraient par absorber entièrement les restes d'un héritage qui nous échapperait par notre faute.

Je t'en conjure, ma chère Sophie, réunis toi à nous pour l'exécution d'un projet commandé par notre intérêt et notre devoir et dont l'inexécution causerait beaucoup de chagrins à un vieillard, à qui, je le sais, j'ai plus d'obligation que personne, mais qui nous aime tous et qui désire bien vivement, voir toutes nos affaires se terminer, afin nous dit-il de mourir content et sans inquiétude. Sois bien convaincue que si je n'avais été intimement persuadé que tout est basé sur la justice la plus scrupuleuse et appuyé de titrés justificatifs, je n'aurais rien signé, car enfin, mes intérêts ne sont-ils pas les mêmes que les tiens, et pourquoi veux-tu que moi, qui suis sur les lieux, qui étais à même de tout vérifier, de tout examiner, pourquoi penserais-tu, Sophie, que j'aye été assez irréfléchi pour donner mon approbation à un acte contraire aux droits de la 1re communauté dont comme toi, je fais partie. Au reste, mon amie, les objections que tu fais, ne se réduisent qu'à trois principales, la 1re est relative aux 3000 francs de prélief, la seconde concerne les expressions employées à l'occasion de la vente de nôtre père, et la 3me est sur la rédaction de l'article qui te concerne. Je crois avoir refuté la 1re et démontré que les deux autres étaient sans importance ; d'ailleurs, elles portent sur si peu de choses, qu'en les supposant fondées, le faible avantage qui dans ce cas pourrait en résulter pour la 1re communauté, ne balancerait certainement point les inconvénients graves qui résulteraient pour cette même communauté, ainsi que pour la 2me, de ton refus d'accéder aux partages. Néanmoins, je pense que, pour ta satisfaction, il sera facile de changer les expressions qui t'ont paru inconvenantes dans la déclaration précitée, et lequel changement sera approuvé par nous tous à la fin de cette pièce.

Puisque tu as le projet de venir à Nantes, au décès de notre grand père pour assister à nos partages, viens-y plutôt maintenant que ces partages sont plus nécessaires qu'ils ne le seront à cette époque, car si on attend jusque là je crains bien, par les raisons déduites plus haut, qu'il n'y ait rien ou presque rien à partager. Je t'en prie, au nom de toute la famille, viens à Nantes pour que nous puissions terminer promptement ces partages indispensables. Toutes les pièces sur lesquelles les arrangements antérieurs sont établies, te seront communiquées, tu prendras connaissance de tout ce qui a été fait et de tout ce qui reste à faire ; tu pourras te consulter à des avocats de ton choix sur les dits arrangements ; nous irons ensemble à St-Fiacre, je te ferai tout voir ; nous opérerons de concert, et ta présence au milieu de nous, en resserrant les liens de notre ancien attachement, évitera dans la famille une mésintelligence que ton refus pourrait faire naître et qui serait bien nuisible à nos intérêts communs. Enfin, ma chère Sophie, jamais ton voyage à Nantes n'aura été plus nécessaire ; rends-toi donc à nos vœux à tous, pars le plus tôt possible, car notre grand père me demande souvent si j'ai reçu ta réponse, et je lui ai jusqu'ici répondu négativement, en lui en faisant espérer une favorable à ses désirs et aux nôtres ; c'est pourquoi, je lui ai laissé ignorer ta dernière lettre ainsi qu'à nos cointéressés dans l'espérance que tu te décideras enfin à venir ici pour tout terminer à l'amiable. Bellet et Lenormand auraient été bien affectés de tes plaintes à leur égard ; leurs intentions sont bonnes et ils ont beaucoup d'attachement pour toi, et en cette considération tu dois oublier les expressions de leurs lettres qui ont pu te blesser.

Ma femme et moi te réitérons l'offre d'un lit chez nous, où nous te recevrons avec le plus grand plaisir et le mieux qu'il nous sera possible ; tu nous ferais de la peine si tu nous refusais.

Adieu, ma chère Sophie, j'attends avec bien de l'impatience ta réponse à cette lettre, dans l'espérance qu'elle m'annoncera ton départ pour Nantes, et ton intention de te réunir à nous pour procéder conjointement à des partages devenus indispensables dans les circonstances actuelles.

Lettre de M. Lenormand-Dubuisson à sa petite fille Sophie Trébuchet-Hugo. Inédite (1).

Nantes ce 4 mai 1809.

Je ne me serais jamais attendu ; Sophie, à une indifférence et un oubli de ta part à mon égard telle que tu me laisse depuis environ 9 à 10 ans, sans me donner de tes nouvelles ni de celles de ton mari, qu'elle en serait la cause ? et ce qui m'étonne et a lieu de m'étonner encore davantage, c'est le retard que tu apportes à te rendre aux invitations de ton frère et de tes cousins pour les arrangements que j'ai proposé et qui ont été reconnus justes et respectés par tous mes enfants et petits enfants, à l'exception de toi seule qui paraît t'y refuser, pourquoi ? Crains-tu avoir été moins bien traitée, pense-tu que j'ai été capable de te nuire au profit de ton frère, ta sœur et tes cousins, tu me jugerais bien mal ?... non, je n'ai pas eu une pareille intention ! dans le règlement que j'ai fait il y a environ 5 ans dont ton frère t'a envoyé copie, j'ai apporté une scrupuleuse attention à établir la justice et les droits de mes deux communautés et ceux de chacun de vous tous en particulier, et sur cela ma conscience est restée parfaitement tranquille.

L'état de gêne où je me trouve à mon grand âge de 86 ans a porté ton frère et tes cousins à vouloir venir à mon secours en offrant d'acquitter mes dettes et de m'assurer le morceau de pain pour les derniers jours de ma triste existence, parce que je leur ferai l'abandon de mon bien, dans lequel ils trouveront à s'indemniser de ce qu'ils me fourniront, n'y aura-t-il donc que toi qui t'y refuserais ? Je me plais à croire que non. Mais dans le cas où tu y persiste je me verrais obligé de faire la cession de mon bien propre en faveur de ceux qui auront la bonne volonté de m'aider dans mes nécessités, je t'en préviens afin que tu fasses tes réflexions, et je veux que cela se termine sous peu ; je vais cependant encore attendre ta réponse jusqu'au 24 du courant, si d'ici cette époque je ne reçois pas une solution définitive de toi, j'agirai et prendrai les moyens nécessaires pour faire cesser ma gêne.

Je t'embrasse ainsi que tes enfants et suis avec amitié.

Je certifie la présente copie de lettre conforme à celle que j'ai écrit à Sophie Trébuchet femme Hugo, ma petite fille, demeurant à Paris rue St-Jacques près l'église, N° 250. LENORMAND.

Lettre de Sophie Hugo à son frère Marie-Joseph Trébuchet.

20 à 29 mai 1809 (1).

Je ne t'ai pas répondu plutôt mon cher frère pour la raison qui a retarder ma

(1) M. Lenormand-Dubuisson a mis en tête de la lettre la note suivante : « Copie de la lettre que j'ai écrit à Sophie Trébuchet ma petite fille. » Seule, la signature est de l'écriture de Lenormand-Dubuisson.

(1) Marie-Joseph Trébuchet a écrit sur l'original les mots suivants : « Lettre sans date reçue le 29 mai 1809 « ainsi qu'il est constaté par le timbre de la poste. »

réponse à notre grand père j'ai écris à Hugo sur toutes les propositions faites mais pour te parler franchement je ne crois pas qu'il les acceptent notre position précaire nous défend de nous engager à faire des rentes à personne car si demain je perdais mon mari je serais bien loin de pouvoir faire honneur à des engagements de cette espèce ou je serais obligée de faire vendre ma part du fond pour payer les rentes que j'aurais consenties puisque ces rentes doivent s'élever au dessus du revenu réel du bien ce que je ne conçois pas ; tu me dis que notre grand père ne retire que 700 francs de revenu de tous ces biens je vois que les biens de Monnière sont estimés 300 fr. de rente reste donc pour les biens de St-Fiacre des 2 communautées 400 fr. de rente. Comment se fait-il que des biens que je vois estimés 14000 francs pour la première communauté et 6000 francs pour la 2me ne rapportent que 400 fr. quand ils devraient en rapporter 1000 fr., puisque le total du fond est de 20000 fr. Cette estimation est donc vicieuse puisque le fond qui ne rapporte que 400 francs de revenu ne doit être estimé que 8000 fr. tu me dis qu'ils valaient cela avant la Révolution je le crois mais ce n'est pas cette valeur dont il s'agit aujourd'hui c'est celle qu'ils ont actuellement c'est le prix qu'on en trouverai si on les mettait en vente qui doit servir de base pour fixer le revenu qu'on peut faire et non point la valeur qu'ils ont eue ou celle qu'ils auraient par la suite. Car qui peut prédire quand des circonstances favorables leur donneront une valeur plus forte que celle qu'ils ont aujourd'hui et puis supposant un tems plus favorable n'en coutera-t-il rien pour les remettre dans l'état ou ils étaient avant les dévastations de la guerre de la Vendée et ou ils pouvaient valoir effectivement cette somme.

Il me reste donc de la lecture de tout ce que tu ma envoyé et écris qu'en supposant que la 2me communauté nous abandonna ses droits à St-Fiacre ce serait d'après cette estimation de 6000 francs que les arrangements avec notre sœur seraient basés sur l'estimation des 14000 francs ou on fait monter les acquiers de la 1re communauté en sorte que nous aurions à faire la rente d'un fond estimé 20000 fr. à notre grand père c'est-à-dire 1000 fr. de rente et que réellement ce fond ne vaut que 8000 fr. puisqu'il ne rapporte que 460 fr. de revenu et que si le bien de St-Fiacre nous restait en entier aux Bellet et à nous nous aurions nous deux 200 francs de revenu pour en faire 500 à notre grand père sans compter le supplément si il trouvait cette somme insuffisante pour ses besoins chose à quoi on s'engage par un article de l'arrangement sans spécifier la somme et après sa mort nous aurions un tiers de cette rente de 500 francs à payer à notre sœur c'est-à-dire 166 fr. 10 s. et pour toutes ces choses nous aurions 200 francs de rente.

J'oubliais de parler des dettes mon grand père me dit dans sa lettre que ses enfants s'engagent à les payer il me serait bien impossible d'y contribuer pour ma part n'ayant pas d'argent en réserve tu me dis toi qu'elles seraient hypothéquées sur les biens, nous serions dans ce cas obligés d'en payer la rente ce qui augmenterait encore le fardeau, tu me parle de grands avantages pour nous dans ces arrangements, je t'avoue que je n'y vois rien que des charges ; au reste je serais très fâchée que tout ceci fut entre nous un sujet de brouillerie, j'espère que non et que vous serez tous assez raisonnables pour sentir que j'ai bien le droit de ne pas prendre d'engagements quand je crains de ne pouvoir les remplir.

Je te remercie de tes offres obligeantes, si j'avais pu faire le voyage de Nantes j'en aurais certainement profitée, mais il m'est impossible pour le moment de quitter mes enfants, il y en a deux de malades, peut-être irai-je à la fin de l'été, j'aurai bien du plaisir à t'embrasser ainsi que ta femme et tes enfants que je désire beaucoup connaître, je vous prie tous deux de me conserver votre amitié et de croire à la mienne.

HUGO, née TREBUCHET.

Tu liras ma lettre à mon grand père

tu verras que je lui parle d'un moyen pour le tirer d'embarras qui concilierait tout, quant à la vente de ses biens personnels à rente viagère à quelqu'un de ses enfants je suppose qu'aucun de nous ne serait assez peu délicat pour acheter de lui quand il est presque en enfance et le faire accuser à juste titre de mauvaise foi.

Lettre de Marie-Joseph Trébuchet à Sophie Hugo. Inédite.

Nantes 6 juin 1809.

MA CHÈRE SOPHIE,

J'ai reçu ta lettre sans date, le 29 mai dernier, ainsi qu'il est constaté par le timbre de la poste, et notre grand père a aussi reçu le même jour celle que tu lui a écrite ; alors tout était terminé entre nous irrévocablement. — Ta première lettre en réponse à mes propositions, par laquelle tu déclarais formellement ne vouloir acquiescer à rien, ton long silence sur ma réplique à cette lettre et en troisième lieu ton retard à répondre à celle de notre grand père en laissant passer le 24 mai, terme qu'il t'avait fixé pour te déterminer ; tout se réunissait pour nous convaincre que tu persistais dans ton refus de te réunir à nous. En regrettant de ne pouvoir agir de concert avec toi dans nos arrangements de famille, nous sentions qu'ils ne pouvait être différés plus longtemps et qu'il était instant de prendre un parti qui put faire cesser l'état de gêne de notre ayeul et sauver le reste de sa fortune.

Notre premier projet de faire un partage de son vivant suivant les droits de chaque communauté et de lui payer en sus du revenu de nos lots respectifs une petite somme additionnelle qui ajoutée à ce revenu fut suffisante pour le faire vivre, ce premier projet, dis-je, devenait inexécutable d'après ton opposition, attendu que la loi déclare que les partages de présuccession sont nuls quand toutes les parties intéressées n'y coopèrent pas. Il fallait donc trouver un autre moyen. Nous nous sommes à cet effet adressés à Mr Angebault, avocat estimé et généralement considéré ; nous lui avons tout communiqué, et nos arrangements antérieurs et nos projets actuels et les motifs qui nous faisaient agir. Il a bien voulu nous éclairer par ses conseils et nous diriger dans nos opérations.

Le seul moyen qui se présentait et qui fut autorisé par la loi, était la vente à prix d'argent des biens personnels de notre grand père qui conséquemment pouvait les vendre pour une somme convenue et à chacun pour la portion qu'il lui plaiser fixer. Son intention était de vendre à Lenormand, à Bellet et à moi, chacun pour un tiers comme représentant nos branches ; ce qui était avantageux pour la première communauté représentée par les enfans Trebuchet, qui à ce moyen devenaient propriétaires des 2/3 des biens paternels dans lesquels cependant ils n'étaient fondés que pour la moitié et la 2me communauté pour l'autre moitié. Mr Angebault a donc rédigé l'acte de cette vente des biens paternels ; laquelle nous est faite 1° moyennant la délégation de 4371 francs de dettes ; 2° à la charge aussi de payer à Guérin les 1.500 francs supportables par les dits biens paternels dans les 3.000 francs dus par les acquits de la 2me communauté, et 3° en réservant sur les mêmes biens paternels les 1.500 francs qu'également ils supportent dans les 3.000 francs d'acquits au profit du premier mariage ; les autres 1.500 francs sont dus par la portion d'acquets maternels ; lesquels acquets maternels de la première communauté non compris dans la vente nous appartiendront en entier.

Je t'envoie une copie de l'état des dettes dont nous nous sommes chargés par l'acte précité, et de la répartition faite à ce sujet entre ma branche, celle de Bellet et celle de Lenormand.

Suivant cette répartition, ma branche a à payer 1.457 fr. 2 sols, mais dans cette somme je n'ai eu à payer de suite que 150 francs à la veuve Guérin. Quant aux trois autres créanciers, j'espère qu'ils ne seront payés qu'au décès de notre grand père, époque où nous jouirons sans aucune charge de notre portion et où nous aurons plus de facilité pour nous acquitter.

Enfin, ma chère Sophie, cette vente est aussi favorable à notre communauté qu'il est possible, et bien certainement les avantages excèdent les charges. A la vérité par le traité faisant suite à cet acte de vente, nous nous engageons à faire à notre grand père pendant sa vie, une pension annuelle de 940 francs, qui ajoutés aux 260 francs montant du revenu de Monnière que Lenormand seul est obligé de lui payer, forment la somme de 1.200 francs, que nous avons jugée suffisante pour pourvoir à tous ses besoins ; ci à compter par an — 940 francs.

Mais il convient de déduire sur ces 940 francs ce que nous retirerons chaque année du revenu du bien de St-Fiacre, dont le produit général peut être de 12 à 1400 francs, mais dont on est obligé d'abandonner au fermier la moitié pour le mettre en état de faire les engrais devenus indispensables et qui coûtent beaucoup ; ci pour moitié du revenu environ : 640.

Reste à avancer pour compléter les 940 : 300.

Dans laquelle somme de 300 francs ma branche supporte le tiers ; ce qui fait 100 francs à payer annuellement à notre grand père par toi, Madelon et moi et pour chacun de nous 33 francs.

Et encore il nous a abandonné 36 barriques de vin dont le produit nous aidera beaucoup, soit pour nos frais de partage, soit pour lui payer sa pension jusqu'aux vendanges prochaines.

Il résulte de cet aperçu établi avec toute l'exactitude possible, que ce que nous aurons à payer chaque année à notre grand père en sus de ce que nous toucherons, n'excèdera pas 40 francs.

Tu vois aussi par cet aperçu que le revenu de Monnière n'était pas compris dans les 700 francs portés approximativement pour St-Fiacre dans ma précédente lettre, et que cette somme ne fait que la moitié du revenu, puisque le fermier jouit de l'autre moitié, en considération des dépenses qu'il est obligé de faire pour graisser les vignes qui depuis nombre d'années ne l'avaient point été.

Ainsi le revenu total pourrait donc être maintenant de 12 à 1400 francs. Je n'exagérais donc point quand j'estimais ce bien environ 20.000 francs. Je suis même persuadé qu'actuellement on n'aurait pas de peine à le vendre 18.000 francs, puisque Mr Gareau a vendu 16.000 francs le sien qui n'est pas plus considérable que le nôtre, et était en très mauvais état lorsqu'il le vendit. Le nôtre, au contraire, est en bon état, et à la fin de la ferme nous pourrons en prendre l'exploitation nous-mêmes, avec d'autant plus d'avantage qu'il sera en bon rapport et que nous n'aurons plus à sacrifier à un fermier la moitié du revenu pour le cultiver et l'améliorer.

Ce dernier paragraphe répond aux calculs que tu fais par ta dernière lettre.

Je me résume. Cette vente est légale parce qu'elle est autorisée par la loi ; elle ne blesse les intérêts de personne. puisque les trois branches Bellet, Lenormand et Trebuchet y participent pour une égale portion, et que personne n'en est écarté ; elle n'est point surprise, puisque depuis deux mois il en est question, que tu en as été informé et que d'ailleurs notre grand père jouit de toute sa raison ; elle n'est point faite à ton exclusion, ni pour te nuire, puisqu'un article du traité te met à même d'y participer. Ainsi donc si tu refuses d'y concourir, c'est que tu la trouveras plus onéreuse que profitable, et nous ne pourrons être accusés d'avoir agi à ton détriment, puisqu'il aura dépendu de toi de te réunir à nous pour jouir des avantages qui peuvent résulter de cet acte, dont Mr Angebault t'envoie lui-même copie, ainsi que du traité qui en est la suite, par lettre chargée à la poste ; ce qui te mettra à même de prendre une détermination que nous te prions de nous faire connaître avant le 28 de ce mois, terme du délai qui t'est fixé par le traité. Je désire beaucoup pour tes intérêts et les nôtres que ta réponse soit favorable, car si elle l'est, tout en conservant tes droits dans les biens paternels, tu t'éviteras et à nous les frais de partage qui seraient considérables si nous étions obligés de partager juridiquement ; ce que ton refus nous forcerait de faire, car notre intention est d'en finir et de connaître nos droits d'une manière certaine et légale, maintenant que nous connaissons nos charges. Si donc tu ne veux point prendre part à la vente qui nous délaisse tout ce qui est *paternel, nous n'avons plus d'indivis avec toi que pour les biens maternels,* dont la succession est ouverte depuis longtemps, et que d'après cela, le code civil nous autorise à faire partager de suite.

Ton adhésion à cette vente aplanira toutes les difficultés. Nos experts estimeront et partageront de suite tous les biens, ainsi qu'il est expliqué dans le Traité et les lots se tireront au sort. Dans celui qui m'écherra, toi et Madelon y aurait chacune un tiers.

Je vais pour preuve de mon désir de tout concilier et de te voir participer à nos arrangements de famille, te faire une proposition qui doit fixer tes incertitudes et détruire tes objections. Je me charge d'administrer la portion qui sera définitivement assignée à ma branche par le partage à intervenir ; j'agirai pour nous trois ; je recevrai les revenus et produits ; et je me chargerai de toutes les charges, dépenses, etc... mais comme ces revenus seront insuffisants pour faire face à toutes ces dépenses, il est attendu que les avances que je serai obligé de faire pendant ma gestion, me seront remboursées par toi et notre sœur pour votre tiers, et cela seulement au décès de notre grand père, époque où je vous rendrai à chacune mon compte qui présentera à la recette tout ce que j'aurai pu retirer de nos biens communs et à la dépense les payements de pension, frais, etc... dettes même que j'aurais pu acquitter ; le tout appuyé de pièces et quittances justificatives ; et je consens que ce qui me reviendra par le résultat de la Balance soit imputé sur vos portions respectives qui se trouveront d'autant réduites.

Cette proposition a l'avantage de concilier tes intérêts avec ton désir d'être utile à notre grand père, et sans débourser un sol, tu coopéreras à un projet indispensable pour l'amélioration et la conservation de ses propriétés qui entre nos mains seront mieux surveillées et pourront un jour nous dédommager, par plus de valeur, des petits sacrifices que nous sommes obligés de faire aujourd'hui.

Si tu acceptes cette proposition, tu sens qu'il faut que tu m'envoies sans délai, ta procuration dont le modèle est ci-joint. Tu m'as écrit que la procuration d'Hugo finissait le 1er août prochain, ainsi tu as le droit de me transmettre maintenant tes pouvoirs, et j'attends ta réponse avant le 28 du courant, terme du nouveau délai qui t'est accordé.

Lettre de Sophie Hugo à son frère Marie-Joseph Trébuchet. Inédite.

Paris, 19 septembre 1810.

Je prends bien part à ta douleur, mon cher ami, et quoique l'âge avancé de notre grand père eut du nous laisser peu d'espérance de le conserver encore longtemps on n'est pas moins frappé de cette séparation subite et éternelle d'avec les siens ; c'est une des grande souffrance de l'humanité et que chaque homme doit ressentir plus d'une fois dans sa vie pour les objets de ses plus tendres affections ; jusqu'à ce que lui-même fasse pleurer à son tour ceux qui restent après lui tâchons donc de nous soumettre à cette nécessité cruelle.

Je te remercie bien de l'offre obligeante que tu me fais d'un logement chez toi si j'allais à Nantes, cela me serait très agréable et bien certainement je ne descendrais pas ailleurs ; mais il ne m'est pas possible de quitter Paris actuellement ; peut-être le pourrai-je cet hiver et alors j'aurai le plaisir de faire connaissance avec ta famille ce que je désire depuis longtems je t'envoie le pouvoir que tu me demande.

Adieu, mon ami, porte toi bien et crois à ma sincère amitié.

HUGO, née TREBUCHET.

Mes enfants et moi nous vous embrassons tous.

Je soussignée Sophie TREBUCHET épouse de Joseph HUGO autorisée par lui donne pouvoir à mon frère Joseph Marie TREBUCHET de me représenter dans les affaires de la succession de notre grand père René LENORMAND ; promettant d'avouer tout ce qu'il fera

Paris le 19 septembre 1810

HUGO, née TREBUCHET.

Lettre de Marie-Joseph Trébuchet à Sophie Hugo. Inédite.

Nantes, le 24 novembre 1810.

MA CHÈRE SOPHIE,

Dans l'espérance que tu m'aurais adressé une autre procuration plus authentique nous avions fait annoncer par les feuilles publiques, la vente des meubles pour le 5 de ce mois ; l'huissier, le frippier et le juge de paix étaient prévenus et tout était préparé.

N'ayant point reçu cette nouvelle procuration et ne pouvant cependant différer la vente, j'ai prié et fait prier le juge de paix de se contenter de celle que tu m'avais précédemment adressée et il s'y est déterminé en exigeant seulement qu'elle fut timbrée et enregistrée, formalité que j'ai remplies et qui ont suffi pour la régulariser. Après le tarif des scellés, la vente a eu lieu le 5 novembre jour annoncé.

Tu verras par le compte de la vente, ci-joint, N° 1 que le restant à partager entre les enfants de la 1re communauté toutes déductions opérées, n'est que que de 340 fr. 70. Je ne t'envoie pas expédition du procès-verbal de cette vente afin de t'éviter des frais, mais tu pourras en faire prendre communication chez Pouponneau quand tu voudras.

Etant de notre intérêt de régler et terminer promptement toutes nos affaires, dès le 22 octobre dernier, nos experts arbitres nommés par le règlement du mois de pluviose an 12 et dernièrement par Bellet et moi comme fondé de pouvoir de nos co-intéressés, ont procédé à l'estimation et ensuite aux partages des biens.

Tu te rappelles sûrement, ma chère sœur, que par ma lettre du 6 juin 1809, je t'ai prévenu que poussés par les motifs puissants que je t'avais fait connaître, nous avions tout en regrettant de te voir persister dans ton refus acquis de notre grand père tous ses biens personnels par acte du 28 mai 1809 et traité du même jour dont Mr. Angebault avoue t'envoyer copie par lettre chargée à la poste, et moi je te fis passer aussi l'état des dettes de notre aieul, montant à 4371 francs. Pour te déterminer à te réunir à nous, je t'offris par la même lettre, de faire pour toi comme pour notre sœur Madeleine, toutes les avances et payements nécessaires à l'exécution de nos engagements avec notre grand père, et que tu me rembourserais seulement à son décès. Tu as laissé cette lettre sans réponse ; et certes l'acquisition faite par nous des biens paternels, indépendamment de ce qu'elle est légale, n'a rien de contraire à la délicatesse et à la plus sévère probité puisque personne n'en a été exclu qu'elle n'a point été faite secrètement et qu'au contraire toutes les tentatives ont été faites auprès de toi pour te déterminer à y concourir, à la condition bien entendu que comme nous, tu coopérerais à supporter la charge et à acquitter la dette, obligation résultant de cette vente. Ton obstination à cet égard a donc du nous persuader que tu trouvais cet acte plus onéreux que profitable et que tu ne voulais point partager les risques que nous courions de perdre, si notre grand père eut vécu encore plusieurs années.

Néanmoins, ma chère Sophie, aujourd'hui que mon pauvre grand père n'existe plus, et que la vente dont il s'agit, présente de l'avantage, l'intention de notre sœur et de moi, est que tu participes comme nous aux bénéfices qui peuvent en résulter. En conséquence il te revient un tiers dans ma portion des *biens paternels* acquise par moi et Madelon, et de plus aussi un tiers dans ce qui revient à notre branche dans les biens maternels de la première communauté les experts arbitres ayant estimé séparément les biens de chaque communauté ainsi que tu le verras par l'extrait ci-joint du *procès-verbal d'estimation N° 2*, il a été facile d'établir un droit dans les biens paternels acquis et dans la portion maternelle de la première communauté.

Ce règlement de nos droits est clairement fait par le *partage dont je t'envoie copie N°* 3. Bellet et moi étant personnellement aux (?) droits de Lenormand et de sa tante ainsi que je te l'expliquerai à la fin de cette lettre, et de plus .vous représentant en qualité de vos fondés de pouvoir, il a paru aux experts arbitres, aussi simple qu'avantageux aux intérêts communs de faire seulement deux lots des biens, l'un pour Bellet, l'autre pour moi, sauf à nous, à vous faire raison de votre portion dans notre lot suivant vos droits établis et réglés à la fin du partage. Il résulte de ce partage que comme Madelon, tu es intéressé dans mon lot 1° pour 1397 fr. pour ton tiers dans une portion des biens paternels acquis ci. 1397,88

Et 2° pour 1145 fr. 16 pour ton tiers dans la portion revenant à une branche dans les biens maternels de la première communauté à. . 1145,16

Total. 2543,04

Sauf à toi à me rembourser ta portion dans les avances et les payements faits par moi et dans les achats (échanges) résultat de l'acte de vente du 28 mai 1809.

Toutes ces dépenses sont détaillées et justifiées dans le *compte que je te remets N° 4* lequel présente aussi les recettes que j'ai faites relativement aux biens dont il s'agit. Chaque article est appuyé de notes ou d'explications nécessaires à l'intelligence de mon travail. Les pièces au soutien sont jointes au même compte rendu à notre sœur et je te les ferai passer si tu le désires.

Par le résultat de ce compte chacune de vous me doit 563 fr. 18.8 qui déduits des 2543 fr. 4 montant de ses droits dans mon lot, laissent à ma charge une somme de 2006 fr. 6.4 dont je te suis définitivement redevable pour solde de tes droits soit comme acquéreur soit comme héritier dans les biens paternels et maternels.

RESUME (1). — A la suite de quoi, tu es exempte de toute solde ou compte.

Participant à notre acquisition tu as droit à 2006 fr. 6.4 autrement tu n'aurais droit qu'à 1451 fr. 94.

Il fait un compte détaillé pour arriver à ce résultat et il lui prouve qu'elle gagne 555 frs.

Il y a eu grande exactitude dans toutes ces opérations. Si tu veux discuter, je veux bien m'en rapporter à deux arbitres.

Il s'agit maintenant du mode de paiement des 2006 fr. 6. Si tu veux des biens fonds, il y aura des frais d'expertise occasionnés par le morcellement du lot. Je préfère te compter intérêts jusqu'au paiement de la somme hypothéquée sur biens à moi échus.

Tout cela est compté sur un revenu de 592 fr. 90 quand en réalité il est de 363 fr. 90.

La maison principale rapporte 229 fr. revenu net mais je n'en retirerai pas un sol elle sera commode pour l'exploitation.

Grand père avait aussi des dettes pour 600 francs, dus à divers. Nous voulons les payer mais je n'en ai pas fait compte. Lenormand et notre tante nous avaient cédé à Bellet et à moi tous leurs droits dans les biens de St-Fiacre (et il explique longuement la cession). Ton opposition aux arrangements fit que je ne t'en ai point parlé ; Madelon ne voulut point non plus augmenter son fardeau, Bellet et moi nous avons couru les chances alors nous devons seuls jouir des avantages qui nous dédommageront des chances courues, des fonds avancés, des engagements pris.

Je te rappelle l'espérance donnée de venir nous voir. Je végète à la Préfec-

(1) Nous donnons, pour la fin de cette lettre, un résumé succinct.

ture, quoique chef du Secrétariat : appointements modiques. Accepterais place en Espagne, si tranquillité renaissait dans ce pays ; si place en France, serais encore plus heureux. Fais connaître tes intentions sur cette lettre. Bonjour à Hugo.

Lettre de Sophie Hugo à Marie-Joseph Trébuchet. Inédite.

18 à 20 décembre 1810 (1).

J'approuve, mon cher ami, tous les arrangements pris par toi et je te l'aurais dit plus tôt sans une douleur de rins qui ma retenu quinze jours clouée dans mon lit, tu m'enverra une reconnaissance des deux mille francs, quant aux intérêts qu'il n'en soit pas question, et si j'étais la maîtresse, je t'abandonnerais même le principal, peut-être le pourrai-je un jour, au reste repose-t-en sur mon cœur et mon amitié pour toi.

Le crédit de mon mari ne peut rien dans ce pays cy, ce n'est qu'en Espagne qu'il pourra te faire placé, aie donc un peu de patience et sois sur que je travaillerai de manière quand il sera tems que les avantages que t'offrira l'Espagne te dédommagerons de la France, au reste je compte te voir bientôt et nous causerons de tout cela à loisir. Adieu, mes enfants t'embrasse, embrasse pour moi ta femme et tes enfants.

HUGO née TREBUCHET.

Mille amitiés à notre sœur.

Lettre de Sophie Hugo à son frère Marie-Joseph Trébuchet, n° 1, place Delorme, près le Boulevard, à Nantes, Loire-Inférieure.

Paris, 9 mars 1811.

Je part demain pour rejoindre mon mari, mon cher ami, et je n'ai que le tems de t'assurer de ma bien sincère amitié. Aussitôt arrivée à Madrid je t'écrirai et j'espère te donner de bonnes nouvelles, crois bien qu'une fois là, je ferai tout mon possible pour te tirer de ta pénible position, quand tu m'écriras ne me parle point de nos arrangemens de famille que je ne t'en parle la première.

Adieu, mon cher frère, embrasse pour moi ma sœur, tes enfants et crois à mon attachement et au vif désir que j'ai de t'être utile. Je t'embrasse.

Ta sœur,

HUGO née TREBUCHET.

Ne m'oublie pas auprès de nos parens en particulier notre sœur et Madame Mathis.

Lettre du Ministre de la Guerre, à Monsieur le Préfet de la Loire-Inférieure.

Paris le 24 décembre 1813.

Monsieur, vous m'avez invité à vous faire connaître qu'est devenu Mr. Hugo, qui était Maréchal de Camp au service d'Espagne. J'ai l'honneur de vous prévenir qu'il est du nombre des officiers qui étaient au service de sa Majesté Catholique, et qui ont demandé à passer à celui de France. Il a été autorisé à se rendre au Quartier Général de la Grande Armée.

Recevez, Monsieur, l'assurance de ma considération.

LE MINISTRE DE LA GUERRE.

Pour le Ministre et par son ordre :
L'Inspecteur en Chef aux Revues, Secrétaire Général.

Lettre de Lebarbier de Rinard, Inspecteur aux Revues à Monsieur Trébuchet.

26 décembre 1813.

Monsieur, le Général Hugo, sur le compte duquel vous me demandez des

(1) Marie-Joseph Trébuchet a mis la note suivante sur l'original : « J'ai reçu cette lettre le 25 décembre. »

renseignements par votre lettre du 18 de ce mois, était à Paris il y a trois semaines ; j'ai eu sa visite, mais je ne l'ai pas vu parce que je ne me trouvais pas chez moi : il ne m'a pas indiqué sa demeure, au moyen de quoi je ne sais s'il est encore à Paris ou non ; j'ignore où se trouve Madame Hugo et ses enfants.

J'ai l'honneur de vous saluer avec une parfaite considération.

LEBARBIER de RINARD.

Lettre du général Lucotte à Monsieur Trébuchet, chef du Secrétariat de la Préfecture, 1, place Delorme, Nantes.

3 août 1814.

MONSIEUR,

Je réponds à la lettre que vous m'avez fait l'honneur de m'écrire le 28 juillet dernier.

Monsieur le Général Hugo est toujours à Thionville et n'a pas quitté son poste : je demeure dans la même maison que Madame Hugo dont la famille est liée à la mienne : j'ai cru devoir remettre à votre sœur la lettre adressée à son mari et lui communiquer celle que vous m'avez écrite : Elle va vous donner les détails qui vous intéressent sur leur commune situation.

Depuis longtemps je n'ai pas reçu des nouvelles du général Hugo : mais je sais qu'il se porte bien : sa femme consacre tous ses moments à l'éducation de ses trois fils qui seront d'excellents sujets.

Agréez, Monsieur, l'assurance de toute mon estime.

Votre très dévoué serviteur,

Le Lieutenant Général,

LUCOTTE.

Lettre de Abel Hugo à Adolphe Trébuchet (1).

Paris, 20 avril 1820.

MON CHER ADOLPHE,

Nous n'avons tardé si longtemps à répondre à l'aimable lettre que nous avons reçue que parce que nous désirions envoyer à Nantes un exemplaire du premier volume du Conservateur littéraire, la poste refusant de se charger des livraisons séparées. Il accompagne cette lettre.

En vérité, mon cher cousin, je suis bien embarrassé pour la commencer, j'écris à *mon* cousin, si j'écrivais collectivement à *mes* cousins je serais moins empêché, mais ici l'expression me manque. Pour des parents, pour des amis, vous me semble trop cérémonieux, je prends donc le parti de t'écrire comme si je t'eusse déjà vu et pour commencer, je te dirai que ta lettre nous a fait à mes frères et à moi le plus vif plaisir, plaisir qu'ils se proposent eux-mêmes de te témoigner.

Nous avons toujours désiré beaucoup connaître des parents dont notre mère ne nous a jamais parlé qu'avec éloge, et tu ne nous aurais pas écrit le premier que nous aurions saisi l'occasion du Conservateur pour faire connaissance avec toi ; on est si heureux de trouver des amis parmi les personnes qu'attachent déjà à nous les liens du sang.

J'écris à mon oncle pour le prier d'accepter aussi un exemplaire du Conservateur, (si le Journal de Paris, tout ministériel qu'il est, mérite quelque confiance dans ses assertions), il s'occupe quelquefois de sciences et de littérature, je désire donc que cet ouvrage lui soit agréable. L'autre exemplaire t'es destiné et tu auras bien la petite complaisance de le prêter à tes sœurs, que je te prie d'assurer de mon amitié.

---

(1) *Le Figaro*, 12 mai 1886, en a donné quelques lignes que nous avons mises entre crochets. A cette lettre était jointe une lettre de Victor qu'on trouve très incomplète dans la *Correspondance 1815-1835*, pp. 6-7. *Le Figaro*, en la reproduisant, n'a commis qu'une faute insignifiante.

[Tu vas faire ton droit à Rennes, l'Ecole y est, dit-on, bien libérale ; j'aimerais mieux te voir étudier à Paris pour deux raisons 1° parce que les royalistes y sont en assez grand nombre], 2° pour une raison que je n'ai pas besoin de te dire. Je te souhaite néanmoins à Rennes tout le succès possible dans tes études.

Si tu as quelques petites commissions à Paris, tu me prouveras en m'en chargeant que tu attaches quelque prix à mon amitié. Je réclamerai de toi le même service si j'avais quelque chose à demander à Rennes ou à Nantes, des livres par exemple.

Tu n'as pas la même raison que nous pour faire attendre ta réponse, j'espère donc la recevoir bientôt, la mienne suivra promptement.

En attendant que je puisse te le dire de vive voix crois moi

Ton sincère ami,

ABEL HUGO.

Lettre de Eugène Hugo à Adolphe Trébuchet. Inédite.

Avril ou mai 1820.

MON CHER COUSIN,

Vous ne sauriez croire avec quelle joie nous avons reçu votre lettre et combien nous en avons été touchés ; il est si doux de se sentir attaché par de nouveaux liens à la terre et de voir que nous ne sommes pas encore tout à fait seuls dans cette grande solitude de la société humaine.

Vous nous offrez votre amitié, brave jeune homme, ah! nous l'acceptons avec bien de la joie, non pas comme une vaine formalité de convenance et de politesse, mais comme un noble traité d'alliance afin de nous aider à traverser courageusement la vie, ainsi qu'il convient entre gens qui s'estiment et à qui le même sang coule dans les veines.

Vous nous parlez de nos travaux littéraires, vous êtes bien bon de nommer cela des succès ; du moins vous n'y voyez qu'une chose, le plaisir que cela peut causer à maman, ah! mon cher Adolphe, nous sommes frères.

Ecoutez, écrivez nous souvent, non pas à tous, cela est si froid, mais à chacun, tantôt à l'un tantôt à l'autre, afin que nous puissions nous connaître et que nous n'ayons rien à nous apprendre le jour où il nous sera permis de nous voir.

Et vos sœurs, nos aimables cousines, assurez-les bien de notre sincère affection, et surtout cette grande Mademoiselle Joséphine qui écrit si bien, dites-lui que nous n'avons jamais oublié son aimable lettre de 1815, et que dans les diverses situations où nous sommes trouvés à cette époque, un de nos plus grands regrets a été de ne pouvoir y répondre.

Veuillez, mon cher Adolphe, assurer notre oncle et notre tante de notre respectueux attachement et surtout être l'interprète auprès de notre tante des vœux sincères que nous formons pour le rétablissement de sa santé.

Adieu.

Votre ami,

E. HUGO.

P.S. Maman fait ses compliments à mon oncle et à toute sa famille, dans quelques jours elle lui répondra en détail.

Lettre de Abel Hugo à Adolphe Trébuchet. Inédite (1).

Paris 25 mai 1820.

Maman dit, mon cher Adolphe, qu'il ne faut pas assommer les gens de ses lettres, je suis loin d'être de son avis sur ce point ; mais j'attendais qu'elle écrivit à ton père pour vous répondre à tous les deux. Elle doit le faire de jour en jour et se propose même d'écrire très longuement mais dans l'incertitude du jour

(1) Elle était accompagnée d'une lettre de Victor qu'on trouve dans *le Figaro*, 12 mai 1886.

où elle commencera sa lettre je me décide à la faire précéder de la mienne. Mes frères, mon cher Adolphe, n'ont pas été moins sensibles à tes louanges qu'à ton amitié, l'approbation de ses amis est beaucoup dans le monde et fait plus de plaisir que les éloges d'un étranger, quoiqu'elle soit souvent moins désintéressée ; car l'amitié aveugle parfois. Au reste, ce n'est pas à moi à me répandre en modestie pour mes frères et tout ce que je puis te dire c'est que nous devons toujours un grand plaisir au Conservateur puisqu'il a pu approcher l'époque où nous avons commencé à correspondre avec de si bons parents.

Je t'ai envoyé un exemplaire du premier volume et si je ne t'ai point encore adressé des livraisons du second, c'est qu'il faut que j'attende la fin du volume pour en faire partir par la poste de non timbrés. Ainsi tu ne perdras rien pour attendre. Tu auras vu par la XIIIe livraison que mon oncle a du recevoir, que Victor avait eu cette année un prix à Toulouse, Eugène n'avait point concouru. La pièce couronnée est insérée dans la XIVe qui suivra de près cette lettre. Tu nous parles d'aller à Nantes ; si les desseins de maman sont mis à exécution, vous la verrez probablement avec mes frères avant la fin de l'année ; quant à moi, il me faudra sans doute mettre encore ce voyage au nombre des vœux que j'aurai faits et qui n'auront pas été remplis.

J'irai peut-être dans la Vendée, peut-être avant la fin de l'année, car sait-on ce qui peut arriver, alors je ferai connaissance avec ces braves Vendéens sur lesquels tu promets des détails à Victor et alors tu peux compter que je ne négligerai pas le plaisir d'aller embrasser des parents que j'aime déjà tant ; mais tout en désirant de vous voir je désire bien que ce voyage dans la Vendée n'ait pas lieu, ce qui se décidera sans doute avant peu.

Je finis ici ma lettre, parce que Victor veut t'ajouter quelques mots ; *Monsieur* Eugène me charge de te *présenter ses respects* et moi je t'embrasse en te chargeant d'embrasser pour moi toute ta famille.

A. HUGO.

Lettre de Abel Hugo à Adolphe Trébuchet. Inédite (1).

Paris 29 mai 1820.

Mon cher Adolphe, tu connaissais l'inquiétude que cause le danger d'une mère, malheureux tu connais la douleur de l'avoir perdue, tu nous demandes des consolations, mon cher ami, hélas ! quelles consolations pouvons nous te donner autres que les larmes que nous répandrons avec toi. Tu n'as plus de mère, pauvre Adolphe, et des consolations n'apaiseront pas ta douleur. Il faut savoir la supporter toute pesante qu'elle soit. Tu dois montrer plus de courage que tes sœurs qui sont femmes et ce ne sont pas des larmes qu'attend ta bienheureuse mère. Elle attend plus de toi, tu nous demandes des consolations et tu en dois à ton père qui ne vit plus que pour ses enfants, tu en dois à tes sœurs auxquelles tu montreras l'exemple de la résignation. Tu pleureras ta mère dans la solitude et devant elles tu dévoreras tes larmes pour arrêter les leurs pour ne pas appeler celles de ton père. O mon ami, sois courageux, tu entres dans la vie par le chemin des douleurs, marches-y d'un pas ferme puisque tu n'es pas seul. Travaille, porte à ta mère l'hommage de tes succès, aie sans cesse présent à ta mémoire les principes de saine morale et de probité qu'elle t'a donnés. Fais le bien et pense qu'en faisant bien tu fais plaisir à ta mère absente. Tu ne te consoleras pas plus facilement mais tu auras plus de forces contre la douleur. Le souvenir de ta bonne mère sera pour toi un talisman précieux qui te fera traverser sans faillir les orages de la jeunesse et quand tu seras embarrassé de ce que tu devras faire, pense à ce que t'aurait conseillé ta mère et fais-le.

Enfin mon ami, songe que si elle n'est plus présente à tes yeux, elle n'en suit

(1) Victor joignit une lettre à celle d'Abel. *Le Figaro* l'a donnée (12 mai 1886). On en trouve aussi des fragments dans la *Correspondance 1815-1835*, pp. 7-8.

pas moins et de plus près toutes tes actions applaudissant à toutes les bonnes, et heureuse de la vertu de son fils.

Adieu, mon ami, embrasse tes sœurs pour moi et crois qu'il est impossible de prendre plus de part à votre malheur que vos parents de Paris.

Ton cousin,

A. HUGO.

Eugène t'écrira demain.

Lettre de Abel Hugo à Adolphe Trébuchet, 1, place Delorme à Nantes. Inédite (1).

Paris, 11 juillet 1820.

Je prends la lettre de Victor pour t'y ajouter un mot d'amitié. Ton voyage nous a vivement intéressés et ces messieurs se proposent de le renouveler avec toi lorsqu'ils auront le bonheur de vous embrasser. En attendant continue toujours à les entretenir de vos environs pour qu'au moins à leur voyage, ils n'y soient pas tout à fait étrangers, d'ailleurs, pour moi qui ne verrai pas de sitôt la *Vendée* vos descriptions vivantes m'y transportent en idée et je partage vos excursions sans en partager les fatigues. Mr. Decaze est enfin parti, son départ a coûté beaucoup à arracher, on craignait qu'il n'eût pas lieu, enfin, il est parti, bon voyage.

Je ne t'écris pas longuement, parce que si j'ai bonne mémoire, ta prochaine lettre m'appartiendra et alors je me réserve pour la réponse. En attendant je te prie de présenter mes respects à mon oncle et d'embrasser toute la famille pour moi.

Ton cousin et ami, A. HUGO.

(1) Cette lettre est comme encadrée par deux lettres de Victor. On les trouve avec quelques fautes dans *le Figaro* du 12 mai 1886 et dans la *Correspondance 1815-1835* (pp. 9-11) mais là elles sont très incomplètes.

Lettre de Eugène Hugo à Adolphe Trébuchet, 1, place Delorme (1).

Paris, 4 août 1820.

MON CHER ADOLPHE,

Nous avons lu avec bien du plaisir ta dernière lettre, (car tu sens bien que, quoique particulières, tes lettres nous sont communes) la description que tu nous fais de l'abbaye de la Meilleraye nous a vivement intéressés ; continue, mon cher Adolphe, le plus souvent qu'il te sera possible à nous donner ainsi des détails sur notre seconde patrie, en attendant que nous puissions la parcourir avec toi : ne t'effraie pas de cette idée que nous sommes Parisiens et que l'aspect des merveilles de la grande ville a dû nous dégoûter du reste du monde ; ce n'est certes pas à nous, à peine sortis des bancs, à te faire les honneurs des pompes de Paris, il est probable que ceux qui y vivent, s'y amusent, mais sois persuadé que si nous soupirons après un moment, c'est après celui, où nous quitterons tout ce fracas pour aller goûter auprès de vous les délices de la campagne.

[Nous avons reçu dernièrement deux excellents homards que vous nous avez envoyés ; ils étaient encore très frais] ; nous ne savons comment remercier notre oncle de ses bontés et de ses attentions. Maman compte lui écrire incessamment, elle n'en n'est empêchée que par les embarras du déménagement dans lequel elle se trouve depuis quinze jours.

Quant à la politique, l'état de Paris est assez tranquille ; le gouvernement a fait un pas vers le côté droit ; Mr. Benoît, l'ami intime de Mr. de Chateaubriant a été sur le point d'être nommé Ministre de l'Intérieur ; on ne peut cependant se dissimuler que les libéraux ne travaillent la populace : une grande partie des jeunes gens de l'école de Droit et de Médecine se répandent dans les cabarets avec les

(1) Cinq à six lignes de cette lettre ont été reproduites dans *le Figaro* du 12 mai 1886.

soldats et tâchent de les engager dans leur parti ; si les libéraux ont le dessous dans les élections, il est probable qu'ils parviendront à soulever quelques légions auxquelles ils feront proclamer la constitution des cent jours ; tel est du moins leur espoir, et le gouvernement ne peut guère s'y opposer qu'en changeant fréquemment les troupes de garnison.

Il vient d'éclater il y a trois ou quatre jours un horrible incendie dans les magasins de Bercy ; les journaux vous en auront donné probablement les détails, mais je ne crois pas qu'ils vous instruisent des bruits qui courent sur la cause de ce désastre.

Il paraît constant que le feu a été mis ; les journaux annoncent même qu'on a arrêté des incendiaires. Les gens du port prétendent que c'est la compagnie d'assurances qui a fait faire le coup pour jeter l'effroi parmi les propriétaires non assurés ; ils s'appuient sur le nombre des incendies qui est considérablement augmenté depuis l'établissement de cette compagnie ; cependant je tiens d'un commis de Mr. Thory lui-même, que la compagnie d'assurances n'avait assuré que pour 60.0000 francs de batimens et avait refusé d'assurer les marchandises.

Il paraît plus sensé de croire ceux qui prétendent que c'est l'entrepôt des vins de Paris qui a fait mettre le feu. En effet, sous Bonaparte, il était décidé qu'il n'y aurait pas de magasins à Bercy, et que tous les marchands de Paris seraient forcés d'entreposer à la halle aux vins ; le Roi ayant ensuite permis de bâtir des magasins hors des barrières, la halle aux vins est devenue inutile et l'administration a été ruinée.

Au reste, il faut espérer qu'il n'en sera pas cette fois-ci comme de l'incendie de l'Odéon ; trop de personnes sont intéressées à découvrir la vérité, pour qu'il soit permis à l'intrigue et à l'intérêt d'en étouffer encore une fois les indices.

Adieu, mon cher Adolphe, nous désirerions bien pouvoir aller cet automne en Bretagne ; mais nous désirerions bien aussi que tu vinsses cet hiver faire ton droit avec nous à Paris.

Ton affectionné cousin, E. HUGO.

Présente nos respects à notre oncle et assure tes frères et ta sœur de notre affection.

Ecris nous si tu ne reçois pas exactement le Conservateur littéraire. [Nous vous envoyons six exemplaires d'une Ode que Victor vient d'adresser à Mr. de Chateaubriand ; elle a été insérée dans le Conservateur], mais il en a fait tirer quelques exemplaires pour ses amis et les académiciens de sa connaissance.

J'oubliais de te dire de ne plus nous écrire à notre ancienne adresse, mais à celle-ci : Madame Hugo, rue Mézières, N° 10, faubourg St-Germain.

Lettre de Monsieur Trébuchet à son fils Adolphe chez Madame Hugo, rue Mézières n° 10. Inédite.

Nantes, 18 novembre 1820.

Nous avons reçu lundi, mon cher Adolphe, ta lettre qui nous apprend ton heureuse arrivée et l'accueil si affectueux que tu as reçu de nos bons parents de Paris. Nous avons lu et relu ces premiers détails de ton voyage ; chacun de nous a été touché des expressions de ta tendresse et pénétré de reconnaissance des marques d'intérêt et d'amitié qu'on t'a données. Tous nos parents et nos amis à qui j'ai communiqué ta lettre, ont aussi été enchantés de recevoir de tes nouvelles, particulièrement la famille Delajarriette, la famille Cosson, Mr. Delair, etc., etc.. Les demoiselles Cosson et Mademoiselle Gergaud, ont passé dimanche dernier la soirée avec ta sœur et nous avons beaucoup parlé de toi.

Le 14 de ce mois, j'ai chargé au roulage accéléré, à l'adresse de ma sœur, une caisse contenant des pommes, des châtaignes et du beurre, et pesant 50 kilos. Cette caisse arrivera le 21 au soir, à *Passy, barrière de Paris, chez Monsieur Pasteau, commissionnaire, entrepositaire* de Mr Bonjour. Les caisses expédiées pour Paris, s'arrêtent maintenant aux barrières, pour être ouvertes et visitées. Pour éviter s'il est possible l'ouverture de celle que je vous ai envoyée, ou du moins pour assister à cette opération, il est nécessaire que tu te trouves, ou un de tes cousins à la barrière de Passy, dans la journée du 22. Dans ta première lettre tu me marqueras si les objets qu'elle renferme sont arrivés en bon état. Tu diras à ta tante de mettre les châtaignes à l'air, au soleil et même à la chaleur du feu pour les faire sécher et les conserver. Informe-moi aussi, si tu as reçu le paquet que je t'ai adressé par l'intermédiaire de Monsieur Thibault, il contenait une lettre de moi et les exemplaires des Odes de Victor.

Monsieur Richer ayant entendu faire l'éloge de la relation de ton voyage à la Trappe, m'a demandé la livraison du Conservateur qui la contient. Il s'occupe d'un ouvrage sur cette abbaye et il réunit tout ce qui s'y rapporte.

Tu as sûrement connaissance déjà de la nomination de Mr le Comte Humbert de Sesmaisons et de Mr Revelière à la Chambre des Députés. Ils ont été élus à une grande majorité et au 1er tour de scrutin. Cette nomination a été accueillie dans le collège par le cri de Vive le Roi ! Vive les Bourbons ! Elle a été aussi apprise avec joie par le plus grand nombre des habitants de Nantes. Le soir l'enthousiasme a éclaté au spectacle en présence de Mr le Marquis de Lauriston, président du collège, qui s'y était rendu accompagné des nouveaux députés, du Lieut. Gal de la Division, du Préfet, du Maire, etc. Une loge magnifiquement décorée de draperies et d'emblèmes avait été préparée. On donnait *Adélaïde Duguesclin* et le *Berceau du Duc de Bordeaux*. Toutes les allusions à la naissance de ce prince, l'espoir de la France, ont été applaudies avec transport, malgré l'opposition d'une poignée de factieux qui ont eu assez d'audace pour siffler au commencement du spectacle les passages qui faisaient l'éloge de la famille de nos Rois ; mais enfin ils ont été comprimés par la masse et forcés de se taire.

Tu sauras aussi, mon cher Adolphe, que les libéraux après avoir dîné chez Mr. Colas, Ngt., se sont rendus, ayant Mr Haudaudine à leur tête, chez Mr de Saint-Aignan, lui faire hommage d'une coupe d'or en témoignage de leur reconnaissance d'avoir défendu ce qu'ils appellent *la liberté* et *les droits du peuple*. La Révolution nous a appris ce qu'ils entendent par *liberté* et *droits du peuple*.

On commencera lundi, 27 novembre 1820, rue des Bons Enfants, N° 3, maison Silvestre, la vente des livres de la bibliothèque de Mr. XXX... Le *vendredi* suivant, *premier décembre*, se vendront, savoir :

N° 911 du Catalogue. -- Histoire de France avant Clovis, par Laureau, Paris 1789. 28 in-12, br.

N° 912 du Catalogue. — Histoire des Français de St-Grégoire de Tours ; traduction de Marolle, Paris, 1668, 2 vol. in-8, bas.

Depuis long tems je désire ces deux ouvrages, particulièrement l'*Histoire des français de St-Grégoire de Tours* qu'on ne trouve plus aujourd'hui. Informe toi du prix réel de cet ouvrage, rends-toi à la vente le jour que je t'indique, et tâche de l'avoir à un prix raisonnable.

Le *samedi 25 novembre* on vendra aussi, dans le même lieu, un livre porté au N° 584 du Catalogue, de Mr D...t, et intitulé *Usages et Mœurs des Français*, par Poullin de Lumina, Paris, 1769, in-12.

Fais aussi en sorte de l'acheter à un prix raisonnable. Tu me feras connaître le montant de ces différents livres, et je te le ferai toucher par la première occasion. N'oublie pas d'écrire à Mr le Préfet pour le remercier de ses bontés pour toi, et pense aussi à m'instruire du résultat de tes démarches pour Auguste.

Nous attendons une lettre de toi après demain. Je t'écrirai dans 10 ou 12 jours — Joséphine te donnera de nos nouvelles la semaine prochaine. Je te ferai passer sa lettre par l'intermédiaire de Mr Thibault ou de Mr Allegret.

Continue, mon cher enfant, à me donner des détails sur tout ce qui t'arrivera ou t'intéressera à Paris. Es-tu installé à l'école de Droit ? Y as-tu des connaissances ? des amis ? Les professeurs te plaisent-ils ? Es-tu content de l'accueil que tu as reçu de Mr ? Ne me cache rien. Que je connaisse tes projets, tes désirs, tes plaisirs, tes besoins. Ouvre moi toujours ton cœur, mon cher Adolphe. Ton père doit posséder ton entière confiance. Tu trouveras toujours en lui un ami plein de sollicitude pour ton bonheur, et qui, pour l'assurer te donnera les conseils de l'amitié et de l'expérience. Laisse-toi aussi diriger par ta tante. Tu sais tout ce que je t'ai dit à cet égard ; elle doit, comme moi, avoir ta tendresse et ton entière confiance.

Tous ceux qui te connaissent t'embrassent et te font mille amitiés. Mais personne ne t'embrasse plus tendrement que ton père.

TREBUCHET.

Pour ma sœur.

Ma reconnaissance est bien vive, ma chère Sophie, et les expressions me manquent pour te l'exprimer comme je le voudrais ; elle est un lien de plus qui m'attache à toi et à tes enfans pour la vie. Dis-leur à tous que s'ils ont pour mon Adolphe une tendresse de frère, j'éprouve pour eux toutes les affections d'un père. Ces témoignages si touchants d'amitié que toi et mes neveux m'avez donnés, ont été dans mon malheur une bien douce consolation. Un jour viendra peut-être où je pourrai vous donner aussi des marques des sentiments inaltérables que vous m'avez inspirés et que je vous dois à tant de titres.

TREBUCHET.

Excusez mon barbouillage. Je n'ai pas le temps de relire ma lettre.

Fragment de lettre de Adolphe Trébuchet à son père. Inédit.

Novembre 1820 ?

. . . .

connaissances que j'aie ici valent bien la sienne, c'est pourquoi cela m'est très égal. Du reste il m'a très bien reçu, Victor était avec moi. Je joins ici deux lettres une pour Mr de Brosses et l'autre pour Mr Sallion. Je les ai laissé décachetées afin que tu puisses les lire.

Ma tante qui a causé avec moi de son mari m'a dit qu'il était maintenant à Blois où il vivait avec une pension de 8.000 francs, ils ont des arrangements ensemble.

Adieu, mon cher Papa, réponds-moi au plus vite, il me semble qu'il y a un an que je t'ai quitté ; j'ai besoin de recevoir de vos nouvelles, ce sera pour moi une grande consolation. Dis à ma sœur que je lui écrirai la prochaine fois.

Je t'embrasse de tout mon cœur, ma tante et mes cousins se joignent à moi.

Ton fils soumis et respectueux.

A. TREBUCHET.

P. S. — Ma tante doit t'écrire la semaine prochaine. Embrasse toute la maison pour moi. Dis à Louise que je pense souvent à elle ainsi qu'à ma sœur, ainsi qu'à Auguste, ainsi qu'à Prosper, ainsi qu'au petit Louis, ainsi qu'à la petite Hyacinthe. Ne manque pas de me donner de leurs nouvelles. Embrasse Mr Delair et ne m'oublie pas auprès de nos parents et amis ; présente mes respects à Mr. et Mme Delajarriette. Mes amitiés à notre Bureau. Rappelle moi au souvenir d'Allory.

J'oubliais de te dire que Victor et Eugène suivaient les cours de droit, ils en sont à leur 3me année ; Abel travaille chez un négociant.

Adieu encore une fois, je voudrais passer tout mon temps à vous écrire. N'oublie pas de me répondre bien vite. Je t'embrasse de tout mon cœur. Rappelle moi au souvenir de mes tantes les Religieuses et de Mme Mathis.

Mercredi soir :

Je reçois à l'instant ta lettre, mon cher papa, il est impossible de te peindre la joie que j'en ai ressentie. Je te remercie de la bourse, c'est sans doute de l'ouvrage de ma bonne sœur ; embrasse la une fois de plus. Victor me charge de te témoigner sa reconnaissance. Il est très content de l'impression de ses Odes.

On dit ce soir que le Roi d'Espagne s'est mis à la tête de quelques troupes pour marcher contre les Cortès. Adieu, mon cher papa, Daniel attend ma lettre avec impatience pour la remettre à Thibaud l'aîné, qui s'en charge et qui part demain. Daniel ne peut pas te répondre par ce courrier.

Lettre de Eugène Hugo à son oncle Trébuchet (1).

Paris, 10 août 1821.

MON CHER ONCLE,

Je ne sais si je dois vous écrire à Nantes ou à St-Fiacre, dans tous les cas comme j'ignore cette dernière adresse, je vais vous adresser cette lettre à Nantes comme de coutume.

C'est le dimanche 29 juillet que nous avons reçu votre première lettre par Mr de la Jarriette. Il est difficile d'avoir des manières à la fois plus franches et plus polies que ce Monsieur. Nous l'avons reçu avec toute la joie avec laquelle nous devons recevoir un ami de notre oncle qui nous apporte de ses nouvelles, cependant, quand il a été sorti j'ai regretté que la faiblesse de ma vue ne m'eut pas permis de lire distinctement son nom placé à la première ligne de votre lettre. J'aurais désiré lui témoigner à lui-même que nous le connaissions déjà, et qu'Adolphe ne nous avait pas laissé ignorer toute l'affection qu'il porte à votre famille qui est maintenant devenue la nôtre.

Mon cher oncle, nous avons été bien vivement touchés de tout ce que Monsieur Delajarriette nous a dit de vous, de la part que vous avez prise à notre douleur, et du désir que vous avez de nous voir à Nantes, et nous aussi, mon cher oncle, nous le désirons bien vivement et le vide que le départ d'Adolphe a laissé au milieu de nous nous le fait chaque jour désirer davantage.

Nous attendons toujours papa, qui est en convalescence dans les environs de Blois, nous pensions qu'il serait ici pour le 19, maintenant nous l'attendons pour le 30, nous l'attendons avec d'autant plus d'impatience que toute espérance de voyage est subordonnée à son arrivée, et à la durée de son séjour à Paris.

Deux jours après avoir reçu votre lettre par Mr Delajarriette, nous avons reçu celle d'Adolphe. Vous aviez bien voulu, mon cher oncle, en écrire une partie afin que rien ne manquât à notre joie. Nous avons lu avec beaucoup de plaisir les détails du voyage d'Adolphe. Pendant la semaine qui a suivi son départ, nous avions été attentifs à tous les changements de tems, à cause de lui, et nous pensions qu'il avait eu un heureux tems parce que la pluie n'a commencé à Paris que le dimanche soir 22 juillet, à peu près à la même heure où nous voyons par sa lettre qu'il est arrivé chez vous.

Victor ne peut pas encore donner à Adolphe des détails sur son petit voyage, comme il le lui demande, car depuis le départ d'Adolphe il n'est pas resté deux jours de suite à Paris, il est continuellement en tournée dans les environs. [Il paraît qu'au moment de la rupture avec le ministère, Mr de Chateaubriand s'occupait de lui faire avoir quelqu'une de ces places honorables que l'on donne aux gens de lettres, où l'on a rien à faire et où l'on touche des appointements.] C'est un petit malheur dont on se console facilement en voyant tant d'autres affaires bien plus importantes qui ont été également manquées.

[Mon cher oncle, vous nous remerciez de l'attachement que nous avons eu pour Adolphe c'est bien plutôt à nous de vous remercier pour nous avoir envoyé un ami aussi agréable. Maman le disait bien qu'Adolphe était celui qui répandait la joie dans la maison]; c'est une vérité que nous sentons maintenant plus que jamais et une des choses que nous regretterions si nous ne connaissions la bonté de son cœur, ce serait de n'avoir pu lui rendre notre maison plus gaie, mais telles ont été les funestes circonstances où nous nous sommes trouvés durant cette fatale année, à peine avons-nous eu la

(1) *Le Figaro*, 19 mai 1886, cite deux courts passages de cette lettre ; nous les mettons entre crochets.

joie de nous voir réunis un instant, qu'il n'a plus fallu songer qu'à nous consoler mutuellement.

C'est bien plutôt à nous, mon cher oncle, à vous remercier pour toute l'affection que vous avez la bonté de nous témoigner, nous ne savons comment vous exprimer notre reconnaissance, nous nous bornerons à vous assurer que nous la sentons bien vivement, et vous nous croirez parce qu'il est un ton qui ne trompe point.

Nous songeons aussi souvent à nos petits cousins et à notre cousine, vous nous permettez de les regarder comme des frères, ah! puissions-nous être bientôt réunis comme des frères doivent toujours l'être.

Adieu, mon cher oncle, soit que nous allions vous rendre visite à Nantes, soit que cela nous soit absolument impossible, puissiez-vous passer agréablement votre automne avec nous ou sans nous, et puissions-nous être présents à votre souvenir comme vous le serez continuellement au notre.

Je suis avec respect, mon cher oncle, votre dévoué et affectionné neveu.

E. HUGO.

L'ouvrage d'Abel va paraître d'ici à 5 ou 6 jours, il a été retardé par les imprimeurs, Abel est désolé de ce retard, il espère dédommager les souscripteurs par les additions qu'il a faites à son recueil.

Lettre de Eugène Hugo à son oncle Trébuchet. Inédite.

Paris, le 1er novembre 1821.

MON CHER ONCLE,

Je commence par vous demander mille pardons de vous écrire sur un semblable papier, nous sommes ici au milieu des embarras d'un déménagement, et ce n'est même pas une chose facile que de trouver un écritoire et une place pour écrire.

Mon cher oncle, voici la fin des vacances, et nous attendons Adolphe avec autant d'empressement qu'il en a probablement peu à vous quitter. Nous espérons qu'il nous apportera d'heureuses nouvelles de vous et de notre aimable famille : je dis *notre*, car vous nous avez permis de considérer votre famille comme la nôtre ; et de tous les témoignages d'affection que vous avez bien voulu nous donner, celui-là est pour nous le plus sensible et le plus précieux.

Vous avez bien voulu nous envoyer dernièrement, mon cher oncle, l'ouvrage de Mr Richer, sur l'histoire de Bretagne.

Vous ne sauriez croire avec quel intérêt nous avons lu les détails sur un pays que nous pouvons considérer en quelque sorte comme notre patrie particulière.

Il est bien à désirer pour la littérature que Mr Richer continue cette entreprise qui, exécutée dans de pareilles proportions, et avec le talent dont Mr Richer a déjà fait preuve, ne peut manquer de donner à la France un magnifique ouvrage. Vous me permettrez en effet, mon cher oncle, dans l'impossibilité où je suis d'exprimer moi-même de vive voix à Mr Richer tout le plaisir que nous a procuré la lecture de ses ouvrages de m'en remettre à vous pour en être auprès de lui l'interprète ; ce n'est rien, nous le savons bien, que quelques opinions comme la nôtre, mais on peut en conclure par analogie pour le reste des lecteurs et l'opinion générale ne se compose que d'opinions individuelles.

Nous avons lu en même temps la charmante description que vous faites des bords de la Sèvre, mon cher oncle, nous n'avions pas besoin de cela pour désirer d'être auprès de vous et quand nous serons à Nantes nous aurons assez de bonheur en étant réunis avec votre aimable famille, pour ne pas désirer d'autres plaisirs, qui sans augmenter notre joie ne pourraient que nous en distraire.

Je voudrais savoir si Adolphe a lu dans le journal des Débats l'insertion de son voyage à la Trappe. Cela doit lui montrer que ce n'était pas seulement pour lui faire plaisir que nous avions inséré ce morceau dans le Conservateur, et que d'autres que nous en avaient senti tout le mérite. Il est remarquable, en effet, que ce n'est pas dans le Conservateur, mais dans le journal de Marseille qui l'avait répété que le journal des Débats a pris la relation de son voyage. Si Adolphe se rappelle avoir entendu dire à la maison combien il était difficile de faire insérer des articles dans le journal des Débats, il doit être bien fier et bien glorieux, et d'autant plus que cela s'est fait sans la moindre sollicitation, et qu'en reconnaissant son article dans le journal des Débats nous avons été aussi agréablement surpris qu'il a pu l'être lui-même.

Mon cher oncle, je ne sais de quelle expression me servir pour vous exprimer combien nous sommes honteux du retard apporté à la publication de l'ouvrage d'Abel, il a fallu que nous voyons de combien d'affaires il est obsédé pour ne pas lui en vouloir au dernier point, le retard nous est d'autant plus pénible que nous sentons combien il doit vous être désagréable. Il va cesser, parce que, dans l'impossibilité où se trouve Abel depuis trois mois de suivre cette affaire, je vais me charger moi-même de presser les imprimeurs ; mais nous n'en aurons pas moins un million d'excuses à vous adresser pour les embarras que nous vous aurons causés.

Mon cher oncle, permettez-moi de vous dire adieu, et de nous rappeler au souvenir de notre aimable famille que nous n'oublierons jamais ; le moment le plus heureux de notre vie sera celui où nous pourrons vous exprimer combien nous vous sommes attachés autrement que par une lettre.

Daignez agréer, mon cher oncle, l'assurance du profond respect avec lequel j'ai l'honneur d'être

Votre très humble et très obéissant neveu,

E. HUGO.

Lettre de Abel Hugo à son oncle Trébuchet. Inédite.

Mai 1822 ?

Mon cher oncle, je serais le plus coupable de nous trois, si je n'avais une excuse à vous présenter sur la lenteur que j'ai mise à répondre à votre aimable lettre. Mais vous n'ignorez pas que quand on est aux prises avec les avoués on n'est pas le maitre de son temps. De plus, j'aurais voulu ne vous écrire qu'en vous envoyant les exemplaires de mon ouvrage, dont on fait la Table et qui vous parviendront *très* prochainement. Vous avez eu la bonté de nous renvoyer les 30 fr dont nous étions redevables à Adolphe, que votre volonté soit faite. Dites-lui que nous avons loué le second de la maison dont nous occupions le premier et le rez-de-chaussée. Il y aura place pour lui, mais je ne crois pas que mes frères veuillent se décider à manger à la maison il sera forcé de recommencer ses dîners vagabonds. Je ne puis encore rien vous dire sur notre position elle est toujours provisoire. Il faudra que je fasse un voyage à Blois si Papa ne vient pas à Paris. Je voudrais bien pousser jusqu'à Nantes et je m'engage à faire tout ce qui sera en mon pouvoir. Adolphe vous dira combien je désire embrasser tous nos parents de Nantes et vous serez convaincu que si je ne vous vois pas, c'est qu'il y aura complète impossibilité. En attendant, veuillez, s'il vous plait, recevoir l'assurance de mon respectueux attachement.

Votre tout dévoué neveu,

A. HUGO.

J'embrasse bien tous vos enfants. Adolphe verra cet hiver tous nos amis *lettrés* réunis. De Vigny et de Pons sont à Paris.

Lettre de Adolphe Trébuchet à son père. Inédite.

Paris, 8 juin 1822.

MON CHER PAPA,

Voici enfin l'ouvrage d'Abel et c'est bien ici le cas de dire qu'il ne faut désespérer de rien. Je t'envoie avec, la liste des souscripteurs. Il y avait quelques personnes qui avaient souscrit pour des exemplaires cartonnés, mais il eut été trop long d'attendre cette nouvelle préparation et nous avons préféré les envoyer tels qu'ils sont ; dans ce cas les souscripteurs qui ont souscrit pour des exemplaires cartonnés de 4 fr ne paieront que 3 fr. 50. Il s'est, je crois, égaré une ou deux souscriptions mais je pense que tu as les noms de celles que tu nous a envoyées. Tu trouveras dans le même paquet un exemplaire vélin pour toi et deux exemplaires du même ouvrage en Espagnol. Tu n'y comprendras pas grand chose mais c'est égal. Tu pourrais peut-être en faire remettre un exemplaire en ton nom à la Bibliothèque de Nantes. Il y a en tout y compris le tien trente volumes, dont quatre vélin sans compter ton exemplaire.

J'ai reçu mercredi dernier ton ouvrage sur Anne de Bretagne, ce qui m'a fait beaucoup de plaisir.

Madame Dumesnil et Mr Foucher ont été bien touchés de cette marque de ton souvenir et ils m'ont chargé de te faire agréer leur reconnaissance et leurs remerciemens. Mr Foucher doit t'écrire pour te remercier. Victor a porté hier au Duc de Rohan l'exemplaire qui lui était destiné. Cet aimable jeune homme a chargé Victor de te dire combien il était sensible à cette démarche de ta part, et il te prie de recevoir tous ses remerciemens. Mes cousins ont également été bien flattés des exemplaires qui étaient pour eux. Tu as eu tort d'appeler le Duc de Rohan *Monseigneur* ; jamais on ne l'appelle ainsi, ce n'est pas l'usage ; de même qu'en parlant de la *bienveillance dont il honore Victor,* c'est trop fort ; car Victor et lui sont ensemble comme je suis avec Esmein (?) pour le moins ; ils s'appellent *mon cher ami,* etc., etc. Tu aurais peut-être dû ne pas mettre à Mr Foucher bon bourgeois, je suis *avec respect,* c'est comme à un ministre ; de la considération eut été assez ; du moins voilà les usages de saluts à Paris et où on est très scrupuleux la dessus. Voici les observations que Victor et moi avons faites. J'aurais aussi bien préféré que tu eusses mis en tête de ton ouvrage ton nom et tes titres ; c'eut été mieux et on eu sçu au moins qui tu étais, car cette signature vient on ne sait comment à la fin de ta notice. Pardonne-moi ces observations, mon cher Papa, peut-être ai-je tort ; mais pas du moins selon les usages de Paris. Du reste, malgré toutes ces petites choses, ta notice est on ne peut plus intéressante ; ces signatures de la fin font le plus bel effet. Le style en est parfait, c'est du moins l'avis de mes cousins. Ces messieurs s'occupent de toi pour les journaux. Le journal des Débats et la Quotidienne doivent annoncer ta notice ces jours-ci ; la Foudre, les Lettres Champenoises et un autre journal doivent insérer également des articles sur toi ; et j'espère que d'autres journaux en parleront encore. Malgré cela je crains bien qu'il ne puisse pas s'en vendre à Paris, mais du moins ces différents articles feront beaucoup d'effet à Nantes et dans la Bretagne et faciliteront nécessairement la vente de ton ouvrage car tu sais qu'on attache en province un grand prix aux journaux de Paris. Nous sommes obligés de donner deux exemplaires de ta notice à chaque journal qui en parle, sans cela ils n'en diraient rien. Il ne nous restera donc pas beaucoup d'exemplaires qui je pense bien ne se placeront pas ; car même à Paris on a beaucoup de peine à vendre les ouvrages de Victor. (Nous avons mis le prix à 1 fr. 50).

Tu trouveras dans mon paquet deux exemplaires du recueil de Victor pour toi et le Préfet. Si j'avais su que les ouvrages d'Abel fussent aussi tôt prêts j'aurais envoyé en même temps ceux de Victor ; mais tu ne recevras pas mon paquet longtemps après celui-ci. Tu y trouveras également une longue lettre de moi et une de Madame Dumesnil pour toi et une autre pour Monsieur Palis (?).

Dis-moi donc comment tu t'es arrangé avec Mellinet pour ton ouvrage.

J'oubliais de te dire que je porterai à Monsieur de Brosse en même tems que ton ouvrage les romances d'Abel.

Je n'ai pas le temps, mon cher papa, de répondre à ta jolie lettre que m'a apportée Billiard ; je ne te parlerai que de la famille Lafosse. Mr De Lafosse bon royaliste, a été, comme je te l'ai déjà dit, ruiné dans la révolution. Il est maintenant valet de Chambre du Roi, place assez belle et qui ne se donne qu'à des gentilshommes. Mr De Lafosse n'étant pas riche et trouvant dans Mr Hue un parti honnête, d'autant plus que Mr Hue a quelque chose devant lui et que l'établissement qu'il veut former représentait sous d'heureux auspices, lui a donné sa fille aînée âgée de 28 ans et qu'il aurait peut-être difficilement mariée n'ayant pas de fortune. Mr Hue a 45 ans. Ce que je puis encore te dire c'est que cette aimable famille me comble de prévenances et me témoigne beaucoup d'amitié. J'y dîne encore lundi prochain avec Saint-Valry.

Victor a dit à Pélicier, chez lequel je vais remettre les exemplaires de ton ouvrage, d'envoyer à Mellinet 3 douzaines d'exemplaires de son recueil. Tu aurais dû faire imprimer sur ton recueil à la suite du titre : chez Mellinet, etc., et chez Pélicier, libraire, etc. Mais j'espère bien que tu en auras une seconde édition et alors on verra. Tu peux toujours être sûr d'avoir tous les articles et annonces qu'il est en notre pouvoir de te procurer. Tu en as déjà 5 d'assuré et c'est déjà plus que Victor n'en a pour son recueil.

Adieu, mon cher papa, je t'embrasse et t'aime et te respecte comme on aime et respecte le meilleur des pères.

ADOLPHE.

P. S. — Mes cousins vous font à tous mille amitiés.

Lettre de Mr Angebault, chanoine de Nantes (1), à Adolphe Trébuchet, élève en droit, Paris. Inédite.

Nantes, 27 juin 1822.

MON BON AMI,

Je ne puis vous exprimer tout le plaisir que m'a fait votre excellente lettre : Je l'ai lu, relu et je suis allé en faire hommage à Monsieur votre père pour lui faire partager tous les sentiments que j'éprouvais. Elle respirait une naïveté, une franchise qui m'enchantait et je suis bien convaincu d'ailleurs que vous ne sauriez jamais feindre avec moi ; c'est un art que le monde peut commander quelquefois, mais que l'amitié bannit toujours et en parlant d'amis j'aime à me rappeler que je vous ai prié de m'inscrire sur vos tablettes.

Vous me parlez de vos affaires de conscience avec une espèce de piété filiale à laquelle je dois répondre naïvement. Vous savez, mon bon ami, qu'il n'est pas dans ma manière de voir, d'outrer et d'exagérer les devoirs de la religion, surtout pour un jeune homme du monde. Le principe des devoirs religieux doit être le même pour tous, parce que tous nous tendons au même but ; mais les conséquences doivent en être variées suivant les états et il serait ridicule de prescrire à un jeune homme du monde les règles de conduite que réclame celui qui est renfermé dans le cloître.

Après cette profession de foi, voici, mon bon ami, les avis que je donnerais à quelqu'un qui me serait cher, et qui me consulterait sur la congrégation de Paris.

J'en connais parfaitement les statuts, qui m'ont été communiqués et qui servent de base à une congrégation semblable établie à Nantes. Le but principal est de réunir et d'attacher par les liens de l'amitié et de la religion des jeunes gens chrétiens, bien nés et destinés à donner le ton dans la société. Les pratiques de piété consistent dans une réunion, chaque quinzaine, la Sainte Messe, une conférence amicale sur des sujets religieux, appliqués spécialement à la conduite et aux devoirs d'un jeune homme du monde, une concorde, une harmonie prescrite par le règlement dont la devise porte : *Cor unum et anima una*, comme aux tems heureux de la primitive Eglise. Quant aux communions ou confessions, elles sont abandonnées à la prudence des directeurs particuliers, et l'on ne prescrit à ce sujet aucune règle. Vous sentez mê-

(1) M. Angebault devint plus tard évêque d'Angers.

me que ce serait fort imprudent. On n'impose au nouveau reçu aucune pratique aucune prière excepté une petite oraison à la très Sainte Vierge de la longueur d'un *ave maria* que l'on engage à réciter chaque jour. Le but principal, je le répète, est d'unir par les liens de la religion des jeunes gens chrétiens, afin de se soutenir par l'exemple au milieu de la contagion du monde, et sous ce rapport celle de Paris peut offrir de puissantes garanties contre la terreur du respect humain, en présentant les noms de ceux qui se font gloire d'en faire partie, en commençant par Mr. de Montmorency, le Ministre qui en a été longtemps préfet.

En résumé, je ne dis point qu'il soit indispensable de s'y associer, mais je crois qu'on peut y gagner beaucoup sous tous rapports et l'expérience vient à l'appui de mes conseils. Quelle que soit à ce sujet votre détermination, rappelez-vous toujours, mon bon ami, que la religion seule peut nous rendre heureux, même dès ce monde et continuez toujours à faire la joie de vos amis et la consolation de votre bon papa.

Permettez-moi de m'associer un peu à ses jouissances, si douces pour le cœur d'un père, car quand vous m'écrivez, ce que vous ne ferez jamais assez souvent, le plaisir que j'éprouve me fait croire que je suis aussi de la famille. Excusez l'effusion de cet in-folio, mais quand l'amitié la guide la plume ne peut plus s'arrêter.

Votre affectionné serviteur et ami,

ANGEBAULT
Chanoine sec...

Lettre d'Adolphe Trébuchet à son père. Inédite.

Paris, 14 juillet 1822.

MON BIEN CHER PAPA,

Perrin part demain pour Nantes, et je ne veux pas le laisser partir sans lui donner une lettre pour toi.

J'ai reçu par l'intermédiaire de Gergaud ce que tu l'avais chargé de me remettre ; ta petite lettre m'a fait grand plaisir et je me suis empressé de porter de suite chez Pélicier les quatre exemplaires de ta notice qui m'ont été remis par la même voie.

Je pense qu'ils se placeront comme les autres. Tu m'as envoyé 24 exemplaires de ta notice y compris les 4 derniers. Sur ce nombre il y en a eu 8 pour les journaux, reste donc 16. Il y en a maintenant 11 de vendus, ainsi c'est 11 francs dont Pélicier m'est redevable pour toi. Monsieur Mellinet profitant de la vente de ces exemplaires, doit nécessairement entrer pour moitié dans le nombre d'exemplaires que nous avons été obligés de donner, et qui ont, par les annonces, produit la vente des autres. Tu fais bien de travailler à une seconde édition, mais si tu suis mon conseil tu mettras en tête de l'ouvrage ton nom et ta qualité, les personnes qui ne te connaissent pas sauront du moins que tu a été à même par ta place de faire les recherches nécessaires dont tu parles.

Victor est pénétré de la plus vive reconnaissance pour la peine que tu te donnes pour lui. Nous n'aurions pas manqué de remettre ta lettre à Monsieur Aimé Martin, mais il y a dans ce moment un article sur Victor de Mr. Delamennais, et qui doit être inséré dans le journal des Débats ; il est donc inutile d'avoir recours à Mr. Aimé Martin, qui, d'ailleurs, n'exerce pas une grande influence dans ce journal. Ce qui retarde l'impression de l'article de M. Delamennais, c'est qu'il est trop flatteur ; M. Duvicquet un des rédacteurs en chef des Débats a répondu à Mr. Soumet qui lui parlait de cet article : *Comment voulez-vous que je fasse, Mr. Delamennais aussi nous envoie un article où il traite ce jeune homme de vingt ans comme un grand écrivain.* Ainsi, mon cher papa, ce n'est pas d'après ses œuvres, mais d'après son âge que l'on doit juger du mérite d'un écrivain. Toutes ces ganaches littéraires sont effrayées de la réputation que Victor doit avoir, et craignant d'en être écrasés, ils feront tout ce qu'ils pourront pour empêcher que l'on ne lui rende toute la justice qui lui est due. Cependant je ne sais pas jusqu'à quel point un misérable journaliste peut refuser un article qu'un des plus grands écrivains du siècle veut bien lui envoyer. Victor te prie également de faire agréer ses remerciements à Mr. Boësnier.

La lettre de Mr. Angebault n'est point au dessous de ce que tu m'en as dit. C'est tout ce qu'on peut trouver de plus aimable, de plus affecteux. Je suis on ne peut plus touché de ces marques d'amitié et dis lui bien tout le désir que j'ai de lui exprimer moi-même le sincère attachement qu'il a su m'inspirer pour lui.

La lettre de Mr. Foucher est également charmante, je dîne demain chez lui et je lui parlerai beaucoup de toi.

Mr. Palis (?) a fait bien plaisir à Made Dumesnil en lui écrivant, elle vous fait à tous mille amitiés. Elle part mercredi prochain pour Tréport.

J'ai reçu mon paquet mercredi dernier, mais je ne sais pourquoi vous avez oublié d'y mettre mes guêtres et le gilet que vous avez depuis fort longtemps. Je n'ai plus un seul gilet propre, je mets un gilet d'hiver ; et j'attendais après mes guêtres pour faire mon voyage, ce qui me contrarie on ne peut plus.

Je suis bien embarrassé de savoir de quelle manière j'enverrai les livres que ma sœur m'a chargé d'acheter. Je crains bien, d'après les recherches que j'ai faites depuis, de ne pas avoir cet ouvrage à moins de 23 ou 24 frs.. relié convenablement. Enfin je ferai ce qu'il dépendra de moi pour l'avoir au meilleur marché possible, je vais y aller aujourd'hui et si Perrin peut l'emporter je le lui remettrai.

Jeudi prochain je mettrai ma malle au roulage accéléré ainsi vous pourrez la réclamer le jeudi suivant.

Je passe mon examen mardi en huit, *23 juillet* à 10 heures du matin et je pars le soir même avec Allory et Rossel par la diligence d'Orléans.

Je n'ai point vu les mirlitons dont on me parle ; je vais voir si j'en trouverai.

Adieu, mon cher papa, je t'aime et t'embrasse comme le fils le plus tendre et le plus soumis.

ADOLPHE.

P. S. — Embrasse pour moi toute la petite et grande famille. Je t'écrirai par la poste le jour même où j'aurai passé mon examen.

J'ai reçu les deux journaux que tu m'avais annoncés.

Lettre de Eugène Hugo à son oncle Trébuchet. Inédite.

Paris, 23 juillet 1822.

MON CHER ONCLE,

Si les circonstances pénibles dans lesquelles nous nous sommes trouvés depuis la mort de notre mère, si des affaires urgentes et qui revenaient au jour le jour nous ont quelquefois empêchés de répondre aux marques de votre bienveillance avec autant d'assiduité que vous auriez pu le désirer, vous n'aurez pas attribué, mon cher Oncle, à une indifférence coupable ou irréfléchie une interruption de correspondance qui nous affectait bien plus qu'elle n'a pu peut-être vous sembler quelquefois pénible.

Nous avions des nouvelles de vous et de notre famille de Nantes par Adolphe, nous savions que vous nous aimiez toujours, vous preniez soin vous-même, mon cher Oncle, de nous le rappeler à tout moment par des marques d'affection multipliées ; nous comptions sur votre bonté pour excuser notre apparente insouciance ; c'était une obligation de plus que nous aimions à vous avoir, et quant à notre affection particulière, il s'élevait une voix dans notre âme qui nous disait que vous ne pourriez jamais en douter.

Aujourd'hui Adolphe nous quitte, mon cher Oncle, et en perdant pour quelque tems ce second frère, nous sentons tout ce qu'il a dû vous en coûter pour nous le céder durant quelques années.

Nous allons être privés de cet interprête de nos sentiments auprès de vous ; vous étiez présent en lui à nos yeux, c'était vous aussi que nous aimions en lui-même et dans ce moment d'une séparation pénible nous sentons le besoin d'épancher notre cœur dans le vôtre pour essayer de nous distraire de l'ennui que va nous causer son départ et pour nous rassurer sur la continuité de votre affection en sentant que vous ne pouvez la refuser à la vivacité respectueuse de la nôtre.

Nous vous aimons, mon cher Oncle, et nous ne vous disons pas cela pour vous le prouver, mais parce que nous nous complaisons à le dire ; vous êtes pour nous le représentant de notre mère sur la terre, et en songeant que vous avez reçu en partage toutes les vertus qu'elle possédait, nous espérons y retrouver cette inépuisable indulgence pour ses enfants qui lui faisait trouver de la joie dans l'oubli qu'ils faisaient d'elle pour leurs plaisirs et qui, quand ils étaient éloignés d'elle, lui faisaient penser qu'ils étaient assez punis.

C'est dans cette conviction, mon cher Oncle, que nous ne nous excusons pas auprès de vous de n'aller pas ces vacances avec Adolphe jouir du bonheur de vous voir ; ce ne sont pas des plaisirs qui nous retiennent à Paris, ce sont des soins fatigants et continuels résultant en grande partie de notre situation encore précaire et du besoin de nous créér un état.

Avec quel regret nous songeons à nos aimables frères et sœurs de Nantes, le bonheur de les embrasser se recule pour nous d'année en année et cependant il ne peut augmenter en vivacité le désir et l'impatience que nous éprouvons de les connaître.

Adieu, mon cher Oncle, nous permettrez-vous de vous prier d'être auprès de nos aimables cousins et cousines l'interprète de notre affection et de nous consoler de ne pas vous voir cette année en songeant que nous n'en serons pas moins présents à votre pensée.

Renvoyez nous Adolphe le plus tôt qu'il vous sera possible, songez que nous aurons ici en tristesse et en ennui toute la joie dont il aura augmenté votre bonheur.

Adieu encore une fois, mon cher Oncle, et veuillez aujourd'hui, comme pour toujours agréer l'assurance du profond respect avec lequel nous songeons toujours à vous, et avec lequel je serai toujours en mon particulier

Votre neveu dévoué et soumis

E. HUGO.

Lettre de Monsieur Foucher à Monsieur Trébuchet. Inédite.

Paris, le 12 septembre 1822.

MONSIEUR,

J'ai reçu et lu la 2me édition de la notice sur notre Reine Anne. Bien qu'elle soit augmentée, j'ai regrété d'avoir sitôt achevé cette lecture. Les notes sont très curieuses et je n'avais plus idée de cette tour que vous attribuez à St-Félix.

La Reine Anne par votre plume est noblement dépeinte vous avez masqué heureusement ce que cette Princesse avait de hautain et de vindicatif dans le caractère.

Votre ouvrage fait naître ou rappelle des souvenirs attachants. Il nous fait aimer notre ancienne Bretagne et en cela il est utile aujourd'hui surtout que le philosophisme s'efforce plus que jamais de rompre la chaîne qui nous lie au passé.

Je suis on ne peut plus sensible à l'intérêt que vous voulez bien me marquer pour ma famille.

Ma femme vient de l'accroître d'une petite fille. Sous quelques jours notre accouchée sera sur pied. Elle vous prie d'agréer ses salutions comme de mon côté je vous prie de recevoir les témoignages de mon affectueuse considération. Ma femme remercie bien Monsieur Adolphe et Mademoiselle Trebuchet de leur bon souvenir.

Mes enfants sont impatients de revoir notre étudiant et, je partage bien sincèment ce sentiment. Le jeune Victor Hugo a dû écrire dernièrement à son cousin.

Votre très humble et tout dévoué serviteur.

FOUCHER.

Lettre Victor Hugo à son oncle Trébuchet (1).

11 décembre 1822.

MON CHER ET BON ONCLE,

[J'ai soif de vous écrire et je veux aujourd'hui arracher de gré ou de force un moment de plaisir à toutes les occupations sans nombre qui envahissent mes journées. Vous comprendrez facilement que j'ai de trop bonnes excuses auprès de vous quand je vous dirai que je suis en ce moment livré au double soin de la seconde édition de ces Odes que vous avez été assez bon pour lire et de la publication d'un autre ouvrage en quatre volumes, purement d'imagination, que je viens de vendre assez avantageusement à un libraire et qui paraîtra vers le milieu de Janvier. Ajoutez à celà mille autres embarras qui échappent à l'énumération et qui tiennent, soit aux suites de mon nouveau bonheur, soit aux conséquences de mes amitiés, de mes correspondances, de mes relations, soit aux nécessités de ma vie actuelle, et vous pardonnerez aisément à votre pauvre neveu ses longs silences qui sont si loin d'être de l'oubli.

En voilà déjà bien long sur moi, mon excellent oncle et je sens que je ne tarirais pas si je voulais essayer de vous peindre ma félicité actuelle ou ma tendresse pour vous.] Bornons-nous donc aux choses *matérielles*, et permettez-moi de vous dire encore un mot de libraire et d'imprimeur. J'ai touché pour vous 16 francs (sur votre première édition d'Anne de Bretagne) de Pélicier. Auriez-vous la bonté, mon bon oncle, de prélever cette somme de celle qu'ont dû produire les exemplaires de mon recueil envoyés à Nantes, si la vente en est épuisée ? Au moment où je vais publier ma 2me édition, je pense et vous le jugerez avec moi, qu'il faut terminer les comptes de la première. Vous me feriez tenir le surplus par notre Adolphe, en terminant cette affaire, j'ai à cœur, mon cher oncle, de vous remercier encore une fois de tout ce que je vous dois pour l'écoulement de ma première édition. Je n'ai eu guère à me louer de nos journalistes à votre occasion comme à la mienne. Néanmoins je compte toujours sur la très prochaine apparition des diverses annonces que j'ai remises pour votre 2me édition. Adolphe (qui soit dit en passant doit vous être bien cher, si j'en juge pour toute l'affection que lui portent ceux qui connaissent ses charmantes qualités) Adolphe nous a dit que vous en prépariez une 3me. Un tel succès, dans un siècle comme le nôtre, est un véritable triomphe.

Vous êtes également, nous a-t-il dit, l'un des rédacteurs principaux d'un nouveau journal qui va paraître à Nantes (Le Lycée Nantais). [Il m'a dit que quelques mauvais vers de moi pourraient vous convenir pour l'une de vos livraisons et je m'empresse de vous offrir l'ode que j'ai lue hier (?) aux *Bonnes Lettres* et qu'a insérée le *Réveil* de ce matin. Je désire qu'elle ne vous ennuie pas trop.

Adieu, cher et excellent oncle, excusez tout ce griffonnage, mes trois frères me chargent de vous embrasser, ma nouvelle famille aime la vôtre comme nous l'aimons. Mon ange de femme] qui est en ce moment indisposée, mais d'une indisposition qui j'espère n'aura pas de suites *fâcheuses*, [vous prie, prie votre aimable fille de l'aimer comme une fille, comme une sœur. Adieu, adieu, je m'arrête ici et je vous embrasse tendrement.]

Votre neveu bien profondément dévoué.

VICTOR.

Paris 11 décembre 1822 —

Monsieur

Monsieur Trébuchet, Chef du Bureau

---

(1) *Le Figaro*, 22 août 1888, a publié le commencement de cette lettre. Il en a donné aussi la fin presque textuellement. Nous mettons entre crochets les parties reproduites.

des Archives et du Secrétariat de la Préfecture. Place Delorme N° 1. Nantes —

Lettre de Monsieur Trébuchet à son fils Adolphe rue du Dragon n° 15 faubourg St-Germain à Paris. Inédite.

Nantes, le 3 janvier 1823.

Ta dernière lettre, mon cher Adolphe, m'a vivement affligé.

Depuis longtems je craignais le nouveau malheur dont tu m'entretiens, et dans ma précédente lettre, tu as dû voir quels étaient mes appréhensions relativement à l'état de mon pauvre neveu. Je voudrais être à Paris pour partager avec toi et tes frères, les soins qu'exige sa triste situation. Surtout, faites en sorte qu'il ne manque de rien. Je me trouve fort gêné en ce moment ; néanmoins si ses frères ne pouvaient subvenir à ses dépenses, écris le moi, et je vendrai une portion de ma rente sur l'état. Témoigne à mes neveux toute la part que je prends à ce cruel événement qui me rappelle trop vivement les malheurs qui nous ont frappés récemment. Donne-moi des nouvelles d'Eugène le plus tôt qu'il te sera possible. Dieu veuille que ces nouvelles soient meilleures que les dernières !

J'ai reçu par les occasions de Brian (?) et d'Allory, tout ce que tu nous a envoyé.

Tes tantes ont été on ne peut plus sensibles à tout ce que tu leur dis d'affectueux dans ta lettre, et elles m'ont bien recommandé de t'assurer de leur attachement ; elles te prient de m'envoyer le plus tôt possible les ordo qu'elles t'ont demandés. Delair a également été enchanté de ta jolie lettre, il se propose de te répondre. Nous avons déjeûné ensemble chez lui et bu, *avec du bon vin*, à ta santé. Il a encore eu la bonté de me donner 24 francs pour tes bonnes étrennes. Ne manque pas de lui en témoigner ta reconnaissance. Van Iseghem, Lavigne et Esmein, ont été aussi très contents de recevoir une lettre de toi. En attendant qu'ils puissent t'écrire ils te font mille amitiés. *Dupré* est à Rennes depuis quinze jours pour y faire son droit ; il s'est enfin décidé à prendre ce parti.

J'ai fait remettre ta lettre à sa mère.

Les détails que tu me donnes sur le beau dîner de Mme Dumesnil m'ont beaucoup intéressé. Je me serais trouvé heureux d'être du nombre des convives, de me trouver avec vous tous chez cette excellente dame. J'aurais été bien joyeux aussi d'assister à la séance de la Société des Bonnes Lettres, où Victor a obtenu un si beau triomphe ; son Ode est admirable ; il est impossible de la lire sans être profondément ému. Dis lui, ainsi qu'à sa charmante femme, ainsi qu'à la famille Foucher, tout ce que je voudrais leur dire moi-même. Dis à Victor que le bonheur dont il jouit, était l'objet de mes vœux, que tous mes désirs seront accomplis lorsque je verrai ses frères et toi, jouir également d'un bonheur assuré. Présente aussi mes vœux de bonne année à la famille Foucher et à Mme Dumesnil, dis-leur qu'un de ces vœux serait de pouvoir les leur exprimer de vive voix. J'ai envoyé, il y a huit jours à Madame Dumesnil, pour six francs de gibier. Louise qui fut porter le panier à la poste, oublia d'en affranchir le port. J'ai préféré le gibier aux macarons de Châteaubriant ; j'ai sçu que ces macarons n'étaient bons que dans la première huitaine, qu'ils s'amolissaient ensuite.

C'est à tort qu'on a indiqué le prix sur le pot de beurre que tu trouveras dans ton paquet. Ce beurre est destiné à Mme la baronne de Corbron. En le lui offrant, prie cette dame d'agréer mes respects et ma reconnaissance de ses bontés pour toi. Le café coûte ici 40 à 42 sols la livre ; il ne paie point de droit pour entrer à Paris. On croit qu'il est à meilleur marché dans la capitale.

J'ai pensé qu'un envoi de châtaignes ferait plaisir à mes neveux. Je t'adresserai donc, samedi prochain, *par le roulage* accéléré trois boisseaux de belles châtaignes, *deux* seront pour Victor et sa femme, et le troisième pour Abel. Tu en paieras le port, dont tu porteras le prix sur ta première note.

Mellinet m'a chargé de t'envoyer pour toi et tes cousins deux exemplaires de la première livraison du Lycée armoricain. Je te les ferai parvenir par le Commissionnaire de Brian. Mellinet vous prie toujours instamment de lui envoyer quelque chose pour être inséré dans ce journal. J'ai pensé que nous pourrions y faire mettre les pièces de vers, *inconnues à Nantes*, qui sont signées *Victor d'Auverney* et qui se trouvent dans le Conservateur littéraire. Demande à Victor s'il y consent et réponds-moi à ce sujet le plus tôt possible. Ces articles seraient imprimés sous son nom, *Victor Hugo*. Je te ferai observer, au surplus, que Mellinet ne doit publier que des articles *inédits*. Ainsi les odes de Victor qui ont déjà été publiées, et qui sont très connues ici, ne peuvent être insérées dans le Lycée armoricain. Je n'ai pu encore obtenir son compte de chez Mellinet. Devra-t-il compter les 2 douzaines d'exemplaires des poésies de Victor, à Pélicier qui les lui a envoyées ?

Je compte, au surplus, écrire à Victor par la première occasion de Billiard et je lui expliquerai tout cela.

Tâche donc de faire annoncer *Anne de Bretagne* dans la *Quotidienne* ou dans un autre journal répandu. Ne serait-ce qu'une annonce pure et simple de 3 ou 4 lignes. Mellinet n'a point encore imprimé la 3me édition de Clisson, et par conséquent ma notice sur les sites de la Sèvre et de la Maine. Je compte lui en demander plusieurs exemplaires ; je vous en enverrai.

Toutes nos connaissances, tous nos amis, que nous avons vus à l'occasion de la nouvelle année, m'ont parlé de toi avec le plus vif intérêt. Je ne te nomme personne, car il me faudrait nommer tout le monde.

Le préfet a donné un très beau bal auquel il m'avait invité. J'y suis allé ; il était nombreux et extrêmement brillant. Les femmes étaient charmantes et richement parées. Les meilleures choses étaient servies avec profusion, les glaces, le punch, les sirops, etc., les dragées, les pâtisseries de toute espèce. J'y ai vu beaucoup de personnes de ma connaissance, entre autres les familles Rossel, Bonamy, Mercier, Doucet et sa femme, etc., ils m'ont tous beaucoup parlé de toi. Mr. Rossel te prie toujours de voir souvent son fils et de stimuler un peu son apathie. Je suis allé aussi à un bal donné par Mr. St-Quentin beau-père d'Andony (?). Si tu avais été ici tu y aurais été invité ; ce sont des gens charmants. Scheult qui n'est de retour de la campagne que depuis quinze jours s'informe toujours de toi. Je dîne chez lui le jour des Rois avec ta sœur. Nous allons aussi quelquefois passer la soirée chez les familles Cosson où on s'entretient également de toi, en regrettant de ne pas t'avoir avec nous.

La nomination de Mr. de Chateaubriand au ministère a fait ici le plus grand plaisir à tous les royalistes ; personne ne s'en réjouit plus que moi. J'ai l'espérance qu'il pourra être utile à mes neveux, et peut-être procurer une place à Abel ; j'en apprendrais la nouvelle avec bien de la joie. Dis-moi ce que tu en penses.

J'ai été bien content aussi que le Roi ait fait prendre 25 exemplaires des poésies de Victor ; cela prouve que le gouvernement s'occupe enfin un peu de lui. Continue toujours à me donner sur eux tous les détails possibles ainsi que sur tout ce qui te concerne ; ils auront pour moi le plus grand intérêt.

Je t'envoie pour ta nourriture de janvier et février	72,00
Portière de 9bre et Xbre	10,00
Ton inscription de janvier, février et mars	15,00
Loyer du trimestre d'octobre	13,00
Remboursement de la réparation de la montre de M. Bosnier	8,00
J'ajoute les 24 fcs d'étrennes donnés par Mr. Delair	24,00
Total	142,00

60 c. pour le port de cette lettre que je te remets ci-joint en deux mandats sur Paris, payable à vue.

Mr. et Mme Bosnier ont été très reconnaissants de tes démarches ; la montre est bien raccommodée. Ils m'ont chargé de te dire mille choses de leur part.

Madame Lajarriette qui s'intéresse beaucoup à toi, te prie de lui acheter *deux douzaines de crayons Conté, en bois, mine de plomb N° 1, chez Alphonse Giroux*, au même endroit où tu as acheté les deux cahiers de papier croquis. Envoie ces crayons par la plus prochaine occasion.

Lavéant et sa femme que j'ai vu, me parlent toujours de toi avec intérêt.

Nos petits enfants te font mille caresses. Prosper annonce d'heureuses dispositions ; il a été plusieurs fois le premier à son école et a obtenu la croix ; ce qui était un grand honneur pour lui. Joséphine qui t'embrasse se joint à moi pour te prier de présenter à l'occasion de la nouvelle année, nos vœux et nos sentiments à Madame Lemaître, à la famille Foucher, à ma nièce et à mes neveux. Ne nous oublie pas non plus auprès des autres personnes qui nous sont attachées. Mes amitiés à Allory, Brian.

Depuis trois courriers je ne reçois plus le Réveil. Tu as bien fait de ne pas envoyer d'étrennes, les petits enfans en ont reçu beaucoup et ta sœur a reçu d'Allory une robe de mérinos et une pèlerine. Nous sortons toujours fort tard, le soir, de la préfecture, ce qui me gêne extrêmement pour mes autres occupations. Nous avons bien pris part à la cruelle perte qu'a faite Brian. Tous tes amis et la préfecture te font mille et mille amitiés. La famille Lavigne est bien reconnaissante de l'envoi de Mme Collin.

Adieu, mon cher Adolphe, accablé de travail, je ne sais comment j'ai pu t'écrire une aussi longue lettre. J'ai tant de plaisir à causer avec toi. Compte toujours sur la tendresse de ton père. Louise t'embrasse. TRÉBUCHET.

Lettre Victor Hugo à son oncle Trébuchet (1).

Paris, 8 janvier 1823.

MON CHER ONCLE,

[Si l'affreuse catastrophe qui vient de nous frapper dans notre frère chéri ne m'avait pas déjà excusé d'avance trop cruellement dans votre cœur, je vous demanderais pardon d'avoir tant tardé à vous exprimer tout ce que je sens, tout ce que je désire d'heureux pour vous et pour les vôtres. Maintenant que nous sommes deux cœurs à vous aimer, il me semble que je vous aime deux fois plus, ce qui est pourtant bien difficile. Votre et notre Adolphe vient de nous lire la bonne lettre où vous lui parlez tant de nous. Mon Adèle en a été touchée autant que moi : car elle est pénétrée des mêmes sentiments que moi pour le digne frère de notre admirable mère.

Notre pauvre frère Eugène est toujours dans un état bien alarmant, sinon pour sa santé, du moins pour sa raison. La guérison sera extrêmement longue. Je ne puis songer à ce déplorable malheur sans rendre grâce au ciel de ce que, puisqu'il nous était réservé, il n'est point arrivé du vivant de ma mère. Du moins cette inconsolable affliction lui a été réservée (faute évidente pour *épargnée* que met le *Figaro*), et elle m'a été donnée, à moi, dans un moment où il fallait que quelque grande catastrophe vînt servir de contre-poids à mon bonheur : car autrement j'aurais été plus heureux qu'il n'appartient à l'homme.

J'ai vu avec un attendrissement profond les offres de service que vous voulez bien nous faire en cette triste conjoncture. Croyez à notre bien sincère reconnaissance. Les frais de cette maladie sont énormes à la vérité ; mais mon père s'en charge, et ce que nous aurons à faire pour notre frère n'est plus au dessus de nos faibles moyens.]

Faites des mauvais vers de Mr. *d'Auverney* tout ce que vous voudrez, mon excellent oncle, rendez à Mr. Victor Hugo tous les petits péché de ce Mr. d'Auverney : tout ce que vous ferez sera bien fait. Je lirai votre *Lycée* avec autant de plaisir que de curiosité, car je suis bien sûr qu'il vaudra mieux que tous nos recueils littéraires de Paris.

[Je viens de publier ma deuxième édition, mon libraire s'est chargé de vous la faire parvenir.] Serez vous assez bon pour m'informer de son exactitude ? Adolphe

(1) *Le Figaro*, 22 août 1888, a publié les parties que nous mettons entre crochets.

me dit que vous êtes embarrassé de régler avec Pélicier ou avec (*en brisant le cachet on a enlevé le nom*) pour le petit compte de Mr. Mellinet. Comme j'ai arrêté mon règlement avec Pélicier, je prie Mr. Mellinet de vouloir bien compter avec moi. Ma décharge lui suffira.

Mille pardons, mon Gher Oncle, de tous ces détails fastidieux. [Je vous enverrai bientôt quatre volumes de prose. En attendant, recevez ainsi que votre aimable famille, tous les souhaits bien ardents que fait pour votre bonheur éternel votre neveu dévoué et respectueux.

VICTOR

Ma femme, M. et Mme Foucher, Abel et notre pauvre malade me chargent de toutes leurs félicitations pour vous à l'occasion de la nouvelle année.]

Lettre d'Adolphe Trébuchet à son père. Inédite.

Paris,le 25 janvier 1823.

MON CHER PAPA,

J'ai reçu avant hier ta charmante lettre, elle m'a fait un bien grand plaisir car en la lisant, il me semblait être moins éloigné de vous tous. J'ai reçu également dans la même journée, l'excellent pâté de lièvre que tu as eu la bonté de m'envoyer et pour lequel je te remercie de tout mon cœur, et les châtaignes qui ont paru faire un grand plaisir à Victor et à sa femme. Ils sont on ne peut plus sensibles à cette aimable attention de ta part ainsi que notre bon Abel auquel j'ai remis le tiers qui lui revenait. Elles n'ont point gelé en route à la différence de celles qui étaient avec mon pâté qui me sont arrivées toutes flatres et à moitié perdues, mais c'est égal, ce n'était pas le principal de l'envoi. J'ai donné pour les châtaignes de Victor 5 fr. 40, 5 fr. pour le port et le factage et 0.40 pour le garçon. De plus 0,50 pour les faire porter chez Victor et Abel ce qui fait 5,90. Tu n'as pas besoin de mes lès envoyer avant le premier envoi de fonds que tu me feras.

La lettre que tu as écrite à Victor a paru lui causer beaucoup de joie ainsi qu'à sa femme ; ils te remercient bien sincèrement de tous les témoignages d'amitié contenus dans ta lettre et de tout ce que tu leur dis relativement à leur frère Eugène et à eux-mêmes, et ils m'ont chargé pour toi de tout ce que l'amitié la plus tendre peut inspirer.

Mon oncle Hugo est arrivé à Paris depuis huit jours et il a amené avec lui sa femme, car tu sais qu'il est marié. Il est venu pour Eugène. Il a fait à ses enfants toutes sortes de prévenances ainsi que sa nouvelle femme. Il a envoyé à Victor un service de café en porcelaine fort beau, et enfin il n'a rien négligé pour leur prouver son attachement. Il a demandé plusieurs fois à me voir pour resserrer, a-t-il dit, les liens de famille et pour me remercier des soins que j'avais donnés à Eugène pendant sa maladie, il voulait même venir me voir le premier. Je suis allé chez lui jeudi dernier avec Abel, il m'a embrassé et m'a reçu avec l'accueil le plus amical, avec les dehors les plus affectueux. Il m'a parlé de toi, qu'il t'aimait beaucoup. Il m'a demandé si par son séjour à Paris il pouvait m'être de quelque utilité et que si par la suite j'avais besoin de lui il fallait le lui dire et qu'il s'emploierait pour moi avec le plus grand plaisir. Que lorsque j'irais à Nantes, il fallait passer quelques tems chez lui à Blois, qu'il aurait un grand plaisir à te voir, et que tu devais être persuadé que tout ce qui viendrait de la maison serait toujours reçu chez lui avec le plus grand empressement. Il m'a encore dit qu'en 1810 il t'avait fait nommer Préfet de Guadalacarra par un Décret royal, qu'il te l'avait écrit et que tu n'avais pas répondu, et que tous les jours Joseph lui demandait quand est-ce que tu viendrais prendre possession de ta Préfecture, qui comme une des plus belles de l'Espagne, ne t'aurait rapporté que 150.000 francs par an. Il a voulu à toute force que je restasse à déjeûner avec lui, il a bu à ta santé et m'a chargé de ne pas l'oublier auprès de toi lorsque je t'écrirais. Tu ne seras pas plus étonné que je ne le suis de cette réception, mon cher papa ; je t'avoue que je ne m'y attendais pas et je croyais que cette entrevue se serait passée assez froidement, ce qui eut été fort naturel. Il m'a présenté comme son neveu au marquis de Sully qui déjeûnait avec nous. C'est un descendant de ligne directe du grand Sully et de plus républicain, ce qui ne s'accorde guères. Du reste mon oncle est fort laid ainsi que sa femme il a peut être un pouce plus que toi et c'est tout, il est fort gros et a l'air extrêmement bon, il louche beaucoup et je crois que tu ne le reconnaîtras pas à ce portrait toi qui le veux fort grand et, je crois, maigre.

J'ai reçu les deux exemplaires du *Lycée Armoricain* que tu m'as envoyés, de la part de Mellinet. Il y a des morceaux fort bien écrits, d'autres extrêmement faibles ; ainsi je te citerai : *les fragments d'un voyage dans l'arrondissement de Savenay*, qui n'ont aucune espèce d'intérêt et qui ensuite sont mal écrits ; *les souvenirs de l'Armorique* par Mr. Richer qui peut bien écrire en prose ; mais qu'il laisse là la muse poétique ; ensuite les pièces intitulées *Appel aux Bretons*, *Observations sur la Gaule Celtique* etc.., *Première revue bretonne*, etc. figurent très honorablement dans ce recueil et il serait à souhaiter qu'il fût toujours ainsi composé. Au reste, la critique que j'exerce ici, je ne l'exerce pas tout entière d'après moi ; nous nous y sommes mis à deux pour porter notre jugement. Quoi qu'il en soit, j'ai fait une belle annonce qui a été insérée dans le Réveil et je te l'envoie. Je pense qu'elle te fera plaisir et Mr Leboyer n'aurait peut-être jamais pensé qu'il serait bien aise de trouver à Paris un de ses écoliers pour le louer dans les journaux.

Tu as une bonne idée de mettre Cacus dans le Lycée ce sera un morceau fort remarquable. Victor va passer aux journaux où il a mis des annonces pour ton ouvrage, afin de les presser. Je fais dans ce moment un article sur ton Anne qui sera inséré dans les Annales. Victor gardera l'anonyme relativement à son roman. Il n'est pas encore entièrement imprimé. Tâche donc de faire un article sur les tablettes romantiques dans le journal de Nantes. N'oublie pas mon article sur le livre du soldat. Ta notice sur les sites de la Maine est fort remarquable et il ne sera pas le morceau le moins distingué du livre de Mr. Richer.

Il paraît qu'il y a à Nantes beaucoup de plaisir cet hiver. Je vous en félicite, c'est sans doute parce que je n'y suis pas. Je n'en manque point non plus ici, mais souvent je refuse des invitations, d'abord parce que je ne puis aller partout à la fois, ensuite parce que j'aime autant quelquefois aller passer une soirée tranquille chez Madame Dum... ou autres personnes. Je me serais sans doute infiniment amusé dans toutes les soirées où tu es allé, connaissant à Nantes un grand nombre de demoiselles et de jeunes gens et étant ensuite au milieu de ma famille. Mais ici c'est différent, excepté la société de Madame Dumesnil, et de Madame Foucher, toutes les autres ne m'offrent que des figures inconnues, et je ne puis ainsi me plaire parmi ces personnes. Il faut cependant m'y habituer ce qui ne peut pas se faire tout de suite.

J'ai fait part à Madame Dumesnil de ce que tu me dis relativement à elle. Elle est bien touchée de vos sentimens et voudrait, dit-elle, les mériter ; ce que ma sœur lui a envoyé lui a fait un grand plaisir et je me suis déjà acquitté, je pense, auprès de ma sœur de tous ses remerciemens.

Eugène est mieux depuis quelques jours, et si il continue, son père pourra l'emmener avec lui à Blois. Je vais le voir souvent au Val de Grâce et il me demande presque toujours de vos nouvelles. Mais aussitôt que la fièvre reprend il retombe dans ses idées extravagantes et en dit de toutes les façons. Je crois qu'on aura bien de la peine à le tirer de là.

Madame de Corberon te serait infiniment obligée si tu pouvais m'envoyer par mon commissionnaire 6 livres de café bien choisi. Je lui ai dit qu'il valait de 40 à 42 sols ; mais s'il était augmenté, avertis-moi et si elle en veut néanmoins je te le dirai. Tu lui ferais également un grand plaisir si tu voulais lui envoyer 8 ou 10 livres de bon beurre ; elle m'en remettrait le prix ici. C'est une femme si excellente et qui avait pour ma tante une si vive amitié que je serais enchanté de pouvoir lui être de quelque utilité. Tu me ferais à moi un grand plaisir de me glisser un petit pot de beurre dans mon paquet quelque petit qu'il fût. On ne trouve rien à Paris pour déjeûner.

Le joli compliment de Prosper était fort bien écrit. Embrasse pour moi ce charmant enfant qui travaille si bien et dis-lui que plus tard je le récompenserai de la peine qu'il s'est donnée de m'écrire une si jolie lettre. Mes cousins ont été aussi très contents de ce qu'il ait pensé à eux et ils l'embrassent de tout leur cœur. Je joins au reste ici une petite lettre pour Prosper, je l'ai cachetée parce qu'elle lui fera plus de plaisir.

Nous avons ici des froids extrèmement rigoureux ; la neige ne quitte pas la terre et on ne sait pas quand cela finira ; depuis deux mois la saison est rigoureuse et je pense qu'il en est de même à Nantes. Mr. Crouan qui doit arriver aujourd'hui à Nantes te remettra une lettre à ton adresse dans laquelle tu trouveras une lettre pour Madame Hue et une de Victor pour nos tantes Ursulines. Le dernier paquet d'Allory contenait aussi quelque chose pour toi. Je pense qu'Allory ne tardera pas à retourner à Nantes.

Dis à Mr. Lavéant que je vais souscrire pour lui au dictionnaire de Mr. de Langlade. Je prendrai le premier volume et s'il n'est pas trop gros, je te l'enverrai par le commissionnaire de Brian, Brian, Rossel, Allory te remercient de ton souvenir et ils te présentent leurs respects.

La famille Foucher, Madame Dumesnil, mes cousins te font mille amitiés ainsi qu'à ma sœur et à toute la famille. Ne m'oubliez pas auprès de mes amis Van Iseghem et sa famille, M.M. Lavigne, la Préfecture, etc. Présente nos respects à Monsieur et Madame Boësnier, de la Jarriette, Bonamy, Millet, Scheult, etc. Embrasse pour moi l'excellent Monsieur Delair ; je lui ai écrit par le commissionnaire d'Allory. Enfin, mon cher papa, ne m'oublie auprès de personne parce que je pense souvent ici à tous nos amis et parens. Donne-moi des nouvelles de Louise que j'embrasse ainsi que ma sœur et toute la petite famille. Que fait Auguste maintenant ?

Adieu, mon cher Papa, je t'embrasse et suis pour la vie le fils le plus tendre et le plus respectueux.

A. Trébuchet.

Abel demeure *rue du Vieux Colombier N° 17, 8 f. St. G.* Victor *rue du Cherche Midi hôtel des conseils de guerre chez Monsieur Foucher 8 f. St. G.*

Lettre d'Adolphe Trébuchet à son père. Inédite.

Paris, le 10 avril 1823.

Mon Cher Papa,

J'ai reçu hier soir ta lettre du 7 Avril et je m'empresse d'y répondre par le courrier d'aujourd'hui. Il est vrai que dans le tems, les journaux annoncèrent que l'Ecole de médecine était ouverte et que les élèves pourraient prendre leurs inscriptions dans ce mois, plusieurs personnes dignes de foi sur ce chapitre m'avaient également assuré que toute la Faculté serait remise dans son premier état pour ce trimestre-ci, et c'est d'après celà que je t'ai écrit que les cours étaient ouverts. Mais je me suis malheureusement trompé, j'ai pris à ce sujet les renseignements les plus exacts et on ne sait même pas si l'Ecole s'ouvrira cette année. On ne prend point d'inscription et même je crois qu'il est inutile de remettre les 35 fcs qu'Allory m'a envoyés pour celà. Les nouveaux professeurs ont bien été installés mais ils ne sont aucunement prêts à commencer leurs cours. On pense cependant que lorsqu'il sera permis aux élèves de prendre des inscriptions, ils pourront prendre à la fois toutes celles qu'ils n'ont pas eues cette année.

Je passe mon troisième *examen* lundi ou mardi au plus tard, car je ne saurai au juste le jour et l'heure que demain vendredi. Je t'assure que celà m'a beaucoup fatigué car il est fort long et difficile et je serai très content lorsqu'il sera terminé. Je t'écrirai le jour même par la poste.

Daniel m'a remis les Lycées armoricains et tes lettres ; j'ai porté de sa part aux Jarry celle qui leur était adressée et ils m'ont remis 50 fcs sur lesquels il me reste 15 fcs, ayant payé Victor et ayant avancé 23 fcs pour mon examen y compris les dépenses que j'ai faites et que tu ne m'as pas encore remboursées. Ce sera pour le prochain envoi sur lequel je déduirai ces 15 francs. J'ai fait mes pâques il y a dimanche dernier huit jours, le jour de Pâques même, j'étais bien heureux. Tu trouveras dans mon paquet ta bouteille de Pyrèthre, ton manuscrit, un article pour le journal de Nantes sur la Conciergerie et un N° des Lunes où se trouve un article sur ton ouvrage de Mr. de St-Edme, si tu parles de ses ouvrages dans le journal de Nantes, prends bien garde qu'ils sont très libéraux, Victor a remis lui-même à Mr. de Chateaubriand et en la lui recommandant particulièrement la lettre de Mr. Letorzec ; comme il connaît également le ministre de la marine, il lui parlera de cette demande le premier jour qu'il pourra le voir. Mr. de Chateaubriand lui a promis de faire tout ce qu'il pourrait. Nous attendons d'un jour à l'autre l'insertion dans les Annales de mon article sur lui. Toutes les nouvelles du Conservateur littéraire sont d'Abel et sont signées H. ou A. H., tu peux les faire insérer dans le Lycée. Les études appliquées et fatigantes que mon examen a nécessitées et nécessite encore m'ont empêché de m'occuper sérieusement de mon article sur Han d'Islande, et pour me délasser je me mettrai à l'œuvre aussitôt que mon examen sera passé. Tu peux attendre que les six exemplaires de Buroleau soient vendus pour nous en remettre le prix. Je t'enverrai par le commissionnaire de Brian une lettre de Madame Dumesnil et un exemplaire de la relation du voyage. Cet ouvrage est fort mauvais de l'aveu de presque tous les royalistes ; il est mal écrit et rempli de petitesses. Ton article sur Anne de Bretagne est sur le chantier et je te l'enverrai aussitôt qu'il sera terminé. Je vais demander à Abel une nouvelle inédite pour votre journal. Tu n'aurais pas dû mettre mon nom à mon voyage à Escoublac, car il n'est pas de moi mais de toi. Il y a seulement une faute. Tu dis que le nouveau village est menacé du même sort que l'ancien, cela est absolument impossible car il en est à plus de deux lieues et je n'ai pas pu mettre cela dans cet article ; j'ai dit autant que je puis me le rappeler — *les campagnes environnantes*. Il serait peut-être bon de réparer cette erreur. Cet article est fort curieux avec les recherches dont il est augmenté.

Je suis obligé de terminer ici, mon cher Papa, je t'embrasse et t'aime bien tendrement.

Ton fils soumis et respectueux,

ADOLPHE.

P. S. — Toute la famille de Paris t'embrasse ainsi que ma sœur et toute la suite. Madame Dumesnil vous assure tous de sa constante amitié. Persan le libraire de Victor vient de faire faillite et ce dernier s'y trouve engagé pour 1.500 fcs. ce qui est très malheureux.

Lettre de Monsieur Foucher à Monsieur Trébuchet. Inédite.

Paris, 27 mai 1823.

MONSIEUR,

J'ai plusieurs remerciements à vous faire. C'est un arriéré que je ne puis laisser se prolonger plus longtemps. Nous avons lu avec avidité ce que vous nous dites de quelques points des environs de votre ville. On serait tenté après avoir lu votre notice, d'aller établir ses tentes dans le Comté Nantais. L'échantillon des produits de vos pâturages ne ferait qu'accroître ce désir. Si les rives de vos rivières sont en beauté aussi supérieures aux rives de la Seine que votre beurre l'est en bonté à celui de Paris, il n'y aurait pas en effet à balancer.

Je voudrais bien aller vérifier moi-même tout cela mais je me vois pour la troisième ou quatrième fois condamné à remettre ce voyage à un autre temps.

Notre pauvre Victor Hugo n'a pas été heureux dans le résultat pécuniaire de la publication de ses ouvrages. Il a eu affaire à des fripons et vous pouvez voir dans le Miroir comme il a été dupe de ces misérables. Attaqué par eux dans ce journal, il a été réduit à répondre, genre de lutte qui est pour lui un nouveau désagrément.

Votre jeune Adolphe est toujours le même : toujours sage, toujours bon et toujours gai.

Ma femme toujours traînante d'une maladie nerveuse est à Gentilly avec tous les enfants. Je vais les rejoindre tous les jours et le double voyage quotidien que j'ai à faire, diminue la petite portion de temps qu'un commis de la guerre peut donner à sa famille et à ses amis.

Veuillez bien agréer, Monsieur, les assurances de notre sincère attachement.

Votre très humble et très obéis.. Sr

FOUCHER.

A Monsieur

Monsieur TRÉBUCHET, chef de D. à la Préfecture du départ. de la Loire Inférieure à Nantes.

(Ministère de la guerre).

Lettre du Général Hugo à Adolphe Trébuchet chez son père. Inédite.

Blois, 27 juillet 1823.

Mon cher Adolphe, je vous aurais adressé plutôt mes remerciemens de votre cadeau qui nous est arrivé aussi frais que bien conditionné, si je n'avais attendu de vous par la poste la lettre d'avis de son envoi. Cette lettre ne nous étant pas venue et la note contenue dans votre panier n'ayant point porté la date du départ, nous n'avons pu calculer si des petits pots de crème bien emballés vous arriveraient encore assez frais pour valoir quelque chose. Nous nous en informerons au directeur de la poste à notre retour de Paris, car malgré que le temps soit peu convenable pour la saison, il pourrait être à craindre qu'ils n'arrivassent tournés.

Victor a été dans de grandes inquiétudes ; les couches d'Adèle ont été très laborieuses et son enfant s'est trouvé si faible en naissant, et le lait de sa mère de si mauvaise qualité qu'il a fallu recourir à une nourrice. Ils en ont heureusement trouvé une belle et bonne qui a déjà rétabli la santé du petit Léopold.

Ma femme vous dit les choses les plus affectueuses.

Rappelez-moi au bon souvenir de votre papa et dites mille choses affectueuses de ma part à vos frères et sœurs.

Je vous embrasse de tout mon cœur.

Votre oncle affectueux,

Le Gl HUGO.

Lettre du Général Hugo à Adolphe Trébuchet, Rue du Dragon, 15, faubourg St-Germain. Inédite.

Blois, 5 mai 1824

Mon cher Adolphe, j'ai eu plutôt annoncé à votre papa qu'à vous la réception de votre thèse et j'en ai cependant éprouvé la plus vive gratitude, mais ma femme me rappelant tous les jours qu'elle tient à vous envoyer quelque chose à manger en famille, parce qu'elle vous l'a promis, et le temps l'ayant sans cesse contrariée ; d'un autre côté le mariage de la jolie demoiselle Bouche et les fêtes auxquelles il a donné lieu m'ayant trop arraché à mon exactitude, j'ai remis de jour en jour à vous écrire et je mériterais presque d'être grondé, si je ne m'empressais à répondre aujourd'hui à votre aimable lettre du 30.

Réfléchissez sur l'administration où vous désireriez figurer quelque temps pour ajouter à votre position et je tâcherai de trouver parmi les amis qui me restent quelqu'un de puissant qui vous appuye.

Quel que soit le motif qui vous amène à Blois ma femme et moi nous vous y recevrons avec le plus grand plaisir.

Voyez de temps en temps Mr. Lambert, son affaire marche parfaitement à Lyon et s'organise dans le centre de la France ; j'ai écrit à votre père à ce sujet.

J'ai reçu des nouvelles des deux officiers qui habitent Charenton et donnent de ma part quelques soins à Eugène : son état est à peu près toujours le même.

Nous ne pensons pas aller à Paris avant les couches d'Adèle.

Abel, je le vois trop, n'écrit plus à personne quand il s'occupe tout à fait de littérature. Je connais bien une raison qui me porte à l'excuser un peu, mais trop est trop.

Ma femme se joint à moi pour vous embrasser très affectueusement c'est-à-dire comme moi de tout son cœur.

Votre oncle bien affectueux,

Le général HUGO.

P. S. — J'allais oublier mes remerciements pour votre article, vous y avez fait trop beau, ne devrais-je pas vous gronder. Ci-joint un mot pour Adèle.

Lettre de Adolphe Trébuchet à son père. Inédite.

Paris 11 Mai 1824.

J'ai reçu ta lettre du 27 avril par Mr. Blon ainsi que l'argent qu'elle m'annonçait et je te remercie bien de l'un et de l'autre. Cette lettre m'a donné la plus belle récompense que je pouvais recevoir pour ma thèse puisqu'elle contient l'expression de ta joie et des félicitations que tu m'adresses. Ces marques de ton contentement sont un puissant encouragement pour moi et je tâcherai toujours de me rendre digne de la bonne opinion que tu as de ton fils.

Samedi dernier, j'ai prêté mon Serment à la cour Royale devant le premier président Séguier, et ce serment, le premier de ma vie n'a pas laissé que de me faire une certaine impression. Il contient ce que tous les autres contiennent, *fidélité au Roi, à la Charte et aux lois du royaume* et autres formules particulières à la profession d'avocat. Un arrêt de la cour, référé au dos de notre diplôme, nous donne le titre d'*avocat à la cour Royale de Paris*. Les frais du serment y compris la robe et autres petites dépenses montent à 44 francs. J'ai été obligé de me faire faire deux paires de souliers, n'en ayant plus à mettre que mes souliers de bal du Préfet et mes bottes, et j'ai également acheté un pantalon d'été de 8 francs ce qui n'est pas cher ; je n'en ai pas un qui soit bon. Ainsi, mon cher papa, pourrais-tu m'envoyer cette somme qui monte à 64 fr. plus 2 fr. pour les graines achetées pour Mr. Thibauld.

Serment	44 francs
Souliers	12 »
Pantalon	8 »
Thibauld	2 »
	66 »

Tu dis, mon cher papa, que j'aurais une chambre garnie à 15 ou 18 frs. par mois, ce serait beaucoup plus cher que mon loyer actuel puisque je ne paie par mois que 12,50 et que je suis dans la même maison que Madame Dumesnil où je suis mieux logé que dans ces chambres garnies qui pour la plupart sont malsaines. Les meubles ne me coûtent rien puisqu'ils m'ont été prêtés par mes cousins.

On m'a dernièrement parlé d'une place aux Archives du Royaume. Monsieur de Salaberry accompagné de Mr. Dufougeray et de St-Luc préfet à Blois est allé de suite chez Mr. de la Rue garde général des Archives. La place était donnée ; mais Mr. de la Rue a dit à ces messieurs qu'elle ne convenait pas à celui qui l'avait obtenue et qu'il ne la garderait pas plus de 15 jours à 3 semaines et qu'alors je pourrais avoir la place. Comme Mr. de la Rue ne présente que les candidats au ministre de l'intérieur qui nomme, ces messieurs ont dû aller chez ce dernier et il y a une certitude presque entière que je réussirai. La place est de 1600 francs et est à une section des archives qui se trouve au palais de justice. Mr. de la Rue ayant témoigné le désir de me voir je dois y aller cette semaine avec Mr. Gauthier qui le connaît indirectement et qui montre pour me servir un empressement tout particulier. Si j'étais placé aux Archives, j'abandonnerais alors mes projets relativement à la Préfecture de police. Je pense qu'il est inutile d'envoyer ton ouvrage à Mr. de Salaberry ainsi que d'écrire à Messieurs Foucault et Levêque. Je préfère que Mr. de Salaberry sache que je mets toute ma confiance en lui, car il est très susceptible de ce côté et peut-être ne me servirait-il pas avec autant de zèle, s'il apprenait que je sers d'autres personnes. Et puis il a tant à cœur de m'être utile qu'il sera le premier à chercher les personnes qu'il saura pouvoir m'être utiles, comme il l'a fait relativement à MM. Dufougeray et St-Luc. Tu vois, mon cher papa, que je suis en bonnes mains et que nous devons concevoir de grandes espérances.

J'ai porté chez le lythographe les cartes de visite que tu me recommandes et je dois les avoir à la fin de la semaine. Mr. Dufort les emportera avec lui.

Je ne me rappelle pas si j'ai envoyé ma thèse à Mr. de Tréméac, si je ne l'avais pas fait je te prie, mon cher papa, de réparer cet oubli. Je serais bien aise que tu me renvoyasses les exemplaires dont tu n'as pas besoin car je n'en ai pas un seul à disposer ici. Dis à Mr. de Tréméac que Madame Dumesnil s'occupe très instamment de la personne qu'il lui a recommandée et que de mon côté je fais les démarches nécessaires pour lui trouver une place convenable.

Mr. Dufort et moi avons joué à la barre et je crois qu'il aurait quitté Paris sans me voir si je ne l'avais rencontré l'autre jour dans Paris. Il doit retourner à Nantes vers le 15. J'ai vu ici Mr. Boësnier avec lequel j'ai déjeuné plusieurs fois, il quitte Paris demain ou après-demain. Mr. Blonard introuvable. Je n'ai pu voir encore les dames Rossel qui m'ont je crois apporté tes lettres et celles de Mellinet pour Abel. Mr. Guesdon qui est venu me voir hier part aujourd'hui pour Nantes et il se charge de cette lettre. J'écris par la même occasion à MM. Angebault, Delair et Lavigne. J'ai écrit à Auguste et je lui fais de grandes remontrances, Abel te remercie bien de ta lettre à laquelle il dit qu'il répondra ce dont il ne fera rien car comme il dit depuis un an qu'il répondra à son père sans l'avoir encore fait je crois qu'il en agira ainsi à ton égard. Il te prie de dire à Mr. Mellinet qu'il parlera avec le plus grand plaisir de son frère dans son ouvrage sur l'Espagne, non pas au siège de St-Sébastien, car il est dans la première livraison qui est déjà parue ; mais dans un autre endroit, et il refera en entier la note de Mr. Mellinet. Il recevra également avec plaisir les renseignements sur le Capitaine Dast dont lui parle Mr. Mellinet.

Je vais quelquefois me promener avec Hyacinthe. Je l'ai mené dîner chez Madame Dumesnil jeudi dernier, et le soir des petites filles de la maison sont venues jouer avec elle et on leur a servi une collation. Tu juges bien que Hyacinthe était au comble de la joie. Elle paraît contente et s'habitue chez son oncle ; ils ont pour elle les plus grands égards.

J'ai fait mes pasques le mardi de la même semaine où j'ai passé ma thèse.

Mon oncle Hugo m'a écrit il y a quelques jours et il me parle longuement de toi. Il paraît que l'affaire dont il t'avait déjà parlé réussit parfaitement dans certaines villes de France et il serait fort heureux qu'il put s'établir un comptoir à Nantes, car mon oncle pourrait t'en faire avoir la direction. Je dois aller voir Mr. Lambert directeur général de l'établissement.

Tu trouveras dans mon paquet les *mémoires de Jean de Troyes* ; je crois t'avoir entendu dire que tu désirais cet ouvrage qui m'a été donné par Abel, ainsi que les origines gauloises de Latour d'Auvergne et que je t'envoie également. Il y a dans mon paquet une lettre d'Allory pour sa mère, des souliers et un livre qu'il envoie à Joséphine. Les graines de navet que Mr. Thibault m'a demandées y sont aussi.

Mes cousins et cousine la famille Foucher, Madame Dumesnil, t'assurent ainsi que ta bonne Clarisse de leur attachement le plus sincère, sans oublier Joséphine qu'ils ont eu bien peu le tems de voir à Paris. Quant à moi mon cher papa, je t'embrasse et t'aime comme le plus tendre et le plus respectueux des fils.

Paris, 11 mai 1824.

A. TRÉBUCHET, av[t].

P. S. — Les gants, la corde, le petit couteau ont été remis à leur adresse. J'ai de même remis l'argent qui était pour Allory et mon oncle Clément. Il vous embrasse tous ainsi que sa femme et la petite Hyacinthe. Remercie bien Joséphine de sa lettre. Mille amitiés pour elle et les deux petits frères. Mes respects à tous nos parents. *Que devient mon article sur Han d'Islande.* Profite pour le faire insérer de la bonne disposition où est Abel pour le frère de Mr. Mellinet. Assure bien notre bonne mère de mon attachement le plus filial. Je la comprends dans tout ce que je te dis pour toi.

Lettre de Monsieur Angebault à Adolphe Trébuchet. Inédite.

Nantes, 3 juin 1824.

SALUT HONNEUR ET JOIE
A MONSIEUR L'AVOCAT,

J'ai été bien sensible, mon bon ami, au souvenir que vous voulez bien me conserver et je vois que l'amitié peut en tiers se mêler à Cujas et Barthole ; je ne connais guère ces messieurs mais j'estime et j'aime le troisième et je désire être toujours fort bien sur ses papiers. Quand vos cliens et votre code vous permettront de donner quelques moments aux souvenirs, rappelez-vous qu'il existe près de la cathédrale de Nantes, un exilé qui se trouvera toujours heureux des miettes que vous laisserez tomber pour lui. Au demeurant soyez toujours aimable gai et vertueux, la mélancolie ne peut plus demeurer sous la toque d'un avocat et n'allez pas laisser l'ennui se cacher dans les replis de votre robe. Je vous le dénonce comme le plus triste voisin que oncques puissiez avoir. J'aime sur un jeune front un air serein, affable, ouvert, et sur lequel soit écrite cette paix de l'âme qui est le fruit d'une bonne conscience. Puisque ce mot se trouve sous ma plume, je veux qu'au nombre de vos amis vous comptiez surtout cet excellent Mr. Ronsin, auquel je vous charge en vertu de la sainte obédience d'aller une fois chaque mois offrir l'hommage de mon respectueux attachement. En comptant bien sur mes doigts cela fait douze fois par an, si je ne me trompe, certes quant à moi apparemment d'une constitution plus faible je me croirais malheureux si je ne mangeais qu'une fois le mois ; pour vous je vous mets à la diète, mais je voudrais vous voir affamé quand arrivera l'époque.

Quant à l'avenir, le pactole n'existe plus, mon très cher, il a épuisé toute sa source et on ne voit guère de gens en robe se promener sur ses bords ; j'en sais bien quelque chose, moi qui suis un homme de robe ; si vous la croyez meilleure buvez donc de l'eau de la Seine clarifiée et dépurée, mais prenez garde à l'air contagieux que l'on respire à Paris et si vous vous trouviez indisposé ayez soin de recourir au médecin que j'ai indiqué. Prenez-y garde, je suis en relation avec lui et je lui demanderai peut-être des nouvelles de ses malades.

On me dérange. A Dieu et à Marie. Tout à vous de cœur.

ANGEBAULT, *chan.*

Je vous avais écrit à l'époque de votre thèse pour vous en remercier, mais je crois que vous n'avez pas reçu ma lettre.

INDEX

DES CORRESPONDANTS DE L'APPENDICE

ADDENDA

1807. — *1er Avril.* — Le major Hugo demande l'admission de ses deux fils, Abel et Eugène, au collège de Gaëte, fondé en 1796, et tenu par des religieux. Abel seul est admis : cf. J. Rambaud, *Naples sous Joseph Bonaparte, 1806-1808*, p. 293.

1816. — *12 Novembre.* — Lettre d'Eugène Hugo à son père, signée par lui et par Victor. Ils demandent à leur père une pension convenable et ils lui reprochent des mots trop vifs employés par lui à l'égard de leur mère. (Communiqué par M. Charavay.)

1819. — *11 Mai.* — Entrefilet sur la séance des Jeux Floraux du 3 Mai et sur M. Hugo, jeune poète de dix-sept ans. Il a été envoyé par M. Pinaud : cf. *Journal des Débats*, 11 mai 1819 et *Odes et Ballades*, édition de l'Imprimerie Nationale, p. 536.

1819. — *Mai.* — Entrefilet sur la séance des Jeux Floraux du 3 Mai et sur Victor Hugo, « jeune athlète de 17 ans », qui a remporté le lys d'or et l'amaranthe d'or. Il a été envoyé par M. Pinaud : cf. *Revue encyclopédique*, Mai 1819, t. II, p, 387 et *Odes et Ballades*, édition de l'Imprimerie Nationale, p. 536.

1821. — *1er Octobre.* — Lettre de V. Hugo à Guiraud : cf. Léon Séché, *Le Cénacle de la Muse française*, pp. 42-43.

(1822). — *7 Juillet.* — Lettre de Lamennais à V. Hugo : cf. G. Simon, *L'Enfance de V. Hugo*, pp. 264-267.

1822. — *Juillet.* — Article assez dur contre V. Hugo par E. Hereau : cf. *Revue encyclopédique*, t. XV, pp. 169-171.

— *16 Août.* — Lettre de V. Hugo au Directeur de la *Revue encyclopédique* avec réponse de M. E. Héreau. (Communiqué par M. Charavay.)

1823. — *Mi-Janvier.* — Lettre de V. Hugo à ses tantes ursulines de Nantes : cf. Lettre d'A. Trébuchet à son père, 25 Janvier 1823, voir à l'*Appendice*.

— *8 Juin.* — Lettre de Lamartine à V. Hugo : cf. *Revue de Paris, Lamartine et V. Hugo, Lettres inédites* par M. G. Simon, 15 Avril 1904, pp. 671-672.

— *12 Juillet.* — Naissance de Léopold-Victor Hugo.

— *14 Septembre.* — Lettre de Lamartine à V. Hugo : cf. *Revue de Paris*, 15 Avril 1904, pp. 673-675.

— *13 Novembre.* — Lettre de Lamartine à V. Hugo : cf. *Revue de Paris*, 15 Avril 1904, pp. 675-676.

TABLE DES MATIÈRES

Luçon. — Imp. S. Pacteau

www.ingramcontent.com/pod-product-compliance
Ingram Content Group UK Ltd.
Pitfield, Milton Keynes, MK11 3LW, UK
UKHW020316230726
13925UKWH00002B/447

9 782013 439404